U0920920

1896-1968

FROM ATHENS TO BEIJING

上卷

人民体育出版社

写给体坛传媒的《从雅典到北京》

2008年8月8日，全世界的目光转向中华人民共和国的首都北京。在整个奥林匹克运动历史上，奥运会第一次在这里举行。4年之前，法国体育媒体《队报》和洛桑奥林匹克博物馆合作出版了《从雅典到雅典》。如今，借此时机，体坛传媒推出了该著作的新编中文版本。

这一新的版本同样追溯了夏季奥运会史诗，从1896年的第一届现代奥运会，直到2008年在北京的第29届奥运会盛典。

翻过书页，我们看到的不仅是历史，也是奥运会那美妙的人类旅程。我们曾经发现，又重新觅得的旅程。奥运会首先是全球青年的聚会，他们分享着同样的目标和热情；奥运会符合青年一代和全世界公众的愿望和梦想；奥运会是世界上独一无二的能够汇聚超过200个国家和地区奥委会的男人和女人的赛事；奥运会超越了文化、宗教、政治上的差异；奥运村象征了这一魔力，那里是博爱和大同的领地。

奥林匹克运动已经走过了一个多世纪的历程，它无法避免其所处历史时刻的社会因素带来的影响。每一次，奥林匹克运动和国际奥委会都能够度过难关，重掌奥运大旗。

奥运会为何能够成功？它的夏季 / 冬季轮换制度激发了罕见的热情；国际奥委会也坚守了古代奥运会的优点：周期性；通过委托一个城市主办保证了时空统一性。奥运会行动上的统一性，则由最好的运动员和最广泛实践的运动项目来表现。参加奥运会是每名运动员的梦想，国际奥委会通过奥林匹克团结委员会持续监督，来确保这变成现实。国际奥委会同样坚立了古希腊的“奥林匹克停战”传统，尽最大可能来保护运动员和体育的整体利益。

运动员是奥林匹克运动的核心，他们通过传递出的形象来激励年轻人。我们的任务是激发青少年从事体育活动，同时通过体育教育他们。体育会教会他们尊重规则、尊重对手；让他们能够融入社会，发扬团队精神；也会带给他们健康、希望和快乐。

要想保证奥林匹克运动的未来和成功，毫无疑问地要捍卫体育的价值，要和那些危险因素斗争，比如禁药和暴力。毋庸置疑，体育能够教导的价值——卓越、友谊和尊重——在如今的世界前所未有的重要。让体育成为灵感的来源，帮助年轻人发现体育为何如此重要，这是我们的任务。

只要我们沿着这条路走下去，同时对奥运会的管理施加必需的注意，坚守奥运会立足的价值，体育世界将在未来这些年迎来众多充满灵感的魔幻时刻。毫无疑问，2008年8月8日至24日，奥运会将在北京释放出这独一无二的气氛，只有中华人民共和国及其人民可以提供这些。我确信，对全世界的运动员来说，会聚在这个急速变化、现代和传统以独一无二的方式交融的国家，将是一段迷人的经历。让我们相约北京，共庆“同一个世界，同一个梦想”。

国际奥委会主席　雅克·罗格

Jacques Rogge

CONTENTS 目录 I

Anyview 1080P/1080i/720P
Hisense

Beijing 2008
adidas
北京2008年奥运会合作伙伴
与郑智一起2008
没有不可能 IMPOSSIBLE IS NOTHING
2008.adidas.com

Beijing 2008
adidas
北京2008年奥运会合作伙伴
与隋菲菲一起2008
没有不可能IMPOSSIBLE IS NOTHING
2008.adidas.com

迈克·欧文
国际足球明星

Ancient Olympic Games

古代奥运会

文/弗朗索瓦兹·伊尼赞

想像一下如今游客们看到的奥林匹亚遗址，在古希腊时代，这片散发着松香的平静土地，每 4 年都会吸引大量希腊人来此欢庆奥运会，巨型广场上聚集了 30 万人，在那个时代这是个非常可观的数字。在整个希腊的各个地方，从地中海沿岸到黑海沿岸，观众们都涌向阿尔提斯神域，那是一片属于宙斯的神圣树林。这些绝大多数为男性的旅客也是年轻运动员，他们此行的目的也是为了祭神，商人们摆开了货摊，政治演说家正在用诗歌和哲学向人群高谈阔论。而竞技性游戏 (Agon) 当时和体育还没有太大联系。

这就是古代奥运会。没有人知道它真正起源于什么时候，但一般将公元前 776 年作为正式开端。公元 394 年，罗马皇帝狄奥多西一世认为奥运会有违基督教教义，下令永久禁止，古代奥运会就此消失。其实这种类型的体育竞赛当时在整个希腊的所有城市都很盛行，其中最有影响力的有 4 个：在阿波罗神域举行的德尔斐 (Delphes) 运动会，以波塞冬名义举行的科林斯地峡 (Corinthe) 运动会，尼美 (Nemee) 运动会，以及奥林匹亚运动会，后面两个都是以祭奠宙斯的名义。在其创建约一个世纪后，奥林匹亚运动会开始吸引整个希腊的人民，在奥林匹亚，人们能够更好地观看比赛。

这样的运动会与古希腊某位神明或者英雄都有着非常紧密的联系，因此只有那些被人们认为有资格在神的注视下奔跑的人，才能够参加奥运会。奥林匹亚是一种精神和身体的文化，是精神和身体的紧密结合。因此，奥运会不是人们消遣娱乐的场所，也不是显贵的特权，因为平民和贵族都可以参加。它在希腊人的生活中不可缺少，在其他国家和人民那里，对神的崇拜和身体文化都没有在希腊这么重要。唯美主义要求运动员们必须裸体比赛，因此奥运会必须决出希腊最出色的代表，而且奥运会只有一名优胜者。

古代奥运会每 4 年举行一次，时间大约在夏至后的那个月，也就是 7 月最后一周到 8 月上中旬之间。由于其在希腊人生活中的重要意义，开始在国家的历法中占据了重要地位。在奥运会举行前 1 年，负责组织工作的达官贵人们便开始在整个希腊游走，让所有人都清楚地知道奥运会开幕的日子。而神域绝对是神圣不可侵犯的，每当奥运会举行时，所有战争都必须停止。

竞赛和训练场地都在捍卫宙斯神庙和赫拉神庙的神域外侧的体育场内，周围有一圈拱廊环绕，摔跤和拳击运动员在里面训练，而位于南侧的健身馆则是赛跑和五项全能运动员的领地。在奥林匹克委员会的所在地，运动员们要首先发誓遵守各项规则，否则就会受到处罚。这座体育场也是当时最大最出名的。

运动员们在长 198.27 米的跑道上进行比赛，根据传说，这个距离是"大力神"赫拉克勒斯一只脚长度的 600 倍。起跑处以大理石作为标志，运动员们必须站立起跑，他们要绕过跑道终点处的石桩然后回到起点。体育场内可以容纳 45000 名观众，他们可以坐在斜坡或者为达官贵人准备的白色大理石座位上。在体育场南面则是赛马场，长度为 780 米，约是体育场的 4 倍。

起初奥运会都是在一天内举行，然后渐渐延长到 3 天。最后一天举行闭幕式时，要进行祭奠仪式和游行活动，以及获胜者参加的宴会。裁判委员会由 10 个成员组成，他们都来自名门望族，能够保证公平无私。这些人同时是组织者和裁判，还要负责维护秩序，以及作出处罚决定。而他们作出的处罚一般来说都是非常严厉的，受罚的运动员和教练没有资格上诉。作弊、行贿这些行为都被认为是严重的罪行。

法律，规则，秩序。在这些限制下，运动员必须很好地控制自己。那么这些冠军又是些什么人呢？在古希腊世界，这些业余运动员也来自非常富有的家庭，只不过他们没有沉迷于哲学，而是投身体育。到了后来罗马人统治时期，许多人开始雇佣奴隶参赛。为了参加奥运会，运动员

奥林匹亚在 395 年被摧毁
这里之前是
献给宙斯的最初那些
届奥运会的剧场
这里的美感和
对卓越的追求都举世无双

们必须首先证明自己的身份，“既不是奴隶也不是外国人”，也从未犯过任何“罪行、亵渎神明和圣物”。随后他们要训练 10 个月，那是充满艰难和痛苦的 10 个月，这样能够让他们的灵魂变得坚强，铸就勇气。比赛开始前 30 天，他们就会去厄利斯城 (Elis) 报到开始集体训练，以挑选出参加比赛的最终名单。

随着裁判走入体育场，奥运会正式开始，随后进入的是达官贵人，祭司则要宰牛祭拜宙斯，最后才是运动员入场。直到公元前 728 年的第 13 届奥运会时，每次大赛都只有一个项目：距离为 192.27 米的场地赛跑，这个项目被希腊人称为 Dromos。在随后几个世纪的发展过程中，才慢慢有了其他一些项目，但集体项目一直都没有出现。到了公元前 724 年，出现了距离约为 400 米的 Diaulos(也就是场地赛跑距离的两倍)，以及相当于场地赛跑距离 7 倍和 20 倍 (约 4 公里) 的中长距离赛跑。

不过在那个时代，场地赛跑依旧是人们最为关注的比赛，获胜者就能在奥运会上留下自己的名字。 公元前 776 年，柯罗依布思 (Koroibos) 成为古代奥运会历史上第一个获得场地赛跑冠军的人，罗德岛人列奥尼达 (Leonidas) 则是最伟大的奥运会赛跑冠军，他在公元前 164 年到公元前 152 年连续 4 次赢得该项比赛优胜。

五项全能于公元前 708 年开始出现在奥运会上，项目分别有铁饼，双手各拿一个杠铃跳远、标枪、场地赛跑、身上涂满橄榄油的摔跤。更晚一些后，开始出现了现代拳击运动的前身，运动员的前臂和双手都套上皮具，但有时里面会塞满铅或铁，头上则戴着铜质头盔作为保护。比赛没有时间限制，永远也不会无故中止。

而将拳击和摔跤结合在一起的另一项比赛 Pancrace 则更加激烈，除了咬人和故意击打眼睛，其他的身体接触全部被允许。这项规则简单的项目已经不再仅仅是一种体育运动，它被希腊人比喻为生命的战斗，没有武器的决斗，是古希腊体育教育最基本的方面之一。

公元前 689 年的第 25 届奥运会上，马车赛跑成为比赛项目。由于观赏性极强，在古希腊的很长一段时间里，这和赛马比赛一样都是最受观众们喜爱的项目。在一个巨大的矩形赛马场内，两匹或四匹马要围绕赛道跑 12 圈，相当于 9 公里。所有的困难都集中在转弯处，赛马要在那里绕过石桩继续前进，骑师们技术精湛，同时对这项运动爱得疯狂。

没有比赢得奥运会更伟大的荣誉，没有比奥运会获胜者更伟大的英雄，他们头戴着橄榄冠，在奢华的宴会上接受所有人的祝贺。他们的名誉是永生不灭的，他们的雕像会树立在阿尔提斯神域的诸神雕像旁，会成为所在城市的英雄，被祝贺和传唱。也就是这样，很多名字直到今天仍在流传，比如曾经连续 5 次获得奥运会 Pancrace 比赛优胜的米隆 (Milon)，在五项全能中创造丰功伟绩的科林斯的克希诺丰 (Xenophon)。

然而正是这种神秘的身份导致了古代奥运会的渐渐蜕变和堕落。因为后来优胜者得到的奖励不再是一个简单的橄榄冠，而是所在城市提供的珍贵礼品：免费食物，减免赋税，礼物。一些运动员变成了职业选手，训练费用过于昂贵，以至于只有贵族才能够参加。在马车赛跑比赛中，为了撞倒对手，舞弊甚至威胁无所不用其极。古罗马皇帝尼禄报名参加马车赛跑比赛，结果他根本没有竞争者，因为对手不想在比赛结束后 24 小时就丢了性命……

迷失了方向的奥运会也被暴力所笼罩。面对危险，很多马车的所有者派奴隶参赛，Pancrace 比赛居然残忍到要一方死去才能结束。而让角斗士与猛兽交手也开始流行，就连平静的祭奠仪式有时都被侵扰。

古希腊的奥运会理想已经死去，但对于人民来说，“食物和奥运会”永远是必需品。因此罗马人马戏团一般的奥运会仍在继续！他们很好地利用了希腊人对于奥运会的热情，将奥运会引上了歧途。它完全成为了统治工具，组织工程中充满了腐败行为，它的末日就要来临了。公元 394 年，罗马皇帝狄奥多西一世宣布永久取消奥运会，一年后哥特人的入侵导致奥林匹亚被摧毁。31 年后，狄奥多西二世下令烧毁宙斯神庙。再加上两次地震，一次水灾，最终结束了奥林匹亚的神奇。直到 1829 年法国和德国科学家重新发现这片废墟，奥林匹亚才得以重见天日。

June 23 1894 Olympic Games

1894年6月23日，奥运会重生

文/塞尔吉·拉盖、阿兰·伦辛费西特

“我的听众们都将奥运会视为已经死亡，只会在歌剧中才能出现的事物。”1892 年 11 月 25 日，顾拜旦男爵在庆祝法国体育运动协会联合会成立 5 周年大会上发表演说，他宣称应该“重建奥林匹克运动会”。听众们对此报以热烈鼓掌，但他们并不理解顾拜旦男爵演讲的意义。为了消除人们的误会，证明由儒勒·凡尔纳的好友帕斯夏尔·戈鲁塞想出的这个意见在当今可能成为现实，顾拜旦男爵还需要更多时间去向人们进行解释。但这样的机会并不多，只有一次这样的报告会。

他的第一个主题便是《统一业余和职业体育运动的规则》，重新创建奥运会则放在了第二位。

法国体育运动协会联合会 (USFSA) 于是决定在 1903 年召开一次国际体育运动代表大会，这个提议无论在法国还是其他国家都没有遇到任何困难。不知疲倦的顾拜旦四处奔走，他还在 1903 年访问英国和美国，说服他们参加大会。

顾拜旦的行动得到了库尔塞尔男爵的支持，他曾在柏林担任大使，当时正在竞选伦敦大使的位置，他也意识到体育正在渗透到人们的日常生活中。和顾拜旦一样，库尔塞尔男爵也认为奥运会不仅能够扮演和平大使的角色，对于造成可怕后果的工业化运动，面对已经武装到牙齿的欧洲而无能为力的传统外交方式，以及遏制在欧洲正在蔓延的仇恨，都能带来良好的帮助……

只有一个尊重所有国家的全新非政府组织，才能够带来和平的希望：那就是经过顾拜旦男爵修正的奥林匹克。也就是一个融合了英国式的激烈对抗运动、瑞典教育式体操和德国军队运动的集合体。天才的顾拜旦知道这种融合能够去掉奥林匹克身上数个世纪的斑斑铁锈，库尔塞尔男爵则鼓励他将这个理想付诸实践。这个外交家可能也希望法国能够重新夺回自 1870 年就已经在国际事务中所失去的话语权。

1894 年 6 月 16 日，周六，下午 16 时 15 分，在巴黎大学巨大的阶梯教室里，2000 多名受邀客人见证了国际体育运动代表大会的召开，他们也听到了顾拜旦关于“体育是一种现代必需品”的演讲。来自全世界 13 个国家的 49 个体育协会缔结了一种全新的外交关系，这 13 个国家是：英国，美国，俄罗斯，希腊，澳大利亚，意大利，荷兰，波希米亚，西班牙，奥匈帝国，瑞典，比利时，法国。

6 月 18 日，各国代表们就《统一业余和职业体育运动的规则》和《重建奥运会》达成了共识，其中希腊代表维凯拉斯 (Demetrius Vikelas) 主持了后一项决议的通过。奥运会 4 年一届的节奏得到了确认，这也是库尔塞尔男爵希望看到的结果。此外大会还决定，除了击剑项目允许职业运动员参加外，在 1896 年进行的首届奥运会上，其他项目只允许业余运动员参加。第二届奥运会将于 1900 年的世界博览会期间在巴黎举行。顾拜旦对此非常高兴，人们确立了奥运会的“业余身份”，反对职业化。随后两天，与会代表又通过了禁止赌博的决议，同时确定了奥运会比赛

① 1877 年人们尝试
在雅典
重新将奥运会连接起来

②这是库尔塞尔男爵发出
的体育大会邀请函
顾拜旦成为大会主席
并确立了现代奥运会的诞生

③“更快，更高，更强”奥林匹克格言
于 1891 年为迪东所提出
这是其拉丁文写法

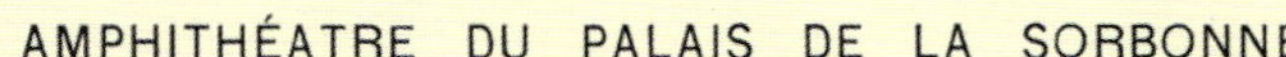

AMPHITHÉATRE DU PALAIS DE LA SORBONNE

Samedi 16 Juin 1894 à 4 heures

Séance d'Ouverture du Congrès International

pour le Rétablissement des Jeux Olympiques

Discours de M. le Bon de Courcel, Sénateur, Président du Congrès.
Causerie de M. Jean Aicard, Président de la Société des Gens de Lettres.
Audition de l'Hymne à Apollon, (1re audition avec chœurs) sous la direction de M. Gabriel Fauré. — Commentaire par M. Théodore Reinach.

AMPHITHÉATRE

Prière de présenter cette carte à l'entrée.

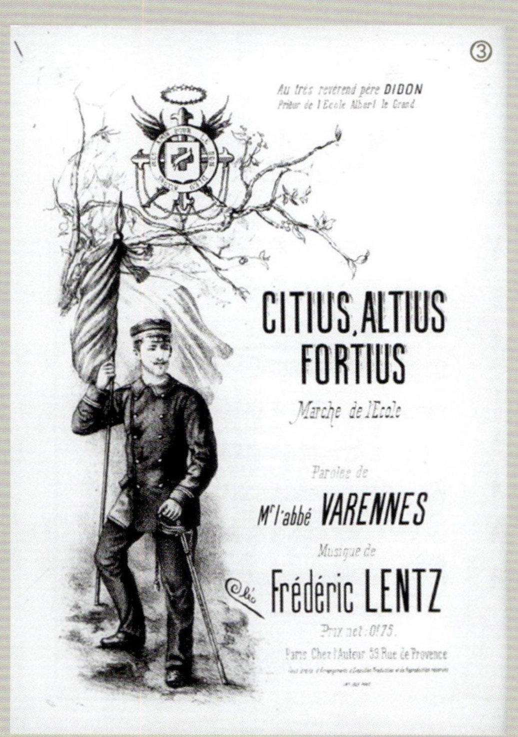

项目:自行车，体操，射击，田径，赛艇，帆船，游泳，击剑，赛马。学校体育不包括在内，同时宣布政府的帮助是必不可少的。

6月23日对于顾拜旦男爵来说是一个胜利的日子，他又回到了阶梯教室，宣布奥林匹克运动会正式确立：作为奥运会的摇篮，雅典将举办第一届现代奥运会，维凯拉斯和希腊国王乔治一世不可能放过这个好机会。此外，国际奥委会正式成立，共有13个成员国，而作为第一个举办地希腊的代表，维凯拉斯在顾拜旦男爵的祝福声中成为了第一任奥委会主席。

在等待结会晚宴的间歇，顾拜旦没忘记表达对大会的感谢，"大会实现了我生命中最重要的梦想"。"今晚，希腊将举办奥运会的消息将会随着电报传向全世界，这让沉睡了多个世纪的奥林匹克苏醒了过来。"4年来，巴黎阿奎埃尔修道院院长迪东的一句话一直在传诵，现在他成为了奥运精神的完美表达："更快，更高，更强。"

1894年发生的……

想看看奥运会酝酿时，欧洲体育是什么情况吗？以法国为例。在英国之后，几乎和德国同时，法国出现了现代体育。这是一种群体穿短裤的游戏，大家混在一起做任何事情。唯一的有意义的是比赛，或者说是戏剧。这是一种集体的无政府状态，而其背景是那个总是试图制定规则的世界。

法国体育运动协会联合会(USFSA)是强大的组织。它尽力推广橄榄球，当时叫足球-橄榄球。他们在1894年组织了第一届足球协会联赛，这比橄榄球联赛晚了两年。这一年的橄榄球联赛，巴黎的法兰西大球场俱乐部再次夺冠。法国体育运动协会联合会还爱管闲事，他们废除了一名名为德塞雷·德拉玛尔(Desire Delamarre)的运动员的业余资格，因为这位1公里跑的冠军试图在11天内创造1000公里跑的纪录……

一共有6支球队参加了第一届法国足球联赛，标准AC俱乐部2比0击败了白色流浪者队，但场上的22名队员中，只有1名法国人。在撑杆跳项目上，托歇博夫(Torcheboeuf)和古斯塔夫·杜尚(Gustave Duchamps)之间的竞争将法国纪录提升到了2.77米。

当时在报纸上经常能读到这样的报道："德尚，28岁，利摩日地方人，告知我们他将代表特鲁费兄弟发起一场跑步比赛，每队两人，距离从10公里到50公里。下注100到500法郎。"一切比赛都可以下注，即便是著名的巴黎-勒阿弗尔-巴黎比赛。参赛选手都背负着一定的赔率。这时，自行车成了最流行的运动。人们对打破纪录充满了狂热，比赛时间从6小时变成12小时，乃至24小时，骑行距离长达1000公里。关于体育的报道开始充斥版面。随着轮胎技术的进步，行车速度越来越快，贯穿法国南北的赛车比赛越来越多。

无马马车，也就是汽车开始为自己讲话了。7月22日，巴黎-鲁昂汽车赛举行，获胜赛车的最快时速是21公里。

他们也曾想到奥运会……

如果说我们知道的奥运会是在1896年的雅典诞生的，那么这种将最好的运动员集合在一起进行竞赛的想法已经持续100多年了。1835年，希腊诗人帕纳齐奥迪斯·苏索斯(Panagiotis Soutsos)写信给政府，建议重新组织奥运会。奥托大帝建议举行一次集艺术、工业、体育和农业一体的狂欢节，但随后没了下文。在英格兰的温洛克(Wenlock)，威廉·布鲁克斯(William Penny Brookes)于1840年组建了一个奥林匹克协会，从1849年开始举办"奥林匹克狂欢节"，比赛内容有马术、赛跑、游泳、板球和舞蹈。

瑞典的斯卡图(Schartau)教授在1834年和1836年组织了斯堪的纳维亚奥运会。1834年那次的项目包括摔跤、跳高、撑杆跳、爬杆、拔河、赛跑。到了1836年，体操开始进入比赛项目，虽然这两次运动会取得了成功，但随后再也没有举行。

希腊人扎帕斯(Zappas)于1859年10月1日在雅典组织召开了第1届泛希腊奥运会，他得到了政府的支持。20000名观众现场观看了比赛。比赛项目包括200米、铁饼和三级跳。不过参赛选手包括老人和小孩，甚至还有跑到场内乞讨的盲人。

从1860年到1864年，地区奥运会在英国的索普夏尔(Shorpshire)举行。1860年，大英国家奥林匹克协会成立，1866年还在伦敦举行了大英奥运会。1880年，不知疲倦的威廉·布鲁克斯建议举行国际奥运会，并寻求英国和希腊相关组织之间的合作。

在法国，学校奥运会已持续了30多年，1885年，费迪南·德·莱塞普斯(Ferdinand de Lesseps)在巴黎提出了让奥运会重生的想法，乔治·德·圣-克莱尔(Georges de Saint-Clair)在1888年进一步发展了这个提议。1年后的巴黎国际博览会上，一些体育赛事开始举行。1890年，顾拜旦男爵在温洛克与布鲁克斯会面，创建现代奥运会进入了实践阶段。

Pierre De Coubertin

顾拜旦罗曼史

文/奥利维耶·马戈

24 岁时，他漫步在巴黎街头。离开熟悉的那家位于 7 区的酒店，他来到了法国竞技俱乐部总部门前。体育当时还处于初步摸索阶段，但顾拜旦男爵的内心激情澎湃。他正饱含热忱地同中学教育的改革进行着斗争，直到 1937 年 9 月 2 日在日内瓦死去的那天，教育仍是他最大的兴趣。他是一位伟大的反对者，呼吁让所有人从事体育的权力，捍卫"免费市民体育"的观点，以及"工人大学"的必要性……

他仍在漫步，4 年后，竞技俱乐部成为全法国第一家橄榄球冠军；又过了 4 年，1892 年 11 月 25 日，顾拜旦在巴黎大学进行了著名的演讲。他的纲要是，"现代世界的身体锻炼"；他的结论是，"这项事业是伟大而善良的：重建奥林匹克运动会"。不过听众们的掌声礼貌而并不热情，至少没有音乐家完成音乐会后获得的掌声那么热烈。

现在他走向了塞纳河畔，埃菲尔铁塔仍在建设中，骨架和第一层才刚刚搭建起来。由现代设计师古斯塔夫·埃菲尔倡议修建的这座铁塔，曾让很多人不可理解，莫泊桑就曾痛骂："我离开巴黎和法国，原因就在于埃菲尔铁塔让我烦透了。"

顾拜旦就站在这座尚未完工的伟大建筑前，这是一次难以想象的挑战，正如同他此刻心中的构想。顾拜旦是数量极少的那种为梦想而生活，但又执着去实现梦想的人。他要将自己的"奥林匹克乌托邦"变成现实，那是属于他的"埃菲尔铁塔"，最令人激动、受到最多观赏的体育丰碑。

顾拜旦开始撰写超过 6000 页的文献，让体育而不是铁塔在自己眼下慢慢成长。在其著作《体育教育》中，他发展了这个大胆的建议："超越的自由，这就是它的能量所在，它存在的原因，这是精神价值的秘密所在……体育的价值就在于超越，这就是它的精神特征。更快，更高，更强……从人性平衡的观点来看，这或许是缺点，但这同样是它崇高的地方……"

顾拜旦是一个时代人物，但他也是远超过自己那个时代的。他目光深远，且行动迅速，慷慨、野心勃勃、天真，同时也有着真正的政治感觉和高效的人际关系，拥有管理和统领一个家族财富的能力，这为他实现梦想提供了便利。

这个贵族出身富裕家庭，信奉天主教和君主制度。顾拜旦的父亲是一位宗教画家，他一生主要的作品都陈列在梵蒂冈，他母亲就是一段传奇，在 1870 年色当沦陷时，一个受巴黎公社运动影响很大的社会阶层也聚集在了一起，所以顾拜旦从来都具备了叛逆精神。再一次，他需要发挥想象力。在诺曼底，他贪婪地阅读托马斯·雨戈 (Thomas Hugues) 所著的《汤姆·布朗的中学生活》，书中的橄榄球教练让学生们自己制定游戏规则。游戏规则，对于更有责任感、更自主、更大胆的社会或许更重要。他也在不断温习泰纳 (Taine) 的《英格兰生活掠影》，从中他领略了牛津 - 剑桥赛艇比赛后的节日庆典，"晚上会有讲演、掌声、美酒，发自内心的歌声，无尽的快乐和荣耀。显然，这样的胜利也是奥运会所渴望的。"

他开始第一次考虑重建奥运会，这或许也应该感谢同胞莫里斯·勒布朗 (Maurice Leblanc)，勒布朗曾这样描述时下的中学生活："中学，对于我来说就是幽暗的高墙。孩子们从一扇低矮的小门走进去，每天背着他们根本不懂的课文，完成那些他们似乎永远都没有时间去做的作业，听着古钟缓慢的脚步声，数着让他们厌烦的每一分钟。"

那就快点行动吧！奔跑，跳跃，玩耍！快点，去享受生活！

顾拜旦是数量极少的那种
为梦想而生活
但又执着去实现梦想的人
他要将自己的
"奥林匹克乌托邦"变成现实

很快，顾拜旦写下了这些句子："体育的叛逆传奇是为了定义一些精神上的东西，它能够强化人们的性格，唤起人们的精神力量吗？这可能是最主要的问题。"这个提问强烈而美丽。在当时，这可是一次革命。

当然，在数百篇文章中，顾拜旦或许写下了一些现在看来有些可笑的东西：钢琴体育，拿破仑和足球，教皇体育……人们也不会忘记他曾经反对女性参加奥运会。他曾将体育和殖民主义联系在一起，"体育是殖民公司的绝佳手段，没有体育的殖民会非常危险。"人们也不会忽略这个可笑的句子："体育能够净化语言，能够杀死性冲动。"同样是这个人曾在《世界史》中预言：非洲国家会获得独立，阿拉伯世界会觉醒……因为顾拜旦是一个行走的智者，他在思考一切，描述一切。这些无价的现代观点闪耀着智慧的光芒。

1892 年 11 月 25 日晚上 8 时 30 分，他变得如此伟大。这年他 29 岁，正在巴黎大学的阶梯教室里。"显然，电报、铁路、电话和其他科学探索，以及国际会议和展览会，能够对世界和平做出贡献。但我希望体育能够做得更多！让我们的赛艇、击剑和赛跑选手走出去，这就是未来的自由交流模式。当它有朝一日在古老的欧洲大陆深入人心时，和平就能得到全新和强大的支持。

这已经足够让大家从现在开始考虑，和筹划第二部分的内容：在与现代生活统一的基础下，实现这个伟大而善良的目标：重建奥运会。"两年后的同一个地方，他再次发表演说："建立人类博爱新的基石。"

他的话语精彩绝伦，他的行动大胆革新，如果没有他，杰西·欧文斯、科马内奇、布勃卡、卡尔·刘易斯、迈克尔·约翰逊、波波夫这些名字可能这么出名吗？如今，这些奥运冠军已经成为人类历史遗产的一部分，而顾拜旦仍在巴黎、洛桑或雅典的街边漫步。

IOC Leaders

从维凯拉斯到罗格

1896年6月1日
首届奥运会组委会
制定“伟大一周”的赛程计划
维凯拉斯坐于正中
顾拜旦坐在他的右侧

1 维凯拉斯 Demetrius Vikelas，1835－1908

希腊人，国际奥委会第一任主席(1894年－1896年)。这位希腊知名的作家、诗人和翻译家，曾深入研究古希腊史，古奥运会史，积极支持顾拜旦提出的恢复奥林匹克运动的主张。1894年6月23日，国际奥委会在巴黎宣告成立。由顾拜旦提名，维凯拉斯当选为首任主席。他为制定奥林匹克章程和在雅典举办第一届现代奥林匹克运动会做出了重要贡献。

2 顾拜旦 Pierre De Coubertin，1863－1937

法国人，现代奥林匹克运动的创始人，国际奥委会第二任主席(1896年－1925年)。顾拜旦是法国历史学家、教育家。1892年，他在法国体育运动协会联合会成立50周年大会上发表了著名的《复兴奥林匹克运动》的演说。在其积极倡导下，巴黎国际体育会议于1894年6月16日举行，6月23日国际奥委会正式成立，维凯拉斯担任主席，顾拜旦任秘书长并亲自起草了国际奥委会第一部宪章。1896年，第一届现代奥运会在雅典举行。同年，顾拜旦当选为国际奥委会主席。1912年第五届奥运会在斯德哥尔摩举行时，针对当时体育竞赛中的一些弊端，顾拜旦发表了著名诗作《体育颂》。1925年，顾拜旦辞去主席职务，任终身名誉主席。 顾拜旦为恢复和发展现代奥林匹克运动做出了不朽的贡献，被誉为“奥林匹克之父”。

3 巴耶－拉图尔 Henri De Baillet-Latour，1876－1942

比利时人，国际奥委会第三任主席(1925年－1942年)。在第一次世界大战后，担任比利时奥委会主席的巴耶－拉图尔筹备和组织了1920年在安特卫普举行的第七届奥运会。1925年当选为国际奥委会主席。

4 埃德斯特隆 Sigfried Edstrom，1870－1964

瑞典人，国际奥委会第四任主席(1942年－1952年)。他创建了瑞典全国体操和体育协会，是1912年奥运会的主要组织者，1920年任国际奥委会委员。曾倡仪成立了国际业余田径联合会，并任首届主席。

5 布伦戴奇 Avery Brundage，1887－1975

美国人，国际奥委会第五任主席(1952年－1972年)。大学时代为田径运动员，参加过第五届奥运会，曾任美国田径协会主席和美国奥委会主席，1936年任国际奥委会委员，1952年当选为主席。

6 基拉宁 Michael Morris Killanin，1914－1999

爱尔兰人，国际奥委会第六任主席(1972年－1980年)。法学博士，喜爱骑马、划船、拳击等运动。大学毕业后，以记者身份到中国和亚洲其他国家采访抗日战争。1952年任国际奥委会委员，先后担任执委、副主席，1972年当选为主席。1979年，国际奥委会恢复了中国奥委会的合法席位，并决定台湾以中国台北奥委会名义加入国际奥委会。1980年，基拉宁卸任，担任国际奥委会终身名誉主席。

7 萨马兰奇 Juan Antonio Samaranch，1920－

西班牙人，国际奥委会第七任主席(1980年－2001年)。1955－1970年，先后任西班牙奥委会副主席、主席，1966年当选为国际奥委会委员，1974－1978年任副主席。1980年当选主席后积极采取改革措施，主要包括允许职业运动员参加奥运会、以出售电视转播权和赞助计划为主的市场开发。任职期间在洛桑建立了奥林匹克博物馆。在他卸任之际，北京获得了2008年奥运会主办权。

8 罗格 Jacques Rogge，1942－

比利时人，国际奥委会第八任主席。曾是一名出色的帆船运动员，获得过世界冠军和两次亚军，参加过1968年、1972年、1976年三届奥运会。退役后进入比利时根特大学学医，获博士学位，是一名矫形科外科医生。1991年任国际奥委会委员、执委，还担任国际奥委会医学委员会副主席，2000年和2004年任奥运会协调委员会主席等。2001年7月16日当选为国际奥委会主席。

1920年8月22日，安特卫普。有史以来最长的马拉松比赛在进行(42.750公里)。在石头路面和旁边的小道两者之中，跑者们很快做出了选择……天气很冷，而且有风，观众不多。最终芬兰名将科勒赫迈宁夺得了冠军。在跟随的汽车上，是刚刚创立不久的奥运会五环旗，其动议者是顾拜旦。

1936年8月6日，柏林。女子80米栏比赛，前4名的成绩全都是11秒7。裁判们花了30分钟才做出最后的决定。最终，美丽的意大利选手特雷比松达·瓦拉(Trebisonda Valla)获得了冠军。她兴奋地和看台上的支持者庆祝。而身旁的一名德国官员则有些失望，因为他的同胞安妮·施托伊尔(Anni Steuer)只得到了银牌。

1948年8月11日，伦敦。赛马耐力赛中，“Mahmud”漂亮地跳过障碍。但最终它的骑师瑞士人阿尔弗雷德·布雷泽尔(Alfred Blaser)最终还是没能站上领奖台，瑞士最终获得第4。获得前3名的是美国、瑞典和墨西哥。英国观众大都爱马，看得津津有味。

第1届奥运会→雅典

奥委会只有两年时间来筹备第一届奥运会，其间他们还必须克服希腊内部的政治对手制造的重重困难。尽管希腊王储通过其影响力帮了大忙，但顾拜旦不会忘记那段艰难的时刻，那无休止的四处奔走和游说。

1895年初，一次签名筹款活动在希腊举行，两个月内筹集了13000德拉克马。但这还是远远不够，最终是亿万富翁乔治斯·阿维奥夫(Georgios Averoff)捐献了100万德拉克马，体育场才得以重建。全部由大理石修建的体育场可以容纳60000名观众。美国人首次显示了他们的运动能力，只有英国人可以勉强与他们抗衡。希腊人收获马拉松冠军后非常满足：在总长40公里的马拉松赛道旁聚集了10万人，体育场内也挤满了欢迎获胜者的人群，获胜者斯皮里东·路易斯(Spiridon Louis)受到了古代英雄般的热情礼待。

希腊人举办的开幕仪式看上去更像是集市，晚上能够看到人群、乐队、宴会和烟火。在成功举办首届现代奥运会后，希腊的部长们开始邀功，并希望借助希腊国王的力量颠覆国际奥委会的宗旨，将奥运会永久地留在希腊。但顾拜旦男爵进行了有力的回击，并取得了成功。

776 - 1896
ΟΛΥΜΠΙΑΚΟΙ ΑΓΩΝΕΣ
ATHÈNES 1896
JEUX OLYMPIQUES

1896

击剑比赛在扎皮翁宫(Zappeion)的举行，希腊国王和雅典社会各界名流纷纷到场观看。

众神之城的伟大复兴

19世纪末，古奥林匹亚的运动场在1500多年后重见天日。由此，有一个人梦想着让奥林匹克运动获得重生，他就是法国男爵顾拜旦。奥林匹亚进行的考古发掘工作，为顾拜旦带来启发，促使他开始游说工作，希望能令这项古老的运动会再度复兴。在将近6年的时间内，他不断前往欧洲和海外各地，向大学和其他机构说明他的想法。而伟大的奥林匹克运动，也在千年沉睡之后，开始苏醒。

当世界各地的游客来到如今的奥林匹亚遗址时，看到的只有松林散发的香气笼罩下的一片净土：伯罗奔尼撒半岛上宁静的山丘和峡谷。而在古代，每四年举行一届的奥运会让这里异常喧嚣，巨型广场因3万人的到来而颤抖。人们的目的地只有一个：宙斯神庙所在地——神圣森林艾提斯，其中大多数都是年轻的运动员。信徒们高声歌颂自己的信仰，商人摆出货摊，诗人和哲学家则高声发表着演说。Agon，也就是"竞赛"，在当时并不仅仅是指体育。

这就是那个年代的奥林匹克。从公元前7世纪到公元后393年，希腊人一直以这样的形式庆祝奥林匹克运动会，直到狄奥多西王下令禁止所有异教庆祝活动。

之后的1500年，人们都只能从美丽的诗篇和艺术品中窥见这项运动会的痕迹。直到1894年，来自12个国家的代表齐聚巴黎，在顾拜旦号召下，决定重新创办奥运会，并成立国际奥林匹克委员会。首届现代奥运会的举办地定在希腊雅典。

主办权花落于此，除了向古代奥运会的发祥地示以敬意，还有着其他的重要历史意义。距奥林匹亚约300公里的古城雅典，位于希腊东南部的阿提卡半岛西侧，三面环海，气候宜人。今天这里是希腊的政治、经济和文化中心，古时它已是重要的竞技场所之一。如果说，希腊是欧洲古代文明的摇篮，雅典则是这个摇篮的中心。

光荣属于雅典！国际奥委会首任主席维凯拉斯向顾拜旦去信道："当时，从布林迪西到雅典，我的同胞都在兴高采烈地谈论着奥运会。"但主席没想到的是，依然有人说了"不"。这个国家的总理特里库皮斯提出，因财政困难，经费紧张，政府要求缓办奥运会。新婚不久的顾拜旦闻讯赶往雅典，而首相还是告诉他，一个国家负债累累，却拿很多钱去开运动会，这是不行的。

在市民对政府的不满声中，顾拜旦求助于希腊王储。当时正值国王乔治一世出访俄国未归，王储康斯坦丁被说服并接管了奥运会的筹备工作。国王回国后，对王储的决定表示公开支持。满怀怨言的总理特里库皮斯就此辞职。一位国家高官因拒绝主办奥运而离职，这也是奥运史上仅有的一次了。

虽然希腊对复兴奥运会的想法表示欢迎，但是该国政府实在囊中羞涩，也得不到公共的资助。主办的经费，结果是来自希腊建筑师乔治斯·阿维奥夫的赠礼，以及销售奥林匹克邮票和奖牌，这些收入协助修复了奥林匹克体育场。奥运会纪念邮票在这届大会上应运而生，总共发行了1万套。这些邮票的价值还体现在另一方面，组委会正是凭借出售这些邮票最终平衡预算，完成了最后5个比赛场地的建设。

在克服了诸多困难后，现代奥林匹克圣火如约在当年古奥运的场地重新点燃。

1896年4月6日下午3时，希腊国王乔治一世宣布了第一届现代奥运会开幕。东道主把开幕式选在4月份的这一天，是为了纪念希腊反抗土耳其统治起义75周年。开幕典礼上，象征和平的鸽子在运动场上展翅飞翔，景象十分壮观。由希腊人斯皮罗斯·萨马拉斯作曲、科斯蒂斯·帕拉马斯作词的奥运会会歌首次被奏响。会歌受到了热烈的欢迎，观众甚至要求再唱一遍。在嘹亮的号角声中，运动员走进了竞技场，比赛也正式开始。

4月6日到4月15日，来自欧洲、美洲、非洲和大洋洲14个国家的245名运动员见证了现代奥林匹克的首次盛会。首届奥运会参赛运动员全部为男性，大会共设有9个大项、43个小项比赛：田径、自行车、剑术、体操、举重、摔跤、游泳、网球和射击。

实际上，在参赛国的问题上，希腊向世界诸国发出了邀请，其中也包括中国。但因对奥运会不甚了解或其他原因，绝大多数国家都未派队出席，中国亦是如此。第一个接到奥运会邀请书的是光绪帝，但因慈禧太后及下人都弄不懂"田径"一词的含义而作罢。中国与首届奥运会的缘分到此而止。

美国选手大都来自哈佛、普林斯顿大学。他们自行组织、自筹经费，抱着观光的目的来到了欧洲。他们原本预算在当地会有12天的训练时间，但是当他们抵达雅典后，发现隔天就是比赛的日子。希腊当时还在使用旧式的儒略历，这和美国的历法是不同的。

即便如此，美国人仍然拿到了现代奥运会的第一个冠军。开幕式之后，在有5个国家7名运动员参赛的三级跳远比赛中，美国学生詹姆斯·康诺利最后一个登场。他走到沙坑前，把帽子扔到了一个别人跳不到的位置上。接着他开始在跑道上加速，先两个单足跳，然后起跳，结果他落在比他的帽子还远的地方。13.71米的成绩诞生了，现代奥运会有了第一位优胜者。

他获胜后，现场奏起了美国国歌，升起了星条旗。因为东道主认为金子太俗气，所以冠军获得的就是一块银质奖牌和一根橄榄枝，亚军只有一块奖牌，而第三名则什么都得不到。

康诺利是哈佛大学古代语言专业一年级学生，来雅典并未能获得校方同意。学校反对他去希腊参赛，校长说这只是一次"公费旅游"。但这位热爱古典文学和体育运动的青年没有理会离开哈佛的后果，而是选择了自费前往雅典并成为了现代奥运史上的首位冠军。尽管如此，他却没有得到代表团的支持，甚至连回国的船票钱，还是他在大赛期间给强生药品签名而赚回来的。

4月10日进行的100米决赛。由于当时起跑姿势还没有统一，参赛者千姿百态、五花八门，有双手叉腰的，有双手摊开的，有弯着腰的，有直立着的。众人之中，只有20岁的美国选手托马斯·伯克在地上挖了两个坑，双手撑地，两腿前后分开，臀部高抬准备起跑。他的动作引起了现场观众的好奇和哄笑，但枪响以后笑声就停止了。伯克的起跑姿势更加合理，快人一步的起跑助他以12秒的成绩夺冠。这也是他继400米后的又一次胜利。

田径赛场泛雅典体育场呈"U"字形，直道长达近200米。因看台全部用雪白的希腊大理石铺成，也称做大理石体育场。由于转弯角度大，易出事故，东道主没有设200米项目。这在奥运会历史中是绝无仅有的一次。

大会没有为选手提供经费，所以只有富有者才有机会参赛。选手在这方面的限制，加上体育设施缺乏，这次历史性运动会在成绩上并不理想。

游泳比赛还没有游泳池，是在皮莱乌斯附近的齐亚湾的公海里进行的。泳道标记就是海面上漂浮着的南瓜；在浮艇上拉起缆绳，则是终点的标志线。匈牙利人阿尔弗雷德·哈约什赢得了1200米游泳冠军，他和另外8名选手乘船被扔到到冰冷的海水中，谁先回到岸上就是获胜者……18岁的哈约什还拿到了100米游泳的第一，被希腊媒体誉为"匈牙利海豚"。希腊国王在庆功宴上曾问他在何处学游泳，他冷静地回答："在水中。"

自行车100公里比赛中，法国人弗拉芒一路领先。当他发现第二名、希腊选手科列蒂斯因赛车毛病而停车时，他立即停了下来，帮前者修好了赛车再继续比赛。最后弗拉芒仍第一个到达终点，不仅成功夺冠，还显示了良好的体育道德。这样的奥运精神和高尚风格，得到了观众由衷地赞赏。

同期中国 China Memo

1896年，第一届现代奥林匹克运动会在雅典举办，而地球另一端的中国正处于中日甲午战争失败不得不签订《马关条约》的巨大屈辱中。之前的一年，篮球运动已传入天津。这与基督教青年会在天津的发展有密切的关系。1895年9月，美国人来会里博士受北美青年会的派遣来中国天津筹建城市青年会，同年12月8日天津中华基督教青年会在医学堂成立。会前与会后都表演了篮球游戏。1896年1月11日下午4时，天津中华基督教青年会举行了较为正式的篮球表演。

比赛期间，希腊人别有一番心情。虽然东道主的观众同样会为星条旗的升起而抱以掌声和欢呼，但是直到田径比赛的最后一天，他们还是得不到任何冠军。所以，当矮小的希腊牧羊人斯皮里东·路易斯跑进体育场，赢得了40公里马拉松长跑冠军后，全场爆起了无比热烈的喝彩声，人们都纷纷松了一口气。就在他进入泛雅典体育场的那一刻，现场完全沸腾了；希腊国王和王子，他们和所有观众一起在欢呼。

在这之前不久，当路易斯遥遥领先于其他选手的消息传来时，希腊国王乔治一世和继位王储康斯坦丁就离开了皇家席位，到体育场大门等候。路易斯终于出现，他已经精疲力竭，但是依然脚步不停，两位王子陪着他跑完最后一程。

人群的亢奋再一次达到高潮。一束束鲜花，一件件礼物，投向路易斯的身旁，抛向他的脚边。成千只系着希腊国旗、彩带的鸽子，飞向天空。四处都是欢乐的节日气氛，甚至有人高呼：给他部长当！

为了做好跑马拉松的准备，路易斯在前一天戒斋和祈祷，完全遵照希腊奥林匹克的传统。奥运会田径比赛就在这一片欢腾雀跃的气氛下圆满结束。东道主收获马拉松冠军后非常满足：在总长40公里的马拉松赛道旁聚集了10万人。虽然路易斯受到了古代英雄般的热情礼待，但是在第二天的颁奖仪式上接过了属于自己的荣誉后，就平静地回到了他的那个小村庄，成为了一名乡间邮递员。

希腊在这次奥运会中收获最丰富，一共获得47枚奖牌。美国获得19枚，德国15枚，法国11枚。在成功举办首届现代奥运会后，希腊的部长们开始邀功，并希望借助希腊国王乔治一世的力量颠覆国际奥委会的宗旨，将奥运会永久地留在希腊。但顾拜旦男爵进行了有力的回击，并取得了成功。奥林匹克运动会是属于全世界的。

这是第一次尝试重新举办奥运会，有些方面尚待改进。但是国际奥林匹克运动会已经实现了通过体育推进全球交流的目标。这一宏旨流传下去，不会改变。

(左)首届现代奥林匹克运动会主赛场。观众像参加派对一样，穿着非常正式。(下)4月6日下午13时，第一届现代奥运会即将开幕，前所未见的疯狂人群堵塞了体育场的入口。

气氛 1896

1

2

3

L'EQUIPE 队报聚焦

组织者的第一步很犹豫

奥运组委会渐渐变得失去了冷静，但好在是天才的顾拜旦领导它。不过即便付出了如此多的努力，他也没能说服所有的同僚。记者和秘书们在挨个房间奔走，在长达3个小时的讨论后，最后还是得到了这样的结果：赛跑比赛在体育场内进行，自行车比赛在自行车馆举行，游泳比赛在海上进行……

组织者们应该得到原谅，因为即使最微小的细节都能让他们震惊、困扰和担忧，这是他们第一次举办奥运会，很难分清各种事情之间的主次。我回到了体育场，从这里可以看到许多历史建筑的遗址，跑道总长400米，直道180米，到了尽头你必须绕过标志物折返。

水瓶中的风暴！

我曾试图去纠正一些错误，比如要求在转弯处的标志物上安置一个坚固的把手，让运动员们在转弯时抓住它来抵抗离心力。但根本没有人理会我的建议！最终，在征集许多人的意见后，他们决定维持现状，"因为客观情况对所有人都是同样的，如果有运动员跌倒，这只会让比赛更加有趣！"

赛程似乎是今天才确定的，这让我感到有些奇怪。如果一切早就确定了下来，组织者或许就不会这么费力地去找各种借口来搪塞眼前的混乱局面。

文/皮埃尔·德·顾拜旦

1 双杠团体赛吸引了东道主的极大热情，他们派出了两支代表队参加，分别有40人和18人，而德国队只有10人参赛，却轻松获得了冠军。

2 从体育场可以看到远处的巴台农神庙，近处则有阿维奥夫的雕像，雕像是在奥运会开幕前才揭幕的。

3 第一届现代奥运会的举行让整个希腊进入了节日，民间团体也给了客人最好的接待。

4 在齐亚湾举行了游泳比赛，项目包括100米、500米和1200米，来自匈牙利和奥地利的阿尔弗雷德·哈约什(Alfred Hajos)和奥托·赫什曼(Otto Herschmann)获得了100米前两名，但最具挑战奖应该授予希腊人埃斯塔西奥斯·霍拉法斯(Eustathios Choraphas)，他在三个项目中都进入了前三。

5 奥林匹克体育场大气庄严，观众们也非常热情。

6 爬绳比赛让很多外国选手望而却步，希腊人尼古拉奥斯·安德里亚科普洛斯(Nikolaos Andriakopoulos)和托马斯·克塞纳基斯(Thomas Xenakis)轻松获得冠亚军。

7 双杠个人比赛中，德国人阿尔弗雷德·弗拉托夫(Alfred Flatow)击败瑞士人路易·朱特(Louis Zutter)夺冠，朱特则拿到了鞍马冠军。

气氛 1896

L'EQUIPE 队报聚焦

自行车比赛在雷雨中进行

4月13日举行的自行车12小时场地赛吸引了大量观众，尽管天气非常糟糕，狂风似乎要将大树连根拔起，倾盆大雨伴着时不时传来的滚滚雷声。这导致当天的赛艇比赛被取消，那么其他比赛还会继续吗？上帝啊！人们居然让自行车12小时场地赛继续进行，尽管各方都传来了反对意见。我们必须得承认，自行车成为了被奥运会所忽视的项目。

7名选手在早上7时10分出发，晚上7时10分冲向终点时只剩下3人。12个小时时间内，前两名选手分别完成了314.997公里和314.664公里的赛程，由于天气原因，这个成绩并不理想。

作为《巴黎—自行车》杂志驻奥地利的记者，以及维也纳自行车俱乐部的成员，奥地利人阿道夫·施马尔(Adolf Schmal)最终夺得了冠军，他击败的是英国驻希腊大使馆总管弗朗克·基平(Frank Keeping)。另外3名没能完赛的选手包括，德国人约瑟夫·维辛巴赫(Josef Weizenbacher)，希腊人特里皮亚里斯(A .Tripiaris)在比赛开始阶段就放弃了，而另一名希腊人乔治斯·帕拉斯科沃普罗斯(Georgios Paraskevopoulos)则为了去吃午餐而中途退出。

前两名选手都证明了他们超强的耐力，因为大雨使得赛道变得非常困难，每一个动作都要消耗很大的能量。奥地利人施马尔的努力得到了回报，因为两天前他在10公里比赛中只获得了第3名。

文/古斯塔夫·德·拉夫雷特

4

1 射击比赛中希腊人大获全胜，(左至右)乔治斯·奥尔法尼迪斯(Georgios Orfandis)获得300米军用枪冠军，让·弗兰古迪斯(Jean Frangoudis)获得25米手枪冠军，潘特里斯·卡拉塞夫达斯(Pantelis Karasevdas)获得200米军用枪冠军。

2 匈牙利游泳运动员哈约什给自己的奖牌收藏又增添了两枚，他在100米自由泳和1200米自由泳中夺冠。

3 跳马冠军被德国全能运动员卡尔·舒曼(Carl Shuhmann)夺走，他还夺得了双杠冠军。他还参加了摔跤比赛，这是他在决赛前与希腊选手乔治斯·齐塔斯(Georgios Tsitas)握手，最终德国人夺冠。

4 来自普林斯顿大学的美国大学生们引人注目，他们都获得了奖牌，(左至右) 阿尔伯特·泰勒(Albert Tyler)夺得撑杆跳高第二名；罗伯特·加勒特(Robert Garrett)包揽铅球和铁饼冠军，还在跳远和跳高比赛中获得亚军；弗朗西斯·兰(Francis Lane)拿到100米第三名；赫伯特·贾米森(Herbert Jamison)以55秒20夺得400米第二。

5 体操单杠比赛基本上没有观众，德国人海尔曼·魏因加特纳(Hermann Weingartner)战胜同胞阿尔弗雷德·弗拉托夫(Alfred Flatow)夺冠。

6 在以6.35米的成绩获得跳远冠军后，美国人埃勒里·克拉克(Ellery Clark)又在跳高比赛中以1.81米称雄。

5

6

超越怀疑的胜利

建造工程在雅典持续进行，要庄严迎接第一届现代奥运会。激情无处不在。

文/皮埃尔·德·顾拜旦

要想让泛雅典体育场重生，至少需要两年的时间，当然也要维持其原来的风格。

这年雅典的春天有着双重的意义，它唤醒了明媚的天气和人们的灵魂。阳光普照下，奥运会临近，而去年曾出现的担忧和讽刺已经都不见了。怀疑者沉默了，奥运会没有了敌人。

人们开始出售法兰西、俄罗斯、美利坚、德意志、瑞典和大不列颠等国的国旗……阿提卡半岛凉爽的微风轻拂着人们的笑脸，他们将雅典的街道打扮得颇具异国情调，他们知道“全世界都将到来”，要证明他们为迎接“全世界”而进行的准备工作。这些工作是很繁琐的，四处都有人在雕刻大理石，将房屋和街道重新粉刷，填平道路，到处是人们在清扫和装饰的身影。凯旋门立在体育场大道，白得有些耀眼。不过这里并非最佳的漫步地点，你应该到古老伊利苏斯河的两岸去走走。

每天晚上5时左右，市民都会来这里看看体育场的建设进程。和往常一样，伊利苏斯河里没有水。人们在河上面修建了一座桥，从那里可以直接通到体育场。4月6日，复活节的周一，乔治国王宣布奥运会重生；而在距今1502年以前，狄奥多西二世皇帝宣布永久取消古代奥运会。

体育场给人一种非常紧凑的印象，能够容纳大约6万人。但一部分阶梯是木质的，实在没有时间给所有座位都铺上大理石了。奥运会结束后，在阿维奥夫的资助下，所有工程才得以完工。铜质的四轮马车、雕像和廊柱让景观显得不再单调，中央跑道不再尘土飞扬，这是一名从英国来的现代艺术家设计的。这个国家不再那么崇尚身体锻炼，几个击剑和体操协会此前都很难招到学员，不过奥运会来了，招学员也变得非常容易了。年轻人重新感受到他们身体的力量，他们训练的热情让将到来的外国选手感到他们遇到了多么强大的对手。

匈牙利人已经来了，随后是俄国人、美国人和瑞典人。巴黎也传来了好消息，政府决定提供资金让法国代表团前来。他们来晚了，但这又有什么关系！他们将在这短暂逗留的日子里了解太多的东西，他们将从第一天起就受到人们的热烈欢迎和祝贺，他们会发现自己是如此年轻和充满活力！

他们会突然间在精神上获得双重发现：他们会明白我们用一种笨拙的方式重新教育了他们，这里不仅有古代希腊，也有他们并不了解的现代希腊；他们也会发现二者之间紧密的联系和相似点。世界历史也会对此投来与众不同的眼神，他们将证明一个民族可以被关在坟墓里，但绝不会死去。

梦想的框架

各种项目在雅典辉煌的背景下进行，现代和历史完美结合。

文/皮埃尔·德·顾拜旦

希腊奥组委的委员们制定完"伟大一周"的赛程计划，左二为顾拜旦。

PREMIERS
JEUX OLYMPIQUES INTERNATIONAUX
ATHENES 1896
DE S. A. R. LE PRINCE HÉRITIER DE GRÈCE
PROGRAMME
LUNDI 6 AVRIL
MARDI 7 AVRIL
MERCREDI 8 AVRIL
JEUDI 9 AVRIL
VENDREDI 10 AVRIL
SAMEDI 11 AVRIL
DIMANCHE 12 AVRIL
LUNDI 13 AVRIL
MARDI 14 AVRIL
TIMOLÉON PHILIMON

Athènes 1896-Le programme et règlement des Jeux olympiques de 1896.

我们刚刚制定完"伟大一周"的赛程计划，球场节目和奥运会开幕式定在4月6日，国王将在部长、国会代表以及外交官员簇拥下主持仪式。赛跑比赛随后开始，晚上整个雅典城将灯火通明。7日将在扎皮翁宫举行击剑比赛，奥运会自行车馆将于8日揭幕。

自行车馆修建在新法勒尔平原上，可以说是哥本哈根自行车馆的复制品，似乎能够满足自行车比赛的要求。雅典的相关协会已经实验过，漂亮的看台也很不错。从那里可以看到帕尔奈特斯山和希梅特山，以及雅典卫城，在这个世纪末，体育终于占领了最高点。

但有一点值得质疑：自行车馆位于巴台农神庙脚下！我们曾多次提出这是对奥运会现代化的反对，但现在却没有人对此感到吃惊和反对。在竞技场前面打软式网球，在罗马地方总督提图斯的凯旋门下进行自行车比赛，这多少让人不舒服。这些罗马建筑都是有年代的，但巴台农神庙不同，从来没有民众的活动去惊扰它。8月9日，体操比赛将在体育场内举行，瑞典人、德国人、希腊人和几名英国人将参加，比利时体操协会主席反对体操进入奥运会的提议没有通过。

11日这天，游泳比赛将在美丽的齐亚湾(Zea)举行，人们围绕看台修建了许多阶梯，最后一片一直延伸到湛蓝的海面上。最后两天全都用于举办海上运动，一座亭子也修建了起来，用于停靠赛艇，让选手们享受一下舒适的环境。亭子非常大，用各种颜色的木头建成。从这里可以看到远处古代神庙的遗址，以及远处山上的别墅，那是部长们最喜欢的去处。在这里，运动员们变成了历史人物，不管他们是干什么的，在这里都融入了历史和现实之中，这显然让很多外国人非常吃惊。

奥运会闭幕式将于14日在体育场内举行。国王会给获胜者颁发奖励，他们将获得证书和奖牌，奖牌是法国艺术家夏普伦(Chaplain)设计的。这已经不是古代奥运会时象征性的橄榄枝，而是一个简单的回忆，将艺术和传统承接在一起。

斯皮里东·路易斯的救赎

这位希腊人不仅夺得了第一个奥运会马拉松冠军。也为希腊带来了国家荣誉。希腊人曾经为美国人在奥运上的强势而苦恼。

文/皮埃尔·德·顾拜旦

穿着传统服装的斯皮里东·路易斯很平常,但所有希腊人都能够认出他。(右)在获胜的第二天,斯皮里东·路易斯从国王手中接过了奖杯,公众把他看作是古代英雄一般。(上)路易斯参加王储(最后一排左一)组织的聚会,显得卓尔不群。

在奥运会比赛中"野蛮"的胜利得到了观众的接受。在体育场入口处,你可以非常清楚地看到一根旗杆,每场比赛结束后,获胜者的名字会按次序悬挂起来,同时还会升起冠军所代表国家的国旗。这是一个天才的想法,恰当地体现了奥运会的国际化特征。人们非常高兴地看到一些欧洲大国的国旗升起,但人们看到最多的,还是美国的星条旗。这是公正的,因为美国人是最早对奥运会产生兴趣的,也是少数从不怀疑奥运会会取得成功的。他们派出的代表队证明了他们的体育价值以及在训练上的优势。雅典人实际上是反对职业选手参赛的,他们很难相信这些肌肉发达的美国选手都是大学生,希腊的大学生显然没有这么强健。

不过当星条旗升起的时候,观众们还是给与了掌声和欢呼,尤其是在雅典美国大学的朋友们,更是他们的忠实支持者,其中很多人都和这些运动员所代表的学校或俱乐部有关系。奥运会不是美国和希腊之间的第一次亲密接触,他们之间已经以其他的方式有着紧密的联系。美国人更能理解希腊所代表的古典民主形式,他们能在这里找到更多相似之处。

希腊人爱美国人,所以给与他们的成功由衷的掌声,他们甚至对一名因犯规被取消比赛资格的普林斯顿大学的学生微笑。但如果不能夺得马拉松冠军,那么希腊人肯定会万分失望。在2小时58分钟完成了40公里比赛后,是一名希腊人首先进入了体育场。那一刻,现场完全沸腾了,6万名观众全部都在欢呼。而他们面前还有希腊国王和公主、塞尔维亚国王,以及希腊的部长们和外交使团。

当看到获胜者就要冲过终点时,雷鸣般的欢呼冲上云霄,穿越平原,传到了希腊的每一个角落,唤醒了这片古老土地下长眠的先贤。作为表彰,希腊的两位王子搀着路易斯走回了更衣室,人群的亢奋又达到了高潮。

我看到一位女性解下了手表,当做礼物送给了英雄。一名酒店老板表示将给他免费提供365次丰盛的晚餐,一名在街道角落里擦鞋的孩子也跑过来免费照料英雄的鞋子。查尔斯·莫拉斯(Charles Maurras)先生向来反对体育的国际化,但今天他说:"我感到,国际化不会杀死国家的概念,只会增强它!"

1896

美国人伯克震惊雅典

出于尊重古代奥运会传统的缘故，雅典奥运会以赛跑项目开始，现代奥运会第一个项目便是100米。两名来自美国的大学生托马斯·伯克(Thomas Burke)和托马斯·柯蒂斯(Thomas Curtis)在两场半决赛中领先，不过4月10日的决赛中，柯蒂斯为了确保110米栏冠军最终放弃了100米决赛，伯克(左起第二)顺利夺冠。他跑出了12秒的最好成绩，而他的起跑方式也是非常新颖的，就在3天前，他还夺得了400米冠军。

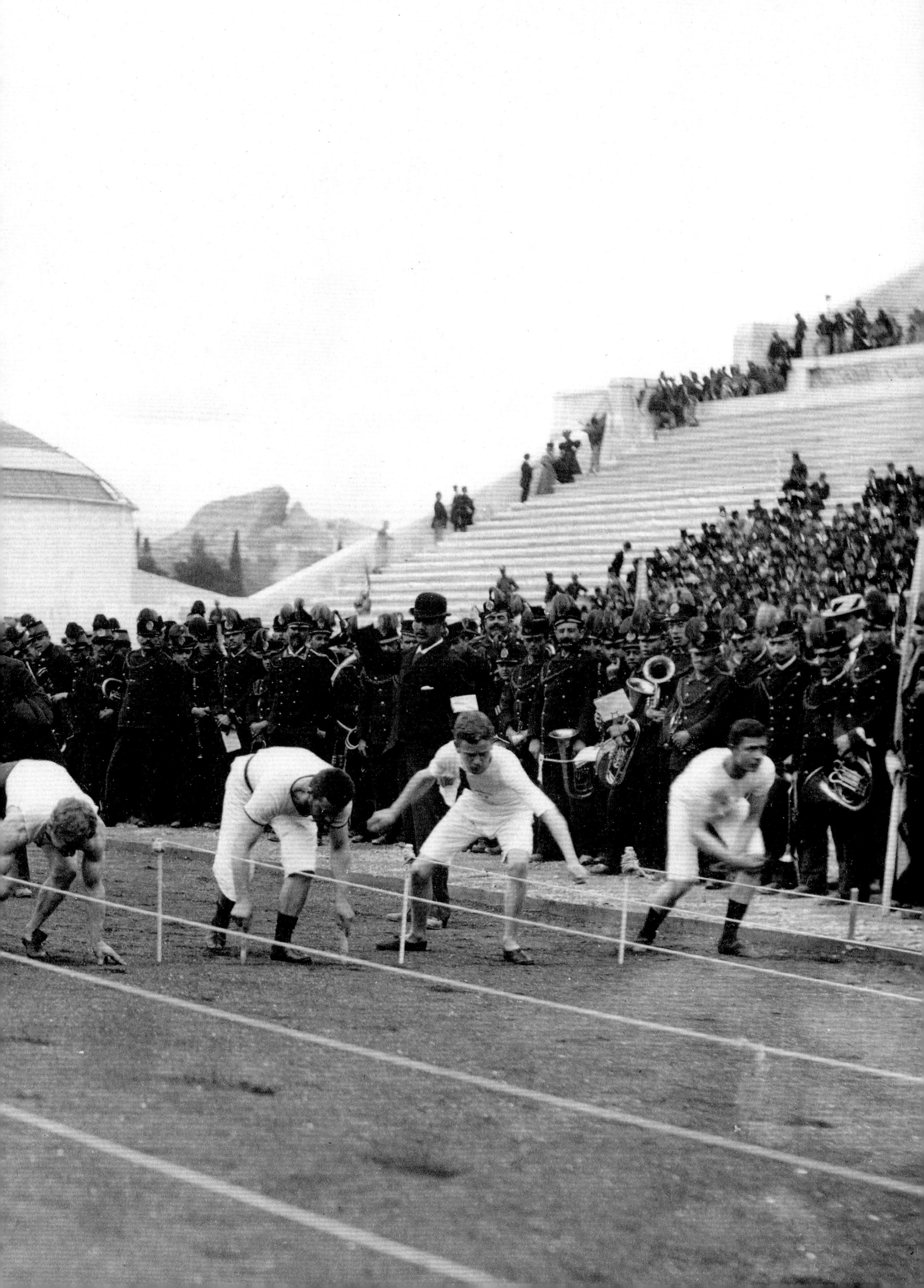

马松，弗拉芒：法兰西万岁！

自行车比赛几乎被法国人保尔·马松(Paul Masson)和雷翁·弗拉芒(Leon Flameng)统治，而他们只是顶替因身体不好而缺席的于勒·阿特(Jules Hatte)才来到雅典参赛的，法国人参加了4项比赛，获得了6枚奖牌，其中4枚金牌……

文／塞尔吉·拉盖

(上)作为一名货真价实的业余选手，小个子法国人弗拉芒(1877—1917)获得了金银铜牌各一枚。
(左)作为法国业余冠军，马松轻松夺得了3枚奥运金牌。

从4月8日到13日，无论在自行车公路赛还是场地赛中，法国人马松和弗拉芒都是光彩夺目。他们本不会出现在奥运会上，只是因为于勒·阿特以状态原因宣布退出才得到机会，但这或许只是一个借口，因为他很难证明自己不是职业运动员。

和其他法国运动员、记者和官员一样，这两名临时参赛的选手经过4天的航行才抵达希腊。没有时间祛除晕船带来的痛苦，他们4月3日抵达之后立刻开始了训练。作为法国《自行车杂志》的记者，古斯塔夫·德·拉夫雷特(Gustave de Lafrete)发现这个每圈333米的水泥赛道设计非常不合理。但在法国大使看来，这总比在巴黎那些轻浮的女人对运动员的影响要小得多。

4月8日100公里场地赛在13时23分正式开始，奥地利人施马尔向马松和弗拉芒发起了猛烈进攻，但19岁的弗拉芒让所有对手失望了。在他身旁，人们还看到了格拉夫洛特(Gravelotte)和卡洛(Callot)的身影，而他们是法国击剑队的选手！在现场20000多名观众面前，马松和弗拉芒并肩战斗着，到了15时，来自希腊和塞尔维亚的皇室家族也登上了看台，其中包括6个王子和公主。比赛进行到一半时，弗拉芒已经领先其他选手10多圈，但他显示了良好的体育道德。比赛进行中，他发现身后一名选手的车坏了，便停下来，和后者一同将车修好才继续比赛。

总共有来自德国、希腊、英国和奥地利的8名选手已经退出了比赛，他们都站在场边为法国人加油，弗拉芒还不忘整理了衣服上的小国旗，然后发起了冲刺。

他以3小时8分19秒的成绩夺冠，尽管第二名希腊人科列蒂斯(Koletis)以一段冲刺超越了他，但弗拉芒比他领先了14圈！这是一次毫无争议的胜利，人们第一次看到法国国旗在奥运会赛场上高高飘扬。热情高涨的观众都被这名小个子法国人征服了，在晚上的宴会上，他又得到了很多人的祝福。

3天后，轮到他的教练马松表演了，4月11日，他证明了自己足以与职业选手相抗衡的潜力，争先赛中他一马当先，随后还拿到了场地赛(333.3米)冠军，然后又与弗拉芒包揽了场地赛10公里冠亚军。这也是奥运会的一个历史性时刻，还从来没有哪个国家的国旗因为同一名冠军运动员在一天中三次被升起！

再加上弗拉芒在争先赛中获得的第3名，法国人一共获得了6枚自行车比赛奖牌，其中在4个项目中获得4枚金牌。他们在奥运会上掀起了风暴，试想如果他们参加全部6项比赛，没准会包揽所有冠军。然而当另外两个项目开始时，马松已经登上了回马赛的轮船。奥地利人施马尔为自行车比赛作了最好的总结，不过尽管取得了不错的成绩，法国记者古斯塔夫·德·拉夫雷特依然认为自行车比赛在奥运会被忽视了。

奥运史上的第一位冠军

夺得三级跳远冠军的美国人詹姆斯·康诺利(James Connolly)成为首名现代奥运会冠军。

文/塞尔吉·拉盖

詹姆斯·康诺利1970年出生于南波士顿，他夺得三级跳远冠军，成为第一名现代奥运会冠军；而最后一名古代奥运会冠军则是亚美尼亚瓦拉斯达特(Varasdates)王子，他在公元396年称雄拳击项目……4月6日，第一届现代奥运会在雅典揭幕，美国人康诺利的胜利来之不易：对于法国人来说，他的冠军有点争议；对于希腊人来说，他们都等着看一名同胞迎来这个历史性时刻。这也是美国运动员在田径项目中超强实力的展现，其实这在先于三级跳远比赛前举行的100米预赛中已经显露无疑了。他们不仅获得了胜利，而且成绩要远好于其他选手。

如果没有美国人，奥运会不会这么引人入胜，只不过他们的胜利没有受到观众们的热烈欢迎：希腊人永远都不会原谅击败他们的冠军的人。

康诺利能来雅典都是历尽千辛万苦。他申请假期的要求被上级驳回，他是一名哈佛大学的学生，学校起初不同意他放下学业去希腊参赛。最后他得到了萨弗尔克(Suffolk)田径俱乐部的支持，并通过卖蛋糕筹集了路费，这名爱尔兰后裔才得以参赛。

即使这样，他也差点没有赶上奥运会。在乘船旅行了16天半后，他从美国抵达了那不勒斯，然后坐火车直到4月5日晚上9时才到达雅典，路上他的行李被偷了。结果他在第二天凌晨4时就醒了，他原本以为奥运会在10多天后才开幕，没想到4月6日下午他就要参加比赛了。在比赛中，他也遇到了一些麻烦。为了跳出更好的成绩，他将身穿的红色毛衣脱下放在了场地边，乔治王子认为他这么做占了很大便宜，幸亏一名美国人走过去和王子交涉，才继续比赛。

康诺利使用的是和其他人不一样的跳跃方式：其他人在最后一跳时都只做了一次摆腿动作，而康诺利则连续做了两次。这个动作引起了争议，人们在重新研究了规则后，认为这个动作符合规定，美国人这才拿到了这枚珍贵的金牌。赛后，他用毫不夸张的语言给远在美国的同胞们发电报报喜："希腊人征服了欧洲，而我，征服了全世界……"

在雅典奥运会结束多年后，康诺利成为一位著名的记者和作家，他还曾获得普利策奖。

跳马冠军被德国全能运动员卡尔·舒曼(Carl Shuhmann)夺走。

1896年雅典第1届奥运会

复兴古代奥运会的赌博获得了胜利，尽管雅典奥运会的比赛成绩一般，但获得了观众的鼎力支持。

数据

开幕日：1896 年 4 月 6 日

闭幕日：1896 年 4 月 15 日

举办国：希腊

候选城市：在 1894 年 6 月 23 日到 24 日在巴黎举行的的国际体育运动代表大会上，雅典被确认为第一届现代奥运会的举办地。

14 个参赛国：德国、澳大利亚、奥匈帝国、保加利亚、智利、丹麦、埃及、美国、法国、英国、希腊、意大利、瑞典、瑞士。

245 名运动员，无女性

9 个大项

田径，体操，游泳，击剑，射击，摔跤，网球，自行车，举重。

表演项目：无

43 个小项：其中 15 项向女性开放，包括混合项目

开幕式：由希腊国王乔治一世宣布开幕。

奥运圣火：1928 年阿姆斯特丹奥运会的开幕式上，奥运圣火才第一次被点燃。

奥林匹克公约：1920 年安特卫普奥运会的开幕式上，奥林匹克公约第一次被宣读。

国际奥委会主席：德梅特里乌斯·维凯拉斯 (Demetrius Vikelas，希腊)。

1896年这一年

• 世界局势：菲利克斯·福尔 (Felix Faure)，法兰西共和国总统；维多利亚一世 (Victoria I)，英国女王；吉约姆二世 (Guillaume II)，德国皇帝；弗兰索瓦·约瑟夫 (Francois Joseph)，奥匈帝国皇帝；翁贝托 (Umberto I) 一世，意大利国王；史蒂芬·克利夫兰 (Stephen G.Cleveland)，美国总统；尼古拉二世 (Nicolas II)，俄国沙皇；光绪，中国清朝皇帝。

• 8 月 6 日，法国国会投票表决吞并马达加斯加。

• 10 月 5 日，沙皇尼古拉二世成功访问法国。

• 埃塞俄比亚国王梅内里克二世 (Menelik II) 成功抵抗意大利人的入侵。

• 《纽约世界》刊登了世界上的第一部连环画。

• 法国人贝克勒尔 (H.Becquerel) 发现放射现象。

• 瑞典化学家、炸药的发明者阿尔弗雷德·诺贝尔 (Alfred Nobel) 逝世，他留下遗嘱建立诺贝尔奖。埃德蒙·德·龚古尔 (Edmond De Goncourt) 去世，留下遗嘱创建龚古尔文学奖。

• 乔治·梅里爱 (Georges Melies) 开始拍摄他的第一部电影。1895 年 12 月 28 日，在巴黎的"大咖啡馆"开始公开放映收取费用的电影作品，电影由鲁米埃尔兄弟制作。

• 出现在雅典奥运会上的名人包括：作家查尔斯·莫拉斯 (Charles Maurras)、雷内·布瓦莱斯夫 (Rene Boylesve)、劳尔·法本斯 (Raoul Fabens)，以及巴黎阿奎埃尔修道院院长迪东 (Didon) 神父，他就是奥林匹克口号"更快、更高、更强"的始创者。

你知道吗?

由斯皮罗斯·萨马拉斯 (Spyros Samaras) 作曲，科斯蒂斯·帕拉马斯 (Kostis Palamas) 作词的奥运会会歌首次奏响，随后的奥运会上出现了许多其他的奥运歌曲，直到 1960 年罗马奥运会时，萨马拉斯和帕拉马斯这个作品正式被确定为奥运会会歌。

雅典奥组委在 1896 年发行了 75000 套邮票，其中 10000 套是奥运会邮票，所得收入帮助组委会平衡财政收支，并完成了最后 5 个体育场馆的建设。所有冠军都能得到一枚银质奖牌以及一个橄榄冠，而亚军只能得到奖牌，第三名则什么都得不到。匈牙利游泳运动员哈约什夺得了 1200 米冠军，他和其他参赛的 8 名选手在赛前被轮船"扔"到了大海上，然后再游回到岸边。

1896年雅典奥运会主赛场。雅典人对奥运会表现出了极大的热情。

雅典 Athens

古老的雅典被喻为众神之城，以智慧女神雅典娜的名字命名。雅典的神奇还在于，这里诞生了世界上最古老的运动会。

19 世纪末，一支德国的考古队让奥林匹亚重返人间，从公元 394 年至公元 1896 年，熄灭了 15 个世纪的奥运圣火于 1896 年重新点燃。1888 年，法国教育家和历史学家顾拜旦男爵最早提出恢复古代奥运会，并且为之奔走呼号。1894 年"现代奥林匹克之父"顾拜旦男爵在巴黎创立了国际奥委会，并最终确定将第一届现代奥运会的举办权交给了历史名城——雅典，奥运会又重新回到了它的故乡。

古老的雅典被喻为"众神之城"，以智慧女神雅典娜的名字而命名，相传希腊古时候，智慧女神雅典娜与海神波赛顿为争夺雅典的保护神地位，相持不下。后来，主神宙斯决定谁能给人类一件有用的东西，城就归谁。海神赐给人类一匹象征战争的壮马，而智慧女神雅典娜献给人类一颗枝叶繁茂、果实累累、象征和平的油橄榄树。人们渴望和平，不要战争，结果这座城归了女神雅典娜。从此，她成了雅典的保护神，雅典因之得名。后来人们就把雅典视为"酷爱和平之城"。

雅典——位于希腊东南部的阿提卡半岛西侧，三面环海，气候宜人。雅典市内多小山，基菲索斯河和伊利索斯河穿城而过，雅典是希腊最大的城市。这个今日希腊政治、文化、经济的中心，在古希腊时期就是重要竞技场所之一。它特别重视文化教育，强调把智育、德育、体育、美育四者结合起来培育人才，并创建了光辉灿烂的雅典文化。

古典时期，雅典城邦工商业经济的发展相对突出。工商业经济的发达和以城市为中心的民主政治机构的设置与运作，为雅典城邦的文化繁荣提供了坚实的物质基础和有益的社会环境。作为雅典城邦政治、经济和文化中心的雅典城市，既是城邦存在和发展的动力与心脏，也随城邦的征战扩张而历经兴衰浮沉。

如果说，希腊是欧洲古代文明的摇篮，那么雅典就是这个摇篮的中心，历史上曾创造了辉煌的古代文化，许多珍贵的文化遗产嬗传至今，构成世界文化宝库的一部分。雅典在数学、哲学、文学、建筑、雕刻等方面都曾取得过巨大成就。大喜剧作家阿里斯托芬，大悲剧作家爱斯奇里斯、索福克里斯和欧里彼得斯，历史学家希罗多德、修昔底德、哲学家苏格拉底、柏拉图、亚里士多德都在雅典从事过研究和创作活动，这些光辉的名字照耀着人类文化的长卷。

古希腊人崇尚"力与美"，把体育竞赛看作是祭祀奥林匹斯山众神的一种节日活动。公元前 776 年，在距离雅典约 300 公里的伯罗奔尼撒半岛西部的奥林匹亚村举行了人类历史上最早的运动会，并且每四年举行一次。直到公元 393 年，罗马皇帝狄奥多西一世宣布基督教为国教，认为古奥运会有违基督教教旨，是异教徒活动，经历了 293 届的古代奥运会于公元 394 年宣布废止。

1500 年过去了，当第一届现代奥林匹克运动会在雅典举行的消息传到希腊的时候，整个国家一片沸腾。雅典电报局的报务员刚刚译出电文，就大喊着："光荣属于希腊！"，希腊的报社连夜赶印号外，雇用报童让他们跑步张贴到各个路口和市场。

关键词·源头

希腊是古代奥运会发源地，而古代奥林匹克运动会的竞技比赛项目就是田径。场地跑是古奥运会最早设立的竞赛项目，距离 192.27 米，这正好是整个运动场的长度。后来有了中跑和长跑，距离是 192.27 米的倍数。当时跑到没有分道标志，运动场的边界铺以石块，就是起跑线，起跑姿势千姿百态，比赛也只是比个先后，不计时间。

古希腊人爱好跑步，在奥林匹亚阿尔菲斯河岸的岩壁上保留着古希腊人的一段格言："如果你想聪明，跑步吧！如果你想强壮，跑步吧！如果你想健康，跑步吧！"

拳击运动在希腊有着悠久的传统，被称为"勇敢者的运动"。拳击于公元前 900-600 年间盛行于古希腊，在公元前 688 年，拳击运动列入古代奥运会比赛项目，当时不限制比赛时间、活动范围以及击打的部位，直到一方被打到一方倒地，或认输为止。正是由于拳击是一项对抗性强的重竞技运动，带有很高的风险，因此，比赛极为血腥，古希腊人将这种运动称为扑克兴，意思是动用一切力量和手段来搏斗。

第2届奥运会→巴黎

为了让在巴黎举行的第二届奥运会获得更大影响力，国际奥委会想出了新点子，让奥运会和1900年世界博览会同时举行。人们起初有着宏伟的理想：1898年成立的组委会制定了一份雄心勃勃的竞赛计划，一座宏伟的体育场将在巴黎西部的库贝瓦(Courbevoie)拔地而起，一座城堡将提供给运动员们住宿……

两年后，摆在眼前的现实远没有那么振奋人心：大赛的组织工作最终托付给法国竞技俱乐部(Racing Club)。7月14日法国国庆日这天，顾拜旦男爵只能在布洛涅森林观看奥运会的举行，列席的还有法国商务部长密勒朗(Millerand)。运动员们住得还算不错，当然德国人除外，他们被组委会给遗忘了!

对于体育的卫道士们来说，他们必须千方百计地寻找各种资源和能量，让这次没有受到多少追捧的奥运会不至于冷场。但最终没能避免与世界博览会同期进行的奥运会几乎失去了人们的关注，只吸引了很少的观众，其中多数还是好奇的外国人。奥运会似乎成为了世界博览会不合时宜的陪衬。这是令人遗憾的，因为从体育的视角来看，巴黎奥运会还是取得了令人瞩目的成就。比如赛事第一次向女性敞开了大门，在槌球(Croquet)项目中，法国人费劳·布洛伊(Filleaul Brohy)和玛丽·奥涅(Marie Ohnier)有幸成为了奥运会历史上第一批女性运动员。

Jeux Olympiques
L'EXPOSITION DE PARIS
1900
PARIS 1900

1900

最初的跨栏原始笨重，选手得冒着受伤的危险参加比赛。

160天的“马拉松”奥运

第二届奥运会历时5个多月，堪称一次“马拉松”式的运动会。然而几乎整个巴黎都没有人察觉到它的存在，因为在海报上根本就没有出现过奥林匹克这个词。为了配合世界博览会，奥运会项目被巴黎组织者别出心裁地按博览会工业类别分在16个区域进行。

“如果世界上有一个对奥运会非常冷淡的地方，那就是巴黎。”顾拜旦曾经十分失望地在日记中写到。这位出生于法国巴黎一个名门望族之家的“现代奥运之父”在童年的时候非常热衷于希腊文化和运动，长大后更是将“复兴奥林匹克”作为自己终生的事业。在他的家乡巴黎点燃奥林匹克的圣火是他一直梦寐以求的事情，并为此付出了卓绝的努力。

早在1894年，顾拜旦就曾建议第一届奥运会于1900年与世界博览会同时在巴黎举行，借以扩大奥运会的影响。但是，在雅典成功地举办了第一届奥运会后，希腊人对奥运会表现出了极大的热情，他们甚至想推翻第二届会址设在巴黎的决议。在第一届奥运会闭幕时，国王乔治一世就亲自出面，要求将雅典定为奥运会的永久会址。

当时已接替维凯拉斯任国际奥委会主席的顾拜旦，在这个问题上坚持不让。在给希腊奥委会主席的信中，他这样写道：奥林匹克运动是希腊的，也是全世界的。他认为奥运会必须在不同国家举行，才能使之具有国际性和富有生命力。

最后，希腊终于被说服，巴黎赢得了第二届现代奥运会的主办权。

为了使在巴黎举行的第二届奥运会获得更大的影响力，国际奥委会决定让奥运会与1900年世界博览会同时举行。对于这次比赛，人们最初有着宏伟的理想。然而，这些宏伟计划到最终仍然只是一纸蓝图，就连组委会答应顾拜旦建造一座“奥林匹克体育馆”的承诺也落了空。法国政府对博览会的兴趣远胜于奥运会。承办两项会务的主要负责人对体育运动业并不热心，他对顾拜旦提出的奥运会筹备方案不屑一顾，把主要精力都放在了博览会上，甚至对奥运会的比赛项目、日程、场地等都没有做过周密安排，更谈不上花费巨款去兴建体育设施。

1900年5月14日，作为博览会附属的第二届奥运会拉开了序幕，本届奥运会不仅没有开幕式，而且没有正式的成绩纪录和奖牌。巴黎奥运会是至今唯一的不授予奖牌的奥运会，冠军们的奖品是艺术品。与此相反，巴黎却为世博会修建了豪华的展馆、埃菲尔铁塔，向世界炫耀着它工业文明的杰作。

虽说巴黎对待奥运会是冷淡的，但其仍以悠久的繁华吸引着不少参加者。参赛国家达24个，运动员共1225人，参赛人数也比上届多得多。东道主派出了884名运动员组成的宠大选手团，人数居首位；英国次之，共103人；美国列第三位，共74人。首次参赛的有比利时、波希米亚、海地、西班牙、意大利、加拿大、古巴、荷兰、挪威和印度。值得一提的是，印度选手诺尔曼·普理查德随同英国代表团参加了这次盛会，并在田径赛中获得两枚银牌，成为第一个参加奥运会和获得奖牌的亚洲运动员。

奥运会历时5个月，堪称是一次“马拉松”式的运动会。不过几乎整个巴黎都没有人察觉到它的存在，因为在海报上根本就没有出现过奥林匹克这个词。为了配合世界博览会，奥运会项目被巴黎组织者别出心裁地按博览会工业类别分在16个区域进行。比如，击剑被安排在刀剑制造工业区，划船安排在救生系统展览区等。

各种各样的怪事就在顾拜旦的眼皮底下发生着。这位当时的国际奥委会主席实际上被排除在巴黎奥运会领导群体之外，虽然他怒气难平，却无能为力。人们经常可以看到顾拜旦骑着三轮摩托车，神情哀伤地赶往各个分散的赛场观看比赛。他后来评价这届变了味的奥运会是：“动机本来是好的，但结果却不是奥运会了。他们利用了我们的事业，并且毁坏了我们的事业。”

巴黎奥运会比赛场地不仅分散，而且设施很差。田径赛场就是一个例证。这项比赛被安排在巴黎市区一个林场进行。那里原是法国赛马俱乐部的跑马场。虽然环境优美，空气清新，但不适举行田径赛。它场地狭小，土质松软，跑道不平，场内设施几乎一无所有。

跳跃比赛，需选手自己动手挖掘沙坑；跨栏比赛的个别栏架临时用树枝搭起来凑合；参加投掷比赛的选手更是苦不堪言，由于比赛在巴黎西部的赛马俱乐部进行，场内长满大树，掷出的器械经常碰撞树木的树杈，有时掷出的链球缠绕其上，还得从树上取下后再进行比赛，有时扔到树林深处，裁判员要找好半天才能找着。于是，决定比赛胜负的不是实力，而是运气。谁若能把器械穿过树杈、树枝投出去谁就能获得胜利。上届冠军、美国选手加列特投出的铁饼全打在树杈上，结果成绩平平。匈牙利选手鲍尔运气不错，最后拿了冠军。

不过这次田径比赛条件虽差，但仍取得了良好的成绩，创造了14项奥运会纪录。其中有6项高于当时的世界最高水平，有的纪录还保持了多年。

马拉松比赛的起点和终点均设在当做田径场的跑马场跑道上，路线是进入巴黎市区后再折回。这一天，巴黎市民纷纷涌上街头，很多人骑自行车在比赛沿线观看；有些人则开着时髦汽车，一边兜风一边观看。来自法国、瑞典、美国等5个国家的19名健儿参加了本次比赛。法国人断定这届冠军非法国人莫属，他们的确有充足的理由。因为法国选手对市区的大街小巷了如指掌，占了不少便宜；而当法国选手“抄近路”的时候，其他国家的选手已经在巴黎迷宫一样的街道中晕头转向了。尤其是19岁的瑞典小伙子法斯特，他本可取得更好的名次，却被一名糊涂警察指错了路，多跑了几分钟冤枉路，只获得了第三名。令人心痛的是，事后那位警察由于内疚竟开枪自杀了。

比赛结果被法国人料中，法国人特亚托以2小时59分45秒首达终点，获得冠军。赛后，美国选手牛顿说：“我跑过半程时就领先了，直至终点并没有任何人超过我，我以为是获得了冠军，怎么会有人在我前面呢？真是不解之谜。”

1900年巴黎奥运会会标的主体是一位身着传统法国骑手服装的女性，右手高举法国的三件传统兵器：花剑、佩剑和重剑。海报暗示着从这届奥运会起，女性开始走进了奥林匹克大家庭，参加了表演项目的比赛。巴黎奥运会上首次出现了19名女选手，单就这一点，它就可以被载入史册。

英国女选手夏·库珀穿厚重的华美纱裙参加女子网球单打决赛，并以2：0战胜对手，成为现代奥运会的第一个女冠军。

法国的确是一个充满想象力的国度，障碍泳是东道主设置的奇特项目。障碍泳要求选手在比赛途中必须越过河中竹竿、木板等漂浮物，再从一只小船底下游过去。能顺利游过这些障碍，先到达200米终点者胜。20岁的澳大利亚选手莱恩最终以2分38秒4的成绩获得了该项目的冠军。由于这一项的获胜，莱恩得到了一座尺寸与真人相仿的铜塑。而他在200米自由泳比赛中的2分25秒2的冠军成绩则为他带来了一件重量超过50磅的卢浮宫的复制品。

1900年，电影摄影机发明仅仅只有五年的时间，摄影师们有史以来第一次记录了运动员在运动时的状态。然而，或许连他们自己都不知道，留在胶片上的这些影像都是真正的奥运先驱的矫健身姿。

因为在当时的巴黎，几乎所有人都把目光投向了与第二届奥运会同时举办的世界博览会。甚至有些获奖选手，都不知道他们参加的是奥运会的比赛。因为在他们奇特的方形奖牌正面刻着的图案是有一对翅膀的胜利女神，手持月桂树枝，飞在巴黎和世界博览会的上空；文字则是“法国”和“1900年巴黎世界博览会”，分别刻在上方和左右空白处——与奥运会完全无关。

(左)从半空中俯视，维洛德罗姆体育场的奥林匹克赛址令人震撼。
(上)穿着华丽的女性出现在赛跑的场地旁边，这很符合逻辑，不是吗？

同期中国 China Memo

1900年，美、英、日、俄、德、法、意、奥等八国联军入侵中国，中国人民正处在水深火热之中。在此前的洋务运动过程中，击剑、拳击、足球等运动项目开始传入中国，而游泳、滑水、体操等项目已成为当时北洋水师学堂的体育课内容。

巴黎发现高尔夫

被世界博览会抢走风头后，奥运会没有取得意料中的辉煌。但必须承认，在这一系列赛事中，高尔夫成为了最成功的项目。

首先我们要涉及一下高尔夫的技术层面。在凹凸不平、距离变化不一的场地上，参赛者需用不同形状的球杆将球一个个打入洞中。每一次挥杆计为1分，在球被一一打入所有洞口后，计算总分数，得分最低的那个人获得优胜。

高尔夫球场的设置有些因地制宜。在英格兰和美国,你很少看到球场上有这么多障碍物,小径、篱笆、水沟、灌木丛、藤茎……这使得参赛者的任务变得非常艰巨。不过，在每个洞口附近 20 平方米的范围内，都会有一片平整的草皮。

比赛规则由圣安德鲁斯俱乐部细心编写完成，所有可能的情况都被研究到了。我必须承认，有些细节让最挑剔的读者也会非常满意。看看第 33 条：“如果球破裂成散开的碎片，可以另取一个球放置在碎片最为集中的地点”……还有“附着在球上的泥浆不影响比赛的进行！”

比赛没有放在巴黎近郊举行是可以理解的，考虑到这种类型比赛所需要的场地，其代价实在是太高了。就连赛事组织成员也被要求到贡皮耶涅 (Compiegne) 体育协会住宿，因为高尔夫运动在法国首都还不怎么出名。只有一些好奇的人，尤其是外国游客,才会去那里。但他们没有一丝遗憾，因为组织者竭尽全力让比赛变得精彩，尽管没有任何一名英格兰或苏格兰运动员报名参赛。最终是来自圣安德鲁斯俱乐部的桑兹 (Sands) 先生夺取了冠军，此前他还夺得过法国草地网球 (Lawn Tennis) 冠军。

文/古斯塔夫·德·拉夫雷特

1 在乡间，人们玩起了当地流行的游戏。

2 赛艇进入了奥运大家庭，多梅斯尼尔湖畔成为人们关注的焦点。

3 总共有63个小项的体操比赛在维洛德罗姆体育场进行，吸引了来自8个国家的参赛者。

4 塞纳河边有了一座新兴的城市，一栋栋崭新的房屋在世界博览会期间与世人见面。

5 由于赛事和运动员增多，更多外交仪式也不可避免。

6 本次奥运会最精准的冠军当属比利时人莱昂·德·伦登(Leon De Lunden)，他在射鸽子比赛中21发全中。

7 在世界博览会上进行了许多体育比赛，也有一些民间的比赛。

8 射击比赛的场地，也临时成为停车场，用于汽车参与比赛。

9 更奇异的是，当时每年仅能销售1000辆的汽车也现身赛场，参加花车比赛。

10 在鼓乐手和指挥的带领下，5000名弓箭手奔赴凡塞纳的维洛德罗姆体育场。

11 在巴黎，马术比赛吸引了8个国家的152匹良驹。

12 比赛场地很分散，有的在郊区有的在省内，高尔夫比赛被安排在贡皮耶涅。

1

2

3

4

5

L'EQUIPE 队报聚焦

新世界的超级竞赛

今年年底的时候，我们将有一系列漂亮的冠军收藏。如果除去世界博览会上的那些比赛，我目睹了43项冠军的诞生，尤其值得褒赞的，是在7月14日和15日的比赛中夺冠的运动员，他们实现了超越。因为就在15天前，职业组的比赛刚刚进行，而他们所创造的成绩全部被后来的业余选手超越了。

我必须说，美国派来了他们最出色的大学生运动员，包括克伦茨莱因、特克斯巴里等人，英格兰则送来了他们最出色的田径选手。所以在这次大赛中没有一名法国人夺冠，也就不会让我们感到惊奇了。为了准备这次奥运会，我们进行了严格的选拔，在全法国的运动员中间挑选了最出色的一批，他们有幸参加了大赛。

看着旧大陆的其他国家也在体育场内一无所获，我们或许能感受到一丝安慰。除了匈牙利的铁饼运动员鲍尔(Bauer)表现突出之外，德国人、希腊人、奥地利人、瑞典人、挪威人等等，加起来也只拿到了象征性的1分。

但我们不应该去寻求这种安慰，还是想想该怎么才能做得更好吧!当然，在获得强健的肌肉前还有许多路要走，正是由于采用了科学的训练方法，“新世界”才培养出了一批具备勇气和超凡实力的年轻人。所以毫不意外的，对于我们这些见证者来说，在有生之年要想看到自己的同胞击败美国的大学生们是非常困难的。在我们这一代年轻人与胜利之路之间，横着一条旧习的杠杆。此外，必须说明的是，美国的这些年轻人和我们的同胞相比，拥有更加高尚的精神生活；从体育的观点上来看，精神对于身体有着重大影响。所有这些因素能够解释我们的失败，没有任何借口。

文/古斯塔夫·德·拉夫雷特

6

7

8

9

10

11

1 英国人赫斯特(Len Hurst)即将结束他在维洛德罗姆体育场的第二圈赛程，他以2小时26分47秒80跑完40公里赛程，夺得职业组马拉松比赛冠军。

2 鸽子飞过，比利时人莱昂·德·伦登(Leon de Lunden)举枪将其一一击落，他夺得了这项比赛的锦标。

3 全新水泥跑道上，法国人泰兰迪耶(Georges Taillandier)与费朗·桑茨(Fernand Sanz)以及雷克(Lake)争夺。

4 以14.10米的成绩，美国人理查德·谢尔顿(Richard Sheldon)夺得铅球比赛冠军，他的同胞迈克克拉肯(McCracken)获得第二，成绩仅为12.85米。

5 谁也不知道中间的这个法国小男孩是谁，作为一名临时替补的舵手，他夺得了一项帆船比赛冠军。这是真正的奥运无名英雄。

6 在众人的注视下，匈牙利人鲁道夫·鲍尔(Rudolf Bauer)以36.04米的成绩夺得铁饼冠军。

7 祖籍爱尔兰的纽约人约翰·弗拉纳甘(John Flanagan)开始了他的夺冠系列，他以51.01米夺得链球冠军，此后又在1904年和1908年奥运会上相继折桂。

8 在射箭比赛中，比利时人胡伯特·凡·伊尼斯(Hubert Van Innis)夺得3枚个人金牌。

9 飞人埃尔文·巴克斯特(Irving Baxter)为美国夺得跳高金牌，成绩为1.90米，第二名离他足有12厘米的差距。同样是这个巴克斯特，还夺得了撑杆跳高冠军。

10 这是一个非奥运项目，战场上常见的大炮也成为了竞赛工具，最终巴黎炮击协会夺得了3项冠军。

11 又是一个新项目，在8月5日至8日于塞纳河边进行的钓鱼比赛中，来自6个国家的600名参赛者共钓起了881条鱼。最终法国人埃米勒·勒苏厄(Emile Lesueur)夺冠。

克伦茨莱因，巴黎之王

一项短跑、两项跨栏和一项跳跃冠军，美国人克伦茨莱因一举夺得了4枚金牌。

文/阿兰·比约金

在跨栏项目上克伦茨莱因无人可敌，他拥有完美的技术，夺取了110米栏和200米栏双料冠军。
(右)1896年由托马斯·伯克首创的起跑姿势，也被克伦茨莱因用在了60米跑比赛中。

这名23岁的美国人身体非常协调（身高1.83米，体重75公斤），来巴黎参加奥运会之前就名声在外。此前一段时间他完成一系列难以置信的表现，他成为了未来运动员的一个榜样。爱好广泛的克伦茨莱因一头卷发，在短跑、跨栏、跳高和跳远比赛中都有夺金实力。这个速度和跳跃之王来自密尔沃基，他父亲是从维也纳移民美国的奥地利人。

来到巴黎前他已经收获了一系列荣誉，两年前在芝加哥，他以创世界纪录的15秒20夺取全美120码短跑冠军。一年前，他又在全美大赛中夺得了高栏和低栏赛跑以及跳远冠军，在100码和跳高比赛中名列第二。还曾在一年内4度打破跳远世界纪录：7.29米、7.40米、7.42米和7.43米。他还能表现得更好吗?

当然可以。他在巴黎格外引人瞩目，也再次证明了自己的神奇实力。在3天时间内，他报名参加了8项径赛项目，还有跳远。结果他夺取了4枚金牌!他是当之无愧的巴黎奥运会之王!在60米跑中，他以7秒的优异成绩，领先同胞瓦尔特·特克斯巴里(Walter Tewksbury)0.1秒夺冠；100米栏比赛中，虽然这个距离不是他所熟悉的，但仍以15秒60打破世界纪录，并在决赛中将成绩提升到15秒40；200米栏比赛是同样的情况，他从1898年起就以23秒60保持着220码(约201.17米)跨栏世界纪录，这次又轻松夺冠。

人们最渴望的是周日的跳远决赛，他将与最大的对手梅耶·普林斯特因(Meyer Prinstein)展开争夺，后者在4月于美国费城进行的比赛中创造了7.50米的世界纪录。但一个细节让美国代表团的领导们愤怒了，他们早在奥运会开幕前就坚决地要求组织者将决赛放在周日之外的时候进行，这样也是为了尊重某些运动员的宗教习惯。但美国人的要求遭到了拒绝，普林斯特因在周六的预赛中跳出7.17米的成绩后威胁退出，周日决赛进行时他没有出现，7.17米也成为他的最终成绩。一度宣布也不会参加周日决赛的克伦茨莱因却改变了主意，他也得到了意外的收获。7.18米!他成为了奥运会跳远冠军!他成为了本届奥运会的现象!奥运会四冠王!

艾亚特和封斯特，超级师徒

击剑决赛吸引了19个国家的运动员，法国人笑到了最后！

文/路易·佩里

(上)古巴人封斯特(左)是业余组冠军，他的老师艾亚特则是职业组冠军，他们争夺最后的冠军，老师当仁不让。

(左)作为一名击剑大师的儿子，而且还是击剑老师，艾亚特的胜利当之无愧，他获得了所有组别的冠军，而且没有输一场。

当1900年奥运会的花剑比赛在节日大厅举行的同时，佩剑比赛则在露天赛场开始。大量舒适的帐篷已经搭建起来，要么是为了供运动员更衣，要么是作为食堂，要么是为了让比赛躲避风雨的袭击。这最后一项用途决不是没用的，因为有那么几天，老天爷的坏脾气爆发了，击剑选手只能在帐篷里继续比赛。

在击剑比赛进行的15天时间里，吸引了大量观众，很多人其实更喜欢看花剑，但他们也不停涌入这里的帐篷。列举一个数字就能说明问题了，比赛最后一天居然有165名观众购买门票入场观看。考虑到所有组委会成员、裁判、运动员都有通行证，组委会还分发了超过600张通行证，而且世界博览会的通行证也能畅通无阻，这个数字是非常可观的。

最先燃起战火的是业余组运动员。总共有154名业余选手报名参加第一阶段淘汰赛，分为17个小组。总体上来说，小组赛的成绩和大家预计的差不多，多是那些更出名的选手突围成功。当然也有一些意外，我们必须提到维利·苏尔兹巴赫(Willy Sulzbacher)，这个不走运的年轻人在第一小组名列第三。这个小组太强大了，第一名是最终夺得业余组冠军的拉蒙·封斯特(Ramon Fonst)，业余职业混合组亚军，小组第二则是赛事第6名获得者埃德·华莱士(Ed Wallace)。他们的出色成绩，对于苏尔兹巴赫来说或许也是一种安慰。

每个小组的前两名进入第二阶段小组赛，每个小组前三名进入半决赛，最终选出9名选手进入决赛，封斯特成功夺冠。9名选手都获得了艺术品作为奖励，还依次拿到1500、1200、800、600、500、400、300、150和50法郎的奖励。拉蒙·封斯特是一名非常年轻的选手，还不满19岁，身材修长。他的比赛很耐看，总是在向前进攻，当然也很耐心，这多亏了他的老师、击剑大师艾亚特的指导。

报名参加击剑比赛的职业选手总共有90名，加上业余选手达到了244名。职业组的小组赛比赛方式与业余组完全相同。年轻的杜弗莱斯(Dufraisse)本是一名被寄予厚望的选手，但由于他不习惯在露天场地下进行比赛，结果可能是各种复杂的情绪影响了他，使他过早被淘汰了。

尽管如此，决赛阶段还是聚集了一些著名的选手，最终的获胜者是艾亚特，布尼奥尔(Bougnol)名列第二，两人的比赛都很吸引人，进攻永远占据主导地位。

根据规则，前4名职业选手和前4名业余选手入围，开始了最后的小组决赛。这再次证明了之前的排名，艾亚特和丰斯特分别拿到了职业组和业余组冠军，进入了决斗。最终，艾亚特夺得了冠军，并领走了3000法郎奖金。

一场混乱不堪的马拉松

这名法国工人千真万确地成为希腊牧羊人的继承者。

文/阿兰·比约金

米歇尔·特亚托 (Michel Theato)，他是否做好了准备，成为继"奥林匹克之魂"斯皮里东·路易斯之后，第二位奥运会马拉松比赛的冠军得主？显然没有，不过这名法国工人在昨天千真万确地成为希腊牧羊人的继承者。在比赛中他一直扮演着业余选手的角色，最终成为了奥运历史上第二位马拉松冠军，法国永远的体育英雄。

1900 年 7 月19 日，法国首都经历了荣耀而炙热的一天，这天的气温高达 39 度。所以你可以想象下午 2 时 36 分法国前 1500 米冠军梅厄斯 (Meiers) 发令之后，19 名选手踏上的征途是多么艰难。在法国竞技俱乐部，氛围是如此热烈，世界博览会总负责人阿尔弗雷德·皮卡尔 (Alfred Picart) 认为马拉松比赛的"起点和终点应该在同处"。他的这个选择是符合逻辑的,因为巴黎奥运会所有的径赛项目，以及世界博览会的业余比赛项目，都是在布洛涅森林进行的。所以，让马拉松这样一项属于英雄的项目走上巴黎的大街，最终又回到布洛涅森林也是合适的。

考虑到整个赛程经过的地段，比赛已经很困难的。周四下午跑在前往首都的路上，要遇到火车、羊群、牛群、自行车、汽车、工匠的手推车以及马路旁看热闹的人……

所有选手都被告知:必须在帕西门 (Passy) 左转，以绕道回到出发地。对于 5 名法国选手来说这没有任何问题，他们非常了解路线。然而在世界博览会工作的瑞典的 19 岁工人恩斯特·法斯特 (Ernst Fast) 就没有那么幸运了，他被认为是至少可以获得奖牌的选手，然而在帕西门处由于受到了一名警察的误导，他向着相反的方向跑去。法斯特后来花了很多力气，才勉强跟上领先的杜凯 (Daunis-Touquet) 和埃米勒·尚皮翁 (Emile Champion)。杜凯最后也收获了失望，毒辣的太阳让他步履维艰，最终他在一家咖啡馆门口停下来狂饮解渴，并宣布不再前进! 一个夺标热门就这样消失了，这给了年轻的法斯特机会，他开始大步追赶尚皮翁。美国人牛顿 (Newton) 本来排名第三，结果他也在一家咖啡馆前停了下来。考虑到围观的人众多而引起的拥堵，这次比赛并没有在完美的条件下举行。但这并不重要，路人陪着第一集团继续向前。很快就传来了消息，一直小心翼翼跟在后面的米歇尔·特亚托突然开始加速，很快就超越了尚皮翁和法斯特。身穿 3 号比赛服的法国人，在现场 2000 多人的鼓励和陪同下，最终第一个跑进了体育场的跑道。

奥林匹克冠军! 22 岁的特亚托以 2 小时 59 分 45 秒的成绩跑完 40.26 公里的赛程，成为第二位夺得奥运会马拉松冠军的运动员，他领先第二名尚皮翁 4 分 30 秒。

沉醉在疲惫和欣喜中的特亚托，被支持者们举着去接受法国工业部长阿尔贝·米勒朗的祝贺。最终，他还听到了法国第 124 步兵团为他演奏的《马赛曲》! 再加上法国人包揽前 4 名中的 3 个席位，一些英国媒体颇有些奇怪地评论道:"太美好了，却是事实!" 米歇尔·特亚托只是简单地表示:"我非常自豪能够战胜外国运动员，我准备转成职业选手!"

(上)19名选手出征，最终只有7名抵达了终点，身穿3号比赛服的米歇尔·特亚托成为了最后的冠军。

(左)巴黎当天气温39度，在最后的冲刺前，特亚托在布洛涅森林呼吸到了新鲜空气。

库珀小姐，幸福的女性

作为草地网球的天堂，普托岛(Puteaux)见证了女性首次出现在奥运会赛场上。

文/古斯塔夫·德·拉夫雷特

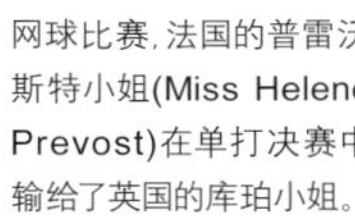

网球比赛，法国的普雷沃斯特小姐(Miss Helene Prevost)在单打决赛中输给了英国的库珀小姐。

坐落在巴黎西郊的普托岛，对于陌生人来说，要想找到入口都是很困难的。这个名为圣詹姆斯的街区，外表看上去还真像一座英国小城，走过一座小桥后我们沿着河边行进，这里曾举行过各种自行车大赛。走了大约 300 米，我们来到内伊 (Neuilly) 桥跟前，将目光向左侧投去，你很容易就发现在这座奢华小岛的中间，隐藏着一片漂亮的草皮，周围全是华丽的别墅。这里也有着全法国最棒的网球场!

普托岛是草地网球这种“宗教”的神殿，而作为普托岛体育协会主席的杨兹 (Janze) 子爵，就是这种宗教的忠实信徒。在法国，子爵也是这项运动的重要推广者。实际上，这项运动在推广初期也不是很受欢迎，第一批球员只能住在茅草屋里，第一块球场也并不那么规则。但成功到来得很出人意外，协会如今拥有超过 1300 个会员! 如今整个普托岛几乎都成为了协会的地盘，总面积超过了4 公顷。岛上为网球而准备的各种建筑在不停地修建起来，感觉就像又来了一次殖民。从外表上看，这个乡间小岛不怎么成气候，但走进去你就感受到它的舒适。我知道，是普托岛让很多英国人和美国人留在了巴黎。

普托岛体育协会拥有1300多名会员，这绝非虚构，再看看协会的领导委员会，你就更吃惊了：主席杨兹(Janze)子爵，副主席卡拉永-拉图尔(Carayon-Latour)男爵，秘书阿尔弗雷德·盖亚尔(Alfred Gaillard)先生，行政官高尔敦-贝内(Gordon-Bennett)先生。成员中还有乌塞斯(Uzes)大公这样的显赫人物。

正是该协会在上周于此举办了世界草地网球锦标赛。来自各地的著名选手在这样一个理想的时刻齐聚普托岛，这也让小岛和尊贵的协会主席感受到了莫大的荣誉。更令人振奋的是，在巴黎的那些漂亮而优雅的女性也得到了在普托岛一展技艺的机会。此外，在比赛日期间，这里还举行了最高档的宴会，我甚至忘记说了，还有一艘电动船会带您直接踏上小岛。

比赛是如此精彩，媒体也意识到了这一点，我迫不及待地要告诉大家比赛结果。达赫迪兄弟 (Doherty)、库珀 (Cooper) 小姐和普雷沃斯特 (Prevost) 是大赛的最大赢家，我还没有提到职业组选手，他们干得更为出色。

上述前三位都是英国网球界赫赫有名的人物，他们的比赛富于变化，尤其是达赫迪兄弟中的老大。最高的称赞应该送给库珀小姐，她夺取了女子组冠军，她打得和男选手一样棒! 而她在决赛中的对手，来自法国的普雷沃斯特小姐没有那么出名，但也打得很不错了。

比赛的奖金非常特别：一张精致的鸡尾酒桌，这成为了达赫迪兄弟的战利品。颁奖的时候到了，女人们都换上了一套优雅的夏装，女性的柔美与绿色的草地相映成趣。这样的场景令人难忘，我们都是带着幸福的笑容离开普托岛的，它给予了我们特别的接待。

拔河比赛也出现在巴黎奥运会，由瑞典和丹麦组成的斯堪的纳维亚联队对阵竞技俱乐部所代表的法国队。

1900年巴黎第2届奥运会

由于与世界博览会同期举行，奥运会的比赛项目无论从时间还是地点上都被分散了，而且还向学生和职业选手敞开大门。真是一片混乱！

数据

开幕日：1900 年 5 月 14 日

闭幕日：1900 年 10 月 28 日

举办国：法国

候选城市：无

24 个参赛国

1225 名运动员，其中女性 19 名，男性 1206 名

20 个大项（其中 4 个向女性开放，包括混合比赛）

田径、帆船、板球、槌球、自行车、马术、剑术、足球、高尔夫、体操、拔河、游泳、回力球 (Pelote Basque)、马球、橄榄球、网球、射击、射箭、赛艇、水球。许多比赛（对学生、业余和职业选手开放）也在国际博览会上举行，因此发生了很多变化。

表演项目：无

88 个小项：其中 13 项向女性开放，包括混合项目

开幕式：无

奥运圣火：1928 年阿姆斯特丹奥运会的开幕式上，奥运圣火才第一次被点燃。

奥林匹克公约：1920 年安特卫普奥运会的开幕式上，奥林匹克公约第一次被宣读。

国际奥委会主席：法国顾拜旦男爵。

冬奥会

第一届冬奥会于 1924 年在夏蒙尼 (Chamonix) 举行。

1896

• 马达加斯加成为法国殖民地，加利埃尼 (Gallieni) 将军被任命为总督（8 月 6 日）。

• 沙皇尼古拉二世正式访问巴黎（10 月 5 日至 8 日）。

1897

• 在巴黎特雷维斯大街，举行了法国第一场篮球赛。

• 安特卫普奥运会 4 枚金牌得主帕沃·努尔米 (Paavo Nurmi) 诞生，他于 1924 年在巴黎第 5 次夺冠。

1898

• 法国作家爱弥尔·左拉 (Emile Zola) 在《曙光报》上发表《我控诉》，要求给德雷弗斯警官平反，“德雷弗斯阵营”和“反德雷弗斯阵营”的冲突达到顶峰。

• 中英两国达成协议，英租借香港 99 年。

1899

• 军事法庭在雷恩重新审理德雷弗斯案，他直到 1906 年才被正式宣布无罪释放。

• 第一次和平会议在海牙召开，创建国际仲裁法庭。（5 月 18 日）

1900

• 世界博览会在巴黎开幕（4 月 14 日）。

你知道吗？

尽管顾拜旦不怎么愿意，女性还是第一次出现在奥运赛场上，第一名女性奥运冠军是夺得网球单打冠军的英国选手夏洛特·库珀。同样是在网球项目中，英国的达赫迪兄弟在男子单打半决赛中相遇，结果哥哥雷吉纳尔德 (Reginald) 主动退出比赛，弟弟杀入决赛夺冠。同一天，两兄弟联手夺下男子双打冠军。

田径比赛因为一些美国运动员出于宗教原因拒绝周日比赛而被打乱。跳远比赛中，美国犹太运动员普林斯特因在预赛中跳出了最好成绩，但他出于宗教原因而不能参加周日进行的决赛。他在预赛中的成绩被带入决赛，作为最终成绩，而决赛中另一名美国人克伦茨莱因以 1 厘米的优势夺冠。

在赛艇的双人有舵比赛中，荷兰队突然找不到舵手了，结果一名年轻的法国人被选作替补。最终这个特殊的组合夺冠，那个法国孩子也出席了颁奖仪式，领到了奖牌，还拍了照片。但尽管为此寻找了多年，人们最终也没能查出他的姓名。这个当时年龄在 7 到 12 岁之间的孩子，可能是奥林匹克历史上最年轻的冠军。

由于同世界博览会同时举行，巴黎奥运会显得十分混乱：许多少见的项目加入进来（障碍游泳、马术跳高和跳远等），大部分获胜者获得的不是奖牌，而是奖杯或奖章，这次奥运会甚至连闭幕式都没有。

那个时代的法国巴黎，行人众多但并不匆匆。

巴黎 Paris

花的巴黎,艺术的巴黎,女人的巴黎,香水的巴黎,时装的巴黎,浪漫的巴黎……

法国的首都巴黎得名于公元四世纪。这个位于法国北部巴黎盆地中央的城市，地形像一只大碟子，周围是坡陡的山地，向着盆地缓缓倾斜。盆地中央以石灰岩为主，它的上面覆盖着一层肥沃的土壤，这使它成为法国最富饶的农业地区。

巴黎是在塞纳河中的一个小岛上渐渐向两岸发展起来的，它正好位于一条重要的南北大道和另一条东西向沿河道路的交叉路口，这个交通枢纽具有重要的战略意义,因此巴黎的发展十分迅速，1884 年便走进了工业化道路。

当然，巴黎还是革命的巴黎。巴黎的哲学家对人类自由与平等的诠释比任何其他地方都更充分；从巴黎发端的法国大革命开创了人类的新纪元；拿破仑将军以巴黎为中心，南征北战，彻底地动摇了欧洲的封建势力。

伟大的城市必然是丰富的，而这种伟大、这种丰富，是与一座座世界闻名的建筑相联系的—巴黎有着许多具有世界影响的纪念性、象征性建筑，凯旋门、卢浮宫、埃菲尔铁塔、凡尔赛宫……这都是人类建筑史上的一个又一个奇迹；这种伟大又是与数不清的灿若星汉的伟大思想家、文学家、艺术家、科学家和政治家相联系的—卢梭、孟德斯鸠、巴尔扎克、雨果……在巴黎生长或与巴黎有关的文学艺术家，特别值得人类永恒纪念的历史文化名人之多是罕见的；这些丰富还是与在此发生的一桩桩撼动世界的历史事件相联系的——资产阶级启蒙运动、资产阶级革命、巴黎公社……不仅改变了历史，更促进了人类社会的发展。

所以说，巴黎是一部历史、一部世界历史。当人们试图用语言来叙述巴黎时，无论是多厚的书，多么气势磅礴的文字,在活的巴黎面前总是苍白无力的。它所创造出来的属于全人类的精神财富，足以让它骄傲地睥睨同群。

巴黎是第一个获得两次现代奥运会举办权的城市，这部分归公于"现代奥林匹克之父"顾拜旦先生，1900 年，第二届现代奥林匹克运动会来到了他的故乡。

当时的巴黎街头，一切都围绕着万国博览会进行，到处都是万国博览会的宣传，奥运会被完全淹没在博览会的欢乐气氛中，结果不但大多数巴黎人以为奥运会是博览会的一项活动，就连许多运动员到比赛结束时也不知道自己参加的是奥运会。

法国政府对博览会的兴趣远胜于奥运会，而承办这两项会务的主要负责人也同样轻视奥运会。法国奥委会没有足够的资金修建体育场，体育设施简陋而分散。借用赛马俱乐部的跑马场作为主运动场，场地狭小，土质松软，路面不平。场内没有沙坑，跳跃运动员不得不自己动手临时挖坑。由于林木丛生，给投掷运动造成很大障碍，铁饼、链球常常撞在树上。

尽管设法搭了看台，但观众寥寥无几，因为人们不知道这里在进行什么。击剑、游泳、网球以及其他一些项目均分散在郊区进行。巴黎地铁，最初就是为 1900 年世界博览而修建的——直到现在它依旧承担着巴黎繁忙的城市交通——但如此先进的城市交通工具，却依旧无法弥补奥运比赛场地的分散和组织松散所导致的无序。

在巴黎举行的第二届奥运会不算成功，但其创下了具有历史意义的业绩——女子进入奥运会比赛，男女平等在现代奥运会中得以体现。

关键词·自行车

1791 年，历史上最早的全木自行车便出现在法国，当时又称为木马，它以木马为主体，安装上两个轮子，依靠骑者双脚前后用力蹬，使其直线前进。

如今，自行车运动在法国依然盛行。举世闻名的环法自行车赛 1903 年起源于法国，这个拥有一百多年历史的自行车运动每年都会吸引全世界顶级自行车运动员参加。如今的环法自行车赛已经超越了竞赛的意义，对于法国当地人来说犹如过节一般，热闹非凡。参赛选手在法国田间骑行已经成为环法赛事的一到独特的风景。

另外，击剑运动在法国也历史悠久，早在 1567 年，第一家击剑学校就在法国创办。19 世纪，法国击剑学院因其严谨的教学和才华大师们的论著而享誉海内外，这些击剑大师奔赴世界各地教授剑术。由于法国发明了花剑及其技巧，所以在 1896 年的奥运会改革中，法国帮助制定了击剑比赛规则。在法国，击剑运动在各种群体中展开，为法国击剑运动在奥运赛场上的长盛不衰奠定了基础。

第3届奥运会→圣路易斯

奥运会第一次横渡大西洋，来到了遥远的美洲大陆。但组织者们却犯了与四年前的巴黎几乎一模一样的错误：奥运会比赛时间跨度长达4个半月，在同时进行的世界博览会的冲击下，几乎失去了自我。

横跨大西洋的旅程漫长而昂贵，迫使绝大多数欧洲国家选择了放弃参加。在总共89个如今被视为奥运“计划内”的项目中，只有42项有美国以外国家的运动员出现，还不到一半。很多欧洲国家都派出了在美国侨居或求学的人作为代表，比如唯一代表法国出战的马拉松选手阿尔伯特·科雷(Albert Coray)就居住在芝加哥。但这些事实都没有影响到圣路易斯奥运会取得的巨大成就，无论是在赛道上还是在赛道外，这里都开了许多延续至今的奥运传统之先河。

圣路易斯奥运会是奥运史上第一次用金、银、铜牌来分别奖励各项赛事的前三名。拳击和自由式摔跤也首次成为了正式项目。马拉松运动员朗·图(Len Tau)和简·马士阿尼(Jan Mashiani)来自非洲的茨瓦纳族部落，他们成为奥运会历史上第一批非洲运动员。

但本届奥运会也有不合理之处。其中最引发争议的是：组织者特意安插了一个“人类学日”(实际上是两天)，美国白人与种族隔离分子以此来测试他们所说的“低等种族”的运动能力……这是圣路易斯留在奥运会史上一个永远无法抹去的污点……

OLYMPIC GAMES
WORLD'S·FAIR
LOUISIANA PURCHASE
EXPOSITION
ST. LOUIS, U.S.A.
1904
ST. JOHN

1904

除了被世界博览会“骚扰”，奥运会也没能躲过8月12日到13日的所谓“人类学日”；尽管这些来自非洲或印第安部落的人，当时并不介意展示其传统文化与体育的联系。

奥林匹克冲出旧大陆

20世纪到来的时候，奥运会第一次走出了旧大陆。它穿越大西洋，来到了美国的圣路易斯。圣路易斯位于密西西比河右岸，交通方便，工业发达。18世纪时，该市尚属法国管辖，曾是皮毛交易市场，1803年归还美国。在成为1904年世界博览会和奥运会的东道主后，它开始迈入历史上的黄金时期。

之前，美国人在雅典和巴黎都有过出色表演。国际奥委会遂优先考虑由美国城市主办第三届奥运会。走出欧洲也符合顾拜旦的奥林匹克运动国际化的理想。但申办竞争的一波三折却是令人始料未及的。

首先提出申请的是美国北部工业重镇芝加哥，时隔不久，又出现了竞争者——圣路易斯。这个在人口、经济实力上都远逊于芝加哥的城市之所以半途杀出，主要是原定于1903年举办的庆祝该市开市一百周年的世界博览会改在1904年，主办者想使博览会、运动会同时举行，互增光彩。于是两市展开了激烈的竞争。在相持不下的情况下，最后只好求助于美国总统、美国奥委会名誉主席西奥多·罗斯福裁决。以"大棒加胡萝卜"口号闻名后世的罗斯福在了解情况、征询有关人士意见后，倾向于由圣路易斯承办，并把此态度传递给顾拜旦。国际奥委会不得已推翻之前的决定，圣路易斯就这样夺来了芝加哥已经到手的鸭子。

虽然罗斯福总统致电国际奥委会，保证吸取法国人的教训；虽然组委会方面声称会把圣路易斯奥运会办成有史以来最精彩的盛会——但是，这还是重复着4年前在巴黎所犯过的错误。这届奥运会从1904年7月1日一直持续到11月23日，将近5个月，并且再次被同年举行的圣路易斯安那世界博览会抢走了风头。人们被混乱的组织弄得摸不着头脑，很多人都搞不清到底哪些是奥运会比赛项目。

前来参赛的国家仅有12个，创下了迄今奥运会参赛国数目最少的纪录。由于远渡重洋耗费昂贵，加之忧心远东日俄海战事态发展，包括法国在内的诸多欧洲国家均未出席，仅有英国1人、德国17人、希腊14人、挪威2人、奥地利2人、匈牙利4人、瑞士1人，共7国41人的欧洲队伍参加，而其中不少国家的代表还是客居美国的侨民或留学生。东道主曾提出派船接送欧洲选手，但最后只是空头支票。

除欧洲外，另5个队是东道主美国、古巴、加拿大、澳大利亚和首次参赛的南非。全部600多名的参赛运动员中，东道国占了533人；其中女子8人，全由美国派出。位居第二的加拿大仅41人。由于外国选手总共还不到100人，以致某些项目的比赛，如拳击、自由式摔跤、射箭、网球、水球等，参赛的几乎都是清一色的美国人，无怪乎人们把这届奥运会称之为美国运动会。在总共89个小项的比赛中，只有42个项目的参赛名单里出现了美国以外的运动员，这也使得美国成为本届比赛的最大赢家。和巴黎奥运会相比，参赛人数(617名)和大项数目(16项)都有了不同程度的下降，女运动员人数也有所减少，她们唯一能参加的比赛就是射箭，而且还是同男运动员一起角逐。

本届赛会的项目略有变化。上届举行了的马术、帆船、自行车、射击等比赛这次未列入，但恢复了第一届列入的摔跤、举重。拳击和自由式摔跤等首次成为奥运会正式比赛项目。女子项目除了仅有的射箭，还首次举行了篮球表演赛。而马拉松选手郎·图和简·马士阿尼则成为第一批参加奥运会的非洲运动员。

这次大赛上的另一个举措一直沿用下去——金、银、铜牌首次被分别授予夺得冠、亚、季军的运动员。奖牌呈圆形，直径30厘米，比现在的奖牌要大得多，上面有展翅的女神像和橄榄枝等图案，并刻有"美国""圣路易斯"等文字。

美国总统罗斯福虽然赞同运动会在圣路易斯举行，但未出席开幕式；国际奥委会主席顾拜旦也因故未能光临。按惯例，一国首脑和国际奥委会主席都应参加运动会的开、闭幕式，二者同时缺席也是奥运会历史上唯一的一次。无疑，这对奥运会的气氛会产生一定影响。

美国黑人大学生乔治·波亚奇在200米、400米两项跨栏赛中各获1枚铜牌，这是黑人

同期中国 China Memo

1904年，清政府的统治风雨飘摇，日俄战争在中国东北爆发。与此同时，强兵、强种、强国的体育观念拥有了较高的社会认同度。在资产阶级革命派那里，孙中山先生多次提出"强种保国，强民自卫"的问题，将体育提到了救亡图存的高度。

在孙中山先生的积极倡导下，资产阶级革命派采取了一系列的措施，如在浙江绍兴创办的近代史上第一所革命党人的体育单科学校——大通师范学堂。学校实行军事化管理，周日外，每天都有军事操练。每周一、三、五，学生都有一个小时器械体操课，引进了木马、单杠、秋千、吊环等器械。大通师范学堂一度成为资产阶级派的活动中心，为辛亥革命培养了许多骨干。

田径运动员首次在奥运会上获奖。当时，种族歧视在美国屡见不鲜，大多数体育俱乐部拒绝非裔运动员，他们只好组织自己的俱乐部。24岁的波亚奇，是第一位参加奥运会的美国黑人。

奥运会首次出现了谎骗行为，事情就发生在8月30日的马拉松赛中。马拉松行进路线既有丘陵地带，又有平原地区。比赛当时天气炎热，路面满是尘土。闷热的天气，飞扬的尘土，使人喘不过气来。美国人弗雷德·洛茨一马当先。当他跑完12公里后，身体忽感不适，两脚抽筋。他只好停了下来休息，随后搭上一辆过路汽车。汽车拉他走了17公里后，他自我感觉好了些，下车继续向前跑。最后8公里，他基本是走步前进的，但他还是第一个到达终点。全场两千名观众对他报以热烈的掌声，乐队奏起了美国国歌，观众记者拥向这位胜利者的身旁。总统罗斯福的女儿爱丽丝·罗斯福授给他一枚金灿灿的奖牌，并亲自给他拍照，作为"冠军影集"的纪念品。

但是时隔不久，跑在洛茨后面的另一名美国选手托马斯·希克斯进入了运动场。他没有得到想象中的喝彩，因为观众把喝彩献给了前一个人。好在有人看到第一个选手坐车经过，洛茨的骗局被揭穿了。洛茨被取消资格，并受到美国田联的惩处，被判从美国代表队中除名和终身不得参加美国奥运会代表团。不过，美国田联不久就收回了成命。次年，洛茨在波士顿马拉松赛中获得了冠军，这次凭的是真本事。

但是希克斯也不是"清白人"，事后也被揭露在那次比赛中弄虚作假，而披露实事真相的正是他的教练。这位教练说："离终点还有7英里时，希克斯已经筋疲力尽跑不动了，很想退出比赛，我劝住了他，给他注射了两针，喝了杯法国白兰地，药力和酒精使他处于高度兴奋状态，他跑到了终点"。也有人说希克斯服用了一些药物，那种药后来被列入了违禁药物的范畴。时过境迁，虚假成绩已无法更改，希克斯以"五十步笑百步"捡了一个便宜。

这次马拉松赛中，还有一位新闻人物，他是来自古巴的费利克斯·卡哈尔。这位哈瓦那邮差，未受过任何正规训练，但有一股子冲劲。他依靠他人资助，从哈瓦那来到圣路易斯，抵达目的地后已一文不名。8月30日时，他身着长袖衫、长裤子和笨重的皮靴出现在马拉松起跑线上。好心的人们临时给他剪短了衫袖和裤管，并借来一双轻便的鞋子。比赛开始他一直跑在较前面，途中因饥渴难耐，他便跑进一家果园，吃了几个青苹果，因此与他人落下了距离，最后仍跑了个第四名。比赛后，又是好心的观众为他凑齐了回家的路费。他那些不平常的事情，在圣路易斯传为佳话。

圣路易斯奥运会同巴黎奥运会有很多相似之处，比赛场地、运动设施等都是非常简陋和难以令人满意的；圣路易斯市民的兴趣也主要在世界博览会上，奥运会比赛的观众很少，即使是最精彩的比赛，场内观众也从未超过两千人。奥运会再次受到博览会的冲击，变成了它的陪衬，变成了它推销商品的宣传工具。不过，这些还只是巴黎的重复，还能得到人们的谅解。圣路易斯奥运会最大的失败，是组委会搞的"人类学日"。最初，世界博览会上展示了不同地区原著民的生活状况。奥运会的组织者由此得到了所谓的灵感，他们决定搞一个"人类学日"，专门为原著民和有色人种设立了一些表演项目：让运动员扮演非洲矮人、菲律宾摩洛人、美国印第安人，进行爬杆、打泥巴仗等类比赛。

这种种族歧视的活动，引起一切有正义感的人们的强烈不满。它不仅是圣路易斯留在奥运会史上难以洗去的污点，而且更严重的是，它违反了奥林匹克精神，打击了奥林匹克运动的发展。顾拜旦得知后，愤怒地斥责说：搞所谓"人类学日"，是我们大家的耻辱。在今后的奥运会中绝不允许有类似情况发生。

人们对圣路易斯奥运会评价不一，有说它比上届好的，也有说它比上届糟的。但是，从巴黎和圣路易斯两届奥运会中，国际奥委会和体育界人士都清醒地认识到，奥运会与世界博览会同时举行是一个失败的尝试。它不仅会受到博览会的冲击，而且会被后者"吞并"，成为其宣传工具和附属品。

(左)在所谓的"人类学日"，体育场内反而坐满了观众，如今看来，不仅装腔作势，更是不合时宜。
(下)纽约田径运动员梅耶尔·普林斯特恩(Meyer Prinstein)在跳远和三级跳远中均获得了冠军，成绩是7.34米和14.35米。

气氛 1904

L'EQUIPE 队报聚焦

美国人“测试”野人

一份《正式展出名册》上，记录着所有出现在圣路易斯的“少数派”种族：日本阿伊努人(Ainus)，代表团由4名成年男子、3位妇女与2个孩子组成；阿根廷巴塔哥尼亚人(Patagons)，5名成年男子、1位妇女与1个孩子作为代表……留下照片并被写入名册的，还有其他许多美国印第安人部落以及其他种族的代表：乔克托族(Choctaw)的一位母亲和她的孩子、酋长与他的长烟管、夏安族(Cheyenne)婴儿、阿拉珀霍人(Arapahoe)、来自日本的木工，北太平洋的阿伊努人，摩洛族(Moro)的战士、裹着缠腰布的伊哥洛特人(Igorot)……

难以想象的是，这项组委会的“杰作”还被世界博览会的组织者们插了一脚。后者并不只是想消遣一把。没那么简单。他们还想在科学家与学者面前，测试一下这些被定义为“低等种族”的人的能力。而那些所谓的人类学家也给出了令人难以接受的结论。一个“苏人(Sioux)”能以11秒45夺得100码赛跑冠军？他们给出了“科学”的论断：“任何一个中学生都能比他们干得更好。”想象一下，如果一个最棒的俾格米人(Pygmee，又称侏儒族人，成年男性身高不足1.5米)跑出14秒35的成绩，又或者参加扔铅球大赛，他们又会作出怎样的评价……

顾拜旦男爵后来写道：“在这次没有预料到的体育盛会中，人们在体育场内看到了印第安人、菲律宾的摩洛人、日本的阿伊努人、非洲的俾格米人、叙利亚人和土耳其人……所有这些人都在参加文明上已开化的白种人创造的运动项目：跑步、拔河、跳跃、射箭……除了美国人，谁也不敢将此纳入奥运赛程。但在美国，一切都是允许的。美国人的热情导致了这样的纵容，犯下了这样的错误。”

文/奥利弗·马克特

1 还有比这更过分的吗？他们居然强迫一名俾格米人投铅球！不过，加拿大警察埃蒂安·德斯马托(Etienne Desmarteau)并不可笑，他在掷壶铃比赛中投出了10.465米夺冠，这使得他击败约翰·弗拉纳根(John Flanagan)成为奥运冠军。

2 这可能是"人类学日"最出名的一张照片：一个俾格米人正在射箭。天气酷热，看台上空空如也，但运动员却很坦然自若。

3 一次乡村节日赛跑的出发仪式？当然不是。这些组委会眼中的"野人"投入了比赛，由于种族太多，服饰也是各式各样，所以看上去有些奇怪。

4 一名摩洛族运动员也准备投长矛，他的动作更多依靠的是柔韧性。

5 当来自菲律宾的摩洛人准备投掷长矛时，人们发现他的动作与1908年才成为奥运项目的标枪技术十分相似。

6 "人类学日"另一项吸引观众的比赛：爬上一根高达15.24米的长杆，最灵活的选手只用不到20秒。

7 穿着气鼓鼓的裤子，两名女拳击手加入了比赛。她们的举动也引起了很多人的不满。

8 一次乡村节日赛跑的出发仪式？不。的确，他们的服饰看上去有些奇怪。

9 5月14日，奥运会开幕的日子，在现代化的弗兰西斯田野体育场上，人们还在做着最后的准备：官员们显然很满意营造出来的完美氛围。

1

2

3

4

5

6

L'EQUIPE 队报聚焦

主办国地区性运动会

9000 名运动员参加了詹姆斯·沙利文先生组织的一项或多项体育比赛，虽然名义上是“奥运会”，但绝大多数参与者都是美国人。没错，英国、德国、希腊、奥地利、匈牙利、爱尔兰、瑞士、加拿大、澳大利亚、南非、古巴和法国都派出了自己的代表，但他们都不是真正意义上的运动员。实际上，很多参赛的外国人并不是因为其运动才能而获得了参加奥运会的机会，而是因为他们居住在美国，不用远涉重洋参赛。

大学运动员的积极性也没有想象中高涨。哈佛、耶鲁、哥伦比亚、达特茅斯和乔治城等学校甚至拒绝派出运动员参赛。事实上，圣路易斯看上去不像是一届奥运会，更像是主办国的一次地区性运动会：东部对抗西部，或者芝加哥田径协会对抗纽约田径俱乐部……顾拜旦男爵理想模式的奥运会成为了一次纯粹的美国田径锦标赛，甚至还不如。

对詹姆斯·沙利文与他的同僚来说，最出色的欧洲运动员呆在自己家里根本无关痛痒，就像一名官员轻蔑的说法：“我怀疑法国运动员能否在任何一项比赛中进入前 4 名……”

这些比赛不是在国家间进行的，而是按照某些人的预谋一路展开，以成为“伟大”的美国展示自己的舞台……也正因此，在他们眼中，大学生运动员的缺席也没什么大不了；为什么奥运会要变成大学生之间的对抗？让它成为向所有移民展示美好“美国梦”的舞台，岂不是更好？

说到底，这届奥运会与真正的奥运会相去甚远。

文/古斯塔夫·德·拉夫雷特

7

8

9

10

1 美国人独孤求败，在200米和400米比赛中，处于内道的哈里·希尔曼无人可及。这项比赛也让画面右侧的乔治·波亚奇(George Poage)成为奥运会历史上第一个获得奖牌的黑人，他在两个项目上都获得了第三名。

2 8月4日-5日，美国自行车冠军马考斯·赫利(Marcus Hurley)夺得了他所参加的7个项目中的4枚金牌。他分别在1/4英里、1/3英里、1/2英里和1英里比赛中夺魁。

3 来自芝加哥的拉尔夫·罗斯(Ralph Rose)应该满意了。他在所有投掷项目中都获得了奖牌，以14.81米夺得铅球冠军，以39.28米的成绩拿到铁饼亚军，在链球比赛中则以45.73米获得铜牌。

4 来自密尔沃基的美国举重运动员奥斯卡·保罗·奥斯特霍夫(Oscar Paul Osthoff)似乎永远都不知道疲倦，他在单臂举重比赛中获得冠军，在双臂举重中获得亚军。

5 在链球决赛中，美国人约翰·弗拉纳根(John Flanagan)投出了51.23米的成绩，比他4年前在巴黎的成绩远了1.5米，蝉联了该项目的奥运冠军。

6 50码游泳比赛中，裁判无法区分美国人斯各特·雷利(Scott Leary)和匈牙利人佐尔顿·哈尔梅(Zoltan Halmay)究竟谁先到边，结果只能进行重赛。这次匈牙利人游得更快，基本没有给对手机会。

7 在这项属于大力士的比赛中，另一名美国人弗里德里克·温特斯(Frederick Winters)获得单臂举重亚军。

8 纽约田径运动员梅耶尔·普林斯特恩(Meyer Prinstein)在跳远和三级跳远中均获得了冠军，成绩分别是7.34米和14.35米。

9 美国运动员夺得了400米跑项目的前6名，哈里·希尔曼(Harry Hillman)以49秒20夺冠，击败了弗兰克·瓦勒尔(49秒90)与亨曼·格罗曼(50秒)。

10 在举重比赛中，希腊大力士佩里克勒斯·卡库西斯(Perikles Kakousis)创造了111.80公斤的成绩，金牌属于了他。

阿尔齐·哈恩的三连冠

这位小个子无名之辈在三项比赛中获得了金牌，这也让他得到了"密尔沃基流星"的外号。

文/杰拉德·舒勒尔

田径比赛中充满了各种有趣的故事。当匈牙利选手贝罗·德·梅佐(Belo de Mezo)在起跑时犯错时，所有对手都坚持他不应受处罚，因为他只是因为听不明白英语的发令。这个要求被接受了。但这名来自布达佩斯的选手实在跑得不够快，所以这个"费厄泼赖"的举动并没能改变他的命运，他在第一轮后就消失了。

最重要的是，这次比赛发现了阿尔齐·哈恩(Archie Hahn)，来自密尔沃基田径俱乐部的天才运动员。这名24岁的短跑健将祖籍是威斯康星州，他首先代表密歇根大学参加大学生组的比赛。刚刚来到圣路易斯时，阿尔齐·哈恩被人们视作跑道上的新手，几乎没人认为他会成为潜在的冠军争夺者。人们对他唯一的了解是1903年的美国锦标赛，他曾在100码比赛中夺魁。但弗兰西斯田野体育场的跑道改变了一切：哈恩一天比一天名声大振，很快，他就从默默无闻的角色，一跃成为夺标热门。

在决赛中，哈恩遭遇到美国短跑界的数位名将。但那时人们都已经相信，这些名将们注定只能为第二名而战，他们都不是哈恩的对手，而后者也没有让刚刚转而支持他的拥趸们失望，他花了7秒钟就跑完全程，追平了同胞克伦汝莱因创造的世界纪录与奥运会纪录。

在一些田径专家看来，哈恩强烈的个人风格注定了其他选手只能收获失落。美国田联的官员查尔斯·卢卡斯(Charles Lucas)解释道："所有看过他表演的人都惊呆了，假如在比赛中有人能接近他，迫使他跑得更快一点的话，他一定能打破世界纪录。"看上去，哈恩总是根据对手的能力，来调整自己的战术：在完美的起跑后，他似乎总故意让其他人赶上自己，然后再重新发力，甩掉他们。显然，他并没有全部发挥自己的实力。

(上)圣路易斯夺冠两年后，哈恩在1906年雅典运动会上夺得100米冠军。(下)哈恩(左起一)的风格与"传统"无关，但这并不妨碍他在夺得60米冠军后，又连续收获100米和200米金牌。

两天后，哈恩自然而然地成为200米决赛的热门，他的胜利几乎不可避免——尽管在决赛中，他将遭遇纳塔尼亚·卡特梅尔(Nathaniel Cartmell)，一名真正的高手。但哈恩自有办法。当所有选手都在起点各就各位后，他们毫无例外地一致下蹲，准备起跑。就在此时，哈恩做了一个不可察觉的移动。他的三名主要竞争者卡特梅尔、霍根森(Hogenson)与摩尔唐(Moultong)立刻都掉进了陷阱。这三人因此被判抢跑，分别受到了退后1码起跑的处罚。但肇事者哈恩本人却聪明地逃脱了责罚，因为谁也没察觉到他的小动作。

更为重要的是，当发令枪真正响起的时候，哈恩以一种难以置信的速度率先起步，而他的对手们都像被钉在了地上一样。在20码处，卡特梅尔已经落后哈恩7码，他奋起直追，在75码处追到了第二位。但他怎么也赶不上哈恩了，后者以2码的优势提前撞线。成绩是21秒6，新的奥运会纪录诞生了。哈恩的狡猾战术起到了作用，但不可辩驳的是，这个来自密尔沃基的飞人拥有夺魁的实力。

脖子上挂上两块金牌后，哈恩又在9月3日出现在100米决赛中，主要对手还是200米中的那三位，再加上来自密苏里田径俱乐部的弗雷德·赫克沃尔夫(Fred Heckwolf)。再一次，哈恩无人可及的起跑奠定了他的优势：在前20码，所有对手都被他拉开了3码以上的距离，这使他变得遥不可及。再一次在起跑阶段"梦游"的卡特梅尔，只能为了挽回劣势而战斗，他一个接一个地超越了除哈恩外的所有对手。哈恩以11秒夺冠，追平了奥林匹克纪录。与200米比赛的结果一样，霍根森只能满足于获得铜牌，摩尔唐再次位列第四。

哈恩是奥运史上第一位包揽100米和200米冠军的运动员，再加上60米比赛中的折桂，他获得了一个外号："密尔沃基流星"。更重要的是，哈恩因此被视为第一名懂得战术应用的短跑冠军。詹姆斯·沙利文应该满足了，美国人在田径赛场的超凡实力得到了最好的展现。除了加拿大警察埃蒂安·德斯马托在掷壶铃比赛中夺冠外，剩下的田径金牌全部被美国运动员收入囊中。

尽管圣路易斯奥运会的组织者有了一项伟大发明，用金、银、铜牌来奖励各项比赛的前三名，但他们却没能找到任何东西来奖励奥运精神的价值。他们的哲学早在比赛开始前就已定下了基调：一个国家的价值错综复杂地与其运动员联系在一起。也就是说，出色的国家拥有超级运动员。那么，美国获得了金牌总数的3/4，又能有什么意义呢？

没有任何集体对立，无论在国家、地区、种族、人种还是在意识形态的层面——这才是伟大奥运精神的精髓。在圣路易斯，如同之前两届在雅典与巴黎一样，比赛首先成为了组织者个人的玩物。真正的奥运精神是全人类意义上的"更快、更高、更强"，无论参赛者是工人还是学生，无论来自芝加哥还是来自纽约，不管出身城市还是出身乡村，奥林匹克运动员应该永远将奥运会精神保留在自己的心灵和身体当中。奥林匹克运动会提倡的是人类精神的本质。

雷·尤里，橡胶人

仍处在摸索过程的奥运会，还允许不助跑跳跃的存在。美国人雷·尤里(Ray Ewry)就凭借这一运动进入了奥林匹克神殿，他在圣路易斯又夺得了三枚金牌。

文/塞尔奇·拉吉特

在现代体育的初创阶段，马戏团杂耍与田径运动还没有明显的区分界限。许多类型的运动或游戏混杂在一起。赛跑运动员可以光着脚比赛，无论是业余选手还是职业选手，都可以穿上骑师的衣服，上面写着马匹的名字。跳跃项目的运动员也像马戏团演员一样，依旧参加不助跑的项目。

从1900年巴黎奥运会开始，立定跳高、立定跳远与三级跳都被列入了奥运会赛程。这些运动中也诞生了一名真正的高手，那就是美国人雷·尤里。1900年巴黎奥运会时，尤里还不满25岁，却在一天时间内拿到了三项立定跳跃项目的冠军。那一天，雷·尤里的出色表现让他获得了世界博览会“橡胶人”的称号。在立定跳高比赛中，他以创世界纪录的1.65米夺冠，然后又在立定跳远与立定三级跳项目中分别创下了3.30米和10.58米的成绩。

当时雷·尤里的主要对手是同胞埃尔文·巴克斯特 (Irving Baxter)。尤里一天三冠的前一天，巴克斯特获得了有助跑的撑杆跳与跳高冠军，这显然刺激了他向尤里挑战的决心。不过，巴克斯特最终在三个项目中都名列第二，尤里是船舶制造绘图师，这或许使他拥有了常人不具备的控制力量、平衡身体的技巧。

在圣路易斯，客观条件更好，尤里不仅主场作战，而且还有与4年前一样的国际博览会的背景氛围。然而，1904年8月31日的立定跳高比赛中，他却没能像在巴黎那样创造好成绩，只跳出了1.50米。这或许得归咎于对手实力太弱，第二名约瑟夫·斯塔德勒 (Joseph Stadler) 没能像4年前的巴克斯特那样逼近并刺激尤里，让他不得不在最后几次尝试中拿出全部的本领。冠军到手后，尤里开始准备起9月3日的比赛，那天他要参加自己的另外两个强项：立定跳远与立定三级跳……

在训练中，尤里轻轻的一跃就能让其他参赛者垂头丧气地离开。那时的观众不在乎这个，他们只知道他非常喜欢吃牛肉，而当地的大厨还会在他的牛肉上加上各种酱料，而少数来自欧洲的参赛者就没有这么高规格的待遇了，他们只能满足于吃水煮土豆。

立定跳远比赛中，或许是受到了查尔斯·金 (Charles King) 挑战的刺激，又或许是那些牛肉给他带来了额外的能量，尤里跳出了他此前从未达到过的成绩：3.47米！新的世界纪录！随后，他又在三级跳中以10.54米夺魁。继巴黎奥运会后，他再次夺得了3项冠军，向着奥运会传奇又迈进了一步。1908年的伦敦奥运会上，尤里又在立定跳高与立定跳远比赛中夺得两块金牌，使奥运冠军头衔增加到8个。

(上)在圣路易斯的立定跳高比赛中，尤里没有使出全力，以1.50米的成绩收获了他当届奥运会三个冠军中的第一个。

(左)尤里的身材非常健美，他的胸口有一个翅膀，脚下也是。

勇气的对决

这次25英里的马拉松比赛看上去有些不可思议，最后居然决出了两位优胜者：一个是货真价实的美国人托马斯·希克斯(Thomas Hicks)，另一个则是比他先抵达终点的同胞弗雷德·洛茨(Fred Lorz)，但洛茨很快就被揭穿了：他在比赛过程中有作弊行为。

文/杰拉德·舒勒尔

如果比赛能在清晨凉爽的天气下、在一条平坦的线路上进行，马拉松选手们会感觉何等幸福！但圣路易斯的参赛者可没有这样的幸运：他们的比赛路线是赛事组织者精心选择的25英里，约合40.2公里。没有赛事相关经验的组织者们甚至想出了一些让选手叫苦连天的“绝妙”点子：经过在弗兰西斯田野体育场内的5圈“热身”后，比赛路线进入了凹凸不平的沙土路段，此外选手们还要越过7座丘陵。对疲惫的马拉松运动员们来说，每一座丘陵都高得像是珠穆朗玛峰！

另外一些细节也让比赛变得异常艰难：唯一一个补水站设在离体育场12英里的地方，尽管赛事组织方安排了一辆满载果汁、官员、医生与记者的汽车全程跟随，但这辆车周围却总是围着一大群人，选手们无法顺利接近。

32名选手于15时03分出发，在一片灰尘中踏上征途，就连庇荫处的气温也高达32度。最终只有14人抵达了终点——这简直就像是一场屠杀。唯一对外部条件不怎么在乎的选手是费利克斯·卡哈尔(Felix Carvajal)，这个此前从未参加过奥运会的古巴人也是圣路易斯的一大景观。他身材矮小，仅1.53米，两年前就有了来圣路易斯参赛的想法，因为他相信自己一旦夺冠，就能给刚刚摆脱西班牙殖民统治的古巴带来无上荣光。唯一的问题在于：他身无分文，而哈瓦那政府也对他申请资助的要求充耳不闻。卡哈尔于是不得不创建自己的支持基金会：他围着哈瓦那城不停奔跑，甚至连续数日在市政府周围展示自己的长跑天赋，向路人寻求资助，以筹集去参加奥运会的路费。

此后的故事出现了众多不同版本。有人证实说卡哈尔筹到了足够去圣路易斯的路费，有人则表示是市政府最终妥协，决定给他资助。不过人们至少在一个问题上达成了一致：卡哈尔以最节俭、最经济的方式抵达了新奥尔良，但又重新一贫如洗。他没有因此放弃自己的奥运梦想，再次获得了公众的资助，借道密西西比河抵达了圣路易斯。他受到了美国人的热烈欢迎，人们决定给他提供食宿，直到他完成了自己生命中最重要的比赛。

尽管没有任何比赛经验，“现象”级的古巴人还是以第四名的好成绩完成了比赛，而在美国观众心目中，他就是冠军。

还有一些参赛选手也非常引人瞩目，这其中就包括朗·图(Len Tau)和简·马士阿尼(Jan Mashiani)，两名来自非洲茨瓦纳族部落的成员。他们成为第一批参加奥运会的非洲运动员。朗·图、简·马士阿尼来到圣路易斯本来是为了参加一支南非军团，以帮助世界博览会重现波尔战争中的实景。他们报名参加马拉松或多或少是一个玩笑，但两人却取得了不错的成绩：图获得第9，马士阿尼名列第12。其中后者尤其值得敬佩，由于被两条恶狗穷追不休，他不得不跑进麦田躲避一阵，从而浪费了很多时间。

体育场内的观众似乎并不知晓运动员们正在经历的磨难，缺乏耐心的人们开始询问为何还没有一个人抵达终点。最终，在离出发时刻3小时13分后，纽约人弗雷德·洛茨率先出现在体育场内。他很快被视为获胜者，受到热烈欢迎，而这一胜利也被认为是意料之中，这名24岁的泥瓦匠是美国最出色的马拉松选手之一，1903年波斯顿马拉松大赛第4名，1904

(上)出发时，希克斯(20号)和洛茨(31号)相邻，古巴人卡哈尔(3号)和法国人科雷也都处在第一排。
(下)官员们驾车全程监视比赛，这反倒使比赛条件变得更加艰难。

年同项赛事的第 5 名。8 月 30 日这天他率先通过终点，自然是“理所当然”。

洛茨很快便和当时美国总统罗斯福的女儿爱丽斯合影，然而，正当他走上领奖台准备接受奥运会金牌时，人们却得知他在比赛中作弊了……在比赛第 9 英里处，洛茨因为抽筋只

能坐在达拉斯大道旁边。一直随行的一名汽车司机邀请他上车，他非常乐意地接受了，完成了通往体育场的一段最轻松的赛程。而当汽车超越其他选手时，他甚至还不忘给他们鼓掌，冲他们高喊加油——当然他心中正在庆幸自己无需经历这些折磨。11 英里处，汽车抛锚了，洛茨也不再抽筋了。他开始重新跑向体育场。而根据他自己的解释，重新跑向体育场只是为了领回自己的衣服。

洛茨认为自己没有作弊，他没有藏在官员的汽车里躲过人们的视线就是证明。但当他进入体育场后，听到了人群热烈的欢呼，他“成为”了历史上第一个夺得马拉松比赛冠军的美国人。当他看到比赛官员准备给他戴上获胜者的花环时，他开始大笑起来，高举双臂作出了胜利者的姿势，如同国家英雄一般通过了终点。观众的疯狂欢呼确实令人意外，洛茨就这样冒充了奥运冠军。

圣路易斯奥运会真正的马拉松冠军托马斯·希克斯在洛茨之后 15 分钟到达，他是一名出生在英国的矿工。希克斯的获胜也可以说是一个奇迹：他在半程时已处于领先，但在离终点 10 英里处，他一度昏厥了过去。但一直跟随在身边的教练与朋友不允许他休息，为此教练甚至两次给他注射药物，里面除了含有蛋清，还有法国产的白兰地。陪伴左右的汽车司机，甚至还给他从头倒脚浇了一桶热水。

就这样，希克斯以极慢的速度继续前进，在离终点还有 2 英里的地方，他实在是体力难支了。很多次，他都是在同行的搀扶下才没有倒下，在又注射了几次药物后，他领先第二名 6 分钟夺冠。比赛结束后，他的体重骤减了 10 磅，主要是体内水分流失了。

赛后，希克斯宣布了退役，口气中没什么幸福感，倒更像一种解脱：“我一直都想拿到这样一座奖励马拉松冠军的奖杯，现在我拿到了，我把今后的机会留给其他人。”

机会？很难说。但至少，所有参加了这次惨绝人寰的马拉松比赛的人都有了一个精神安慰奖，因为他们听说两名负责监视比赛的官员也受伤了：他们驾车准备躲避一名运动员时，一头栽进了路旁的臭水沟……

(上)尽管圣路易斯马拉松冠军的成绩是奥运史上最糟糕的，但这不应归咎于运动员，而是比赛路线过于艰难的必然后果。
(左)在比赛的最后时刻，希克斯甚至需要旁人的搀扶才能前进，但他完全配得上这个冠军。

这是一场100%的美国内战，如同其他许多项目一样，水球比赛都在美国球队之间进行，纽约田径俱乐部先后以5比0击败AC密苏里，6比0击败AC芝加哥。

1904年圣路易斯第3届奥运会

与4年的巴黎一样，奥运会和世界博览会同期举行，这也是奥运会第一次离开"旧大陆"，前往"新大陆"美洲。由于绝大多数欧洲运动员缺席，美国组织者一家独美。

数据

开幕日：1904 年 7 月 1 日

闭幕日：1904 年 11 月 23 日

举办国：美国

候选城市：美国芝加哥

12 个参赛国

615 名运动员，其中女性 8 名，男性 607 名

16 个大项

（其中 1 个向女性开放，包括混合比赛）

田径、赛艇、拳击、自行车、击剑、足球、高尔夫、体操、举重、兜网球、美式门球、摔跤、游泳、网球、射箭、拔河。

表演项目：篮球，女子拳击

89 个小项：其中 2 项向女性开放，包括混合项目

宣布开幕者：1904 年世界博览会主席大卫·弗朗西斯 (David Francis)

奥运圣火：1928 年阿姆斯特丹奥运会的开幕式上，奥运圣火才第一次被点燃。

奥林匹克公约：1920 年安特卫普奥运会的开幕式上，奥林匹克公约第一次被宣读。

国际奥委会主席：法国顾拜旦男爵

冬奥会

冬奥会从 1924 年才开始正式举办。但从 1901 年起，北欧国家就已经开始举行"北部运动会"，项目包括滑雪、冰上曲棍球 (Bandy)、击剑和 80 公里赛马。由于顾拜旦男爵极力倡导举办正式的冬奥会，进行了 9 届"北部运动会"随后不久自然停办。

从巴黎到圣路易斯

1901

• 9 月 6 日，美国总统麦金利 (McKinley) 被暗杀，西奥多·罗斯福 (Theodore Rossevelt) 继任。

• 9 月 9 日，画家亨利·德土鲁斯－罗特列克 (Henry de Toulouse－Lautrec) 逝世。

• 12 月 12 日，意大利人马可尼 (Gugliemo Marconi) 发明无线电。

1902

• 5 月 8 日，马提尼克岛的培雷火山喷发吞噬了圣皮埃尔城，3 万多人遇难。

• 7 月 2 日，马塞尔·雷诺 (Marcel Renault) 驾驶着 20 马力的雷诺汽车获得巴黎－维也纳汽车赛冠军。

• 9 月 29 日，作家爱弥尔·左拉 (Emile Zola) 逝世。

1903

• 5 月 8 日，画家保罗·高更 (Paul Gauguin) 在马克萨斯群岛逝世。

• 7 月 19 日，莫里斯·加林 (Maurice Garin) 夺得第一届环法自行车大赛冠军，比赛全程 2428 公里，他的平均时速为 25,680 公里。

• 11 月 18 日，巴拿马独立，双方签署条约，未来的运河区域出让给美国一个世纪。

• 12 月 10 日，居里夫妇与亨利·贝克勒尔 (Henri Becquerel) 获得诺贝尔物理学奖。

• 12 月 17 日，美国的莱特 (Wright) 兄弟第一次成功试飞。

1904

• 2 月 7 日，日军攻击俄国一艘巡洋舰，从而拉开了日俄战争序幕。

• 3 月 8 日，法国和英国签署《友好协议》。

你知道吗？

奥运历史上第一次，金、银、铜牌用来奖励每个项目的前三名。

美国人乔治·艾塞尔 (George Eyser) 一人独得 6 枚奖牌，更值得敬佩的是，他是一名残疾人，有一条腿换了假肢。

铁饼比赛中，美国人马丁·谢里登 (Martin Sheridan) 与同胞拉尔夫·罗斯 (Ralph Rose) 都投出了 39.28 米的成绩。裁判于是让他们加赛一投，结果谢里登最终夺冠。

在集体项目中，加拿大人夺取了足球和兜网球比赛的冠军，而其他集体项目的金牌都被美国人尽数收入囊中，包括篮球和水球。

在极少冠军没有落入美国俱乐部与大学生手中的项目里，加拿大人乔治·莱昂 (George Lyon) 夺取高尔夫男子个人金牌，古巴人拉蒙·丰斯特获得了 3 块击剑金牌。

举办奥运会的同时，世界博览会也在圣路易斯举行。

圣路易斯 St. Louis

作为美国城市，圣路易斯城不像纽约那样是世界贸易中心；像底特律那样是世界最大的汽车城；像芝加哥那样是世界最大的钢铁基地；像洛杉矶那样是世界著名的影都；像休斯敦那样是航天发射中心。一切可以让世界记住它的特点几乎没有。

在上个世纪初，圣路易斯却成功地从芝加哥手里把第三届现代奥林匹克运动会举办权抢了过去。由于在第一届和第二届现代奥运会上，大洋彼岸的美国人都有过出色表现，关于第三届奥运会的举办权，国际奥委会当然优先考虑在美国的某个城市，这也符合顾拜旦等人奥林匹克运动国际化的理想。

国际奥委会在1901年巴黎召开的全会决定第三届奥运会在美国的芝加哥举行。谁知半路杀出个圣路易斯，突然提出举办奥运会，并且将世界博览会和奥运会的举办权统统收入囊中。毫无疑问，在20世纪初，圣路易斯是一座举足轻重的城市。

在美国众多的标志性建筑中，有一座奇特的纪念碑矗立在北美大陆的母亲河密西西比河边。它形状独特，像一座巨大的拱门，最高处距地面192米，相当于一座六十多层大楼的高度，它通身由不锈钢打造，因此，尽管到今天它已经历了近四十年的风雨，仍然光洁如初。每一个初到圣路易斯的人都为它简约的风格和雄浑的气势所打动。

这座号称美国西部之门的建筑有一个正式的名字——"杰斐逊国土扩展纪念碑"，它记录了一段美国的发展史。1803年，美国政府向法国购买了密西西比河西岸200万平方公里的土地，使美国的领土扩大了近一倍，这一影响深远的行动被史学家称为"路易斯安娜赎买"。从此，美国掀起了开发西部的热潮。处于密西西比河中游的圣路易斯得天时地利之便，交通和商业得到了空前的发展，迅速成为美国中部的交通枢纽和新兴的工业制造中心。

几乎就在人类进入20世纪的同时，美国跃升为经济总产值最高的国家，而圣路易斯正是这个新兴强国的缩影，它已经是美国第四大城市。获得1904年世界博览会和奥运会的举办权，更使它进入了历史上的黄金时代。

一首名为《相约圣路易斯》的歌曲由此开始在全美国流行，这首歌唱道："让我们相会在圣路易斯吧，那里的阳光最灿烂，让我们跳起动情的舞蹈，让我们陷入热恋，只要我们能相会圣路易斯，相会在世博会"。

今天的圣路易斯在美国经济中依然占有着举足轻重的地位，多家国际性大公司总部设在这里。圣路易斯的工业区是美国唯一同时生产6种基本金属——铁、铅、锌、铜、铝和镁的基地。美国三大汽车公司都有分厂在圣路易斯，它还拥有喷气式飞机和宇宙飞船船舱的制造厂。

这个城市的文化教育设施同样齐全，城市里有许多植物园和公园，最著名的是位于市区的森林公园，占地567公顷，成为旅游爱好者亲赖的地方。

关键词·NFL、博西球

美国哪项体育运动最受欢迎？当然是美式橄榄球。橄榄球两百年前发源于英国，一百年前兴起于美国，进入21世纪，美式橄榄球的火爆大大超过棒球和篮球，坐稳了全美第一运动的交椅。今天，NBA篮球赛的电视转播在美国拥有大约五百万观众，而全美橄榄球大联盟(NFL)的电视观众超过了五千万。橄榄球明星是最受追捧的偶像，橄榄球带动的相关产业也最为庞大。如果一个城市拥有一支优秀的职业橄榄球队，那么这个城市就会多一个骄傲的理由，最好的例子莫过于圣路易斯市和它拥有的公羊队。在2007年福布斯最有价值的体育俱乐部排行榜上，圣路易斯公羊队以8.4亿美元的身价排名全球第24位，而全美橄榄球大联盟的32支球队全部进入全球最富有的40个体育俱乐部之列。雄厚的财力意味着能够聘请最优秀的队员和教练，同时也可以为队员提供完善和科学的训练设施。

在两百多年的开发史中，圣路易斯接纳了法国、西班牙、爱尔兰、意大利等多个国家的移民，因此，这个城市对不同民族背景的体育项目能够兼容并蓄。博西球又被称作是意大利式保龄球，它的规则几乎和冰壶球相同。这项运动在圣路易斯有家俱乐部，是附近意大利裔社区的居民们自己投资建立的。

届间奥运会➔雅典

十周年，这只是届间奥运会，因为顾拜旦始终坚持四年一届的周期。

在巴黎和圣路易斯奥运会先后被同期举行的世界博览会严重骚扰之后，10 年后再次于雅典举行的“奥运会”恢复了这项赛事的声誉。尽管对奥林匹克运动的发展起到了重要作用,这仍被视为一次“届间奥运会”。

在首届现代奥运会10周年之际,这项赛季经历了巴黎和圣路易斯后，又在1906年4月回到了雅典。奥运会也如同巨人安泰俄斯(Antee)一样，在抚摸了这块大地后重新获得了活力。

然而，在此前巴黎举行的奥委会上，顾拜旦男爵也开玩笑地提出了这个问题，第二次在雅典进行的这次运动会，是否配得上“奥运会”这个称呼?是否应该打破古人尊重宗教传统而设定的 4 年一届，并坚持了1000 多年的奥运节奏?

但对于希腊人来说，他们只希望最终获得赛事举办权，从而非常爽快地接受了另一个称呼——“届间奥运会”。在巴黎和圣路易斯奥运会先后以失败告终后，只有希腊人的热情能够重新燃起奥运之火。很多专家建议让奥运会永远在希腊举行，首先提出反对的是美国人，他们在《纽约时报》上发表了一封给希腊康斯坦丁王子的公开信。其实早在1902年，希腊就有永久举办奥运会的想法,当时德国代表进言:让国际奥运会和“希腊奥运会”在偶数年份交替进行。但顾拜旦非常明确地表示了反对。

这不仅是奥运会历史上唯一一次“届间奥运会”，而且在 43 年后，奥委会通过决议取消 1906 年雅典运动会的“合法身份”。为了“不开这个先河”，他们将这次运动会从奥运会历史上抹去了。

不过，起初奥委会还是将其视为“正式奥运会”，此外很多在雅典不受欢迎的项目被取消，这些在巴黎和圣路易斯都被证明很失败，于是1906 年的雅典重新给予了奥林匹克以尊严和精神。多年后以“年轻的错误”选择否定这次奥运会时，国际奥委会似乎忘记了这次“10 周年庆典”的意义。

1906 年雅典运动会的悲剧，甚至早就开始了。比赛安排在 4 月 22日至 5 月 2 日举行，但当时全世界的报纸都被两次自然灾害吸引了，而没有那么关注体育场内发生的事情。一年前就开始频繁活动的维苏威(Vesuve) 火山在 4 月 5 日突然大喷发，那不勒斯被火山灰吞噬。许多乘船前往雅典的运动员都在那不勒斯被迫停止前进，看着火山在自己眼前肆虐。更可怕的是,世界末日在美国的旧金山降临,一场大地震摧毁了城市，

造成 3000 人丧生。

不过，远处发生的悲剧并没有削弱人们对于雅典盛会的热情。4 月22 日进行的开幕式上，6 万多名好奇的观众涌入帕纳星纳克体育场。乔治一世国王主持了开幕式，列席的还有英国国王爱德华七世。尽管顾拜旦缺席，但法国人却在金牌总数上排在第一，以 15 枚领先美国 (12 枚)、希腊 (8 枚) 和英国 (8 枚)。

美国人历史上第一次派出了正式代表团，但在他们横跨大西洋航行的第十天，狂风巨浪袭击了他们的蒸汽船，铁饼运动员詹姆斯·米歇尔(James Mitchell) 肩膀受伤，还有多名运动员也挂了彩。但这没能阻止美国人在雅典取得巨大成功，他们在 21 项田径比赛中获得 11 块金牌。100 米比赛中,他们运到雅典的起跑器造成了很多运动员犯规,阿尔齐·哈恩如同 1904 年一样再次夺魁。若不是教练的一再坚持，保罗·皮尔格里姆 (Paul Pilgrim) 不会来到雅典，但他却包揽了400 米和 800 米跑冠军，直到 70 年后，古巴选手胡安托雷纳 (Juantorena) 才复制这样的辉煌。在 400 米比赛上，他以令人吃惊的速度甩开了许多原本被视为热门的选手，就连卫冕冠军、他的同胞希尔曼 (Hillman) 也远远落在了后面。800 米比赛是同样的情况，当他率先通过终点时，身后最近的一名选手

离他也有 60 码的距离。

1500 米比赛中，三名美国人参加决赛，在圣路易斯夺魁的莱特巴蒂 (Lightbody) 卫冕成功。加拿大马拉松运动员威廉·谢凌 (William Sherring) 两个月前就来到了希腊，在雅典的马拉松之路的艰苦训练中，他的体重骤降 9 公斤。胜利属于做好准备的人，他以 2 小时 51 分 23 秒 60 打破奥运会纪录，第二名离他有 7 分钟距离，他也击碎了希腊人像 1896 年的斯皮里东·路易斯一样再度夺得马拉松冠军的梦想。

跳高金牌如人们预料的那样被爱尔兰人科内里乌斯·利黑 (Cornelius Leahy) 收入囊中，他在英国国内的比赛中保持不败，在风暴中受伤的美国人凯瑞根 (Kerrigan) 根本无法对他形成威胁。而普里斯泰因 (Prinstein) 在个人第一跳中就锁定了跳远金牌，8 年前他创造了世界纪录，如今仍是世界最佳。不过利黑的获胜引起了亚军、爱尔兰人皮特·奥康纳 (Peter O'Connor) 的不满，他表示在利黑做出冠军一跳 (7.20 米) 时，只有一名裁判在场。尽管申诉没有成功，奥康纳在三级跳比赛中成功复仇，他在最后一跳中超越了此前的第一名利黑。

立定跳跃项目，再一次成为美国专家雷·尤里的表演舞台，他在立定跳高和立定跳远比赛中轻松夺魁。他的同胞马丁·谢里登 (Martin Sheridan) 堪称铁人，他在铁饼比赛中创造了 41.46 米的世界纪录，同时囊括铅球冠军。如果不是在跳高练习中受伤，他或许还能拿到五项全能冠军。这对于谢里登来说太遗憾了。这名在当时并不出名的全能运动员天赋极高，由于队友受伤他临时顶替参加投石块比赛，居然也排名第二。标枪金牌则被瑞典人埃里克·莱明 (Eric Lemming) 以破世界纪录的 53.90 米夺走。

世界上最出色的游泳选手几乎都出现在雅典的泳池边，不过保持着 400 米和 1 英里世界纪录的澳大利亚人基兰 (Kieran) 却没能参加，他 6 个月前在做阑尾炎手术时不幸去世。他的缺席使得美国人查尔斯·丹尼尔斯 (Charles Daniels) 的任务变得简单，他轻松夺得 100 米金牌，领先第二名多达 1 米。本来他还可以在 400 米中折桂，但他临时决定退出，将金牌拱手送给奥地利人奥托·谢夫 (Otto Schef)。

网球比赛在雅典网球俱乐部举行，法国人夺得了全部 4 项比赛中的三项冠军，其中马科斯·德古吉 (Max Decugis) 包揽 3 块金牌，他除了夺得男子单打冠军，还和妻子玛丽联手拿下混合双打金牌，随后又与莫里斯·热尔莫 (Maurice Germot) 夺得男子双打冠军。

令人意外的是，奥地利人约瑟夫·斯坦巴赫 (Josef Steinbach) 在举重比赛中被希腊人迪米特里奥斯·托法罗斯 (Dimitrios Tofalos) 击败，斯坦巴赫没有使用他所熟悉的“大陆式”风格，托法罗斯举起了 142.5 公斤夺冠。失利后的斯坦巴赫非常愤怒，他回到场地上用自己擅长的方式将这个重量轻松举了起来，而且还重复了六次！随后，斯坦巴赫在单臂举重比赛中复仇，托法罗斯这次没法和他抗衡了，由于一次严重的事故，他的右臂比左臂短了 6 厘米。

摔跤比赛赢得了人们的强烈关注，从古希腊时起，这个国家就崇拜力量。雅典运动会也创造了一个绝佳的机会，让丹麦人索伦·马里努斯·杨森 (Soren Marinus Jensen) 和芬兰人维尔纳·维克曼 (Verner Weckman) 一较高下，他们两人在 1905 年的两项世界级重量级摔跤比赛中分别夺冠。在雅典，降级到次重量级的维克曼率先夺冠，杨森则顺利拿到重量级冠军，两人如约在无差别级别决赛中会面，结果杨森技高一筹。

跳水比赛分成三项：4 米台、8 米台和 12 米台，结果由于比赛举行的那个港湾狂风大作，而不得不分成两天进行。最终登上领奖台的三名选手都是德意志代表，德国人格特罗布·瓦尔兹 (Gottlob Walz) 和乔治·霍夫曼 (Georg Hoffmann) 夺得冠亚军，奥地利选手奥托·萨辛格 (Otto Satzinger) 获得第三。

击剑成为法国人的金牌大户，在顾拜旦男爵的坚持下，职业选手最后一次在业余选手之后登场。乔治·迪隆－卡瓦纳赫 (Georges Dillon-Kavanagh) 虽然来自爱尔兰，但这并不妨碍他代表法国出战，结果顺利击败意大利人费德里克·塞萨拉诺 (Federico Cesarano) 夺冠，后者出于对裁判不满，拒绝参加最后一剑的比试。法国人也在体操比赛中收获颇丰，作为 1903 年世界冠军的皮埃尔·帕伊斯 (Pierre Paysse) 获得了两项个人金牌，日后他也成为了一名伟大的体操教练。

足球比赛中出现了令人不快的一幕，中场结束时，希腊队已经 0 比 9 落后丹麦队，结果恼羞成怒的东道主决定退出比赛，他们的成绩被取消，本该获得的银牌也丢了。银牌和铜牌被两支“土耳其球队”获得，但两支球队中居然没有一名土耳其人！

1906年的74名冠军

田径			
100米	查尔斯(阿尔奇)·哈恩(Charles Archie Hahn)	美国	11″
2400米	保罗·皮尔格里姆(Paul Pilgrim)	美国	53″2
800米	保罗·皮尔格里姆(Paul Pilgrim)	美国	2′1″5
1500米	詹姆斯·莱特巴蒂(James Lightbody)	美国	4′12″0
5英里	亨利·霍特雷(Henry Hawtrey)	英国	26′11″8
马拉松	威廉·谢凌(Willaim Sherring)	加拿大	2′51′23″6
110米栏	罗伯特·拉维特(Robert Lavitt)	美国	16″2
跳高	科内里乌斯·利黑(Cornelius Leahy)	英国/爱尔兰	1.775米
撑杆跳	费尔南·龚德尔(Fernand Gonder)	法国	3.50米
跳远	梅耶·普林斯坦因(Meyer Prinstein)	美国	7.34米
三级跳	皮特·奥康纳(Peter O'Connor)	英国/爱尔兰	14.075米
无起跳跳高	雷蒙德·尤里(Raymond Ewry)	美国	1.56米
无起跳跳远	雷蒙德·尤里(Raymond Ewry)	美国	3.30米
铅球	马丁·谢里登(Martin Sheridan)	美国	12.325米
铁饼	马丁·谢里登(Martin Sheridan)	美国	41.46米
铁饼(希腊式)	维尔纳·亚维宁(Verner Jarvinen)	芬兰	35.17米
标枪(自由式)	埃里克·莱明(Eric Lemming)	瑞典	53.90米
掷石	尼克拉奥斯·格奥甘塔斯(Nicolaos Georgantas)	希腊	19.925米
五项全能	亚尔玛·梅兰德(Hjalmar Mellander)	瑞典	24′
1500米竞走	乔治·邦哈格(George Bonhag)	美国	7′12″6
3000米竞走	约特吉·斯坦提克斯(Gyotgy Sztantics)	匈牙利	15′13″2

赛艇		
单人	加斯顿·德拉普拉纳(Gaston Delaplane)	法国
双桨(100米)		意大利
双桨(1606米)		意大利
四桨		意大利
战船帆板(2000米)		意大利
战船大艇(3000米)		希腊

场地自行车		
个人速度	弗朗西斯科·维利(Francesco Verri)	意大利
绕圈赛	弗朗西斯科·维利(Francesco Verri)	意大利
5千米	弗朗西斯科·维利(Francesco Verri)	意大利
20千米	威廉·佩特(William Pett)	英国
双座		英国

公路自行车		
线路赛	费尔南·瓦斯特(Fernand Vast)	法国

击剑		
花剑	乔治·迪隆－卡瓦纳赫(Georges Dillon－Kavanagh)	法国
佩剑	乔治·德·拉·法莱兹(Georges De La Falaise)	法国
佩剑团体		法国
佩剑教师赛	西里尔·维尔布鲁日(Cyril Verbrugge)	比利时
重剑一击	约阿尼斯·格奥吉亚迪斯(Ioannis Georgiadis)	希腊
重剑团体		德国
重剑三击	古斯塔夫·卡斯米尔(Gustav Casmir)	德国
重剑教师赛	西里尔·维尔布鲁日(Cyril Verbrugge)	比利时

足球		
足球	丹麦	

体操		
全能赛(5项)	皮埃尔·帕伊斯(Pierre Paysse)	法国
全能赛(6项)	皮埃尔·帕伊斯(Pierre Paysse)	法国
团体		挪威
爬绳	乔治斯·阿里普兰蒂斯(Georgios Aliprantis)	希腊

举重		
无差别(双手)	迪米特里奥斯·托法罗斯(Dimitrios Tofalos)	希腊
无差别(单手)	约瑟夫·斯坦巴赫(Josef Steinbach)	奥地利

古典式摔跤		
75公斤	鲁道夫·瓦特茨(Rudolf Watzl)	奥地利
858公斤	维尔纳·维克曼(Verner Weckman)	芬兰
重量级	索伦·马里乌斯·杨森(Soren Marius Jensen)	丹麦
胜者赛	索伦·马里乌斯·杨森(Soren Marius Jensen)	丹麦**拔河**
拔河		德国和瑞士

游泳		
100米	查尔斯·丹尼尔斯(Charles Daniels)	美国
400米	奥托·谢夫(Otto Scheff)	奥地利
1500米	亨利·泰勒(Henry Taylor)	英国
4×250米	匈牙利	匈牙利

跳水		
10米跳台	格特罗布·瓦尔兹(Gottlob Walz)	德国

网球		
男子单打	马科斯·德古吉斯(Max Decugis)	法国
男子双打		法国
女子单打	埃斯梅·西莫里奥蒂(Esmee Simorioti)	希腊
混双		法国

射击		
手枪快速	康斯坦迪诺斯·撒卡拉托斯(Konstandinos Skarlatos)	希腊
手枪自由式(25米)	毛里斯·勒考克(Maurice Lecoq)	法国
手枪自由式(50米)	乔治斯·奥法尼蒂斯(Giorgios Orfanidis)	希腊
飞碟	杰拉德·莫林(Gerald Merlin)	英国
双向飞碟	悉尼·莫林(Sidney Merlin)	英国
军用左轮(20米)	路易斯·理查德特(Louis Richardet)	瑞士
军用左轮(20米, 1873-94款)	让·弗科尼耶(Jean Fouconnier)	法国
对决手枪	莱昂·莫罗(Leon Moreaux)	法国
自由兵器(300米)	马塞尔·梅耶·德·斯塔德尔霍芬(Marcel Meyer De Stadelhofen)	瑞士
自由兵器团体		瑞士
军用步枪200米	莱昂·莫罗(Leon Moreaux)	法国
军用步枪300米	路易斯·理查德特(Louis Richardet)	瑞士

第4届奥运会→伦敦

1906年4月维苏威火山大爆发,改变了奥运会的面貌。意大利政府需要资金重建火山脚下被摧毁的区域,无力举办本该于罗马举行的第四届奥运会,于是提出交出举办权。伦敦很快接过了举办权,大英奥林匹克协会立即修建了一座拥有68000个坐席的体育场,里面包含自行车赛道、游泳池、足球场等设施。奥运会终于能在最好的条件下举行了。

当然争议也不少。开幕式上,当美国代表团走进体育场却发现并没有悬挂本国的旗帜后,与遭受同样命运的瑞典代表团一起向组委会发起了抗议。按照规定,各国旗手在通过观礼台前必须将国旗下垂,以表示对英国国王爱德华七世的敬意。然而,作为爱尔兰后裔的美国旗手马丁·谢里登却高举旗帜通过了主席台。芬兰代表团不愿跟在俄国的旗帜后面入场,从而拒绝参加开幕式。

英国组织者和各国代表团之间这种类似的争议一直持续不断。拔河比赛中,当看到一支英国代表队穿着防滑的钉鞋出场后,美国人选择了离开;由于美国人集体罢赛,400米跑成为了英国人独自参加的竞赛;意大利人多兰多·皮特里(Dorando Pietri)获得马拉松冠军的成绩被剥夺,也让奥运会陷入了更大的麻烦。实际上,伦敦奥运会上出现了如此多引起争议的决定,这也是奥运会最后一次成为东道主的"专制"竞赛。

THE GREAT
STADIUM
SHEPHERD'S · BUSH · LONDON
THE OLYMPIC GAMES 1908
PROGRAMME
6d

1908

在泰晤士河上举行的赛艇比赛吸引了大量的人群，他们都是从伦敦坐火车赶过来观看比赛的。

HOOPER'S
BOATS TO LET

“重要的是参与，而不是胜利”

在伦敦圣保罗大教堂举行的一次宗教仪式上，英国大主教彼得有感于一场马拉松比赛而说了一句此后广为传颂的名言：“奥运会重要的不是胜利，而是参与。”这句话深深感动了在场的顾拜旦，他于是将这句话确定为奥林匹克运动的口号之一

作为申请主办1908年第四届奥运会的四个城市之一，伦敦最初并未被奥委会选中。经国际奥委会秘密投票表决，会址选在罗马。但由于多次地震和火山爆发给意大利经济带来巨大损失，罗马在1906年雅典运动会期间宣布因财政困难放弃主办权。时间紧迫，又无法延期，国际奥委会求助于伦敦。英国考虑再三，同意运动会在伦敦如期举行，为奥委会解了燃眉之急。

在接过第四届奥运会主办权后，伦敦很快斥资修建了拥有6.8万个坐席的谢泼德布什体育场，自行车场、大量的跑道、长100米宽15米的游泳池和足球场也相继建设完工；这与前两届奥运会的混乱不堪形成了强烈的对比。英国人对奥运会投入了极高的热情，这届比赛在多年后仍被人津津乐道。

巴黎和圣路易斯两届奥运会，都因为附属在世界博览会的活动中而丧失了奥运会本身的魅力。1908年伦敦第四届奥运会终于使得奥运成为主角。

伦敦奥组委为奥运会各项比赛制度的正规化做出重大贡献。首次列入的有曲棍球、水上摩托和冬季奥运项目花样滑冰，这奠定了1924年冬季奥运会的基石。

本次奥运会的另一大重要贡献是首次统一了比赛的长度计量单位，并一直沿用至今。在这之前的三届奥运会上，长度计量单位的混用给比赛结果的统计带来了不少麻烦，也给奥运会在世界范围的推广带来障碍。伦敦奥运会将“码”改为“米”，“英里”改为“公里”，统一了长度计量单位，实现了现代奥运会长度计量单位标准的统一化。此外，伦敦奥运会还创建了每一国参加单项比赛最多以12人为限等规则，并在运动会结束后第一次印发了各国得奖统计表。

1908年7月13日开幕那天，气候不佳，英国皇室、希腊王储以及国际奥委会官员和看台上约25000名观众，在大雾弥漫的阴雨中出席了开幕式。

本届参赛国家共22个，运动员2035人，其中女子36人，总人数比前三届的总和还要多。东道主派出了数量庞大的选手团，达710人；法国次之，220

同期中国 China Memo

在奥林匹克运动传入中国之前，中国即有召开体育运动会的先例。1890年5月,圣约翰大学(St. John's University)召开学校田径运动会，被公认为是中国近代史上的第一个体育运动会。建于1879年的圣约翰大学，是美国圣公会在上海创办的一所教会大学，有“江南第一教会高等学府”之称。学校设在当时沪郊西乡的梵王渡，苏州河畔的校园三面邻水，南面是兆丰花园，中西合璧的建筑别具一格。学校建立初衷是“培养出精通中国典籍、西方科学和基督教之人。他们将在自己的国土上，在自己的家中，在自己的政府和司法机关的管辖下传播福音、设立学堂和兴建教堂”。

人；瑞典156人，居第三位。首次参赛的有冰岛、新西兰、俄国、土耳其和芬兰。

这届奥运会首次规定，开幕式上各代表团应着装统一，在本国国旗的引导下列队入场；旗手在通过英国国王爱德华七世的观礼台前时，需将旗帜下垂，以示敬意。然而，就是这条新规定，在开幕式上引发了不少纠纷。

来自北欧的瑞典代表团进场后发现会场没有悬挂他们的国旗，向组委会提出了抗议。

美国代表团进场时发现他们的“星条旗”竟被设计成“星星旗”，大为愤怒，当时英国人具有强烈的反美情绪,借口“一时找不到标准的美国国旗”回绝了美国人，美国人只好把自带的国旗用上。不巧的是，美国的掌旗手恰是原籍爱尔兰的马丁·谢登，在通过观礼台时，他始终高举着美国国旗，以此表达他们的抗议及美国人的民族自豪感。这使在座的英国观众全体哗然，引起一阵骚动。

俄国代表团里的一位芬兰选手 认为在帝俄旗帜下入场是一种耻辱，拒绝参加开幕式。组委会顿时手忙脚乱，顾拜旦情急之下与俄国大使馆协商，最终决定进场时两国都使用俄国国旗，如果芬兰人得金牌，就在俄国旗帜上加上一面小三角旗以示区别。捷克和奥地利同样存在与芬兰和俄国相同的旗帜问题，最终也以这种模式处理。

这些在开幕式上出现的旗帜纠纷，强烈地反映了殖民地同宗主国之间的尖锐矛盾，令英国人头疼不已；这与接下来将在比赛中出现的众多小规模冲突和对比赛判罚的不满，共同成为这届奥运会上不可忽视的话题。

在400米比赛中，裁判取消了一名涉嫌犯规的美国运动员的参赛资格，后者的两个同胞为抗议这一判罚而拒绝出赛，结果决赛中唯一剩下的一名英国人在没有对手的情况下取得了冠军，他也成为了奥运会上史无前例的不战而胜的冠军。

尽管伦敦奥运会在项目上有所翻新，田径赛的27个项目中有16项创下了奥运会纪录；尽管任何一次大型运动会都会有因为裁判问题而闹出的纠纷；但在第四届奥运会的田径赛场上，裁判问题还是成为最令人关注的话题。本届奥运会各项比赛裁判均由东道主安排，而且大都是英国人。在奥运会进行中，他们偏袒本国选手，引起了其他国家，特别是美国人的不满，因此英国裁判被讥讽为“爱国裁判”。

在7月18日的拔河赛中，美英两国发生了争执。规则规定：拔河比赛的运动员只能穿日常的运动鞋，而不能穿特制的靴子或鞋子。然而，“爱国裁判”却允许自己国家的运动员穿特制靴子。事实上，这些警察在警察总监杜克亲自训练之下，认真准备了5个月，实力早就在美国队之上，他们即使不穿特制靴子也能稳拿金牌的，这些“爱国裁判”未免操心过度了。

最大的争议则来自意大利马拉松运动员多兰多·皮谢里。参赛的选手一共有75名，来自近20个国家。身着19号

(上)博览会上的人群也被奥运会赛事吸引，他们能从附近建筑上观看比赛。(左)在马拉松比赛第二天，皮特里从英国女王手中接过了奖杯。

运动衫的意大利糖果商皮特里第一个进入体育场，但在经过如此长时间的奔跑之后，他虚脱倒在了地上。重新起跑的他在离终点50米处时再次跌倒在地。顽强地站起来跑出了10米后，他再次摔倒。此时，第二名已经进入场地，虽然在几名现场人员的搀扶下，皮特里第一个跑过了终点。然而这种借助外人的行为让他失去了比赛资格，裁判将冠军判给了第二名。

本届奥运会上，第一次修建了游泳池，100米长的游泳池建在白城体育场内，使奥运会游泳比赛终于摆脱了以前在河海或人工水池中进行的困境。本届游泳比赛共设有100米、400米、1500米自由泳，100米仰泳，200米蛙泳和4×200米自由泳接力6个比赛项目。英国游泳运动员亨利·泰勒是本届游泳比赛响当当的人物。他一人独得三枚金牌，而且三项成绩均打破了世界纪录。

上届获三枚金牌、一枚银牌、一枚铜牌，在“届间奥运会”上获100米自由泳金牌的美国名将丹尼尔斯本届又有佳绩。他以1分05秒6的优异成绩获100米自由泳金牌，这个成绩打破了该项目的第一个正式世界纪录。他在美国游泳史上具有极高的地位，由于他改进了澳洲式自由泳技术，创立了美国式自由泳技术,因而被推称为美国泳坛的开山鼻祖。

伦敦奥运会上出现了许多名垂青史的运动英雄，理查德·甘恩就是其中之一。这个英国本土的拳击手曾在1894年到1896年期间，打遍英国无敌手，连续拿下全英业余拳击锦标赛冠军。在他最盛的时期，只要他报名参加任何拳击比赛，其他选手就闻风而逃。

他在巅峰时显示出运动家风度，宣布退休，留给其他优秀的拳击人才充足的展现空间。伦敦奥运会时，37岁的理查德·甘恩再度重披战袍，报名参加在自己国家举行的奥运会，连胜三场，干净漂亮，轻易夺冠。奥运会结束后，他再度宣布退休，信守诺言，此生再未参加过任何拳击比赛。

第四届伦敦奥运会共产生金牌110枚，银牌100枚，铜牌94枚。英国的爱国裁判发挥了巨大作用，使英国选手夺得146枚奖牌，其中金牌56枚，比位于奖牌榜第二名的美国队奖牌总数多了一倍多。

1

2

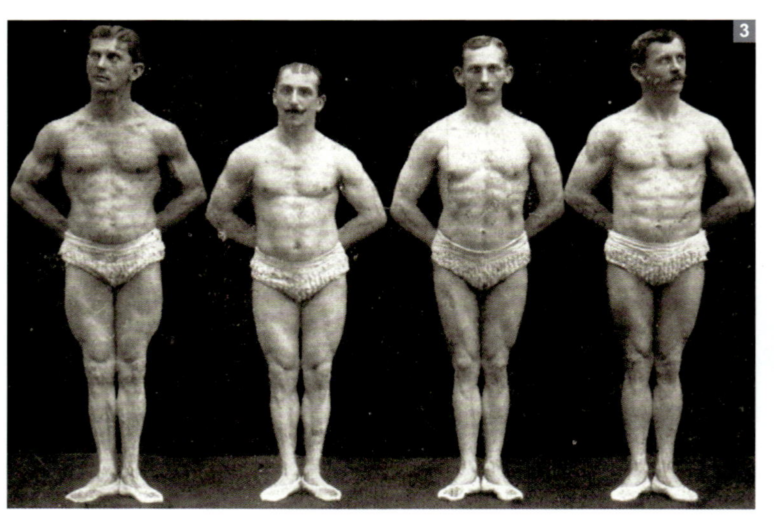
3

5

4

6

L'EQUIPE 队报聚焦

就像是在看马戏

我见过雅典和那座白色大理石体育场，但是在我看来，从建筑角度来看，它没法和英国人修建的这座钢筋水泥体育场相比。这座体育场位于伦敦西部，就在法英博览会的旁边。巴黎的王子公园体育场虽然从外观和气势上有可取之处，但如果将它摆放在这里，也会显得黯然失色。

至少从表面上看，走入体育场你能从任何位置观看到奥运会的各项比赛，但实际上的效果没有那么好。奥运会的各种比赛都在一个时间段举行，使得每项比赛的时间都非常有限，组织者只能见缝插针地安排赛程。于是观众有些吃不消了，你得左眼盯着在转圈的自行车运动员，右眼盯着空中进行的各种项目，这样一来你就没有多的眼睛观看丹麦女子体操运动员的表演了……这一切都同时发生在这座球场里，就如同在看马戏。

当然，这也说明，奥运会从来没有同时吸引这么多运动员的参加。英国报纸将体育场称为“通天塔”，他们说得有道理，因为在体育场内我们能听到地球上所有的语言，运动员的国籍、肤色也是不尽相同,从褐色皮肤的印度人朗波特 (Longboat)，到金色头发的瑞典人斯坦博格 (Stanberg)。

在此之前,人们认为组织一次奥运会很简单，就是将一些运动员聚集在一起，让他们在赛场上奔跑、跳跃，最终在比赛后给优胜者颁奖。在英格兰，我们发现了奥运会的另一种概念。这种概念是原始的，但不缺少强烈的认同。一家报纸想出了点子，要求得到25万法郎来让运动员们都得到娱乐的机会,人们提供了30万法郎,他们就高喊“够了!”这在法国永远都不会发生。

文/路易·德·弗勒拉克

1 如同1900年和1904年，1908年奥运会再次与博览会同时举行，只不过这次是法英博览会。为此英国人修建了雄伟的建筑和设施。

2 伦敦奥运会还设置了障碍赛跑，200米比赛吸引了很多人的围观。

3 真正的运动员还是马戏团演员？1908年奥运会游泳运动员的展示让人产生了疑问。

4 自行车赛道、田径场、泳池、足球场，英国人兴建的体育场完全为奥运会而设计，能够举办大多数比赛。

5 摔跤比赛露天举行，尽管也是在体育场内。

6 作为非正式比赛项目，丹麦女子体操运动员的表演也很精彩。

7 在法英博览会上，来自乡村的杂技高手在表演他们的才能。

8 射箭是三个向女性开放的项目之一，此外还有网球和花样滑冰。

9 在来自世界各地、不同肤色的运动员面前，英国国王爱德华七世宣布奥运会开幕。

10 奥运会历史上第一次，所有代表团要在开幕式上列队进入体育场。英国代表团此次获得了146块奖牌，其中56块金牌。

L'EQUIPE 队报聚焦

拉皮兹离冠军如此之近

奥运会赶上了多么糟糕的天气啊，没有哪一天是没有下雨的！这让比赛变得困难了许多。今天早上也是一样，暴雨一直到下午才停了下来，但狂风卷着乌云仍在肆虐。自行车100公里比赛开始时，暴雨再次侵袭了赛场……

17名选手来到了起跑线前，他们都已经经过了两轮预选赛。发令枪响后，科克尔博格(Coekelberg)很快占据了头名。比索普(Bishop)就在他身后，其他人首尾相接地跟在他们后面。在第20圈时，比索普落后了，英国人佩特(Pett)冲到了第一，后面跟着两个法国人鲁茨(Lutz)和拉皮兹。在经过一段不懈的努力后，拉皮兹逼近并超越了佩特。比赛进行到30分钟时，贝利(Bailey)开始领先，他已经完成了22.115公里。梅里迪特(Meredith)在第47圈体力不支跌倒，他虽然没有受伤，但影响了罗伯森(Robertson)和安德鲁斯(Andrews)的行进。

在科克尔博格的帮助下，拉皮兹重新获得了领先，他超越了中途退出的梅里迪特。此后所有选手的速度都慢了下来。第一个通过50公里大关的是贝利，成绩为1小时16分47秒，随后的顺序为巴特莱特、泰克谢尔和拉皮兹。鲁茨不得不停下脚步更换赛车，但他在两圈后就跟上了大部队。现场观众一片喝彩声。

比赛进行到3个小时时，泰克谢尔排名第一，他已经跑完了93.422公里；巴特莱特、拉皮兹、佩特和丹尼(Denny)紧随其后，而其他选手都被至少超越了一次。现在只剩下3名英国选手和两名法国选手竞争了，这时天空也开始逐渐放晴。倒数第三圈时，泰克谢尔也被甩下了，这消灭了法国人最后的希望，拉皮兹身陷重围无法突破，最终名列第三。他们一同为观众献上了一场精彩的比赛。

1 美国人弗雷斯特·维尔森(Forrest Wilson)夺得了110米栏冠军,最特别的是,他比赛时手里还拿着一本圣经。
2 梅尔文·谢帕德(Melvin Sheppard)在1500米比赛中以4分3秒40夺冠,获得了他个人4枚奥运会金牌中的第一枚。
3 作为著名的板球运动员,英国人约翰·道格拉斯(John Douglas)还获得了奥运会中量级拳击冠军。后来,他前往好莱坞发展。
4 23岁的英国人弗雷德里克·霍尔曼(Frederick Holman)已经拥有了非常丰富的冠军收藏,其中包括200米蛙泳的金牌。
5 美国人查尔斯·贝肯(Charles Bacon)在400米栏决赛中击败了上届冠军,同胞哈里·希尔曼(Harry Hillman)。
6 马球还是英国人的世界,三支英国球队最终登上了领奖台。
7 雷·尤里继续表演,自1900年以来,他夺得所有立定跳远比赛的金牌:三次跳高,三次跳远和两次三级跳。这一次他以1.57米夺得立定跳高冠军。
8 花样滑冰成为奥运会比赛项目。英国人玛格德(Magde)和埃德加·塞耶斯(Edgar Syers)在双人比赛中获得铜牌。
9 作为1904年奥运会铁饼冠军,美国人马丁·谢里登在1908年成功卫冕。
10 意大利人阿尔贝托·布拉格里亚(Alberto Braglia)在体操全能比赛中夺魁,法国人路易·塞古拉(Louis Segura)夺得铜牌。

功亏一篑的多兰多·皮特里

在现场10万多观众面前，意大利冠军第一个通过了马拉松比赛的终点。但由于借用了其他人的力量，他的冠军资格被剥夺。

文/诺尔贝尔·舍罗

(左)14时33分，马拉松比赛在温莎宫开始，女王亚历山德拉(Alexandra)为75名选手发令。

(右)在离终点前不远处皮特里5次跌倒，官员们将他扶起来，以让女王看到这个难忘的情景。在搀扶和帮助下，意大利人通过了终点线，当时离他最近的选手海耶斯已经进入了体育场。

(下)结束比赛后，皮特里立刻被用担架抬出了体育场。

(右下)美国人海耶斯的备战方法非常特别，赛前两天都躺在床上休息。体能优势让他最后成功了。

7月24日是伦敦奥运会的第11个比赛日，天气还算是比较理想，尽管对于马拉松选手来说有些炎热，但总比奥运会开幕以来持续的阴雨天气要好得多。这天早上观众还很少，但从下午两点开始大量人群开始涌入体育场，在伦敦城，从来没有哪次田径比赛能够吸引这么多人。

到下午两点一刻，体育场内再也找不到一个空余的位置，场外还有数千人愿意花高价购票进场，但体育场官员收到命令，不能再让一个人进入。超过10万观众在等待着马拉松冠军的到来，时不时有消息传入场内，告诉观众比赛的即时消息。观众的人数和他们的热情都让人震惊，当优胜者进入体育场时，人们难以描述的欢呼声会让他永生难忘。但首先还是回到比赛的开始阶段吧！

14时33分，英国女王在温莎宫亲自宣布马拉松比赛开始，在现场众多随同的陪同下，她立刻坐上了一辆开往终点的汽车，为了不错过冠军冲线的那个时刻。也就是从伦敦奥运会开始，马拉松比赛的距离固定为26英里零385码，也就是42.195公里，其中包括在体育场内跑道上最后的那一段距离。

来自奥地利、南非、希腊、芬兰、俄罗斯、荷兰、比利时、意大利、美国、澳大利亚、德国、瑞典、丹麦、匈牙利、英国、爱尔兰和加拿大的75名选手站到了起跑线上。其中有几名主要的冠军争夺者：意大利人多兰多·皮特里(Dorando Pietri)、瑞典人斯万博格(Svanberg)和朗德奎斯特(Laundquist)、英国人邓肯(Duncan)和埃珀比(Appleby)，以及加拿大人朗波特(Longboat)。

朗波特也是比赛的最大热门。他提前就来到了爱尔兰进行训练，直到比赛前4天才抵达伦敦。这让他有充足的时间乘坐汽车熟悉马拉松赛道，伦敦奥运会漂亮的赛道让他非常满意，除非遇上意外事故，他几乎肯定能够创造最好成绩。此前他在加拿大和美国训练时，赛道状况都非常糟糕，但即使是那样，他也总是能轻松打破世界纪录。

比赛进行到12英里时，跑在第一名的普莱斯(Price)只用了1小时3分10秒，平均速度为18.39公里/小时。很快，南非人海费隆(Hefferon)占据了头名，意大利人皮特里很快就接近了他。在近3英里的比赛中，两人几乎一直都粘在一起，皮特里在连续加速后终于甩

掉了海费隆,美国人海耶斯 (Hayes) 名列第三。皮特里逐渐取得了可观的领先优势，在离体育场还有 3 英里的时候，他看上去还非常轻松。但在快进入体育场时，一些无事生非的人对皮特里说第二名就要追上来了，结果他冲得过猛，消耗了最后一点体力。

进入体育场后，人们告诉他还有 2/3 圈跑道的赛程需要完成，前面体能的过大消耗以及现场人群的疯狂叫喊，似乎击倒了意大利人。他停下了脚步，如果没有人搀扶，他似乎会马上倒下。他马上直起腰来继续前进，但在 50 米远的地方再次倒下，第三次栽倒在跑道上后，人们都以为他再也不会爬起来了。此时他离终点只有 40 米，而第二名海耶斯已经进入体育场，很多人都认为皮特里不能完成比赛了。这时候，一名意大利记者的叫喊让他重新鼓起了勇气，在通过终点后，他如同死人一般倒下了。但他是胜利者。

皮特里通过终点的那一刻，绝对是所有人终生难忘的景象，现场 10 万多人都在为意大利人欢呼。所有人的双眼都湿润了，这种情感席卷了皇家看台和所有观众。

赛事的夺标热门朗波特在第 21 英里处选择了放弃，他乘坐汽车在皮特里之前几分钟到达球场。皮特里付出了超人的努力，将海耶斯和海费隆甩下了一大段距离，以至于最后阶段体能衰竭，而其他选手抵达终点时 还都比较轻松。和皮特里一样中途退出的还有很多选手，比如被广泛看好的英国人邓肯，反倒是加拿大里斯特更加令人尊重，他在比赛开始后 1 英里处脚踝就受了伤，但他拒绝退出，最后带伤以 4 小时 22 分 25 秒跑完了全程。

有现场目击者证实,在离终点 3 英里处时，皮特里以为比赛最多只剩 1.5 英里，他当时的体能完全足以快速跑完这个距离。但以这种速度跑了 3 英里后，身体和心理上的疲惫成为了他在终点前“挣扎”的主要原因。现场观众的欢呼，以及意料之外的 2/3 圈跑道距离，更加剧了这种疲惫。

意大利人的胜利传遍了全世界，而且长期以来都是奥运会精神的象征。尽管赛事第二名的申诉，导致皮特里的冠军资格被剥夺。

失利者成为英雄

在其伟大表现后的第二天，皮特里受到了女王的祝贺，阿瑟·柯南·道尔爵士(Conan Doyle)也公开向他致敬。

文/诺尔贝尔·舍罗

在马拉松比赛第二天，皮特里从英国女王手中接过了奖杯。

今天是7月25日，所有人对话的主题都集中在昨天皮特里所完成的表现，他的胜利，以及在所有人眼中都显得不公正的被剥夺了冠军头衔。

美国人在申诉中提到，皮特里违反了规则，在离终点还有10米处，看到意大利选手连续数次倒下的两名裁判，最终在人道主义精神面前选择了让步，他们帮助皮特里站了起来，其中一名甚至扶着他通过了终点。英国裁判的好心似乎没起到好作用。

在一次完美的马拉松比赛中犯下了这么一丁点错误，应该取消他获得的冠军吗？当然应该，如果我们一切以规则为准；当然不应该，所有善良的人们都会这么回答，因为意大利人并没有要求裁判的帮助，这也是事件的争议点：

帮助皮特里的不是他的朋友，而是两名裁判，他们或许不该帮助意大利人去践踏规则。

尽管感受到了不公正，但当得知女王要亲自颁发一座她捐赠的奖杯给皮特里，英国著名作家阿瑟·柯南·道尔爵士也向他公开致敬后，胜利的喜悦又重新占据了人们的心灵。这一天，皮特里拥有整个英国的支持和关怀。这天早上，伦敦奥运委员会主席德斯伯勒男爵(Desborough)夫妇给他送来了一束玫瑰以及一封表彰信，皮特里则将这封热情洋溢的信视为他最珍贵的记忆。

在昨天的事件过后，今天的这个仪式看上去和体育没有太大关系，女王的颁奖仪式吸引了大量观众。皮特里中午时分走进体育场，其实今天早上7点他就起床了，得知冠军头衔被剥夺后，他情绪激动地抗议了许久。这是可以理解的，在完成了一次最出色的马拉松赛事后，受到如此不公平的对待，其心情可想而知。

皮特里也得到了第三个跑过终点的南非人海费隆的支持，他认为皮特里是最棒的运动员，理应获胜。因为在比赛过程中，皮特里曾凭借自己的努力甩掉了包括他本人在内的多名选手，如果不是最后关头的那些插曲，皮特里绝对可以轻松地跑过终点。

一座安慰性的奖杯。

当颁奖仪式开始时，奥运会永恒的时刻到来了：女王请皮特里登上皇家看台领奖，将一座亮闪闪的金杯颁发给他时，现场掌声雷动。激动的皮特里捧着金杯围着体育场展示，身后跟着一面意大利国旗。所有人都起立向这名意大利马拉松选手欢呼，他绝对是这个时刻的伦敦英雄。女王的目光从始至终都没有离开皮特里，直到轮到给下一名获胜者颁奖。

在颁奖仪式过后，现场响起了英国国歌《上帝佑我女王》，给这次奥运会历史上最感动的田径比赛划上了完美的句号。

泰勒，金牌，金牌，金牌……

英国泳将没有让他的人民失望：他在两项长距离游泳比赛和一项接力比赛中夺魁。

文/埃里克·拉米

23岁的泰勒理应得到这样的庆祝，他不仅夺得400米和1500米金牌，在4X200接力比赛中也扮演了关键角色。

可以说亨利·泰勒(Henry Taylor)对这次奥运会非常期待。两年前的雅典届间奥运会上，他已经成为了英国最棒的游泳运动员，在1英里比赛中夺冠，在400米比赛中获得亚军，并参加了4×200米接力比赛。

1885年3月1日出生在奥德海姆的泰勒在雅典并没有达到自己竞技状态的巅峰，他很好地利用了随后的24个月。在他的人民面前，他表现出最佳状态，获得了三枚金牌，证明了自己是当下最出色的长距离游泳运动员。他接连夺得400米和1500米冠军，还在后一项比赛中创造了22分48秒40的世界纪录。泰勒在第1300米处开始全力冲刺，最终夺魁。9天前，他非常轻松地夺得了400米金牌，在决赛中击败了奥地利人奥托·谢夫，1906年雅典届间奥运会该项比赛冠军得主。在两项个人比赛之间，他和英国队一起获得了4×200米接力金牌。当他入水时，落后匈牙利人索尔坦·哈尔梅(Zoltan Halmay)很远，最终他凭借强有力的冲刺拿到头名。

泰勒是一名传奇般的人物，他年幼便失去双亲，由哥哥带大，在一家纺织厂工作。他抓紧每时每刻训练，中午吃饭时间也不放过，晚上则在任何水域里练习，河流、运河乃至公共游泳池。结果如何？现在大家都了解了。

哈斯威尔，一个人的决赛

由于美国选手集体退赛，结果东道主选手独孤求败，这并不美妙。

文/诺尔贝尔·舍罗

400米决赛中出现了三名美国人：约翰·卡彭特(John Carpenter)，威廉·罗宾斯(William Robbins)和黑人选手约翰·泰勒(John Tayler)，另一人则是东道主选手韦德汉姆·哈斯威尔(Wyndham Halswelle)。出于这场比赛的重要性，12名比赛官员围在跑道旁，选手们在比赛中受到了严格的监视。

出发后，卡彭特一马当先，罗宾斯和哈斯威尔紧随其后。在200米处，哈斯威尔占据了头名，但仅领先了半秒钟。卡彭特在猛烈的冲刺后，用右肘将哈斯威尔推出了赛道，哈斯威尔被推到了分隔跑道和游泳池的草地上。罗宾斯和泰勒则趁机追了上来。就在同时，比赛官员作出了手势，裁判拉下了终点处的白线，示意比赛中断。但选手们还是全速冲过了终点。

一次组委会会议也立即召开，来查清比赛情况并作出决定。摄影记者们都围在出事地点，他们可以证明卡彭特的不公正行为是不容辩驳的。组委会决定在两天后重新举行决赛，参赛运动员为威廉·罗宾斯、约翰·泰勒和哈斯威尔，卡彭特被取消了比赛资格。哈斯威尔随后进行的身体检查也证明了，他确实在比赛中受到了卡彭特的肘击。

一次如此美好的比赛被这样的意外打乱，确实非常遗憾……

当这个处罚结果出来后，美国人拒绝接受卡彭特被取消资格的决定，他们的两名代表都缺席了决赛，结果哈斯威尔在决赛中独孤求败，以50秒的成绩夺冠。

哈斯威尔没法想象一次更惬意的决赛了：他一个人出现在400米决赛的重赛中！第一场决赛的获胜者卡彭特(上图)由于肘击对手被取消了资格，这也引起了美国人最后的罢赛。

莫里斯·希莱斯被抢劫了!

在场地自行车中比赛中获胜的法国人眼睁睁看着他的冠军在绿地毯上飞走。这真是体育比赛中奇怪的事情。

文/热奥·勒费弗尔

现在进行的是1908年奥运会，而不是人们可能会错认为的1896年奥运会；这是在伦敦，而不是法国的朗德尔诺(LANDERNEAU)，但有人或许会这么认为。

英国裁判刚刚将法国人赶出了竞技场，但这一切看上去是那么的可笑，他们让可怜的法国代表团失去了一个冠军头衔。而到目前为止，除了射击和击剑项目外，法国人还未曾在其他项目中获得过一次冠军。

如果这是在任何一次国际赛事和世界锦标赛中的话，高举双臂的莫里斯·希莱斯(Maurice Schilles)以最常规的方式获得了比赛的胜利。在欧洲和北美大陆上，也不会有任何人对他的胜利提出异议。

但毕竟这里是伦敦,这里有奥运会“特殊”的比赛规则，其中一条就规定了赛跑、游泳和自行车等项目的最小时限。如果选手完成比赛的时间超过了这个时限，即使获得了冠军也会被取消成绩，而且还不进行重赛。

即使是在10年前的一些小型比赛中，这个最小时限规则就已经取消了，因为速度竞赛比拼的不仅仅是速度，还有战术。在150米、400米或者500米比赛中，选手都会采取不同的战术，有时会先采取跟随，到最后发力超越对手。

因此，希莱斯胜利了，他夺冠了，不论从头脑还是双腿来看。但人们就这样取消了他所获得的奥运会金牌，借口是没能在1分45秒的最小时限内完成1000米比赛。现在人们开始理解法国自行车协会以及法国体育协会在奥运会前就表示出的忧虑了。组委会没有征求任何其他国家的意见，而这些国家在很多个别比赛中都拥有丰富的举办经验。

取消希莱斯的胜利，从自行车运动的角度上来看，也是取消了这项运动。它已经不存在了，变得一文不值。

在5公里比赛中名列第二后，希莱斯(右)获得了他本该拿到的冠军。

出生于爱尔兰的罗伯特·凯尔(Robert Kerr)7岁就去了加拿大。在伦敦夺得200米跑冠军后,伙伴们将他举起庆祝。

1908年伦敦第4届奥运会

奥运会历史上第一次,所有运动员都以国家为单位组成代表团,在国旗之后列队进入开幕式现场。

数据

开幕日: 1908 年 4 月 27 日
闭幕日: 1908 年 10 月 31 日
举办国: 英国
候选城市: 德国柏林、意大利米兰和罗马。罗马起初获得举办权,后来出让给伦敦。
22 个参赛国
2035 名运动员:其中女性 36 名,男性 1999 名
23 个大项
(其中 3 个向女性开放,包括混合比赛)
田径、划船、拳击、自行车、击剑、足球、体操、草地曲棍球、老式网球、长曲棍球、摔跤、拔河、赛艇、游泳、花样滑冰、水球、板球、橄榄球、网球、射击、射箭、帆船。
表演项目: 无
109 个小项(其中 5 项向女性开放,包括混合项目)
宣布开幕者: 英国国王爱德华七世。
奥运圣火: 1928 年阿姆斯特丹奥运会的开幕式上,奥运圣火才第一次被点燃。
奥林匹克公约: 1920 年安特卫普奥运会的开幕式上,奥林匹克公约第一次被宣读。
国际奥委会主席: 法国顾拜旦男爵。

冬奥会

第一届冬奥会于 1924 年在夏蒙尼(Chamonix)举行。

从圣路易斯到伦敦

1905

• 1 月,俄国大革命爆发。"波坦金战舰"事件(6 月至 7 月)和波兰罗兹(6 月)事件爆发后,革命达到了高潮。12 月莫斯科起义被沙皇军队镇压。

• 德皇威廉二世访问摩洛哥,强调列强在摩洛哥"地位绝对平等",法德关系由此开始紧张(1 月 31 日)。

1906

• 瑞士和意大利之间的辛普朗山口隧道竣工(6 月 1 日)。

1907

• 周末休息法令在法国颁布。

• 海牙第二次和平会议,各国达成战时 12 条公约:战犯身份,禁止轰炸已经宣布开放的城市(1906 年 6 月 14 日至 1907 年 10 月 18 日)……

你知道吗?

在开幕式上,各国运动员跟随他们的国旗依次进入体育场,这是历史上的第一次。伦敦奥运会分成两个阶段:夏季奥运会(个人项目),秋季奥运会(花样滑冰、拳击和集体项目)。三项向女性开放的项目都非常优雅和高贵:网球,花样滑冰和射箭。

古典式摔跤中量级决赛中出现了一个体现奥林匹克精神的举动,为了让瑞典人马藤森(Martensson)获得足够休息治疗轻伤,决赛被推迟一天举行。最终马藤森在决赛中战胜同胞安德森(Anderson)夺魁。

在射箭比赛中,英国的威廉·多德(Welliam Dod)和夏洛特·多德(Charlotte)成为奥运会历史上第一对双双获得奖牌的兄妹运动员。瑞典人奥斯卡·斯瓦恩(Oscar Swahn)在"跑鹿"单发射击比赛中夺得个人第一块奥运金牌,当时他已经年满 60 岁,成为奥运会历史上夺得金牌年龄最大的选手。第二天,他又在集体比赛中获得第二枚金牌。

法国人热奥·安德雷(Geo Andre)在跳高比赛中以 1.88 米获得亚军,但他在第三跳中实际上已经跃过了 1.90 米的横杆,只不过他宽大的短裤将横杆碰落了。

组委会将马拉松比赛的距离定为 42.195 公里,其中最后 195 米为体育场内通过皇家看台的距离。这个距离从 1924 年开始成为马拉松比赛的正式距离。澳大利亚和新西兰在"英属澳大拉西亚"(Australasie)的名义下,作为一个代表团参加了伦敦奥运会。

宾夕法尼亚大主教有感于皮特里的事迹,在一次讲演时表示:"在奥运会上,参加比取胜更重要。"这随后被顾拜旦男爵引用,成为"重在参与"这条奥运格言。

伦敦奥运会与前两届的混乱不堪形成了鲜明的对比,一切都井井有条。

伦敦 London

这里是福尔摩斯、詹姆士·邦德的家乡;这里是欧洲人口最多的首都;这里拥有两百个不同的民族;这里是世界金融、航海、以及电子游戏设计的中心;这里有上千年的历史,也有最前沿的时尚。——这里就是伦敦!

这座大西洋深处的岛国首都,千百年来锁在浓浓的大雾里。她的地理位置,她的建筑,她的文化,她的人民乃至她所承载的英国政体,都令今人悠悠觉得有一种恍若隔世的盎然古韵。她的所有的人和所有的事,对于这个城市以及以这座城市为核心的英国之外的世界来说,似乎都有一种慢悠悠的古老感觉。

伦敦是世界时间开始的地方,地球的子午线即从这里通过。人们从伦敦出发,过泰晤士河向东南行八公里便来到了著名的格林威治,每天的时间就是从这里开始。

这座十八九世纪世界最大的城市,早在公元前43年时就开始形成市镇。公元1世纪,罗马军队渡海入侵,驻军筑城,把这个地方建为主要兵站,起名"伦甸涅姆"。伦敦这个名字就是从这里演变而来。

17世纪中叶,英国资产阶级凭借巨大的财富,迅速成为英国社会主导力量,发动了资产阶级革命,实现了君主立宪的资本主义统治。随后,带动全人类进步的伟大的工业革命席卷英伦。蒸汽机的发明与广泛应用,使英国的经济飞速发展。那时,伦敦无疑是世界上最大的工业城,与其说是一座城市,倒不如说是一座大工厂。全城到处机声隆隆,街上到处是滑腻腻的油渍,林立的烟囱昼夜不息地喷吐着滚滚浓烟,给著名的雾都又盖上了烈风也吹不散的烟雾。然而,工业革命后,英国已迅速由农业国转变为世界上第一个工业国,并成为"世界工厂"。

英国是一个工业大国,同样也是个体育强国。19世纪,欧洲大陆风行体操的时候,英伦三岛的人民盛行户外运动,现代足球、网球、板球、橄榄球,都诞生在英国。然而,1908年伦敦成为第四届现代奥运会举办城市却是一种偶然的结果。

1904年国际奥委会伦敦全会上,在顾拜旦个人意志的左右下,全票通过由罗马举办1908年奥运会。但在1906年,意大利发生的维苏威火山爆发事件,使意大利遭受沉重打击,不得不放弃第四届奥运会举办权。距离奥运会举办不到两年的时间,伦敦接过了罗马的接力棒,并且迅速成立了奥运会筹委会。经过一年多的准备,一座可容纳7万观众的白城体育场改造完成。体育场中间是足球场,周围是煤渣跑道,外圈则是自行车比赛用的水泥跑道。这座体育场是世界上第一个现代竞技综合体育设施,做事认真的英国人还专门请专家制定了比赛规则。当时国际奥委会主席顾拜旦称:"伦敦举行的是首次现代化的奥运会。"

正是由于伦敦当时经济实力的雄厚,才能在如此短暂的时间内筹备奥运会,为奥运会的举办奠定了基础。

如今,伦敦是英国的政治中心,政府、王宫、会议以及各政党总部均在此地。伦敦市工业发达,仍然支配着整个英国的经济命脉,被称为"金融城",它是世界上最大的黄金、外汇、贸易中心之一。

关键词·足球

英国是现代足球运动的发源地,而伦敦则是最火热的中心,切尔西、阿森纳等老牌俱乐部都驻扎在此。伦敦拥有13家职业足球俱乐部,其中有一半以上是英超球队,超过英超总数的三分之一。1905年切尔西俱乐部正式成立,1907年正式加入职业联赛。当时阿森纳和热刺主宰着伦敦地区,切尔西在头40年中都没有什么突出表现。20世纪50年代的切尔西足球创造过短暂的辉煌。1955年,切尔西首次夺得了当时最高级别的甲级联赛冠军;1970年切尔西打入足总杯决赛,并以2比1击败当时如日中天的利物浦历史上首次夺得英格兰足总杯冠军。而俱乐部真正的辉煌要从2004年说起。2004/2005赛季,切尔西请来了率领波尔图队在2003/2004赛季获得欧洲冠军联赛冠军的葡萄牙狂人穆里尼奥,蓝军取得了联赛杯冠军,提前获得了英超冠军,并在随后的2005/2006赛季中再度称雄。2006/2007赛季虽然在联赛中屈居第二,但人才济济的切尔西还是夺得了足总杯和联赛杯的桂冠。如今的切尔西也成为欧洲足球不可忽视的俱乐部。阿森纳俱乐部始建于1886年,一群皇家兵工厂的工人促成了他的前身DIAL SQUARE俱乐部的诞生,这个名字来自当时工厂的车间名称。

经过一个多世纪沧海桑田的变迁,如今在俱乐部教父级法国教练温格率领下,8年内他们共夺取了3届超级联赛冠军和3届足总杯冠军。阿森纳历史上获得的荣誉计有:顶级联赛冠军12次,足总杯冠军9次,联赛杯冠军2次,优胜者杯冠军1次。现在的阿森纳成为英超联赛中最顶尖的球队之一。

STOCKHOLM

第5届奥运会→斯德哥尔摩

在斯德哥尔摩进行的第五届奥运会的组织工作，是具有里程碑意义的。修建在一片葱绿森林中的体育场也成为了典范：没有那么宏大，但依旧很雄伟，而且跑道质量非常高。瑞典人第一次将电子计时设备引入奥运会的田径比赛，现场也有了与观众交流的扩音设备。唯一的阴暗面是，东道主拒绝将拳击比赛列入竞赛章程，这也促使国际奥委会随后开始限制东道主在项目制定上的权力。相反，在顾拜旦男爵不懈的努力和要求下，现代五项进入奥运会赛程，此外还引入了女子游泳比赛。

尽管从外表上看，斯德哥尔摩奥运会充满了田园风光的诗情画意，而且气氛也非常热烈，但这次奥运会也是耐力的煎熬。自行车计时赛中出现了奥林匹克历史上距离最长的比赛——320公里；在古典式摔跤次重量级决赛中，两名选手苦斗了9个多小时难分胜负，最终只能中止比赛，而中量级的一场半决赛也进行了两个多小时；芬兰人科勒赫迈宁(Hannes Kolehmainen)在一个看似荒唐的比赛日程中全面问鼎：7月8日他夺得了10000米金牌，两天后打破了5000米世界纪录，再三天后又在3000米团体赛中改写世界纪录，7月15日他将12公里越野比赛金牌收入囊中……至于美国人吉姆·索普(Jim Thorpe)，他在一周时间内夺得现代五项冠军，并打破了十项全能的世界纪录。

JEUX OLYMPIQUES

STOCKHOLM 1912

LE 29 JUIN — 22 JUILLET

A. BÖRTZELLS TR. A. B. STOCKHOLM

1912

女子游泳比赛来到了奥运会：英国人伊莎贝拉·摩尔(Isabella Moore)、简尼·弗莱彻(Jennie Flechter)、安妮·斯佩尔斯(Annie Speirs)和伊莱娜·斯蒂尔(Irene Steer)夺得了奥运会历史上第一个女子4X100米冠军。

名副其实的现代奥运会

灾难的阴云还未完全消散，第5届奥运会在斯德哥尔摩开始了。近20天前，"泰坦尼克"号在北大西洋沉没；但奥运会还是从这巨大的悲剧中走出。许多学者认为，前两次在希腊举办的奥运会不够国际化(包括1906年届间奥运会)，而在法国、美国和英国举办的奥运会又都与博览会和商展混在一起。只有这次斯德哥尔摩奥运会，才算是名副其实的现代奥运会。

1909 年 5 月，柏林因本国奥委会主席突然病故而放弃申办本届奥运会，剩下的就只有斯德哥尔摩一个城市。国际奥委会瑞典籍委员维克多·巴尔克将军为他们的人民争取到了奥运会，并亲自担任组委会主席。在他的领导下，在以国王古斯塔夫五世为代表的皇室的大力支持下，瑞典把奥运会作为关系国家荣辱的事来抓。他们兴建了设施完善先进的柯罗列夫运动场。运动场煤渣跑道周长 380.33 米，接近现代标准跑道长度。这也是自奥运会开办以来，运动员首次在比较标准的跑道上的比赛。

1912 年 7 月 6 日，美丽的斯德哥尔摩被节日的气氛所淹没。这个有"北方威尼斯"之称的水上都市天气晴朗，阳光灿烂。柯罗列夫运动场的看台上人山人海，所有人为了奥运会的正式开幕而欢呼。上午 11 点，瑞典国王古斯塔夫和以顾拜旦为首的国际奥委会官员莅临大会，国王致开幕词。大会首次举行了隆重仪式，瑞典姑娘进行了精彩的团体操表演，并自此成为传统。

尽管奥运会于 7 月 6 日开幕，17 日闭幕，但网球比赛早在两个月前的 5 月 5 日就已开始。大会闭幕后帆船、赛艇等比赛仍在继续进行，直到 7 月 22 日为止。因此本届会期不以开幕至闭幕的时间为准，而按 5 月 5 日到 7 月 22 日的比赛日程计算。

参赛国和运动员人数都是创纪录的。28 个国家和地区应邀前来；运动员 2547 名，其中女子 57 人。首次参加的国家有埃及、卢森堡、葡萄牙、叙利亚和日本。运动员人数最多的国家是瑞典 482 人，英国 293 人，挪威 207 人。另有 42 名女选手参加了游泳比赛，打破了以往仅参加网球、射箭和高尔夫等项目的惯例，对以后女子全面登上奥运舞台有积极影响。东道主对这个自我展示的舞台极为关注，每场比赛观众都有两三万人以上。

顾拜旦再次表现出了出众的外交才能，倡导"体育地理"原则的他提出了"参加国"并非必须为一个独立国家，从而顺利解决了沙俄治下的芬兰和奥匈帝国治下的波希米亚的参赛问题。

本届奥运会共设 15 种 102 项比赛项目，是近 3 届项目最少的一次。一些容易受伤和开展得不够普遍的项目被取消了，如拳击、自由式摔跤、举重、曲棍球、射箭等。首次列入的有现代五项和女子游泳。最后确定下来的项目，男子有田径、游泳（含跳水、水球）、自行车、射击、体操、摔跤（古典式）、马术、击剑、现代五项、赛艇、帆船、足球和网球；女子有游泳（含跳水）和网球。这为以后奥运会项目的设立，提供了基本雏形。在每项比赛参加的人数上，在上届已规定每国以 12 人为限的基础上，这届又建议每国限报 3 人，这又是一大改进。

本届奥运会参加田径比赛的运动员极多，100 米预赛举行了 17 次，200 米预赛举行了 18 次，连 5000 米和 10000 米，也都进行了多次预赛。东道主在场内试验性地安装了电动计时器和终点摄影设备，不但使时间精确到十分之一秒，还解决了一些终点名次判别上的纷争，并首次记录了径赛的前 6 名成绩。由于计时精确，一些优异成绩如美国人拉尔夫·克雷格的 100 米(10 秒 8)、美国梅雷迪思的 800 米 (1 分 51 秒 9) 和德国的 4×100 米接力 (42 秒 3)，后来均被国际田联追认为所属项目的第一个正式世界纪录，这也是奥运史上出现的第一批正式世界纪录。而在 1500 米赛时，第二三名成绩同为 3 分 56 秒 9，依靠终点摄影照片才得以判定名次先后。

芬兰长跑选手初露锋芒，代表人物是传奇性的科勒赫迈宁。他加冕了奥运史上首位 5000 米和 10000 米双冠王，并且在 12000 米个人和团体赛中分获金银牌，成为本届奥运会上获金牌最多的运动员之一。本届比赛中夺得奖牌数目最多的是瑞士人路易斯·理查德特他在射击比赛中共获得 4 金 2 银 6 块奖牌。

现代五项是根据顾拜旦的建议首次列入的，它由射击、游泳、击剑、马术和越野跑组成。这是一个军事训练综合项目，能培养军人勇敢顽强品质，参赛者仅限于军官。这次只有个人赛，赛程共 6 天。参赛的 32 名选手中瑞典占 12 人，他们包下了前 6 名除第 5 外的其余名次。获得第五名的是美国的巴顿上尉。比赛中当他游完 300 米时，是被人用船钩从池子里捞上来的，因为他已没有力气爬上岸；在跑完 4000 米越野赛全程后，他精疲力竭地晕倒在终点前的皇家观礼台下。此人在奥运会上虽与金牌无缘，但在二战中却成了叱咤风云的将领——巴顿将军。

游泳比赛取得了较好的成绩，全部奥运会纪录被刷新，并有多项高于世界最佳成绩。加拿大 18 岁的霍奇森一人独得两金。美国的·卡哈纳莫库拿了一枚金牌，后来成了泳坛和影坛的明星。他是一位公爵，1890 年出生于夏威夷王室家庭；后来投身好莱坞，以饰夏威夷这个岛国君主而驰名于世。在这届奥运会上，游泳项目首次对女子运动员开放，只有两个项目。

有趣的是，在击剑比赛中，来自奥地利的赫斯曼随同其国家队夺得了一项集体亚军。这枚银牌的意义可不简单，因为赫斯曼同时是当时奥地利国家奥委会主席。他也是迄今为止，第一位以奥委会主席身份在奥运会上夺得奖牌的运动员。1942 年 6 月 14 日，这名剑术高超的主席在纳粹的集中营中去世。

瑞典人以过于暴力为由，拒绝拳击比赛登上他们的国土，但并不限制同样来自古奥运的古典式摔跤。轻量级决赛的双方是瑞典的阿尔格伦和芬兰的伯赫，两人在9小时的你来我往后不分胜负，耗干了观众和裁判的耐性。最终此二人被判并列亚军，金牌空缺。这是奥运史上仅有的一场没有冠军的比赛。

俄国的克莱恩和芬兰的阿斯凯宁之间的中量级半决赛甚至持续了11小时40分钟，最后以俄国人的胜利告终。本届奥运会用时最长的比赛也就此诞生。

(上)伴随奥运会的还有各种文化表演，这是瑞典的合唱节目。
(左)胜利者接受他们的奖项时，头上还戴着一个花环，这是瑞典三级跳远冠军古斯塔夫·林德布鲁姆(Gustav Lindblom)。

马拉松是奥运会最重要、最受关注的比赛。7月14日，71位勇敢者在这个大热天里站在起跑线前。接下来的40公里会发生什么？

两个南非人，麦克阿瑟和吉特沙姆跑在一起。距体育场还有3公里，他们把其他人远远抛开。此时吉特沙姆停在休息站喝水，麦克阿瑟表示说会等他。但是他食言了，一直跑到吉特沙姆无法追上的距离，就这样首先跑进体育场拿到冠军。可怜的吉特沙姆眼睁睁看着金牌旁落，随后他气愤地指责背信弃义者。两人发生了激烈的争吵。

吉特沙姆只是失去了金牌和朋友，有人却失去了生命。21岁的葡萄牙人拉扎罗倒在了接近终点不远处，因为日晒中暑并休克，被送进医院。第二天他在医院不幸死去，成为第一位在奥运会比赛时死亡的选手。

麻烦还不止这些。所有参赛者，有大半在中途就退出了，但日本的金栗志藏却杳无音讯。警方不得不宣告了他的失踪。

五十年后真相终于大白。金栗在当年的比赛中途因酷热几乎崩溃。一个好心的瑞典观众不仅给了他橘子汁，还提供了一个住处。等他一觉醒来，比赛早已结束。于心有愧的日本人不告而别，一人乘船回了日本。

1967年，76岁的金栗志藏受邀故地重游，他从1912年放弃的地方向终点重新跑去。最后他的精确成绩是：54年8个月6天8小时32分20秒。

本届大赛最伟大的英雄，是美国印第安人吉姆·索普。他不仅是五项全能和十项全能的双料冠军，还在单项赛中获得跳高第4、跳远第7，其中十项全能的成绩高出第二名700多分。瑞典国王称他为"世界上最伟大的运动员"。

回国后，索普成为了真正的国家英雄。但是，一些对他的肤色不满的人揭发，索普早年以周薪15美金的待遇为职业棒球队打过比赛。在当时，只有业余运动员才有资格参加奥运会。尽管索普写信给田联，说自己并不了解有关业余运动员的规定，当年打球也纯粹是出于兴趣，而不是为了金钱。但美国田联和美国奥委会根据死板的规定，依旧追回了索普的两枚金牌，并取消了他参加奥运会的资格和他所创造的世界纪录，也扼杀了这位25岁年轻人的田径生涯。不过，获得这两项第二名的选手都拒绝接受转发给他们的金牌，因为在他们心中，索普是真正的第一。十项全能亚军得主韦斯兰德曾说，真正的冠军是吉姆·索普，不是我也不是其他任何人。

金牌就一直被存放在国际奥委会洛桑博物馆中。这位天才运动员，为了养活六个孩子，先后从事过各种职业：职业棒球运动员、体育教员、果品收购者、看护、掘墓人、洗碗工、甚至沦为乞丐流落街头……1953年，索普在忧愤和疾病中去世。他留给世人的最后一句话是："还我金牌！"

在美国正义人士的不懈努力下，终于使国际奥委会通过了恢复索普名誉的决议。直到事情过去70年，即1982年10月国际奥委会才恢复了索普名誉。1983年1月，国际奥委会主席萨马兰奇亲赴洛杉矶将追回的金牌重新交给了索普的儿女。

这次奥运会首次举行了文学艺术比赛，这实际上是恢复古奥运会的传统。比赛分建筑、绘画、雕塑、音乐和文学，因此也称"缪斯五项文艺比赛"。内容多以体育运动和奥运会为题材。在文学比赛中，顾拜旦以笔名发表的传世之作《体育颂》获得金牌。奥运会期间，由瑞典人埃德斯特隆倡议，成立了当今最大的国际单项体育组织——国际业余田径联合会。埃德斯特隆被选为该会第一任主席，任职至1940年。

官方认可的会徽在本届奥运会上首次亮相。筹备期间，瑞典奥委会聘请了进行早期海报艺术尝试的霍泽博格进行奥运会会徽的设计。在进行创作时，霍泽博格无疑从古希腊艺术及古奥运会裸体参赛的传统中得到灵感。在他的作品中，几个挥舞所有参赛国家旗帜的裸体运动员成为会徽的主体。但国际奥委会的高官们认为这种"复古"的设计过于大胆了。因此，当官方的会徽被正式印刷出来时，处于画面正中的裸体运动员身前被"艺术"地加上了两条细长的橙色丝带。但即使这样，许多国家仍拒绝公开展出这个被打了"补丁"的会徽。

除了大胆地采用裸体形象来展示奥林匹克的运动精神，霍泽博格还打破了历届会徽的沉闷感觉，使用几种极具视觉冲击力的鲜亮对比色来衬托奥运会欢快的庆典气氛。他反传统的做法虽然没有得到国际奥委会完全的认可，但这个天才设计对以后多届奥运会的会徽都产生了明显的影响。

同期中国 China Memo

奥运会形式的综合运动会直到1910年（宣统2年）才被中国人所接受和克隆，这一年在南京召开了中国近代史上的第一届全国运动会。从该运动会竞赛组织形式来看，已完全与奥运会相似。参赛队按照当时中国的地区划分确定组建，并且规定每个代表队在比赛中都应有自己的专色标志。

首届全运会在项目分类和成绩录取上也有比较规范的要求。大会总共设有田径、足球、篮球、网球四个大项，采取团体计分方式，总分多者获胜。最终，田径比赛上海代表队得分最多，篮球冠军为华北地区代表队，足球冠军为华南地区代表队，网球的前四名被圣约翰大学代表队包揽。

第一届全国运动会的召开，对推动奥林匹克运动在中国的传播，无疑具有重要的影响。

气氛 1912

L'EQUIPE 队报聚焦

我的印象，作为观众

组织奥运会，从细节上来看是非常繁琐的。但如果你只是在某几个点上来宏观地审视它，那么整体看上去还是非常完美的，能够避免各种抗议和不满。一些科技手段得到了应用，现场有许多穿着蓝色制服的人在巡视，他们根本不需要叫喊，不用发布命令就去维持秩序。

电子计时设备确实很完美。发令枪与一个电子设备连在一起，枪一响，装在一个盒子里、位于终点处的秒表就开始走动，此外还有三名专门的计时官员守在那里。他们每人拿着一个计时工具,选手过线时按动这个工具,秒表就会自动停止。

我本想近距离看看这个计时系统，但这是不可能的，进入体育场是被严格禁止的。但千万别相信体育场内除了运动员就只有官员。这天下午，我数了一下，一共有101个官员，他们都穿着蓝色上衣、白色长裤，戴着帽子，肩膀上还有颜色鲜艳的袖标。但我在他们中间发现了5名美国人!似乎美国人总是能在这里享受到特权，不用理会任何禁令。实际上，国际裁判委员会的成员也不能随便下去走动。法国总代表向组委会主席布莱克(Black)上校抱怨，指出美国人的违规行为，但他得到的回答是："不可能，您肯定是弄错了，体育场上没有外国人。国际裁判有他们专门的看台!"于是美国人就一直站在那儿。在媒体大厅里面，操着各种语言的记者同行们相互帮忙，但有时候也无济于事。最终的比赛结果往往简化为前三名的排名，后面的参赛者连自己的成绩都不知道。另一个错误在于，荣誉看台和媒体看台都处在阳光的直接照射下，那种热度实在是难以忍受。

文/于连·勒布雷

1 斯德哥尔摩城坐落在梅拉伦湖入波罗地海处的15个大小岛屿上，这给了赛艇选手们绝佳的比赛环境，8名澳大利亚运动员正在穿越城市的中心。

2 耸立在首都门户的奥林匹克体育场，举办了马术和田径比赛。

3 王子宫殿成为了赛艇比赛的颁奖地点。

4 帆船比赛在北海上举行，其中包括4个级别的赛事，帆船长度从6米到12米。

5 射击比赛的气氛非常地放松，所有的选手和官员还可以坐到一起享用一顿丰盛的午餐。

6 瑞典人在自己的国民面前庆祝他们夺得3000米跑集体项目的冠军。

7 游泳比赛在一个人工泳池进行，里面的海水都是从斯德哥尔摩港的中心位置运过来的。

8 从伦敦奥运会开始，这成为了传统：所有代表团都在各自国旗的引领下进入开幕式现场。

9 赛马比赛的加入让奥运会变得更加有趣。

10 瑞典国王古斯塔夫五世亲自宣布奥运会开幕。

11 芬兰女子体操选手正在进行表演，不过这个项目依旧没有进入正式比赛赛程。

1

L'EQUIPE 队报聚焦

马拉松中的悲伤事件

奥运会最重要的比赛日，历来就是马拉松举行的那一天。从上午10点起人们就开始进入体育场，到了中午体育场大门已经关闭，场外的观众被谢绝进入。太阳依旧是那么炙热，天空中没有一片云，气温高得令人要晕厥。

13时48分，在国王和他的子女的注视下，71名参赛者出发了。赛道非常糟糕，载着医生的救护车就跟在运动员们后面，他们要沿途"搭救"那些中途退赛的选手。很多士兵在阻止人群接近比赛队伍，还有专门的少年给运动员们指路，总的来说比赛的组织非常棒。

到了半程时，吉特沙姆(Gitsham)和塔图·科勒赫迈宁(5000米冠军的兄弟)处在领先位置，后面跟着麦克阿瑟(McArthur)、罗德(Lord)、斯佩罗尼(Speroni)和阿勒格伦(Ahlgren)。在回程中这种次序也没有太大改变，最令人吃惊的是塔图·科勒赫迈宁居然中途放弃了。

在体育场内，人们都在翘首以盼获胜者的到来。最终在巨大看台的对面，一个穿着绿色比赛服的人出现了：是南非人麦克阿瑟，他在最后1公里处甩下了同胞吉特沙姆。麦克阿瑟以非常快的速度完成了跑道上最后的赛程，还不忘戴上获胜者的花环。在通过终点线后，他就倒下了。吉特沙姆看上去轻松得多，他落后同胞200米获得亚军。

法国人布瓦希埃里(Boissiere)最终以2小时51分排名第13，他抱怨说如果不是被误导，能够将名次提高三到四个位置。医生在比赛过程中是被禁止接触运动员的，但美国人又例外了。一个悲剧也发生在马拉松比赛中，21岁的葡萄牙人弗朗西斯科·拉扎罗(Francisco Lazaro)在离终点7公里处因为中暑而倒下，结果在被送到医院的第二天去世了。

文/保罗·强普

2

3

1 在伦敦奥运会获得两枚金牌的瑞典人埃里克·莱明卫冕了标枪金牌。

2 瑞典人格雷塔·约翰森(Greta Johansson)成为第一名女子跳水奥运冠军。

3 约翰·弗拉纳甘在1900至1908年包揽奥运会链球金牌，使这个项目成为美国人的土地，这次夺冠的也是美国人马修·迈克格拉特(Matthew McGrath)。

4 南非组合温斯洛/吉特森(Winslow-Kitson)在网球男子双打决赛中击败奥地利组合皮普斯/斯伯斯尔(Pipes-Zborzil)。

5 如同伦敦奥运会一样，足球决赛再次在英国和丹麦间展开，英国人4比2夺冠。

6 在七次抢跑犯规之后，100米金牌被美国人拉尔夫·克雷格(Ralph Craig)以10秒80夺走，而他一人就犯规了三次。

7 美国选手拉尔夫·罗斯(Ralph Rose)在1904年和1908年蝉联铅球金牌，同胞帕特里克·迈克唐纳德(Patrick McDonald)结束了他的垄断。

8 长达11个小时的战斗后，俄罗斯人马丁·克莱恩(Martin Klein)在古典式摔跤中量级半决赛中击败了芬兰人阿尔弗雷德·阿斯凯宁(Alfred Asikainen)。

9 在自行车计时赛中，大热门瑞典人莫伦(Moren)不敌南非人刘易斯(Lewis)，他夺冠的成绩是10小时42分39秒!

10 立定跳远比赛最后一次出现在奥运会比赛中，希腊人康斯坦迪诺斯·希克里提拉斯(Konstantinos Tsiklitiras)夺得了立定跳远金牌。

11 卡尔·邦德(Carl Bonde)在个人盛装舞步比赛中获得了冠军。

索普的17项工程

在8天时间内，吉姆·索普(Jim Thorpe)在现代五项和十项全能比赛中夺魁，期间还参加了另外两场决赛……这个印第安人是奥运会上的一个现象。

文/阿兰·比约金

在接受颁奖时，斯塔夫五世对他说："先生，您是当今世界上最伟大的田径运动员！"

(右上)索普在一周时间内参加了三次跳远比赛，最好成绩为7.07米。

昨日，在斯德哥尔摩的奥林匹克体育场内，一名来自美国的印第安运动员成为了大家关注的焦点，他频频接受人们的掌声和喝彩，成为了第5届奥运会的英雄人物。

晴朗的天气令3万名观众情绪高涨。到了预定时间，瑞典国王古斯塔夫五世走下他的皇室看台，来到了跑道边。穿着一身黑色礼服的国王风度优雅，当他看到美国人吉姆·索普时显得尤其高兴。这名来自俄克拉荷马州印第安部落的选手看到国王走到自己面前，也显得很激动，他即将接受自己的第二枚奥运金牌——十项全能冠军。早在比赛前，人们就知道冠军可能是他的了。就在一周前，索普还夺得了现代五项的冠军。颁奖台上还陈列着两件艺术品，其中一件是瑞典国王的铜像，另一件则是一艘银质的维京战船的模型。古斯塔夫五世庄重地对他说："先生，您是当今世界上最伟大的田径运动员！"

这是来自瑞典皇室的致敬，也是所有见证索普在过去一周时间内神奇表演的观众的致敬，他在瑞典奥运会上一共参加了17个项目。首先是7月7日的现代五项，然后是分为3天（13日至15日）进行的十项全能，期间他还参加了两个单项：跳高（1.87米名列第四）和跳远（6.89米名列第七）。如果不是赛程不允许，他肯定会参加自己最擅长的项目——110米栏。在回应国王的赞美时，西装革履的索普只能挤出两个单词："谢谢，国王！"

在这次颁奖仪式前，教练格伦·沃纳(Glen Warner)已经告诉索普，在回到美国后，他将和其他所有的美国奥运冠军一起在纽约第五大道来一次特别的庆祝活动。当年正是沃纳从宾夕法尼亚州的大学里发掘出了这位奥运冠军，而索普也理应为自己的成就感到自豪和宽慰，他完成了不可能完成的任务。

这种挑战实在是太艰巨了，十项全能比赛本是东道主瑞典选手的强项，而索普则在先期进行的现代五项比赛中证明了自己的实力。在第一次成为奥运会正式比赛项目的十项全能中，瑞典派出了三名高手，雨果·韦斯兰德(Hugo Wieslander)、查尔斯·隆博格(Charles Lomberg)和格斯塔·霍尔莫(Goesta Holmer)，不过最引人瞩目的还是索普和韦斯兰德的争夺。此前韦斯兰德以7244.10分的成绩保持着这个项目的世界纪录。

(上)索普真是天生神力，他似乎不需要恢复体能就能完成所有这些赛事。但他同样也有着超凡的技术，尤其是在铁饼项目中。
(下)在第八个比赛日晚上，索普在最后一项1500米比赛中以4分40秒10获得第一，简直难以想象。
(右)在跳高个人项目中，他以1.87米获得第四，离奖牌只有2厘米差距。

鉴于参赛运动员数量太多，组织者将全部比赛分为3天进行。7月13日，“天生神力”的索普取得了良好的开局，他在100米、跳远和铅球比赛中的成绩分别为11秒20、6.79米和12.89米，韦斯兰德在这三项中全面落后。第二天，美国人仍在凭借自己的冷静和决心统治比赛，人们从他的动作和眼神里看到，索普正走在“战争的道路”上。他还有一个印第安人名字Watho-Huck，其含义也非常有趣：电闪雷鸣中被照亮的小径。尽管比赛这天没有电闪雷鸣，但瑞典的好天气同样让索普心旷神怡。他在跳高、400米和110米栏比赛中成绩都好于韦斯兰德。

除非受伤，否则没有什么能够阻止索普最后庆祝夺冠。7月15日，他最终彻底击倒了对手。在北欧选手更为擅长的标枪比赛中，韦斯兰德扳回了一城，但索普相继在撑杆跳和1500米比赛中占据了优势。十项全能的世界纪录也就这样被一个来自“被征服的种族”的人所改写。由于战争、屠杀和传染病等原因，美国的印第安人数量在过去两个世纪中急剧下降，从200万人下降到1900年底的5万人！

索普也应该为所有的印第安人自豪，他们直到1901年才在美国取得合法的公民权力。索普本人就是印第安人，美国政府将他们聚集在宾夕法尼亚州的一个地方。日后的奥运冠军于1887年5月22日出生在那里，他的祖父是爱尔兰人，当年来到美国后在勘萨斯与一名印第安女性结合，后来搬到了俄克拉荷马州。索普的父亲希拉姆(Hiram)娶了一名法国移民和印第安人的女儿。就是在那里，索普练出了

惊人的身体素质，后来被教练沃纳发现。沃纳也是一名非常优秀的橄榄球教练，他希望自己执教的卡里斯特大学能够与耶鲁、哈佛这些美国著名大学的球队对抗，于是索普成为了球队的领袖，唯一的得分手。1911年卡里斯特18比15战胜哈佛大学，18分全部由索普包办！

除了踢橄榄球，索普从20岁起开始从事几乎所有田径运动。由于速度奇快，他打棒球也非常有天赋，还在非职业的低级别联赛中出场过。他确实是一名全能运动员，在新世纪的世界体坛中，他是一位巨人，一个标杆。

布安只差一口气

在一场悬念丛生的5000米比赛后，法国人将冠军头衔拱手让给了芬兰人科勒赫迈宁。

文/保罗·强普

再一次，我们收获了巨大的失望，布安(Bouin)和阿尔诺(Arnaud)在5000米和1500米比赛中双双失利。如果说阿尔诺的失败并不出乎我们的意料，那么布安没能最终夺冠，只能说是巨大的失望了。

实际上，我们都对他非常有信心。昨天，布安展现出了非常好的状态，非常轻松地打破了这个项目的世界纪录，他似乎是不可战胜的，最后登上冠军领奖台是顺理成章的事情。但最终芬兰人科勒赫迈宁笑到了最后。考虑到他们两人都将其他对手远远甩在了身后，而且都将世界纪录提前了近半分钟，我必须说，一切的评论似乎都是徒劳的，这是本届奥运会最激动人心的比赛。

此外，在1500米比赛中，阿尔诺已经尽了全力，在长时间领跑后最终名列第7。而在200米比赛中，没有任何一名法国人进入半决赛，这些我们都预料到了。

5000米决赛直到最后一米才分出胜负，科勒赫迈宁超越布安夺冠。

一次史诗般的赛跑

5000米决赛在下午两点开始。15名参赛选手都站到了起点前，科勒赫迈宁出发后开始领先，布安在第5位紧紧跟随。在跟随了几圈后，布安在比赛进行到2500米时取得了领先，他的速度非常快而且稳定，每380.5米都在1分07秒左右完成。在还剩500米时，科勒赫迈宁发起了第一次进攻，但布安守住了领先位置，芬兰人也没有再坚持超越，而是跟在后面。最后一圈的铃声敲响了！

布安依旧领先，在最后一个弯道拐角处，他还有3米的优势。两人已经拼尽了全力，芬兰人看上去就要完了，法国人也是脸色苍白。还有10米了，布安要赢了，他要赢了……

但，布安最终没有赢，因为科勒赫迈宁在最后时刻追了上来，两人肘并肘地进行最后几米的赛程，似乎在相互依靠着前进。在最后时刻，科勒赫迈宁率先撞线，他赢了。

我们输了，在这样一场难以想象的对决之后失利，这是多么令人痛苦的事情啊！年轻的芬兰人欣喜若狂，他不仅打破了世界纪录，而且还战胜了赛前被视为热门的布安。

一阵热烈的掌声和欢呼声在体育场内回荡，为数众多的芬兰人挥舞着他们军队的红色小旗，就连瑞典人也在兴奋地挥舞他们的黄色十字旗。

体育场的各个角落都回荡着瑞典人和芬兰人的欢声笑语，就像是瑞典迎来了国家英雄一般。法国人也在为布安的精彩表现鼓掌，但红白蓝三色旗没有迎风飘舞。如果布安获胜，他们又会怎样庆祝呢？

科勒赫迈宁王朝

科勒赫迈宁一家有四个兄弟，他们全都是赛跑高手：包括27岁的塔图(Tatu)，25岁的职业选手吉罗姆(Guillaume)，眼前的这位23岁的奥运冠军哈内斯(Hannes)，以及19岁的鲁道夫(Rodolph)。鲁道夫当时很少在公众面前赛跑，他已经在为1916年柏林奥运会作准备了。

对于布安的表现，一位著名运动员的教练对我们说，布安不应该长时间在前面领跑，而是跟在芬兰人后面，在最后100米发起攻击。“如果布安这么做，我相信他会获胜，因为他的冲刺是最强的。”

布安一天前创造的15分05秒的5000米世界纪录只维持了24小时，科勒赫迈宁就将它提前了快半分钟，14分55的成绩证明了他的能力。不过，布安后来在3英里(4827米)比赛中夺魁，成绩是14分06秒。

科勒赫迈宁和布安难以置信的纪录

科勒赫迈宁和布安这两名出色的运动员，同时将布安一天前创造的5000米世界纪录提前了29秒。难以置信!

文/L.马腾斯

读者朋友们，如果我说昨天已经创造15分05秒世界纪录的布安，能在今天的决赛中做得更好，跑出14分55秒或者14分58秒左右的成绩，你们会怎么想?你们可能会说，要么是我疯了，要么就是我们的冠军会让我们在斯德哥尔摩体会到更大的欣喜。

让·布安是法国田径的希望，尤其是在前一天的出色表现之后，他是那么轻松地打破了世界纪录，当然成为了决赛的获胜热门。人们都等待着他获胜的消息，只要他再次实现类似的爆发，所有人都准备好跟他一起庆祝。

但这一切在今天都成为了回忆，这是两名实力如此接近的现象级运动员的一次美妙的对决。科勒赫迈宁和布安将其他选手远远甩在了身后，布安24小时前创造的世界纪录也成为了历史，而且将这一成绩提升到令人咋舌的14分55秒。

布安被击败了，一天时间内他将5000米的成绩提升了29秒，但他只获得了第二，因为冠军是科勒赫迈宁。

这种情况在同一届奥运会上居然还重现了，伟大的美国人梅尔文·谢帕德（Melwin Sheppard）也打破了自己保持的800米世界纪录，但他在终点线前被击败，被一名和他同样出色的运动员。这是多么美妙的表演，能够参加这样一场令人激动的对决，对于运动员来说又是多么的幸福!我们需要一个合适的比较，才能说明科勒赫迈宁和布安的这场比赛究竟代表着什么!

(上)两人在5000米比赛中一直形影不离。下

(下)尽管被击败了，但布安似乎布失望，他的银牌也十分珍贵。

布安:“我如何被科勒赫迈宁击败”

这就是我们这位长跑健将在5000米比赛后写的一篇文章的题目，他在将自己创造的世界纪录提前了29秒的情况下被科勒赫迈宁击败。以下是其中一些有趣的细节。

“发令枪响后，第一圈由一名美国人领跑，必须重视美国运动员的耐力，我处在第5位。

第二圈，我开始获得第二的位置，跟在后面等待时机。就在那一刻，科勒赫迈宁占据了首位，开始以1分08秒的速度跑完每一圈，也就是380.5米。

我成功地跟住了芬兰人的步伐，他开始加速，到第四圈我们已经将其他选手抛开了。

到第六圈，我开始加速，离他只有3、4米。直到第11圈，我都在领跑，希望加速甩掉“芬兰魔鬼”，每圈的速度加快到1分07秒，甚至1分06秒。其他选手都被甩下了200米以上，很多人退出了。离终点还有500米时，科勒赫迈宁开始发起进攻，我们在转弯处几乎平行了，但我还是守住了优势，他退到了第二位。

最后一圈的铃声敲响了，我在350米距离都保持着3米左右的领先。但到了最后20米，我实在没有力气了，似乎我们在最后10米的速度都不到15公里/小时。

我听到了裁判宣布的比赛结果:“我以一个胸脯的距离被击败了。”

人们把芬兰人举着抬进了更衣室，所有支持我的朋友也在说着鼓励的语言，我迫不及待地打听成绩:14分55秒60和14分36秒70!这个成绩让我感觉难以置信。

我是3英里世界纪录保持者，我从2500米就一直领跑。

我本来有获胜的可能，我是在用自己的头脑奔跑，我认为自己在最后时刻缺少一点冷静。在冲刺能力上我比科勒赫迈宁出色，我或许应该让他领跑，然后在最后时刻努力超越他。这也是伟大的冠军谢帕德的意见，他认为我已经跑得非常出色了。

但这就是事实。

布洛克迪独自战斗

作为在斯德哥尔摩的唯一女性代表，她回国时带着一枚奥运金牌和一枚铜牌。

文/于连·勒布雷

很长时间以来，顾拜旦男爵都认为只有男人才能在奥运会中拥有自己的位置，最终许多女子运动员的突出成就迫使他改变了这种想法。其中一个最好的例子就是玛格丽特·布洛克迪（Marguerite Broquedis）在1912年7月12日这天的爆发。作为法国代表团唯一的女性，这名年仅19岁的年轻小姐战胜德国人多罗西亚·科凌（Dorothea Koring）夺得网球女子单打冠军。此外，她还和阿尔贝尔·卡内（Albert Canet）获得混合双打铜牌。

对于布洛克迪小姐来说，这次胜利是对她此前优秀表现的再度肯定，一个月前她刚刚在法国举行的世界网球锦标赛中夺魁。在这两项国际重大比赛中，布洛克迪展示了自己的效率和技术。拿着球拍摆出一个西部牛仔的姿势，这是她在镜头前常用的Pose。不过更令人惊叹的是她的右手击球，这是她的主要武器，尽管她在其他方面也很突出。这个夏天，没有哪名对手能够阻挡她速度和力量极大的右手攻击。

此外，布洛克迪小姐也给所有人留下了非常高贵的印象，不论是在巴黎还是斯德哥尔摩。一些人甚至认为她就是球场上的女神，她出色的球技和天生魅力结合在一起，让她成为了一座最美的网球雕像，也让她随后几个月成为了真正的女英雄。现在她就差参加下一届温布尔登网球公开赛了，在那里她可以与英国和美国最出色的球手一较长短。

在奥运会后，布洛克迪在1914年成为唯一一名在正式比赛中击败苏珊·伦格伦（Suzanne Lenglen）的网球选手。

骑着“娇美”夺冠

金牌、银牌和铜牌,法国马术选手让·卡里乌(Jean Cariou)在斯德哥尔摩得到了所有颜色的奖牌,他讲述自己的经历。

文/让·卡里乌

我从斯德哥尔摩带回了美好的记忆。我所参加的马术比赛组织得非常好,尤其是障碍赛特别有趣:障碍富于变化,高度在1.10米和1.40米之间,赛马需要做很多跳跃,这对于那些性格冷静的马匹更为有利。比如我驾驭的“娇美”,我们一起获得了个人障碍赛冠军,排在一名德国骑师前面。

我必须重复这一点,这次比赛非常棒,也很有挑战性,我们的马匹表现也不错。我回想起奥运会的赛程安排:全能比赛在第一位,组队和个人分开排名,每个国家4名选手,组队成绩只取成绩最好的3名。法国队的组成是这样:梅耶(Meyer)和“加油”,塞涅(Seigner)中尉和“贵人”,阿斯塔法(Astafart)中尉和“卡斯蒂巴尔萨”,以及我的“宝贝”。

由于错误地从一个障碍的左边而不是右边通过,阿斯塔法中尉最先被淘汰;塞涅也在第一项比赛的一次跳跃动作中被扣分;梅耶和我则在第一阶段没有出现任何失误。整个法国队在第三项比赛中全部通过,没有人被罚分。第四项比赛中,我由于没能在规定时间内完赛而受到了严重处罚。“宝贝”在第五项比赛中获得了7.72的最高分,不过梅耶和“加油”只得到了5.77分,他们被罚了很多分数。最终法国队排名第四,我则和“宝贝”获得第三名。

在个人障碍赛中,我驾驭的“宝贝”获得了冠军,第二名是德国骑师,他的马匹在人们牵引之前就想回到马厩,这是不被允许的。法国队在组队障碍赛中获得亚军,瑞典人获得第一名。

在一所军事学校任职的让·卡里乌是出现在斯德哥尔摩的骑师中最风光的,这是他在全能比赛中的场景。

奥运会上负责计时的人员。

1912年斯德哥尔摩第5届奥运会

全世界都闻到了战争的硝烟,但盛大的奥运节日没有感受到这些。它甚至成为了一次真正的全球性盛会,因为这是历史上五大洲代表首次正式齐聚奥运大家庭。

数据

开幕日: 1912 年 5 月 5 日
闭幕日: 1912 年 7 月 27 日
主办国: 瑞典
其他申办城市: 无
28 个参赛国
2547 名运动员: 女性 57 名,男性 2490 名
15 个大项的: (其中 5 个向女性开放,包括混合比赛) 田径,足球,现代五项,帆船,体操,游泳,跳水,击剑,拔河,赛艇,射击,摔跤,网球,自行车,马术。
表演项目: 无
102 个小项: (其中 15 项向女性开放,包括混合项目)
宣布开幕者: 瑞典国王古斯塔夫五世。
奥运圣火: 1928 年阿姆斯特丹奥运会的开幕式上,奥运圣火才第一次被点燃。
奥林匹克公约: 1920 年安特卫普奥运会的开幕式上,奥林匹克公约第一次被宣读。
国际奥委会主席: 顾拜旦男爵 (法国)

冬季奥运会

第一届冬奥会于 1924 年在夏蒙尼 (Chamonix) 举行。

从伦敦到斯德哥尔摩

1909

• 由意大利兴起的未来主义运动开端。

• 4 月 6 日,美国人罗伯特·皮尔里 (Robert Peary) 和朋友马修·亨森 (Matthew Henson) 成功抵达北极。

• 7 月 25 日,路易·布莱里奥 (Louis Bleriot) 驾驶飞机穿越英吉利海峡,总共花了 32 分钟时间。

• 12 月 17 日,比利时国王利奥波德二世去世,1 年前刚果成为比利时殖民地。

1910

• 瓦西里·康定斯基 (Wassily Kandinsky) 的作品《无题》问世,这也被认为是第一幅抽象派作品。

• 国际滑雪联合会成立。

• 1 月 28 日,巴黎经历了史上最严重的水灾,超过 16000 人遇难,塞纳河水涨到 8.62 米,在两个多月时间里横行巴黎的数十条街道。

1911

• 第二次摩洛哥危机,巴尔干战争爆发 (1911 至 1912)。

• 4 月 21 日,名画《蒙娜丽莎》在卢浮宫被盗,后来于 1913 年在佛罗伦萨被发现。

• 居里夫人获得诺贝尔化学奖,此前她曾在 1903 年拿到诺贝尔物理奖。

1912

• 4 月 14 日,在离开南安普敦港的第一次旅行中,泰坦尼克号就撞上了冰山下沉,1500 多人遇难。

• 5 月 5 日,第一期《真理报》在俄罗斯面世。

你知道吗?

奥运会历史上第一次:游泳比赛向女性开放。体育场内试验性地安装了电子计时和终点摄影设备,还有扩音设备。艺术和文学竞赛也为奥运会添彩。

在击剑比赛中,奥托·赫斯曼 (Otto Herschmann) 和奥地利队夺得一枚银牌,此外他也是奥地利奥委会主席,他成为唯一一名曾经夺得过奥运会奖牌的在位国家奥委会主席。1942 年 6 月 14 日,他不幸在一所集中营中去世。

本届奥运会获得奖牌最多的运动员是瑞士人路易斯·理查德特,在射击比赛中他共获得了 6 枚奖牌,4 金 2 银。最高产的射手来自足球比赛中,在俄罗斯同德国的比赛中,德国前锋格特弗里德打入 10 球。另一名射手是哈罗德·瓦尔登 (Harold Walden),他是英国国内的最佳射手,这次为英国队打入了 15 球,多年后他还成为一名非常著名的歌手。

高耸的哥特式建筑神奇地组合成了宫殿群，这是斯德哥尔摩的城市特色。

斯德哥尔摩 Stockholm

斯德哥尔摩是一个让人产生无限联想的城市，被誉为世界上最美的都市之一。它的宁静安详仿佛脱离了这个世界。

瑞典地处北欧斯堪的纳维亚半岛，斯德哥尔摩是瑞典的首都，全国政治、文化、经济中心。它位于波罗的海和马梅拉伦湖之间，是一个美丽的水上都市，有“北方威尼斯”之称，被誉为世界上最美的都市之一。

斯德哥尔摩于1252年首见记载，最早建在梅拉伦湖入海口处的斯塔斯岛上，城堡用巨木建成，因而有斯德哥尔摩之名（斯德哥尔摩原意为“木头岛”）。斯德哥尔摩13世纪下半叶形成城市，成为瑞典中部的商业贸易中心。1436年起被定为首都。

17世纪城市范围逐渐扩大，18世纪古斯塔夫统治时期成为瑞典的文化中心，后来日渐发展成斯堪的纳维亚半岛的最大城市。

斯德哥尔摩是一个文化古城，这里有着巍峨的王宫，古老的尼古拉教堂以及改为王室墓地的法郎西斯教堂等。其中不少是十六七世纪的建筑，这些建筑技艺都很高超。

全城有50多个博物馆，其中最吸引人的是斯坎森露天博物馆。它占地30公顷，有150座从瑞典各地搬来的多姿多彩的农家房屋，诉说着人类历史上坎坷而多彩的生活。斯德哥尔摩大学已有百年历史，设有诺贝尔研究院。如今，一年一度的诺贝尔奖评选和颁发仍然是斯德哥尔摩生活中的一件大事。

地下洞府是斯德哥尔摩城市的一大特点。瑞典已有近两个世纪无战争，但这个国家很重视军事防御，大规模发展地下建筑，目前，斯德哥尔摩已建成一座“地下城市”。

斯德哥尔摩就是一个让人产生无限联想的城市，它的宁静安详仿佛脱离了这个世界。每到夏季，天又蓝又高，天际线上，黑色或赭红色的教堂以及市政公共场所的哥特式尖顶显得格外醒目和浪漫。

在长时照耀的明媚阳光下，正当你漫步在老城狭窄的石板路上，突然的一角湖水或一片海湾像海市蜃楼般在弯曲的街道上展现在眼前，使你的眼睛和心情都为之一亮。

高耸的哥特式建筑神奇般地组合成宫殿群，在湖心岛上拔地而起，像王子仙女居住的童话世界。

由于地处高纬度地带，白天最长可达20小时以上，人们常常参加户外和旅游活动。仲夏节和露西亚就是与气候有关的两个重要节日。每年6月22日前后是斯德哥尔摩的仲夏节，人们身着色彩缤纷的盛装，从四面八方来到公园和广场，在高高悬挂的松枝、花环下面，沐浴着万道晚霞的余辉，载歌载舞、通宵不绝。

瑞典是现代体育开展较早的国家之一。早在1894年瑞典就向刚成立的国际奥委会提出过举办奥运会，由于前几届会址已经选定，1904年才做出决定将1912年奥运会举办权交给斯德哥尔摩。从那以后，瑞典人即着手筹办，并把它作为关系国家荣辱的事来抓。

斯德哥尔摩兴建“柯罗列夫”运动场作为奥运会主体育场，尽管它只能容纳37000多名观众，但设施完备先进。跑道全场380.33米，接近今日标准跑道，也是奥运会开办以来，运动员第一次在较标准的跑道上竞赛，赛场上第一次实验性地安装了电动计时器和终点摄影设备。

斯德哥尔摩奥运会上，瑞典队获得金牌最多。从这届奥运会上，全世界都发现，瑞典——西北欧这个天涯海角的国家，它的人民是那么的热情勇敢。这是一个了不起的国家，是一个了不起的民族。

关键词·越野滑雪

对瑞典人来说，很少有像瓦萨滑雪节这样能够勾起太多记忆的体育活动。瓦萨国际越野滑雪节不仅是大规模的滑雪比赛，它更是关于瑞典历史文化、国家自由和民族独立的故事。每一个瑞典人都对这个节日有着特殊的情感。

瓦萨滑雪节的历史可以追溯到500年前。公元1521年，当时的瑞典王储古斯塔夫·瓦萨滑雪穿越达拉纳省，去寻求人民的帮助来反抗丹麦国王克里斯蒂安二世的统治，后者当时统治了瑞典首都斯德哥尔摩。经过努力，古斯塔夫·瓦萨最终赢得了瑞典王国的独立并成为瑞典国王。

1922年，为纪念古斯塔夫·瓦萨以及他所取得的成就，瑞典创立了每年一度的全程90公里的滑雪比赛，滑行路线与当年瓦萨滑行的路线相同，这就是后来的瓦萨滑雪节。

第一届瓦萨滑雪比赛于1922年3月19日举行，此后的滑雪节固定在每年3月的第一个星期天。渐渐地，瓦萨国际越野滑雪比赛已不仅仅是单纯的滑雪比赛，而是全瑞典人的节日。当地许多居民每年3月都会全家一起出动，参加滑雪节的各种活动，到森林、湖泊、河流边玩耍、嬉戏、野营，亲近自然。

瓦萨国际越野滑雪节甚至是整个斯堪的纳维亚半岛最著名，也是最受人们欢迎的旅游活动之一，每年都有数以万计来自瑞典以及全球各地的旅游者来到这里，与当地人一起滑雪。迄今为止，总共有30多万人完成过全部的滑雪比赛，其中既有世界顶级的滑雪运动员，也有无数的业余滑雪爱好者。

1916

BERLIN

第6届奥运会➔柏林

由于第一次世界大战的爆发，原定于1916年的柏林奥运会并没有举行，但这段时期在奥运会历史上仍有其价值，它对于体育并非可有可无。

惨无人道的大屠杀让第六届奥运会没能如期举行。从1912年斯德哥尔摩奥运会到1920年安特卫普奥运会之间的这个阶段，在体育历史上很少受到人们的关注，但忽视它是不公正的，这是奥运历史最丰富的时期之一。尤其是在现代奥运会的创始国以及一战主要战场的法国，人们意识到体育能够给各个民族带来什么。

法国运动员热奥·安德雷(Geo Andre)是这个阶段的经历者和见证者：他参加了1908年和1912年奥运会，也参加了一战，并在战争中被德国人囚禁。在成功逃离纳粹魔爪后，他又在1920年的安特卫普重新闪光。在《大自然生活》月刊上，他回顾了这段自己曾扮演了运动员、战士和记者多个角色的阶段，他坚持："奥运会必须存在，任何人都不应该对它漠不关心。这个世界性竞赛是和平的杰作，人类永远不会忽视它的地位。现在随着获得战争的胜利，我们的国家进入了一个更好的阶段，我们要利用这种良好的氛围。赢得战争是不够的，我们的对手认为法国已经为战争筋疲力尽，我们的民族正在死去。那么就让我们证明自己已经浴火涅磐。"

安德雷知道他在说什么。1912年他参加了斯德哥尔摩奥运会，也就是在那次盛会上，国际奥委会一致决定将1916年奥运会的举办权交给柏林。然而在斯德哥尔摩的开幕式上，东道主起初甚至没有准备各国国旗，也没有像1908年那样准备统一的服装。

正如安德雷所坚持的那样，这些现象都要归咎于政府的不关心和赛事领导的无能。法国代表团在瑞典受到了怎样的对待？就连法国大使馆都不承认他们，将他们视为擅自闯入瑞典领土的人。代表团的"火车头"布安也被打败了，起初人们都等待着他夺得5000米金牌，如同企盼一缕清晨的阳光一般，最终他们只能凭借在马术、射击、网球和帆船比赛中的7枚金牌聊以自慰。布安的失利令人沮丧，因为他的获胜本来可以给国人带来精神上的巨大鼓舞。

持这种观点还有当时的《观点报》主编，他认为"必须为斯德哥尔摩复仇做好准备"，尤其是考虑到下届奥运会在德国柏林举行，他们从法国人手中抢走了阿尔萨斯-洛林地区。

简而言之，大家都在努力准备，寻找各种办法。人们在兰斯开启了奥运会公园的修建，这是法国的第一座体育公园，吸引了所有的记者：法国人要在那里开始复仇。

人们在兰斯修建了体育场、游泳池、淋浴间和按摩室，甚至还请来了一名美国教练。“兰斯体育学院”终于面世，并很快为培养奥运会选手开始工作。体育教师、官员、学员和运动员成倍增长，“为世界赛事和奥运会准备的运动员”注册完全免费，1万多学员的健康状况和成绩都得到了改善。庞加莱总统于1913年参观学校时引起了轰动，总统先生非常高兴，也很欣赏运动员的表演。这是对“身体教育”的正式肯定，人们意识到“身体发展”的必要性。

在国家的资助下，10多个体育场得以修建，尤其以培养长跑运动员为主，因为法国人需要在柏林的这些项目上复仇。后来兰斯遭到了轰炸，学院被夷为平地，而布安呢？在人们准备保护他的时候，他却一头扎入了火海，倒在了抢救学院的一线，那天是1914年9月29日。在恐慌和毫无准备中，捍卫国家的义务成为了一切……

还是在《大自然生活》上，安德雷讲述了1916年被囚禁时一名德国护士对他说的话：“我们很快就会去巴黎，你们法国人已经完蛋了，病入膏肓、沉迷酒色。干掉法国后，德国就成为了欧洲的盟主。”安德雷补充道：“假如在斯德哥尔摩展示出我们身体上的强大，德国就不会以这样的精神状态投入战争。我本该在1916年的柏林达到竞技的黄金年龄和体能巅峰，但最终却像一列受伤的车厢，只能艰难前行。我本该回击柏林人愚蠢的想法，但最终我没能在脖子上挂一枚奥运会金牌，而是双脚上锁上了铁链。”

顾拜旦男爵在1916年1月愤而将国际奥委会主席的位置让给了高德弗鲁瓦·德·布洛梅(Godefroy de Blomay)，后者直到顾拜旦在洛桑重新上位前，一直处理日常事务。男爵一直都在为奥运会鞠躬尽瘁，1914年世界大战爆发前，在现代奥运会诞生20周年之际，他还亲自审批了1920年奥运会的两个申办城市：布达佩斯和安特卫普。安特卫普展示了他们的能力，不过布达佩斯是匈牙利首都。在比利时被侵占后，没有人提出将第六届奥运会放在北欧或者美国举行，当然德国也没有，他们希望在体育上也取得速胜。最终柏林奥运会被取消，有人提出取缔德国的奥委会会员资格，但顾拜旦男爵拒绝了，他不想给战争再增添一次分裂。

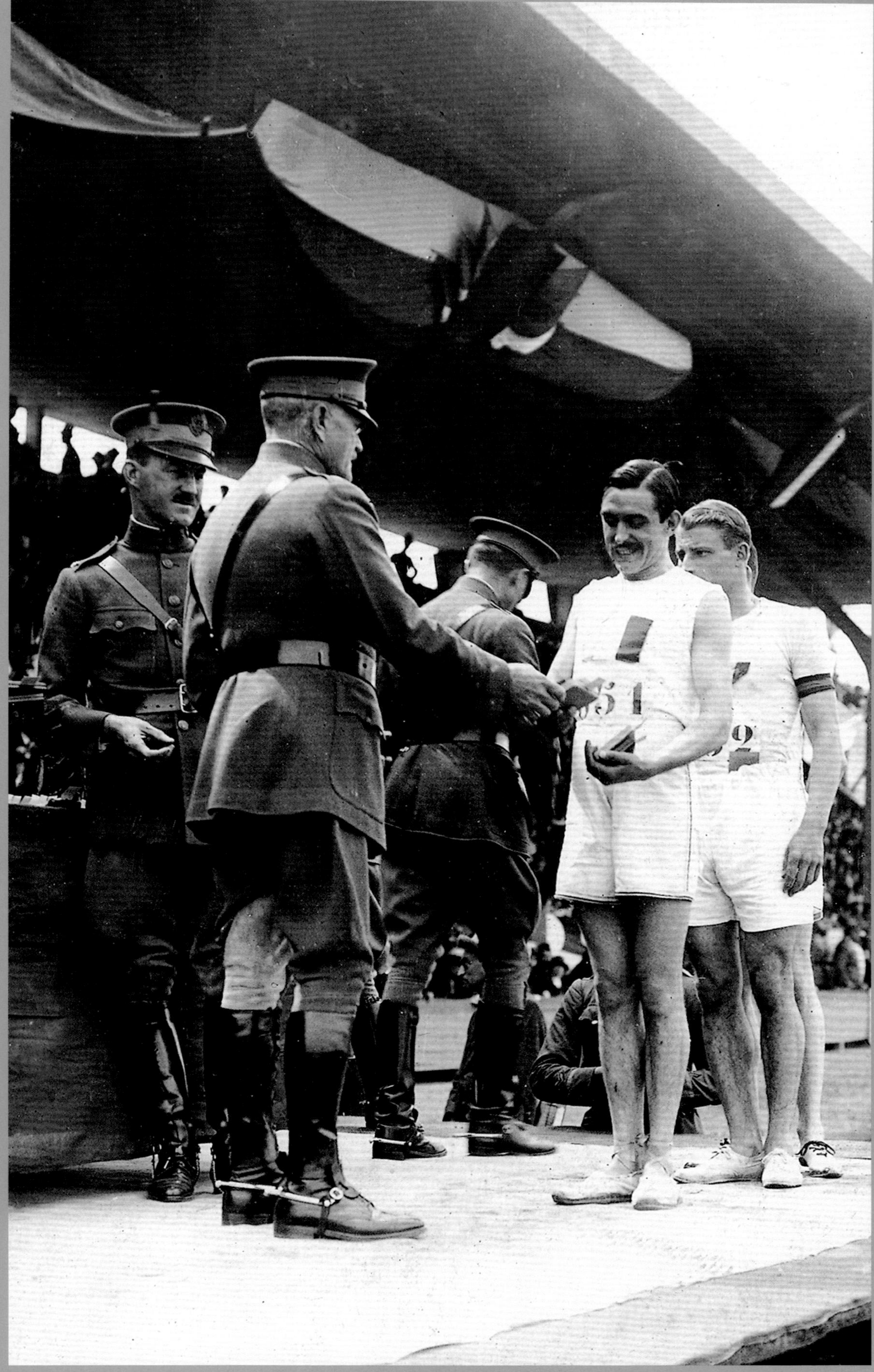

(上)在"胜利运动会"上，美国的伯兴(Pershing)将军为夺得马拉松冠军的法国人让·维尔莫伦(Jean Vermeulen)颁奖。

(左)为了给1912年斯德哥尔摩奥运会上的失利复仇，布安(左)于1913年为兰斯体育学院揭幕。

顾拜旦依旧捍卫奥运会的节奏

最终，顾拜旦开始为1920年奥运会的举行而忙碌，他依旧坚持奥运会每4年举行一次的节奏。安特卫普获得了他的好感，1919年春天，男爵和其他8个国家的代表决定将举办权交给安特卫普。

法国的里昂可能会对此决定不满，但当比利时人拒绝邀请第一次世界大战的战败国德国、奥匈帝国、保加利亚和土耳其的代表时，他们或许能得到一些安慰。

这些战败国也没有出现在1919年6月22日至7月6日在巴黎举行的“胜利运动会”上，来自10个国家的1500名运动员参赛，但英国人没有来。美国人再次显示了他们的强大，法国人虽然为此做了一些准备，但显然敌不过美国人，他们的训练更出色，业余选手和职业选手一样出色。安德雷本来希望法国举办战后第一届奥运会，并且战败国不被驱逐，但他的要求没有得到满足。不过这次“胜利运动会”就像是一杯开胃酒，为安特卫普打下了基调。它不仅让体育的影响力再次扩大，也让体育在法国重新进入了快速发展期。

这一点可以从《汽车报》的发行量上得到验证，由于对环法和奥运会的报道，该报期发量高达36.3万份，“成千上万的观众从体育中获得了乐趣”。当然，光有运动员和观众的热情是不够的，还必须有美国人那样科学的训练，这也直接导致了各种体育协会在法国的诞生，之前的法国运动员体育协会不再负责管理整个体育界。

为安特卫普奥运会的准备工作在1919年7月6日就开始了，布安的遗憾也可以得到弥补了，全国各地修建了20条跑道，150名运动员集中训练了60多天。体育开始成为了一项国家事务，6月27日，国会代表通过一项决议，专门拨款50万法郎用于“普及体育”，其中20万法郎是为安特卫普奥运会准备的。

这个数字不多，但在那个大半个国家都面临重建的特殊时期，这证明了体育和奥运会在这个国家的重生。

奥运会和体育并没有完全输给战争。

第7届奥运会→安特卫普

第一次世界大战夺取了全世界1000多万人的生命，奥林匹克运动也遭受浩劫，但还是存活了下来。当然，1916年奥运会没有按照预定计划在柏林举行，但在1914年确定的安特卫普奥运会在战后得以进行。

和斯德哥尔摩奥运会的28个参赛国相比，安特卫普迎来了29个国家的运动员，因为德国和奥地利没有受到邀请，而俄国还处在战争状态中。这没有按顾拜旦先生所企盼的那样成为一届“达成和解”的奥运会，尽管有些精神还是得到了宣扬，比如在安特卫普这座港口城市的大教堂里举行的弥撒。

1920年8月14日，比利时国王阿尔贝一世主持的奥运会开幕式上进行了两个革新：五环旗首次在旗杆上飘扬，而且在整个奥运会期间都不会落下；此外比利时击剑选手维克托·布安(Victor Boin)第一次代表全体运动员宣誓：“我代表全体运动员宣誓，为了体育的光荣和国家的荣誉，我们将以真正的体育精神参加本届运动会比赛，尊重和遵守奥林匹克各项规则。”

几乎被战争和革命摧毁的芬兰令人意外地获得了15枚金牌，就连美国也只拿到了这么多。

VIIe OLYMPIADE
ANVERS (BELGIQUE)
AOÛT-SEPTEMBRE 1920

1920

这个长为100米的游泳池是在安特卫普古老的护城河中改建而成的，这里进行了游泳和跳水比赛。

SUISSE
PAYS BAS
4

在战争的废墟上重生

安特卫普奥运会并不完美。然而对于度过一战劫难的人们，奥运会重新让他们在公平和激动的氛围里感受到了希望和力量。随风飘扬的五环旗，永远感染着每一个爱好和平的人。尽管战争带走了32名奥运选手的生命，但奥林匹克运动并没有死去。

斯德哥尔摩奥运会结束后，国际奥林匹克运动茁壮成长。1914 年，奥林匹克代表大会在巴黎召开。会议通过了几项主要决议：确定了国际奥委会五环旗、会徽；规定了法、英、德文为国际奥委会法定语言；第一次讨论了国际奥委会与各国家奥委会和各国际单项体育组织的相互关系和协作问题，这对以后奥林匹克运动的发展具有深远的历史意义。

随后不久，第一次世界大战爆发了。战争不仅破坏了和平生活，毁了无数乡村城镇，使成千上万的人死于战火，也冲击了原定 1916 年在柏林举行的第六届奥运会，中断了国际奥林匹克运动的发展。燃烧的战火使巴黎日益受到威胁，因此在 1915 年，国际奥委会将总部从巴黎迁到了瑞士洛桑。这一切使顾拜旦心情沮丧，甚至一度想辞去国际奥委会主席的职务。

1918 年，战争终于结束了。当国际奥委会提出召开第七届奥运会时，仍有 3 个城市申办：阿姆斯特丹、里昂和安特卫普。国际奥委会在 1918 年的年会上决定由安特卫普承办。

安特卫普是比利时北部重镇，跨斯海尔德河两岸，为欧洲北部贸易中心，世界大港之一。当奥运会决定在这里召开的消息传来后，人们满怀热情地以实际行动给予了支持。市民忘我地劳动，很快医治了战争留下来的创伤，兴建了一个能容纳 3 万多人的体育场以及其他体育设施，使运动会得以如期召开。

运动会开幕前夕，组委会面临一个非常棘手的问题：是否邀请一战元凶德国及其同盟者参加。如果邀请战时曾围困安特卫普、并使它遭到破坏和流血的昔日敌人参加，这是当地人在感情上难以接受的。国际奥委会考虑再三，决定不予邀请，以示对他们破坏奥林匹克运动和平的惩罚。但比利时组委会也没有邀请还处在战火中的苏俄。

参赛国家共有 29 个，首次参加的有阿根廷、摩纳哥、巴西、南斯拉夫与捷克斯洛伐克；爱沙尼亚、芬兰也以独立的身份参加了比赛。运动员共 2669 人，其中女选手 78 人，男选手 2591 人。人数最多的前三名国家是：比利时 332 人，法国 292 人和美国 282 人。

由水路到安特卫普的美国田径选手尝试以示威来抗议他们船上的恐怖情况。接送他们的船刚运载过 1800 具战死的尸体，船上到处都有老鼠、甲醛的痕迹，食物和居住情况也糟透了。

比赛项目比上届增加了，列入了上届取消的自由式摔跤、拳击、马球、橄榄球、曲棍球等。自圣路易斯奥运会后 16 年来未举行的举重项目，这次也恢复了。

冬季项目，除重新列入花样滑冰外，首次增加了冰球，这也是夏季奥运会最后一次举行这类比赛。在夏季举行冬季奥运项目比赛，这在当时是件很困难的事。因为要么建一个人造冰场，要么把整个运动会时间延长到冬季。因此，国际奥委会决定从 1924 年起另行组织冬季奥运会。在安特卫普举行的比赛，就成了夏季奥运会历史上唯一的一次冰球比赛。

由于刚刚经历了世界大战，因此奥运会的开幕式不同寻常。8月14日运动会开幕的当天上午，比利时大主教在安特卫普市中心的教堂举行弥撒，以悼念大战中丧生的奥运名将。下午才在安特卫普运动场内举行了正式的开幕仪式。

比利时国王阿尔贝宣布第七届奥运会开幕

同期中国 China Memo

远东这个地理概念是西方国家开始向东方扩张时，以欧洲为中心而对亚洲东部地区的通称。通常是指中国、日本、菲律宾等西太平洋沿岸国家。远东运动会原名为“远东奥林匹克运动会”，是二十世纪初期中国、日本、菲律宾三个国家发起并参加的地区性国际体育比赛。

安特卫普奥运会后一年，第五届远东运动会来到了中国上海。此前，上海已经成功举办了第二届远东运动会。

由于本届运动会是中国经过“五四”新文化运动洗礼后，第一次承办国际体育比赛，因此各方面准备比较充分。开幕式规模更是空前，1500多名来自上海和江苏的小学生专门为大会进行了团体操表演。来自苏州第一高等女子小学、上海爱国女学以及上海女子体操学校的童子军，参加大会团体操表演，可谓开天辟地的重大事件，引起了当时社会的强烈反响。

后，大会第一次升起了由顾拜旦在1913年设计的奥林匹克会旗。随后，一群象征和平的鸽子腾空而起，在场地上空盘旋飞翔，这也是奥运史上第一批和平鸽。此外，为了悼念在一战中阵亡的协约国将士，在运动场上第一次点燃了象征胜利和光明的火焰。与后来的奥林匹克圣火不同的是，火种不是取自奥林匹亚，也未进行火炬传递。

开幕式上还首次举行了运动员宣誓仪式。这个仪式是顾拜旦在1913年提出，国际奥委会赞同并拟于1916年奥运会开始实施的。起因是前两届奥运会上都出现了某些人为获取金牌而弄虚作假的现象，这促使顾拜旦选择采用了古代奥运会的选手宣誓仪式。

首次代表运动员宣誓的是比利时水球和击剑运动员维克托·布安。“我们在此宣誓，将在奥运会上遵守竞赛规则，我们希望以一种骑士精神来参加比赛，以维护祖国的尊严和体育的荣耀。”宣誓后，由1200名比利时歌唱演员进行了精彩的文艺表演。

同以往某些届次一样，开幕前有些项目已经开始比赛，闭幕后有些项目比赛仍在继续。如花样滑冰、冰球比赛的哨声早在4月就已敲响，帆船、射击则安排在7月，而足球等项目的比赛迟至9月仍在激烈争夺。大会的准确会程是4月20日至9月12日，而不以开、闭幕日为期。

长跑人才辈出的芬兰又涌现出一颗新星，后来比科勒赫迈宁取得了更大的成就，他就是本世纪超级长跑选手帕沃·努尔米。但他这次出师并不顺利。7月17日，努尔米首次出场，参加了5000米比赛。发令枪声响后，他第一个冲在前面，并且大部分时间领先。紧跟其后的是法国选手约瑟夫·吉耶莫。努尔米以为胜券在握。

但离终点200米时，吉耶莫以迅雷不及掩耳之势疾飞而过，首先到达终点，比努尔米快了4秒多钟。吉耶莫获胜是大出人们意外的，这位一战的前线战士肺部因中毒受到严重损伤。可是吉耶莫没有听从医生的劝告，他从死神手中赢回了生命，又在强手如林的奥运会上赢得了金牌。

美国20岁的短跑新秀帕多克以10.8秒的成绩夺得百米冠军。后来他加入美国海军陆战队，最后在二战中牺牲。

芬兰选手在这次比赛中不仅长跑成绩出色，在三级跳远、铅球、铁饼、标枪和五项全能中也接连取胜，总共得了9枚金牌，与美国恰好相等。一个小国能与世界头号田径强国在金牌数上平分秋色，这在奥运历史上是空前的。

拔河比赛自1900年始，已是第5次也是最后一次列入。英国队获得了冠军。有趣的是，英国队中的詹·谢泼德、弗·汉弗莱斯、埃·米尔斯3名队员1908年就是英国拔河队的成员，12年后，他们居然又重获冠军的荣誉。

击剑、网球赛中涌现了两位世界名手，一位是意大利的男击剑手内多·纳迪，另一位是法国网球名将苏珊娜·伦格伦。

26岁的纳迪技术全面，经验丰富，在上届奥运会上就曾取得了1枚金牌。这次他在三个剑种的个人和团体赛中，一举夺得5枚金牌，成为剑坛奇迹。他也是击剑史上在一次比赛中获金牌最多的选手。他的兄弟阿尔多·纳迪在这次比赛中获得金牌3枚和银牌1枚。

伦格伦则是20年代最著名的女子网球运动员。安特卫普奥运会时，她刚21岁。但在一年前，她就在温布尔顿网球赛中夺取了女子单打、双打两项桂冠。在本届比赛中，她获得了女单、混双金牌和女双铜牌。她身材健美，姿势优美，击球准确有力，被专家们誉为杰出的网球女神。1924年以后，奥运会取消了网球比赛，直到1988年汉城奥运会时才得到恢复。

射击、射箭赛中也出现了几个多金获得者。美国的威利斯·李，获射击项目的5枚金牌。他的队友劳埃德·斯普纳与卡尔·奥斯伯恩也各获4金。在72岁的高龄，瑞典射击运动员奥斯卡·斯万随队夺得了一块银牌，从而成为了奥运史上获得奖牌年龄最大的运动员。射箭则有比利时的于贝尔·范·伊尼获4枚金牌。他们这些成就或来自团体赛中，或参加项目后被取消，因此，他们在一届比赛中所获的金牌数虽可与驰名世界的欧文斯、刘易斯等相比，但这些名字却鲜为人知。

本届大会还出现了历史上第一个在两个国家进行的比赛项目：帆板帆船比赛中，第一项在比利时举行，而后面两项则搬到了荷兰，原因在于参赛的两名运动员都是荷兰人。

另一件有趣的事则发生在冰面上，在这里举行了冰球和花样滑冰的比赛。花样滑冰选手的着装非常正统，男运动员甚至是全身西装革履地出现在冰面上，好在他们并不需要做出许多高难度的动作。

奥运会期间也出现了一些不尽人意之处。由于经济萧条而门票偏贵，加上运动场地离城区太远，体育不够普及，大部分比赛的观众不多。后来虽然邀请中小学生入场参观而使观众显得多了一些，但门票收入未能改观。

(左)顾拜旦男爵、巴耶-拉图尔(Baillet-Latour)伯爵和比利时国王阿尔贝一世步入体育场，后者宣布奥运会正式开幕。

(下)习惯站立射击的法国人在狂风中无所适从，结果美国人夺得了总共17枚金牌中的10枚。

1

2

L'ÉQUIPE 队报聚焦

开幕式如此美妙

奥林匹克体育场的揭幕和田径比赛的正式开始，拉开了奥运会的序幕。从早上开始，各国代表团开始进入这座城市，东道主特别准备了很多凯旋门向在战争中幸存的运动员致敬，而下午进行的开幕式更是美妙。

从13时起，人群开始进入奥林匹克体育场，比利时国王阿尔贝一世于13时40分准时在皇家看台就座，他身边还有王后、王子、莫希尔(Mercier)大主教、比利时政府各部长、将军，以及国际奥委会成员。很快，入场仪式开始了，运动员们都走到了皇家看台面前，占据了约半个跑道的范围。阿尔贝一世国王高声说道："我宣布安特卫普奥运会正式开幕。"随后响起的是军乐和礼炮，和平鸽第一次在奥运会上放飞。瑞典合唱团演唱了比利时国歌布拉班人之歌(La Brabanconne)，其他合唱团则随后献上了专门为奥运会谱写的歌曲——《迈向未来》。

运动员们原路返回退出体育场，国王也离去了，比赛可以开始了。

文／让-弗朗索瓦·雷诺

3

4

1 比利时同捷克进行的奥运会足球决赛吸引了5万人，在比利时2比0领先后，一名捷克球员被驱逐，结果比赛以群殴结束。

2 在铁饼运动员埃米勒·埃库耶(Emile Ecuyer)的带领下，法国代表团走进体育场。

3 比利时发令员高布勒(Goble)一手举着发令枪，另一只手还攥着把枪，那是用来示意有运动员犯规的。

4 8月14日的比赛日从早上10点开始，比利时莫希尔大主教在安特卫普市中心的教堂举行弥撒，以悼念大战中丧生的运动员。

5 修建在安特卫普古老护城河上的游泳池，是游泳、跳水和水球等比赛的理想舞台。

6 颁奖仪式在奥运会的最后阶段进行，劳尔·达尔诺(Raoul d'Arnaud)伯爵代替已经去世的基耶莫(Guillemot)先生领取了国王授予的奖章。

7 给了比利时一个点球，外带许多有争议的判罚，英国裁判刘易斯成为决赛的明星。

8 马拉松比赛没有受到群众的过分关注，只有汽车在跟随运动员们。

9 比利时击剑选手维克托·布安代表全体运动员宣誓。

10 芬兰人在7.25公斤铅球比赛中夺得冠军，而美国人则在男子25.4公斤掷壶铃比赛中包揽了前两名，帕特里克·麦克唐纳德(Patrick McDonald)获得冠军，帕特里克·瑞恩(Patrick Ryan)以10.965米的成绩获得亚军。

11 与1908年在斯德哥尔摩一样，英国人(身穿白色比赛服)主宰了男子曲棍球比赛。他们以12比1狂胜东道主比利时队，接着法国队弃权，他们又在决赛中以5比1大胜丹麦队获得冠军。

12 美国橄榄球运动员以8比0轻松击败拥有安德烈·奇洛(Andre Chilo)、弗朗索瓦·博尔德(Francois Bordes)和勒内·克拉伯斯(Rene Crabos)的强大的法国队，夺得冠军。

气氛 1920

1

L'EQUIPE 队报聚焦

水中的舞者
布莱布雷特和里金

在安特卫普奥运会的泳池中有些美国女将给人们留下了最为深刻的印象，在她们当中，我们不得不提埃特尔达·布莱布雷特（Ethelda Bleibtrey）和那个天才跳水小将艾琳·里金（Aileen Riggin）的名字。首先来说一说我们年轻又有天赋的里金小姐，有一点我们不得不提的是她参加奥运会时年仅13岁。在跳台跳水项目中她最终名列第五，而在跳板项目上则拔得头筹，勿须强调的这个美国小姑娘赢得的是怎样的一个胜利。她身高1.40米，体重只有30公斤，柔韧性十足的娇小身躯划破水平线，一下子钻入池底，仅仅带出了微小的声响。

有着金发碧眼、棕褐色皮肤的里金在水中总是生龙活虎。3岁那年，她就开始跟随她身为美国海军军官的父亲一起出海，游弋在广阔浩瀚的太平洋上。在马尼拉湾，里金小姐学会了游泳，那时的她年仅4岁零3个月。8岁时，她与父母一起完成了一次环球旅行，并且还在中国停留过6个月。在中国的半年时间里，她每天早晚都坚持勤奋地练习游泳，当然也做了一些轻率的事情：在一个鲨鱼经常出没的海湾中，她差点搭上自己幼小的生命。但是凭借其冷静机智的头脑和在游泳方面的超强能力，她最终化险为夷。回到美国后，她加入了位于纽约布鲁克林区的妇女游泳协会来完善自己的技术。大家知道是什么体育运动帮助她在游泳方面的技能趋于完美么？——跳舞。

说到强壮的埃特尔达·布莱布雷特，在她的法国对手苏珊·乌尔茨（Suzanne Wurtz）看来，她之所以能在100米、400米自由泳和4×100米自由泳接力的比赛中接连折桂并打破世界纪录，是每天在纽约的摩天大厦脚下坚持田径训练的结果。有一组数字能使人直观地感受埃特尔达的光芒：她把澳大利亚选手法妮·杜拉克（Fanny Durrack）在1912年斯德哥尔摩奥运会上创造的100米自由泳世界纪录提高了将近3秒；由她和玛格丽特·伍德布里奇（Margaret Woodbridge）、弗朗西斯·施罗特（Frances Schroth）还有伊莱娜·盖斯特（Irene Guest）所组成的美国队在4×100米自由泳接力的比赛中以半分钟的巨大优势击败英国队夺冠。布莱布雷特和艾琳就是真正的水中舞者。

文 / 让-弗朗索瓦·雷诺

2

3

4

5

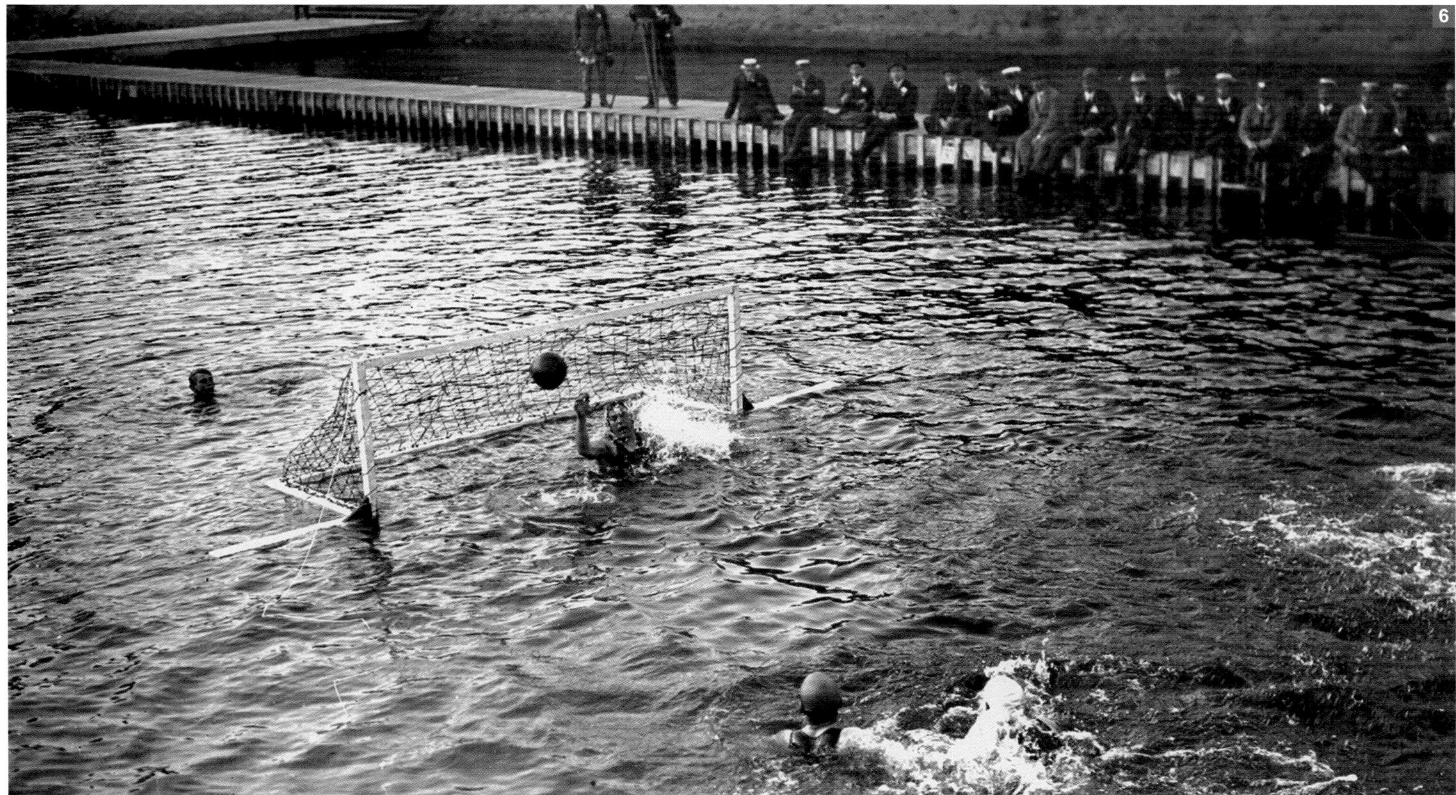

6

1 障碍马术比赛是在意大利人和瑞典人之间的较量。意大利获得了个人项目的前两名，而瑞典队则在集体项目中夺冠。

2 13岁的美国女孩艾琳·里金和年仅15岁的男子简易跳台跳水银牌得主瑞典人尼尔斯·斯科格伦德(Nils Skoglund)：他们已经成为了这次一战后恢复举办的奥运盛会的象征。

3 一些恶劣的行为使在东道主比利时和捷克斯洛伐克之间进行的足球比赛决赛变了味儿。在0比2落败后，捷克斯洛伐克队队员黯然离场。

4 拔河比赛的结果使英国队(右)感到满意。他们的成员全部由警察组成。在1908年第四届伦敦奥运会上三支英国的警察队伍曾经包揽了拔河比赛的金银铜牌，在1912年的第五届斯德哥尔摩奥运会上又夺得了第二名。

5 库布拉(Cubra)将军向获得男子50公里场地自行车赛冠军的比利时选手亨利·乔治(Henry George)表示祝贺。

6 英国队员射门瞬间。与1900年巴黎第二届奥运会和1908年伦敦第四届奥运会一样，水球比赛的决赛又一次在英国队和比利时队这两个老对手之间展开，不过三次都是英国人笑到最后。

他的全名叫做帕达·卡希努·马阔·胡里卡奥霍阿·卡哈纳莫库（Pada Kahinu Makoe Hulikaohoa Kahanamoku），1890年8月24日出生在夏威夷，是一个奇怪的"水生动物"，因为他在游泳和冲浪运动中都是天才。他没有发明自由泳，但所有的选手都会承认，就是因为他的出现，才让自由泳超越其他所有的泳姿；他没有发明冲浪，但正是他不断的爆发证明了这项运动的体育价值，以及所带来的乐趣。1869年卡哈纳莫库的父亲出生时，正值爱丁堡大公访问夏威夷，因此"大公"这个外号就从父亲那一辈传给了他，这个"鱼人"的表现令人难以想象。

1912年在斯德哥尔摩首次参加奥运会时，他就很快成为了奥运会的焦点。和夺得现代五项和十项全能的印第安人索普一样，他们都是奥运会标志性的人物，卡哈纳莫库迫使那些体育团体更改他们对于人种优劣的判断。并非只有白人运动员才能创造历史！相反，这些曾被看作"劣等"的人群同样可以取得成功！

从小在海滩边长大的卡哈纳莫库，在水里畅游就如同其他人在陆地上行走一般自如。8岁时，他就敢尝试祖辈传下来的冲浪，途经那里的杰克·伦敦看到卡哈纳莫库和小伙伴们在海浪中的表演后，惊奇地写下了许多相关的文章。在当地一个冲浪俱乐部的培养下，"大公"已经开始从事帆板等运动。

在火奴鲁鲁港，他创造了属于自己的第一个世界

来自夏威夷的鱼人

30岁的夏威夷人卡哈纳莫库(Kahanamoku)捍卫了他战前获得的100米游泳金牌,证明自己是名特别的泳将。

文/贝努瓦·海莫曼

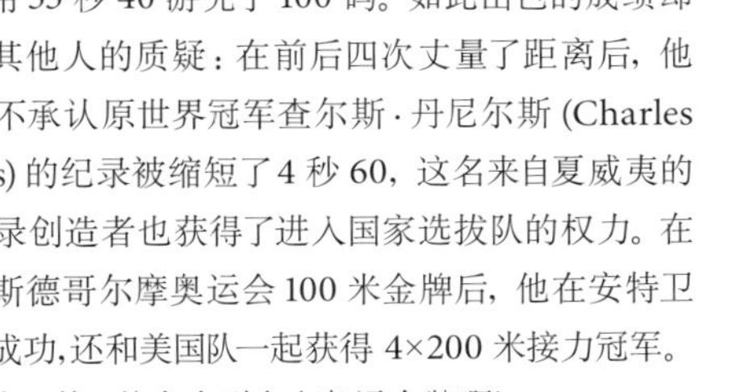

纪录：用55秒40游完了100码。如此出色的成绩却引来了其他人的质疑：在前后四次丈量了距离后，他们不得不承认原世界冠军查尔斯·丹尼尔斯(Charles Daniels)的纪录被缩短了4秒60，这名来自夏威夷的世界纪录创造者也获得了进入国家选拔队的权力。在获得了斯德哥尔摩奥运会100米金牌后，他在安特卫普卫冕成功，还和美国队一起获得4×200米接力冠军。如果没有一战，他会拿到多少奥运金牌啊!

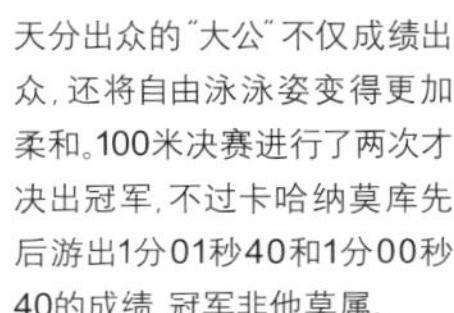

天分出众的"大公"不仅成绩出众，还将自由泳泳姿变得更加柔和。100米决赛进行了两次才决出冠军，不过卡哈纳莫库先后游出1分01秒40和1分00秒40的成绩，冠军非他莫属。

内多·纳迪，五冠王

在总共6个击剑项目中，这个意大利人获得了5个冠军：花剑和佩剑的个人和集体金牌，以及重剑的集体金牌。

文/让-弗朗索瓦·雷诺

安特卫普奥运会的英雄是一名26岁的意大利人，头发油亮，目光深邃：内多·纳迪(Nedo Nadi)夺得了5项击剑冠军。他确实是我们这个时代最全能的击剑运动员，花剑、佩剑和重剑无所不通。18岁时，他就在斯德哥尔摩夺得了花剑个人项目金牌，这一次他则创造了世界击剑运动的历史。纳迪于1894年6月9日出生在意大利利沃诺的一个击剑世家，他的父亲贝佩(Beppe)是击剑大师，比他小5岁的弟弟阿尔多(Aldo)随后也走上了冠军的道路。贝佩讨厌重剑，认为这是一种"没有纪律的武器"，但内多却决意要为意大利夺得重剑集体金牌。

然而一战打断了他的职业生涯。不过，他在战场上同样勇敢，他参加了两次大规模的骑兵战役，两次获得勋章。不过他人生中最伟大的杰作是在安特卫普完成的。在花剑比赛中，内多·纳迪出师不利，当被法国人罗杰·杜克雷(Roger Ducret)击败后，他一度认为夺冠希望已经渺茫，因为法国人只剩下一个对手——意大利人皮埃特罗·斯佩夏尔(Pietro Speciale)。杜克雷后来回忆说："我有些飘飘然，感觉自己已经是奥运冠军了。这个斯佩夏尔，我闭着眼睛都能打败他。所以比赛一开始我就朝他冲了过去，结果很快就0比2落后，再也没有扳回来。"纳迪就这样奇迹般地获得了冠军，因为他的另一位主要竞争对手也因为脚趾受伤而退出了比赛。如此好的运气令人羡慕。

和德国、奥地利一样，作为一战战败国的匈牙利也没有参加安特卫普奥运会。要知道匈牙利人可是佩剑大师，除了这次缺席，他们包揽了从1908年到1964年的佩剑冠军。在拿到佩剑金牌后，纳迪又和意大利队赢得了三个剑种的团体冠军。尤其是在重剑团体赛中，意大利人完全爆发了，他们将法国队挤到了第三位。

凯旋之后，纳迪结婚并去了阿根廷，在布宜诺斯艾利斯的一家击剑俱乐部担任教员。

(上)作为意大利击剑队队长，内多·纳迪(右)穿着军装来到了安特卫普，他身旁则是弟弟阿尔多。
(左下)意大利击剑队获得5枚金牌，其中内多·纳迪居功至伟，图中穿一件灰色羊毛衫的就是他。
(右下)若不是法国人在重剑个人项目中夺冠，意大利人就会完成大满贯。

苏珊娜·伦格伦的爆发

伟大的法国网球冠军讲述她在安特卫普的爆发:两枚金牌和一枚铜牌。

文/雅克·高戴、吉欧·安德烈

"还要我写一篇文章?老实说,我有点不堪重负了,读者们最终会厌烦的。请原谅,对于写文章我没有心得。不过既然我赢得了奥运会冠军,就必须这么做。

我的许多比赛都没有故事可言。有时候,人们认为冠军会有意输两局取悦对手,我从来都不会这么做,这样只会给予对手信心,而让自己轻易地输掉比赛。这也是为什么从预选赛起,我就要重视每一个机会。

战术非常重要。击溃对手能让你获得那种不可战胜的感觉,而且也能给下面的对手制造心理压力。此外,我在奥运会期间并不处在最佳状态,所以必须加快节奏,不能将比赛时间拖得过长,要尽可能快地解决战斗。父亲给了我这样的建议,我严格遵守它,并一路打到了决赛,而且从预选赛到半决赛只输了一盘。此前我总是能够以两个6比0迅速获胜,感谢上帝!决赛那天下雨,比赛被迫推迟,如果那天阳光普照,我不知道自己是否还能获胜。当时我感觉身体非常疲劳,根本不能尽全力比赛。第二天我感觉好多了,应对比赛也轻松自如,准备以全部的能量投入。第一盘6比3获胜,我首次输了这么多局。对手霍尔曼(Holman)小姐会让我感受到威胁吗?我非常自信,随后便6比0取胜。我成为了奥运会女子网球单打冠军。

在女子半决赛中我没有那么幸运,我和伊丽莎白·达因(Elisabeth d'Ayen)组队,在决赛中2比6、6比3和6比8最终失利。混合双打让我和老搭档马科斯·德古吉(Max Decugis)重复了在巴黎的胜利,我不知道如何形容我的搭档有多么出色,他是年轻球员的榜样。德古吉可能是奥运会资历最老的网球选手,他在用每一次击球来捍卫我们的国旗。

(右)苏珊娜·伦格伦在比赛中几乎从不给对手机会,她在奥运会的女子单打比赛中只输了4盘。

(下)21岁的伦格伦拥有活力,37岁的德古吉富于经验,这对搭档轻松夺得了混合双打冠军。

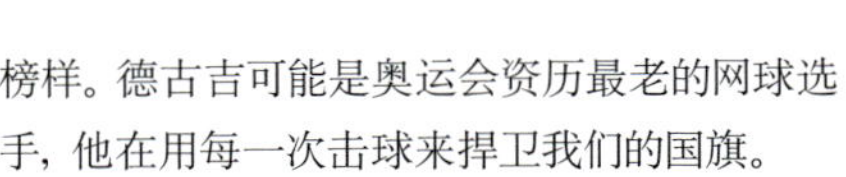

我们最终在决赛中6比4和6比2击败了迈克·肯(Mac Kane)和乌斯曼(Woosman),这次胜利来之不易,因为迈克·肯赢得了女双冠军,而马科斯·乌斯曼则在男双决赛中称雄。人们的欢呼是否是对我努力的承认和奖赏?我不知道,我要说的是那种深深的感动,那是一种久久深藏在我内心中的感受。"

1920

美国人在撑杆跳中显示了他们新比赛方式的效率。在越过横杆时，将身体对折，然后过杆。世界纪录保持者弗兰克·福斯(Frank Foss)数次越过4米的高度，吸引了体育场内所有观众的目光。他首先打破了3.95米的奥运会纪录，随后两次挑战4.09米时都失败了，不过第三次他轻松越过，是当年田径比赛中最出色的成绩。福斯是一名真正的现象级跳跃选手，他让人感觉肯定能够跳得更高。

发现科勒赫迈宁

第一次参加奥运会马拉松比赛，芬兰人就获得了冠军，1912年的斯德哥尔摩他还曾夺得5000米和10000米金牌。

文/《队报》特派记者

我们终于能够和著名的芬兰运动员科勒赫迈宁对话了，通过在瑞典和芬兰从事体育活动的机构的介绍，我们找到了这名刚刚夺得马拉松冠军的选手。这个协会是一个真正的朋友俱乐部，他们最近几年才开始涉足体育领域，正是它让芬兰体育有了今天的辉煌。我们在安特卫普大酒店找到了科勒赫迈宁，在他面前没有任何食物和饮料，他确实是一个饮食节制的典范，而且似乎没有什么能够让他紧张和激动。通过斯坦博格 (Stenberg) 医生做翻译，我们聊了起来。

比赛很艰苦吗?

不!即使有也只是那么 15 分钟左右。

你赛前曾想到夺冠吗?

是的，因为我为这次比赛做了专门准备，尽管此前并没有在赛道上实践过。

科勒赫迈宁开始了回忆，他的目光消失在遥远的斯德哥尔摩的薄雾中。让他继续回忆吧，我们向斯坦博格医生询问一些有关这位著名冠军的细节。31 岁的哈恩·科勒赫迈宁出生在芬兰的库奥皮奥 (Cuopio)，他是三位运动员兄弟中最小的，老大塔图参加了 1912 年奥运会马拉松比赛，老二威廉姆斯是职业运动员。1914 年，哈恩·科勒赫迈宁在与运动员妻子结婚后离开了赫尔辛基，定居在美国纽约的布鲁克林。他在美国也参加过几次比赛，其中包括两次短距离马拉松，结果他都赢了。

8 个月前，几名赫尔辛基的朋友写信请求他代表芬兰参加安特卫普奥运会，在电报中，科勒赫迈宁表示他肯定会赴约，但只参加马拉松比赛。从那个时候起，他就在纽约周围开始准备马拉松比赛。3 周前来到安特卫普后，他便在赛道上开始了练习，10 天前他首次开口谈论这次比赛，话语非常简单:"我将会获胜。"

科勒赫迈宁是素食主义者，从不抽烟。训练期间，他每天 9 点以前睡觉，凌晨 5 点起床。他的成功应该归功于饮食节制、规律的生活还是出众的身体素质?毫无疑问是所有这些。

(上)从第27公里处起，科勒赫迈宁便取得了领先，最终以非常轻松的步伐获得了冠军。

(左)如同古代奥运会的获胜者一样，科勒赫迈宁戴上了象征胜利的花环。

椭圆形跑道上的主宰者

三个外国人在安特卫普田径场的跑道上实现了自己的奥运冠军梦。他们向人们讲述起自己的奥运故事，追忆起他们内心深处的奥林匹克情。

文/雅克·高戴和热奥·安德雷

“飞人”查尔斯·帕多克 百米大战中的迷信者

“你们可以想象得到，在百米大战中的胜利让我兴奋不已。然而，我对起跑时所发生的意外表示遗憾。美国选手洛伦·默奇森(Loren Murchison)没有听懂发令员用法语喊的“准备”的口令，从起跑开始就失去了夺冠的机会。

我从最近几次在美国所遭受的失利的阴影中走了出来，重新树立了威望。可以假设一下：我身上的光环褪去，一场失利可能就会让人们忘记我曾在纽约创造的100米10秒60的当时世界最好成绩，以及协约国运动会中，在巴黎所创造的21秒60的200米世界纪录。观众们对于每次我起跑前严格地遵循宗教仪式的要求完成祈祷的举动感到惊讶。我会做一次冲刺跑来热身，一直跑到400米的起跑线。我轮流地把双手交叉在一起，然后平静地回到起跑线前，此时的我心无杂念地等待着发令枪声响起的那一刻。就这样，我的这种迷信真的给我带来了好运。至于你们所说的我的这个想法是从何而来，这就是另外一个故事了。

在参加200米比赛时，我在400米起跑线前所做的祈祷对我来说起不到什么效果。所以在100米比赛时，我都会到400米的起跑线前做祈祷，而在参加200米比赛时，我就不得不来到800米的起跑线前，但是800米和400米比赛的起跑线是在同一个地方。另外，如果每次都要把我参加比赛的距离乘以四的话，那我的这种做法就未免变得有点儿愚蠢了，尤其是当我这种独特的迷信做法被那些马拉松运动员们所采用的话。”

(上)帕多克以他招牌式的“飞一般的冲刺”第一个冲过百米大战的终点线，战胜了莫里斯·柯克西(Morris Kirksey)(在他左手边)。曾经体质柔弱的帕多克成为了一个强壮的田径运动员。

(右上)身为二战老兵的阿尔伯特·希尔自豪地捍卫了大英米字旗的荣誉。

弗兰克·卢米斯 400米栏比赛中的战术家

“我是一个29岁的芝加哥保险经纪人，接受田径训练已经有十年了。6年前我开始专攻跨栏项目，但是我的状态时好时坏、起伏不定。在离开芝加哥前往安特卫普参加本届奥运会前，我对自己的训练方法和将会在比赛中能够获得怎样的成绩产生了些许怀疑。

在我看来，热奥·安德雷应该获胜。他是出色的田径运动员。是的，他就是这样一个能使我丧失信心的人。不过，在他觉得十拿九稳的半决赛中，他就已经败在了奥古斯特·德希(August Desch)的手下。在决赛时，他改变了不合理的战术运用。在跨越倒数第二个栏架时，他仍然处于领先的位置并且优势很明显，但就在此时他却犯下了大错，使自己的节奏受到了影响。利用他的这一失误，我轻松地完成了超越，约翰·诺顿(John Norton)和奥古斯特·德希也在瞬间先后超过了他。在这么短的距离里，他就是这样从领先者一下子落到了第四的位置。安德雷缺少的只是最终的胜利，尽管他具备了可以成就一个伟大冠军所必不可少的其他一切素质。”

阿尔伯特·希尔 800米和1500米比赛中的爱国者

“我现在32岁了，进行中长跑训练也已经有10年了。在纽卡斯尔我完成了自己的处子演出，我的脚步从没停下来过。在800米和1500米两个项目上双双夺魁给我带来的最大快乐，是为祖国在排行榜上挣得了15个积分。我的同胞——在1500米比赛中获得第二名的菲利浦·贝克尔(Philip Baker)也用出色的表现为英国队添上了5分。我们两个一共为祖国赢得了19分。个人的胜利在国家荣誉面前就显得微不足道了。我对在800米比赛中的对手南非选手贝维尔·拉德(Bevil Rudd)和美国选手伊尔·伊比(Earl Eby)还是有些忌惮。在离终点还有80米时，我才开始发力，从他们中间成功地冲到了第一。伊比仅以一米半的劣势在我身后第二个冲过终点。这场比赛的消耗是巨大的：还记得拉德吧，他在冲过终点后便瘫倒在地，而坎贝尔(Campbell)则更是在离终点线还剩50米的地方倒在跑道上，昏厥了过去。罗纳德·斯科特(Ronald Scott)和阿尔伯特·斯普罗特(Albert Sprott)这两个美国人在比赛结束后也经历了同样的噩梦。这就是为什么不能滥用那些最好的训练方法的原因。

在终点前，我已经有了10米的领先优势，我决定要保存实力，以便应付对手可能发起的最后冲刺。贝克尔试图追上我，我则一冲到底没有给对手任何超越的机会，领先5米率先冲过终点。”

身着华丽比赛服的较量

第七届奥运会吸纳了高水平的冰球和花样滑冰比赛。观众们对此反应也毫不冷淡。

文/《队报》记者

第一次被纳入奥运会正式比赛项目的花样滑冰和冰球比赛获得了实实在在的成功。冰球比赛于4月25日在安特卫普冰上运动馆揭开战幕，有法国、英国、芬兰、瑞典、挪威、加拿大、瑞士、美国、捷克斯洛伐克和东道主比利时共10支队伍参加。

瑞典人在首场比赛中以8比0狂胜东道主比利时队，接着又以4比0轻取法国队。多亏了守门员的出色发挥，法国人才避免了更大比分的失利。然而瑞典队接着便碰上了更为出色的美国队，不可避免地0比7惨败，被挡在了决赛大门外。美国人此前曾经以惊人的29比0在四分之一决赛中狂扫瑞士队，实力非常强劲。

在决赛里，美国队对垒的是此前曾以15比0和12比1分别战胜过捷克斯洛伐克队和瑞典队的加拿大人。这场令人难忘的比赛吸引了大批的观众亲临冰上运动馆观战，并将比赛久久地留在了记忆中。出色的带球、准确的传球加快了比赛一贯的节奏。面对美国人坚固到让人难以置信的防线，整体实力更为平均的加拿大队最终还是以2比0击败对手，成功地加冕。

没有什么能够阻挡这些曾经在一战中应征入伍奔赴法国前线的加拿大冰球运动员们(右)。他们的力量与双人滑选手(上)的优雅形成鲜明的对比。

加拿大队的8名队员是1914年夺得加拿大全国冠军那支球队的原班人马。由于一战爆发，1915年1月，他们8个人全部应征入伍，来到法国前线作战。在历时50个月的时间里，他们像狮子一样勇猛地战斗，留下许多光荣的英雄事迹。当停战协定最终达成的时候，他们又重新聚在一起投入冰球训练。在漫长的五年战争中，他们没有摸过一下球杆，但还是找回了出色的状态，得以使这些已变成战斗英雄的前冠军们重新变成冠军。

花样滑冰的比赛也是异常激烈。在女子单人滑的争夺中，来自瑞典的马格达·朱琳(Magda Julin)获得冠军，她击败了同胞斯威·诺伦(Svea Noren)，美国选手瑟雷莎·布兰查尔德(Theresa Blanchard)则获得铜牌。马格达·朱琳和斯威·诺伦完美地演绎了一串又一串的经典动作，而美国人瑟雷莎·布兰查尔德则为观众们献上了更富有魅力的表演，同样获得了巨大成功。

男子单人滑的选手们则表现出了令人惊讶的精湛技艺和果敢。他们轮番上阵纷纷拿出看家本领。

来自挪威的安德雷亚斯·克罗格(Andreas Krogh)大胆地尝试了前所未有的跳跃动作，引起了巨大轰动；英国选手威廉姆斯(Williams)的表演很优雅；美国人维尔斯(Viles)赢得了观众不断的掌声；瑞典的吉利斯·格拉夫斯特罗姆(Gillis Grafstrom)凭借花样繁多的动作也赢得了满堂彩；很明显，瑞典选手乌尔里克·萨尔绍夫(Ulrick Salchow)表现一直很出众。

瑞士人梅格罗兹(Megroz)的表演则绝对称得上是优美加细腻；挪威选手马丁·斯蒂克斯鲁德(Martin Stixrud)也给观众们留下了很深刻的印象；英国人鲍蒙特(Beaumont)和芬兰人赫马宁(Hemanen)则以少见的灵巧点燃了现场观众们的热情。

约瑟夫·吉耶莫为让·布安复仇

布安在斯德哥尔摩输给科勒赫迈宁的八年后，约瑟夫·吉耶莫(Joseph Guillemot)在5000米比赛中战胜芬兰人帕沃·努尔米(Paavo Nurmi)夺得冠军，为他的同胞复仇。

文/《队报》记者

身高仅有1.61米的吉耶莫却有着过人的天赋，他在比赛里从始至终都表现出了足够的耐心，并在距离终点150米的地方发起最后的冲刺，把努尔米远远地甩在了身后，率先撞线，夺得金牌。

那些在8月17日亲临田径场观看比赛的法国人感受到了巨大的快乐。在5000米的比赛中，他们看到同胞约瑟夫·吉耶莫在离终点线还有差不多150米的地方把芬兰人帕沃·努尔米完全地甩在了身后，以近乎轻松的方式赢得了冠军。这在法国观众们的内心里，不同的情感交织在一起，先是满怀希望，接着又有些担心，两种感觉交替揪着他们的心。这个谜一般的努尔米是有着和科勒赫迈宁一样水准的高手。斯德哥尔摩奥运会5000米比赛中的那一幕还会在我们面前重演么？

从发令枪响起的那一刻起，比赛就成了吉耶莫和努尔米两个人的较量，他俩与其他选手们的差距每一圈过后都在拉大。吉耶莫会率先发力冲出去么？不会的！法国人没有选择领跑继而拉大与努尔米的差距，而是轻松地跟在芬兰人身后。最后一圈的钟声敲响，但场上形势依旧没有改变。努尔米等待着法国人发起的最后进攻，但是他等待的事情没有发生，一直没有。此时努尔米已经加大了步幅，法国人会被他击败么？

秒针走的是多么慢啊！终点线在他们刚刚跑过的身后，局势还没有明朗。两个人都瞄准了最后一个弯道蓄势待发。在途中，吉耶莫率先开始冲刺，他超越了努尔米，又渐渐拉大了双方的距离，5米、10米、15米、20米……他紧咬牙关冲向终点，令人赞叹地夺得了最后的胜利。

吉耶莫以一个出色的冲刺率先冲过终点线，14分55秒60的成绩反映出了比赛的艰苦性。所有观众都起立为最强者鼓掌喝彩。吉耶莫确实是世界上最好的中长跑运动员，他也获得了自己的第一个奥运会冠军。不论是瑞典人、美国人，还是英国人都被吉耶莫所征服，自发地为他送上他应得的胜利的呐喊。当法国三色旗高高升在安特卫普体育场的旗杆顶端，旋律美妙的《马赛曲》在全场奏响时，我们想起了让·布安。这个曾经的5000米奥运银牌获得者在斯德哥尔摩奥运会后曾经说过："在下届奥运会上，一个法国人会为我报仇的。"在被德国人打败时，他再一次喊道："为我报仇！"

法国的一次胜利为布安报了仇。刚刚就是他的后继者吉耶莫为他在斯德哥尔摩的失利进行的光明正大的复仇。吉耶莫打败的是一个新的科勒赫迈宁。时隔八年的这两次比赛，吉耶莫回想起夺得全国冠军时的喜悦。

吉耶莫的荣耀是没有什么能够比拟的，甚至来自比利时国王阿尔贝一世的祝贺也不能。阿尔贝国王来到跑道上紧紧地与他握手并在随后接见了他。这一天将会被记录在一块空白的石碑上，这就是法国田径年鉴中不能被忘记的日子。

美国橄榄球运动员以8比0轻松击败拥有安德烈·奇洛(Andre Chilo)、弗朗索瓦·博尔德(Francois Bordes)和勒内·克拉伯斯(Rene Crabos)的强大的法国队，夺得冠军。

1920年安特卫普第7届奥运会

刚刚经历了第一次世界大战战火的洗礼，世界呈现出一派和平的景象。奥运会的会旗第一次高高飘扬在安特卫普的上空，五个不同颜色的圆环代表着世界五大洲紧密地团结在一起。

数据

开幕日： 1920 年 4 月 20 日

闭幕日： 1920 年 9 月 12 日

主办国： 比利时

其他申办城市： 荷兰阿姆斯特丹、法国里昂（在最终投票前退出竞争）

29 个国家奥委会派队参赛（国家名义）：首次只能以国家奥林匹克委员会的名义报名参赛

2669 名参赛运动员： 其中包括 2591 名男运动员和 78 名女运动员。

22 个大项：（其中 4 个大项设有女子比赛，包括混合项目）：田径、赛艇、拳击、自行车、击剑、足球、体操、举重、曲棍球、冰球、摔跤、拔河、游泳、花样滑冰、现代五项、马球、橄榄球、马术、网球、射击、射箭和帆船。

154 个小项：（其中 10 个小项设有女子比赛，包括混合项目）。

宣布开幕者： 比利时国王阿尔贝一世

奥运圣火： 奥运圣火在 1928 年阿姆斯特丹第九届奥运会的开幕式上第一次被点燃。

奥运宣誓者： 比利时水球和击剑运动员维克托·布安 (Victor Boin) 做了第一次奥运宣誓，他的宣誓词全文是这样的："代表所有参赛运动员，我宣誓我们参加本次奥运会，尊重并遵守大会各项规则，恪守体育道德，为了我们国家的荣誉和体育的光荣。"

国际奥委会主席： 顾拜旦男爵（法国）

冬季奥运会

直到 1924 年才在法国的夏蒙尼 (Chamonix) 举办了第一届冬季奥运会。

从斯德哥尔摩到安特卫普

1912

• 10 月 17 日，土耳其与保加利亚、塞尔维亚和希腊组成的巴尔干同盟开战，巴尔干战争随即爆发。

1913

• 3 月 18 日，希腊国王乔治一世 (Georges I) 在萨洛尼卡遇刺。

• 9 月 23 日，法国人罗兰·加洛斯 (Roland Carros) 驾驶飞机创下了人类第一次飞越地中海的记录。

1914

• 6 月 28 日，奥匈帝国王储弗兰茨·斐迪南 (Franz Ferdinand) 大公在萨拉热窝遇刺。

• 7 月 28 日，奥匈帝国向塞尔维亚宣战，随后，德国于 8 月 1 日向沙皇俄国宣战，又于 8 月 3 日向法国和塞尔维亚宣战。

• 8 月 4 日，英国向德国宣战。第一次世界大战全面展开。

1915

• 4 月 22 日，德军在伊普雷战役中首次使用毒气，交战双方开始了在战壕中的对峙。

• 5 月 23 日，意大利退出同盟国，改换阵营，向奥匈帝国宣战。

1916

• 英军在战场上首次使用了坦克。索姆河战役打响。

1917

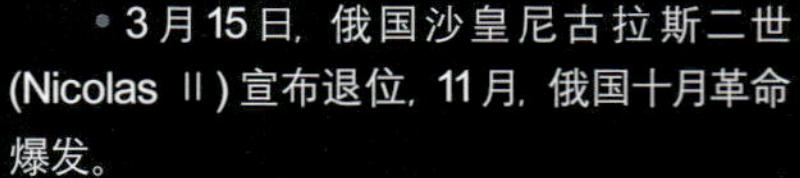

• 3 月 15 日，俄国沙皇尼古拉斯二世 (Nicolas Ⅱ) 宣布退位，11 月，俄国十月革命爆发。

• 4 月 6 日，美国加入协约国阵营，宣布参加第一次世界大战。

1918

• 俄国陷入内战并退出第一次世界大战。

• 西班牙大规模流感，470 万人死亡。

• 11 月 11 日，德国同协约国签订《康边停战协定》，德国宣布投降。

1919

• 6 月 28 日，在巴黎和会上签订《凡尔赛和约》。奥匈帝国解体，俄国东部领土被瓜分。波兰、捷克斯洛伐克、匈牙利、奥地利、前南斯拉夫、芬兰、爱沙尼亚、拉脱维亚、立陶宛以新国家的形式出现。

• 巴黎和会通过决议建立国际联盟。

你知道吗？

作为一战战败国德国、奥地利、匈牙利、保加利亚和土耳其都没被邀请参加安特卫普奥运会。顾拜旦亲手设计的奥运会旗第一次在安特卫普奥运会的开幕式上被升起。第一次，运动员代表被安排在开幕式上宣读奥运誓词。开幕式上第一次举行了放飞鸽子的仪式。

瑞典 72 岁射击运动员奥斯卡·斯万 (Oscar Swahn) 获得了"跑鹿"双发团体比赛银牌，成为奥运史上最年长的奖牌获得者。

1920 年，男子混合芬兰型 12 英尺式帆船比赛是奥运会唯一一个在两个不同国家举办的项目。第一阶段比赛在比利时，而后两阶段则在荷兰，因为参赛的两支队伍均来自荷兰。女运动员多罗希·赖特 (Dorothy Wright) 代表英国队夺得了帆船 7 米型 1919 式比赛的冠军，而这是一个男子比赛项目。

安特卫普的船坞中心非常繁忙。

安特卫普 Antwerp

比利时是欧洲第二大港口城市,号称"比利时的大门"。随着贸易的发展,这个城市觉得应该具有更大的开放性及广泛的好奇。他们不但找到了挥金如土的生活方式,还找到了奥林匹克运动会。

安特卫普的历史可以追溯至13世纪。1460年,这里成为欧洲第一个商业城市,是欧洲北部商业和交通中心。

15世纪末,葡萄牙和西班牙人揭开了欧洲人地理大发现和殖民贸易的序幕,安特卫普得天独厚的地理位置使其一跃成为西欧最大的工业及运输中心之一。工商业的发达必然带动金融业的发展。安特卫普也在这时成为一个金融中心,它的证券交易所开张于1531年,伦敦和阿姆斯特丹交易所跟它相比,只能算是小字辈。

随着贸易的发展,安特卫普觉得作为一个真正的欧洲甚至世界性城市,应该具有更大的开放性及广泛的好奇。他们不但找到了挥金如土的生活方式,同时,还找到了奥林匹克运动会。

但是,在安特卫普举办奥运会之前,这项运动陷入了第一次世界大战的灾难中。1912年斯德哥尔摩奥运会结束两年后,第一次世界大战爆发。战争不仅破坏了正常和平的生活,毁掉了无数乡村城镇,使成千上万人死于战火,也使原定于1916年举行的第六届奥运会被迫取消。战火燃烧到巴黎,国际奥委会总部不得不搬到瑞士洛桑。

大战期间德军的入侵,给安特卫普带来了灾难性的破坏。战后,吞吐量为1100万吨的安特卫普港到1920年时仅为300万吨,而逃亡的狂潮尚未平息,工厂开工不足,失业率高,物资匮乏。比利时人向往和平稳定的生活,而没有什么比召开一届奥运会更能恢复人们对生活的信念。

当第七届奥运会将在自己城市举办的消息传来后,安特卫普人满怀热情地给予支持。市民忘我劳动,很快医治了战争留下来的创伤。他们兴建了一个能容纳3万人的体育场,使奥运会得以如期召开。

如今,现代化的安特卫普港是世界级大港群的最核心组成部分。包括上海、深圳和香港的很多港口都与安特卫普有通航关系。安特卫普还通运河,并且与欧洲庞大的内河航道网结成一体。一个有着12条主干铁路的密集铁路网和交汇了数条欧洲公路的公路网,为安特卫普庞大的港口与工业联合体服务。它是比利时前往国际目的地的铁路与公路的中心。

关键词·钻石与网球

安特卫普有着"钻石之城"的美誉,而它之所以能够成为世界钻石加工与贸易的中心,并且将这一地位保持了五百多年,是因为它发明了一项独有的钻石加工技术,那就是著名的安特卫普切割。

今天,安特卫普的钻石商们比以往更加精明,他们把商业和体育完美地结合起来,推出了一项令人心跳的网球赛事,相比世界网坛四大公开赛而言,安特卫普公开赛只是一个二级赛事。但是在每年的二月,全世界最优秀的网球选手都会相聚在安特卫普展开一场场激烈的争夺战。赛事规定,只要五年内三次荣获冠军,就会得到一个特殊的奖品:一只镶满钻石的网球拍。

第一个得到钻石球拍的人,是法国人毛瑞斯莫。2007年2月,安特卫普公开赛冠军争夺战,世界排名第三的毛瑞斯莫和比利时网球名将克里斯特尔斯进入了最后的决赛。此前,毛瑞斯莫已获两届冠军,如果这场比赛获胜,她将成为历史上首位在安特卫普公开赛上五年内三夺冠的球员,从而将那只价值一百万欧元的钻石球拍收入囊中。

最终,毛瑞斯莫顶住了压力,以6:4,7:6直落两盘击败本土作战的克里斯特尔斯,永久性地拥有了这只天价的钻石球拍。

第8届奥运会➔巴黎

24年后，伟大的奥运盛会重回巴黎。这对自认为已很好地完成使命并宣布了退休打算的皮埃尔·德·顾拜旦男爵来说是一次机会——为自己复仇的机会，抹去1900年第二届奥运会那令人不快的记忆。他的心愿在很大程度上得到了满足。在24年里，一切都变了。在此期间，奥运会参赛国的数量由28个增加到了44个，为超过三千名运动员提供了一个展示自己才华的广阔舞台，他们被第一次安排住进奥运村。奥林匹克运动会从此作为一个真正的实体独立存在，不再是作为世界博览会不合适的附属品。

大批观众涌进专门为本届奥运会而修建的拥有6万个坐席的哥伦布体育场(Stade de Colombes)观看比赛。比赛的进程避免了荒谬的情况的出现；不过，令人吃惊的是，本届奥运会上出现了由顾拜旦倡导举办的艺术五项比赛(建筑、文学、音乐、美术、雕塑)，众多艺术和文学巨匠提交了参赛作品，包括作家让·吉劳杜(Jean Giraudoux)、亨利·德·蒙泰尔朗(Henry de Montherlant)、保罗·瓦莱里(Paul Valery)、保罗·克劳戴尔(Paul Claudel)、加布里埃莱·丹努齐奥(Gabriele d'Annunzio)、音乐家莫里斯·拉维尔(Maurice Ravel)、保罗·杜卡(Paul Dukas)、亚瑟·奥纳热(Arthur Honneger)，还有艺术家阿里斯蒂德·马佑(Aristide Maillot)、费尔南·雷热(Fernand Leger)和安德烈·杜诺耶尔·德·塞贡扎克(André Dunoyer de Segonzac)……本届盛会成功举办的同时也留下了的一些不好影响：第一次过分夸大了——往好说是浓重的国家主义，往不好说就是盲目的排外情节。观众们不能容忍橄榄球决赛中美国队对法国队的完全压制。赛后，美国队队员们遭到了观众们的谩骂和殴打，星条旗也被撕得粉碎……没有什么是值得骄傲的。在四年前，德国也没有被邀请参加安特卫普的那次世界体坛盛会。尽管顾拜旦多方奔走尽了最大努力，然而处在那个疯狂年代的欧洲还是抛弃了德国。

PARIS - 1924
VIIIe OLYMPIADE
Jean Droit
JEUX OLYMPIQUES
HACHARD & Cie

1924

奥运会的规模越来越大，从而导致筹备工作变得盲目、混乱和无序。在法国伊夫林省的罗冈古尔城堡集中的美国运动员们深刻地体会到了这一点。

更快、更高、更强！格言诞生

尽管1891年迪东就提出了"更快、更高、更强"(Citius, Altius, Fortius)的奥林匹克格言，但在这届奥运会上才被正式引入。闭幕式上还首次进行了升旗仪式，同时升起了国际奥委会、本届奥运会主办国和下届奥运会主办国的国旗。总的来说，巴黎奥运会还是比较成功的，改变了这个名城1900年留给人们的不好印象，也使顾拜旦得到了某种安慰。

(上)威尔士亲王、未来的英国国王爱德华八世(Edward Ⅷ)在法国总统杜梅格的陪同下，参观了巴黎圣母院。

(下)拳击比赛裁判团的几个成员聚在一起讨论问题，这样做是非常必要的，因为拳击比赛过程中经常有意外发生。

1924 年，奥运会重新回到了法国巴黎。为此顾拜旦男爵做出了很大的努力，在辞去国际奥委会主席职位的前一年，他设法让巴黎再次获得了奥运会主办权。1900 年的巴黎奥运会由于准备不周而让顾拜旦下定决心，他和法国人民必须用一次完美的奥运会来抹去那次不愉快的记忆。他的故乡没有再一次令他失望。第八届巴黎奥运会成为世所公认的接近完美的一次奥运会，在闭幕式上，男爵骄傲地宣布："我们所建立的世界性的制度现在已经可以应付任何突发的危机了。"

对于 1900 年奥运会在巴黎遭到的冷落，人们还记忆犹新。这次巴黎持什么态度，大家极为关心。令人欣慰，法国表现出相当的热忱。筹委会的班子换上了热爱体育事业的人，巴黎市民对奥运会也抱以热情欢迎的态度，为开好这届奥运会而想出的各种方案，纷纷从法国各地寄到巴黎奥运会筹委会。

一切都好像表明前景光明。但筹委会一开始又碰上让人头痛的问题——资金如何解决。一战后重建家园已经耗费了法国政府巨额的资金，加上 1923 年冬天塞纳河决堤，洪水袭击了巴黎，使原本就很紧张的财政，更加捉襟见肘。法国上层人士甚至提出，放弃主办权，让洛杉矶接替。

但是筹委会顶住了压力，他们筹集了 400 万法郎，修建了能够容纳 6 万多人的哥伦布体育场。并应国际奥委会执委的要求，在新体育场旁边修建了奥运村。奥运村由许多幢木制平房组成，每个房间住 3 人，有卫生间和淋浴设备。条件虽然简陋，但这却是奥运会历史上首次出现的奥运村。

本届奥运会在奥运史上的重大贡献不止于此，在奥运会开始之前举行的"第八届奥林匹克体育周"成为了冬季奥运会的雏形。国际奥委会将这个作为奥运会前夕的冰雪项目表演的体育周，委托给法国承办，于 1924 年 1 月 25 日至 2 月 4 日在夏蒙尼举办。共有 16 个国家参赛，运动员达 258 人。比赛项目有滑雪、滑冰、冰球和有舵雪橇。

当时谁也没有想到，这届原称作"第八届奥林匹亚德体育周"的冬季运动项目比赛会成为历史上的第一届冬季奥运会。据说由于这次比赛非常成功，1925 年国际奥委会布拉格年会正式承认这次比赛的成绩和纪录，并将其作为第八届奥运会的一部分。

但由于秘书人员的疏忽，竟在会议记录中将其误写为"第一届冬季奥运会"。

第八届奥运会于 1924 年 5 月 4 日至 7 月 27 日在法国首都巴黎举行。虽然比赛在 5 月就开始了，但正式开幕是 7 月 5 日。开幕式前和闭幕式后，都安排有比赛活动，这是奥运会初期某些届次的共同特点。

开幕式当天非常热闹，法国总统，英国、罗马尼亚、埃塞俄比亚等国的王公显宦，以及国际奥委会、法国奥委会的主要官员均盛装出席。宣誓时，各国旗手围着法国总统站成半圈，代表运动员宣誓的是法国田径选手安德雷。宣誓结束后，乐队又奏起了《圣塞巴斯蒂安曲》。据估计出席观看开幕式的观众有7万之多，是历届参与开幕式人数最多的一次。

共有44个国家的3092名运动员参加，其中女运动员136人。首次参加的有爱尔兰、波兰、罗马尼亚、菲律宾、墨西哥、乌拉圭、厄瓜多尔。

鉴于德法两国的关系，为防治民众反德造成冲突影响比赛，大会筹委会通过外交途径邀请德国参加时，附加了法国不能保证德国选手安全的条件，因而使德国自动放弃了参赛。

特别值得一提的是，中国有3名网球选手参加了本届奥运会的网球比赛，但预赛时即被淘汰。尽管他们是在澳大利亚参加“戴维斯杯网球赛”后自行去参赛的，但这却是中国人首次出现在奥运会的赛场上。

本届奥运会共举行了田径、游泳(包括跳水、水球)、举重、自行车、足球、体操、击剑、摔跤、拳击、现代五项、马术、赛艇、帆船、射击等19个项目的比赛，还安排了法式拳击、儿童篮球、排球比赛等表演项目。有趣的是，为仿效古希腊奥运会的文艺比赛，以使现代奥运会更具有古代奥运会的特色，本届运动会还举行了诗歌、戏剧、歌曲等文艺节目的比赛。但观众对此十分冷漠，认为这种搞法不伦不类，因而没有取得预期的成功。

奥运会的场地设施完备，各项组织及服务工作井井有条。但真正给人们留下深刻印象的是现代奥运会会徽的首次出现。在本届奥运会以前的6届奥运会中，海报一直是赛事组织者进行宣传的最主要工具。为了更便于奥运会的宣传，居住在艺术之都的巴黎艺术家用盾形的巴黎市徽作为主体,创造出了奥运历史上的第一个“纹章”样的会徽。

田径比赛正值巴黎盛夏，在这酷暑难当的一周中，仍破了14项奥运会纪录，其中有8项还刷新了世界纪录。芬兰田坛上的3颗长跑巨星：科勒赫迈宁、努尔米和里托拉，在奥运会赛场几乎包揽了中长跑冠军。可以说1924年的巴黎奥运会是“努尔米奥运会”，他参加什么项目，什么项目就非他莫数,观众台便是“努尔米!努尔米!”的欢呼声。1897年他生于芬兰土库，13岁时就成了学校的冠军。21岁时，他在部队服役，比赛经常获胜，闻名全芬兰。

这位田坛奇才身着“1号”运动衫驰骋在1920年至1928年的国际田坛奥运赛场上。他在奥运会上共获9枚金牌、3枚银牌，是获金牌最多的选手之一。他在1921年至1929年的国际田坛赛场上创世界纪录二十多次，是我们这个时代最出色的运动员之一，他也被人们称为“长跑之王”。

芬兰的另一名运动员里托拉是一名侨居在美国的青年，他在美国接受了训练，这次他专程回国代表芬兰参赛，他在10000米、3000米障碍赛等项目中共获4枚金牌，金牌数仅次于努尔米。超长距离的马拉松比赛的金牌也被芬兰人摘取。

在本届马拉松比赛中取胜的斯滕罗斯在上届奥运会时曾获10000米第三名，后来在一次越野中摔断腿离开了田坛，此次奥运会中他复出，而且出人意料地获得金牌，他的成绩比第二名快了近6分钟。从本届奥运会开始，马拉松距离为42.195公里，以后各届均未改变。

高温难耐，参加女子800米赛跑的6名选手无一不因为体力不支在达到终点前摔倒在地。本来就反对将女子田径列入奥运会比赛项目的人士认为800米赛跑超出了女子体能的极限，国际田联作出决定取消了这个项目。直到32年后，1960年的罗马奥运会才重新恢复。

妇女参加奥运会并发挥巨大作用，经历了漫长的过程。现代奥运会之父顾拜旦曾表示：“我不赞成妇女参加竞赛，她们的作用应同古代奥运会一样，是为优胜者戴上花环。”但是，在第1届雅典奥运会的马拉松比赛中就有1名女子的身影；在1900年第2届巴黎奥运会上，由于国际奥委会对巴黎奥运会失去了控制，12名年轻女子潇洒地闯进了不对女性开放的禁区，开创了女子参加现代奥运会的历史。

此后各届的奥运赛场上都不乏女性的身姿，她们还在1908年获得了与男子一道参加帆船赛的权力。

但是，以往女子参赛一直未能得到国际奥委会的正式认可。当时的国际奥委会在女子参加奥运会的问题上存在着严重分歧，赞成者和反对者各持己见。

顾拜旦男爵就是固执的反对者之一。本届奥运会开始前的国际奥委会安特卫普全会和洛桑全会上，他曾两次动议反对妇女参赛，均因无人附议而以失败告终。

第八届巴黎奥运会期间，国际奥委会在第22次会议正式通过决议,允许女子参加奥运会。这对女子正式走上世界体坛、促进女子体育广泛开展有着非常重要的意义。曾在1900年接受了第一批12个女运动员参赛的巴黎，在24年之后又迎来了136个参赛的女性。

虽然能自由参加奥运会，但在奥运会举行期间女选手的行动并不自由。美国奥委会官员为避免美国女选手在巴黎受到不良影响，要求所有女选手只能在居住地内活动，并增加她们的练习时间，往往一天长达五六个小时。这使她们的比赛成绩大幅提升，尤其是游泳方面。

女子100米、400米自由泳由美国选手包揽前3名。一位纽约肉贩的女儿盖尔特鲁德·埃德尔(Gertrude Ederle)夺得了女子100米、400米自由泳两面铜牌及4×100米自由泳金牌。那年，她只有21岁。两年后，她在1926年8月6日清晨7点钟，从法国下海，向第一位横渡英吉利海峡的女性历史纪录挑战，以14小时31分完成了横渡英吉利海峡的壮举。

奥运会首次引入“更快、更高、更强”(Citius, Altius, Fortius)的奥林匹克格言，在闭幕式上首次进行了升旗仪式，同时升起了国际奥委会、本届奥运会主办国和下届奥运会主办国的国旗。闭幕式上没有举行授奖仪式，获得100米金牌的英国选手亚伯拉罕斯的奖牌是在运动会结束一个多月后从邮局寄来的。

同期中国 China Memo

20世纪20年代初期，在国内反帝斗争的影响下，中国教育界和体育界人士发出了从外国人手中收回体育运动比赛主办权的呼声。并从1923年起，开始酝酿成立由中国人自己组建的全国性体育组织。

1924年，中华全国体育协进会正式成立，选举张伯苓、王正廷为名誉会长。张伯苓虽为名誉会长，却实际主持着该会的日常工作。中华全国体育协进会是旧中国体育事业的最高组织，它的成立在推动全国体育运动竞赛的开展、加强国际体育联系、组织参加国际体育活动和推动中国奥林匹克运动的开展等方面，起到了积极的作用。这是中国人主动接受奥林匹克运动的重要标志。

1

L'EQUIPE 队报聚焦

顾拜旦："我已经完成了使命。"

现代奥林匹克运动会的创始人皮埃尔·德·顾拜旦在财政部一个富丽堂皇的大厅中接待了我们。这里就是国际奥委会专门进行讨论和决策的地方。

"嗯……主席先生，本届奥运会给您留下了怎样的印象呢？"

"比我们四个月前预计的要好得多，但比起四年前我们所期待的要差些。奥组委已经竭尽所能。"

"那国际奥委会对本届奥运会有什么样的评价呢？"

"我们打算今天结束评议工作。总的来说，本届盛会是在一种和谐、真诚而友好的氛围下进行的。英国和美国代表团让我们看到他们已经开始着手解决派业余选手参赛的问题。我认为二十年以来，英国的做法已经过时了，不过我又觉得国际奥委会也不该侵犯各个单项国际体育协会的特权，我们应该对此做出限定，要求运动员们遵守他们各自国家协会的规章制度。也许我们应该好好研究一下荣誉宣言……人们谈论了许多的奥运会比赛。我们没有做任何的决定，但却对那些并没建立在奥运章程上的运动项目做了重新的审视。它们是：重竞技项目（如摔跤、拳击等）"、水上项目（如游泳、跳水、水球等）、马术、现代五项和艺术比赛。所有这些都是必需的。

"那您接下来谈一谈下一届奥运会吧？"

"好的。下一届奥运会将于1928年在阿姆斯特丹举行，有宣布退出奥运会这样的想法是很幼稚的。对于1932年的美国洛杉矶奥运会来说，最大的困难莫过于参赛运动员的交通问题。这是各国政府都会尽力去解决的一个难题，我想它们也会做出必要努力使如此经常光顾欧洲大陆的美国人能够看到代表欧洲各国最高水平的运动员如期出现在洛杉矶奥运会的赛场上。"

"主席先生，您一直想从现在这令人尊敬的职位上退下来么？"

"是的，我将不会参加1927年的国际奥委会选举。我将在1926年正式宣布这个决定。我已经完成了使命——这是一件杰作。"

文/保罗·强普

2

3

4

1 开幕式吸引了四万名观众亲临哥伦布体育场。在赛场上，美国人统治了比赛，而在赛场之外，赢得最多掌声的是法国代表团。

2 奥林匹克就是时尚，时尚就是奥林匹克。奥运五环已经成为一种优美的装饰。

3 在杜莱尔水上运动场，3名美国女游泳运动员在训练间歇小憩。

4 在大都会俱乐部，美国运动员在认真细致地做着赛前准备工作。

5 设在兰斯的射击场里正在进行卧式射击比赛，看上去就像在前线打仗。

6和10 芬兰人在赛场上的表现令人印象深刻。在平时，他们会在驻地小赌上一把，用来打发时间。

7 旗手热奥·安德雷被选为运动员代表宣读奥运誓词。

8 美国代表团把总部设在伊夫林省的罗冈古尔城堡公园。99枚奖牌，其中包括45枚金牌，就是从这些木板屋中诞生的。

9 自行车188公里公路赛设立个人和团体两块金牌。

11 一个迷人的女记者正在向美国队教练斯塔格(Stagg)提问。

美国人很失望

天气很暖和，一点风也没有，真是个有利于破纪录的好天。这是田径比赛这周的第二场聚会，就像一个私人聚会，尽管有一万名观众在现场观战。在看台上和看台过道的台阶上，只有一些懂行的人，或者说是一群极其爱好体育的人，为不论是来自哪个国家的运动员们的每一次精彩表现报以热烈的掌声，高呼着战斗的口号，为选手们的每一次胜利大声喝彩。他们的这种叫喊成为了一种传统，就像升旗仪式上三面国旗高高地升起在奥林匹克体育场上空一样，所有这些传统都应该被小心翼翼地保留下来，尽管那些叫喊声过于猛烈，尽管这伤害了失败者们的自尊心。

美利坚合众国的星条旗两次高高地飘扬在体育场的上空：一次是在男子400米栏的比赛中，摩根·泰勒(Morgan Taylor)以破纪录的成绩夺冠，另一次是在男子跳高比赛中，哈罗德·奥斯伯恩(Harold Osborn)摘得桂冠。不过，美国人在百米大战中遭遇了失利；这也是当天爆出的最大冷门，因为一共有4名美国选手进入了最后的百米决赛，而最快的也只跑出了10秒80的成绩。

决赛晚上7点发枪。一种令人印象深刻的寂静蔓延在整个体育场中；人们能很清楚地听到发令员的口令。第一枪过后，所有选手起跑都很顺利。在如此级别的重要比赛的百米决赛中，这还是第一次没有看到有人抢跑犯规。英国选手哈罗德·亚伯拉罕斯(Harold Abrahams)从起跑开始就领先其他选手，他的表现也点燃了现场观众们的热情。最后，他以明显的优势战胜了一干好手，其中包括美国名将切斯特·鲍曼(Chester Bowman)、查尔斯·帕多克和洛伦·默奇森，还有绰号"猎兔犬"的美国选手杰克逊·肖尔茨(Jackson Scholz)。此前曾经两次跑出过10秒60的亚伯拉罕斯，这回第三次跑出了这个成绩，无可争辩地向世人证明了他是世界上最好的短跑运动员之一。他是一个像800米冠军亨利·斯托拉尔德一样的天才，是英国田径界的一个不可多得的人才；总是不声不响地潜心准备自己的比赛。他还会继续取得突破么？把这个问题留给时间去验证吧。

不论怎样，这个英国人的胜利受到了热烈的欢迎。美国人很失望，但是亚伯拉罕斯的胜利毋庸置疑，他是远比其他人更优秀的选手。

文/保罗·强普

5

8

9

6

7

10

11

1 撑杆跳高的金牌又一次成为了美国人的囊中之物。李·巴恩斯(Lee Barnes)凭借3.95米的成绩夺冠;美国运动员包揽了金银铜牌,并在前六名中占据四席。本图是获得第6名的美国选手拉尔夫·斯皮罗(Ralph Spearow)。

2 在巴黎,瑞士人继1920年安特卫普之后再次获得了赛艇四人单桨有舵手项目的金牌,不过这一次他们不再是被美国人紧追不舍,扮演这一角色的换成了法国队。

3 在足球比赛中,第一轮轮空的法国队在第二轮中7比0狂扫拉脱维亚队,但他们在第三轮遭遇到了来自南美的有着"足球魔术师"之称的乌拉圭人。尽管伯纳戴尔(Bonnardel)(左)和多迈尔克(Domergue)成功地抑制了乌拉圭人佩德罗·佩特罗内(Pedro Petrone)的发挥,给人们留下了深刻的印象,但是高卢雄鸡还是被乌拉圭人以5比1无情地屠杀。此后,乌拉圭魔术师们在决赛中施展魔法,以3比0完胜瑞士队,在哥伦布体育场成功加冕。

4 体操比赛中,意大利选手费尔南多·曼德里尼(Fernando Mandrini)代表意大利队夺得了男子团体的金牌,并在个人全能的比赛中名列第4。在吊环的比赛中他也不失风度。

5 以杜克·保阿·卡哈纳莫库(Duke Paoa Kahanamoku)和萨缪尔·保阿·卡哈纳莫库(Samuel Paoa Kahanamoku)兄弟俩,以及基洛哈(Kealoha)兄弟为代表的夏威夷裔的美国选手在泳池中掀起了一场革命。普阿·凯拉·基洛哈(Pua Kela Kealoha)是安特卫普奥运会4×200米自由泳接力金牌得主和100米自由泳银牌获得者。而本图中他的兄弟瓦伦·保阿·基洛哈(Warren Paoa Kealoha)则在巴黎成功卫冕了曾在安特卫普奥运会上获得的100米仰泳比赛的冠军。

6 800米比赛中,英国人道格拉斯·洛威(左)和瑞士选手保罗·马丁(Paul Martin,右)之间的竞争激烈得让人难以置信,他们几乎是肩并肩地冲过了终点。凭借1分52秒40的成绩,英国人笑到了最后,而马丁1分52秒60屈居亚军。

7 凭借成功跃过1.98米这个高度,美国人哈罗德·奥斯伯恩以打破奥运会纪录的成绩夺得跳高比赛的冠军;在比赛中,他时不时地给人以要碰掉横竿的感觉。

8 在跳远比赛中,233号美国选手威廉·德·哈特·哈巴德(William De Hart Hubbard)以7.44米的成绩力压群雄,摘得金牌。

9 已经进入青春期的美国选手艾琳·里金没有在安特卫普赛场上时那样的轻盈了,不过仍然获得了女子跳板跳水的银牌。

10 在射击赛场上,与1912年在斯德哥尔摩和1920年在安特卫普一样,由弗兰克·休斯(Frank Hughes)、萨缪尔·沙尔曼(Samuel Sharman)、威廉·希尔克沃思(William Silkworth)和弗雷德·埃辛(Fred Etchen)组成的美国队在本届奥运会上再一次夺得了男子多向飞碟团体比赛的金牌。

11 网球女子双打决赛。美国组合海伦·威尔斯(Helen Wills,戴遮光帽)和哈泽尔·怀特曼(Hazel Wightman)以7比5和8比6艰难地击败了菲利斯·埃迪思·科维尔(Phyllis Edith Covell)和凯瑟琳·基蒂·麦凯恩(Kathleen Kitty McKane)的英国组合。

帕沃·努尔米不可思议的四天

在一个小时之内接连夺得1500米和5000米两枚金牌，帕沃·努尔米还不满足，神奇的芬兰人又连续在个人成绩单上添上了另外三块金牌。

文/加斯东·贝纳克

这一天完全属于努尔米。天空阴沉沉的，显出暴风雨来临的征兆。芬兰"奇才"在一小时内接连赢得1500米和5000米两枚金牌，而且两项比赛的成绩与他自己保持的世界纪录非常接近。虽然没有打破世界纪录，但还是创造了两项新的奥运会纪录。1500米的比赛中，芬兰人就像一部令人赞叹的高速运转的机器，但为了应付接下来马上要进行的5000米比赛，努尔米选择了保存实力，因为他对同胞维尔·里托拉多少还是有些忌惮的。然而，被他远远甩在身后的对手们一个个筋疲力尽，做着全力但却是徒劳地追赶着遥遥领先的芬兰人，就要瘫倒在地上。比如英国人亨利·斯托拉尔德 (Henry Stallard)，像现场田径迷们所描述的一样，抵达终点时双手已经抬不起来了，是一路小碎步才完成了比赛。

那么5000米比赛远没有想象的那么容易，这一次他必须调动所有的能量来打败曾败在过他手下的同胞里托拉。这一次，比赛的最后阶段，里托拉勇敢地发起了反击，并且仅仅以一米的微弱劣势在努尔米后第二个冲过终点。像这样的两人对决——两位伟大冠军之间的决斗，在这个项目中还没有形成一种传统！我们还记得在斯德哥尔摩布安与科勒赫迈宁的对决，以及在安特卫普努尔米与吉耶莫的较量。这次努尔米和里托拉之间的较量一点儿也不逊色于1912年和1920年那两场扣人心弦的巅峰对决。芬兰这个比邻波罗的海的小国应该为同时拥有努尔米和里托拉这两位同样两夺奥运金牌的田径奇才、世界最好的中长跑运动员而感到无比骄傲。在体育领域，他们的出现将会具有划时代的意义。他们两人在整个巴黎奥运会期间完全与众不同的表现在来自世界各地的观众们中引起了轰动。比赛之后，我们见到了努尔米，他依然是那样的精神饱满。

7月10日，星期四：1500米

比赛于下午4点20分开始。瑞士选手舍勒尔的出发位置处在最内道，手握秒表的努尔米在他身旁，维里亚特 (Wiriath) 处在最外圈。第一枪时，英国人道格拉斯·洛威 (Douglas Lowe) 抢跑犯规，不过第二次发令时他抢在了最前面，但并没有在第一的位置上呆太长时间，因为努尔米在弯道处就超越了他开始领跑，在努尔米身后是洛威、舍勒尔和维里亚特。芬兰人看了一眼手中的秒表，随即加快了步频。现在，在追赶者中只有洛威还紧紧地跟在他的身后，其他人已经被甩开了一段距离，而比赛才进行了仅仅200米而已。身后的几个英国人尽力追赶，但却无法赶上两位领先者；至于努尔米的3位芬兰同胞，他们则处在最后的位置，看上去无法为祖国在排名榜上挣到积分了，他们的表现真是太让人失望了。最后一圈的提示钟声响起了，领先的努尔米已经完成了1100米，他加速甩开身后的洛威，一米、两米、三米、四米、五米，在1200米处，他的领先优势已经达到了60米；舍勒尔和维里亚特同样被远远地甩下。而斯托拉尔德试图发起最后的冲刺，并渐渐追上了舍勒尔和洛威，但同样无法撼动努尔米的领先地位。芬兰人轻松地率先冲过终点线；出于他的怜悯，世界纪录才没有被打破，因为他不愿意去想破纪录的事，而是保存实力来应付马上要进行的5000米。

第二名之争在舍勒尔和斯托拉尔德之间激烈地展开了。最终，瑞士人舍勒尔以出色发挥战胜了斯托拉尔德，夺得银牌；英国人在冲过终点后筋疲力尽地瘫倒在地，不得不让人把自己抬回到休息室中……努尔米表现出了巨大的优势，凭借快速的步频和超长的步伐，他在比赛里从始至终都处于领先地位，以绝对优势轻松夺冠。维里亚特则在比赛的最后阶段完全发挥出了潜能。至于瑞士人舍勒尔，他的表现也是值得称道的，亚军的成绩使他把这个项目的瑞士全国纪录一下子提升了很多。

7月10日，星期四：5000米

比赛在傍晚17点15分鸣枪。努尔米处在最里圈，瑞典人埃德温·威德 (Edvin Wide) 被安排在从内道数起的第9个，里托拉和多尔盖则处于跑道最外侧。发令枪响起，多尔盖一下冲到第一，在他身后的是威德，而威德在弯道处实现了超越，里托拉也趁机提升到了第二位，多尔盖则落到了第五，努尔米紧随其后处在第六位。第一圈过后，威德和里托拉领先了法国人多尔盖十几米；在第二圈时，努尔米渐渐逼近并赶上了几位领先者。一公里过后，用时2分46秒40，这4个人领先大部队的优势也已经非常明显了。而马斯考 (Mascaux) 在大部队之后100米，处于第十位。1200米过后，三个北欧人已经把与多尔盖之间的差距拉大到了二十米。威德加快了步频。两公里过后，几位领先者已经把与处在第4位的多尔盖之间的差距拉大到了80米，法国人身后100米处则是约翰·罗米格 (John Romig)、查尔斯·克里伯恩 (Charles Clibon) 和埃诺·塞帕拉 (Eino Seppala)，马斯考则落到了最后。赛程过半，场上形势依然没有什么变化：威德依旧一直领先，而里托拉和努尔米则在他身后跟跑。但是刚过2800米，努尔米就冲到第一开始领跑；尽管多尔盖想奋力保住第四名的位置，还是被身后的塞帕拉渐渐赶超。努尔米此时加快了步伐，不过里托拉又重新抢得领先位置。威德想赶上他们，无奈步伐开始变得有些沉重。3000米过后，威德终于开始蓄势

与1920年的安特卫普奥运会时一样，努尔米以将近一分半钟的优势击败了自己的芬兰同胞里托拉，夺得10000米越野障碍跑这个项目的金牌。

反扑；至于其他人则早已被远远地甩在了后面。

在3500米过后，努尔米重新夺回了第一的位置，此时他的步伐显得更加轻盈。在此后的一圈里，威德一下子就被落下了50米。现在里托拉得咬牙跟上努尔米，确保不被甩开。4000米过后，努尔米领先他的芬兰同胞10米，而领先威德的优势已达到了80米。最后一圈的提示钟声响起了，里托拉发起了最后的冲刺。他会实现超越么？各位选手的名次没有发生任何变化，努尔米精力依旧充沛，而里托拉则在他身后苦苦追赶。过了最后一个弯道，前面就是终点线了，场上形势没有任何变化，虽然里托拉紧紧地跟在努尔米身后，观众们也愈加激动。里托拉还能够让奇迹发生么？不会了，面对世界纪录保持者他无能为力。

7月12日，星期六：万米越野障碍跑

不可战胜的努尔米在比赛的当天上午在驻地曾对我说，赢得多少个人荣誉对他来说并不是特别重要，他唯一的想法是让自己国家的白底蓝十字国旗尽可能多地升起在体育场旗杆的顶端。在炎热的天气下，他迎来了自己的第三次胜利，这次胜利又为他的荣誉榜上添上了两枚金牌：10000米越野障碍跑个人和团体两项冠军。

与往常一样，灵活而出色的威德在比赛中步伐依旧矫健，从比赛一开始就以自己的方式领跑里托拉和努尔米。已经被甩开距离的大部队则远远地散布在他们身后的跑道上。努尔米在等待时机，他突然开始发力，从他的同胞和英国人中冲了出去。在体育场的大门处——专为马拉松比赛而设的蓝色大门处，出现了一个身影。是努尔米这个如同机器一般运转的运动员！迈着矫健而近乎机械的步伐，他顺利地冲过终点线，此时在他之后的选手们甚至还没有跑进体育场。当努尔米安静地坐在地上除去脚上的钉鞋的时候，里托拉独自跑进了体育场。此时的体育场中爆发出长时间雷鸣般的掌声献给这两个伟大的芬兰人。

比赛中的一幕是这样的：身着红色比赛服的西班牙选手欧迪奥 (Audio) 第五个抵达体育场外，他要通过看台下的隧道时想走左边的通道，有人给他指出应该选择右边的跑道，他随即从一边转向了另一边。不过就在这时，他一下瘫倒在了地上。另外，身着同样蓝色比赛服的加斯东·厄埃 (Gaston Heuet) 和马沙尔 (Marchal) 情况也好不到哪儿去。意志坚强的老将引领着他身后年轻的马沙尔，他们离抵达终点还有最后的50多米。这时，人们看到马沙尔停了下来，开始寻找前进的方向，然后试图重新跑起来……然而，最后他双膝跪地，再也无力站起来了。一个芬兰选手踉踉跄跄地完成了比赛，一个英国选手瘫倒在跳远沙坑里。

7月13日，星期日：3000米团体赛

田径史上这伟大一周的最后一天天气很热，但还没有超过可以忍受的限度。这一天既是属于马拉松的一天，也是属于美国接力队的一天，最后，还是属于帕沃·努尔米的一天。在向哥伦布体育场的观众们的告别演出中，芬兰天才赢得了他的第4次胜利，同时也是在本届奥运会上所获得的第5块金牌。他在3000米比赛中没费多大力气就打破了这个项目的赛会纪录，并以领先里托拉将近70米的巨大优势率先冲过终点。这样，他在哥伦布体育场所参加的总共7次预赛和决赛中全部以第一名的身份冲过终点；他总是第一名，就是以这样的方式保持着一种那么不可撼动的领先优势！

努尔米成为了1924年的英雄：4次胜利、5枚金牌、为祖国挣得40个积分。从没有一个运动员能够像他一样获得如此高的成就，接连获得好几个奥运冠军；也从没有一个运动员能够表现出和他一样的竞技水平，他是一个与众不同的伟大选手，真正的田径奇才。用什么样的词汇来形容这样一个天才都是不为过的。努尔米包揽了所参加的所有比赛的金牌，使比赛尽在自己的节奏之中；也许只有在5000米比赛中他受到了些许的挑战，不过给人的印象是他并没有使出全力。努尔米机械而规律的步伐无疑给人们留下了深刻的印象，使观众们认为他应付起比赛来轻松自如。在观众们看来，比起里托拉和威德，努尔米的跑步方式也许没有那样激动人心，但是别忘了，赛道上的巨大差距就是把努尔米和他的对手们做对比后得出的结论。

努尔米是天生的运动员，一个逐渐完善自己的田径天才。他能够把力量合理地分配，懂得如何调动全身的机能，从不做超出自己能力范围的尝试。努尔米是田径运动的代名词；在田径这个领域里，他眼中没有激情，只有本能和天性。一个很了解努尔米的瑞典记者跟我谈起他时曾说："他是一个真正的圣人。"

向努尔米和里托拉发起进攻

在巴黎哥伦布体育场的跑道上，两个芬兰人表现出了他们的最高水平。不过，他们在嘴上可有点儿吝啬……

文/加斯东·贝纳克

里托拉(左)和努尔米(右)这两个巴黎奥运会赛场上的芬兰英雄一共夺得了9枚金牌。

大家知道位于博瓦·哥伦布地区的皮埃尔·热纽街么？这是一条位于郊区那些被绿树环绕的别墅旁的安静小巷，也是那些发迹的巴黎商人们退出商界后选择居住的理想之地。在圣日尔曼铁路线道口前面一点，是一条两旁种满栗树的小径，沿着这条小径走到尽头，一个大花园映入眼帘，坐落其中的是一座绿色外窗的别墅。

一些金黄头发、身材高大的小伙子玩着赌注不大的小把戏。他们白色衬衫上大大的蓝色徽章显得很醒目。"有人会讲一点法语么？"我问道。他们放下手中的小木棍，面面相觑。最后，一个芬兰人蹦出的几个含混不清的法语单词让我明白了：这里是不能随便访问的。因为记者们只报道那些与事实不符的事，才让我如此狼狈……经过几分钟交涉之后，我终于说服这个人把闲来无事的里托拉找来。

噢！这个名叫里托拉的家伙可不太有趣，很难分清他的笑与微笑之间的区别。在我问那些事先已准备好的问题时，他还随手捡起路上的小石子，放在手中把玩着，回答起问题来声音低沉，像是带着无尽的忧郁……

"您也许能够获得5000米比赛的金牌的。努尔米给您留下了深刻印象？"

"努尔米比我更快。他是了不起的冠军。"

"不过，您能打破其他的纪录么？"

"是的，毫无疑问。"

"那么，都是哪些呢？"

"三十分钟，可能一个小时。我们能在半小时内完成十公里越野障碍赛，也许……"

里托拉向我解释说，他已经28岁了，在美国开始中长跑训练，并在祖国芬兰使技术臻于完善。他住在寒冷潮湿的湖区小城坦佩雷(Tampere)，他在一条350米长的跑道上训练。里托拉是一个高级木匠，每个晚上，他又放下刨子和锯子变成制作尖头皮鞋的鞋匠。

"我练习中长跑是因为我认为最让人向往的就是挑战时间的极限。"

里托拉让我明白了他已经说得足够多了。我为了找努尔米白跑了一趟。"他住在另一个更高档的别墅里，不过，他来这儿进餐。"

一个小时以后，我有幸见到了可能是有史以来最伟大的田径运动员。

"全世界都看到了您的那些伟大成就，法国运动员们毫不吝惜他们对您的喝彩与敬仰，看您的比赛时，他们总会见证纪录被刷新。您在奥运会上获得的那些胜利是不是给您带来了巨大的快乐呢？"

（一个芬兰人把我的话翻译给努尔米听时，他时而无表情，很平静。）

"没有比这更能够让我感到快乐的事情了。都是因为可爱的祖国的支持，我才能够接连取得胜利。"

"您最美好的回忆是什么呢？"

"没有什么是让我觉得更特别的。也许是安特卫普奥运会上和去年秋天在斯德哥尔摩的比赛。"

"您知道么，您戴在手上的秒表让法国运动员们很惊讶？"

"我控制着我的节奏。布安的秒表在他的脑子里，而我只不过把它戴在了胳膊上。"

"您的那些纪录呢？还会打破它们么？"

"有比这更好的事么？如果我被紧追的话也许会吧。"

"您最想做的是什么？"

"尽早回到芬兰，好好休息一段时间，还要继续跑下去，看别人向我的纪录发起冲击。"

时间不知不觉已经到了11点30分。相对于他的100名队友来说，努尔米是一个严格遵守规律作息时间的人。按照他的时间表，已经到了午餐时间了。午餐很丰盛，有煮白肉、调味汁、蔬菜和芬兰的黑面包，喝的是水和牛奶。

"真像是一顿斯巴达人的午餐。"芬兰人驻扎的别墅负责人对我说道。他是很了解希腊历史的。

法国人的伟大胜利

凭借着保罗·吕纳尔(Paul Ruinart)一手训练的勒瓦卢瓦自行车俱乐部队的出色发挥,法国队一举夺得了本届奥运会男子188公里公路赛的团体冠军。

文/查理·拉沃道

法国选手阿尔芒·布朗肖内在公路赛中全力骑行。他完全主宰了188公里公路赛,比赛中他的平均时速达到每小时30公里。

布朗肖内(Armand Blanchonnet)是奥运冠军。勒瓦卢瓦自行车俱乐部队是吕纳尔一手训练出来的,由阿尔芒·布朗肖内、勒内·阿默尔(Rene Hamel)、乔治·旺布斯特(Georges Wambst)和安德烈·勒迪克(Andre Leducq)组成的这支车队为法国夺得了188公里公路赛的团体冠军。

这是一次伟大的胜利!这是自本届奥运会开幕以来法国人所夺得的最大的一次胜利!这是一次了不起的胜利、一次光彩夺目的胜利、一次能让所有运动员欣喜不已的胜利!在自行车这个项目上,一般来说,法国是不应该被打败的。法兰西赢得了比赛,以这样一种方式:今天,法国人能够响亮地呼喊一声"万岁"来表达对他们及其车队经理的敬意。

可是,我更愿意用两个词来叙述这件事。请允许我暂时抛开勒瓦卢瓦自行车俱乐部不谈。首先,要提的是他们车队经理的名字,这是要排在第一位的。因为,正是有了吕纳尔这位安特卫普奥运会的冠军,法国队的胜利才完美。法国自行车联合会曾经让这个简单朴实、谦虚稳重,而又勤奋肯干、能力出众的人负责一个艰巨的任务——训练国家队的运动员。吕纳尔也许下诺言要带领他的弟子们为7月23日进行的比赛做好充分细致的准备。吕纳尔下了大赌注,他所有的声誉都被下为了赌注。他很清楚这一点,但毫不在意。比赛这天,他排出了四个出色的选手,经过很好训练、配合娴熟,让法兰西为之骄傲。正是因为吕纳尔,法兰西三色旗能够高高地飘扬在巴黎上空。

结果令人满意。法国获得了荣誉,布朗肖内成为了奥运会冠军,法国队也荣膺了公路团体赛的桂冠……好样的,吕纳尔!接受人们的赞美吧!那些为奥运会自行车比赛提供器械的制造商们也懂得如何用出色的方式装备车手,另外,朱利安·普舒瓦(Julien Pouchois)这个伟大的冲刺好手也一直是很好的合作伙伴。吕纳尔重获公正!布朗肖内从始至终表现出众。他在前面领骑,领先后面选手很远。应该好好看看这个年轻骑手在公路上逆风前行的场面。他领先后面的车手将近十分钟,要知道在身后可是来自18个国家最优秀的选手,他们都想不惜任何代价地为祖国拿下这块团体赛的金牌。布朗肖内的表现令人震惊,感到恐惧!面对一场如此激烈、异常艰苦,却又一成不变、平淡无奇的比赛,他是如此轻松就胜出了,看上去他就是明日之星、未来的伟大冲刺好手。

他在这场比赛中的表现——与所有队友们的表现一样——造就了这样的成绩:6小时20分48秒,竭尽全力、一刻不停歇,率先抵达终点。我要说的是,他干得太出色了,那些同场竞技的外国好手们也表现优异——比利时人、瑞典人、意大利人、瑞士人……我不得不向他以及所有那些英勇地为祖国在赛场上奋斗的选手们深深鞠上一躬,我的敬意不带任何私心。好样的,布朗肖内!所有参赛者,你们也一样是好样的!阿默尔在总成绩上排名第三;在抵达设立于蓬图瓦兹的折返点前,他曾排名第二,但是不幸的是他遭遇爆胎,耽误了时间。旺布斯特和勒迪克几乎同时抵达终点。他们俩也很不走运,旺布斯特在不到20公里的路程里曾经三次爆胎;至于勒迪克,在比赛的最后阶段,两次被其他选手超越。

但所有这些都算不上什么。需特别强调的是,法国的队员们表现出了最好的一致性,这种无与伦比的协调一致使人不得不赞叹吕纳尔的执教能力。这支车队中不需要太多的人,只要有4个能力均衡、充满希望的车手足矣。

荣誉又一次降临到了吕纳尔身上,也为奥林匹克标志添了彩,荣誉也同样是属于普舒瓦的,是属于布朗肖内、阿默尔、旺布斯特和勒迪克的。荣誉也是属于老牌的勒瓦卢瓦自行车俱乐部的,他们成就了法国在自行车赛场上的第三枚奥运金牌。

这就是当天比赛的结果:法国大获全胜!

无敌剑客罗杰·杜克雷

在夺得了男子花剑比赛的冠军后,他第二次使法兰西的三色国旗高高地飘扬在奥运赛场上空。

文/让·拉斐特

三枚金牌(包括男子重剑团体的金牌),两枚银牌:杜克雷(从右边数第三个)很好地弥补了吕西安·高丹(杜克雷右手边)的缺席所带来的影响。

在经过精心挑选为数不多的观众们的注视下，男子花剑个人比赛于昨晚落下了帷幕。4个位于奥运五环旗之上的电子小方块儿在运动员们的胸前护甲上投射出一个绿色的倒影，照亮了法国的伟大击剑选手——奥运会男子花剑冠军罗杰·杜克雷 (Roger Ducret) 那张充满喜悦的脸庞。

在此前一个星期的比赛中，杜克雷每天都会遭遇到各位高水平的选手，并输掉了其中的6场比赛。不过，他在最后几战中保持全胜，其中在最后一场比赛中战胜了丹麦选手伊万·奥希尔 (Ivan Osiier)，得以进入最后有资格争夺冠军的小组循环赛。

现年36岁的罗杰·杜克雷从10岁起开始练习击剑，他漫长的运动生涯中充满了荣誉与胜利。他所获得的冠军头衔已经无法计算清楚。曾经数次获得法国全国花剑与重剑冠军的他，今年再一次摘得了这两个项目的法国全国锦标赛的桂冠。

这个新科奥运冠军曾经宣布他将不再参加任何比赛，就此结束运动生涯。人们希望他在本届奥运会后再重新考虑一下这个决定。如果这个退役的决定真的不可再更改的话，那么罗杰·杜克雷在本届奥运会上神奇的表现将会为自己的运动生涯画上一个圆满的句号。

法国获得了本届奥运会花剑比赛的两枚金牌，重剑比赛的金牌也在向法国剑客们招手。

“夺得世界冠军怎么可能不高兴呢?”杜克雷在他精彩的比赛后对我们说道，“很不幸的是，我的喜悦中夹杂着一个很大的遗憾，那就是看到我们伟大的冠军吕西安·高丹不得不放弃参加花剑比赛，要是他能参加的话，我敢肯定冠军十有八九得是他的。尽管如此，我还是很兴奋，因为在他缺席的时候，法国人没有让这枚金牌旁落，更因为这个获得金牌的法国人就是我。”

法国人菲利浦·卡蒂奥 (Philippe Cattiau) 获得了花剑个人比赛的第二名，他在整个比赛中只输给过同胞罗杰·杜克雷一场，而赢了另外的全部23场。他整个比赛的总成绩是刺中对手119剑，而只被刺中54回，这也是所有花剑个人赛的参赛选手中成绩最好的。总之，他的比赛令人赞叹。他持剑的手、双腿与头部能够协调地配合。已经在安特卫普奥运会的这个项目中败给意大利选手内多·纳蒂 (Nedo Nadi) 而屈居过一次亚军的菲利浦·卡蒂奥向我们表示，他要在1928年奥运会上为自己复仇。

约翰尼·威斯穆勒，真正的大师

20岁的美国游泳运动员令人难以置信地获得了400米自由泳比赛的金牌。

文/贝努瓦·海默曼

对于杜莱尔游泳场来说，这真是忙碌的一天。将要在这里进行的如此多比赛中，汇集了世界最顶尖选手参加的男子400米自由泳决赛无疑是重头戏。这是一场名副其实的决斗。

这个项目的世界纪录保持者——瑞典选手阿尔内·博格(Arne Borg)在威斯穆勒(Johnny Weissmuller)身后紧追不舍，并一次次地发起冲击。在他俩身后的澳大利亚人安德鲁·博伊·查尔顿(Andrew Boy Charlton)速度上不及两位领先者，但却动力十足，紧紧地跟在他们身后大约8米的地方，并在300米过后渐渐地缩小与领先者之间的差距。

离终点还有最后的50米了，这时，威斯穆勒和博格使出了全身能量进行冲刺。表现同样强劲的查尔顿也开始加快划水的频率，渐渐地逼近，最终与两位领先者前后脚触壁完成比赛；如果比赛距离是420米而不是400米的话，金牌可能就是查尔顿的了。

抵达终点后，当威斯穆勒和博格显出筋疲力尽的样子时，年轻的澳大利亚男孩儿却微笑着登上岸边，轻松得就好像他刚刚只是做了一次跳水一样，他的感觉好极了。他们三个是三部最好的机器——三颗紧紧相扣的心。

这个约翰尼·威斯穆勒是个单纯而勇敢的天才。一个多么不可多得的游泳天才啊！他就是泳池中的阿多尼斯(Adonis，希腊神话中的美少年)。他的传奇故事始于贫困。约翰尼·威斯穆勒1904年6月2日出生于德国的弗赖多夫，4岁时随全家移民美国。他的童年是很灰暗的。由于生计所迫，他的父亲在煤矿当矿工养家糊口，后来在芝加哥开了一间小酒馆，但却经常喝得酩酊大醉，还毒打妻子和孩子们。这个酒鬼父亲在他10岁时死于肺结核。小约翰尼很快开始在外面打工挣钱贴补家用，帮助母亲承担起家庭的重担，并照顾年幼的弟弟妹妹们。12岁那年，他辍学了，但却从没被精神问题所困扰过。在芝加哥大厦当侍者的经历使他隐约看到了什么是奢华。在当时，对于他来说唯一的奢侈就算是游泳了。由于担心胸肌发育的太窄，在家庭医生的建议下，他在8岁那年开始了游泳训练。通过坚持不懈的训练，16岁时他的肌肉比例已经匀称地达到令人赞叹的程度了，也就是在此时，通过伙伴介绍，他结识了日后成为他教练的“皮格马利翁”(Pygmalion，希腊神话中的塞浦路斯国王)——比尔·巴克拉什(Bill Bachrasch)先生。跟随这个伊利诺伊州立田径俱乐部的教练训练是艰苦的。“首先，你得忘掉之前所学过的所有东西,发誓跟我训练时从不问为什么，也别给自己找借口辩解。你将是一个完全受我支配的人，这会使你怨恨我。但最终你将会打破所有想打破的纪录”，巴克拉什先生嘱咐他说。他总是一身三件套的宽大西装加一顶帽子，雪茄从不离身，这样的装扮使他看上去更像是一个狡猾的商人而不是教练员。

(右)美国教练巴克拉什(左)，他就是发现威斯穆勒这匹千里马的伯乐。
(下)约翰尼·威斯穆勒是游泳池中的最强者。

然而他在游泳方面确实有很高的学识，洞察力也很敏锐可靠。他手下的年轻运动员从不对他的要求厌烦而是很乐意地完全服从。巴克拉什在训练中禁止用脚来帮助划水，经过几个月这样的训练后，有时威斯穆勒甚至在问自己是不是在大街上跑着去高声叫卖报纸的好。刻苦的训练为他在泳池中赢得了很高的地位。巴克拉什先生着重强调大脑支配供氧的重要性。在没有划分泳道的游泳池中，他有时会摘下帽子放在池边，让威斯穆勒往右游向他。

在1922年创造了100米自由泳世界纪录后，威斯穆勒广获赞誉，他也成为了第一个在这个项目上游进一分钟大关的运动员，如今他已把世界纪录提高到了57秒40。威斯穆勒是1924年巴黎奥运赛场上的最大焦点。

在崭新的杜莱尔游泳场的泳池中，由亨利·帕杜领衔的法国水球队以3比0的比分击败比利时队，赢得了法国奥运史上的第一枚球类团体比赛的金牌。

1924年法国巴黎第8届奥运会

第二次举办奥运盛会的巴黎比24年前做得更加出色。对于法兰西来说，1924年真是双喜临门，因为他们的夏蒙尼市也在这一年成功地举办了第一届冬季奥运会。

数据

开幕日：1924 年 5 月 4 日

闭幕日：1924 年 7 月 27 日

主办国：法国

其他申办城市：荷兰阿姆斯特丹、西班牙巴塞罗那、美国洛杉矶、捷克斯洛伐克布拉格、意大利罗马

44 个国家奥委会派队参赛（国家名义）：首次只能以国家奥林匹克委员会的名义报名参赛

3092 名参赛运动员：其中包括 2956 名男运动员和 136 名女运动员。

19 个大项：（其中 6 个大项设有女子比赛，包括男女混合项目）：足球、马球、现代五项、帆船、体操、橄榄球、游泳、跳水、击剑、赛艇、射击、田径、摔跤、网球、自行车、举重、拳击、马术和水球。

表演项目：不设表演项目。

126 个小项：（其中 20 个小项设有女子比赛，包括男女混合项目）。

宣布开幕者：法国总统皮埃尔·杜梅格

点燃火炬者：奥运圣火在 1928 年阿姆斯特丹第九届奥运会的开幕式上第一次被点燃。

运动员宣誓：法国田径运动员热奥·安德雷

国际奥委会主席：顾拜旦男爵（法国）

冬季奥运会

1921 年，国际奥委会决定在法国夏蒙尼市举行"1924 年体育国际周"。活动获得了空前的成功，并在 1926 年被追记为第一届冬季奥林匹克运动会。美国运动员查尔斯·朱特劳 (Charles Jewtraw) 获得了速度滑冰 500 米比赛冠军，成为了冬奥会历史上的首枚金牌。

芬兰选手克拉斯·图恩伯格 (Clas Thunberg) 在速度滑冰所设立的一共 5 个小项的比赛中均登上了领奖台，包括 3 金、1 银和 1 铜。挪威选手托尔莱夫·豪格 (Thorleif Haug) 包揽了 18 公里越野滑雪和 50 公里越野滑雪比赛两块金牌，他还获得了北欧两项比赛的冠军。

从安特卫普到巴黎

1920

• 9 月 28 日，大法官控告芝加哥白袜队的 8 名球员在 1918 年棒球世界系列赛中打假球。

希特勒出任纳粹党魁 。

1921

• 6 月 1 日，在阿布代尔·克里姆 (Abdel Krim) 领导下，摩洛哥爆发反西班牙起义。

1922

• 10 月 29 日，"向罗马进军"——贝尼托·墨索里尼 (Benito Mossolini) 在意大利国王的授意下接掌政权。

• 12 月 30 日，苏维埃联盟成立。

1923

• 1 月 11 日，法国和比利时占领德国鲁尔地区。

你知道吗？

美国田径选手威廉·德·哈特·哈巴德在跳远比赛中拔得头筹，成为奥运会历史上第一个获得个人项目金牌的黑人运动员。但是，他的光芒被另外一个人的表现所掩盖，这就是他的同胞罗伯特·莱根德雷 (Robert Le Gendre)：在五项全能的比赛中，莱根德雷在跳远比赛中以 7 米 76 打破了世界纪录。

1924 年奥运会的一部分被英国导演休·哈德森 (Hugh Hudson) 在 1981 年拍成了电影《火之战车》。这部影片描述了两个英国奥运英雄的经历，他们是田径选手百米飞人大战冠军、4×100 米银牌得主哈罗德·亚伯拉罕斯和 200 米铜牌和 400 米金牌得主埃里克·利德尔 (Eric Liddell)。影片大获成功，一共摘得四项奥斯卡大奖。

若干个与奥林匹克运动有关的标志在 1924 年这届盛会举办时最终成形。奥运会口号"更快、更高、更强" (Citius, Altius, Fortius) 第一次被使用。

在闭幕式上，制定了一个惯例，那就是同时升起三面旗帜：一面是国际奥委会的会旗，另一面是本届赛会主办城市所在国的国旗，还有一面是下届奥运会承办城市所在国的国旗。另一个可以称得上第一的是，运动员们第一次被安置在奥运村内食宿。

巴黎协和广场

巴黎 Paris

1924年，现代奥林匹克运动会再次来到了这个美丽而浪漫的城市——巴黎。然而，这个城市刚刚经历过的战争和洪水，差一点让奥运的圣火离它而去。

巴黎拥有“世界花都”的美誉；巴黎的女人不一定是世界上最漂亮的，但一定是世界上最有风韵的；巴黎的香水是最受全世界女性青睐的；巴黎更是时装之都，人们将这座城市作为“时尚”的代名词。

巴黎是一座艺术的城市，一座浪漫的都会，是浪漫而智慧的法兰西民族几个世纪辛勤创造的结果，这个结果一天比一天属于全人类了。

巴黎的美色，巴黎的魅力，一切都源于塞纳河。这条河流发源于朗格勒高原，在法国北部平原上蜿蜒流淌，如同多情的法兰西民族，在葡萄园和橄榄林间缠绵萦回。巴尔扎克说：巴黎是一个海洋，这个海洋在塞纳河上。

当塞纳河一进入巴黎老市区，气氛就热闹了起来，兴奋了起来，高亢了起来，人们的眼神、笑容、思想都情不自禁地高速旋转起来。河水清澈，游艇游弋，来自世界各地的游人如饥似渴地欣赏巴黎的美景、塞纳河的姿色……两岸各色各式的树木、鲜花装扮着这座城市。

在巴黎，各式各样的宫殿数不胜数，它们象征着法国的文化，是法兰西民族特殊的历史、民俗、人物、语言以及它曾经在世界上的地位的总和，它有着独特的精神文明强势。今天，它依然以一种贵族式的高傲，站立于世界政治、经济和文化舞台上。

巴黎是法国的首都，是法国政治、经济、文化、工业、商业和交通运输的中心，是举行国际比赛的理想地点。1894年6月，“国际体育教育代表大会”在巴黎召开，6月24日通过了复兴古代奥运会、举办现代奥林匹克运动会的决议，成立了国际奥林匹克委员会。至此，现代奥林匹克运动发展的中坚力量和组织机构初步建立。这一天对奥林匹克运动、对世界体育的发展都具有划时代的意义。巴黎也成为这一历史时刻的见证者。

然而，1900年在巴黎举办的第二届奥运会从某种意义上说是失败的，而1924年决不能重蹈覆辙。的确，类似1900年遭到的博览会的干扰已不复存在，筹委会的班子也换上了热爱体育事业的人，巴黎市民更是对奥运会抱有极大的热情。但筹委会碰到了资金问题。

“一战”过去，法国政府为了重建毁于战火的巴黎市区，耗费了大量的资金，而1923年的一场灾难，更使巴黎奥运会陷入危机。

这一年，塞纳河决堤，洪水袭击了巴黎，使原来就很紧张的法国财政，更是捉襟见肘。法国上层人士甚至提出，放弃主办权，让洛杉矶接替。但是筹委会顶住了压力，克服重重困难，筹集到了资金并最终将奥运会承办了下来。

以后，巴黎再没有举办过奥运会。但这座国际影响最大的城市一直没有忘记自己是现代奥运会的发祥地之一。

关键词·赛马

马是进取的象征，是力与美的组合。这恰恰符合好胜和追求荣誉的法国民族性格。法国人对赛马的热爱无处不在。

赛马在欧洲有着悠久的传统，19世纪的赛马场是市民娱乐和社交的重要场所。今天，借助电视等传媒，人们可以足不出户，观看精彩的赛马比赛。

对于法国来说，赛马绝不仅是一项单纯的体育运动，它深深植根于法国悠久的文化之中，作为时尚之都的巴黎，众多的产业都和马术有关，其中不乏世界顶级的时尚品牌。在巴黎的爱马仕总店，不仅有种独特的马具，还有诸多高档时尚品牌。

法国人爱马，源于其特殊的历史。在拿破仑横扫欧洲的时期，就特别重视军人驾驭马匹的能力，而军人在训练战马时所需要的柔情和冷酷，也被看作是其必备的素质。

第9届奥运会→阿姆斯特丹

能够想象得到1929年10月24日美国华尔街股市会经历历史上著名的“黑色星期四”暴跌，以及此次股灾给世界经济带来的灾难性后果么？能够想象得到阿道夫·希特勒的国家社会党这个在1928年5月20日的德国议会选举中仅仅获得2.6%选票的政党的糟糕前景么？能够想象得到这些不可思议的、可怕的事情发生么？

就是在这样无忧无虑的大背景下，第九届夏季奥林匹克运动会于1928年在荷兰这个没有被卷入第一次世界大战的国家顺利开幕了。阿姆斯特丹，融合了安静与和谐。德国重回奥运大家庭似乎证明了：10年以后，世界正在享受和平……

在奥运会前有这样一个和平的国际大环境是有利于世界的紧密联系的。在本届奥运盛会上，共有来自28个国家的选手分享了金牌，其中也第一次出现了亚洲选手的身影。金牌榜上出现28个国家的名字这一纪录一直保持了40年之久。

很难在职业运动与业余运动之间划出一条分界线使得网球比赛在本届奥运会上被取消。相反地，田径和体操这两个大项开始增设女子比赛：女运动员的参赛人数只占总人数的不到10%，证明了女性的参与还是处于边缘地位。尽管如此，这个数字已经是1924年巴黎奥运会时的两倍了。

患病的顾拜旦男爵不能亲临阿姆斯特丹，没有能够看到奥运圣火第一次在奥运主体育场被点燃。他向所有参赛运动员发来了一封正式的告别信。就这样，顾拜旦先生选择了一种相对低调的方式完成了卸任；使人安心的是，奥运会的举办不再体现某一个人的意志和个性。举办奥运盛会成为了一种传统。

OLYMPISCHE
SPIELE · 1928
AMSTERDAM
EMIL 28.
FNSER

88
38

1928

这就是那个时代的尝试：阿姆斯特丹奥林匹克体育场铺了细煤渣的田径跑道，被用于自行车比赛的跑道围在中间。本图中为参加1500米比赛预赛的选手们准备起跑。

女性和亚洲的里程碑

日本选手织田干雄以15.21米夺得三级跳远的金牌。他终于在阿姆斯特丹大长了亚洲人的志气，用实际行动结束了亚洲人在国际体坛受轻视的时代。这是日本，也是亚洲在奥运会第一次获得金牌。而阿姆斯特丹奥运会上，因为女性运动员可以正式参加田径比赛，从而成为现代奥运一个新的里程碑。

荷兰女王威尔荷米娜(Wilhelmine)参加了所有的颁奖仪式。

1928年，奥运会选择在一个没有经受第一次世界大战重创的国家——荷兰举行。

1919年，阿姆斯特丹曾申办1920年奥运会，但输给了安特卫普；此后荷兰又申办1924年奥运会，但由于顾拜旦引退和庆祝现代奥运会诞生30周年，那届奥运会归了巴黎。事不过三，国际奥委会在1921年就已经确定了第九届奥运会的主办地，给了荷兰充分的准备时间。

1925年，担任国际奥委会主席长达30年之久的顾拜旦提出了辞呈。他作为现代奥林匹克运动的创始人，受到世界人民的崇敬。顾拜旦引退后，侨居洛桑，1937年逝世，享年74岁。

1925年国际奥委会在布拉格会议上选举比利时的巴耶·拉图尔为新主席。这次会议上，还解决了德国重新参加奥运会的问题。国际奥委会希望奥运会能精简项目，并且所有比赛在两周内结束。这也是奥运会有史以来第一次提出“减肥”的要求。

但阿姆斯特丹组委会却遇到了强大阻力。首先，荷兰国内反对党认为，政府置卫生、住房等事业于不顾，办奥运会是对民众不负责任；其次，宗教界人士认为让妇女参加比赛和在礼拜天比赛都不符合伦理。反对党在议会投票否决了政府对奥运会投资的议案。国际奥委会对此担心，甚至准备把主办权转交洛杉矶。好在荷兰民众非常希望能主办奥运会。组委会一方面决定礼拜天不安排比赛，且要求所有运动员在赛前都要宣誓，以平息宗教人士的指责；另一方面通过新闻界发出了募捐请求，两周内募集到150万荷兰盾，满足了财政要求。

阿姆斯特丹是荷兰首都和世界第二大港，当时居民不足50万，交通方便。东道主为奥运会新建了一个4万人的运动场，另外还建造了一座高塔。奥运圣火第一次昼夜燃烧。火种取自奥林匹亚，用聚光镜聚集阳光点燃火炬，然后通过接力传送，途径希腊、南斯拉夫、奥地利和德国4个国家，最后传到主办地。这是奥运会首次举行这种活动。不过，国际奥委会在1934年才正式决定，从第11届奥运会开始，在开幕式上举行此项仪式。

阿姆斯特丹奥运会在比赛时间的问题上没有达到国际奥委会的要求，各项比赛断断续续地从5月17日持续到了8月12日。7月28日的开幕式上，亨德里克亲王代表荷兰女王出席大会。为了突出希腊在奥林匹克运动中的重要地位，由奥运发源地希腊率先入场，东道国荷兰殿后，其他各国按字母顺序排列。这种排列方法从此被写入国际奥委会的宪章中，沿用下去。这是一届真正意义上属于全世界的奥运会，参赛的有46个国家，运动员共3014人，其中女子290人。美国代表队人数最多，为249人，并由美国奥委会主席麦克阿瑟担任领队，他后来成为第二次世界大战中的重要将领。东道主246人，法国234人。首次参加有马耳他、巴拿马和罗得西亚。德国人在消失了16年后，重新回到了奥运大家庭，派出了由223名运动员组成代表团。

本届奥运会共设运动项目15项，109个单项。本届取消了橄榄球、马术、网球、射击等项。在这届奥运会上女子田径被首次列入比赛项目，共设有5项，即100米、800米、4×100米接力、跳高和铁饼。本届运动会上还第一次使用了成绩公告板。

8月2日是日本，也是亚洲人在奥运会上露出东方第一线曙光的日子。日本选手织田干雄以15.21米夺得三级跳远的金牌。他终于在阿姆斯特丹大长了亚洲人的志气，用实际行动结束了亚洲人在国际体坛受轻视的时代。这是日本，也是亚洲在奥运会第一次获得金牌。

阿姆斯特丹奥运会是现代奥运一个新的里程碑，因为女性运动员可以正式参加田径比赛。当开始比赛时，女子选手在绝大多数都是男性观众的眼光中，显得非常不自在。进入7月31日举行的100米决赛的有3位加拿大选手，2位德国选手和一位美国选手。当观众看到

同期中国 China Memo

1928年7月29日，一位中国人也来到了阿姆斯特丹。赛场上运动员的奋力拼搏，现场观众的热烈气氛，感染着这位远道而来的客人，他叫宋如海，第九届奥运会唯一的中国代表。此前，中华全国体育协进会收到了一封发自荷兰的奥运会邀请函。当时的中国政府对奥林匹克尚无认知，更兼时局变乱，不可能拨出专款组团参加。体育协进会领导人王正廷致电中国驻荷兰公使罗忠诒，请他出面担任正式代表，并委派正在美国考察体育的留学生宋如海以观察员名义出席大会。虽然只是观摩，但在贵宾席上的宋如海心潮澎湃，他一边看比赛，一边叨念着：“olympiade,olympiade,'我能比呀'！”这次奥运之行促使他写出了《世界运动会丛录》。这是中国人撰写的第一本奥运会的重要历史文献。

3位加拿大女选手在赛前互相拥抱并亲吻加油时，大声鼓噪。由于是奥运会史上第一枚女子田径金牌，每位选手都很紧张。前四次起跑，加拿大的库克和德国的施密特各两次抢跑，被取消资格。

16岁的美国女孩伊丽莎白·罗宾逊，以12.2秒的成绩夺冠，平了自己创造的世界纪录。罗宾逊完全不知自己的跑步天分，直到有一天，一位学校老师看到她飞快跑着追公车，才发现这位天才。阿姆斯特丹奥运会时，她才第4次参加正式比赛。1931年一次飞机失事中，罗宾逊重伤，昏迷了7个星期，两年完全无法走路。但靠着意志力，她再度走进田径场。因膝盖无法弯曲，无法蹲下起跑，她不能参加短跑比赛，但仍可以作为接力赛的一员。她入选1936年美国奥运代表队担任第3棒，并且为美国队在希特勒眼前赢得金牌。

8月2日的女子800米比赛过程本身相当精彩。德国选手晋级人数较多，于是采取团体战术集体配速掩护其中一人伺机突围。卡罗琳娜·拉德克在队友掩护之下，以2分16秒8夺金，并且打破世界纪录。

800米银牌得主是日本的21岁的人见绢枝，当时女子200米和跳远的世界纪录保持者。她是亚洲第一个获得奥运会奖牌的女选手。后来，她在各种大赛中连创佳绩。不幸的是，她因劳累过度倒下了。1931年，这个年仅24岁的女孩因肺结核告别了人世。

阿姆斯特丹奥运会无论对于芬兰老将帕沃·努尔米，还是对于他的同乡里托拉来说，都是永难忘怀的。这是他们在世界大赛中的最后一次亮相。10000米较量在7月29日全面展开。英国人比韦尔一开始就来了个下马威，第一圈(400米)62秒。但北欧选手们不为所动，仍然按自己的计划跑着。2000米以后，领先集团一直是里托拉、努尔米和韦德这个顺序。瑞典选手韦德在7000米处掉了队，努尔米则紧咬住不放。离终点还有80米时，努尔米全力加速，以30分18秒8率先到达终点。这样努尔米就夺得了第九枚奥运金牌，也是最后一枚。

始终穿梭于各个赛场的威尔荷米娜女王在她的女儿朱莉安娜(Juliana)公主的陪伴下抵达主体育场。

5000米比赛，努尔米仍然紧跟里托拉。但他在跑进终点直道时感到确实跟不上里托拉，把注意力转到不让瑞典选手韦德超过自己。里托拉以14分38秒获得冠军,努尔米确保了银牌。跑完后，努尔米仰面躺倒在草地上，这位老将太疲惫了。

美国一直以来都是田径赛场上最大赢家，但在阿姆斯特丹却栽了个大跟头。美国在本届奥运会上田径项目的金牌数由上一届的12枚减少到了8枚。失利的原因有二，美国选手乘坐"罗斯福总统"号邮轮前往荷兰，一路大嚼牛排和冰淇淋，选手们体重猛增一大截。满身的肥肉变成了失利的罪魁祸首。另外一个原因，就是"军师"太多。美国径赛队中有1个经理、3个助理经理、1个总教练和10个助理教练。令运动员们无所适从。

挪威王子欧雷得到帆船冠军，这是皇室人员第一次得到奥运冠军，他后来继任为挪威国王。

在阿姆斯特丹奥运会上首次出现了电台纠纷，第一次出现了商业赞助。组委会做出规定，禁止广播电台向国外进行实况转播，这样可以保证有更多观众前往阿姆斯特丹观看比赛，有利于增进阿姆斯特丹的旅游业。另外，该规定有助于保护报刊记者的利益。如果允许向国外进行实况转播，势必会减少报刊发行量。这种情况引发其他国家电台的不满，引发了电台纠纷。

商业赞助首开先例的是可口可乐。该公司向美国队提供了上千箱饮料，借运动员为其在全世界面前做广告。荷兰商家将奥运五环标志印在衬衫和领带上作为纪念品出售。国际奥委会后来在宪章中明文规定：奥运五环标志的使用权归国际奥委会所有，任何人不得侵犯。

在这届奥运会上，东道主专门邀请德国柏林体育学院在大会上进行了专项表演。这种将运动训练实践与体育科学理论结合的早期教育方法，引起了各国体育界的兴趣。

8月12日，第九届奥运会正式闭幕。美国获得22枚金牌，继续保持着体坛霸主的地位。一战后复出德国摘得榜眼，芬兰是探花，参加本届奥运会的46个国家中有28个获得了金牌。在阿姆斯特丹，一切都充满了和谐和尊严。

1

2

4

3

5

7

6

L'EQUIPE 队报聚焦

法国代表团没有参加入场式

阿姆斯特丹就像一块被浸透而膨胀的海绵。这么说不仅仅是因为城市水系发达，更因为奥运会期间大量游客涌入城市。街边的露天咖啡座以可怕的速度增长着；旅店的床位被预订一空；通常像小船一样慢慢开行的无轨电车也多少加快了行进速度，载着各种肤色、喧闹好奇的人们驶向体育场；通往体育场的街道很漂亮，沿路的房屋都被象征着荷兰皇室的三角形小旗帜和天竺葵装点得很亮丽，而与此同时，绑在风筝上的宣传标语则高高地飘扬在体育场的上空，遥相呼应。

一个法国官员遭到突袭

一个现在已经被忘记的小悲剧打破了这个下午的宁静。昨天早上，一个法国奥委会的官员在带领本国的运动员们到达比赛地的时候遭到了一个守卫突如其来的袭击，并因此受伤。这太让人感到震惊了！法国代表团向荷兰奥委会提出抗议，要求对方做出解释，并要求给予肇事者严惩。荷兰方面在对此表示遗憾的同时，承诺会给出一个令人满意的处理结果。

而当法国代表团下午抵达体育场准备参加入场式的时候，却发现打人的保安依然在自己的岗位上，法国代表团随即决定不参加入场仪式以示抗议。这一次，法国的国旗没有出现在宣读奥林匹克誓言的那一时刻。在同一个美好的愿望下，我们不能避免这样的事情的发生么？

在小范围内宣读的誓词

所有一切在后来都得到了调解，法国驻荷兰大使德·马尔希耶先生 (De Marcilly) 充当了调停人的角色。法国人发现，是一些庸俗的原由——包括威胁罢工——使荷兰奥委会最终打消了辞退肇事者的这一念头。

在皮埃尔·莱登 (Pierre Lewden) 代表法国在小范围内表达了代表团的遗憾之情后，他和他的队友们都没有出席庄严的奥运誓词宣读仪式。然而，法国代表团是不应该为这种行为负责任的。

文/佩罗奈·德·托雷

1 像往常一样，参加马术比赛的骑手们都是军人。身为中尉军官的荷兰人查尔斯·帕胡德·德·莫唐日(Charles Pahud de Mortanges)为东道主获得了三日赛个人项目的金牌。

2 几个计时员在比赛开始前检查设备。

3,4,5和6 奥林匹克主体育场的外观看上去和哥伦布体育场差不多，拥有一个能够容纳差不多四万名观众的大看台。令人印象更为深刻的是围绕在400米圆形跑道外面的一条用于自行车比赛的500米赛道。

7 开幕式上，在三万五千名观众的注视下，奥林匹克五环旗在体育场中树立的马拉松塔前冉冉升起。

8 跑道上到处都是小坑，起跑器的位置也放置的不合适——比赛条件简直是太简陋了。

9 15岁的美国姑娘桃乐丝·波因顿·希尔(Dorothy Poynton Hill)在美国代表团住宿的"罗斯福总统号"(President-Roosevelt)的甲板上与她的同胞约翰·蒂尔尼(John Tierney)交谈甚欢。她获得了本届奥运会女子跳板跳水比赛的银牌；此后，她于1932年洛杉矶奥运会的跳台跳水比赛中圆了奥运冠军梦，并在1936年柏林奥运会上成功卫冕。

10 毫无疑问，奥运会的赛艇比赛从来没有组织得像本届一样出色。完全天然的水池、河道为精彩比赛的上演提供了可能。代表美国出战的加利福尼亚大学赛艇队在男子八人单桨有舵手的比赛中击败了代表英国出战的佛姆斯赛艇俱乐部队(Phomes Rowing Club)夺得冠军。

11 开幕式在荷兰王子亨德里克(Hendrik)的主持下，首次采用了希腊打头、东道主殿后，其余各个参赛国按国名英文首字母顺序排列的入场式，这种排列方法也沿用至今。

12 意大利运动员驻扎在阿姆斯特丹科恩港(Coen)停靠的"索伦托号"(Solunto)上。图为他们到城中闲逛。

1

亨利·皮尔斯
赛艇比赛中的巨人

昨天是赛艇比赛伟大的一天。这一天，斯罗滕水渠静水中几场经典决赛使赛艇爱好者们饱足了眼福。

“在体育场旁边乘坐公共汽车到威廉斯公园站，会把你们直接带到赛艇比赛的看台下，”有人对我们说。没错，不过只有区区几辆公共汽车用来运送成百上千的要去那里看比赛的观众。观众们耐心地等待着空车的返回，根本没有一点抗议和不满。

最后，人们见证了在斯罗滕渠水道上诞生的一个又一个辉煌的时刻。观众们尤其被澳大利亚人皮尔斯(Henry Pearce)这个大师级的划桨手所表现出来的技巧、沉着、力量与灵敏所折服。他对付起美国人肯尼斯·迈尔斯(Kenneth Myers)来游刃有余、轻松自如，微笑着接受来自观众们的鲜花和拥吻。此时，美国佬为了表达他的失望之情，爬上旗杆试图摘下奥林匹克会旗。但他对警察的反击思想准备不足；警方把他这既不伤人又微不足道的举动看作是严重的罪行，因为这是规则绝对不允许的。荷兰奥委会的官员再一次表示对发生这一事件负有全部责任；又一次，国家机器的强力部门在面对类似情况时表现得缺乏办法……

澳大利亚人皮尔斯？这个22岁的单人双桨项目的赛艇选手是一个天才，他是一个专心与大卫王较量的真正巨人，以至于他一下子就战胜了所有的竞争者。赛艇比赛汇集了全世界的一批精英：德国人沃尔特·弗林什(Walter Flinsch)、丹麦人哈里·施瓦茨(Harry Schwarz)、法国人维克托·索兰(Victor Saurin)和美国人肯尼斯·迈尔斯等……然而这个澳大利亚年轻人远胜过这一批人才。皮尔斯的确从没动机要向人们证明他的天赋，尽管他的过人天赋是独一无二的。

澳大利亚人是个大块头，身高1.88米，体重95公斤。他划桨时的轻松自如让人有些害怕；他灵活的动作完全称得上是奇观。皮尔斯是不可战胜的冠军，他拥有摧垮世界纪录保持者英国职业选手贝尔特·巴里(Bert Barry)的超人实力。亨利·皮尔斯拥有这样非凡的实力。

文/佩罗奈·德·托雷

2

3

4

1 男子110米栏前4名选手之间的差距仅仅在十分之一秒之内！最终，来自南非的悉尼·阿特金森(Sydney Atkinson)以14秒80的成绩夺得冠军。

2 田径赛场上，英国人道格拉斯·洛威卫冕了他在1924年巴黎奥运会上获得的800米比赛的金牌。

3 同样是在田径赛场上，加拿大选手詹姆斯·鲍尔(James Ball)在400米比赛中曾一度领先。但他放慢前进的步伐回头去看他的对手们，美国人雷蒙德·巴尔布蒂(Raymond Barbuti)趁机超过了他，最终夺冠！

4 在击剑赛场上，匈牙利剑客和意大利剑客包揽了男子佩剑个人比赛的前5名，本图中为匈牙利选手桑多尔·贡波斯(Sandor Combos)对垒意大利人比诺·比尼(Bino Bini)，而法国名将罗歇·杜克雷仅名列第8。

5 年仅17岁的荷兰姑娘玛利亚·布劳恩(Maria Braun)在获得了女子400米自由泳银牌仅仅6天后，便在家乡父老的面前夺得了100米仰泳的金牌。她在半决赛中还打破了这个项目的世界纪录。

6 继法国组合让·居纽和吕西安·舒里在1924年巴黎奥运会上获男子双人自行车项目的冠军后，荷兰人伯恩哈德·莱恩(Berhard Leene)和丹尼尔·范迪克(Daniel Van Dijk)在本土获得了本届比赛这个项目的金牌。他们在决赛中击败英国组合厄内斯特·亨利·钱伯斯(Ernest Henry Chambers)和约翰·希比特(John Sibbit)。

7 美国跳水选手皮特·德斯贾丁斯(Pete Desjardins)出生在加拿大，身高仅1.60米。他夺得了男子跳板和跳台两个项目的金牌。

8 足球比赛中，乌拉圭队与阿根廷队在决赛里打成平局，这样不得不通过加赛一场来决出冠军。最终，乌拉圭队在附加赛中以2比1击败阿根廷人，摘得金牌。

9 从1926年才开始参加大赛的加拿大女将埃瑟尔·卡瑟尔伍德(Ethel Catherwood)在本届奥运会上以1.59米的成绩获得了女子跳高比赛的金牌。另外，她还被选为了"奥运会小姐"。

10 美国选手们获得了自1896年以来历届奥运会撑杆跳高这个项目的所有金牌。1928年，美国人萨宾·卡尔(Sabin Carr)延续了这一优秀的传统，他以4.20米的成绩夺冠。

11 匈牙利男子佩剑队开始了一连串不可思议的辉煌：直到1964年日本东京第十八届奥运会，匈牙利人才把男子佩剑团体这枚金牌让出。

12 在田径赛场上，4名加拿大女将击败美国接力队，夺得女子4×100米接力项目的金牌，并打破世界纪录。

朋友之间的小交易

团结一致的芬兰人从阿姆斯特丹带走4枚中长跑比赛的奥运金牌。

文/吕西安·杜拜克和热奥·安德烈

(上)博格的意外退赛,使努尔米和里托拉合力上演编排好的"决斗"大戏,最终里托拉摘走金牌。(右)在10000米比赛中,里托拉跑在努尔米前。

在现场,今天我们所经历的是平淡无奇的一天。风雨交加的寒冷天气冲淡了本届奥运会倒数第二天的精彩程度,这样令人不舒服的坏天气可能明天还会继续。这样的天气真的是糟糕透了。可以肯定的是巴黎可是艳阳高照,让人很难相信的是阿姆斯特丹寒冷的天气却那么糟糕。体育场中的情况远比市内其他地方要糟糕,是因为体育场中的穿堂风所致……

这是奥运会倒数第二天,如此寒冷的气温却败了所有人的兴致。3000米障碍赛跑的决赛被安排在这一天进行。我要向大家详尽地介绍一下这场比赛,可能只是为了使内心深处的苦痛得到一丝宽慰。一想到那两位代表法国参赛的运动员吕西安·杜克斯内(Lucien Duquesne)和亨利·达尔蒂克(Henri Dartigues)因为他们的成绩、奥林匹克体育道德和公平竞赛的精神而没有受到应得的奖赏,我的心里就不大好受。

我并没有要责难芬兰人获得的这第4个冠军的想法。这些北欧人应该获得胜利,他们共有4名选手进入了今天最后的决赛,这本身就是一个很大的荣誉。比赛要跑七圈半。前两圈过后,芬兰人托伊夫·卢科拉(Toive Loukola)在领先的位置上,而努尔米则在他身后紧紧跟随。曾经一度领跑的法国选手杜克斯内又回到了大部队中采取跟随战术,这是很聪明的做法。第四圈过后卢科拉依然领先,此时他开始加快步伐。他并不是全力冲刺但却也是相当有力。而此时处在两名法国选手前的努尔米在做什么呢?他目送卢科拉渐渐地拉大与自己的距离,看上去并不想追上去。他压制着身后的两名法国选手。而杜克斯内和达尔蒂克自以为是如此的幸运:他们紧紧跟着努尔米的步子,似乎并没有觉察到芬兰人耍的把戏。

在快要完成第五圈时,卢科拉已经领先了60米,一圈过后,他的领先优势又扩大了20米。他真是太了不起了!一个多么伟大的冠军啊!怎么可能领先强大的努尔米这么大距离呢?卢科拉最终轻松夺冠;这个结果太出乎人们的意料之外了,但对于芬兰人来说确是意料之中的事情。借口在跳高比赛中表现糟糕的里托拉似乎从没有参与到这场追逐中,他甚至在刚过第六圈时就退出了争夺。

在5000米比赛中,这样的小交易已经出现过了,比这回明显多了。当时,比赛的结果是最不让人感到意外的一种。瑞典人埃德温·威德曾试图对抗努尔米和里托拉这两个他非常熟悉的对手。但是,在比赛进行到3000米时,他不得不在两个芬兰人的强强联手前签订城下之盟。像通常的情况一样,里托拉在前面领跑,而努尔米则紧紧地跟在他身后;如果不是太阳好几天都没有出来的话,他可能都踩到前面的里托拉的影子了。人们看到同样的事情在几天前的10000米比赛中再次发生。然而,这两个芬兰人在前一天进行的3000米障碍赛复赛中已经表现出了明显的疲态。

5000米比赛中的戏剧性一幕发生了:努尔米突然垂下了双臂,眼看着对手取得了胜利。可能是为了避免引起裁判任何的争议,他显出筋疲力尽的样子,仔细地在草坪上铺好毯子,然后伸直地躺了上去,看上去信心全无了……

人们稍后得到了对于这一意外事件的解释。埃诺·普尔耶·博格(Eino Purje Borg)已经让哈里·拉尔瓦(Harri Larva)在1500米比赛中占了便宜拿到冠军,所以已经说定了5000米比赛的金牌要被收入普尔耶·博格的囊中。但是他的意外退赛不得不使已经在3000米障碍赛复赛中疲惫不堪的里托拉和努尔米拼到最后,才能先于瑞典人抵达终点。

结果是努尔米在10000米比赛中折桂,里托拉在5000米中称王,拉尔瓦则是1500米的金牌得主,卢科拉则如愿以偿地获得了3000米障碍冠军。

佩尔希·威廉姆斯，短距离之王

年轻的加拿大短跑好手顺理成章地接连摘得100米和200米两项冠军。多么了不起的成就啊！

文/热奥·安德烈

(上)100米决赛中，从左到右依次是维科夫、麦卡利斯特、伦敦、威廉姆斯、拉莫斯和莱格。200米决赛中，从左到右依次是菲茨帕特里克、肖尔茨、科尼希、兰吉利、舒勒和威廉姆斯。

(下)威廉姆斯被举起来接受胜利的喝彩。

法国人安德烈·塞尔伯尼 (Andre Cerbonney) 没有完全展现出实力。他曾在此前的一系列比赛中战胜过竞技状态在走下坡路的1924 年奥运会百米飞人大战铜牌得主，新西兰选手亚瑟·波里特 (Arthur Porritt) 和芬兰冠军赫勒 (Helle)，因此被寄予厚望至少会闯入四分之一决赛；然而在第二轮预赛中，他就因为两次起跑犯规而被取消了比赛资格。而事实上，他只抢跑了一次而已。吉尔贝尔·奥维尔涅 (Gilbert Auvergne) 在 4 名参赛的法国运动员中给人留下了最深的印象，在第二轮预赛中他以小组第一名的成绩晋级下一轮；在比赛中，他在六十米过后已经确立了明显的领先优势并一直把这一优势保持到终点。

德国人期待着他们能有几个人晋级决赛，他们之中最大的热门当数理查德·科尔茨 (Richard Corts)；美国人放下了自高自大的架子，该轮到他们来证明自己才是最大的夺冠热门。不过，当来自 5 个不同国家的 6 名选手站在百米决赛的跑道上时，就证明了奥运会短跑项目的金牌不再是一个国家的固有财产。美国人很失望，尤其是因为他们的希望之星弗兰克·维科夫 (Frank Wykoff) 的表现与所期待的相差甚远，他最后仅仅获得第 4 名，而罗伯特·麦卡利斯特 (Robert McAllister) 则在六名决赛选手中最后一个冲过终点。英国的黑白混血选手杰克·伦敦 (Jack London) 的表现令人吃惊，因为此前碌碌无为的他竟能够凭此战一举把自己列入了世界最好的短跑好手之列。应该承认，英国人有一套秘密的奥运赛前训练方法。

加拿大选手佩尔希·威廉姆斯的胜利来得合情合理。这个年轻人面庞匀称、中等身材、步伐灵活、步幅不大、肩膀宽厚，他在之前的几轮预赛和复赛中已经展示了强大的实力。他是第一个在本届奥运会的 100 米比赛中跑出 10 秒 60 的运动员。在决赛中，他以无可争辩的优势夺冠。50 米时，他还和其他选手齐头并进，可是越接近终点，他领先的优势就越大。

赛前，人们批评了跑道的状况。在那样恶劣的赛道条件下，此前一系列比赛的最好成绩仅仅是 11 秒整，人们认为这还是公正的。也应该意识到选手发挥还是有失误的，因为在几场半决赛中跑出的最好成绩达到了 10 秒 60。如果说决赛的最终夺冠成绩只有 10 秒 80 的话，那是由于运动员们非常紧张，在前一天的比赛中也有过度消耗。

晋级 200 米决赛的分别是德国选手赫尔穆特·科尼希 (Helmuth Kornig) 和雅各布·舒勒 (Jakpb Schuller)、加拿大选手佩尔希·威廉姆斯和约翰·菲茨帕特里克 (John Fitzpartick)、英国人沃尔特·兰吉利 (Walter Rangeley)，以及美国好手杰克逊·肖尔茨。在这个项目上志在夺取金牌的德国人这一次又大失所望。

美国人也一样失望，因为此前被他们寄予厚望的查尔斯·波拉赫 (Charles Borah) 甚至没能进入半决赛，而另一位功勋元老查尔斯·帕多克在半决赛中表现平庸，早早被淘汰出局。

在一系列比赛中担任裁判的英国人从不忘记去帮助他的同胞们。人们可以在每一项比赛中发现裁判偏袒的例子。这当中，最明显最典型的要数800米比赛：当法国选手塞拉凡·马丁 (Seraphin Martin)、加拿大人菲利浦·爱德华兹 (Philip Edwards) 和美国选手洛伊德·哈恩 (Lloyd Hahn) 拼劲全力对抗瑞士好手保罗·马丁的时候，英国选手道格拉斯·洛威要做的却轻松得多。即使有裁判的偏袒没有为洛威第二天的夺冠做出决定性的贡献，也给了他不小的帮助。

有很多人表达了对众多比赛中出现的舞弊行为的不满，在压力下，英国仲裁被最终弃用，然而为时已晚。威廉姆斯的胜利以一种人们所能见到的最漂亮的方式取得。科尼希的起跑是所有人当中最快的；在离终点还有 20 米的时候，德国的观众们已经准备第一次在赛场上唱起他们的国歌《德意志高于一切》，他们心目中的英雄已经领先其他选手 1 米的距离，他并没有放慢速度。突然，威廉姆斯以一种令人慌张失措的迅捷冲到了他的前面，以至于让科尼希失去了动作协调性而掉到了第三的位置。加拿大人最终以 21 秒 80 的成绩夺得 200 米的冠军。

年轻的威廉姆斯是第 3 个能够在一届奥运会上同时包揽 100 米和 200 米两个项目金牌的人。此前只有美国人阿尔奇·哈恩在 1904 年圣路易斯第三届奥运会上和另一个美国人拉尔夫·克雷格 (Ralph Craig) 在 1912 年斯德哥尔摩第五届奥运会上做到这一点。威廉姆斯优雅的步伐、朴实的性格和天生的身体素质使所有人赞叹；尤其是当他身着短衣短裤平静地返回起点去寻找羊毛套衫时，其队友把身披加拿大国旗的他扛在肩上，此时他就像一个身披长袍的皇帝。

于勒·拉杜梅格，非同一般的亚军

法国人拉杜梅格(Jules Ladoumegue)在1500米的比赛中输给了芬兰名将哈里·拉尔瓦，但这一次他虽败犹荣，他的表现令人肃然起敬。

文/路易·马尔滕

这场1500米决赛是值得久久回忆的。一共有12名选手通过了一轮又一轮淘汰赛的重重考验，最终站在了决赛的起跑线前。12个人站在400米的跑道上显得有点拥挤，尤其又是在如此重要级别的决赛中，但没有人对此提出异议；因为，涉及到1500米这个中距离项目的规则业已制定并不可能被临时修改。

这12名进入到最后决赛的选手分别是：代表德国出赛的3名选手汉斯·乔格·威赫曼、赫尔伯特·波舍尔(Herbert Bocher)和赫尔穆特·克劳斯(Helmut Krause)，来自芬兰的两位选手哈里·拉尔瓦和埃诺·普尔耶·博格、美国选手雷蒙德·贡热尔(Raymond Conger)，瑞士选手保罗·马丁，英国选手希利尔·埃利斯(Cyril Ellis)、澳大利亚人威廉·怀特(William Whyte)，还有捷克斯洛伐克选手阿道夫·基特尔(Adolf Kittel)，另外两人是法国的于勒·拉杜梅格和让·凯莱尔(Jean Keller)。在他们当中，3名德国选手被认为是最大的夺冠热门，此外也绝对不能忽视了两个颇具实力的芬兰人，英国人埃利斯有着为数众多的支持者，美国人贡热尔被看作是与埃利斯同等水平的运动员。好好想想，在法国阵中，也只能指望拉杜梅格了；他有着不错的前景，而且如果有必要，另一位法国选手凯莱尔可以为了确保同胞获得好成绩而做出牺牲。

比赛就这样开始了。第一圈的局面相当混乱。普尔耶·博格处于领先的位置，不过他微弱的领先优势几乎可以忽略不计。12名选手中的6人结成了第一集团，步伐沉着，稳步前进。拉杜梅格此时处于领先集团的最后一名，似乎位置不太有利。接下来的一圈，处在更好位置的凯莱尔试图帮助拉杜梅格突出重围，但没有奏效；此时，普尔耶·博格坚决地来到队伍前面领跑，英国人埃利斯紧随其后，拉杜梅格则独自一人摆脱小集团紧紧地跟在两位领先者的身后；至于另一个芬兰人拉尔瓦，他似乎更得益于普尔耶·博格领跑的这种节奏。

第3圈，赛况没有显著的变化；普尔耶·博格依然领先，埃利斯和拉杜梅格还是分别处在第2和第3位，拉尔瓦依然紧紧跟在他们身后，而德国军团则处境堪忧。

比赛进入到第4圈；最后一圈的提示钟声响起，就在这一时刻，拉尔瓦超越了拉杜梅格上升到第3位，而法国人则退居第4。

在比赛还剩下最后300米的时候，拉杜梅格开始加速冲刺；此时的他对胜利充满了坚定信念。他加大了步伐，赶上了表现出众且一直处于领先的普尔耶·博格，看上去马上就要超越他。

(上)这就是参加1500米决赛的12名选手，其中包括两名宣布要正大光明地展开竞争的芬兰人拉尔瓦和普尔耶·博格，以及两名法国人拉杜梅格和凯莱尔。

(下)在1500米的比赛中，于勒·拉杜梅格孤注一掷；不过，哈里·拉尔瓦才是最强者。

最后的200米了；拉杜梅格领先的优势已经非常明显了，这让法国的观众们狂喜不已。终于轮到法国赢得冠军了，拉杜梅格也终于可以为同胞塞拉凡·马丁报一箭之仇了！

这简直就是个灾难！可以说，拉杜梅格已经击败了身后的普尔耶·博格和其他选手了；但是还有一个芬兰人——拉尔瓦出现了，他在比赛中采用了相当得当的战术，一直采取跟跑的策略。拉尔瓦开始收复失地——超过了拉杜梅格，在最后的40米内干脆利落地击败了法国人，获得金牌。

拉杜梅格虽败犹荣，因为他已经尽了自己最大的努力。在赛后，我听到了一些截然不同的评论。“拉杜梅格最后冲刺的时机发起的太早了。如果他让普尔耶·博格在领先的位置上呆的时间更长一些的话，他就不会在离终点还剩几米的情况下感到力不从心了……”

“拉杜梅格的最后冲刺发起的太晚了。像他这样一个有实力的选手不应该对自己夺取胜利的能力产生丝毫怀疑，他应该在赛程过半的时候就坚决地到队伍前面领跑……”

我的上帝啊！所有这些评论都显得荒谬而可笑……拉杜梅格尝试去赢得比赛，他在比赛过程的表现也很出色；不过，拉杜梅格没有能力也不应该试图去甩开身后的一干好手……

同样地，如果拉杜梅格在比赛过半时就领跑并加快节奏拼命向前冲，那么局面就会完全失控，甚至他都不能最后完成比赛。

埃尔·乌阿菲拯救了法国

埃尔·乌阿菲(Mohamed Boughera El Ouafi),这个身材矮小的马拉松选手凭借他的双腿,更凭着他的大脑,赢得了这枚金牌。

文/路易·马尔滕

法国赢得了胜利：埃尔·乌阿菲获得了马拉松比赛的金牌!作为《队报》派去的唯一全程跟踪报道马拉松的记者，如果没有好好利用这个机会，我就不能体会到这个杰出的马拉松选手实现的伟大业绩。

按照他的习惯，埃尔·乌阿菲在比赛开始阶段显得很谨慎，如此的谨慎甚至让他的同胞纪尧姆·戴尔(Guillaume Tell)很快便意识到应该利用这一机会。前三分之一赛程是埃尔·乌阿菲和戴尔相伴而行，但是这前三分之一的比赛他俩跑得过于保守，使得两人已经被领先的小集团落下了一段距离。而此时的领先方阵中由11名有实力的选手组成；当我了解到由埃尔·乌阿菲和戴尔所组成的这个两人小集团与领先的两位日本选手山田兼松(Kanematsu Yamada)和津田晴一郎(Seiichiro Tsuda)之间的差距已经拉大到2分30秒的时候，我不得不承认与在其他项目中法国运动员的表现一样，这两名马拉松选手获胜的机会已经很小。一个国家有一名记者全程跟踪报道马拉松赛事，他们坐在唯一一辆被跟随在比赛队伍之后的新闻采访车内。

在领先集团中最有实力的当数几个来自芬兰和日本的选手。很明显地，在比赛进行了二十五公里过后，处在第一集团的选手们之间渐渐地拉开了差距，让我们相信这个领先的小集团最终将会瓦解，以至于完全改变了整个比赛的走势。

这个酝酿之中的队伍解体便是山田兼松这个日本人一件了不起的杰作。身材不高但是却极为强壮的山田兼松跑起来显得极为轻松，这一点令人颇感惊讶，给人的感觉他不是在奔跑而是在快步地走,因为他的步伐是如此的轻盈;自始至终我都没有看到他放慢过自己的脚步，即使是在比赛进行到最后几公里他明显地显露出疲态时也没有。没错，山田兼松就是一个出色的长跑专家。

(上)埃尔·乌阿菲完成了马拉松比赛。直到比赛的最后一刻他都得小心提防来自智利人米盖尔·普拉萨·雷耶斯的威胁。

(下)直到25公里处，埃尔·乌阿菲依然在按照自己的方式——聪明的方式——稳步前进。

山田兼松犯了一个天大的错误，足以让他丢掉胜利。他想以很大的优势甩开一干好手，包括他的同胞津田晴一郎、美国人乔伊·雷(Joie Ray)、芬兰人马尔蒂·马特林(Martti Marttelin)和维尔内·拉克索宁(Verner Laaksonen)，以及加拿大选手克利夫·布里克尔(Cliff Bricker)等人，确切说也就是处在第一集团中的那些冠军的有力争夺者的实力派选手们。在此，我还不得不提一下夺金热门中的热门的芬兰选手埃诺·拉斯塔斯(Eino Rastas)，他很不在状态，在比赛进行了将近一个小时后就完全放慢了步伐。

山田兼松的错误，使领先集团土崩瓦解，同时这种形式成为了埃尔·乌阿菲的额外筹码。加快了步伐的法国人从后面很远的地方慢慢地赶上了领先者，不过他并没有选择去挑战由这几个打算捍卫最终胜利的选手组成的牢固小集团。谁认为雷、布里克尔或是马特林肯听凭法国人战胜自己?

埃尔·乌阿菲在通往胜利的道路上只是遇到了那些筋疲力尽的选手们的抵抗。他们在与那个自认为能够甩开其他人轻松夺冠的山田兼松的对抗中过早地消耗尽了精力。埃尔·乌阿菲在比赛进行了两个小时后开始连续超越身前的所有选手——没有困难、没有抵抗——先是几个芬兰人，接着是美国人雷，然后是领先的山田兼松。当埃尔·乌阿菲追上身材瘦小的山田兼松与他齐头并进时，这个可怜的日本人绝望而又略带失望地向他瞟了一眼；对于我们这些坐在采访车里的记者来说，这一刻是痛苦的，因为日本人的这一举动表明了他已经陷入了绝望。

埃尔·乌阿菲继续着轻盈的步伐稳步跑向终点。不过就在这时,智利人米盖尔·普拉萨·雷耶斯(Miguel Plaza Reyes)出现了。这个智利人俨然又是一个埃尔·乌阿菲；25公里后他才开始崭露头角……两小时二十分钟的比赛过后，领先的法国人离终点已经不远了。普拉萨此时开始发力，而埃尔·乌阿菲就在他前面40米的地方了。坐在采访车里的我已经受不了这种刺激了；内心痛苦地想，法国的运气太差了；接着我又自言自语起来，比赛的最后阶段，埃尔·乌阿菲应该配得上最好的结局。当胜利是如此地伸手可及，而你又尽了一切努力漂亮地完成了所能做的事情，却不能拥有最终胜利时，这是莫大的痛苦啊!这一次，众神站在了法兰西一边。在离终点还剩1500米的时候，筋疲力尽的普拉萨放弃了，埃尔·乌阿菲虚惊一场……为他揪着心的法国人也是一样。

等在体育场看台上的观众们迸发出巨大的喜悦!……更大的快乐在于，观众们原本以为会看到一个美国人、芬兰人或者日本人最后会以胜利者的姿态走在体育场铺了细煤渣的跑道上，却肯定没有料到比赛中的横生枝节。

法国选手吕西安·高丹在男子花剑个人赛中折桂，而由他领衔的法国队却在花剑团体比赛的决赛中不敌意大利队，屈居亚军。法国选手安德烈·拉巴杜正在与意大利选手乔治·齐亚瓦奇(Giorgio Chiavacci)比赛。

1928年荷兰阿姆斯特丹第9届奥运会

作品完成了，皮埃尔·德·顾拜旦先生也可以安心地卸任了，他没有亲临本届在阿姆斯特丹举行的奥运会。本届盛会也是奥林匹克运动最终向成熟转变的标志。

数据

开幕日：1928 年 5 月 17 日

闭幕日：1928 年 8 月 12 日

主办国：荷兰

其他申办城市：美国洛杉矶

46 个国家奥委会派队参赛（国家名义）

3014 名参赛运动员：其中包括 2724 名男运动员和 290 名女运动员。

15 个大项：（其中 7 个大项设有女子比赛，包括男女混合项目）：田径、赛艇、拳击、自行车、马术、击剑、足球、体操、举重、曲棍球、摔跤、游泳、现代五项、跳水和帆船。

表演项目：不设表演项目。

109 个小项：（其中 23 个小项设有女子比赛，包括男女混合项目包括在内）。

宣布开幕者：荷兰王子亨德里克殿下

点燃火炬者：奥运圣火第一次在赛会期间从始至终在主体育场内燃烧。然而，圣火的点燃却没有给人们带来一个与众不同的开幕式。

运动员宣誓：荷兰足球运动员亨利·丹尼斯 (Henry Denis) 作为运动员代表宣誓。

国际奥委会主席：比利时人亨利·德·巴耶·拉图尔 (Henri de Baillet Latour)

冬季奥运会

第二届冬季奥运会于 1928 年 2 月 11 日至 19 日在瑞士圣莫里茨 (Saint Moritz) 举行。这是第一次以奥林匹克的名义举办的冬季项目的体育盛会。另一个第一就是冬季奥运会与夏季奥运会首次不是由同一国家主办。

芬兰速滑名将克拉斯·图恩伯格继 1924 年在夏蒙尼冬奥会上获得三枚金牌后，在本届比赛中又夺得两金，成为了第二届冬奥会中最耀眼的明星。挪威选手索妮娅·海妮也引起了很大的轰动：年仅 15 岁的她一举夺得女子花样滑冰比赛的金牌，成为了奥运会历史上最年轻的单项比赛金牌获得者。男子 50 公里越野滑雪的比赛是在起伏多变的天气情况下进行的，从比赛开始到比赛结束，气温从零度升到了 25℃；瑞典人佩尔·埃里克·赫德伦德 (Per Erik Hedlund) 是唯一一个能够适应这种天气变化的运动员，他最终以领先第 2 名 13 多分钟的巨大优势夺得这个项目的金牌。

从巴黎到阿姆斯特丹

1924

• 7 月 16 日，作为解决德国战后赔款支付问题的"道威斯计划"(Plan Dawes) 被通过。

1925

• 1 月 3 日，贝尼托·墨索里尼在意大利的法西斯独裁统治最终确立。

• 10 月 5 日至 16 日，法国、比利时、德国、英国与波兰签署《洛迦诺公约》，确保欧洲力量均衡，恢复德国在国际社会的合法权利。

1926

• 6 月 1 日，玛丽莲·梦露出生。

• 9 月 8 日，德国加入联合国的前身国际联盟。

1927

• 3 月 12 日，法国占领军撤出德国萨尔地区，由一个 800 人组成的国际部队驻防该州。

• 5 月 22 日，美国飞行家查尔斯·林德伯格 (Charles Lindbergh) 独自驾驶单翼飞机圣路易斯精神号"(Spirit of Saint Louis)，从纽约起飞，在历经了 33 小时 27 分钟的不间断飞行后，最终抵达巴黎，成为了世界上第一个独自驾机成功飞跃大西洋的人；20 万巴黎市民热烈迎接了这个英雄和他的座机的到来。

1928

• 5 月 29 日，罗兰·加洛斯球场建成，中心球场正式投入使用；法国网球公开赛也随之更名为罗兰·加洛斯网球赛。

你知道吗？

本届奥运会女子百米飞人大战的角逐是奥运史上第一项女子田径比赛。美国选手伊丽莎白·罗宾逊 (Elizabeth Robinson) 摘得金牌，成为第一位"女飞人"。女子 800 米比赛中，多名选手在赛后筋疲力尽昏倒。过后 32 年里，奥运会田径赛场上没有出现距离超过 200 米的女子比赛。

澳大利亚人亨利·皮尔斯在男子单人双桨四分之一决赛中停下来让一群鸭子顺利通过，这并没有影响他拿下这个项目的冠军。

来自28个国家的选手分享了所有的金牌，这个纪录在此后的 40 年里都未曾被打破。

37

阿姆斯特丹奥运会马拉松比赛的出发场面。

阿姆斯特丹 Amsterdam

历经七百余年的风雨,阿姆斯特丹以其博物馆般的形象、古董般的贵族宅邸以及自由宽容的氛围,保持着让人不知不觉沉醉其中的魅力。

阿姆斯特丹位于艾瑟尔湖口南岸,是荷兰首都,也是全国最大的城市。阿姆斯特丹的历史可以追溯到公元13世纪,当时,这里还只是个小渔村,为了免遭阿姆斯特河洪水袭击,当地渔民便开始修建大坝。由于水坝在当地语音中为“dam”,阿姆斯特丹便得名于此。阿姆斯特丹通江达海的特殊地理位置,使其很快成为低地国家的一个重要商业港口。

17世纪,荷兰东印度公司成立,开始疯狂拓展殖民地并且开展大量商业活动,而阿姆斯特丹是东印度公司的中心。当时,阿姆斯特丹是咖啡、烟草、茶叶和橡胶等热带产品的贸易海港。

随着商业的兴旺,阿姆斯特丹的金融业也蒸蒸日上。1609年,阿姆斯特丹成立了第一家汇兑银行,这是当时欧洲最大的票据交易所,也使这里成为国际金融中心。如今,荷兰的主要银行和保险公司都植根于此,使阿姆斯特丹与纽约、伦敦苏黎世等世界重要金融中心并驾齐驱。另外,阿姆斯特丹还是荷兰的主要制造中心。

第一次世界大战中,荷兰保持中立,躲过了战火。到20世纪20年代,阿姆斯特丹成为世界上最富裕的城市之一。1925年,阿姆斯特丹以荷兰首都和世界第二大港口的身份,申办第九届奥林匹克运动会,它是当年唯一的申办城市,在无竞争的情况下,成了奥运会址。荷兰申办奥运会十多年,终于如愿以偿。

虽然,国际奥委会在1921年就确定了第九届奥运会的主办地,给了荷兰充分的准备时间,但组委会却遇到了强大阻力。首先,荷兰国内反对党认为,政府置卫生、住房等于不顾,办奥运会是对民众的不负责行为;其次,宗教界人士认为,让妇女参加比赛和在礼拜天比赛都不符合伦理。反对党甚至在议会投票否决了政府对奥运会投资的议案。国际奥委会对此非常担心,一度准备把主办权转交洛杉矶。

好在组委会及时采取了措施,一方面决定礼拜天不安排比赛,且要求所有运动员赛前均要宣誓,以平息宗教人士的指责;另一方面,通过新闻界发出了募捐请求,两周内募集到150万荷兰盾,解决了财政困难。

今天的阿姆斯特丹,七十多年前那一届奥运会已经被很多人遗忘。而对体育的热爱却成为了这个城市的传统,大街小巷随处可见人们在从事各种各样的运动。

关键词·阿贾克斯

阿贾克斯是阿姆斯特丹的重要名片。20世纪70年代,这个俱乐部曾在荷兰足球教父米歇尔斯和队长克鲁伊夫的率领下,创造过连续三年赢得欧洲冠军杯的辉煌。1900年的某一天,两个商人在阿姆斯特河边的咖啡馆共进午餐,话题涉及到了他们共同爱好的足球,于是他们决定建立一个足球俱乐部,这就是阿贾克斯队的雏形。

一百多年后,阿贾克斯队的白红两色球衣几乎成为了欧洲技术足球的象征,全攻全守的打法开创了现代足球的新篇章。"阿贾克斯青训中心"在荷兰语中是"未来希望"的意思,这个中心为世界足坛贡献了范·巴斯腾、里杰卡尔德、博格坎普、范德萨、克鲁伊维特等一大批足球巨星,是公认的全球最佳青少年足球培训基地。

迄今,阿贾克斯青训系统的造星能力依旧独领风骚。在这里训练的孩子,过不了多久就将在欧洲各大足球俱乐部找到自己的位置。

第10届奥运会→洛杉矶

在美国，有一千五百万人为了找工作而四处奔波。在世界的其他地方，极端主义思想的滋生找到了理想的肥沃土壤。日本、西班牙、意大利和德国很快就要联合起来瓜分世界版图。处在世界经济大萧条中心的美国，接连遭遇了1929年纽约华尔街的股市大崩盘。在这样的背景下，1932年洛杉矶第十届奥运会明显不景气：只有来自37个国家的1503名运动员报名参加，这仅仅相当于1904年美国圣路易斯第三届奥运会的运动员参赛规模；参赛的各国运动员们经过长途跋涉、耗费了大量的时间和金钱才来到了美洲大陆。有些项目只有很少的运动员报名参加，足球比赛则更是因为报名参赛的球队数量不够而被取消。

反常的是，当时的那种经济形势反倒很好地支撑了本届赛事的顺利进行。在缺衣少食的情况下，美国人转而对奥运会产生了浓厚的兴趣，报以热情的关注，把观看体育比赛作为一种消遣娱乐的方式；正所谓在物质条件匮乏的情况下，奥林匹克为当时的美国人提供了很好的精神食粮。建成于1923年的纪念运动场(Memorial Coliseum)经过扩容后被选为本届盛会的主体育场，一共有10万人亲临现场观看了奥运会开幕式。此后每项在此进行的田径比赛都有平均7万人进场观战。好莱坞明星们也来到赛场捧场，很多有名望的艺术家和大文豪们选送自己的作品参加奥运会设立的艺术比赛。整个赛程被压缩在15天内进行，这也成为后来历届奥运会举办的一个标准。

本届赛事表现出了很高的竞技水准，一个又一个的纪录在人们眼前地被打破，尤其是法国人于勒·拉杜梅格和芬兰人帕沃·努尔米所保持的纪录被接连打破；这两个人已经转为职业选手而被禁止参加奥运会的比赛。

总的来说，在世界经济大萧条的背景下召开的本届体坛盛会是第一届获得财政盈利的奥运会——大约盈余100万美元。

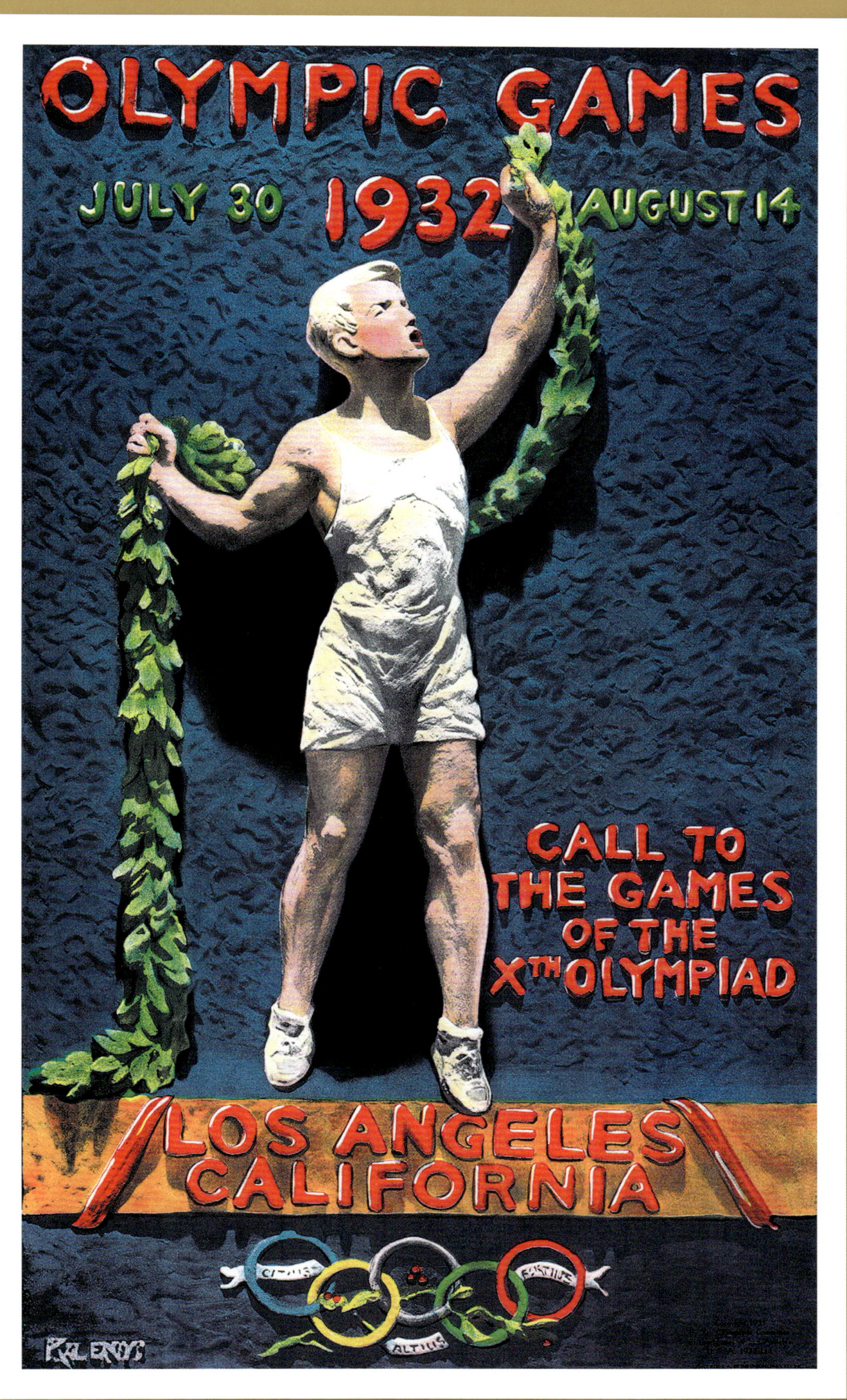
OLYMPIC GAMES
JULY 30 1932 AUGUST 14
CALL TO
THE GAMES
OF THE
X^TH OLYMPIAD
LOS ANGELES
CALIFORNIA

1932

男子5000米比赛中，芬兰选手劳利·莱赫蒂宁(Lauri Lehtinen)在领跑，并最终获得金牌。运动员们的身后是宏伟壮观的纪念运动场，他们的脚下则是当时世界上最好的田径跑道。

现代奥运的样板

1932年洛杉矶奥运会确实是一届成功的奥运会,在场馆兴建、奥运村设置和会期安排等方面使奥运会规范化向前跨越了一大步,可以称得上是高级竞技体育的开端。

在1923年国际奥委会罗马会议上，洛杉矶取得了第十届奥运会的举办权。罗马会议后，该市开始筹备，即使是在经济危机席卷全球时，也未受到多大影响。准备工作大致于1930年完成。体育设施及其他安排都很出色，是以往各届无法相比的。洛杉矶纪念体育场位于洛杉矶市中心，是当时世界上最大和最豪华的体育场之一，可以容纳近十万名观众。为了装点城市，洛杉矶奥组委特地引进了许多棕榈树栽种在奥运会场馆和奥运村附近。

更重要的是，洛杉矶奥组委还在离市中心20公里处为运动员修建了专用的住宿地。700多个木头小屋可供两千人居住，每一幢小屋都设有淋浴间、起居室并且提供生活必需品。这是奥运史上第一座正式的奥运村。在奥运村，对于各国代表团的到来，都要举行简单而隆重的入村仪式，由奥运村村长致词，并演奏代表团所属国的国歌,同时升起该国国旗。唯一遗憾的是，本届奥运村只供男选手住宿，而女选手则被安排在临近赛场的旅店内。

在本届奥运会期间，奥运村成为除赛场外最引人注目的地方，为东道主美国树立了良好的形象，也为今后奥运会的举行树立了榜样。鉴于这次成功经验，国际奥委会明确规定主办国必须修建奥林匹克村。自此，奥运村成为奥林匹克运动会一项重要的组成部分。

1932年洛杉矶奥运会于1932年7月30日下午2时30分正式开幕。美国副总统柯尔蒂斯代表因忙于政务而无暇顾及的总统胡佛到会祝贺；奥委会主席巴耶·拉图尔率领部分国际奥委会官员出席；整个洛杉矶纪念体育场的看台上座无虚席。为了让大萧条中的美国人买得起门票，奥组委尽最大可能压低票价，每张开幕式门票只要3美元，相当于一家三口当时在餐馆吃一顿饭的花销。于是，开幕式的门票全部卖光，十万热情的观众坐满了体育场。《纽约时报》评论说：奥运会让美国人暂时忘掉了生计的艰难，尽情享受体育竞技带来的快乐。

开幕式仿照古希腊的宗教仪式，鸣放了十响礼炮，点燃了“奥运圣火”，两千只和平鸽飞向天空，洛杉矶奥运会开幕了。因费用问题，运动员只有上届奥运会的二分之一，共1503人，其中女子135人。美国组成了三百多人的代表队，几乎占到运动员总数的五分之一。参赛国家共37个，中国和哥伦比亚都是首次参加奥运会。中国代表团共6人分别为刘长春、沈嗣良、宋君复、刘雪松、申国权、托平。

1932年的美国，1500万人在为一份工作而终日奔波。而德、意、日马上就要联合在一起，对世界掀起历史上最大规模的战争。1929年的金融危机波及了全世界，这也为1932年美国洛

(上)完全露天的奥运游泳场馆就像一本打开的书。(下)好莱坞的很多摄影棚就座落在体育场旁边。米奇老鼠(Mickey),这个被创立于1929年的迪斯尼卡通人物一点也不放过这样的机会,亲临赛场观看比赛。(左)在奥运村入口处,好奇的参观者们络绎不绝。

杉矶奥运会也蒙上了一层阴影。但是,从另一个方面来说,萧条的经济状况也给赛事的举办带来了一些好处。没有面包的美国人转而将奥运会作为自己最大的乐趣,以暂时忘却经济危机带来的深刻痛苦。

本届奥运会比赛项目有15个大项128个小项,取消了足球,恢复了射击,其余均与上届相同。1930年国际足联举办了首届世界杯。由于奥运会只限业余选手参加,且东道主对足球兴趣不大,故未将此项列入比赛。上届没有表演项目,这次举行了橄榄球、长曲棍球当表演比赛。

在女子田径项目中,观众的视线被一个漂亮的短发女孩吸引,她是21岁的美国选手迪德里克森,之前已经在多个田径项目上获得全美冠军。到达洛杉矶后,迪德里克森雄心勃勃地说:我来这里的目的就是击败所有的对手。遗憾的是,当时的奥运会规定一个选手只能参加三项比赛,于是她只好选择了最有把握的标枪、80米栏和跳远。

在标枪项目中,她首次投掷就锁定金牌;在80米栏的比赛中,她险胜本国对手夺得冠军;争议出现在跳高决赛中,她和搭便车来洛杉矶的美国选手简·希莉都跳过了1米67的横杆,裁判却宣布迪德里克森最后一跳无效,原因是她采用了刚刚兴起的“滚式”跳法,过杆时身躯卧倒,头部首先越过了横杆。迪德里克森抗议说:我整个比赛一直都是这么跳的。裁判们反驳说:我们不管你过去怎么跳,但你最后一跳我们看清了,头部先过杆就是违规。由于希莉是用跨越式跳过了同样的高度,裁判组将金牌授予了希莉,迪德里克森获得银牌。此后,更加科学的滚式跳法很快就合法化了。

马拉松赛的冠军被一位来自阿根廷的20岁青年萨瓦拉获得。在这届比赛中,因为天气、路程、交通状况都很好,未跑完全程的选手只有8人,是历届马拉松比赛中途退出人数最少的一次。萨瓦拉在最后的冲刺阶段拼尽全力,通过终点后累得跌倒在地,成为奥运会十届以来最年轻的马拉松金牌得主。

本届奥运会的游泳比赛大爆冷门。日本人通过先进的训练方法使成绩迅猛提高,夺得了男子6项中的5枚金牌,4枚银牌。而美国只得了1项冠军。首先打破美国人游泳金牌梦的是宫崎康二,一个15岁的日本高中生,竟从美国选手手中夺走了金牌。当时从日本搭船到洛杉矶,约要3个星期,加上比赛期间、返国时间,总共要两个月。宫崎康二随身带着课本到美国,比赛和练习之余还要复习功课。1500米决赛中,日本选手北村久寿雄在最后300米才超过队友牧野正藏,夺得金牌。刚过完14岁生日的他,也成为奥运史上最年轻的游泳金牌得主。

男子100米短跑是历届奥运会上最受人关注的赛事,美国运动员拉尔夫·梅特卡尔夫是世界纪录保持者,在本届奥运会100米预赛中也名列第一,但他受到了队友埃迪·托兰的挑战。二人不论谁取胜,都将成为第一个获得奥运百米金牌的美国黑人。

发令枪响后,跑在中间赛道的梅特卡尔夫首先超越对手,托兰迅速赶了上来,两人看上去同时撞线。七位裁判对照选手们撞线的照片讨论了几个小时,最后他们宣布,尽管高个子梅特卡尔夫头部先过终点线,但托兰的胸部却早于梅特卡尔夫撞线,按照当时以躯干到达终点为先的规则,金牌属于托兰。

裁判们的依据是电动终点摄影装置,这套在本届奥运会上首次使用的装置由电动秒表和摄影机组成,它能记下运动员到达终点的精确时间。虽然梅特卡尔夫和托兰的成绩同为10秒3,不走运的梅特卡尔夫只获得银牌。

洛杉矶奥运会在计时、计分系统等方面都运用了最新的科技手段。颁奖仪式在这届奥运会上也做出了重大改进,以前,获奖运动员要走到主席台前,由颁奖贵宾居高临下地授奖,而在洛杉矶奥运会上,颁奖仪式是由运动员登上领奖台,再由贵宾仰视着为他们颁奖。此外这届奥运会除了专门设置授奖台,在各项比赛刚一结束即行授奖,而不是象过去一样等比赛全部结束之后才集中发奖。这一尊重运动员的授奖形式一直延续到今天。

8月14日大会闭幕,奥运会会期持续了16天,改变过去会期长达数月和在开、闭幕前后进行比赛的情况,国际奥组委关于比赛在两周左右的规定自此开始实施。

本届洛杉矶奥运会第一次将国际奥委会会旗插在比赛场馆、挂在重要的交通要道,使美国大众更了解奥林匹克运动,观众人数也突破了一百万。

在第十届奥运会上,美国获得了41枚金牌,居金牌榜榜首。

气氛
1932

L'EQUIPE 队报聚焦

105000人 现场见证开幕式

第十届奥林匹克运动会于1928年7月30日在美国洛杉矶正式拉开了帷幕。庄重的入场式在观众们持续不断的掌声和喝彩声中持续了整整一个小时。希腊——现代奥林匹克运动的发源地——率先进入体育场，在希腊代表团后面，各个参赛国的代表团按国名英文首字母顺序陆续进场，东道主美国代表团则最后一个出现。值得一提的是，中国首次正式派出了一名选手参加比赛。男子铁饼运动员于勒·诺埃尔(Jules Noel)作为旗手自豪地引领法国代表团入场，法国运动员们在行进中高举右手向观众们致意。整个入场式进行得非常成功。

最后当星条旗出现时，现场的10.5万名观众沸腾了。随后，美国副总统查尔斯·柯尔蒂斯(Charles Curtiss)庄严地致以开幕辞，宣布本届盛会正式拉开帷幕；体育场外鸣10响礼炮；奥运火炬被点燃；奥林匹克会旗将在接下来的15天内高高地飘扬在纪念运动场的上空；东道主的击剑运动员乔治·查尔斯·卡尔南(George Charles Calnan)中尉作为运动员代表宣誓。与卡尔南宣读奥运誓词时高举右臂的动作一样，对于某些在势均力敌较量中落败的运动员来说，他们是多么容易就能在这样的一个手势下走到一起啊!我怀着极大的好奇心来看待这件事。这并不是最后一次人们对这种夺去了体育运动那种古老纯洁性的伪善庆祝感到惊讶。奥林匹克运动会四年以后将在德国举行，而那些希特勒分子们已经开始叫嚣，以古老的希腊的名义，要把有色人种运动员们排除在奥运大家庭之外!当政治团体对体育产生兴趣时，他们很快就会偏离正确的轨道。这是事实！

文/雅克·高戴

1 那些乘坐火车抵达洛杉矶的代表团受到了好莱坞式的接待。

2 在哈罗德·威廉·罗伯特(Harold William Robert)的指挥下，军乐队做了最后一次排练。

3 举着各个参赛代表团旗帜的童子军成员们在体育场中进行训练。

4 在远离大西洋的美国西海岸，人们终究还是不太习惯于看到马，把这些用于马术比赛的马匹从火车上卸下来可是一个大场面。

5 赛场上的明星们——已经43岁的1912年和1920年两届奥运会100米自由泳金牌获得者杜克·保阿·卡哈纳莫库和芬兰长跑名将帕沃·努尔米以及影视明星道格拉斯·费尔班克斯(Douglas Fairbanks)之间的聚会充满了欢快的气氛。

6 美国击剑运动员乔治·卡尔南作为运动员代表宣誓。

7 中国选手刘长春。

8 这张纪念运动场的空中航拍照片使人们相信本届奥运会的开幕式相当成功。

9 奥运村里，加拿大运动员在草地上进行训练。

10 一对迷人的礼仪小姐负责为运动员们作向导。

11 法国人于勒·拉杜梅格和芬兰人帕沃·努尔米因被怀疑已转为职业选手而被禁止参加本届奥运会。但是来自芬兰图尔库的作曲家让·西贝柳斯(Jean Sibelius)是个例外，他的音乐很容易地使他得到了安慰，因为他已经拥有了9枚奥运会金牌。

12 日本代表团的集体合影。

气氛 1932

1

L'EQUIPE 队报聚焦

托兰和梅特卡尔夫主宰了百米飞人大战

当专门练习100米的运动员们在人们看来已达到国际水平时——虽然大众对这个标准也极其不确定——奥运会百米飞人大战的最终结果也就变得像买彩票碰运气。在两天里，我观看了100米的7场比赛，包括4场小组四分之一决赛，两场半决赛和最后决出的6名选手参加的决赛。

在我观看过的14场比赛中，总是看到同样的面孔一次又一次出现，我记录下他们每个人的相同表现。100米的比赛就像信件秤一样精密。托兰(Thomas Eddie Tolan)和梅特卡尔夫(Ralph Metcalfe)这两个美国黑人选手几乎同时撞线；德国人亚瑟·乔纳特(Arthur Jonath)以1米的劣势名列第3。如果这场决赛重新进行10次，所有参赛者处于同样的身体条件下，大家会看到10次一样的结果。梅特卡尔夫这个出色的小伙子在赛场上的每一次表演都会让支持者们激动不已，在前半程他总是不急于摆脱对手，但是他的冲刺太有力了！如果比赛是105米的话，梅特卡尔夫可能是无敌的。他在比赛最后阶段的加速能力无人能比。

梅特卡尔夫在比赛的最后几米压制了其他所有对手，不过他和同胞托兰几乎同时抵达终点，难以判断到底谁以微弱优势胜出——这总要争论一番的！人们需要依据照片来做出判断，照片显示出在通过终点线一米以后，梅特卡尔夫的优势比较明显，不过这不能准确地说明问题。再来看能更清楚反映通过终点一瞬间两位选手位置关系的录像画面，就是说用身体的轴线与终点线的纵向延长线来判定选手抵达终点的顺序；录像清晰地表明了梅特卡尔夫应该是第一个胸部通过终点的人，但遗憾的是托兰被判定获得金牌。

这两个美国公民的肤色令他们的白人同胞们感到不太舒服。在离开他们两个之前，我想强调一下我是多么欣赏梅特卡尔夫的风格，更胜于喜欢托兰；人们或许觉得托兰比梅特卡尔夫更加稳定，我想说的是，梅特卡尔夫是一个身体强壮、比例匀称的年轻才俊。矮胖的托兰跑起步来让人们觉得他更像是在地上滚动，不过即使这样，他表现得也非常优雅……

文/雅克·高戴

3

2

4

5

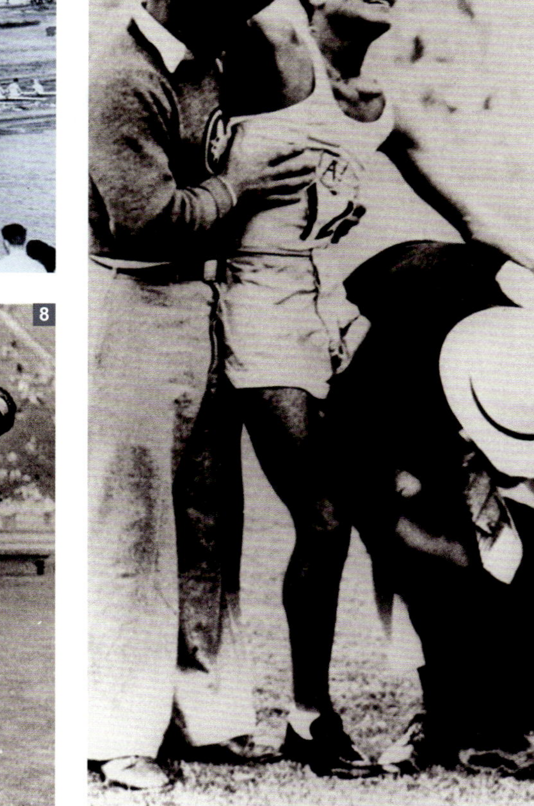

1 在帆船比赛中，法国选手雅克·勒布伦(Jacques Lebrun)夺得了男子单式芬兰型项目的金牌。本图中，由托尔·霍尔姆(Tore Holm)、马丁·辛多夫(Martin Hindorff)、奥雷·阿克伦德(Olle Akerlund)和阿克·伯格奎斯特(Ake Bergqvist)组成的瑞典队凭借在男子6米型1919式比赛中最为精彩的表现，获得了这个项目的冠军。

2 美国选手乔治·塞林(George Saling)和佩尔希·比尔德(Percy Beard)分别以14秒60和14秒70的成绩包揽了男子110米栏比赛的冠亚军。

3 凭借在1.97米高度上的成功一跃，加拿大选手邓肯·麦克诺顿(Duncan McNaughton)出乎意料地摘走了男子跳高金牌。

4 男子1500米自由泳比赛后，两名日本选手北村久寿雄(Kusuo Kitamura)(右)与牧野正藏(Shozo Makino)的握手很好地诠释了日本在本届奥运会泳池中的垄断地位。他们获得了全部6个男子项目中的5枚金牌。

5 从1912年斯德哥尔摩奥运会起，标枪项目的金牌就成了斯堪的纳维亚人的猎物。本届奥运会上，芬兰运动员马蒂·雅尔维宁(Matti Jarvinen)以打破奥运会纪录的72.71米的成绩再一次使这枚金牌成为北欧人囊中之物。

6 由于法国摔跤名将埃米尔·波尔维(Emile Poilve)因伤退赛，芬兰选手瓦伊诺·科基宁(Vaino Kokkinen)的夺冠之路明朗起来，他在古典式摔跤79公斤级的比赛中战胜德国选手约翰·富尔迪克(Jean Foldeak)夺得冠军。

7 从1896年以来，仅在1908年和1912年两届奥运会上使赛艇男子八人单桨有舵手项目金牌旁落的美国队，这一次又以微弱的优势胜了强大的意大利队，成功卫冕。

8 在体操男子全能比赛中屈居亚军的匈牙利选手伊斯特凡·佩勒(Istvan Pelle)在自由操的比赛中漂亮地复仇，勇夺金牌。本图为佩勒在鞍马比赛中。

9 马拉松比赛中，阿根廷选手胡安·卡洛斯·萨瓦拉(Juan Carlos Zabala)在第一个通过终点线后，瘫倒在草地上。他创造的2小时31分36秒的成绩刷新了奥运会纪录。

10 从1924年巴黎奥运会开始，芬兰人在3000米障碍这个项目中拥有压倒优势。在1928年阿姆斯特丹奥运会上芬兰人托伊夫·卢科拉，帕沃·努尔米和奥夫·安德森包揽了这个项目的金银铜牌后，这次轮到了他们的同胞沃尔马里·伊索·霍洛(Volmari Iso Hollo)来捍卫这一传统，他以巨大的优势为芬兰获得了金牌。

11 与1928年阿姆斯特丹奥运会一样，爱尔兰人帕特里克·奥卡拉汉(Patrick O'Callaghan)卫冕了男子链球项目冠军，夺冠成绩比在阿姆斯特丹时又远了2.50米。

12 澳大利亚赛艇名将亨利·皮尔斯泰然自若，他完美地掌控了比赛并卫冕了男子单人双桨比赛。

属于迪德里克森的时刻

这个年仅19岁的美国小姑娘真是一个神童。她会在许多项目中有出色的表现。她选择用3枚奥运奖牌来缔造属于自己的辉煌。对于她来说，这仅仅是对自己最低的要求！

文/贝努瓦·海默曼

好奇的人们问这个天真质朴的小姑娘“你更喜欢哪个体育项目?”，她带着满脸的微笑，从容地回答到：“很抱歉，没有哪一项运动是我特别偏爱的……”在历史上最久远的年代里，从来没有出现过一个与她类似的全能型运动员：米尔德雷德·埃拉·迪德里克森(Mildred Ella Didrikson)从多重意义上很好地诠释了“体育”一词的涵义。作为一个全面的运动员，她以非凡的表现在第十届奥运会上夺得了女子标枪和80米栏比赛的两枚金牌以及跳高比赛的银牌；在她的眼里，专长远不是关系到比赛胜负的唯一因素。这个满身肌肉、强壮而又灵活的女人就像北欧神话中的战争女神瓦尔基丽(Walkyrie)；我们可以把她称作田径运动员迪德里克森、也可以把她看作是拳击手迪德里克森、网球选手迪德里克森或是体操运动员迪德里克森……这些大肆的褒扬都和她联系了起来。

例如，人们得知这个无与伦比的姑娘可以在一场篮球比赛中一个人拿下一百多分；她的力量之大可以让她和那些美国职业橄榄球球员们一同训练；她的台球技巧足以打败美洲大陆上那些最好的专业球手们；她认真地进行游泳和马术训练；她在保龄球方面的天赋与在网棒球方面的灵性一样的出色；一天早上，当她制定学习速降滑雪的计划时，收到了准许她参加一项业余高尔夫球巡回赛的通知书！

迪德里克森1911年6月26日出生于美国德克萨斯州亚瑟港，在家里的7个兄弟姐妹中排行老六。她的父亲是一个刚刚来到挪威的海军木匠，根据条令，他必须坚持身体训练。他最勤奋的女儿对玩洋娃娃并不感兴趣，而用两根钢筋和一根废铁管重新制作了一个杠铃。她颀长的双腿、经过训练的气息，同时还有钢铁般坚毅的性格预示着一个与众不同的田径天才将要诞生。

进入青春期后，被称为“宝贝儿”的迪德里克森的打字速度达到了一分钟一百个单词，在玩拉米牌时也没有任何对手。在跑步和投掷项目中，她的实力令人难以望其项背。对她的这一系列超人能力感到惊讶的一家达拉斯的保险公司——员工意外伤害保险理赔公司为她提供了一个秘书的职位，为的是让她能够代表公司篮球队参加比赛。结果，达拉斯飓风队一下子连得3次冠军。

更好的消息是，身为队长的迪德里克森决定独自代表公司的竞赛俱乐部参加美国田径锦标赛。1932年7月4日，美国田径锦标赛暨洛杉矶奥运会美国田径选拔赛在伊利诺伊州埃文斯顿的戴奇如期举行。在她所参加的8个项目中，有6项拿到了第一，它们分别是：80米栏、标枪、跳高〔以平世界纪录的成绩与简·希莉(Jean Shiley)并列冠军〕、铅球、跳远和棒球投掷。当赛后计算各俱乐部所获得的总分时，迪德里克森一人为达拉斯员工意外保险理赔公司俱乐部获得了30个积分，比排在后面的派出了22名参赛选手的伊利诺伊州州立大学代表队多得了8分！

这时，天才的迪德里克森又开始去尝试棒球。她通常能一挥棒就把球打出一百多米远，因此被邀请参加了一系列男子表演比赛，并在美国职业棒球大联盟(MLB)与布鲁克林道奇队的比赛中出场亮相。当时甚至有人送给了她一个昵称——“宝贝儿”(Babe)，要知道这可是当时联盟中最有名的全垒打王乔治·赫曼·鲁斯(George Herman Ruth)的绰号啊！

奥委会的高官们看见这样一个少见的天才经常和职业运动员来往感到很困惑，便就是否有权限制运动员在洛杉矶奥运会上的参赛项目而争论不休。最后奥运会开幕时，刚刚年满19岁的迪德里克森被允许报名参加3个项目的比赛；因为规则把参加田径比赛的女选手的参赛项目限制在最多3个。其实，她本来是有资格报名参加5个项目的比赛的。

迪德里克森最后决定参加标枪、80米栏和跳高这3个项目的比赛。凭借第一次试投投出的43.68米的成绩，她先是击败了一些德国好手夺得了女子标枪的金牌；随后又在80米栏的比赛中称雄，她先是在半决赛中平了自己保持的11秒80的世界纪录，又在决赛中把纪录提高到了11秒70；在跳高比赛中，她又一次与同胞简·希莉并列第一，两个人的成绩同为1.65米，裁判们决定把横竿的高度升到1.67米，让两人采用加跳的方式来决定金牌的最终归属，两人又都跳过了这一高度，不过裁判认为迪德里克森的过杆方式不符合规定，因为她的头部先于躯干跃过横竿是规则所不允许的。为什么裁判们没有更早地意识到这个问题呢？这成了一个谜。裁判们据此判定希莉获得金牌，而迪德里克森则不得不接受屈居亚军以及与同胞希莉共享跳高项目世界纪录的结果。

没有人怀疑如果迪德里克森有权报名参加3个以上项目的比赛的话，也许还会在铁饼、接力赛跑和跳远比赛中登上领奖台。

(上)在女子标枪比赛中，迪德里克森的第一次试投就确保金牌。没过多久，她又把她的天赋和力量运用到了高尔夫比赛中，并3次捧起美国公开赛的冠军奖杯！

(左)被称为“宝贝儿”的迪德里克森(中)仅仅在跳高中输给了同胞希莉(左)。

(右)比起她的对手们来说，迪德里克森(右)的跨栏技术显得相当粗糙；但是更好的运动天赋弥补了这方面的不足。

MPIAD
GELES
179

海伦娜·麦迪逊与影星共舞

这个还没有年满19岁的美国游泳女将夺得了自由泳项目的3枚金牌。这也是为什么人们送她一个绰号——"海伦娜女皇",并邀请她与影星克拉克·盖博(Clark Gable)一同参加庆祝舞会。

文/亨利·穆斯尼克

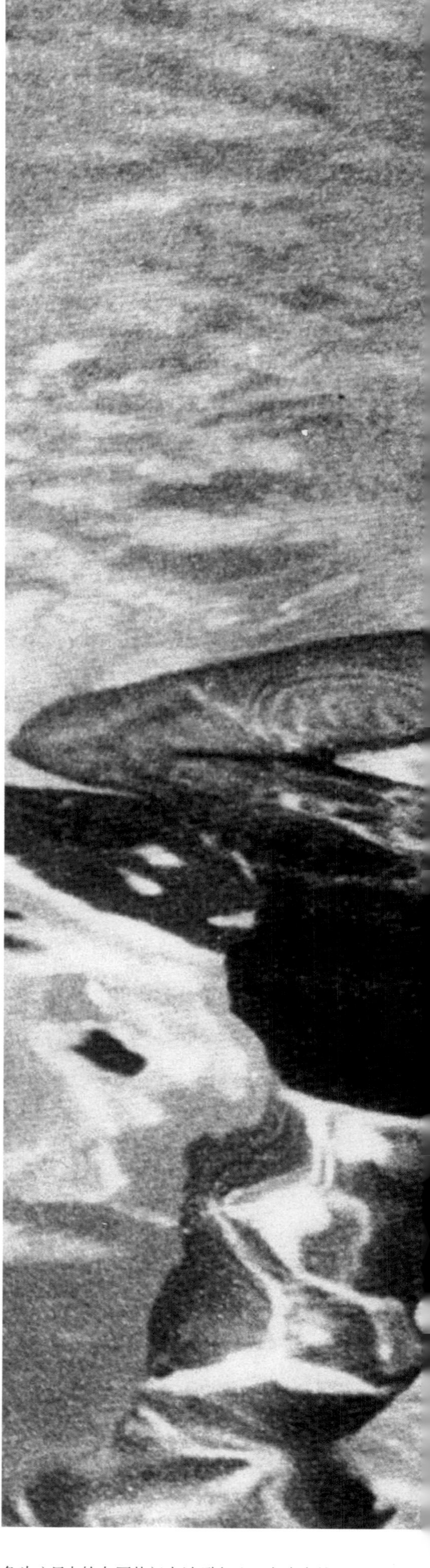

如果说游泳比赛男子项目是日本人的天下，在女子项目中美国人的统治地位仍然不容挑战:100米自由泳、400米自由泳、100米仰泳、4×100米自由泳接力，外加跳板跳水和跳台跳水的这些金牌都被美国女将们摘得!只有美国人不擅长的蛙泳能逃脱新大陆的女孩们的控制。就像事先预料的一样，最星光璀璨的明星要数海伦娜·麦迪逊(Helene Madison)；这个100米自由泳世界纪录的保持者是美国公众眼中的宠儿；没人能怀疑她夺取冠军的实力。从1930年到1931年的16个半月里，麦迪逊小姐曾先后16次打破世界纪录，也就是说从100码到1英里的各项世界纪录全部被她打破!

在全美游泳锦标赛的优异表现后，麦迪逊小姐最近的状态似乎不太理想。一次表演赛上，在50英尺的较量中，她被当时还没有取得奥运会游泳单项比赛资格的艾琳诺尔·萨维尔(Eleanor Saville)击败。自这次失利以后，她的教练就与她形影不离，主要对麦迪逊的出发做了强化训练。

我曾经观摩过她的训练课，在这次训练中她前后共20次练习起跳跃入水中。教练要求她在空中处于抛物线最高点时尝试着把身体放松，以便在出发阶段能发挥最大的弹跳力。我对她在泳池中前进的方式感到惊讶，她的身体是那么伸展、那么灵活。

100米自由泳的半决赛过后，美国民众不免为心目中的夺冠热门麦迪逊担心。半决赛第1组中,年仅14岁的荷兰女孩威尔敏特耶·邓·奥登(Willemijntje den Ouden)游出了1分07秒60的成绩，以半决赛第1组第1名的身份晋级决赛，而海伦娜·麦迪逊虽然在第2组半决赛中名列第一，但她游出的1分09秒90的成绩仅能排在半决赛另一组中的第5位。战术是事先安排好的：在出发阶段的快速划进后，麦迪逊小姐在比赛的后半阶段放缓了划水频率。决赛安排在8月8日进行；教练要求她在前半段不要太快，保留足够的体力在后半程发力冲刺；这是很好的建议，半决赛中的不幸没有重演，麦迪逊顺利夺得了100米自由泳的金牌；1分06秒80的成绩比获得银牌的荷兰

(上)在女子100米自由泳的颁奖仪式上，年仅14岁的荷兰选手邓·奥登身旁的海伦娜·麦迪逊显得像经验丰富的老将……

(右)女子400米自由泳的激烈竞争没有妨碍3位奖牌获得者在一起微笑，留下这样一个美好的瞬间。

选手邓·奥登快了足足有1秒之多，也与她自己所保持的1分06秒60的世界纪录相差无几。好好想想，在法国，也不过才只有十几个男运动员能在100米自由泳中游得更快！1928年阿姆斯特丹奥运会女子100米自由泳比赛中，美国选手阿尔比娜·奥希波维奇(Albina Osipowich)当时的夺冠成绩是1分11秒00，四年之后，这个成绩被麦迪逊一下提高了4秒多！

4天之后，麦迪逊小姐率领美国队在4×100米自由泳接力比赛中轻松夺冠。第二天，女子400米自由泳的较量最为激烈，美国选手莱诺尔·凯特(Lenore Kight)在比赛中一直处于领先，直到最后几米才被麦迪逊超越，屈居亚军。凯特的成绩是5分28秒60，麦迪逊的成绩则是5分28秒50，她以最微弱的优势摘得了金牌。在此之前，女子400米自由泳的世界纪录是5分31秒00！

海伦娜·麦迪逊出生于华盛顿州的太平洋沿海城市西雅图，身高1.80米，体重57.5公斤。她生来就身材高挑细长，特别是她那比平常人大上一号的手脚给人留下深刻印象。麦迪逊小姐为了庆祝她获得的第3块金牌，与好莱坞影星克拉克·盖博共同出席了一场舞会。这个伟大的冠军到底是不是斯堪的纳维亚后裔已经不再重要，重要的是星条旗被高高升起到体育场的上空。这能激发美国人的民族自豪感和爱国主义热情！

克拉伦斯·克雷布为美国挽回了颜面

日本人掀起的狂潮没有席卷所有男子游泳项目的金牌。美国选手克拉伦斯·巴斯特尔·克雷布(Clarence Buster Crabbe)和法国选手让·塔利(Jean Taris)为大家呈现了一场最为精彩的水中较量,美国人笑到了最后。

文/乔治·埃米尔·德里尼

如果说在第十届奥运会上，美国人通过获得男子田径总共23个小项比赛中的11枚金牌确立了统治地位，那么日本人则在男子游泳项目中实现了对金牌的垄断：他们总共获得了100米自由泳、100米仰泳、200米蛙泳、1500米自由泳和4×200米自由泳接力这5枚金牌。此前默默无闻的日本游泳征服了世界。1920年安特卫普奥运会上两名参赛的日本泳将曾因他们简单的近乎原始的游泳方式引发观众的哄笑。除了1500米自由泳比赛中只有两名日本选手闯入决赛，日本人做到了在剩余的比赛中都有3名选手闯入决赛，而且参加每项决赛的三名选手都是不同的人。最终，在男子游泳所设立的6个小项的比赛中，日本人一举囊括了5枚金牌。

只有400米自由泳、跳板跳水和跳台跳水这3个项目幸免于日本人掀起的夺金狂潮；日本男孩们对跳水依然是漠不关心。但他们差点就把400米自由泳这枚金牌收入囊中；同样有3名日本选手闯入了这个项目的决赛。对他们来说不幸的是，在决赛中他们要与两位伟大的冠军同场竞技，也就不得不满足于所获得的铜牌、第4名和第5名这样的成绩。

这两位伟大的运动员是来自美国夏威夷檀香山，正在洛杉矶读大学的克拉伦斯·巴斯特尔·克雷布和法国人让·塔利。1928年阿姆斯特丹奥运会上的一对老对手又相遇了。在荷兰，克雷布在1500米自由泳比赛中获得了一枚铜牌，在400米自由泳比赛中名列第4，而训练量过大的让·塔利则在那届赛会上一无所获。这一次，两人的相遇成为了各方关注的焦点。由于就在洛杉矶读大学，克雷布的优势在于已在比赛场馆进行了长时间的适应性训练，对周围环境很熟悉，而且有家乡父老的热情支持，而塔利只是在洛杉矶进行了为期半个月的集训来适应当地环境。

决赛中，塔利几乎自始至终都处于领先：在100米处，领先的塔利用时1分04秒60，200米过后用时2分18秒00，游完300米耗时3分33秒50；不过在最后一个折返点处，他被一直在身后紧咬不放的克雷布反超。经过了一番激烈的加速冲刺后，他仅仅比克雷布慢了一步触到池壁，以十分之一秒的微弱差距屈居亚军。克雷布的成绩是4分48秒40，塔利的成绩则是4分48秒50。不过这个项目的世界纪录4分47秒00仍然还是在塔利名下。

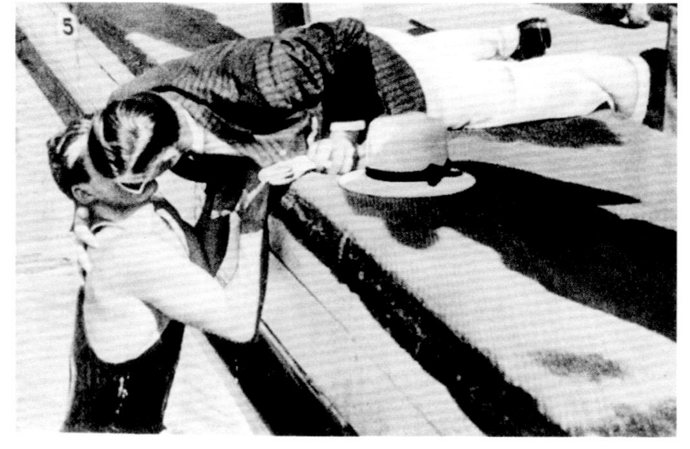

(上)3名日本运动员站在400米自由泳决赛的出发台上。不过，是美国人克雷布和法国人塔利保证了一场高水平的较量，两个人的成绩均打破了奥运会纪录。

(下)比赛最后阶段成功超越了塔利的克雷布接受来自教练的祝贺。美国游泳并没有完全沉沦。

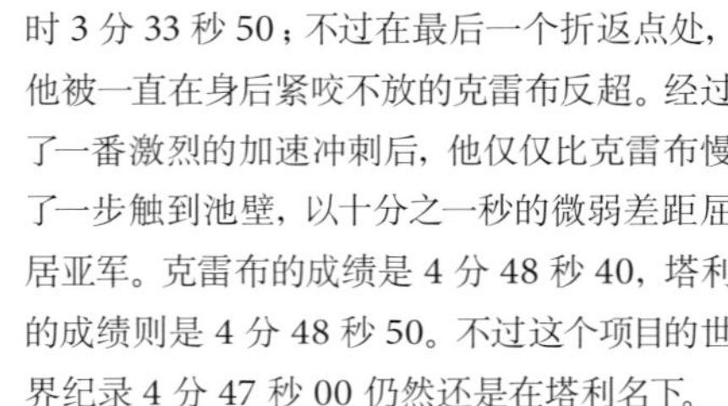

不过塔利的这次功败垂成却在日本队中激起了不小的波澜，令他们惊讶的是，塔利是在用生命去比赛。这项比赛也是这个法国人留下的唯一一次精彩表演。人们从没有如此称赞过一个运动员所表现出的渴望、勇气和高尚的体育道德。

从预赛、复赛到半决赛，塔利总是在出发阶段游得很快，随后就渐渐地慢下来，每一次都被日本选手赶上，然后紧接着就被超过。而在决赛中塔利终于战胜了几个日本选手；这一次他习惯地出发阶段仍然很快，与前几场比赛不同的是，在游过300米以后，他仍然在加快划水的频率。尽管日本人横山崇史(Takashi Yokoyama)和大横田勉(Tsutomu Oyokota)在最后100米内游出了最快成绩，但却不足以使他们俩加入到最后对金牌的竞争中。

最终名列第6的澳大利亚人安德鲁·查尔顿的成绩是4分58秒60，这个成绩要是放到前两届奥运会上足以赢得奥运金牌了。

举重台上的法国英雄

路易·奥斯丁(Louis Hostin)和勒内·杜维尔热(Rene Duverger)在举重比赛的第一天为法国连夺两枚金牌,雷蒙·苏维尼(Raymond Suvigny)则捧回了举重比赛中的第3枚金牌;法国也成为举重大项排行榜上成绩第一的国家。

文/雅克·高戴

当法国举重队的次重量级选手路易·奥斯丁、轻量级选手勒内·杜维尔热、羽量级选手雷蒙·苏维尼和队友中量级选手罗歇·弗朗索瓦,以及重量级选手马塞尔·杜姆兰(Marcel Dumoulin)一起离开巴黎前往洛杉矶去捍卫法国的荣誉时,他们向我们保证奥运金牌一定非他们莫属。

来自圣艾蒂安的路易·奥斯丁和来自巴黎的勒内·杜维尔热并没有食言。他们在洛杉矶击败了各路好手成功问鼎;他们的喜悦被所有的法国人分享。在经过了与丹麦选手斯文德·奥尔森(Svend Olsen)激动人心的较量后,路易·奥斯丁以推举、抓举和挺举3种姿势365公斤的总成绩夺得金牌。法国人赢在了关键的抓举比赛中。两位参赛的美国选手亨利·杜伊(Henry Duey)和威廉·古德(William Good)最终只在这场欧洲人间的较量中扮演了配角。

年仅20岁的天才选手勒内·杜维尔热战胜的是1928年奥运会67.5公斤级的银牌得主奥地利人汉斯·哈斯(Hans Haas)。杜维尔热在推举和抓举比赛中建立起了巨大的优势,作为该级别世界纪录保持者的奥地利人也不得不承认法国人不可动摇的地位,最终只能俯首称臣。

我们没有过分吹捧获得个人最好成绩的路易·奥斯丁和勒内·杜维尔热。尽管遇到了这样或那样的困难,比如长途跋涉后的疲惫不堪、气候的变化和对当地饮食的不适应,他们还是能够为法国带回了两枚金光闪闪的奥运金牌。

这些成功应该被看作是好的兆头,它肯定能够激发出法国举重队内的其他队员们对于胜利的渴望,他们同样想证明自己配得上国家举重队一员的身份。与此同时,也有一些评论试图质疑这些新科奥运冠军们所获的金牌的含金量;这些评论提到是埃及运动员的退赛才使法国人的金牌来得容易。埃及的举重选手们可能会很漂亮地完成比赛,但是很显然,就奥斯丁和杜维尔热现在的状态而言,他们是不可战胜的。那位曾获得欧洲举重次重量级冠军的选手在奥运会比赛中的表现并没有奥斯丁好。这两位法国的顶尖好手有权为自己了不起的成绩感到骄傲。这也是与他们同场竞技的其他选手的看法。

在轻量级的比赛中,奥地利人汉斯·哈斯显出了日薄西山之势,他没有了在阿姆斯特丹时的完美表现。来自意大利的加斯托内·皮埃里尼(Gastone Pierini)和皮埃里诺·加贝蒂(Pierino Gabetti)则只能屈居这个级别的三四名。

次重量级的比赛中,丹麦人斯文德·奥尔森3种姿势试举的总成绩是360公斤,而路易·奥斯丁为365公斤。如果不是法国人在推举比赛的第二次试举中节奏拖沓而被裁判们取消了这次试举机会,两个人总成绩之间的差距可能还会更大。奥斯丁差点因为这个小意外而失去冠军。美国选手杜伊也尽了全力,但是他还是缺乏经验,而且应该继续刻苦训练才能达到奥斯丁和斯文德·奥尔森的水平。

(上)1928年阿姆斯特丹奥运会举重次重量级82.5公斤级的银牌得主法国人路易·奥斯丁没有再让机会溜走,最终获得了这个级别的金牌。1936年的柏林奥运会上,他在这个级别的比赛中成功卫冕。

(下)年仅20岁的勒内·杜维尔热在轻量级的比赛中战胜了各路好手,为法国举重队再添金牌。

1 抵达美国的法国奥运代表团在华盛顿受到了法国驻美大使保罗·克劳戴尔的亲切接见;又经过了4天的火车之旅横穿美国全境,法国代表团终于从美国东海岸来到了位于西海岸的洛杉矶。本图为法国代表团乘坐专车抵达奥运村。

2 即使是在北大西洋上,运动员们也没有停下奥运会备战工作。每晚22点熄灯前,运动员们会吹吹萨克斯管,在甲板上打打网球,在船舱内做一些身体力量训练。

L'EQUIPE 队报聚焦

骑兵少校的表演

就像人们预计到的,法国马术队在洛杉矶奥运会上表现得极为出色。特别是3名代表法国参加盛装舞步个人赛中,格扎维埃·勒萨热(Xavier Lesage)少校和查理·马里翁(Charles Marion)少校分获金、铜牌,此外,安德雷·茹塞奥姆(Andre Jousseaume)上尉位列第4。

勒萨热少校与心爱的坐骑"泰内"(Taine)一起出色地完成了比赛。他的坐骑是一匹10岁的棕色纯种马。1885年出生于莫莱苏尔兰格的勒萨热于1909年10月1日毕业于索缪尔骑兵学校。如今,他任职于该校担任马术教官。

1931年4月9日,在法国马术运动协会的一项重要赛事中,他夺得了第一名。《骑士画报》在赛后评论中赞扬了这次精彩演出:"勒萨热少校又一次为大家呈现了令人惊叹的表演。这样的胜利与他作为全法国最好的骑兵学校代表的身份相称,他的表现准确而谨慎。这是奥运会比赛的一次预演,他显得胸有成竹,完全掌控了比赛。他的坐骑'泰内'在他的引领下迈着优雅的步伐,要知道这还没有达到它前几年时的最佳状态,它与主人一起取得了优异成绩。作为一名骑士,有了人与马这样完美的结合,有理由去憧憬在国际大赛中取得更辉煌的战绩。"

勒萨热少校是索缪尔骑兵学校的一名骑术教官;丹武(Danhous)上校则是这所全法国最有名的骑兵学校的总教练,也是令人尊敬的瓦特尔(Vattel)上校的继任者。他有此重担在肩,尤其感到训练这些马匹的特殊意义所在。

在此次比赛中获得第3名的马里翁少校曾经与他的坐骑"利浓"(Linon)一起在法国和瑞士的卢塞恩举行的比赛中获得过冠军。而茹塞奥姆上尉是3人当中唯一一个不隶属于索缪尔骑兵学校的骑手。

勒萨热少校在奥运会上的成功为他打开了辉煌的骑手生涯;如此漂亮地获得了奥运冠军后,他敢确信自己完全能够胜任索缪尔骑兵学校总教练一职。

文/雷内·辛

法国代表团乘坐“拉法耶特号”客轮历经8天的时间横穿了北大西洋，抵达纽约。

1932年美国洛杉矶第10届奥运会

1932年洛杉矶奥运会是在世界经济大萧条的背景下召开的，此外，由于洛杉矶坐落在远离欧洲的美国西海岸，因此报名参加此次奥运会的运动员人数与1928年阿姆斯特丹奥运会时相比减少了一半；但是这些并没有使比赛的竞技水平有所降低。

数据

开幕日：1932 年 7 月 30 日

闭幕日：1932 年 8 月 14 日

主办国：美国

其他申办城市：没有

37 个国家奥委会派队参赛（国家名义）

1503 名参赛运动员：其中包括 1468 名男运动员和 35 名女运动员。

15 个大项：（其中 7 个大项设有女子比赛，包括混合项目）：田径、赛艇、拳击、自行车、击剑、体操、举重、曲棍球、摔跤、游泳（包括跳水）、现代五项、马术、射击、帆船和水球。

表演项目：美式足球和网棒球。

128 个小项：（其中 15 个小项设有女子比赛，男女混合项目包括在内）。

宣布开幕者：美国副总统查尔斯·柯尔蒂斯

奥运圣火：奥运圣火没有被点燃。

运动员宣誓：东道主击剑运动员乔治·查尔斯·卡尔南中尉

国际奥委会主席：比利时人巴耶·拉图尔

冬季奥运会

第三届冬季奥林匹克运动会于 1932 年 1 月 4 日至 13 日在海拔 570 米的美国普莱西德湖市 (Lake Placid) 举行。

来自 17 个国家和地区的 278 名选手参加了总共 5 个大项 14 个小项的比赛。美国著名的速度滑冰运动员约翰·阿米斯·杰克·希亚 (John Ames Jack Shea) 作为运动员代表宣誓。美国选手们一举囊括了速度滑冰的全部 4 枚金牌。北欧两项比赛的一枚金牌和越野滑雪所设的两枚金牌均被斯堪的纳维亚人所获得。加拿大人则在冰球比赛中称雄。奥地利选手卡尔·舍费尔 (Karl Schofer) 和挪威选手索妮娅·海妮分别夺得了男子单人滑和女子单人滑的金牌。

从阿姆斯特丹到洛杉矶

1928

• 4 月，米奇老鼠 (Mickey) 的卡通形象第一次出现在迪斯尼电影中。

• 8 月 27 日，64 个国家的代表在国际联盟的召集下，在巴黎签署了《布里安 - 凯洛格公约》，亦称《巴黎非战公约》或《关于废弃战争作为国家政策工具的一般条约》。

1929

• 1 月 10 日，埃尔热 (Herge) 的第一本丁丁历险记漫画《丁丁在苏联》正式出版发行。

• 10 月 24 日，纽约华尔街股市崩盘。这黑色的一天导致全世界 3000 万人失去工作。

1930

• 9 月 14 日，在德国国会中，纳粹党的席位由原先的 12 个猛增到 107 个。

1931

• 5 月 11 日，奥地利信贷银行宣布破产。

1932

• 4 月 10 日，保尔·冯·兴登堡 (Paul von Hindenburg) 元帅以六百多万票的优势击败希特勒，再次当选为德国魏玛共和国总统。

你知道吗？

为了解决在美国参赛期间的经费问题，巴西代表团把一大批咖啡随团运抵美国销售。

三阶样式的领奖台第一次出现。

在自由式摔跤 90 公斤级比赛中获得金牌的美国运动员皮特·梅林格尔 (Pete Mehringer) 通过函授课程的指导，以完善自己的技术。

在 1931 年被剥夺了奖牌的吉姆·弗朗西斯·索普 (Jim Franscis Thorpe) 因为买不起门票，只能在记者朋友们的通融下才能亲临洛杉矶奥运会赛场，这位被誉为“世界上最伟大、最全面的运动员”的美国印第安人被邀请到媒体席上观看了比赛。

一项奥林匹克登山运动奖被授予弗朗茨·施密德 (Franz Schmid) 和托尼·施密德 (Toni Schmid) 兄弟，因为他们从马特洪峰的北坡成功登顶，征服了这座山峰。

法国人古斯·萨克 (Gus Saacke)、皮埃尔·巴利 (Pierre Balley) 和皮埃尔·蒙特诺 (Pierre Montenot) 因为他们共同提交的“公牛竞技场”的设计方案获得了奥林匹克建筑比赛的金牌。

查理·卓别林 (Charlie Chaplin)、道格拉斯·费尔班克斯、玛尔莱娜·迪特里希 (Marlene Dietrich)、玛丽·皮克福德 (Mary Pickford) 和其他许多的好莱坞影视明星都亲临奥运会赛场慰问参赛的各国运动员。好莱坞承担了第一个奥运吉祥物的创意制作——它是一只名叫斯摩基 (Smoky) 的可爱小狗。

洛杉矶的好莱坞大道。

洛杉矶 Los Angeles

好莱坞、迪斯尼、湖人、奥运会……

洛杉矶最早是印第安部落所在地，1781年由西班牙殖民者建镇，"洛杉矶"即西班牙语"天使"的译音，因此拥有"天使之城"的美誉。洛杉矶市是加州的首府，位于美国西南部太平洋海岸边，坐落在依山傍海的开阔盆地上，是个风景秀丽的海港城市。在此举行建市仪式的时候，这里的居民不到20户，总共才44人，只是个人烟稀少的小牧场，直到19世纪中叶发现金矿后，这里才迅速发展起来。随着铁路的修筑、油田的开发，以及巴拿马运河的通航，洛杉矶得以空前的繁荣壮大。两百多年后的今天，这里成了美国仅次于纽约、芝加哥的全国第三大城市。是美国西南部太平洋海岸最大的工业基地，拥有多样化的现代工业部门，这里的飞机制造业、机器制造业、以及石油业尤为发达，是美国道格拉斯和洛克希德飞机制造公司的所在地。洛杉矶面临太平洋，是美国太平洋沿岸最大港口和外贸中心。

洛杉矶属地中海型气候，一年四季总是阳光明媚、百花盛开，加上有山有水，有海有河，有丛林有小溪，还有金色的沙漠，是著名的旅游胜地。闻名于世的好莱坞也坐落在此，使这里成为举世瞩目的电影艺术中心。洛杉矶的另外一个招牌是迪斯尼乐园，该乐园每年要接待上千万游客。

洛杉矶还是金融贸易中心和文化教育中心。全市有800多家银行，还有数十所高等院校。同时，洛杉矶也是一座体育之城，这里有多处大型体育场和设备完善的室内体育馆，在举办第10届奥运会后的半个世纪后洛杉矶又举办了第23届奥运会，从而成为继巴黎、伦敦之后第三个举办两次奥运会的城市。

在第10届奥运会开幕前，全球经济危机同样席卷了洛杉矶，然而这不但没有影响到筹委会的计划，反而大大地刺激了美国人对奥运会的热情。洛杉矶不仅以其设计规范、设备精良的体育场馆做好了比赛方面的准备，更重要的是，还在离市中心20公里处修建了专用的运动员住宿地——奥运村。

奥运村内设有游艺厅、餐馆、商店和图书室等生活娱乐辅助设施，运动员生活在提供完善服务的奥运村内，享受美国现代化、科学化的招待，而且不同国家的运动员集中在一起，有助于相互了解和交流，奥运村真正成为一个由运动员组成的旁大大家庭。

如今的洛杉矶是一座典型的美国城市，是一座疯狂的城市。这里是大牌球星、奥运冠军、超级影星和著名导演的聚集地。这里更是一座无拘无束的城市，走在洛城的大街小巷，你随时可以看到人们像电影明星一样，戴着墨镜，穿着花衬衫，坐在敞篷车里，和着摇滚乐曲不成调的声响，在街道上兜风。

洛杉矶是美国城市中的花花公子，是一个叫人血脉膨胀的销金窝，是一个令人情绪亢奋的名利场。这里的人们喜爱冲浪、骑马、滑雪、驾游艇、高尔夫和网球等，世界上没有其他任何一个地方，能比得上洛杉矶如此尽情地追求幸福和享乐。

洛杉矶是一座生机勃勃、典型的美国热带城市。

关键词·NBA

洛杉矶是唯一一座拥有两支NBA球队的城市，湖人队和快船队都将这里作为自己球队的主场。而洛杉矶湖人队则称得上是整个NBA联盟中的"老大哥"。

洛杉矶湖人队不仅是NBA历史上最成功的球队之一，而且还是最早加盟NBA的球队之一。1948年，来自明尼苏达州的明尼阿波利斯的湖人队加盟NBA，明尼苏达州拥有的"万湖之州"的美誉，让这支球队拥有"湖人"之名。1960年，湖人迁至天使之城——洛杉矶。迄今，湖人队已夺得过11个NBA冠军和24次西部赛区的冠军，夺冠次数仅次于波士顿凯尔特人。

湖人队的历史上从来就不缺少巨星，米肯、张伯伦、贾巴尔和奥尼尔都曾在湖人队效力。20世纪80年代，以眼花缭乱传球而被人们称为"魔术师"的约翰逊的加盟，宣告着湖人"表演时间Show Time"时代的到来；而湖人队培养出来的科比·布莱恩特如今更是成为了整个联盟的风云人物。

中国人的第一次

当地时间7月31日下午3时，刚刚经过长途跋涉的刘长春便出现在100米预赛的起跑线上。发令枪响起，刘长春像飞驰的流星一跃而起。前60米，他一路领跑；到了70米，力不从心的他被追上；80米的时候他被对手超过，最后第5个冲过终点线。

體育

昨晨黃浦江頭歡送熱烈

劉長春負國旗赴美

—出席第十屆世界運動會—

▲王正廷在新關先行授旗禮

▲十時登輪離滬送行者甚盛

▲莊嚴熱烈之授旗禮

▲三呼中華民國萬歲

▲劉長春與教練宋君復在輪上國旗下合影（李尊庸攝）

(左)1932年，身为东北大学学生的刘长春，是中国代表团惟一的运动员，也是第一位参加奥运会的中国选手。

(中上)刘长春(左二)受到张学良(中)的接见。

(中下)报界对刘长春参加奥运会大力宣传。

(右)刘长春在启程仪式上与教练员宋君复合影。

(下)开幕式上，出席第10届奥运会的中国代表团入场。图中举旗者为刘长春，其后是教练员宋君复，再后面的几人是临时从洛杉矶雇请的同胞。

400多年前，对东方印度和中国的向往，让哥伦布意外发现了美洲新大陆；而奥运巨大的魅力，也像磁石一般深深吸引着中国人：向西，向西。

1932年，当奥运会从欧罗巴跋山涉水来到美利坚时，洛杉矶的各个奥运场馆到处飘扬着五环旗。尽管比赛日缩短为16天，但由于路途遥远，只有37个代表团如约来到了“天使之城”，其中就包括中国。虽然中国的运动员只有一个人。

1931年，日本侵略者的铁蹄开始践踏中国东北。最初，中华全国体育协进会准备派足球和田径选手参加洛杉矶奥运会，并向当时的国民政府申报经费。日子一拖再拖，1932年5月，教育部却以“时间仓促、准备不足”为理由，正式宣布不派遣运动员参加奥运会。

为了让伪“满洲国”国际合法化，从而取代中国的地位，日本人威逼利诱大连运动员刘长春和另一位中距离跑选手于希渭参加洛杉矶奥运会。1932年5月至6月期间，大连《泰东日报》先后5次发表了关于刘长春的报道：5月21日的标题是“世界运动会，新国家（伪‘满洲国’）派选手参加，刘长春、于希渭赴美”。

5月底接受《大公报》采访的刘长春公开辟谣，他一再声明，“伪报所传，纯属虚构谎言。我是中华民族炎黄子孙，绝不代表伪‘满洲国’出席第十届奥林匹克运动会。”

声明发表后，张学良立即对刘长春大加赞赏：“你的声明，我看过了，有骨气！”随后，张学良捐赠8000银元，特派刘长春和于希渭为运动员，宋君复教授为教练，代表中国参加洛杉矶奥运会，他强调“刘长春此次参赛为有史以来第一次，意义无穷。”

由于于希渭被日方严密看守，无奈，刘长春成为了唯一一名代表中国参加洛杉矶奥运会的运动员。

1932年7月8日上午，刘长春和宋君复乘美国邮轮威尔逊总统号离开上海码头。当晚，上海的一家晚报刊登了一幅画，上面是三国英雄关羽：他挺立船头，手持青龙偃月刀，准备单刀赴会。

上船前日本记者采访刘长春和宋君复，问他们此行是代表中国还是满洲国，他们回答道：“我们是中国人，代表中国”，日本记者怏怏而去。但日本人不死心，随后又发来一份电报“祝他们比赛成功”，不过电报很快被退回，理由是“船上没有满洲国的代表，只有中国人”。

经过21天的海上航行，7月29日下午，邮轮抵达洛杉矶。第二天的开幕式，中国代表团第8位出场，刘长春高举国旗走在最前面。

第二天，刚刚经过长途跋涉、还没消除疲劳的刘长春便站在100米预赛的起跑线上，带着国人的期望开始了自己的比赛。

发令枪响起，刘长春飞跃而出。前60米，他一路领跑；80米，力不从心的他被对手反超，最后第5个冲过终点，惨遭淘汰。

赛后裁判大惑不解：“为什么前半程那么出色的刘长春最后输得如此狼狈？”当他们得知刘长春经过将近1个月的跋涉才达到美国，而且在国内根本无处训练时，都叹息不已。

8月2日，同样是下午3点，刘长春开始自己的最后一个项目———200米（由于身体极度疲惫他放弃了400米）。结果他在预赛里排名第六，也没能晋级。

美国一段珍贵的新闻电影上记录了当时的情况，在报道男子100米短跑决赛前，银幕上专门打了这样一段字幕：中国唯一的参赛选手在预赛中被淘汰。中国在奥运会上的第一次亮相，就这样黯然落幕。

逗留数日后，也就是8月21日，刘长春和宋君复乘坐柯立芝总统号起程回国，结束了中国人的第一次奥运之旅。

第11届奥运会→柏林

法国媒体的那些特派记者们可不容易上当受骗。雅克·高戴的标题是《被扭曲了的奥运盛会》；吕西安·杜拜克的评论是："举办奥运会只有一个目的，就是为了显示希特勒的强大。"；罗伯特·皮埃尔阐明到："面对着从世界的各个角落赶来观看奥运会的人们，希特勒的德国首先想到的是要证明自己已重新成为了一个强大的德国。"；而热奥·安德烈则写道："我们都已经成了纽伦堡的那个中世纪报时大钟上的小人偶，在过去的四年中听命于内部机械部件的规律运转，每天中午12点整按时敲响钟声。"

四年的时间足以反映出一种制度的本质。阿道夫·希特勒从1933年1月30日起开始担任德国总理，又于1934年8月2日成为第三帝国的元首。1935年9月15日，他颁布推行了两部法律，其中包括臭名昭著的《德意志血统和荣誉保护法》，亦称《纽伦堡法》，旨在把德国人划分为两大类：拥有纯正雅利安人血统的德国公民和犹太人、吉普赛人等劣等人种的庶民；这部法令还声称要保证德国血统的纯正性和德国的荣誉。然而，第三帝国的元首仍然坚持让父亲为以色列裔的德国奥委会主席特奥多尔·勒瓦尔德(Theodore Lewald)继续留任，还授意让1928年阿姆斯特丹奥运会女子花剑个人赛的金牌得主——犹太裔的赫莱娜·麦耶尔(Helena Meyer)入选本届奥运会德国队阵容。希特勒要充分地利用这次奥运会的契机来证明他所推行倡导的那些政策和理论的合理性。

德国从没有如此庆祝过一次盛事的举办：有一千列火车被投入运营，专门为了运输那些前往柏林观看奥运会的观众。来自世界各地的观众们慷慨地购买了总共450万张各项比赛的门票；为了在这届在自家门口举办的奥运会上取得优异成绩，德国运动员们潜心备战了很长一段时间，他们也取得了突破性的成绩——33枚金牌！要知道，在上届洛杉矶奥运会上，德国军团仅仅收获了3枚金牌。然而，白种人有优越性这一结论被一个意外彻底推翻了，那就是美国黑人运动员取得的好成绩(在那个时代，人们把他们称作"黑人"是不带有任何特殊贬义色彩的)。除了希特勒，本届奥运会上称得上明星的还有约翰·伍德拉夫(John Woodruff)、柯尼利厄斯·约翰逊(Cornelius Johnson)、拉尔夫·梅特卡尔夫和詹姆斯·杰西·欧文斯(James Jesse Owens)……伟大的杰西·欧文斯。

WÜRBEL
GERMANY
BERLIN-1936
1st-16th AUGUST
OLYMPIC GAMES
INFORMATION AND HANDBOOKS FROM ALL TOURIST AND TRAVEL AGENCIES

1936

10万观众涌进柏林奥林匹克体育场观看了本届奥运会的开幕式，也一样有10万支为了行纳粹礼而高举的右臂。举办奥运会已经成为了整个第三帝国的盛典。

“第三帝国”的化装舞会

奥运会被扭曲了。德国利用东道国之利在很多项目上都能得到裁判的“特殊照顾”，最终以33枚金牌、26枚银牌和30枚铜牌的成绩居首。大会闭幕后两天，奥运村负责人沃尔夫冈上校在被开除出军队后自杀，只因为他出生在一个犹太家族。

柏林奥林匹克体育场被用2000面纳粹的旗帜装点起来……在柏林的大街上情况更加糟糕。

1936年奥运会会址选在柏林是个错误，是一场悲剧。柏林曾被定为1916年奥运会举办地。因它成了战争策源地，使那届奥运会变为空白。战后德国军国主义受到了惩罚，直到1928年方才获得参加奥运会的权利。

申办1936年奥运会的还有亚历山大、巴塞罗那、布达佩斯、布宜诺斯艾利斯、都柏林、罗马、赫尔辛基。1931年，国际奥委会将主办资格交给了德国柏林，他们当时并没有预见到奥运会会在5年后成为希特勒宣扬纳粹主义的工具。

当时纳粹尚未上台，但已气焰嚣张。他们是仇视奥运会的，认为这是“犹太人和和平主义者搞的花样”。纳粹分子还斥责德国运动员在1932年奥运会上与黑人在一起比赛，有损日尔曼民族的尊严。5年时间改变了太多的东西，1933年以希特勒为首的纳粹党夺取了德国政权。他对奥运会不屑一顾，在一次讲话中轻蔑地宣称奥运会是“世界犹太人操纵的丑恶集会”，表示不予支持。

很多人都担心宣扬种族主义的希特勒和纳粹党是否有诚意对待奥运会。为此国际奥委会专门成立了调查组，考虑是否继续由柏林举办奥运会的问题。负责调查的是国际奥委会委员、主张“体育与政治分开”的美国人布伦戴奇。调查委员会在德国耳闻目睹纳粹排斥犹太人、扩军备战等罪行，并觉察到纳粹上台后由反对奥运转为支持的真实意图。

纳粹党上台后，对奥运的态度来了个180度大转变。希特勒突然宣布，他将出任本届奥运会大会总裁，同时宣布成立组委会开始筹备。希特勒想达到两个目的：一方面借这次和平盛会来显示纳粹德国的兴盛，并掩盖他加紧扩军备战的阴谋；另一方面，希特勒还想到，奥运会的竞技场，或许正是宣扬“雅利安人种优越论”的最好场所。

他们印了成吨宣传德国“繁荣与昌盛”的材料，耗费了巨额资金兴建了一座能容10万人的大型运动场，一个有两万个看台的游泳池，以及体操馆、篮球场等，还修建了一个比洛杉矶奥运会更豪华的奥运村。国际奥委会因受希特勒宣传和表面现象的蒙骗，以及当时欧洲推

(上)1896年第一届奥运会的马拉松比赛金牌得主希腊人斯皮里东·路易斯与第三帝国元首希特勒一起会见了美国飞行家查尔斯·林德伯格，并为德国拳击选手马克斯·施梅林(Max Schmeling)打气。

(下)在全世界民众们目光的注视下，特别是在全体德国人目光的注视下，春风得意的德国总理希特勒出现在奥运会赛场上。这位纳粹元凶在与一个小姑娘亲切交谈。

行绥靖政策的影响，最后维持了原议。

但德国法西斯的蒙骗手腕，仍被许多正直人士识破。1936年6月，在巴黎召开了“保卫奥林匹克思想大会”。与会的各国人士号召人们反对在柏林举行奥运会，争取将会址改在巴塞罗那。抗议浪潮席卷世界各地，纽约成立了一个斗争委员会，欧洲一些国家明确表示不参加柏林奥运会。7月，法、英、美、瑞士、瑞典、希腊等20多个国家的运动员云集巴塞罗那，准备参加7月18日举行的运动会。可惜，由于开幕前夕法西斯分子捣乱，加上西班牙内战爆发，运动会流产了。

奥运会于1936年8月1日正式开幕，16日结束。保加利亚国王、意大利王子、希腊王子、瑞典王子、国际奥委会委员们及德国政府首脑坐在贵宾席上。国际奥委会前主席顾拜旦亲临火炬点燃仪式。

首届奥运会马拉松冠军希腊人路易斯参加了火炬接力，他是现代奥运史上第一个点燃火炬的人，也成为由外国人点燃火炬的唯一例外。奥运圣火从柏林奥运会起采用传递的仪式。圣火在希腊以日光点燃，然后由3000名运动员以接力的形式经保加利亚、南斯拉夫、匈牙利、奥地利、捷克斯洛伐克后抵达德国。

极具讽刺的是，传递奥运圣火竟是希特勒的创意。由于希特勒一直都非常崇拜宙斯等希腊诸神强健有力的形象，因此他希望将柏林奥运会变成纳粹第三帝国的庆典，借此宣扬他“雅利安人至上”的信念。在希特勒的授意下，“圣火传递”这一构思渐渐成型。该构思最初的创意者是德国运动学专家卡尔·迪姆。迪姆从一只古董花瓶上发现了火炬传递的传递图案，将此项目继续深入下去。

希特勒宣布奥运会开幕后，敲响了钟楼的大钟，回音萦绕在体育场上空久久不散。插着国际奥委会会旗的“兴登堡”号飞船在体育场上空盘旋着，向奥运会致贺。德国举重运动员伊斯迈尔代表全体参赛选手宣读了誓词。音乐大师施特劳斯指挥一支巨大的交响乐队和5000名歌唱演员，演出奥运会会歌及颂歌，场面辉煌壮观至极。

庆典接近尾声时，63岁的路易斯身着希腊民族服装，手持一根从奥林匹亚折来的橄榄枝走到希特勒面前：“我将这根象征仁爱与和平的橄榄枝交给您。我们希望，各国人民永远只参加这种和平竞争。”那场面当时极为动人。但令人痛心不已的是：接受橄榄枝的竟是二战最大的战争元凶希特勒。

开幕式可容纳10万人的看台座无虚席，满眼涌动着一片片褐色、黑色的浪潮。除少数外国游客外，全是穿褐色装的纳粹党徒和黑色装的党卫队员以及狂热的德国观众。在一队装饰缤纷的彩车引导下，一部检阅车驶进了运动场，车上站着的正是身穿德国陆军制服的希特勒。他频频举臂，向全场行纳粹礼。他露出了志得意满、不可一世的神态。其时扩军备战的阴影已笼罩着整个德国，甚至整个欧洲；数以十万计的德国犹太人已被驱赶进遍布全国的灭绝集中营里，剩下的那些犹太人也被迫佩戴“黄星”标记，成了不得在公开场合露面、与人交谈的“现代贱民”。

参加比赛的有来自49个国家的4066名运动员，其中女选手328人。东道主选派了406名精兵强将，组成了人数最多的代表团；美国次之，330人；匈牙利列第三，211人。首次参赛的国家有阿富汗、百慕大群岛、玻利维亚、哥斯达黎加、列支敦士登和秘鲁。中国共派出69名运动员，参加了田径、游泳、举重、拳击、自行车、篮球和足球6个大项的比赛，均在预赛中遭淘汰；另外还派了一个武术表演队和一个体育考察团。

23岁的俄亥俄州立大学学生杰西·欧文斯是9名美国黑人选手中最杰出的一个。他在参加的项目里，从预赛、复赛到决赛，一共打破或平了12次奥运纪录。在希特勒的眼皮底下，赢得100米、200米、跳远及400米接力4枚金牌。

欧文斯的精湛表现，使得极力夸耀白种德国人优越感的希特勒无法忍受，以致中途离席，并拒绝在颁奖后接见这位黑人选手。但德国观众可不这么认为，他们对于欧文斯的杰出表现和亲和力都喜欢。一名白种德国人还向他伸出友谊之手，使得欧文斯永生难忘，这是柏林奥运最感人的一幕。

欧文斯在返回美国时，民众夹道争睹这位英雄。可是美国总统罗斯福却未对他有只字致贺，也没有邀请他到白宫做客。后来他还为了奖金，和马、狗以及汽车赛跑，遭到不少批评。他后来解释说：“有人说奥运金牌与马赛跑有失尊严，我虽然有四面奥运冠军，但是这些金牌不能当饭吃。”抽烟35年后，欧文斯在1980年因肺癌病逝。1984年柏林一条街道以他的名字命名。

8月5日的女子花剑比赛是继欧文斯大胜之后对纳粹人种理论的又一响亮耳光：冠军是匈牙利籍犹太人埃莱克，亚军是金发的德国籍犹太人赫莱娜·麦耶尔，季军是奥地利籍犹太人普莱斯。麦耶尔夺得银牌之后，德国体育领导人查默尔授予她及她的兄弟完整的德国国籍，竟想用纸作为证书改变人的血统。麦耶尔原侨居美国，当时国际奥委会要希特勒保证能让犹太人参加奥运会时，希特勒也同意了，并故作姿态，邀请了迈耶尔回国参赛。麦耶尔曾犹豫不决，但顾及到她留在德国的母亲和两个兄弟的安全，毅然踏上了征途。

德国利用东道国之利在很多项目上都能得到裁判的“特殊照顾”，最终以33枚金牌、26枚银牌和30枚铜牌的成绩，位居本次奥运会的首位；美国24枚金牌次之；匈牙利以10枚金牌位居第三。日本表现优异，突现全面崛起、迈向体育强国的态势。

本届奥运会竞技运动水平达到了前所未有的高峰，各国选手在各个项目中竞争都非常激烈，创下了40项世界纪录和无数项奥运会纪录。

L'EQUIPE 队报聚焦

被扭曲了的奥运盛会

喜悦之情充斥着柏林。在歌声中、在纵酒作乐的聚会上、在人群中，德国人的骄傲与自豪让原本随和的孩子们变得喧闹狂热；这种充斥于民间的兴高采烈的气氛，事实上是对一个取得了巨大成就因而充满自豪感的民族的追捧和承认。

来自世界各地的年轻人第11次把代表着运动精英阶层的人做了一个比较。在这次奥运盛会中，各个种族都对人类身体的进化做了一番审视。

在完全由“肌肉”两个字主导的比赛中和由这两字说了算的比赛成绩中，对于那些想判定这些运动员属于何种等级的人来说，应该说他们完全成功了。在这些人的眼中，某些运动员更像是驾车的牲口，而不仅仅是普通的人。

这是民众的胜利，也是强壮体格所带来的胜利，因此，在这样的外衣的掩饰下，柏林奥运会似乎是在很好地服务于体育。

事实上，体育的意义从没有如此严重地被扭曲过!

带着烦乱不安与焦虑的心情，我们离开了彩旗招展的柏林。人们利用了体育的名义，却没有为之服务。皮埃尔·德·顾拜旦男爵举办奥运盛会的初衷消失得无影无踪。只剩下充满激情的比赛还是在遵循着奥运理念在进行的。

从洛杉矶归来后，我曾向人们大声呼吁过：在洛杉矶举办的奥运会是为蓝色海岸这样一个气候宜人、风景如画的地方做大量宣传的绝好机会，因为美国人从没有想到过在遥远的欧洲还有这样无与伦比的度假胜地；而我也同样一直在向百万的法国民众重复着加利福尼亚有多美，他们不会仅仅因为一个很遥远的地方的名字就沉醉其中。重要的是电报和电话在全世界内传递了这样一条信息：“洛杉矶的天空永远是那么的湛蓝!在加利福尼亚，你的每次呼吸都会变得愉悦，是个人类居住的理想场所……”

在这番令人不满的宣传后，出现了针对国家政治制度的大规模抗议示威活动。（转196页）

1 为了不影响正在跑道上进行的比赛，准备参赛的田径运动员们通过一个小通道来到体育场中央的草坪上。

2 按照惯例，德国代表团的旗手——举重选手鲁道夫·伊斯迈尔(Rudolf Ismayr)作为运动员代表宣读了奥运誓词："代表所有参赛运动员，我宣誓我们参加本次奥运会，尊重并遵守大会各项规则，恪守体育道德，为了我们国家的荣誉和体育的光荣。"

3 水上项目运动场的看台上，菲律宾的拳击运动员辛普利西奥·德·卡斯特罗(Simplicio de Castro)在两场比赛的间隔期似乎还不算那么无聊。

4 总共450万张门票被售出，绝大部分是被德国观众购买，不过也有一些门票流入了黑市被旅游者们购得。

5 在位于格鲁诺的赛艇比赛上，号手用吹响军号的方式来提醒人们注意比赛的进程；迷人的女观众们聚在一起好奇地等待着比赛的开始。

6 雅克·高戴在一个专栏中写道："很小的泳池被陡峭的如同悬崖峭壁一般的看台所封闭了。"奥林匹克游泳场的看台甚至能够容纳多达两万名的观众。

7 希腊打头，东道主殿后，其余各个参赛国代表团按照国名英文首字母顺序入场是惯例。美国代表团和德国代表团在隆重而盛大的开幕式上相继亮相。美国和德国是分属两个不同的阵营的。

8 这个被无线电发射天线夸大的奥林匹克大钟向全世界青少年发出呼吁之声。

9 体操比赛甚至被安排到了古代建成的迪特里希·埃卡特剧院来进行。

10 在奥林匹克体育场的东门外，奥运火炬传递的倒数第二个火炬手将采集自希腊奥林匹亚的奥运圣火交到将要点燃体育场主火炬的德国田径运动员——1500米冠军弗里茨·希尔根(Fritz Schilgen)手中。重要的时刻就要来临了。

1

2

3

4

(接194页)四年后在东京我们得到的会是什么呢?是对一个种族的赞颂——一个年轻的种族。事态在朝着危险的方向继续进展着。我建议1944年的奥运会到火星上去开。然后呢?我们再拭目以待。这就是当时的形势。奥林匹克运动会不再是一个目标,而变成了一种手段。国际奥委会的官员们也不再是代表体育、代表自由精神的绅士,他们变成了各国政府的代表。体育机构要为政府机构让路。人们在几个月前日本和意大利的外交争端中经常看到国际奥委会的参与调解的身影。哪个城市能够获得1940年奥运会的主办权只有在他们外交部的办公室中才能得到解决。

赶快停下来吧!举办体育赛事应该得到一个国家政要们的支持,但是却不应该被提交到他们的办公桌上去审议继而得到批准。

在东京放弃1940年的奥运会主办权之后,如果还有时间去拯救现代奥林匹克运动会的话,那么,赶快从头再来吧!因为这仅仅是一种手段而已。让奥运圣火1944年再次回到宁静的希腊伯罗奔尼撒半岛,在宙斯神庙旁边来几场真刀真枪的较量,甚至把它们放在奥林匹亚遗址内来进行也不错;然后1948年到返璞归真的芬兰;四年以后,再把奥运会的主办权还给传统之地英国——唯一一个保留了体育观念、举办体育赛事能够得到社会各界鼎力支持的大国,这样就有机会以奥运会为契机使广大的失业人口得到新的工作机会。

我们还有16年的时间来反思所犯过的重大错误。就是这样的迂腐刚刚使奥运会演变成了一场用来向全世界展现一种政治制度的强大与现实性的闹剧,在这期间人们也看到了一国民众是如何顺从于一个独裁者的。

为一个国家的野心所服务而过分夸大一些事情,甚至通过体育来达到这样的目的。不要再强调奥林匹克誓词这种滑稽可笑的东西。注意,在我的措辞里用的可是“闹剧”,而没有用“谎言”一词。当人们嘲笑这个荣誉宣言是如此不庄重的时候,人们没有再一味地口是心非下去,而是大胆地在开着这几句誓词的玩笑。这都是已经被安排得天衣无缝的了——高举右臂然后面对全世界声称:“我们将在一个公正的目标下参加比赛。”这就是一个笑话,一场完全玷污了奥林匹克运动名声的滑稽表演。

如果大家真的被这个在照片中显得如此优雅的手势所深深吸引的话,那么我的标题真的得需要改改了。如果运动员说:“我发誓我不会要奥运会组织者们的一分钱也要参加他们组织的盛会。”他也许会遵照自己誓言中所说的去做,但是,我们确实没有要求他做更多的事。不如这样,奥运会在封闭的环境和神秘的气氛中进行,或者奥运会只为了你、为了我、为了那些默默无闻的人所举办,再或者干脆停办奥运会算了!

文/雅克·高戴

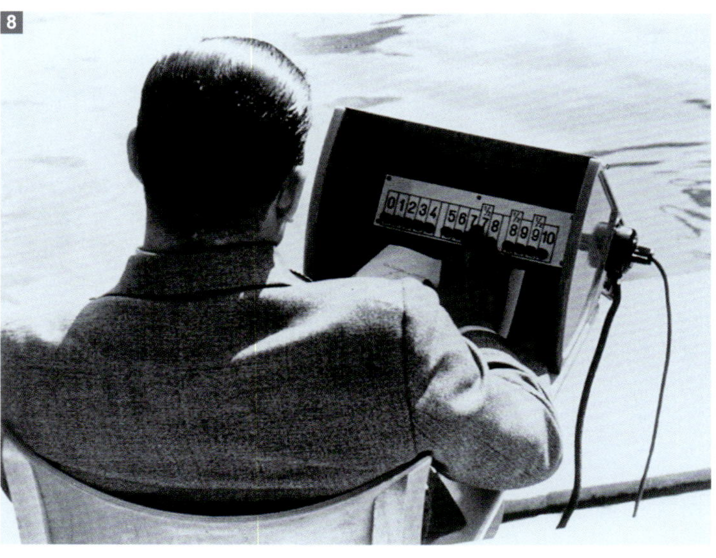

1 尽管教练埃里克·阿尔德茨(Erik Alderz)一再安慰，可是瑞典选手尼尔琳(Nierling)还是伤心，她仅仅名列女子跳台跳水的第10名。

2 1896年第一届奥运会的马拉松比赛金牌得主希腊人斯皮里东·路易斯与第三帝国元首希特勒一起会见了美国飞行家查尔斯·林德伯格，并为德国拳击选手马克斯·施梅林(Max Schmeling)打气。

3 尽管在本土作战，拥有天时、地利、人和的德国体操队员们仅仅在男子吊环比赛中获得了一枚铜牌、一个第4和一个第5的成绩。金牌被捷克斯洛伐克选手阿洛伊斯·胡德茨(Alois Hudec)夺得，亚军获得者是来自前南斯拉夫的莱昂·什图克利(Leon Stukelj)，什图克利是1928年阿姆斯特丹奥运会上这个项目的金牌得主。

4 莱尼·里芬斯塔尔(Leni Riefensthal)摄影师站在了望台的最高处观看比赛，在他们的镜头底下，裁判和计时员们看上去不敢有丝毫失误。

5 在竞赛部分的体操团体比赛中仅名列第4位的捷克斯洛伐克队，在表演项目的体操团体赛中获得了亚军。

6 谁能够想得到这8个漂亮姑娘就是获得了女子团体冠军的德国体操运动员们，她们在决赛中战胜了捷克斯洛伐克队和匈牙利队。

7 在德国队、英国队和意大利队共同泊船的基尔锚地，"汉莎-柯格号"(Hansa-Kogge)船上灯火通明。

8 在跳水比赛中引入裁判计分仪器在最大限度上真正保证了比赛评分的机密性。

9 奥运会期间平均每天上午有8万名观众观看各项比赛，这个数字在下午更是达到了平均10万人。在此期间，观众们总共消耗掉了1600万根香肠和2500万升啤酒，这样的数字可真是惊人啊！

杰西·欧文斯神话

在第三帝国元首阿道夫·希特勒的注视下，这位天才的美国黑人短跑选手一共夺得了100米、200米、跳远和4×100米接力4项比赛的金牌，并同时打破了这4个项目的奥运会纪录。

文/雅克·高戴、热奥·安德雷

(上)男子200米比赛中，杰西·欧文斯再一次证明了他的绝对优势。他确实无愧于世界最佳短跑运动员这一头衔。给观众们留下的印象是他并没有过分发力，就以破赛会纪录的20秒70的成绩击败各路好手夺得金牌。

(左)杰西·欧文斯在100米比赛的几场比赛中应付得轻松自如。

8月2日至3日，男子100米比赛。

赛事的组织者们不得不把参加男子百米比赛的68名选手分成12个小组进行淘汰赛，只有每个小组的前两名才能够获得参加四分之一决赛的机会。在第一轮的淘汰赛期间，每个小组中以第一名身份晋级下一轮比赛的都是名将，他们是：3个荷兰人克里斯蒂安·贝格尔(Christiaan Berger)、维耶南德·范·贝弗伦(Wijnand van Beveren)和马蒂努斯·奥森达普(Martinus Osendarp)；3个美国人詹姆斯·杰西·欧文斯、拉尔夫·梅特卡尔夫和弗兰克·维科夫；德国老将埃里希·波什麦耶尔(Erich Borchmeyer)；瑞士人保罗·哈尼(Paul Hanni)；来自南非的尼古拉斯·托伊尼森(Nicolaas Theunissen)；加拿大选手霍华德·麦克菲(Howard McPhee)；匈牙利人吉乌拉·吉内斯(Gyula Gyenes)和瑞典人莱纳特·斯特兰伯格(Lennart Strandberg)。其中，杰西·欧文斯给人们留下了极其深刻的印象，他在前半程没尽全力的情况下就跑出了平世界纪录的10秒30。

四分之一决赛对那些能够跑出10秒70的选手们来说是注定要面对的挑战。3个美国选手经受住了考验留了下来；荷兰与英国一样都各自有两名选手晋级；另外还有瑞典人斯特兰伯格、瑞士人哈尼、匈牙利人希尔(Sir)、加拿大人麦克菲和德国老将波什麦耶尔也顺利晋级后面的比赛。在第二轮比赛中杰西·欧文斯又向人们展示了一番他的超强实力。这一次，他从起跑就开始发力，以非常明显的优势战胜了跑出10秒60的哈尼和跑出10秒70的希尔，看看欧文斯的成绩就知道了——10秒20——打破了世界纪录。

不走运的是，这个成绩没有被官方核准承认，因为竖立在起点处的风速表和白旗显示出当时顺风超风速每秒四分之三米。不管怎么样，无需再去证明欧文斯是世界上跑得最快的人！在100米这种连续的激烈比赛中有这样连串的精彩表现已经是很好的证明。在第一组半决赛中欧文斯以10秒40的成绩夺得小组第一，顺利晋级最后的决赛，战胜了他的白人同胞维科夫和同样证明了自己是优秀短跑好手的瑞典人斯特兰伯格。第二组半决赛的成绩比起第一组来稍差。美国黑人名将梅特卡尔夫以10秒50的成绩拔得头筹，以小组第二名的身份晋级决赛的荷兰人奥森达普也让大家见识到他异常出色的状态，他仅仅是在终点线前才被梅特卡尔夫超越；两个人的表现引起了不小的轰动。作为德国仅存的一颗独苗，波什麦耶尔有惊无险地避免了在半决赛中被淘汰的命运。决赛的结果就像大家所预料到的一样。欧文斯以10秒30的成绩夺得了这枚成色十足的奥运金牌，对于他来说，夺冠的过程即使不能称得上太轻松，至少也是他正常水平的体现；梅特卡尔夫以十分之一秒的差距名列第二位；奥森达普则以10秒50的成绩获得铜牌；维科夫遗憾地与登上领奖台的机会擦肩而过；东道主选手波什麦耶尔的运气还是不错的，因为斯特兰伯格的一个意外，他才避免了在6位决赛选手中排名垫底；不走运的瑞典人在距离终点还有最后10米的时候严重地拉伤了左侧大腿肌肉，只能敬陪末座。奥运会百米飞人大战的争夺从没有如此激烈过。美国在短跑项目上已经不可动摇的统治地位再一次被他们的有色人种运动员们巩固。

8月4日，男子跳远比赛。

这个表现出众的黑人选手仍然是柏林奥运会的明星。他从早上十点半开始参加200米

比赛和跳远比赛的预赛，直到将近晚上7点才完成最后一项比赛，为这忙碌的一天划上了一个句号。

当天的风向和风力情况很有利于跳出好成绩。天才的欧文斯跳出了8.06米，让人们感到惊喜，更令人们感到高兴的是有众多参加预赛的选手都跳过了7.50米。这是这个项目的整体水平突飞猛进的标志！要想从淘汰赛晋级下一轮必须至少跳出7.15米，总共有16名选手达到了这一标准，其中包括法国选手罗伯尔·保罗(Robert Paul)。他在接下来的比赛中又跳出了7.34米，但却放弃了后面的两次试跳机会，这就意味着只能有6名选手参加的决赛大门向他关闭了。不过让人感到些许安慰的是：在希特勒的注视下，杰西·欧文斯与来自东道主的选手卡尔·路德维希·鲁兹·朗(Carl Ludwig Ruz Long)展开了激烈的较量。整个下午都在体育场看台上度过的第三帝国元首经常表现出很紧张的神情，总是做出一些很神经质的举动，显得极为敏感。德国选手朗是个典型的雅利安人：金黄色的发绺垂在额头前、

(上)跳远比赛中的杰西·欧文斯同样向观众们展现了他的坚强与力量。(右上)杰西·欧文斯和德国人朗在一起。

拥有削瘦但却非常强壮的身体。面对即将到来的大战，这两个人一个有着强烈的愿望迫使自己竭尽全力做得比平时更好，一个则显得很轻松——表面上看就像漫不经心一样。大战的气氛在一点点的升温。

欧文斯先是跳出了7.74米，然后又一次试跳跳出了7.78米，朗也不甘示弱，同样跳出了7.74米和7.78米的好成绩。最后的决赛有6名选手参加，更换了一个沙坑后比赛继续进行。这一次，比赛变成了荣誉之争。体育场内所有要进行的比赛都停了下来。在一个小时的时间里，所有在跑道上进行的竞赛项目比赛也都被打断了。在倒数第二次试跳时，有着强烈获胜愿望的朗又一次提高了自己的成绩——7.87米。这个成绩也追平了杰西·欧文斯此时的最好成绩。当成绩显示出来的时候，杰西·欧文斯高兴地走向他的德国对手，伸出手绅士般地向他表示祝贺。他马不停蹄地来到了沙坑跑道的尽头开始助跑。这一次，欧文斯把头压得更低，就快接近地面了……助跑开始了——就算在100米比赛的决赛中观众们也没有见过他如此快的加速——腾空起跳，他就像鸟儿一样飞了起来……7.94米！

仅仅就在两分钟前，德国的观众们还在为他们的英雄欢呼和喝彩；德国人也仅仅是在他们的英雄做出了精彩一跳后才抛开了严酷而冷漠的表情。当时，朗在走出沙坑后转向他的元首并行礼向他致敬。现在，每个人只剩下一次试跳的机会了：朗错过了起跳点犯规了，比赛没有悬念了；欧文斯已经将冠军牢牢地握在了手中，他的最后一跳就像踩了弹跳板——8.06米！德国人走过来和他握了握手。

8月4日至5日，男子200米比赛。

我们可能不会在柏林的赛场上再次见到杰西·欧文斯了，因为美国代表团的高层领导们已经决定让他好好休息，而让4名白人选手来担负起为美国赢得4×100米接力这项更能代表国家荣誉的比赛的冠军。

在欧文斯急匆匆赶回大学去继续学业之前，甚至是在1936年奥运会的比赛结束之前，我们就要向这个英雄表示敬意；大学的学习生活对于他这样一个黑人选手来说无疑是枯燥的奥运会备战的调剂。在200米比赛的第一组半决赛中，他的黑人同胞马修·马克·罗宾逊(Matthew Mack Robinson)展示出了非凡的实力；观众们也因此期待着一场势均力敌的较量的上演。罗宾逊不再是先前的那个快如疾风的罗宾逊，人们发现他还是比旁边跑道上的欧文斯慢了一点点。从起跑到冲刺，罗宾逊的速度在递减，在几个白人选手中成绩最好的奥森达普的情况也是一样。

杰西·欧文斯是大自然赐予的值得人类骄傲的天才。这一次，他还是没有改变既拿金牌又破赛会纪录这一惯例；在此前进行的复赛中他曾经以21秒10的成绩打破过一次纪录，又在稍后进行的半决赛中平了这个由他刚刚创造的21秒10的赛会纪录；在弯道上进行的200米比赛中他曾经达到过同胞托马斯·埃迪·托兰创造的21秒00的最好成绩，而这一次奥运会纪录更是被改写为20秒70！

在欧文斯所参加的每一次比赛中，他都是从起跑便一直领先到终点。他似乎喜欢稳步加快节奏，他的脚步轻盈，让人们相信似乎他并没用什么力量。他的统治地位是如此地不可动摇，没有谁能去质疑他的胜利，因为他每次获胜的过程都是那么干脆利落！

8月9日，男子4×100米接力比赛。

人们得知美国奥委会主席阿维利·布伦戴奇先生已决定让4名清一色的白人选手代表美国队出战4×100米接力的比赛。但荷兰代表团对把黑人运动员排除出比赛的做法提交了一份措辞强硬的抗议书并威胁要退出比赛，柏林奥组委也召开紧急会议商讨是不是不应该再一次允许黑人选手参赛，从而有可能使美国队轻松地获得这枚金牌。当人们得知杰西·欧文斯和拉尔夫·梅特卡尔夫取代了马尔蒂·格拉克曼(Marty Gluckman)和斯塔姆·斯托勒(Stam Stoller)的位置将要代表美国队出战4×100米接力比赛的时候，这可在高层引起了不小的震动。美国队的教练劳森·罗伯森(Lawson Robertson)在几个星期前就许诺让格拉克曼和斯托勒代表美国队参加4×100米接力的比赛。阿尔奇·威廉姆斯(Archie Willams)和詹姆斯·卢·瓦尔(James LuValle)认为他们俩也理应得到欧文斯和梅特卡尔夫的待遇，但是他们的抗议毫无结果，最终还是被排除在了参赛名单之外。那一晚，由两名黑人名将领衔的美国队胜利了，星条旗被高高地升起在了体育场中旗杆的最高处，他们创造的39秒80的成绩还打破了这个项目的世界纪录。为了平息白人运动员们的愤怒，美国代表团决定4×400米接力的比赛全部由白人选手出战！

反对黑人运动员参赛的一方和认为这一决定非常荒谬的一方都做出了异常强烈的抗议。这场小风波没有向着恶化的方向发展应该被看作是一个奇迹。这个小交易也并不是完全想为了找回黑人与白人运动员之间的和谐气氛。不过，不管怎么样，美国田径队里仅有的两个犹太裔运动员格拉克曼和斯托勒将成为整个美国代表团里仅有的两个没有参加本届赛事任何比赛就回国的运动员。

男子1500米的世纪之战

约翰·拉夫洛克(John Lovelock)取得了一场辉煌的胜利。在这场1500米的世纪大战中,有四名选手跑进了3分50秒大关,而且获得冠亚军的选手还双双打破了这个项目的世界纪录。

文/雅克·高戴

(下)赛程过半,瑞典人埃里克·尼(左)和美国人昆宁汉姆(746号选手)在队伍前面领跑,跟在后面的是最后的金牌获得者新西兰人约翰·拉夫洛克(身穿黑色比赛服)和意大利人鲁吉·贝卡利(本图中被拉夫洛克挡住了)。

(左)刚刚夺得1500米比赛金牌还气喘吁吁的约翰·拉夫洛克可以慢慢品味自己刚刚创造的世界纪录了。

约翰·拉夫洛克穿得很少,他光亮的乳白色皮肤把身上那件像敛尸工人穿的马甲一样的运动衫照得闪闪发亮。这个新西兰人刚刚完成了一场引起世人轰动的演出,他居然没有在这样的一场生死大战后被打垮。男子1500米的世界纪录被接连两名冲过终点的选手打破了,在终点处没有人再会昏厥过去。这个宣誓效忠于大英帝国女王的人选择了与传统决裂;根据这个传统,只有那些与他种族相同的运动员才能在这样伟大的比赛中获得胜利,为了达到这个目的他们可以用尽手段和一切可能的方法。拉夫洛克用胜利来告诉人们对这些传统他心如明镜,只是因为他拥有的力量。他在比赛中运用了聪明的战术,没有犯错误,让他的表演变得光彩四射、完美无缺——这可不是耍花招!

在体育场外的售票窗口前排了一些热情的观众,要求购买这场1500米决赛的入场券。总的来说,这些人可是属于最富有的阶层,为求一票,他们在这等了5天了。人们觉得,与短跑项目不同,中长跑项目能更长时间看到明星们的表演。

那些最有名的选手们出现了,他们每个人都有一段传奇故事,也有着为数众多的荣誉。一个年轻上尉的英勇无畏可以打倒一切;但一个成熟将军的冷静则可以给人们留下更深刻的印象!在各个角落都能叫得响的名字注定会被声望的泡沫所束缚住。在柏林的跑道上聚集在一起的冠军级别选手们使比赛本身走了样,因为他们就像团在一起的黄油球。美国人格伦·昆宁汉姆(Glenn Cunningham)、瑞典人埃里克·尼(Eric Ny)、新西兰人约翰·拉夫洛克、肯·绍姆伯格(Ken Schaumberg)、阿尔奇·桑·罗马尼(Archie San Romani)、意大利人鲁吉·贝卡利(Luigi Beccali)、东道主选手威尔海姆·博埃茨舍(Wilhem Boettscher)、英国人约翰·戈麦斯(John Comes)和加拿大人菲利浦·爱德华兹这一干好手交替领跑;这也为最终前5名选手都打破奥运会纪录、前两名选手打破世界纪录这一壮举埋下了伏笔!

拉夫洛克的胜利是完美无缺的!在比赛中,被众多选手围在中间的约翰·伍德拉夫突发奇想,自己停了下来,眼看着整个大部队从身边通过,然后在接下来的一圈里又很快回到队伍中领跑,真是太不可思议了,这也让人们对这场1500米比赛的最终结果产生了无限遐想。再说回到拉夫洛克上吧!在最后的600米中,新西兰人跑得很聪明,他处在领先小集团的中间位置。当耐力出色的昆宁汉姆来到队伍前面领跑想要拖垮后面的对手时,年轻的拉夫洛克在恰当的时机跟在瑞典人埃里克·尼的后面把自己的排位提高到了第3位。此时的比赛已经进行了1200米,发起最后总攻的有利时机来到了,拉夫洛克展开了一轮冲刺,从众多选手的包围中冲出来并甩开他们。但他又慢了下来,让其他选手以为他已经体力不支,也跟着放慢了脚步。没想到这是缓兵之计,也是秘密战术,突然间,他以短跑的速度开始了真正的冲刺,根本不像是中长跑的速度。他以这个战术成功拿到了金牌;而发觉上当的昆宁汉姆等人虽然奋起直追但为时已晚,只能看着金牌落到了新西兰人的手中。

神奇的英国人杰克·贝雷斯福德

与队友莱斯利·索斯伍德(Leslie Southwood)一起,英国名将在男子双人双桨项目上获得了他参加5届奥运会比赛以来的第3枚金牌,在决赛中他们把德国人打得落花流水。

文/马克·樊图雅

"这是我所取得过的最漂亮的胜利了!"在评价起他在男子双人双桨比赛中获得的这枚金牌时,杰克·贝雷斯福德毫不含糊地说道。这个英国传奇赛艇选手在他的运动生涯中已经历过了太多这样的大场面。在1920年安特卫普奥运会男子单人双桨比赛中惜败于美国选手约翰·凯利屈居亚军后,贝雷斯福德取得了一系列辉煌的胜利,包括四年以后的1924年巴黎奥运会男子单人双桨比赛的金牌、1928年阿姆斯特丹奥运会男子八人单桨有舵手比赛的银牌、1932年洛杉矶奥运会男子四人单桨无舵手比赛的金牌——4次参加奥运会比赛一共获得4枚奖牌;另外,他还是当时唯一的一个既在单人项目又在双人项目中都获得过奥运冠军的选手。他的父亲朱利尤斯·维茨涅维斯基·贝雷斯福德(Julius Wiszniewski Beresford)也曾是优秀的赛艇选手,并在1912年斯德哥尔摩奥运会上代表英国队夺得过男子四人单桨有舵手比赛的银牌。当他从波兰移民到英国之后,也许从没有想到过儿子会子承父业并取得如此高的成就。

在杰克·贝雷斯福德所有的胜利中,可能就数在格鲁诺赛艇场上和队友莱斯利·索斯伍德一起击败德国人的这次最能长久地留在记忆当中了。不仅仅是因为英国人在8月14日希特勒亲临现场观看赛艇比赛这一天,终结了德国选手在赛艇比赛中连夺5枚金牌的势头;还因为为了这场胜利,贝雷斯福德和他的搭档需要克服很多的困难。在离奥运会开幕还有6个星期的时候,37岁的贝雷斯福德与30岁的索斯伍德在泰晤士河上一起进行最后的赛前训练,这时他们的教练埃里克·菲尔浦斯(Eric Phelps)第一次在泰晤士河畔的亨利酒店(Hotel Henley)见到了他俩。当俩人结束训练上岸的时候,菲尔浦斯先生一上来就给他俩泼了冷水。"我跟他俩说我觉得没必要去柏林了,这是在浪费时间,"原来是他们用的小艇太沉了,如果用这条艇参加比赛就没有任何取胜的可能。在两周半的时间里,来自普特尼造船厂的罗利·希姆斯(Roly Sims)用50英镑的预算为贝雷斯福德和索斯伍德打造了一条他们梦想已久的赛艇,看上去和德国赛艇队所用的很相像。不过把这条赛艇运到柏林格鲁诺赛艇场可是颇费了一番周折,它被鬼使神差地运到了不知什么地方。柏林奥组委允诺提供一条赛艇供英国队所使用,但这条被划拨给英国队使用的赛艇又不凑巧地被征调去作了别的用途。幸运的是,他们那条被运丢了的赛艇在开赛前两天于汉堡至柏林铁路沿线上的一个小站上被找到了。重获装备后,英国人向夺标大热门——拥有欧洲冠军头衔的德国组合威利·凯德尔(Willy Kaidel)和乔希姆·皮尔什(Joachim Pirsch)——发起了挑战。

(上)作为奖励,贝雷斯福德和索斯伍德在获胜后立刻得到了一个硕大的花环,这同样代表着德国人的希望被彻底埋葬。
(下)对于杰克·贝雷斯福德(左)来说,这是他第5次参加奥运会所获得的第5枚奥运奖牌,其中包括3枚金牌和两枚银牌。

在比赛半程时仅仅落后德国人一个艇身,并开始逐渐缩小差距。1800米过后,贝雷斯福德与索斯伍德已经与德国人并驾齐驱。兴奋的观众们高喊:"德国!德国!"而两条小艇也差一点撞到了一起。在离终点还剩100米时,德国队不得不看着英国人从身边超了过去。

17岁的辉煌

这个年仅17岁的荷兰小姑娘在本届奥运会的游泳比赛中收获三金一银共四枚奖牌，这是对她多年来刻苦训练的最好奖励。

文/克莱芒蒂娜·布隆戴

在所有站在泳池边准备出发的决赛选手当中，她既不是游得最快的，也不是最有天赋的。但是，亨德里卡·利埃·马斯滕布罗克(Hendrika Rie Mastenbroek)在本届柏林奥运会上获得4四枚奖牌证明刻苦的训练和坚韧不拔的恒心终有一天会得到回报。从11岁起，她就开始坚持不懈地进行训练，强度总是比别人大一点，时间也总是比别人长一点。为了备战奥运会，她和教练马·布劳恩(Ma Braun)一起比整个荷兰代表团早了一个星期就来到了柏林；很多位师从这位教练的女将都曾经登上奥运会游泳比赛的领奖台。

人们用利埃这个昵称来称呼马斯滕布罗克；在奥运会的游泳比赛期间，小利埃每天都有比赛要参加，除了女子100米仰泳这个项目外，其他几个项目都拿到了金牌。一个人在一届奥运会的游泳比赛中拿到3枚金牌已经是很罕见的事情了，除此之外又拿到一枚银牌更是闻所未闻。人们并不指望这个时而露出羞涩目光的荷兰小姑娘能够获得如此高的成就，因为她似乎还不能承载如此多的重担。

这个年轻的姑娘最终却战胜了那些人们眼中的夺标热门和世界纪录保持者们。令人称道的是，她这令人不可思议的经历证明了无论是疲劳，还是连续不断地参赛，或者是之前的一些胜利，都没有使她身体的耐久力受到损害，也没有动摇她取胜的决心。她的第一枚金牌是在女子100米自由泳比赛中获得的，战胜了阿根廷选手简内特·坎贝尔(Jeanette Campbell)和东道主选手吉塞拉·阿伦特(Gisela Arendt)，并以1分05秒90的成绩打破了奥运会纪录。然而，马斯滕布罗克在水中的姿势无疑是最不优雅的一个。她长得很强壮也很结实，但是身体线条可不太优美，显得不太流畅；双臂划起水来速度也不像其他选手那样快。

8月13日，马斯滕布罗克迎来了第二个挑战，也是她在本届奥运会上遭遇的唯一一次艰难的挑战——100米仰泳的比赛。尽管小利埃是这个项目的世界纪录保持者，但她仅仅获得银牌，她的同胞迪娜·妮达·森夫(Dina Nida Senff)摘得金牌。因为在同样是于上午进行的400米自由泳的预赛中耗费了过多体力，显得很疲惫的马斯滕布罗克在100米仰泳项目的决赛中没有发挥出自己的最佳水平。

在接下来这令人不可思议的一周里，小利埃从100米仰泳比赛失利的第二天起便有理由再次露出笑容了。首先，作为荷兰队的最后一棒，她在4×100米自由泳接力的比赛中获得了自己在本届奥运会上的第二枚金牌；由乔安娜·塞尔巴赫(Johanna Selbach)、卡特琳娜·瓦格纳(Catherina Wagner)、威尔敏特耶·邓·奥登和小利埃组成的荷兰队力压东道主德国队和实力强大的美国队，并以4分36秒00的成绩创造了这个项目新的奥运会纪录。在100米仰泳中负于同胞吉迪娜·妮达·森夫后，这次胜利又使她重新证明了自己，只不过这一次多费了点儿劲而已，因为这一回又赶上4×100米自由泳接力决赛和400米自由泳半决赛被安排在同一天上午进行，这让已感到疲倦的小利埃有点吃不消：她在比赛过程中呛了几口水，到达终点后，累得喘不过气来的她是在队友们的搀扶下才从泳池中爬上岸，她的教练马·布劳恩则马上迎上前来向她表示热烈的祝贺。

400米自由泳是这个年轻的荷兰姑娘参加的最后一项比赛。她在这个项目中的最大对手是实力强大的丹麦选手拉格希尔德·赫夫盖尔(Ragnhild Hveger)。在这些年轻的姑娘们有时显得过于可笑的争风吃醋中，小利埃这一次仍然不缺乏调动自己的手段和比赛的欲望。赫夫盖尔收到了她的仰慕者们送来的为数众多的巧克力，而小利埃却受到了冷落。不过荷兰姑娘选择在泳池中慢慢享受复仇的过程。“我觉得能够通过最后的冲刺战胜她可比一块巧克力的滋味要好得多!”马斯滕布罗克在赛后描述着她当时的心情——满足感就在于此。5分26秒40，小利埃又一次打破了奥运会纪录，比身后的丹麦人快了足足有一秒多钟。

如果说田径比赛是杰西·欧文斯的天下，那么在游泳赛场上有一个名字是应该被记住的，那就是亨德里卡·利埃·马斯滕布罗克!

(上)荷兰游泳队的年轻姑娘们不是每天都拿她们严厉的教练马·布劳恩(右)开玩笑。而小利埃给她的教练带回了3枚奥运金牌。

L'EQUIPE 队报聚焦

柯尼利厄斯·约翰逊飞了起来

我最近去美国旅行时，想起来曾经给《汽车》报用电报发去过一篇文章。在那篇文章中我写到黑人选手将会在今年的奥运会上拯救美国。柏林奥运会的第一个比赛日就证明了这一观点，因为在杰西·欧文斯之后，人们把美国人柯尼利厄斯·约翰逊看做是当天比赛的又一大明星。这个黑人选手在男子跳高的比赛中一举跃过了2.03米的横杆,夺得了金牌和一切荣誉，并打破了他的同胞哈罗德·奥斯伯恩在1924年巴黎奥运会上所创造的1.98米的原赛会纪录……他接下来还试图挑战2.08米这个人类有史以来从未跃过的高度；事实上2.07米的世界纪录是他和同胞大卫·奥尔布里顿(David Albritton)所共同保持的。

第一次试跳，他差一点儿成功：他高高地跃过横杆，但不幸的是在身体下落的过程中把横杆碰掉了。第二次试跳，还是差了一口气：我要说的是在约翰逊试跳前，横杆本身被摆放得就要失去平衡，最终在踉踉跄跄一阵之后，横杆还是掉了下来。第三次试跳他也没能改变什么……究其原因：在场地中央的草坪上，东道主选手汉斯·沃尔克(Hans Woelke)刚刚在铅球比赛中掷出了16.20米的成绩，不仅打破了奥运会纪录，也稳获金牌。当铅球落在草地上，超过那面标志着16米线的小白旗时，观众们沸腾了；此时柯尼利厄斯·约翰逊刚好要开始助跑。

德国观众对这个美国黑人选手即将要进行的关键一跃毫无顾忌，全体起立宣泄着喜悦之情，跺着脚高唱着《霍斯特·威塞尔之歌》(Horst Wessel Lied)(纳粹党党歌)，毫不担心自己的所作所为会给柯尼利厄斯·约翰逊带来什么样的影响。当美国人准备重新开始助跑时，体育场内的喧闹声依旧在延续。这是对运动员专注力最大的打击。对此感到很反感的约翰逊就在满场的嘈杂声中无奈地开始了最后一次试跳. 就在他要起跳时有些愤怒地用胸部直接把细细的木头杆撞掉了。真是太遗憾了!这场比赛曾经是那么的完美，获得前9名选手的选手都跃过了1.94米，而前4名选手的成绩更是都超过了2米，这在此前任何世界级别的大赛中还没有出现过!

文/罗伯尔·佩里耶

1 从左到右依次是：获得女子跳台跳水项目第3名的东道主选手卡特·科勒(Kathe Kohler)、获得了银牌的美国选手威尔玛·邓恩(Velma Dunn)和卫冕了1932年这个项目冠军的美国人多罗希·波因顿·希尔。这3个姑娘就是跳水比赛的美惠三女神(光辉女神阿格莱娅、激励女神塔利亚和欢乐女神欧佛洛绪涅)。

2 极度狂热的保尔·索尔纳(Paul Sollner)、恩斯特·加布尔(Ernst Gaber)、沃尔特·福勒(Walter Volle)、汉斯·迈尔(Hans Maier)和弗里茨·鲍尔(Fritz Bauer)让德国在赛艇男子四人单桨有舵手的比赛中获得胜利。

3 表演项目中，团体操比赛还能让德国人为自己的民族自豪感感到些许激动。

4 田径赛场上，美国选手垄断了男子十项全能比赛的金银铜牌。正在进行跳远项目比赛的格伦·莫里斯(Glenn Morris)战胜了同胞罗伯特·克拉克和杰克·帕克(Jack Parker)获得冠军。这个来自科罗拉多州的24岁的汽车经销商以7900分的成绩打破了自己在1934年创造的7880分的世界纪录。

5 22岁的匈牙利选手费伦克·奇克(Ferenc Csik)是一名正在攻读医学专业的大学生。他获得了男子100米自由泳金牌后受到了代表荷兰队夺得女子4×100米自由泳接力比赛冠军的威尔敏特耶·邓·奥登的热烈祝贺。这个匈牙利小伙子英年早逝，他丧生于1945年的一次空袭中，当时他正在照顾伤者。

6 在击剑赛场上，男子佩剑项目的两枚金牌还是没能逃出匈牙利人的手心。恩德尔·卡波斯(Endre Kabos)以24胜1负的战绩夺得了佩剑个人项目冠军；他在第二次世界大战中死于非命：在38岁生日的前一天死于布达佩斯玛格丽特大桥的一次爆炸中。

7 在有50名选手参加的马术三日赛中，最终只有7人完成了比赛，而且有3匹赛马因不堪重负被累死……德国人路德维希·施图本多夫(Ludwig Stubbendorff)与他的坐骑"努尔米"(Nurmi)一起获得了这项艰苦比赛的金牌。

轮子上的法国人没有对手

法国人罗伯尔·夏蓬蒂埃(Robert Charpentier)战胜了队友居伊·拉佩比埃(Guy Lapebie)夺得了自行车男子100公里公路个人赛的金牌,而法国队也因为3位参赛选手的出色发挥名列这个项目车队排行榜的第一位,夺走了团体赛的金牌。

文/罗伯尔·佩里耶

(上)实力异常强大的夏蓬蒂埃没有遇到太多的抵抗就轻而易举地赢得了大部队的冲刺。拉佩比埃紧跟着他的后轮冲过终点,就像先前同样是以法国队的获胜告终的场地追逐赛中的情况一样。

(右)在戴上奥运金牌之前,被队友拉佩比埃和瑞士人尼维盖特簇拥在中间的夏蓬蒂埃仔细地品味着胜利的滋味。

法国人真是干了一箭双雕的事啊：罗伯尔·夏蓬蒂埃获得了100公里公路赛的个人冠军,他的队友居伊·拉佩比埃获得了银牌,而罗伯尔·多尔热布雷(Robert Dorgebray)则获得这个项目的并列第4名；凭借他们3个人的出色发挥,法国队也因此名列车队总积分榜的第一位,夺得了团体赛的金牌。

一场比赛下来拿到两枚金牌!不能有比这更好的结果了。到目前为止,法国队已经在本届奥运会上获得了5枚金牌,其中有3枚是来自自行车项目。除了这两枚在公路赛上获得的金牌,法国队还获得了场地自行车团体追逐的冠军。考虑到获得2000米双人自行车赛第3名的法国选手乔治·马东(Georges Maton)和·皮埃尔·若尔热(Pierre Goerget)要不是因为德国人卡尔·洛伦茨(Carl Lorenz)和恩斯特·伊贝(Ernst Ihbe)的失态行为有可能获得冠军,我们不禁要称赞一下法国大力推广自行车运动的效果。因为不要忘了法国人路易·夏约还在场地争先赛中获得了一枚铜牌,皮埃尔·若尔热也在1公里场地计时赛中为法国添上了一枚银牌。

这样的成绩足以使人信服。场地争先赛、双人自行车赛、场地追逐赛团体、1公里场地计时赛、100公里公路个人赛和团体赛,这就是本届奥运会自行车项目所设的总共6个小项的比赛。

法国队的小伙子们在这全部的6项比赛中夺得了其中的3项冠军,并且在另外的3项比赛中都登上了领奖台。这样的成绩对柏林奥运赛场上的法国人来说可是不常见的。

在阿夫斯赛车场的赛道上,蔚为壮观的大部队出现了,也意味着骑手们就要展开最后的冲刺了。此时的大部队中还有50余名选手绞在一起,这时有两名身穿蓝色骑行服的选手冲出众人包围抢占了领先的位置。

最后的冲刺场面非常激烈,最后实力强大的罗伯尔·夏蓬蒂埃战胜了强劲的队友居伊·拉佩比埃获得了金牌。拉佩比埃将要开始最后的发力时,感到身后的意大利车手用一只手拉住了他的比赛服,这件事可能会让他在很长一段时间里都会感到懊恼的。就这样,罗伯尔·夏蓬蒂埃这个像法国自行车运动史上的传奇人物阿尔芒·布朗肖内一样的天才骑手成为了3枚奥运金牌得主!

夏蓬蒂埃还有什么优势是没有被提及的呢?那就是他比赛时的状态出奇的好,而且同样没有失去理智与冷静。人们曾经以他在1935年世界锦标赛中的失利为借口对他口诛笔伐,在那次比赛中他的发挥可以说非常糟糕；人们也曾因为他的小过错和轻率举动责难他……而我是当时唯一一个为他辩解的人。在几个月前发表于《汽车》报的一篇文章中,我曾写道:"如果夏蓬蒂埃把自己说成是一个附庸风雅的怪人,那么实际上他还是一个纯朴的小伙子,他知道自己前进的方向,也知道自己想要的是什么：他要去柏林赢得胜利!"

夏蓬蒂埃觉得那些依然给他以信任的人们说的有道理。但是他正处在几条道路的交叉口,就在他要考虑自己未来的时候,却正好被最闪亮的光环所笼罩着!没什么好担心的。仔细听着,我亲爱的夏蓬蒂埃……布朗肖内可不是你要学习的那个榜样。你让我感觉到你完全有能力去避免布朗肖内夺得奥运会冠军那天以后所发生的事情。当时,人们像今天送给你"天才"这个称号一样也把这样的赞誉送给

了他。人们庆祝他的胜利,吹嘘他的功绩、成就和优点……人们一遍又一遍地恭维奉承他,这些如潮的好评使他变得飘飘然起来,把他原本清醒的头脑弄得神魂颠倒、忘乎所以;如果我们把他取得过的成就和他本能达到的高度做比较,就会发现他最后经历的是失败与衰落。

这也就是为什么我这个热情却苛刻的老头儿不在纸上写下对你所有的夸赞与褒奖;我选择了用我的方式给你上一堂课,哪怕它只会在你眼前一晃而过,也是很有必要的。

去好好地放松一下身心吧,这样有益于身体健康,再好好地娱乐一下;休息是必要的,搞体育也不能拒绝合理的休息。不过仔细想想,在其他的体育运动领域里,要想获得成功,刻苦勤奋的训练、坚韧不拔的毅力和百折不挠的勇气是必不可少的。

成功了?这样的想法对于你这样的小伙子是很危险。拥有如此多的优点、如此多的才华、如此高的天赋,对你来讲,在第一次获得胜利后就再也没有什么是难以承受的了。一定要经得起考验!

请原谅我可能把话题扯得过于远了,因为我突然发现我记事本的纸上已经记得满满的了,却还没有和大家谈到比赛本身。我还能和大家说点别的什么呢?奥运会自行车公路赛对记者们是完全封闭的。任何车辆都是不允许跟随在骑行选手们的队列之后。这真是太幸运了,因为出发时有百余位选手,最后在终点线前仍然有50多人一起扎堆儿冲刺——事实就是如此,最后的结果是最难以预料的。

那些对自行车运动员集体冲刺场面还不大习惯的人,我要对你们说:"想要分辨一个运动员到底属不属于国际巨星,不完全是看他在整个100公里赛程里的表现,更要参考他在终点线前这微不足道的一小段路程里的冲刺能力。"

在参赛的一百多名骑手中,有很多人是第一次采用今天很常见的排成一列的骑行方式,令人奇怪的是这样的事情也能出现:在各国参赛选手中,那些来自秘鲁、保加利亚、挪威和芬兰的选手们在比赛中显得极为不适应,甚至他们有些车把宽大的自行车会让人们想到这是不是年代久远的古董。这样的队伍也想赢得比赛么?

这些新参与到自行车运动中的年轻人还缺乏经验,这也给比赛安全带来了非常大的隐患,大部队受到的影响是最大的。赛事组织者已经准备好了应对突发事件的紧急措施。不过在以后的四年里,可没有人再会去考虑这些了。

与手有关的球类竞技

篮球运动的创始人加拿大人詹姆斯·奈史密斯(James Naismith)博士见证了美国队夺得奥运会历史上第一枚篮球金牌的全过程。而德国的观众们则痴迷于手球比赛的决赛;手球比赛实际上是一种各种球类项目的混合体。

文/罗伯尔·佩里耶

第一次被列为奥运会正式比赛项目的篮球比赛以美国队夺冠而告终;加拿大队与墨西哥队分获第2、3名;波兰队、菲律宾队、乌拉圭队和意大利队分列第4至第6位。波兰人获得第4名应该有很大的运气成分,从国际篮球界各队的实力排名来看,获得第五名的菲律宾队完全配得上更好的名次……第4名、甚至是获得一枚奖牌。

美国队和加拿大队之间的决赛在傍晚时分开始。一场瓢泼大雨不期而至使得在户外进行的比赛变得艰难。比赛的质量也因此大受影响。篮球是要求精准与灵巧的运动:当运动员们在湿滑的场地上踉踉跄跄地打转,当运动员们要费很大力气才能把手中随时可能溜走的湿漉漉的皮球控制好,一场比赛所包含的精湛技艺可以简化为一声叹息!

决赛19比8这样的比分可能会引来一些议论:天气条件是造成这样局面最主要的原因之一。冒着滂沱大雨去完成投篮可不是轻松的差事,投篮命中率也因此大大降低。但不好的天气条件是比赛的不利因素之一,但绝不是最主要的一个。因为这场奥运会历史上的第一场篮球比赛决赛是伟大的,让我们有机会见识到了美国队非常有针对性的战术部署,也见证了美国队历史性的夺冠过程,美国人的胜利是完整无缺的:半场过后,美国队以15比4的比分领先时,比赛在美国队的掌控下已可以提前结束了,他们没有必要再去冒风险了。比赛的首要目的在于取胜,尤其是在奥运会的比赛上,美国队队员们制定战术的目标也仅在于此。既然用这样的方法是比赛规则完全允许的,那为什么还要发牢骚呢。结果是最重要的,也是唯一能算数的!

再者,对于美国篮球队来说,与爱沙尼亚队或者是菲律宾队比起来,加拿大队不是好对付的对手。如果美国人在比赛开局阶段打得非常好,就不会毫无顾忌地在比赛中充好汉。就像在本场比赛中,开场没多久美国人发现自己的实力确实要高出加拿大人一筹,但却选择了减弱进攻力度,尽量不给对手更多的机会,并且只在极少的情况下才选择大举压上进攻。

这种封闭式的战术是一种典范。为了寻找对手防守中的空当,美国人毫不犹豫地选择了牢牢地把球控制本方手中,调动对手从场地的一端到另一端来回奔跑,也不给加拿大队队员任何试图抢断的机会;然后迅猛地发起进攻,就像花剑比赛一样;不论球能否被投进篮筐,这样的战术会被一次又一次地重复贯彻执行。这样的比赛节奏太冗长了!但这样的战术是多么的精妙与狡猾啊!更确切地说,这种战术在场下的准备工作是漫长的,但一旦在场上执行起来可真是够快的。这就是对弈,一盘由大脑支配行动的对局,大脑的参与能够占到百分之九十五!在上半场结束后,在20分钟的时间里,美国队总共拿下了15分,而加拿大队只投中了1个球得到两分,外加罚球得到的两分,一共仅仅得到了4分。

带着这上半场建立起来的15分的优势,美国人在整个下半场都在享受着比赛。下半场中,美国人更是实现了对球的完全垄断,不愿意再冒哪怕半点儿风险。美国队的小伙子们奉献出了一场眩目的表演,使他们的对手感到麻木;当拥有他们这样的篮球天赋时,表演就变得轻而易举了。

然而,加拿大人又一次展现了他们创造奇迹的能力。当他们向美国队5个人组成的坚固防线发起进攻时,还真的有好几次都成功了。他们连续投进两球,把上半场落后的分数追回来一些。比分变成了15比8,为了重新稳住局势,美国队一下换了两名新球员上场。立竿见影,一下回敬两球,又把领先优势扩大到11分。比赛的最后几分钟,场上的局势没有发生任何的改变,终场哨音就在平淡中吹响。

不想去看那些略带推测的评论。例如"比赛质量因为对进攻的限制而大大下降"。正好相反,这是一种很聪明、略显狡猾又很有手腕的做法。这样的场面让一些加拿大队的支持者愤怒不已。但这样的结果证明了一点:篮球是人们所能够开展的最需要智慧的项目之一。

"篮球之父"对我们说……

篮球是美国马萨诸塞州春田市国际基督教青年会训练学校的加拿大籍年轻体育教师詹姆斯·奈史密斯博士于1891年发明的一项运动。奈史密斯博士被派往观摩1936年的柏林奥运会,于是他的几个加拿大同胞决定在美国举办一个"篮球日"用以募集一些钱款,以便负担这个被后人称为"篮球之父"的人在欧洲逗留期间的开销。每场比赛能够获得100美元的收入,这使得这位令人尊敬的老先生能够有幸亲临柏林奥运会的赛场,看到他的杰作得到大家的认可与接受。我非常有幸曾与这位篮球运动的开山鼻祖交谈。这位老人已经74岁了,让人看上去也就50来岁的样子。在他的一生中,从没有打过一场篮球比赛,仅仅作为裁判执法过两场比赛。从外貌上看,带着一副金色眼镜、脸上充满顽皮与青春、头发刚刚开始变花白的这位老人,很像一个穿着体面的骑兵军官。因为有了大家的无私帮助,他现在才能细细品味自己的创造力所带来的成就感与喜悦。他的杰作还能有如此的美妙的前途。现在来听听他向大家讲述一下篮球诞生的故事吧……

"那时我是春田市国际基督教青年会训练学校的体育教师,"他开始讲述,"按照惯例,秋天是美式足球赛季,夏天是棒球赛季,在

(下)1936年柏林奥运会的手球比赛显得非常奇特。当时两队各自上场的11名队员在足球场上展开激烈争夺的。手球比赛直到1972年在德国慕尼黑举行的第二十届奥运会上才被再次列为正式比赛项目,当时的比赛形式已经与现在一样了。
(右)第一次被列为奥运会正式比赛项目的篮球比赛在完全露天的场地进行。在瓢泼大雨中进行的决赛让人吃尽了苦头。

冬天则什么比赛也没得看。”“我的上司们找到我，让我想办法找一些东西，在这个天气不好的季节里让我的学生们能够消磨一下时间。我还得从1891年12月底的那几个晚上说起，上司交给的这个任务让我绞尽脑汁。在两个星期的时间里我不断地尝试着。往往是在前一天夜里有了一个主意，而第二天就被证明因为缺乏设施而行不通。在经过一次又一次地反复试验后，我终于找到了一个可行的办法！一天夜里，我写下了篮球的十三条基本规则。这可算得上是个不小的进步啊！黎明还没来临我便来到了学校健身房里，把一个竹篮固定在一侧看台的栏杆上，再在场地另一端看台的栏杆上固定上另一个篮子。这样，这个把球投进篮子里的运动就成为了孩子们在漫长冬季里热衷的娱乐活动。学生们总是要些小把戏，他们把自己手中的球往墙上反弹一下，然后皮球就能直接进篮筐。两天以后我又制作了保护篮筐的篮板。这就是篮球运动诞生的全过程了。”

“您对这次奥运会的篮球比赛有什么看法呢？”

“感觉真是太棒了！我得跟你说句知心话，这肯定会让你很感兴趣的。你们法国人打出的篮球风格细腻，这也是与我的最初设想最接近的一种方式。美国的篮球教练们个个都是战术大师，不过他们却使我发明这项运动时的最初理念一点点地变了样。从这场决赛来看，美国人打了一场真正的比赛、一场伟大的比赛。他们在比赛中运用的精心设计、灵活多变的战术可以称得上是杰作。要想赢得胜利，比赛必须这样打。现在他们是战无不胜的，他们所采用的是唯一一种能够获得比赛胜利的方式。而法国人打篮球的方式无疑是使比赛更具观赏性的一种、更能娱乐大众的一种。不过，竞技体育比赛的制约性与残酷性就在于此，如果想学习如何在奥运会的比赛中获胜，那就不得不向美国人的比赛方式低头。”

已经74岁高龄的奈史密斯博士仍然担任着春田市国际基督教青年会训练学校体育老师一职，此外，他还是学校击剑队的教练。因为这个被称为“篮球之父”的老人从没想过成为一名他所创立的这项运动的教练。

手球比赛是各种球类运动的混合体

8月14日，在柏林奥林匹克体育场内，6万名观众冒着倾盆大雨见证了德国队在决赛中以10比6击败奥地利队，夺得了奥运会历史上第一枚手球比赛的金牌。

手球比赛是什么？手球比赛是各种球类运动的奇特的混合体……说它像足球，是因为它与足球比赛一样，双方也是各有11名队员上场比赛，比赛场地也与足球比赛场极其相似，双方各设一名守门员，同样采用足球比赛中传统的木制球门，唯一与足球比赛不同的是，队员们不允许用脚触球……

手球比赛也很像橄榄球比赛，但与橄榄球比赛不同的是，激烈的身体碰撞是被禁止的……

手球比赛也很像篮球比赛，但却看不到篮筐。在手球比赛中，队员们可以运球，但不能拿着球走或是带着球跑，这个规则和篮球比赛中是一样的。

说它像水球比赛，是因为手球比赛中扬手射门的动作与水球比赛中队员们的射门动作像极了，但手球比赛可不是在泳池中进行，因此参加手球比赛的队员们不需要掌握游泳的技能！

手球比赛还有点儿像巴斯克回力球，但却不用借助墙壁的帮助……说它像曲棍球，但比赛中却用不到球棍。手球比赛就是各种球类比赛混合起来的运动；就像罗斯坦狗是所有狗的串种儿一样。手球是一项全面的体育运动，涵盖了各种体育运动。射门像水球、运球像篮球、抢断像橄榄球、战术运用则像足球比赛。有6万名狂热的德国观众冒着滂沱大雨在体育场中为东道主加油，却仅有3名记者在媒体席上关注着这场决赛。

娃娃冠军玛尔约莉·杰斯特琳

还未年满14岁的美国小姑娘杰斯特琳克服了自己的紧张情绪后战胜了那些与她同场竞技的大姐姐们,夺得了女子跳板跳水比赛的金牌。

文/埃里克·拉米

柏林,8月12日。美国小姑娘玛尔约莉·杰斯特琳刚刚创造了一项难以被打破的纪录。在女子跳水3米跳板项目中夺冠的她成为了有史以来年龄最小的女子奥运冠军，她获得金牌当天确切的年龄只有13岁零267天……在比赛前，人们只知道这枚金牌几乎肯定会落入美国人的手中。自从1920年安特卫普奥运会上第一次将女子跳板跳水确定为正式比赛项目以来，美国姑娘们不是至今还没有让哪怕一枚该项目的奖牌旁落过么?

当第一组的8名选手进行8轮自选动作的比赛时，美国人卡特琳娜·路易斯·劳尔斯在积分榜上处于领先的位置。这没有什么好惊讶的，因为这个18岁的美国小姑娘已经是一个传奇人物了。来自佛罗里达州小镇福特·劳德尔达尔的劳尔斯曾经在四年前本土举行的洛杉矶奥运会上夺得过女子跳水3米跳板项目的一枚银牌，她很了解从跳板上并跃入水中时都要做些什么，更明白在水池中自己能够做到什么。在游泳方面也有不俗的成绩：在3种泳姿的混合泳比赛中她是不可战胜的，并且在各种泳姿的游泳比赛中都曾夺得过全美冠军头衔，更是发明了一种模仿跳水的转身方法，被人们称为“劳尔斯式转身”!她还要在后天代表美国队参加游泳女子4×100米自由泳接力的比赛。还忘了说一点：这个真正的水中精灵出身于一个游泳世家，她的姐姐多罗希·劳尔斯(Dorothy Rawls)和艾美琳·劳尔斯(Evelyn Rawls)都是全美的游泳冠军!

但第二组中的杰斯特琳一下打乱了格局。这个还不满14岁却已经长得很高的姑娘曾经在7月份的美国奥运选拔赛上获得了跳板跳水这个项目的亚军。杰斯特琳一头金黄色的卷发配上阳光般的灿烂微笑俨然就是为她的家乡加利福尼亚做广告。不过在美国代表团乘坐“曼哈顿号”横越大洋前往柏林的旅途中，这个小娃娃却不得不忍受着来自她的那些大姐姐们的嘲笑与讥讽。所有这些仅仅是因为在船上时妈妈和她住在一个房间里以便照顾她的起居，还有她来到游泳池训练时从不会忘记带上长毛绒玩具小熊，因为她认为这会给她带来好运的。13年中，还从没有谁这样嘲笑过她!

在柏林，杰斯特琳在预赛中一次做向后翻腾的动作时碰到了跳板上，这一小意外让她损失了一些分数。但是在决赛中，自信、注意力高度集中、状态出色的杰斯特琳在现场25000名观众的注视下奋起直追，弥补了差距。最后一跳她必须得到15.07分才能超越劳尔斯。在这样的压力下，她再次选择了在此前的比赛中她曾失误过并因此让她付出过高昂代价的向后翻腾这一动作!这需要多么沉着冷静啊!

像她这样的年龄女孩心里是不会想那么多的，她成功了，这一次没有再失误。被她这完美一跳所征服的观众们瞬时间爆发出山呼海啸般的欢呼声。玛尔约莉·杰斯特琳这个小娃娃现在已经是奥运冠军了!而劳尔斯则不得不接受再一次与金牌擦肩而过的现实……

我们来了解一下奥运会历史上获得金牌年龄最小的女选手是谁吧。玛尔约莉·杰斯特琳是威廉姆斯·杰斯特琳(Williams Gestring)和贝达(Beda Gestring)的独生女儿，同时也是夫妇俩的掌上明珠。杰斯特琳一家是从瑞典移民到美国的;得提一句的是，瑞典在奥运会男子跳水项目上是个强国;小杰斯特琳和她的母亲还要在柏林奥运会后到斯德哥尔摩去看望他的祖父母。

1932年洛杉矶奥运会召开时，小杰斯特琳才9岁。当看到美丽得让人赞叹的美国选手乔治亚·科尔曼(Georgia Coleman)获得3米跳板项目的冠军时，她便决定要练习这项运动，随后便来到了她日思夜想的洛杉矶竞技俱乐部接受正规的跳水训练。在俱乐部里，她遇到了一位伟大的教练弗雷德·卡迪(Fred Cady)——一个真正的水中艺术家。杰斯特琳的父母并不反对她进行跳水训练，但是不想自己的女儿因为练习跳水而耽误了学习。他们另外要求小杰斯特琳在游泳池里每练习一个小时的游泳和跳水后，就要去练习弹一个小时的钢琴。这也是为什么杰斯特琳这个小奥运冠军也很精通音乐的原因。

(上)和对手奥尔加·延什·约尔丹比起来,杰斯特琳似乎与这位3米跳板比赛第5名的东道主选手的儿子年龄更相仿。

(右上)成功完成了最后一跳的杰斯特琳与教练弗雷德·卡迪一起分享喜悦。

(右)年仅13岁零9个月的玛尔约莉·杰斯特琳成为了奥运会历史上最年轻的女子个人项目的金牌获得者。她与获得跳台跳水项目第11名的东道主选手安妮列斯·卡普(Anneliese Kapp)合影留念。

倔强的朝鲜人

代表日本参赛的24岁朝鲜选手孙基祯(Sohn Kee-chung)用一枚金牌证明了马拉松比赛并不是只有那些沙场老将才能参与。

文/雅克·高戴

(上)跑在英国人厄内斯特·哈珀前面的孙基祯不是日本人，而是地地道道的朝鲜人。他的国家被吞并，所以参加奥运会的比赛也只能代表日本出战。(左)站在领奖台上的孙基祯和南升龙忍受着亡国奴的痛苦：获得金牌却不能升起自己国家的国旗并演奏自己国家的国歌。他俩低下头来不愿去看正在徐徐升起的日本国旗，以这种无言的方式抗议日本侵略者。

在那些不符合实际的体育理论中，最甚者就要数老将们所擅长的中长跑项目了。我明白轻松的比赛项目更能够吸引年轻人的参与，也知道对于那些老将而言，他们可以为自己在耐力方面的特长而感到高兴和安慰，因为耐力的衰退比起身体的其他机能速度要慢很多。然而，只要年轻人在比赛中努力了并且拼尽全力了，他们就应该成为理所当然的胜利者，无论是在100米比赛中，还是在42公里195米的马拉松比赛中都是如此。

朝籍日本人孙基祯的成功就是一个很好的证明。这个身材矮小、相貌英俊、品格崇高的年轻小伙子还是一个在校大学生，看上去不太像典型的马拉松运动员。这样更好。当孙基祯第一个出现在马拉松比赛的终点线前时，他的领先优势非常明显，更像一个刚刚完成了5000米比赛的运动员一样轻松，远不像被人们拿来与家庭主妇做比较的乡下人。胜利后的他以自己独有的方式跑着直线，出乎人们意料的是，他并没有摔倒，更没有昏厥过去。他坐到地上休息一会儿，一方面是为了讨好那些蜂拥而来过分地献着殷勤的人们，另一方面更是为了能够更方便地脱下脚上的运动鞋。得到他的这双很有纪念意义的运动鞋也是很幸福的!人们都想获得这个意义非凡的珍贵纪念品。就是穿着它们，孙基祯用时将近两小时三十分钟才抵达终点……

他重新轻盈地站起身来，继续一溜小跑，此时英国老将厄内斯特·哈珀(Ernest Harper)刚刚抵达终点，艰难完成比赛的英国人一下便瘫倒在地，另一位朝籍日本人南升龙(Nam Seung-yong)获得了铜牌，他和随后抵达终点的两名芬兰选手无一例外极其疲惫。获得第二名的英国老将此时也已全身舒展地躺在场地中央的草地上，虚弱的他把自己裹在一条毯子里。关于马拉松比赛，人们没有得到卫冕冠军阿根廷人胡安·卡洛斯·萨瓦拉阁下的消息。这一次被公众看做是马拉松比赛夺标大热门的阿根廷名将同样肩负着本国农业部委以的使命来到德国，没有人会怀疑他会为祖国带回去一份关于卷心菜种植方面的非常有价值的资料。在田径比赛的这最后一天里，没有什么比这个阿根廷农业部的全权代表在马拉松比赛中的惨败更能引起人们的议论的了，人们也从没有像现在一样用充满奉承客套的奥运会誓词来打趣……萨瓦拉阁下仅仅坚持到了比赛的28公里就让孙基祯和哈珀先后超越，他想挽回败局无奈有心无力，又过了4公里后不得不黯然退出了比赛，眼看着两个对手继续奔向胜利。

可以说在很大程度上，他是被体育在生命中的过于重要的位置所压垮了。他在训练中花了过多的时间；在比赛前他已经使自己身心透支了，虽然在比赛开始没多久便表现出超强的实力与很好的状态；他自认为是实力最强的一个，就像他以前所表现出的实力一样。从比赛的第一分钟开始，他就掌握了对身后这些在他看来可以忽略不计的对手们的指挥权。而25公里过后，他便安静下来了，看来他还要继续睡下去……晚安!

这星期里上演了太多精彩表演，当今天下午这个小个子的朝鲜人在42公里195米的马拉松比赛中以2小时29分19秒20的成绩创造了新的奥运会纪录，大家也别大惊小怪了。

《奥林匹亚》:魔鬼与天使

在阿道夫·希特勒的大力倡导下,德国女导演莱妮·里芬斯塔尔(Leni Riefenstahl)为1936年在柏林召开的奥运会拍摄了一部纪录片。

文/奥利维埃·约雅尔

1938年4月20日,这一天正好是纳粹元凶阿道夫·希特勒49岁的生日。借此机会,第三帝国的元首举办了一场电影放映晚会。这部以1936年柏林奥运会为背景的纪录片名为《奥林匹亚》,成为了纳粹有力的宣传工具。电影的字幕片头是这样的:“此片谨献给1936年在柏林举行的第十一届夏季奥林匹克运动会,献给现代奥林匹克运动的创始人皮埃尔·德·顾拜旦男爵,以及全世界年轻人的荣誉与光荣。”在此后的三个半小时的时间里,那些着装讲究的达官贵人们观看了一场无休止的表演,在影片中充满了耀眼的人体线条、紧绷的肌肉、因脸部肌肉过度用力而扭曲的面孔、舒展的动作,这些镜头与天空中不断移动的浮云融为了一体。嘉宾们看到了两年前在第三帝国的首都柏林举办的奥运会上的每一个经典瞬间,也看到了每一个比赛项目:运动员们的训练、细致的赛前准备工作、跑步、跳跃、投掷、游泳,还有希腊雕塑的图像,甚至还有体育场中人山人海一样的场面和那些赛后的颁奖仪式……所有这些都被配以德国作曲家瓦格纳创作的乐曲作为背景音乐。

这部纪录片随后便在各大电影院中上映了,并取得了巨大的成功。在几个月之后,《奥林匹亚》在威尼斯电影节上获得了最高大奖——墨索里尼杯;其实评委们更倾向于把金奖颁给维克托·弗莱明导演的美国影片《乱世佳人》和法国导演马塞尔·卡内(Marcel Carne)执导的影片《阴影之港》。但是,意大利的领袖——法西斯元凶贝尼托·墨索里尼毫不避讳地突然闯入评议大厅,给评审团们明确地指出什么才是最明智的选择:要把金奖颁给由36岁的德国女导演莱妮·里芬斯塔尔执导、他的亲密战友希特勒大力支持拍摄的影片《奥林匹亚》。

所有故事的源头都可以追溯到6年以前,即1932年的盛夏。莱妮·里芬斯塔尔向她的好友们抱怨说她对政治不感兴趣,但却非常渴望能与阿道夫·希特勒有一次真正的会面。自从参加了一次集会并借此机会亲耳聆听了这个纳粹党的党魁所做的极富煽动性的演讲之后,阿道夫·希特勒对她来说就有了一种不可抗拒的吸引力……他无限的个人魅力、他无穷的感染力……在30岁时,里芬斯塔尔已经是德国电影界的知名人士了,她刚刚导演的一部

(下)出生于1902年8月22日的莱妮·里芬斯塔尔经历了第一次世界大战和世界经济危机。在34岁那年,她迷上了希特勒。(右)纪录片《奥林匹亚》的第一部分名为《国家的节日》,片长111分钟。第二部分名为《美的节日》,片长90分钟。

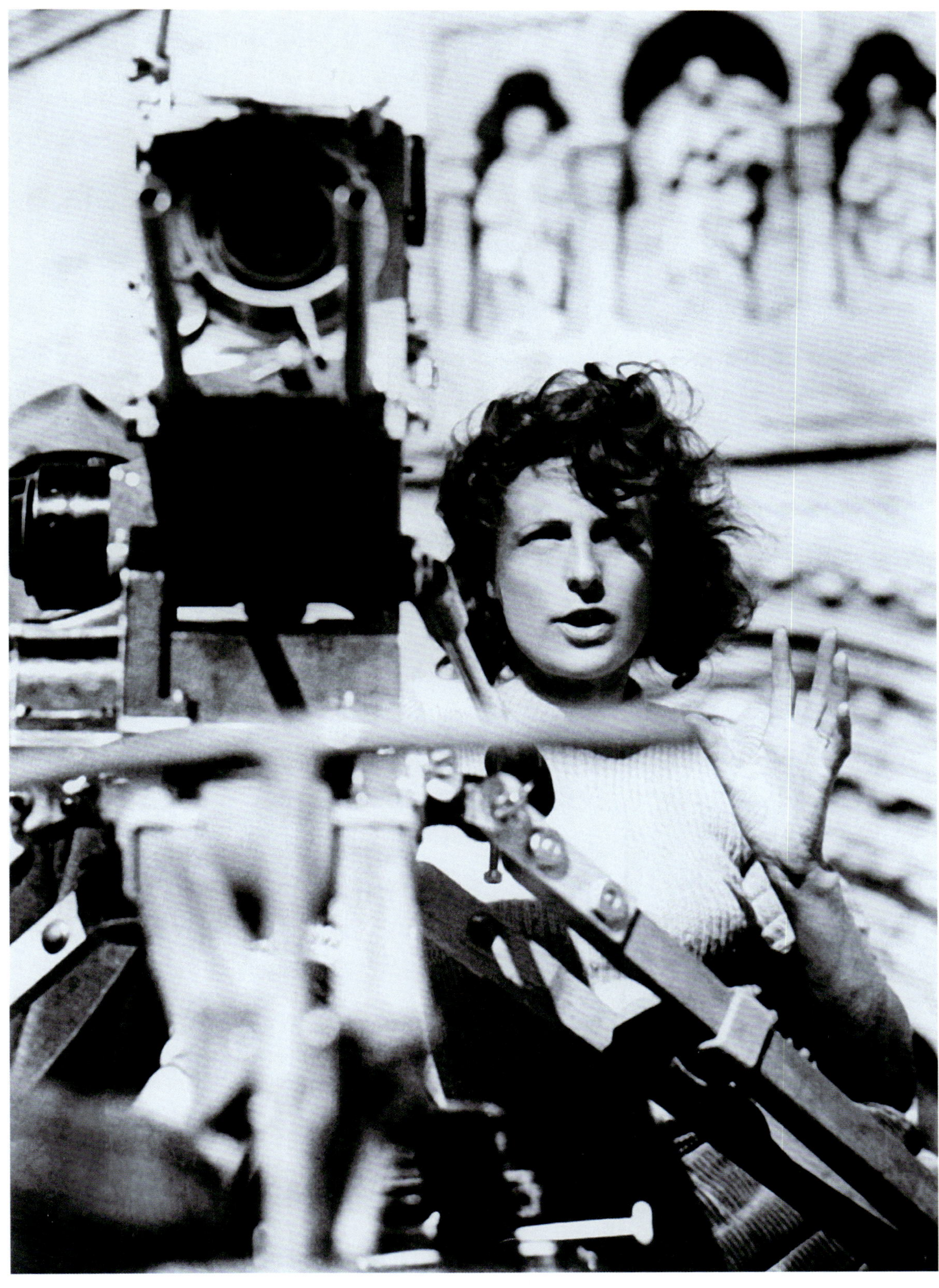

电影《蓝光》创造了当年最大的商业成功之一。然而，拍电影却并不是她的第一选择：她原本是打算从事舞蹈演员这一职业的，而且作为舞蹈家，她也会有一个辉煌的职业生涯。然而膝盖骨上的一个小肿瘤彻底改变了她的人生。

第三帝国的元首允诺她所有的便利条件

在一次手术过后，她彻底告别了膝盖带给她的伤痛。此后，她在几部公众评价颇高度的电影中成功地出演了一些金发美女的角色，也挥去了心中不得不放弃所热爱的舞蹈事业的阴影。1933年1月希特勒掌权后没多久就派人联系了里芬斯塔尔，电影已经成为了在他宣传纳粹思想的主要工具，但一批有才华的德国电影导演此时已经逃到了国外，这其中包括通过巴黎辗转来到美国好莱坞的德国大导演弗里茨·朗(Fritz Lang)。很快地，希特勒向莱妮·里芬斯塔尔建议让其为他拍摄宣传纳粹思想的影片。在第一次拒绝了希特勒的建议后，她终于接受了元首给予的这份工作。在希特勒的委派下，她拍摄完成了以1934年德国国家社会党（纳粹党）党代会为题材的影片《意志的胜利》；同一时期，1936年夏季奥运会的主办权也被授予德国柏林市。第三帝国的元首本身对体育并不感兴趣，不过他要记录历史。希特勒遂决定用影像记录下在他所倡导的社会制度下召开的柏林奥运会的全过程，为了这个目的，没有比拍一部纪录片更好的方式来谱写这首颂歌的了……希特勒很欣赏里芬斯塔尔在《意志的胜利》这部影片拍摄中的镜头运用方式和影片中所展现出的唯美主义表现手法。里芬斯塔尔接下来将会承接一部关于柏林奥运会的大型纪录片的拍摄工作。

影片的拍摄开始于奥运会正式开幕前的几天：莱妮·里芬斯塔尔要求拍摄一些运动员训练中的画面。这是她心血来潮么？还不仅仅如此。此外，她还与纳粹宣传部长保尔·约瑟夫·戈培尔起了争执，此时在希特勒面前甚是得宠的里芬斯塔尔要求用此前还从未运用于纪录片的拍摄手法来发挥镜头的最大效力。她要求摄影机镜头的角度要无限延伸并尽可能地丰富，同时运用一切长度的镜头尽可能地从很近距离或是很远距离来捕捉比赛中的一些细节，再辅以大量的慢镜头、移动镜头、空中俯拍镜头，甚至是把摄像机置于挖好的坑中拍摄运动员的脚，以及在水中拍摄的镜头。

由希特勒出资，里芬斯塔尔招募了一支将近300人的庞大拍摄团队，其中仅摄影师就有40余名，这些电影人都是担当那些好莱坞大制作电影拍摄的精英们。这些人早在奥运会开幕之前的数个月就被里芬斯塔尔派往德国各地测验镜头运用和拍摄技巧。莱妮·里芬斯塔尔在20年代曾经是一个始终陪伴在那些试验性电影左右的忠实观众，她在《奥林匹亚》这部影片中也保留了那些电影中一些抒情的抽象表现手法，这也正是她想从那些影片中借鉴的地方。她叫人沿着跑道挖沟，然后在沟中安上活动的滑道。为了拍摄跳远比赛，她指挥一组工作人员把一架可弹射的特制摄影机调好焦距后对准沙坑和连接沙坑的整条跑道。16天的赛程、130个小项的比赛就这样被从各个角度，实时、完整地记录了下来。萦绕在里芬斯塔尔脑际的念头不是要表现现实赛况和运动员所创造的功勋，而是要表现一个由运动员的身体所构成的力学结构图：完美的几何图形和没有一点瑕疵的一连串的直线和曲线所组成的画面。为了能使影片达到这样的效果，她不能容忍一点闪失；她甚至把拍完的90%的胶片都扔进了垃圾桶。她必须要找到最理想化的角度拍成的画面来表现人体线条的美感；这是她在影片的第二部分（《奥林匹亚》包括两个部分：第一部分名为《国家的节日》；第二部分名为《美的节日》）所要着重表现的主题。最终她选择了仰拍的镜头，就是从下面向上拍摄以便呈现出运动员高大伟岸的身躯，这也是这部在法国上映时被改名为《体育场中的众神》（原名为《奥林匹亚》的纪录片1938年在法国上映时被改名为《体育场中的众神》。影片的第一部分于1958年在联邦德国公映时，用的就是这个去纳粹化的片名）的影片的主要视角之一。

(下)为了从各个不同的角度拍摄，在比赛之前体育场内已经被装满了摄影机，负责拍摄游泳比赛画面的古茨·兰茨施内尔(Guzzi Lantschner)与运动员在比赛中近距离接触，为了完成革新性的推移镜头的拍摄，在那个时代一切能有的手段都用上了，摄制组能够在事先挖好的沟内进行仰拍镜头的取景。

(左)莱妮·里芬斯塔尔的技术发明数不胜数，这就是一架被绑在撑竿跳高运动员所用的木杆上的摄影机，这是为了更好地获得镜头的运动感。

这部影片引起了不小的轰动。当奥运会第一次尝试在闭路电视中进行电视转播的时候，莱妮·里芬斯塔尔却已发明了看上去微不足道但却在以后造福了全世界电视导演的一种基本原理：特写镜头、慢镜头、镜头的推移与拉伸、分镜头的变换等等……这一系列的理论至少领先世界40年，甚至是60年。然而，这种对体育场中运动员身体的艺术处理的目的可没有那么单纯，莱妮·里芬斯塔尔的审美观与希特勒意识形态下所倡导的种族优等理论是完全一致的，这种思想从德国蔓延开来，很快就席卷了整个欧洲，进而扩散到了整个世界。不过，这个德国女导演在她日后的回忆录中写道："我拍摄《奥林匹亚》是为了献给所有的运动员，并对雅利安人种优越性这一种族主义理论做了否定。"杰西·欧文斯这个一人独得4枚金牌的杰出的美国黑人短跑选手在影片中的出现能够证明里芬斯塔尔的辩解么？

深层的问题不在于此。了解里芬斯塔尔拍摄这部纪录片时是否有意识地地宣扬种族主义理论和纳粹党所倡导实行的社会等级制度，或者她的影片中是否有意识地质疑了这些观点和现象，这样的问题是次要的。影片从电影的专业角度讲是非常完美的，它们在宣传方面起到了立竿见影的效果——当然这里指的是宣传纳粹思想方面所产生的恶性影响，这样产生的蛊惑力是用时间无法衡量的——它们把人类表现为了抽象的形状，只由运动员的身体姿态和不同种族的身体特征所决定，而不是由本身作为一个自然个体的生存能力而存在。《体育场中的众神》中所表现的最基本主导思想就是那令人厌恶的优生学理论。

美国姑娘海伦·斯蒂芬斯(Helen Stephens)在获得女子100米和4×100米接力比赛的两枚金牌后,拒绝了希特勒邀请她到位于贝希特斯加登的"鹰巢"共度周末的建议,这对她来说称得上是第3次胜利。

1936年德国柏林第11届奥运会

奥运圣火第一次采集自奥林匹亚。然而,真正烧遍奥运会的却是另一团火焰。奥运会从没有像如此一样被用来为一个目的而服务:那就是宣传纳粹主义。

数据

开幕日: 1936 年 8 月 1 日

闭幕日: 1936 年 8 月 16 日

主办国: 德国

其他申办城市: 西班牙巴塞罗那

49 个国家奥委会派队参赛(国家名义)

4066 名参赛运动员: 其中包括 3738 名男运动员和 328 名女运动员

21 个大项 田径、赛艇、篮球、拳击、皮划艇、自行车、马术、击剑、足球、体操、举重、手球、曲棍球、摔跤、游泳、现代五项、跳水、马球、射击、帆船和水球。(其中 7 个大项设有女子比赛,男女混合项目包括在内)

表演项目: 团体操。

129 个小项:(其中 24 个小项设有女子比赛,男女混合项目包括在内)

宣布开幕者: 德国总理阿道夫·希特勒

点燃火炬者: 德国田径选手弗里茨·希尔根

运动员宣誓: 德国举重选手鲁道夫·伊斯迈尔

国际奥委会主席 比利时人亨利·德·巴耶·拉图尔

冬季奥运会

按照当时承办了夏季奥林匹克运动会的国家同样要承办该年冬季奥林匹克运动会的惯例,德国自动获得了第四届冬季奥林匹克运动会的主办权。

本届冬奥会于 1936 年 2 月 6 日至 16 日在德国的加米施 - 帕腾基兴 (Garmisch-Partenkirchen) 举行。

高山速降滑雪大回转比赛第一次被列入冬奥会正式比赛项目。国际奥委会反对国际滑雪联合会派出职业滑雪教练员参赛的做法,因为这违背了只有业余选手才能参加奥运会这一原则,因而决定滑雪教练员不能参加本届赛事。为此事而愤愤不平的奥地利和瑞士滑雪选手决定用拒绝参赛来表示抗议。这场争端延续到了本届奥运会结束后,国际奥委会遂决定在 1940 年的冬奥会上取消高山速降滑雪大回转的比赛,尽管 1940 年的第五届冬奥会因二战的原因而腹死胎中……

23 岁的挪威名将索妮娅·海妮在花样滑冰女子单人滑的比赛中夺得了自己的第 3 枚也是最后一枚奥运金牌。挪威选手伊万·巴兰格鲁德 (Ivan Ballangrud) 在男子速度滑冰全部 4 个小项的比赛中一人独得 3 枚金牌,分别是在最短距离的 500 米、1500 米和最长距离的 10000 米 3 个项目中获得的。

从洛杉矶到柏林

1932

• 12月8日福兰克林·德拉诺·罗斯福(Frankin Delano Rosevelt)当选美国总统。

1933

• 1 月 30 日,在德国议会选举之后,总统保尔·冯·兴登堡任命希特勒为政府总理。

• 2 月 28 日,希特勒制造著名的"国会纵火案",并诬蔑此案为德国共产党人所为。

• 3 月 19 日,葡萄牙就是否实行新宪法举行全民公决;新宪法强行通过,宣告了安东尼奥·德·奥利维拉·萨拉查 (Antonio de Oliveira Salazar) 建立起独裁统治。

• 3 月 31 日,"国会纵火案"一个月后,希特勒开始集大权于一身。

1934

• 7 月 25 日,奥地利总理恩格尔伯特·陶尔菲斯 (Engelbert Dolfuss) 在维也纳遭纳粹暴乱分子开枪射杀。

• 10 月 9 日,南斯拉夫国王亚历山大一世 (Alesandre I) 和法国外交部长路易·巴尔杜 (Louis Barthou) 在马赛遇刺身亡。

• 11 月 6 日,中国红军开始了举世瞩目的两万五千里长征。

1935

• 3 月 16 日,希特勒恢复义务兵役制。

• 4 月 14 日,法国、英国和意大利在意大利小城斯特雷扎签订《斯特雷扎协定》。

• 5 月 21 日,在国会讲话中,希特勒正式宣布单方面废除《凡尔赛和约》中有关限制德国军备的条款。

1936

• 5 月 10 日,意大利侵略军进入亚的斯亚贝巴,埃塞俄比亚正式被意大利吞并。

• 7 月 17 日,弗朗西斯科·佛朗哥在帝国主义的支持下公开发动武装叛乱,旨在推翻人民阵线政府,西班牙内战爆发。

你知道吗?

奥运圣火的第一次火炬接力具有重要意义。从火种采集地希腊的奥运匹亚到柏林的奥运会主会场,一共穿越了 7 个国家:希腊、保加利亚、前南斯拉夫、匈牙利、捷克斯洛伐克、奥地利和德国,接力路线历程 3000 公里。1936 年柏林奥运会的比赛被拍成了电影并在柏林市内竖起的 25 个大屏幕上做了电视转播。篮球、皮划艇和手球第一次被列为正式比赛项目;马球则是最后一次出现在奥运会上。

两个小姑娘打破两项年龄的纪录:获得 3 米跳板金牌的 13 岁美国姑娘玛尔约莉·杰斯特琳成为历史上最年轻的奥运会女子冠军;获得 200 米蛙泳铜牌的 12 岁丹麦姑娘因格·索伦森成为历史上最年轻的奥运会女子项目奖牌获得者。尽管在一次有轨电车事故中失去了膝盖以下的小腿,匈牙利水球运动员奥利弗·哈拉希还是夺得了他运动生涯中的第 3 枚奥运奖牌。

希特勒和其他高官一起前去参加奥运会开幕式。

柏林 Berlin

德国首都柏林是一座古老而美丽的城市,坐落在平均海拔50米的德国东北部平原上,它正好处于施普雷河注入哈韦尔河处。柏林的本意是"小狗熊",黑熊是这个城市的城徽。

柏林是当今世界上一座奇特的城市,它曾在1960年代至1990年代初被分割成了东西两部分。东柏林是德意民主共和国的首都,西柏林是德意志联邦共和国的最大城市之一,东西部之间,被高墙和铁丝网隔开。这种奇特的现象是第二次世界大战的结果。

在奥运会历史上,以柏林为中心的德国耽误了三届奥林匹克运动会——第6届奥运会因第一次世界大战而未在柏林举办,第12届、13届奥运会又因为第二次世界大战而被迫取消。

1931年,国际奥委会将1936年奥运会的主办资格交给了德国柏林,而以希特勒为首的纳粹党徒操纵了整个运动会,使本届奥运会成为希特勒宣扬纳粹主义的工具。一方面,希特勒想借这次和平盛会来显示纳粹德国的兴盛,并掩盖他加紧扩军备战的阴谋,给法西斯德国蒙上一层和平的面纱;另一方面,他认为奥运会的竞技场,或许正是宣扬"雅利安人种优越论"的最好的场所。奥运会的意义被彻底扭曲。

虽然,1936年奥运会在柏林举办原本就是个错误,但是抛开那段"特殊时期"来看,柏林,确实是一座伟大的城市。

早在13世纪时,柏林已成为贸易集镇,17世纪发展成为地方性的政治、经济和文化中心。1871年的柏林是普鲁士"德意志帝国"的首都,而魏玛共和国时代,柏林作为"二十年代黄金时光"的舞台迎来了它光荣历史的顶峰。

1989年,柏林墙的倒塌证明柏林已经从二战的阴影中彻底走了出来。柏林再一次恢复了首都的地位。柏林扼东西欧交通要道,往北距波罗的海、往南距捷克均不到200千米,地理位置具有重要意义。

柏林经济、文化事业均非常发达,市内有电子、仪表、化学、电机、印刷、食品等多种工业部门。

鸟瞰柏林,其周围被森林、湖泊、河流环抱,城市仿佛沉浸在一片绿色海洋中。亚历山大广场电视塔,四周环以现代化的旅馆、商店、会议厅、教师会馆等大型建筑,气魄雄伟、造型美观。库尔费斯腾达姆商业街长3千米,商店,服饰店,画廊鳞次栉比。著名的菩提树街,是欧洲最著名的林荫大道。此外,用乳白色花岗岩筑成的勃兰登堡门、有800年历史的圣母教堂、市政厅、博物馆岛上的古老建筑群"水晶宫"共和国宫、洪堡大学等亦十分著名。古老的夏洛特堡宫周围分布着埃及博物馆、古董博物馆、史前早期博物馆和应用美术馆等重要文化建筑,其内收藏着许多珍贵文物和艺术品。年代久远的威廉皇帝纪念教堂一侧建有八角形的新教堂。1957年落成的银色、屋顶呈蚌壳状的会议大厅是现代建筑中的代表作之一。

柏林还是世界重要的文化学术交流场所之一,1809年,卡尔·洪堡创建了柏林大学。1818—1830年,黑格尔在此研习哲学,他在客观唯心主义的基础上提供了系统的辩证法理论,使他成为人类现代伟大哲学体系的缔造者。马克思、恩格斯研习黑格尔的哲学理论,创造出了无产阶级哲学理论。

今天,柏林显得很平静。但它从不掩盖希特勒纳粹的罪恶,为的就是更好地还"施普雷河畔的雅典"的本来面貌。

关键词·柏林奥林匹克体育场

柏林奥林匹克体育场,也许是世界上最特殊最厚重的奥运体育场——穿越两次战火,既是战争的见证者,也是战争的受害者,甚至是战争的参与者。它和柏林墙一样,这里也记载着德意志的历史。

柏林奥林匹克体育场位于柏林城西部。1910年之前,这里就被建设成赛马场。在争取到1916年奥运会的举办权后,由著名设计师奥托·马尔什负责,将原来的竞技场改造为德意志体育场。但遗憾的是,由于第一次世界大战爆发,1916年奥运会没能如期举行,德意志体育场也没能展现在全世界面前,1936年,德国时隔20年后终于得到了举办奥运会的机会,重新改造的奥林匹克体育场成为一座经典建筑。

二战期间,奥林匹克体育场在炮火的摧残下成了残垣断壁。柏林被盟军攻占,很多被希特勒蒙蔽的德国青年在此与盟军顽抗。战后,德国政府再次对奥林匹克体育场进行翻修改造,让这座古老的体育场添加了众多先进设施,成为德国最先进的球场之一。而2006年足球世界杯决赛,则在奥林匹克体育场历史上写下了浓重的一笔。

中国足球的第一场世界大赛

为了参加柏林奥运会，1936年5月，中国足球队从上海出发，转战越南、印度尼西亚、缅甸、印度等国，就像江湖卖艺人一样，一边踢球，一边筹路费。在随后两个月的27场比赛中，他们取得了24胜3平的佳绩，"中国铁军"顿时名声远扬。

与洛杉矶奥运会刘长春的单刀赴会相比，参加柏林奥运会的中国代表团行政建制已比较完备，而以李惠堂为核心的足球队，最受注目。

中国为准备第11届奥运会，在1935年8月时，全国体协就于青岛进行了选拔赛，并成立了篮球和田径的夏令营。经过选拔，大致确定了30人的初始阵容；此后又奔赴香港，选出了22名运动员，组成了足球队；这样加上举重队的5人，共计69人（男67人，女2人）的运动代表团正式形成。

1936年6月26日，中国代表团坐船从上海前往意大利。7月20日，全团抵达威尼斯。休息一天后，德国政府派专车把中国队接往柏林。7月23日，代表团一行终于抵达，行程耗时几近一月。长途旅行对运动员体力损耗非常大，加之许多人晕船，所以中国选手在田径、游泳、举重、拳击、自行车、篮球和足球6个大项的比拼中，除了符保卢一人通过撑竿跳高及格赛进入复赛，其余均在预选赛就遭淘汰。不知是由于资金问题，还是由于准备工作不足，符保卢的柏林之行居然没带撑竿，他一直借用日本队员训练用的细竹竿进行比赛。符保卢最终仅获第17名，但却凭此成为了中国奥运史上第一个进入复赛的运动员。

最让人回味是首次亮相的中国足球队。1913年至1934年，在10届远东运动会中，中国队除首届获亚军外，其余9届全部夺冠，由是"神秘之师"的称号让欧美强国震惊。1936年，经过长达3个月的选拔，中国于4月份正式公布了22人的大名单，组成"中国第一足球队"。"亚洲球王"李惠堂、香港歌星谭咏麟的父亲谭江柏都不出意料地名列其中。

正当大家厉兵秣马时，却被一个坏消息弄糟了心情。赴柏林参赛，整个代表团需法币（当时的货币名称）22万元，国民政府却表示财政困难无法支付，最终仅拨给了17万。为此，全国各省市开展了大规模的奥运捐助活动，收集到约3万元。还差2万实在无法凑齐，经过一番讨论，最后决定足球队自筹资金，提前两月到东南亚表演作赛，以门票收入作为经费。

第11届奥运会上，中国足球队与英国足球队在激烈的拼抢，中国队员正在进攻。

于是，1936年5月，足球队从上海出发，转战越南、印尼、缅甸、印度等国，像江湖卖艺人一样，一边踢球，一边攒路费。在两个月的27场比赛中，他们取得了24胜3平的佳绩，"中国铁军"顿时名声远扬。

不过，球员却饱尝艰辛。为节约经费，他们只能坐最低等的舱位，选最便宜的旅馆和房间，有时大家同挤一屋，因为床位不够，还要打地铺。吃饭则是自己买菜，自己下厨。下雨时由于担心卖不出门票，就派运动员到门口检票。东南亚之旅，让足球队收获了近20万港币。

到达印度孟买后，足球队还给滞留国内的代表团汇去了5万元，这才解决了整个中国代表团的经费问题。

因为当时都流传说中国人裹脚、留辫子，所以外国人看中国运动员的时候就看他们的脚和脑袋，结果一看没有，大失所望。

然而在足球场上他们没有失望。1936年8月6日，这一天必将载入中国足球的史册。中国队在淘汰赛第一场就遇到了实力强大的英国队。一个是蹴鞠的摇篮，而另一个是现代足球的发源地，这样的碰撞吊足了观众的胃口。

下午5点半，中国队首次亮相世界赛场，柏林的康姆逊球场见证了中英之战。观众多达万人，人头攒动。上半场中国队打得顺风顺水，攻势凌厉，而对手却相对保守。士气大振的中国球员在一次闪电战中倒钩破门，却被吹越位。上半场双方战成0：0平。中场休息时，西方记者纷纷感叹中国队的出人意料、不同凡响。下半场，由于舟车劳顿，体力透支，中国队被打进两球，遗憾告负，结束了自己的首演。

李惠堂的球技让许多欧洲教练赞不绝口，而中国足球也留下了很好的声誉。奥运会后，德国、奥地利、荷兰等队都先后邀请中国队比赛。虽然只以3：2胜日内瓦队，其他比赛都没取胜；但中国人的球技还是赢得了普遍认同。

旅途劳累导致了中国运动员力不从心，在奥运会上取得的成绩甚至不如国内成绩。回国途经新加坡时，大家看到了这样一幅漫画：中国运动员背着手在奥运会上观看比赛，后面却画着一个巨大的鹅蛋，这留下了无尽的耻辱，深深刺痛了每一个中国人的心。

正如领队董守义的感慨："弱国无外交，弱国亦无体育"。这比较恰当地反映了当时中国体育在世界所处的尴尬地位。

1 中国球员与教练合影，二排右三为李惠堂。
2 拳击及举重队员与教练在一起。
3 中国田径、竞走、游泳、自行车队队员与教练合影。第二排右三为刘长春，右五为马约翰。
4 中国代表团全体职员合影，前排三左为总教练马约翰，左四为总领队王正廷。

1940 1944

HELSINKI LONDON

第12届奥运会→赫尔辛基
第13届奥运会→伦敦

长时间以来，奥林匹克运动都摆出一副没有感受到世界上越来越浓的紧张气氛的姿态。日本首都东京被推选为1940年第十二届夏季奥运会的主办城市，不过日本人随后放弃了主办权，而改由芬兰首都赫尔辛基代为承办。然而，奥运会第二次因为世界大战的缘故而被迫停办了。原本于1944年要在伦敦召开的奥运会也一并受到了牵连。

文/阿兰·伦岑费希特

1936 年柏林奥运会是在众多的争议声中召开的。因此，人们希望在柏林弗烈德里希 - 威尔海姆 (Friedrich Welhelm) 大学中召开的国际奥委会第三十五次全体会议上，能够选出一个政治争议较少的国家的候选城市来主办 1940 年奥运会。但事实上，1940 年奥运会的候选城市只有两个：日本的东京和芬兰的赫尔辛基。这样可选择的余地太小了。

像往常一样，日本人为了获得奥运会的主办权做了大量的工作，他们特别有干劲儿，因为他们声称 1940 年恰逢日本第一位天皇——神武天皇 (Jimmu Tenno) 登基两千六百周年纪念。因此，日本人准备大肆庆祝这一盛事。国际奥委会的委员们似乎都没有为一个事实所动，那就是积极推行野蛮扩张主义政策的日本已经入侵占领了中国的东三省……

1937 年 7 月 8 日，冲突又起。日本内阁首相近卫文磨公爵 (Prince Fuminaro Konoe) 发表对华声明，声称："只有当中国屈膝投降的时候才能放下刻头的精神。"日本侵略军开始对上海进行大规模的空袭，并在中国的土地上继续侵略步伐。1937 年 12 月 10 日，南京城陷落，据保守估计有三十万以上的中国平民和放下武器投降的中国军人遭到日军屠杀，这就是震惊世界的"南京大屠杀"。此时，日本已经掠夺了中国一百多万平方公里的土地，是日本四岛的面积加起来的两倍还要多。

国际奥委会一向对政治不闻不问

世界各地的抗议声此起彼伏，但却起不到任何作用……国际奥委会秉承了它一贯的"处世哲学"，装出一副对政治事件不闻不问的样子。最终，国际奥委会的委员们还是把第十二届奥运会的主办权交给了日本首都东京；在投票中，东京以 36 票压倒了赫尔辛基获得的 27 票。事实上，日本人为他们庞大的海军舰队在广阔的太平洋上四处征战提供了大量的财政支持，这无疑是国家财政收支平衡上的一个巨大负担。甚至不能肯定的是，那些投了赫尔辛基一票的国际奥委会委员们不希望日本获得主办权，到底是否因为自己对日本法西斯掌权后采取的侵略扩张政策严重关切才作出这样的选择。在国际奥委会的眼中，将飞到亚洲大陆上空的和平精神比日本法西斯的扩张意愿更加重要也更加强大。

然而，一些声音试图引起人们的注意；尽管这样的声音不是很多，但是也应该强调一下。为了迎接一届和平精神下举办的奥运盛会，一些人表达了自己对东京获得主办权的反对。曾经参加过 1908 年伦敦奥运会的美国奥委会委员阿尔弗莱德·吉尔伯特 (Alfred Gilbert) 就是坚定的反对者之一。他曾写信给美国奥委会主席、国际奥委会委员阿维利·布伦戴奇先生，请求他游说同事们去抵制 1940 年将要在日本东京召开的奥运会。布伦戴奇先生对此依然漠然，他的态度与在 1952 年于瑞士洛桑当选为第五届国际奥委会主席时所倡导的奥林匹克精神背道而驰。阿维利·布伦戴奇直率地拒绝了所有请求；公众仅仅在这时才猜测政治因素能不能对国际奥委会的决定做出哪怕最小的影响。国际奥委会也没有理会祖国正在饱受日本侵略军摧残的中国委员王正廷 (Wang Zhengting) 的抗议与要求干预的请求……实际上，在奥林匹克宪章的框架内，国际奥委会没有任何理由能够修改计划，不得不遵照原先的意图行事。

虽然国际奥委会对剥夺东京奥运会主办权的呼声置若罔闻，但来自各方面的压力不断增多。英联邦运动会于 1938 年 2 月 11 日在澳大利亚悉尼召开，参加运动会的英联邦国家宣布：鉴于日本一直且在今后有可能继续处于战争状态，他们决定抵制 1940 年东京奥运会。几个星期以后，英国田径协会在埃及开罗举行的国际奥委会全体会议上宣布了同样的决定：拒绝派运动员参加东京奥运会。阿维利·布伦戴奇对这突如其来的变故怒不可遏，他抛出了这样的话："为什么运动员们都那么关心政治？难道他们国家的外交部不会处理好这些纠纷么？"更糟糕的是，好几位美国奥委会的委员都向他递交了辞呈，使本已阴云密布的气氛更加沉重。尤其要提一下的是，身为哈佛大学教授的美国奥委会委员威廉·宾汉姆 (William Bingham) 也提出了辞职的请求，这是空前固执的布伦戴奇完全不知情的。形势在向不受控制的方向发展着。

日本国际奥委会委员、柔道运动的创始人嘉纳治五郎 (Jigoro Kano) 出席了国际奥委会在开罗召开的全体会议后，在从埃及回国的途中遭遇海难不幸逝世。他在会上宣称东京将会为奥运盛会的召开做好一切准备，同时还表示对于那些宣布拒绝参加东京奥运的国家，他找不到任何他们做出这样决定的正当理由。另外，东京奥运会组委会秘书长也宣称已经筹集到 1100 万日元可支配资金用于奥运会筹备工作，而且还会有来自于门票销售收入的 500 万日元听候调用。同时他还宣称东京市还拨款 1000 万日元用于改造通往各个奥运场馆的道路设施。不过作为抵偿，他要求日本民众理解在奥运会的比赛前放弃在东京举办世界博览会的这一决定，尽管日本老百姓非常希望世界博览会能够落户东京……1900 年巴黎奥运会和 1904 年美国圣路易斯奥运的不好回忆又重现了。

然而，一直以来全力支持日本奥运会筹备工作的国际奥委会为自己留了一条后路。在一次秘密执委会议上，国际奥委会确定了一旦日本不能按时承办 1940 奥运会的备用方案。1938 年 3 月 18 日，通过芬兰籍国际奥委会委员恩斯特·挨德瓦尔德·克罗吉乌斯 (Ernst Edvard Krogius) 的从中斡旋，芬兰递交了在申办中被东京击败的赫尔辛基的候补申请，以备应付日本有可能放弃主办权的变数。芬兰提出的唯一条件就是，应该在今后的 6 个月内决定 1940 年奥运会是否易地举行，否则赫尔辛基将转而申办 1944 年奥运会。更好的消息是，英国人罗德·阿贝达尔 (Lord Aberdare) 宣布如果一旦芬兰人放弃 1940 年奥运会的主办权的话，伦敦则会递补赫尔辛基的位置。

日本宣布放弃东京奥运会主办权

1938 年 7 月，事情发生了：因为需要维持过于庞大的军费开支以便四处侵略扩张，日本宣布无力分心而放弃第十二届奥运会的主办权。心灰意冷的日本籍国际奥委会委员们除了接受这个现实也别无选择；其中，副岛道正伯爵 (Comte Michimasa Soyeshima) 递交了辞呈退出了国际奥委会。这样，国际奥委会没有了其它选择，只能接受芬兰人递补承办权的申请。8 月，在恩斯特·挨德瓦尔德·克罗吉乌斯和约安·威尔海姆·兰吉尔 (Johan Wilhelm Rangell) 的领导下，赫尔辛基奥运会组委会正式成立了；为了确保奥运会如期举行，芬

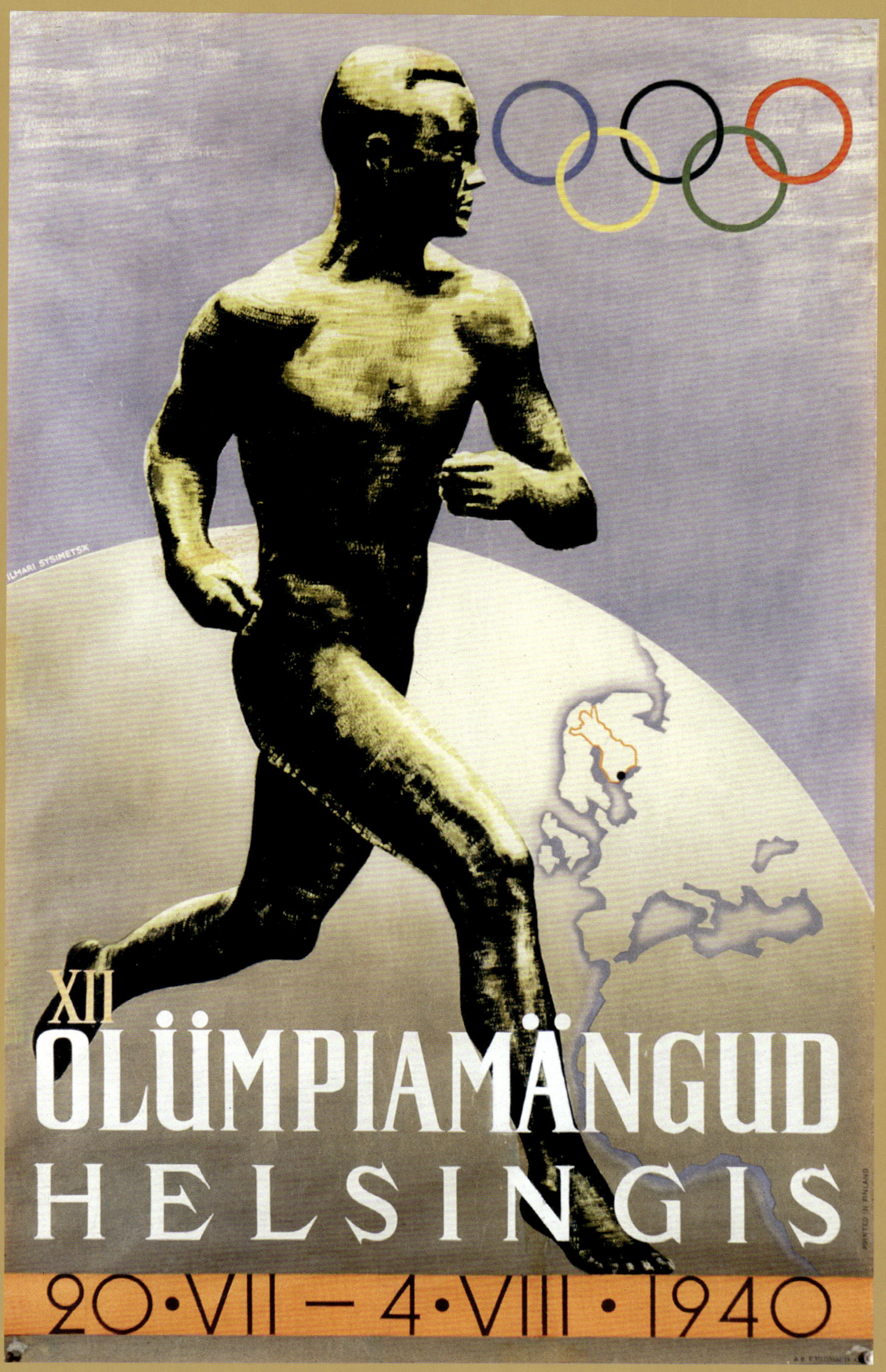

当东京放弃主办权使得奥运会于1938年7月最终落户赫尔辛基的时候，芬兰人出版了一幅以"帕沃·努尔米"为背景的海报，海报的下方明确了本届盛会的举办的预定时间，但是二战的爆发使斯堪的纳维亚人的希望化为了乌有……这幅海报重新出现于赫尔辛基获得1952年第十五届奥运会举办权后，1952年版的海报仅仅是在奥运会的开闭幕日期和芬兰边界线的轮廓上做了更新。

兰人的筹备工作立即步入了正轨。第十二届夏季奥运会也被确定在1940年7月20日至8月4日之间举行。1939年9月4日，在纳粹军队对波兰发动闪电战的三天后，芬兰人仍然显得很乐观，并信心百倍地表示他们将会为第十二届奥运会在赫尔辛基的召开做好一切准备。

在此期间，斯大林巩固了苏联在波罗的海沿岸国家的影响力；芬兰则在1939年的整个11月份都在不断地反击着来自苏联想要修改两国边界的讹诈与威吓。苏联红军在卡雷利阿地区制造事端从而迅速致使两国处于敌对状态。1939年11月30日，苏联在没有宣战的情况下入侵了芬兰,冬季战争（也称"苏芬战争"）爆发了。

芬兰人把第六十六步兵师化整为零做了很有成效的抵抗，迫使俄国人不断后退。但是在季莫申科(Timochenko)将军的率领下，苏联军队重新组织起了新一轮的攻势，很快就全线突破了芬兰人的防线，迫使芬兰于1940年3月与侵略者签署了停战协定，停战协定中规定，芬兰将四万平方公里的土地割让给苏联，这相当于芬兰全部领土面积的10%，也意味着在这个地区生活着的相当于芬兰总人口11%的老百姓们不得不背井离乡，逃离这片被苏联吞并的土地……在赫尔辛基举办1940年奥运会的希望也随着苏芬战争的结束彻底破灭了。战争第二次把奥林匹克运动置于了次要的位置上。

虽然如此，1939年6月6日至9日在伦敦多尔斯特饭店举行的国际奥委会全体会议上，众位委员们经过讨论依然决定奥运会要继续办下去……就像世界上什么事都没有发生一样。国际奥委会的34位委员在仅仅经过了一轮投票后就把1944年第十三届奥运会的主办权交给了英国伦敦。没有了仍然在紧张筹备1940年奥运会的赫尔辛基的竞争，伦敦在第一轮投票中以超过半数的20票轻松胜出，罗马获得了11票，底特律仅仅得到了2票，而瑞士洛桑更是只得到了1位委员的青睐。

不幸的是，1944年的奥运会同样因为人类荒唐地发动了第二次世界大战而宣告流产。自从皮埃尔·德·顾拜旦男爵创立了现代奥林匹克运动以来，奥运圣火第二次没能点亮体育世界。

在战后最初的一段时间里世界无疑是混乱、破败而又满目疮痍的，因为比起体育这样次要的事情来，那些一直处于奥林匹克运动中心位置的欧洲国家有着更重要的事情去做，那就是首先要考虑如何生存、战后的重建工作……有太多的棘手的问题困扰着那些饱受战火摧残的国家。一言以概之，就是为了重新振兴！然而，已经在1940年和1944年因为战争的缘故停办了两届的奥运会可不能再等下去了。没有替代的办法，必须在继续举办下去还是就此永久停止奥运会二者之间做出抉择。

另一个问题是，国际奥委会主席比利时人亨利·德·巴耶·拉图尔先生于1942年与世长辞。新当选的瑞典人西格弗里德·埃德斯特罗姆(Sigfried Edstrom)致力于为国际奥委会注入新活力。人们急切地想知道由哪座城市来主办1948年和1952年的这两届奥运会。这无疑是奥运会历史上最为艰难的时期之一。

芬兰在与苏联的战争中失去了一批伟大的运动员，其中包括很多奥运冠军选手，特别是泰斯托·马基(Taisto Maki)这个芬兰中长跑界冉冉升起的希望之星，他曾在1938年巴黎举行的欧洲田径锦标赛上获得过5000米比赛冠军。而日本则失去了1932年洛杉矶奥运会马术障碍赛个人项目的金牌得主西竹一(Takeichi Nishi)，这位为日本夺得过奥运金牌的骑手曾任日军在太平洋硫磺岛上的守备部队军官（参看克林特·伊斯特伍德导演的影片《硫磺岛来信》），后于1945年3月22日战死在岛上。此外，来自波兰的洛杉矶奥运会男子10000米金牌得主贾努茨·库索辛斯基(JanuszKusocinski)在保卫华沙的战斗中于1940年6月21日死于德军的弹雨之下。

一大批在柏林奥运会中获得金牌的德国选手也没有了笼罩在头顶的胜利光环，他们中很多人都在战争中失去了年轻的生命：400米和800米两项世界纪录的保持者、柏林奥运会上代表德国队获得男子4×400米接力比赛铜牌的鲁道夫·哈比希(Rudolf Harbig)于1944年3月5日死在了苏联前线。也别忘了死于战争中的撑竿跳高前世界纪录保持者美国人乔治·瓦洛夫(George Varoff)和1940年在上前线后的第一次战斗中就牺牲了的法国铁饼运动员于勒·诺埃尔，以及那些所有在战争中牺牲的各国运动员们。不论是壮烈牺牲在前线的战斗中，还是死在纳粹德国的集中营里，或是死于后方的抵抗运动中，在这漫长的五年中失去生命的运动员们的名单很长很长……

第14届奥运会→伦敦

战争刚刚结束，曾在1938年被选定为1944年奥运会主办城市的伦敦拿回了一份下了毒药的美丽礼物。英国人得到了于1948年举办战后第一届奥运会的权力；此时战争刚刚过后，留下满目疮痍和伤痛。伦敦这个曾经遭受纳粹空军疯狂空袭的城市也没能逃脱这个命运，摆在这个英勇抵抗纳粹侵略的国家面前的最严峻的问题是战后重建。这届奥运会的基调与整个英国情况大体一致。

参赛的运动员们都被安置在位于伦敦郊区尤克斯布里吉和里奇蒙德公园的军队营房里，或者住进一些经过整理的学校教室里。换作是在今天，这样艰苦的条件无论是哪支队伍甚至是接受救济的人也许都会拒绝入住的……诚然，国家经济举步维艰，物质生活极度匮乏，政策失误层出不穷，不过这些又有什么关系呢？奥运会成为了战后第一次大规模的世界性聚会，尽管没有收到邀请的德国人、拒绝了邀请的日本人和在体育交流领域采取封闭政策的苏联缺席了本次盛会。尤其要说的是，1948年伦敦奥运会进行得非常顺利，取得了圆满成功，使人们重新找到了每四年一次相聚在奥运五环下的那种感觉。很显然，物质条件是匮乏的，但有很多因素都是可以作为标志被载入史册的。由于家用电视机的出现，奥运会第一次通过转播走进了普通人的家里。尽管当时能够买得起电视机的人家少之又少，但放置在温布利体育场和帝国游泳馆中的那些摄像机宛如人们未来幸福生活的保证一般。

OLYMPIC GAMES
HERZ
29 JULY 1948 14 AUGUST
LONDON
Designed by HEROS PUBLICITY STUDIOS LTD.
Printed in Great Britain by McCORQUODALE & CO. LTD., LONDON, S.E.1.

1948

瑞士选手皮埃尔·穆希(Pierre Musy)少校和他的坐骑弗兰佐辛(Franzosin)在来到伦敦前只进行过很短一段时间的仓促备战，他们在马术三日赛个人项目的比赛中仅仅名列第32位；这个项目的金牌最终被法国选手贝尔纳·谢瓦利埃(Bernard Chevallier)夺得。

FINISH

12年后，奥林匹克归来

战争留下的创伤到处可见。作为二战后首个举办奥运会的城市，伦敦面临着巨大的挑战。生活困难，经济萧条，各行各业亟待恢复……这使不少英国人反对在当时的情况下承办奥运会，刚上任的国际奥委会主席埃德斯特隆，也对筹备工作的开展和进程非常担心。

世界在医治战争的创伤，人们在战争的废墟上建设新生活，奥运也不失时机地恢复了生机。1945 年，还未等战争的硝烟散尽，主持国际奥委会工作的国际奥委会主席埃德斯特隆便于 8 月 24 日在伦敦召集了国际奥委会执委会会议，将 1948 年第 14 届奥运会的主办权交给了伦敦。而德国和日本作为第二次世界大战的策源地，被剥夺了参赛资格。

在困难面前，英国人没有选择放弃，而是立即组建起以波塔为首的组委会，集合起一支高效的队伍，开始了脚踏实地的苦干。伦敦组织者就地取材，没有多余的资金像以往一样修建新的体育场和奥运村，就将温布利大球场改建成了能够举办田径比赛的场地；安排来自各国的代表团住在陆军营房、城市公共建筑、以及由学校教室改建成的宿舍之中，体育场附近的许多公园里也临时搭建了一些帐篷……另外，由于当时市场上食品匮乏，许多参赛代表团都要自备饮食，有些国家还捐赠食物给伦敦奥运筹备会。

英国奥委会做了大量宣传工作，如电视转播、制作宣传影片等，并四方奔走，以寻求各方的赞助。虽然当时整个世界经济陷入萧条，几乎被德国人炸平的伦敦创伤未愈，但英国人对奥运出人意料的热情使门票收入高达 5 万英镑，大会组委会也因此而摆脱了财政困境。

组委会需要的是一个最能代表英国的象征，于是将本届奥运会会徽的主体部分设计成议会大楼，著名的“大本钟”

(上)在开幕式的入场仪式时，穿着在最后时刻才凑齐的统一服装，法国运动员们在代表团旗手赛艇选手让·塞菲利亚德(Jean Sepheriades)的引领下通过主席台。
(下)英国国王乔治六世(George VI)、皇后和伊丽莎白(Elisabeth)公主共同主持了本届奥运会的开幕式。

指针指向四点，这正是第 14 届奥运会的开幕时间。1948 年 7 月 29 日下午 4 时整，英国国王乔治六世主持开幕典礼，宣布中断 2 届的奥运会正式揭幕。

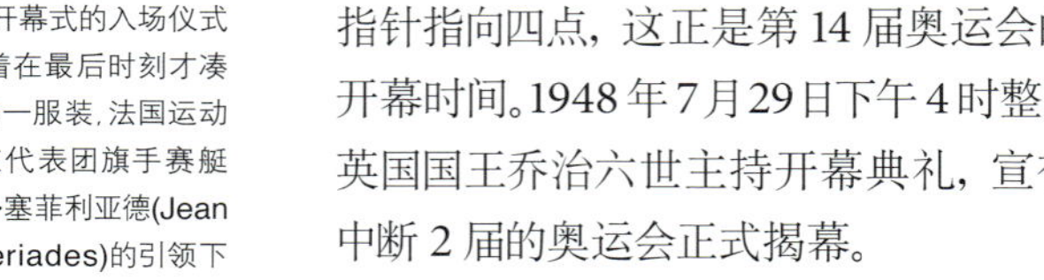

参赛国家和地区达 59 个，这是创纪录的数字。运动员共 4099 人，其中女子 385 人，也是往届所不及的。选手人数最多的前三名国家是：英国 313 人，美国 303 人，法国 285 人。缅甸、英属圭亚那、委内瑞拉、伊拉里尼达、锡兰（今斯里兰卡）、南朝鲜（今韩国）、牙买加都是首次参加；而作为二战策源地的德国和日本则被剥夺参赛资格。

在伦敦奥运会上，许多东西因战争而不再，特别是一些优秀的运动员。但奥运会的精神却得到了升华。随着电视转播首次被运用到奥运会中，许多呆在家里的人也可以看到奥林匹克的盛况。尽管那个时候，拥有电视接收器的家庭还非常少，但是时时出现在温布利大球场和帝国游泳池的摄像机给了全世界一个强烈的信号：奥林匹克回来了。

田径赛中，美国的罗伯特·马蒂亚斯是新闻人物。他在20个国家、35名运动员参加的全能比赛中，战胜所有对手，成了奥运会史上最年轻的十项全能夺标者。更令人难以置信的是，他才练习3个月就参加了比赛。当时因为缺乏经验，他甚至不知道在投掷铅球和铁饼时，不可以从前方走出来。当他在伦敦奥运会比赛中，第一次投掷铅球后从前面走出来，裁判高举红旗时，他还不知道为什么会这样。那一次的成绩有13.72米，是他掷得最好的一次。他后来的成绩都没有第一次好，只掷出13.04米。

铁饼也是一样时运不济。这个项目是他的强项，他掷出最好的一次约有44.20米，可是后来投掷时他把前一次的记号牌压倒，再加上此时下起一阵大雨，记号都被弄乱了。比赛因此中断了一个多小时，大会工作人员在泥泞中寻找记号，最后他的成绩是44.00米，比原来的成绩少了10多厘米。马蒂亚斯的哥哥看到大会这样处理，觉得不公平，建议他向大会提出抗议。但是马蒂亚斯觉得比赛因为自己而拖延2个小时，反而不好意思提出抗议，接受大会处理结果，使得他的铁饼成绩少了一些分数。

比到标枪投掷时，天色已经黑了下来，当时场地并没有夜间照明设备，只好找来大卡车开进场内，打开车头大灯照亮场地继续比赛。当最后一项1500米比完时，时间已经是晚上10点35分了。虽然他的成绩分是自从1920年以来超过7000分。

当马蒂亚斯在伦敦参加比赛时，在他的家乡，美国加州小城的全城居民都关心着他的表现。收音机传来17岁小子获得奥运金牌之后，只有12000人口的小城欢声雷动，所有人都跑出来庆祝，商店干脆不做生意，大家涌向街头。放焰火、唱歌、跳舞，一直延续了好几天。三个星期之后，当马蒂亚斯回到故乡时，全城的人都来到机场迎接这位小英雄。

虽然当时成绩不高，但那时的他毕竟只是个17岁少年，还大有潜力。果然，1950年，他以8024分创造世界纪录；1952年，在赫尔辛基奥运会上，他又以7887分创纪录的成绩夺金，卫冕成功，成为奥运史上第一个也是唯一一个蝉联十项全能金牌的选手。再次成为奥运冠军的马蒂亚斯也才不过21岁。

体操比赛，原拟在室外进行，因气候恶劣，临时改在室内。由于当时奥运会体操比赛没有统一规则，每届比赛在执行规则时都很粗糙，因而在比赛过程中经常发生争议。有时还由于个别裁判的偏心，把体操比赛变成了“裁判之战”。在本届奥运会体操比赛中，几乎每次运动员做完动作后，裁判员都要因评分相差太悬殊而进行争议。下午开始的比赛一直拖到深夜，弄得运动员疲惫不堪，观众对此更是不满，纷纷退席表示抗议。

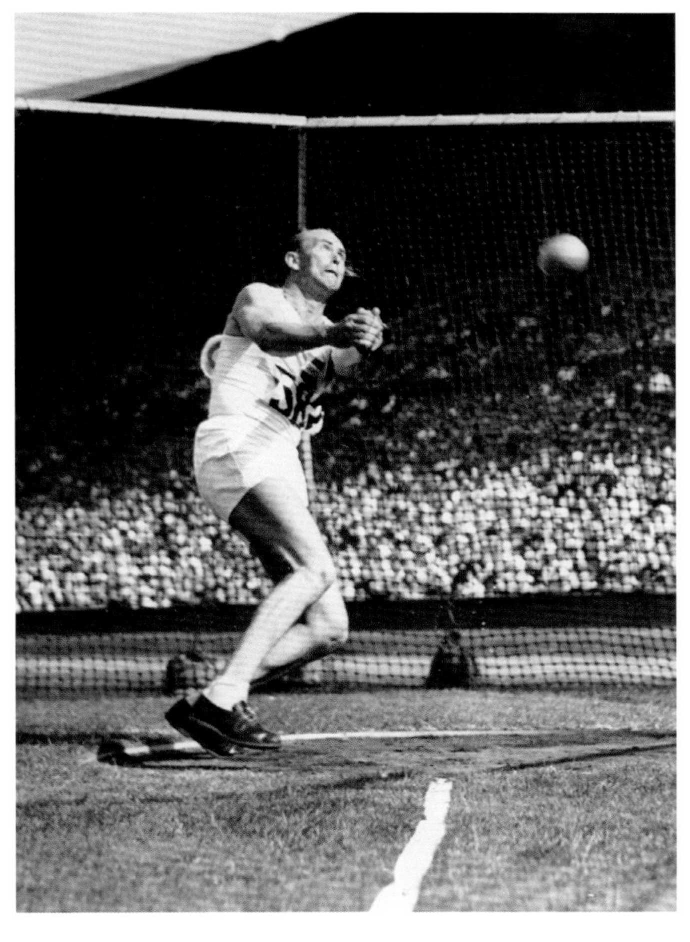

(上)1948年8月5日，男子跳台跳水决赛在温布利泳池结束。最终美国选手哈兰夺得冠军。

(下)匈牙利人在本届奥运会的田径赛场上表现出色：伊穆尔·内梅特(Imre Nemeth)以56.97米的成绩获得了男子链球比赛的金牌。

女子游泳比赛中丹麦与美国队出人意外地打成平手，各获两枚金、银牌。由于日本队缺席，男子游泳比赛总体水平不高，仅由美国队在4×200米自由泳接力比赛中创造8分46秒的世界纪录。他们垄断了男子六个项目的全部金牌。

美国队在跳水比赛中优势更为明显，所向无敌，摘走了所有项目的金牌。女子板、台跳水两项金牌，全由美国的维克托利亚·德拉夫斯一人包下，她的成绩分别为108.74分和68.87分，这在奥运会女子跳水史上还是第一次。

第14届伦敦奥运会于1948年8月14日落幕，为期两周。或许是由于战争的结束，人们心情轻松，门票收入超过5万英镑，而且大约有50万英国人从电视上观看了比赛。但是本届的成绩水平很低，因为一些优秀运动员，有的年岁大了，有的已在战争中死去，而年轻的选手尚未成熟。另一个原因，是战后各国忙于恢复，没有更多的钱投入体育事业。来伦敦参赛的运动员，有的甚至赛前还在缝补运动衫裤。英国作为现代体育运动比较普及的国家，虽然占有东道国的有利条件，却总共只赢得三枚金牌，这也反映了战争给英国体育带来的影响。

本届奥运会一共打破4项世界纪录：射击、游泳各一项，举重两项。虽然成绩不算突出，但它的意义深远，中止了12年之久的奥运会终于又开始征途。现代体育的摇篮——英国，与1908年临时从罗马手中接过奥运会一样，伦敦又一次拯救了奥运。

奥运会闭幕后，国际奥委会主席埃德斯特隆写了一封热情洋溢的信对伦敦奥运会组委会表达感谢。信中写到：从成功的开幕式到动人的闭幕式，这届奥运会进行得圆满成功。当8200人在闭幕式上放声高唱“让我们欢乐”时，我的眼泪几乎要流出来了……许多人也都要落泪了。整整12年之后，奥运会终于又重新开始了自己的追求，这是无可比拟的盛会！我以国际奥委会和全体参赛者的名义，向英国致以衷心的感谢，向组织者们表示诚挚的祝贺！

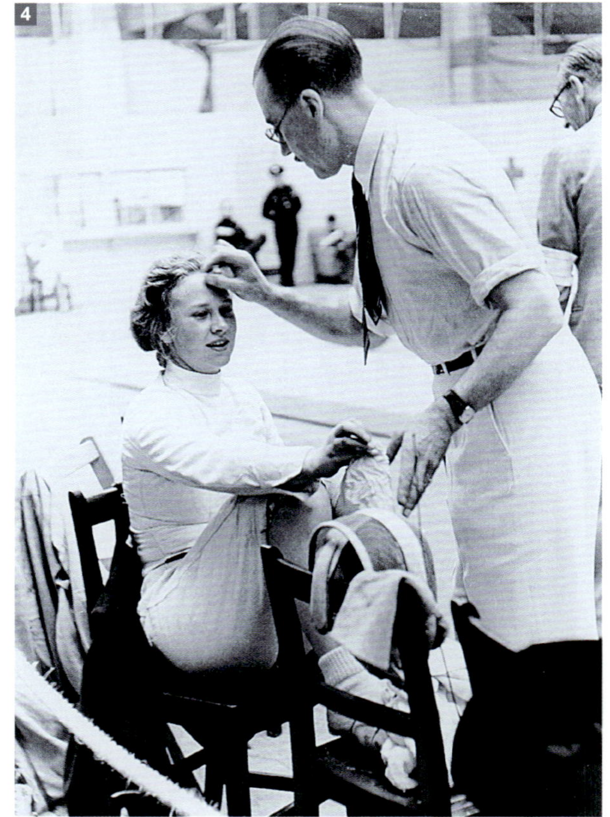

L'EQUIPE 队报聚焦

伦敦使人感到安心

12年了！我们离开柏林已经12年了！柏林奥运会因为屈从于希特勒一个人的意志进而成为他鼓吹的纳粹思想的政治宣传工具，使人反感，也为希特勒的种族主义理论的泛滥推波助澜；当看到奥运会的盛大场面和德国民众对希特勒极富煽动性的演讲的渴望动摇了体育运动基石的时候，我们又不禁为此焦虑和不安。

于是我们来到了伦敦：英国首都是文化的堡垒，也是我们生活的中心，这座城市承受了造成大量伤亡的纳粹闪电战的冲击，做出了最痛苦的牺牲；伦敦这座胜利之城强迫自己去遵循新的生存法则，最终赢得了和平和精神上的胜利。

当遭到外来入侵时，"大不列颠"这唯一不变的名字能使我们感到安心。在这个国家里，体育已经成为了每个公民日常生活中必不可少的一部分。体育运动的发展在每个家庭中、在孩子们的教育中、在人们日常生活的谈话中、在普通民众的心中都占有举足轻重的地位。体育观念已经深深地扎根于英伦三岛的土地上，也深深地植入了那一片片如柔软、浓密而整齐的地毯般的草地之中。

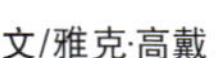

文/雅克·高戴

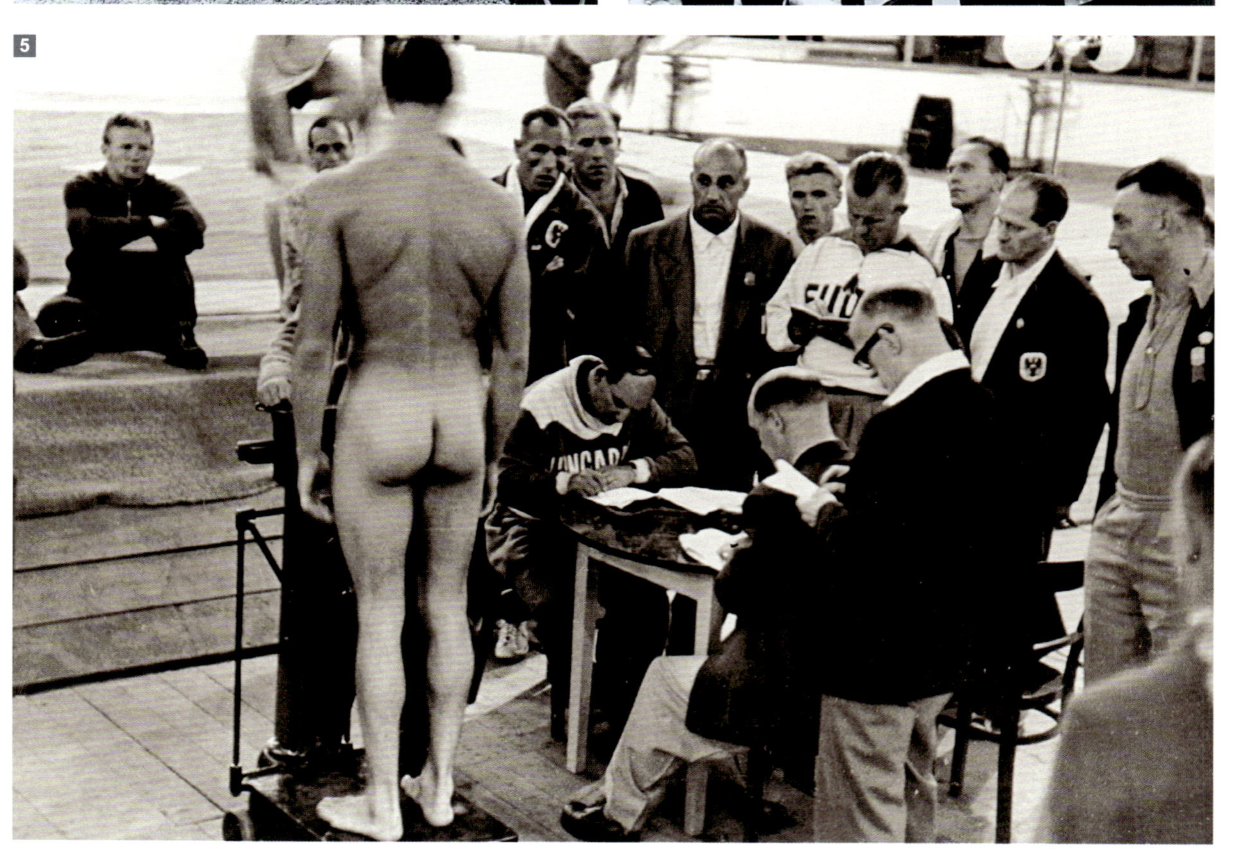

1 在田径赛场上，瑞典人包揽了1500米比赛的冠亚军，亨利·埃里克森(Henry Eriksson)战胜了该项目的世界纪录保持者他的同胞莱纳特·斯特兰德(Lennart Strand)。他们还有另外两个同胞古恩德尔·哈格(Gunder Hagg)和阿尔内·安德森(Arne Andersson)也是顶尖高手，不过却因为职业选手的身份被禁止参加奥运会的比赛。

2 火种采集自希腊奥林匹亚的奥运火炬横穿了整个欧罗巴，最终平安地抵达了位于伦敦的奥运会主赛场。

3 英国的童子军成员、童子军的女领队和驻地的女管家与富有音乐细胞的参赛运动员共同分享轻松的休闲时光。

4 于1924年至1925年举办过伦敦博览会的主场馆并不适合击剑比赛的要求，不只一位女选手在比赛过程中汗流浃背几近虚脱。

5 在伦敦的伊尔斯－科特(Earls Court)，拳击选手和摔跤选手的赛前称重是在简单仪器设备的帮助下完成的。

6 自行车男子公路个人赛和团体赛被安排在温莎公园内进行。选手们要沿着一条周长11.45公里的公路环绕弗吉尼亚湖区骑行17圈。

7 尽管顶风冒雨，身披692号的荷兰姑娘弗朗西娜·范妮·布兰科尔斯·科恩(Francina Fanny Blankers Koen)加速向前并又一次赢得了金牌，她在本届奥运上一人独得4枚金牌，被誉为"女欧文斯"。

8 23岁的英国年轻田径运动员约翰·马克(John Mark)是最后一个火炬手，身高1.90米的他也被选定点燃奥运会主赛场中的火炬。

9 为足球比赛而修建的温布利体育场是举办开幕式和闭幕式的场地，同时也在此进行各项田径比赛。足球比赛的决赛，曲棍球比赛决赛和马术障碍赛也在这个体育场中上演。与有的奥运会主体育场不同的是，温布利体育场只设有供田径比赛用的跑道，而没有在田径跑道的外围再修建用于场地自行车比赛的赛道。

10 火炬接力最精彩的压轴部分是在隆重的护卫下横穿伦敦市区。

11 有8.5万名观众涌入了温布利体育场，夹杂其中的还有数百辆汽车；另外还有各个国家与各国际组织的官员，英国王室成员也一同到场。

12 巴黎国际电台(Paris-Inter)派出了包括乔治·布里盖(Georges Briquet)、安德雷·比巴尔(Andre Bibal)、莫里斯·布兰(Maurice Blein)、艾蒂安·拉鲁(Etienne Lalou)、雷蒙·马西亚克(Raymond Marcillac)和罗伊·范·李(Loys Van Lee)在内的由多名播音员组成的强大报道队伍，通过电波为他们的听众们奉献了每日的现场赛况直播和每日两次的晚间战况总结。

L'EQUIPE 队报聚焦

阿根廷总统来电

在早些年，当标枪运动员约瑟夫·麦格罗(Joseph Maigrot)穿着巴黎消防队员的制服出现时，人们谈论的不仅仅是他出色的身体，更是他的勇气和牺牲精神。如今，这个来自法国庇卡底地区的小伙子已经是一个田径教练员了。

几年以前，一个来自瑞典小城加伏尔的消防队员因为在奥运会上获得了一枚金牌而使全城百姓感到无比荣耀。而瑞典不再对这样的事情享有专利了，阿根廷首都布宜诺斯艾利斯也加入了这一行列，因为该市一个名叫德尔弗·卡夫雷拉(Delfo Cabrera)的消防员获得了伦敦奥运会马拉松比赛的金牌。

29岁的德尔弗·卡夫雷拉一头黑发，留着小胡子，显得很敦实。他已经练习中长跑10年了。他的成绩怎么样呢?说出来可是很值得夸耀的：5000米最好成绩15分25秒，10000米最好成绩32分钟。卡夫雷拉应该肯定会代表祖国阿根廷参加在伦敦举行的奥运会，在跑道上捍卫他的荣誉。这还多亏了他在奥运会开幕前几个月遇到的一位圣洛伦佐俱乐部的教练弗朗西斯科·穆拉(Francisco Moura)，这位田径教练对他说道："我在寻找一位合适的马拉松选手参加奥运会的比赛，你愿意先听我说说大致的情况么?不过可别打断我的话。"

卡夫雷拉很胆怯地问道："马拉松?马拉松是什么新鲜玩意儿?"

"就是参赛选手要跑42公里多一点儿……但是这很容易，也并不比你跑完10000米要累多少……尤西比奥·古涅斯(Eusebio Guinez)和阿尔贝托·森西尼(Alberto Sensini)他们两个将和你一起进行一段时间的赛前强化训练，也是为了帮助你尽快适应。但是你要对接受马拉松训练这件事守口如瓶……这是我的秘密计划。8月8日你的好奇心就会在伦敦解开了。"穆拉向他解释着。

这3个人从没有在公路上参加过长跑比赛，他们在伦敦参加了自己有生以来的第一次马拉松比赛，他们3人最后分别获得了第1名、第5名和第9名的好成绩……卡夫雷拉对我们自豪地宣布："我不会去回想我的胜利，但我是幸福的，因为我获得的这枚金牌激励了阿根廷的年轻人，让他们对长跑运动更感兴趣。"

然后，卡夫雷拉从裤兜中抽出了阿根廷总统胡安·多明戈·贝隆(Juan Domingo Peron)亲自发给他的一封私人电报，他说："布宜诺斯艾利斯警察局长和消防队长通过广播向我表达了祝贺，可以肯定的是，我将被授予下士警衔。"

文/罗伊·范·李

1

2

3

4

1 获得男子10000米比赛冠军的捷克斯洛伐克选手埃米尔·扎托佩克(Emil Zatopek)以48秒钟的巨大优势战胜了法国运动员阿兰·米蒙·奥卡沙(Alain Mimoun O′Kacha)获得冠军。本图为赛后在队友们和南斯拉夫朋友搀扶下的扎托佩克。

2 美国篮球队队长杰西·雷尼克(Jesse Renick)被队友们高高举起;他们在决赛中以65比21的大比分横扫了法国队。

3 身高仅1.42米的美国人约瑟夫·迪·皮埃特罗(Joseph Di Pietro)是袖珍型的举重选手,然而他却在挺举比赛中举起了105公斤重的杠铃,并以三种姿势307.5公斤的总成绩获得了男子举重56公斤级的金牌。

4 来自美国密西西比州的勒鲁瓦·柯克兰(Leroy Cochran)在家中10个孩子中排行老9;他轻松摘得了男子400米栏比赛的金牌,又代表美国队获得了4×400米接力比赛的冠军。

5 获得女子跳台跳水冠军的美国姑娘维克托利亚·德拉夫斯(Victoria Draves)和获得男子跳台跳水比赛冠军的同胞塞缪尔·李(Samuel Lee)在亲切交谈,另一位获得男子跳板跳水比赛银牌的美国人米勒·安德森(Miller Anderson)在两人中间认真地聆听。

6 在体操比赛中,获得了男子全能和男子团体比赛金牌、双杠比赛银牌和单杠比赛铜牌的的芬兰选手维科·胡赫塔宁(Veikko Huhtanen)还在鞍马比赛中以19.350分与自己的同胞帕沃·阿尔托宁(Paavo Altonen)和海奇·萨沃莱宁(Heikki Savolainen)一起并列第一!

7 第一次被列为奥运会正式比赛项目的女子跳远比赛的金牌落入了奥尔加·加尔玛蒂(Olga Gyarmati)的囊中,她夺冠的成绩是5.70米。

8 在射击场上,埃德温·巴斯克斯·坎(Edwin Vasquez Cam)获得了男子自选手枪的冠军,成为第一位获得奥运金牌的秘鲁人。

9 在拳击51公斤级决赛的较量中,阿根廷人帕斯夸尔·佩雷斯(Pascual Perez)一拳击中对手意大利人斯帕尔塔科·班迪内利(Spartaco Bandinelli)。然而此前他差点没能获得参赛资格:裁判把他和另一位阿根廷选手搞混了,认为他体重超重不符合51公斤级比赛的报名资格。

10 男子十项全能的比赛跌宕起伏。616号美国选手伊尔文·蒙施恩(Irving Mondschein)、432号阿根廷选手恩里克·基斯滕马什尔(Enrique Kistenmacher)和445号波兰选手亚当斯茨克(Adamsczyk)的1500米比赛就是在一片池沼中进行的。

星光四射的妈妈运动员

来自荷兰的30岁"飞行家庭主妇"一人独得了女子100米、200米、80米栏和4×100米接力4枚金牌。她的孩子们应该为他们的母亲感到骄傲。

文/贝努瓦·海默曼

尽管她的一生都是在操持繁重的家务中度过，而且又经历了无休止的第二次世界大战，但这些都没有能够阻止她在1948年的伦敦奥运会上成为最闪亮的明星，创造属于自己的辉煌。她在奥运赛场上穿着宽大的运动短裤，成为了杰西·欧文斯一样的英雄人物，一举席卷了4枚金牌，就像"黑色旋风"欧文斯在1936年柏林奥运会上所做的一样。还没有哪一位女运动员能够在一届奥运会上获得如此成就！30岁的弗朗西娜·范妮·布兰科尔斯·科恩已经是两个孩子的母亲了，没有什么比人们讥讽她这把年龄还来参加奥运会更能激发起她的斗志。人们都认为以她这个年龄报名参加这么多项目的比赛是不可能的，并对她的决定目瞪口呆。然而，如若不是战争爆发，她所获得的荣誉可能会更多。

布兰科尔斯·科恩出生在一个农民家庭，但很小的时候她并没有下地干过农活，因为她的父亲转行作了一名运货员，整天奔波在各条公路上。来到城里以后，布兰科尔斯·科恩在从公社学校放学回家后还要学习家政，此外，在闲暇时她还得学习骑自行车、针线活儿和园艺，似乎她以后要成为一个佣人的命运早已被规划好了。不过，从14岁起她对体育产生了浓厚的兴趣，也正是体育给她提供了似锦的前程。她向学校的体育老师表示想成为奥运冠军，而两年后学校体育老师的一个建议无疑为布兰科尔斯·科恩的一生指明了方向："我们已经有了太多的优秀游泳选手，你就去选择田径吧！"

她的教练是曾经获得过奥运会男子三级跳远冠军的荷兰名将简·布兰科尔斯（Jan Blankers），这位教练18年的丰富执教经历足以带领布兰科尔斯·科恩出现在1936年柏林奥运会的赛场上。在柏林的赛场上她仅仅获得了女子跳高比赛的并列第6名，并代表荷兰

（上）荷兰民众在阿姆斯特丹庆祝伦敦奥运会"女皇"凯旋。布兰科尔斯·科恩的丈夫、两个孩子、各界社会名流都在向这个女人表示敬意。

（下）在4×100米接力的决赛中，荷兰队（画面中间，从左数第4支队伍）曾经一度落后领先者5米之多，但是最终还是赢下了比赛。

队获得了4×100米接力的第5名。她最大的收获还是带回了一张杰西·欧文斯亲笔签名的照片。其实，身材修长的布兰科尔斯·科恩更适合练习800米，然而经历了1928年阿姆斯特丹奥运会上糟糕透顶的经历后，这个项目的女子比赛被从正式比赛项目中去除了。时间过得飞快，布兰科尔斯·科恩第一次打破了女子100米项目的世界纪录，这仅仅是她运动生涯中11次刷新这个项目世界纪录的开始；她在1938年巴黎举行的欧洲田径锦标赛上与众多高手同场竞技；1940年又嫁给了他的教练；此后，田径运动经历了漫长黑夜，遭到了沉重打击。1946年，人们又重新看到布兰科尔斯·科恩在挪威奥斯陆举行的欧洲田径锦标赛上两次站在领奖台的最高处。

在整个战争时期，她想尽办法保持竞技状态，并在1943年打破女子跳高和女子跳远两项世界纪录。让一度认为布兰科尔斯·科恩太老了的英国田径队领队无比窘迫的是，荷兰姑娘在伦敦谱写了辉煌篇章，这也让公众普遍感到惊讶。在8天的时间里，这个一直被称作“孩子母亲”的荷兰人，在参加的11次比赛中全部夺冠，这样的奇迹就发生在体育场中那条铺了细煤渣的跑道上，尽管在大雨过后那里已经变得像菜地一般泥泞。

这也许是一个讽刺：在100米决赛中，她领先获得第二名的英国选手桃乐丝·曼莉(Dorothy Manley)3米；在200米决赛中，她领先获得银牌的英国选手奥黛莉·威廉姆森6米多；在80米栏决赛中，尽管起跑并不好，她还是以11秒20的成绩打破世界纪录，这也是伦敦奥运会田径比赛中诞生的唯一世界纪录,她战胜的也是一名英国选手马里恩·加德纳(Maureen Gardner)；最后，在4×100米接力比赛中，她出任荷兰队的最后一棒，她强有力的最后冲刺让荷兰队获得了这枚金牌。

“我只是让自己跑得快点而已，我也不明白为什么人们传出了这么多关于我的故事。”布兰科尔斯·科恩也许对自己的受欢迎程度有点吃惊。无论如何，伦敦奥运会上状态出色的荷兰女飞人已经用行动向人们证明了对于一个家庭主妇来说鱼与熊掌也是可以兼得的。

(左上)站在80米栏比赛领奖台上的3个人依次是：亚军英国人加德纳、金牌得主荷兰人科恩和获得铜牌的澳大利亚运动员斯特里克兰。

(上)在200米决赛中，科恩以领先第二名英国选手威廉姆森(723号)6米多的优势冲过终点。在英国人左边的是获得铜牌的美国选手帕特森，在图片右边的是获得第四名的澳大利亚人斯特里克兰。

(左)在80米栏的比赛中，登上最终领奖台的3个人从跨过第一个栏架后就浮现出来。她们是处在跑道最里圈的布兰科尔斯·科恩，在她右手边的东道主选手加德纳和身穿白色比赛服的澳大利亚人斯特里克兰。

奥斯特迈尔奏响悦耳的音符

在获得女子铁饼比赛的金牌后，法国女钢琴家米什莉娜·奥斯特迈尔(Micheline Ostermeyer)第二次让《马赛曲》响彻体育场。此前她还为法国获得了女子铅球比赛的金牌。

文/安德雷·奥贝

身高1.79米、体重73公斤的法国选手米什莉娜·奥斯特迈尔在铁饼比赛中并没有真正展示出太多的技巧，而是更多地倚重出色的身体条件和力量，她扬长避短，充分发挥了自己的优势，依靠最后一掷，夺得了金牌，这出乎所有人的意料。总体来说，本届赛会女子铅球这个项目的整体竞技水平是让人感到失望的。身为奥运会双料冠军和钢琴演奏家的奥斯特迈尔是一个真正的天才。

在米什莉娜·奥斯特迈尔柔弱的肩膀上承载着整个法国体育的重量。在奥运会比赛进行的这些天里，法国运动员们表现得如同自己的民族一般伟大。

当我们用“柔弱的肩膀”这样的表达方式时，是想打动人们的心。说真的，这个法国姑娘的双肩还是很强壮的，依靠这双有力的臂膀，她为自己也为法国带回了两枚金灿灿的奥运金牌。

米什莉娜·奥斯特迈尔的出场预示着真正的较量刚刚开始，此时的我们还有很多事情没有安排妥当：在这座巴别塔中(《圣经》中挪亚的子孙还没有建成的通天塔，这里比喻体育场设施的简陋程度)，我们找了一个虽然拥挤但还是很合适的小地方坐了下来。不过在这嘈杂的人群中，我们得寻思着如何开展自己的工作，如何写稿子，首先要考虑的是采用何种坐姿才能让视野更广阔一些。我们不得不一次次跳起来看法国的三色国旗升起在体育场，也为了能把奏响的《马赛曲》听得更清楚。因为有了奥斯特迈尔，现场的法国观众才能把目光聚焦在法国国旗上，并用耳朵去感受《马赛曲》的美妙音符。法国人应该把敬意与感谢献给亲爱的奥斯特迈尔，光荣是属于她的!

比赛的第一天，我坐得离奥斯特迈尔进行的铁饼比赛的地方太远了；不过，我对她能在铅球比赛中获得金牌颇感意外。太棒了！她的实力太强了！她主宰了比赛！多么优美的姿势啊！无论是作为一个田径运动员，还是一个普通运动员，抑或是一个年轻的姑娘，她的微笑都是那么美！米什莉娜·奥斯特迈尔款款地来到草坪上，脸上浮现着喜悦的神情，她的表情似乎是在讽刺着什么：“我们女人现在以胜利者的姿态站在这儿，我们不奢望能够追上男人们创造的纪录，但是你们都看到了，你们以后还会看到，我们比他们的嘲笑和揶揄做得要好一些。在这片草地上，在这里的跑道上，即使我们女运动员只能在他们身后很远的地方跟随，我们也在沿着他们的路线前进；即使我们没能把步子迈得像他们那样大，我们也在沿着他们的脚步前进，我们就是他们发光的影子。”没用多少时间，奥斯特迈尔就证明了她所说的话。在严格的裁判的眼皮底下，这个法国姑娘在比赛中找到了属于自己的位置……裁判一丝不苟地监视着比赛中可能出现的犯规，让人们觉得似乎他就是想找到奥斯特迈尔微小的违例行为来给判罚找到足够的理由，但是他失望了。与往常一样，奥斯特迈尔全神贯注，细心中不乏大方，挥洒自如间不乏严谨，这些从心底把她与喧闹的观众隔离了开来。她平静得就像在平时的训练中一样，3次试投的成绩很稳定：最后，铅球落在了比13.60米那个标志物稍远的地方。13.75米!

铅球比赛结束了，奥斯特迈尔坐到了一张长凳上，她是那么的不引人注意，那么的稳重，那么的谦虚，姿势又是那么的优美，这个长着一双美丽长腿的姑娘突然变得那样的迷人。那些获胜的女孩子们总是喜欢坐在这简陋的体育场中央的草坪上，报以喜悦的目光。尽管草坪周围被泥泞的跑道包裹得严严实实的，但是这丝毫没有煞了风景。这回也轮到奥斯特迈尔了……

在田径比赛的第6天，在大雨中夺得铁饼金牌的她又使法国国旗和《马赛曲》的旋律第二次同时升起在体育场上空，就像她在第一天比赛时在灿烂的阳光下所做的那样……

让法国人惊喜的礼物

在温莎公园潮湿的道路上，若泽·贝亚尔(Jose Beyaert)夺得了自行车公路个人赛的冠军，这也是法国自行车队在本届奥运会上夺得的第3枚金牌。

文/雅克·高戴

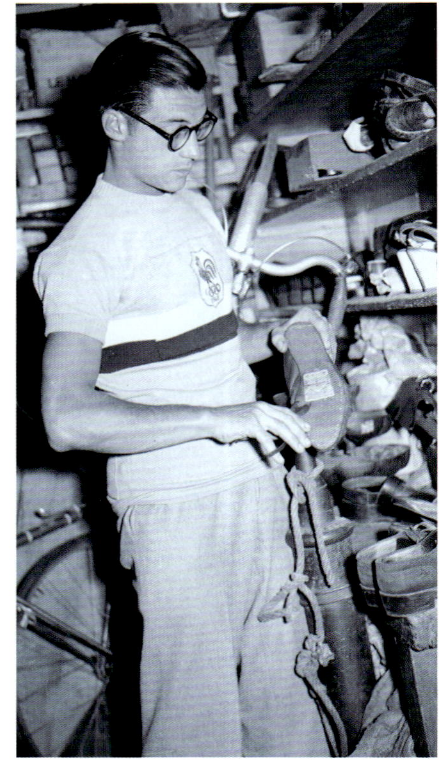

这是第3枚金牌了！坦率说，法国自行车队在公路个人赛上所收获的本届奥运会上的第3枚金牌是最令他们惊喜的礼物，这枚金牌完全不在计划之内，真是一个意外之喜啊！这么说是因为他们在这个项目上缺乏取胜的信心么？显然不是！在温莎公园参加公路个人赛的运动员比前面几项比赛的报名人数要多，实力也更强。各国都派出了最好的骑手参加比赛：意大利人、英国人、瑞典人、比利时人、瑞士人，当然也不能忘了荷兰人。另外，公路自行车赛就像买彩票碰运气一样，即使最霉运也要用微笑来面对……但这又不完全是碰运气的事情。法国车手若泽·贝亚尔在比赛中表现得非常出色，他在最后时刻脱颖而出，甩开身后追赶的大部队，从始至终都一个人骑行在最前面，这样也就省去了需要最后来一番冲刺的麻烦。因为无法坐在汽车或摩托车上跟随着骑行的队伍一起行进，我们只好在乔治·斯派谢尔(Georges Speicher)的陪同下一起来到离终点大约200米的地方等着第一位冲过终点线的选手；在终点线上等着胜利者是一种感觉，而亲眼看着胜利者夺取冠军的则是完全不同的感受！

在倒数第二个道口过后，比利时选手莱昂·德拉杜威尔(Leon Delathouwer)和英国选手戈登·托马斯(Gorden Thomas)率先通过了补给站，他俩领先已经在身后加快了追赶步伐的小集团有13秒的优势；这个小集团中包括法国人若泽·贝亚尔、比利时选手洛德·乌特尔(Lode Wouters)、荷兰选手杰拉杜斯·皮特鲁斯·弗尔丁(Derardus Petrus Voorting)、瑞典车手尼尔斯·约翰森(Nils Johansson)、英国人罗伯特·迈特兰(Robert Maitland)，以及来自澳大利亚的杰克·胡宾(Jack Hoobin)。我们已经等得有些不耐烦了，想看看到底两名领先的运动员能不能把这个差距拉大，或者正相反，他俩被身后的车手们追上重新组成新的领先集团，再或者会有什么意外发生……我们强迫自己冷静下来，使自己不至于会失态。

(下)自行车公路赛中，在骑行到最后一条坡道时还领先的若泽·贝亚尔，最后以几米的微弱优势压倒身后的追赶者们，他的前辈罗伯尔·夏蓬蒂埃在1936年柏林奥运会上曾获得过该项目的冠军，时隔12年后，这个法国小伙子再一次为法国带回了这枚金牌，保住了冠军，荷兰人弗尔丁获得了一枚银牌，而比利时人乌特尔获得了该项目的第3名。
(右)在回到法国后，这个来自朗斯的小伙子受到了家人朋友们的热烈祝贺！

不过说真的，这很难做到！何况勒内·鲁弗图(Rene Rouffeteau)已经因为摔倒而遗憾地退出了比赛，使得法国选手们的处境更加不利。法国队本来应该有很大的希望在该项目的车队总成绩榜上称雄，拿到这枚公路团体赛的金牌，由于鲁弗图的意外退赛，这个愿望彻底破灭了。另一位法国运动员雅克·杜邦则在比赛中很不走运地遭遇到了两次爆胎，再加上要与两位难对付的意大利骑手周旋，使他落后了领先者多达十几分钟的时间！……尽管如此，乔治·斯派谢尔却表示："法国队还有机会赢得金牌，贝亚尔精力很充沛，他知道怎么在比赛中发挥最大能量。如果他最终击败其他所有的对手，我也丝毫不会感到意外。他能成功

的……”

离终点越来越近的时候，几个名不见经传的选手通过坚持不懈的努力取得了领先，要知道他们可是来自那些自行车运动并不发达的国家的……随后，一个点远远地出现在坡道尽头，并进入了终点前的最后直道，人们此时还不敢说这到底是哪位车手。然而数秒钟过后，乔治·斯派谢尔欢呼了起来，他喊道：“是的，是他……那是贝亚尔！我说过他会赢的！……”

没错，出现的就是他！不过，就在法国人身后不足百米的地方，追赶的大部队已经开始加速冲刺，我们尽自己所能为贝亚尔加油鼓劲。此时风力很强，当若泽·贝亚尔从我们几个人眼前通过时，我们好像正在看一部慢放的电影。贝亚尔用尽全身力气，在他身后努力追赶的对手们也同样如此；法国人显得有些力不从心，骑行的速度变得很慢，差距在一点点被蚕食，虽然他仍然在咬牙坚持。我们大概计算了一下，贝亚尔与后面选手们的差距只有12秒。

从我们站的高度上看到另外5名选手已经开始了最后拼尽全力的冲刺……终于到终点了，贝亚尔坚持住了，他以3秒60的优势保住了这枚金牌。当我们来到终点时，他已经被高高地举起来庆祝胜利了。

他的沉着冷静给我们留下了非常深刻的印象，当时的危急情况让人慌乱，他却挺了过来！比赛过程中，贝亚尔显然知道自己要怎么做并且做到了……他是一个老资格的选手了，因为从小起他就开始进行自行车训练，不过事实上他只有22岁。只要不再继续迟疑下去，有些人完全可以成为一名战绩彪炳的职业自行车运动员。这是对他所获得的成就最好的褒奖了，事实上他不想等到通过终点冲刺较量来分出胜负，他可以骄傲地说：“我是在战斗中击败那些不可一世的强大对手们的！”圣·拉法埃尔·埃利自行车俱乐部和乌钦森自行车俱乐部一直致力于普多青年体育协会的工作，为若泽·贝亚尔提供了奥运会的参赛装备。不过，法国人为了这场胜利也付出了更多的代价，因为在此之前，法国的车手们经历了一段黑暗时期。

在一直阴云不断的天空下，在临近中午时分的蒙蒙细雨中，雅克·杜邦开始加速了，他慢慢地赶了上来，又开始了第二轮加速，重新追上了两个意大利人，这两个优秀的意大利骑手来自法拉利·佩德罗尼车队，他们两人仍然有机会。然而，被看做夺冠大热门的这个法国小伙子事实上却已经被淘汰出局了！

不过这又有什么关系呢！从总共17圈比赛的第10圈起，法国队已经有了贝亚尔和鲁弗图这两人骑行在领先的集团中，与他俩结伴前行的还有另外8名好手。另外骑行在领先集团后的阿兰·曼努(Alain Moineau)也依然有机会赶上领先者们，他也是意大利法拉利·佩德罗尼车队重点挖掘的车坛新星。

此时，各位法国选手所处的位置都还算不错……在第14圈快要结束时，鲁弗图在第二个补给站处因为自己的工具包和自行车的前轮搅在一起而连人带车一起摔了出去，这让他被身前的选手们迅速地拉开了差距，受了伤的他也不得不放弃比赛并被送到医务室接受治疗。鲁弗图的摔倒可连累到了他身后的其他选手，让他们被前面躲过事故的几名选手甩开了；另外几个意大利选手也影响到了曼努。如果没有这起意外，情况可能就会完全不同了。

贝亚尔拯救了法国自行车队。不过他也承认鲁弗图实力更强，无论曼努还是杜邦都不是输在了自身实力上；如果法国选手们的运气再好一些的话，完全可以缔造一个十分了不起的成就。

马蒂亚斯与安利什的聚会

两个差不多都是第一次参加大型赛事的小伙子主宰了男子十项全能的比赛：17岁的美国选手马蒂亚斯(Robert Bob Mathias)和法国人安利什(Ingnace Heinrich)已经约好四年以后再较高下。

文/保罗·杜邦

(上)马蒂亚斯是奥运会历史上最年轻的田径项目金牌获得者；铁饼比赛中，凭借44.00米的的一掷，他确保自己获得了十项全能项目的这块金牌。(右上)法国选手安利什(左)最终登上了领奖台；站在中间的是获得冠军的美国选手马蒂亚斯，在右边的是获得铜牌的另一名美国选手弗洛伊德·西蒙斯。

对于男子十项全能选手来说，在让人无法忍受的条件下完成全部比赛，需要顽强不屈的品质和强烈渴望。在他们当中有两个出色的运动员知道不能被这些客观因素打败，即使最不被看好能够夺冠，也不能让软弱和明显的愚蠢行为所击垮。运动员们要和时间赛跑，还要在跳远和跳高比赛中挑战距离和高度的极限，在一天的比赛中往往只吃几块糖或巧克力。

罗伯特·鲍勃·马蒂亚斯出人意料地夺得了男子十项全能的全美冠军，从而获得了代表美国出征伦敦奥运会的资格。他用奥运会上辉煌的成绩证明了他全美冠军的头衔不是徒有虚名。在奥运会的比赛中，他是唯一最后总分超过7000分的选手，也是唯一总分达到7300分的。马蒂亚斯并不是一个在单项比赛中有实力竞争金牌的选手，但他在各个项目中的实力很均衡。他在十项比赛中的最高分是在跳高项目中以1.86米获得的859分，而最低分也能够达到354分，他在自己相对较弱的1500米比赛跑出5分11秒……这个成绩虽然差强人意，但对于一名十项全能选手来说在弱项中能够挣到这样的分数也是可以令人满意的了；其实在1500米比赛中他相对来说表现较差，究其原因更多地来自心理上的而不是身体上，不过好在还有钢铁般的意志作保障：他总是对自己说不能软弱，要尽可能跑得再快一些。十项比赛中有七项得分在700分以上，其中撑竿跳高还拿到了单项的第一名，这样的表现确保了他的胜利，也是法国选手伊纳斯·安利什、美国选手弗洛伊德·西蒙斯(Floyd Simmons)和阿根廷人恩里克·基斯滕马什尔不能比拟的。

两个小时以后，这3个人完成了自己的全部比赛，他们在跑道边等着看马蒂亚斯是不是出现闪失。法国人安利什凭借在1500米比赛中竭尽全力的表现而获得了一枚铜牌。安利什在撑杆跳高比赛中的糟糕表现在1500米中得到补偿：撑竿跳高中他少得117分，却在拼尽了全力的1500米中多得了163分。不过，标枪比赛是他失分最多的项目，他仅掷出40.98米，足足比马蒂亚斯少了10米，也就使他比美国人在这一个项目中就少得了165分，另外，在铁饼的比赛中他也比马蒂亚斯少拿了95分。尽管安利什表现还能称得上出色，但在更出色的马蒂亚斯面前，也只能俯首称臣。

1500米比赛过后，西蒙斯也将银牌拱手让出。经过了安排紧密的两天比赛后，3名美国人马蒂亚斯、西蒙斯和伊尔文·蒙施恩在这最后一项艰苦的1500米比赛中表现都很平庸。1946年欧洲田径锦标赛十项全能比赛冠军霍姆万格(Homvang)发挥得也很一般，他和瑞典人埃里克·皮特·安德森(Erik Peter Andersson)、皮尔·阿克塞尔·埃里克森(Per Axel Erikson)以及法国人斯普莱谢尔(Sprecher)都在强项中拿到了宝贵的分数。应该说为了在撑竿跳高项目中把成绩提高10厘米、多得50分，需要3个月的刻苦训练；要想在1500米这个特别受到重视的项目中跑出4分30秒的成绩从而拿到621分，就需要一个月的悉心备战。而在最后总分前4名的选手中，安利什是1500米比赛中成绩最好的一个，即使这样他在这个项目中才得到了517分。

阿根廷人基斯滕马什尔保住了第4名的位置，他没有任何一项的实力很突出，也不具备马蒂亚斯和安利什的年龄优势。安德森在最后一项1500米比赛过后才在总分上超过澳大利亚选手皮特·穆林斯(Peter Mullins)；澳大利亚人是1500米比赛中发挥最糟糕的，他仅仅得到321分，而瑞典人安德森则正是凭借在这个项目中得到的589分反超他。戴着眼镜的美国选手蒙施恩在赛前被看做夺金热门，却在第二个比赛日过后便早早地退出了冠军的争夺，他在第二天的比赛中仅仅得到2904分。

田径赛场上，男子800米比赛中，151号的法国选手马塞尔·昂塞纳(Marcel Hansenne)为了从外道超越不得不多跑了几米，最终他仅获得铜牌，冠军被136号美国运动员马尔文·惠特菲尔德(Malvin Whitfield)获得，银牌得主是来自牙买加的122号亚瑟·温特(Arthur Wint)。

1948年伦敦第14届奥运会

虽然奥运会的准备工作受到了客观条件的巨大制约，但这依然是一届成功严谨的奥运会。最重要的是和平终于回来，参赛国的数量也创造了纪录。

数据

开幕日： 1948 年 7 月 29 日
闭幕日： 1948 年 8 月 14 日
主办国： 英国
其他申办城市： 美国巴尔的摩、瑞士洛桑、美国洛杉矶、美国明尼阿波利斯、美国费城
59 个国家奥委会派队参赛（国家名义）
4099 名参赛运动员： 其中包括 3714 名男运动员和 385 名女运动员。
19 个大项（其中 8 个大项设有女子比赛，包括混合项目）：田径、赛艇、篮球、拳击、皮划艇、自行车、马术、击剑、足球、体操、举重、曲棍球、摔跤、游泳、现代五项、跳水、射击、帆船和水球。
表演项目： 瑞典体操．
136 个小项（其中 31 个小项设有女子比赛，包括混合项目）。
宣布开幕者： 英国国王乔治六世
点燃火炬者： 东道主田径选手约翰·马克
运动员宣誓： 东道主田径选手唐纳德·芬莱
国际奥委会主席： 瑞典人西格菲尔德·埃德斯特隆

冬季奥运会

大战后的第一届冬季奥林匹克运动会于 1948 年 1 月 30 日至 2 月 8 日在瑞士的圣莫里茨举行。

应邀参赛的有 28 个国家和地区，669 名运动员（其中女子 77 人，男子 592 人）。德（两个德国）、日因系第二次大战策源地，被拒之于奥运会门外。首次参加的有冰岛、丹麦、黎巴嫩、智利和韩国。本届竞赛项目大项仍为 4 个，但单项比以前有所增加，达到 22 个，新列入的项目有男女回转障碍滑雪和快速降下，另外，恢复了 4 轮雪车赛。

从柏林到伦敦

1937
• 7 月 7 日，芦沟桥事变爆发。
1938
• 3 月 11 日，德军入侵奥地利。
• 9 月 29 日，慕尼黑协定签署。
1939
• 8 月 23 日，苏德条约签署。
• 9 月 1 日，德军进攻波兰。英国和法国对德宣战，第二次世界大战正式拉开帷幕。
1940
• 6 月 18 日，戴高乐呼吁法国继续战斗。
• 9 月 27 日，日本加入轴心国集团。
1941
• 6 月 22 日，德国进攻苏联。
• 12 月 7 日，日本进攻珍珠港，美国参战。
1943
• 2 月 2 日，斯大林格勒战役德军失败。
1944
• 6 月 6 日，诺曼底登陆。
• 8 月 25 日，巴黎解放。
1945
• 2 月 4 日，雅尔塔会议。
• 4 月 30 日，希特勒自杀。
• 5 月 7 日，德国投降。
• 6 月 26 日，联合国宪章在旧金山签署。
• 8 月 6 日，美国向日本投下原子弹，9 月 2 日，日本投降。
1946
• 12 月 19 日，印度支那战争爆发。
1947
• 6 月 5 日，马歇尔计划在哈佛公布。
1948
• 5 月 14 日，以色列建国。第一次以色列阿拉伯战争爆发。
• 6 月 24 日，苏军封锁柏林。

你知道吗？

田径比赛中，起跑器出现。

1936 年奥运会的冠军中共有两位成功地在 12 年后卫冕：匈牙利人约拉·埃莱克 (Iloa Elek) 在佩剑项目中，以及捷克斯洛伐克人扬·布拉扎克 (Jan Brzak) 在双座皮划艇 1000 米项目中。

卡洛丽·塔卡科斯 (Karoly Takacs) 原先是匈牙利射击国家队中的手枪射击选手，曾经在 1938 年获得世界冠军。后来她在战争中被手榴弹炸飞了右手。后来她改练左手，并在手枪速射比赛中夺得金牌。

帆船比赛中出现了一组父子档、一组父女档：美国的希拉里·斯马特和保罗·斯马特 (Hilary, Paul Smart) 获得冠军，古巴的卡洛斯·德·卡尔德纳和卡洛斯·德·卡尔德纳二世 (Carlos Jr De Cardena) 获得亚军。

美国十项全能选手马蒂亚斯成为奥运史上第一个也是唯一一个蝉联十项全能金牌的选手。再次成为奥运冠军的马蒂亚斯也才不过 21 岁。

伦敦奥运会之后，英国逐渐从悲观的战后气氛中苏醒，
皮卡迪里广场重新恢复了战前的繁荣。

伦敦 London

继巴黎之后，伦敦成为第二座举办两届奥运会的城市。但与巴黎不同，伦敦两次都是在困难的情况下，义不容辞地承担起国际义务。

1938 年，柏林奥运会之后仅两年，以希特勒为首的纳粹分子便发动了第二次世界大战。1940 年，英国的政治中心伦敦成为“二战”时期盟军的总指挥部，成为欧洲人民团结一切力量，打败德国法西斯的中心，成为欧洲用武装斗争再造自由与和平的圣地。

同时，伦敦也成为了法西斯德国急于摧毁而后快的和平堡垒。1940 年 6 月，德军占领西欧大陆后，随即发动了不列颠之战。几乎整整半年，德国法西斯的飞机频频在伦敦上空俯冲轰炸，丢下数以万吨计的炸弹，使得很多街区成为瓦砾场，地铁都成了防空洞。然而，伦敦顶住了德军的狂轰滥炸，并取得了不列颠之战的最后胜利。

百孔千疮的伦敦真诚呼唤和平，呼唤奥林匹克精神。1948 年的第十四届奥运会，来到了伦敦。

然而，二战后的伦敦再也不是举办第 4 届奥运会时的那个繁荣的城市，战争留下的创伤到处可见，经济萧条，百废待兴，英国不少人反对在当时的情况下承办奥运会。但是伦敦奥委会做了大量的宣传工作，使伦敦人再一次理解了奥林匹克精神。很快，伦敦兴建了一座奥林匹克村，修缮了体育馆，义不容辞地承担了举办推动人类和平事业的奥运会。世界上第一个工业化国家的首都，像大哥一样在国际事务中默默地分担着可能超重的义务。

继巴黎之后，伦敦成为第二座举办两届奥运会的城市。但与巴黎不同，伦敦两次都是在困难的情况下，义不容辞地承担起国际义务。1948 年，奥运圣火再度在伦敦燃烧起来，人类迎来了一个和平时期维持得最长的美好时代，奥运会从此再没有被战争扼杀过。

当人们深入伦敦，会发现这是一座生机勃勃的城市。越来越多不同肤色、不同文化层次和文化背景的人，在这里一起劳动、生活，也得到了互补，形成了一个聪明智慧的群体，共同创造着辉煌的时代。

现在，伦敦依然是一座古老的城市派头。街头徜徉着 1930 年代的那种甲壳虫似的小出租车，红色的双层巴士像一座活动楼房在狭窄的街道上一扭一摆；穿着保守的黑色西装、戴着礼帽的绅士，提着永远不离手的雨伞，神情高傲冷漠；被高高的盔式帽遮住了眼睛的警察，倒背着手站立街心道旁。这一切笼罩在冬季暗棕色的迷雾里，简直就是一副上个世纪的风情画。

伦敦也是簇新的。在航空时代，大多数进入伦敦希思罗国际航空港的飞机，是顺着当年海上的航线——泰晤士河西行而入的。人们从飞机上俯瞰伦敦，看到的是美丽的公园、古香古色的城堡和高耸亮丽的现代化大厦。

关键词·赛艇

赛艇是奥运会最传统的项目之一，它由一名或多名桨手坐在舟艇上，背向舟艇前进的方向，运用肌肉力量，通过桨和桨架的简单杠杆作用进行划水，使舟艇前进的一项水上运动。舟艇上可以有舵手，也可以无舵手。

赛艇运动多在江河湖泊等自然水域进行，空气清新，阳光充足，能有效地提高人体的心血管和呼吸系统功能，增强全身肌肉力量，调节神经系统平衡，有利于提高人体的健康水平。赛艇运动员的肺活量在各项体育项目中占第一位，可达 7000 毫升，有人把赛艇运动称为肺部体操。

该项运动正是起源于英国伦敦，17 世纪泰晤士河的船工们经常举行划船比赛。1715 年为庆祝英王加冕，首次举行赛艇比赛。1775 年英国制定赛艇竞赛规则，同年成立了赛艇俱乐部。正规比赛开始于 1829 年英国牛津大学和剑桥大学之间的校际赛艇比赛。

“牛津 - 剑桥赛艇对抗赛”虽然是一项校际比赛，却是世界上最富盛名的赛艇赛事，每年在伦敦天然的泰晤士河上举行时，都会吸引许多人前来观看，迄今已延续了将近 170 年。

口袋空空的中国代表

1947年初，中华全国体育协进会接到参加伦敦奥运会的邀请。但高达15万美元的经费让已濒临崩溃的国民政府无力支付。最终，代表团只得自己东拼西借，才得以来到伦敦。

第二次世界大战的爆发，让第12届和第13届奥运会成为泡影。为了给饱受战争之苦的世界人民以精神安慰，国际奥委会把举办第14届奥运会的任务交给了伦敦。

1947年初，中华全国体育协进会就接到了参加第14届奥运会的邀请信，中华体协十分重视，但这只是他们的一厢情愿。彼时，国民政府已经到了全面崩溃前夕，将家王朝尚处于苟延残喘之际，政府为了内战本已捉襟见肘，面对中华体协提出的经费要求他们又一次“囊中羞涩”，继而采取紧扎钱袋的做法。

原本为奥运选拔运动员、定于1947年10月举行的第七届全国运动会，因为国内形势而被迫停办。实际上，即便按计划选出运动员，他们也无钱赴欧参加奥运比赛。

按预算，到伦敦参加奥运会，需要15万美元。当时主管体育工作的王正廷和张伯苓决定“死马当活马医”，他们放下颜面，多次到政府求情。“游说”工作进行了整整4个月：始于2月，止于6月。功夫不负有心人，政府终于开出了2.5万美元的支票。当时的国际奥委会委员董守义为此事忙得不亦乐乎，从申请到拿钱，他奔走于各衙门达41次之多，光南京和上海之间就跑了25趟。还差十几万美元让大家一筹莫展。恰好当时香港有个富商，名叫胡文虎，非常喜欢足球，他自己也有一支叫星岛队的足球队。听闻奥运代表团缺钱，他让儿子胡好找到了代表团负责人，主动提出愿意支付足球队参赛费用，但条件是要从星岛队里挑选出12名球员参赛。而当时的球队总共只能报18名球员参赛，如果答应这个条件，星岛队便会一跃成为国字号球队。负责人当即否决，胡好悻悻而去。王正廷听说此事后，凭借其在中国体育界的声望（他是第一个担任国际奥委会委员的中国人，曾任北洋政府外交部长），致电胡文虎。胡文虎表示，可以无偿支付足球队出国的船票，前提为让想借机出国游览的胡好担任足球队顾问。为了钱，王正廷无奈答应了。

经过多方筹措经费，代表团组成了50多人的队伍。因为经费问题，中国代表团人数大幅缩减，为了给较有实力的篮球及足球保留名额，其他运动队的名额不得不尽量减少。最终选出来的运动员分别是田径4人、游泳1人、自行车1人、足球队18人、篮球队10人，共计33名选手。其中游泳选手吴传玉（印尼华侨）和自行车选手何浩华（旅居荷兰的华侨），都是自费到伦敦参赛。王正廷担任代表团总领队，董守义是总干事。中国足球队最后还是跟柏林奥运会一样，提前出发沿途挣钱，从门票收入当中提取代表团经费，从4月下旬开始一直到6月30日，分别同6个国家进行比赛。而篮球队也同样提前出发去筹经费。

1948年7月20日，中国代表团抵达伦敦。此时的伦敦，战争创伤尚未痊愈，物资奇缺、物价昂贵。中国代表团只能从国内运去大米、蔬菜、榨菜、腐乳、酱菜等生活品。因为付不起奥运村租金，全团只得寄宿在伦敦一所小学里，以教室为宿舍。组委会偶尔会给队员配发少量肉类、牛奶及面包，但这些远远不够。

7月29日，伦敦奥运会开幕。在59个国家和地区中排在第14个出场的中国代表团由足球队领队容启兆率领，进入伦敦主体育场，篮球队员黄天锡举旗。因为缺钱，代表团的成员虽都身着西服，但衬衫都是东拼西凑，有的是白的，有的是别的颜色，且新旧不等。

7月30日，年仅20岁的印尼华侨吴传玉参加了男子100米自由泳比赛，终获小组第5名，未进决赛；参加田径比赛的3名选手预赛时均遭淘汰，而来自上海的长跑名将楼文敖却带给世人惊喜：1万米共计30人角逐，跑完全程者仅17人，楼文敖脚底磨出血泡并且破裂，但仍坚持跑完，列第17名；次日，他又参加了5000米比赛，与世界名将托托贝克同分在第2组，在12人中位列第7；8月8日进行的马拉松比赛中，按照教练的部署，比赛一开始，楼文敖就处于第一集团。1万米后，主体育场的广播中传来楼文敖仍处于第二的消息，中国代表团官员欢呼雀跃，他们都认为中国奥运史上奖牌零的突破将由聋哑的楼文敖来完成。跑完20公里时，楼文敖还是第二。但20公里之后，广播里就再也没有传来楼文敖的消息。此时的他已没什么力气，速度越来越慢，从慢跑到步行，从步行到一步步往前挪，直至孤单地站在伦敦的街道上。当楼文敖靠坐车回到主体育场时，大家都在此心急火燎地等候多时，见了面都不禁泪流满面。

(上)1948年7月29日，伦敦奥运会开幕式，中国第14个出场，因为缺钱，队员们虽然都身穿西服，但衬衫却无法统一，新旧不等。

(下)李宗仁(中)在南京接见即将赴伦敦参加奥运会的代表团部分工作人员及篮球队员。

自行车1000米争先赛中，何浩华一路领先，车轮的飞速旋转似乎将辐条都甩得无影无踪。眼看金牌在望，临近终点一刻，后面突然杀出个“程咬金”，将何浩华狠狠地撞倒在地。就这样，何浩华与第一名失之交臂，冠军梦瞬间蒸发了，他的左臂也严重骨折。

1948年8月15日奥运会全程比赛结束了，但代表团回国的路费却没有着落。他们无钱买机票，只能滞留英伦。打电报回国，答复是：“政府不能追加预算，代表团自行解决”。最后王正廷只好向在美国纽约的另一位中国籍国际奥委会委员孔祥熙求援，由孔祥熙汇款3000美元，再加上借来的一部分钱，才返回祖国。

第15届奥运会➔赫尔辛基

1952年奥运会面临着几个重要任务:首先,苏联将迎来了奥运初体验,而举办国正是受自己影响颇深的邻国——芬兰,这个国家不久前还受苏联的控制;其次,德国重返奥运盛事,在东西德分离之后,德国民主共和国(东德)被认为是受苏联控制;最后,还有一项重要任务:让在处于全方位冷战的东西方两大集团和平共处参加这次奥运会。

芬兰人出色地解决了这些看似不可能解决的问题。他们成功地将体育和政治分割在了体育场内外。他们将奥林匹克精神发挥得淋漓尽致、魅力四射、热情如火,在公平比赛的前提下又让赛事充满竞争和悬念——以至于不少人认为,1952年的赫尔辛基是未来奥运会的模板。

赫尔辛基奥运会用两个词来概括就是:优雅,和谐。为期两周的完美盛会也许在它的起点就已经埋下伏笔。开幕式上,62岁的芬兰"飞人"科勒赫迈宁(Kolehmainen)从55岁的帕沃·努尔米(Paavo Nurmi)手中接过火炬,点燃了奥运圣火。20年前,正是这位努尔米被挡在洛杉矶奥运会门外,理由是"职业运动员",芬兰人对此从不接受。20年后的赫尔辛基奥运会开幕式上,努尔米手持火炬,对当初的无理拒绝做出了最完美、强硬的回应。当然,芬兰人的"爱国主义"在本届奥运会上仅此一次。

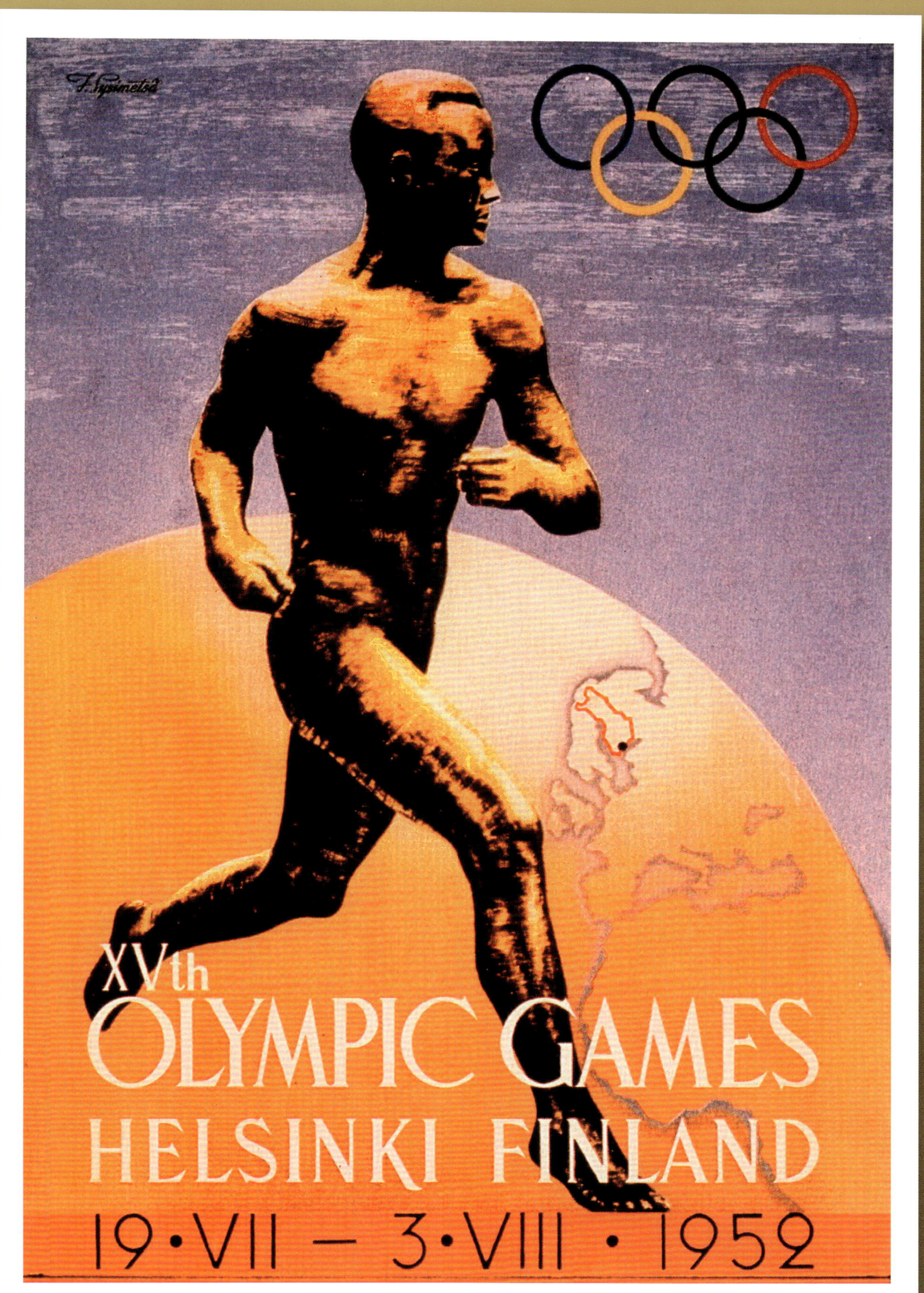
XVth
OLYMPIC GAMES
HELSINKI FINLAND
19·VII – 3·VIII · 1952

1952

她叫达娜·扎托佩克娃(Dana Zatopkova)，她赢得了标枪冠军。他叫埃米勒·扎托佩克(Emile Zatopek)，他成为不可思议的三冠王——5000米、10000米和马拉松。他们是一对夫妻——这是多么骄傲、多么深情的一吻！

美苏抗衡，从赫尔辛基开始

第二次世界大战之后形成的政治格局以及参赛人数的激增，使奥运会的发展遇到了新的问题。奥运会赛场上笼罩着冷战带来的政治空气，体育从此进入了美、苏两个体育强国抗衡的时代。

(上)奥运会期间没有去上学的芬兰小孩为赛事的组织服务。
(右)帕斯基维先生宣布第15届奥运会开幕。体操运动员海基·萨沃莱宁代表运动员宣誓。

1947年6月，国际奥委会于斯德哥尔摩就1952年奥运会会址问题展开讨论。与第14届奥运会只有伦敦申请形成鲜明对照的是，第15届有赫尔辛基、阿姆斯特丹、雅典、底特律、明尼阿波利斯、洛桑、费城、斯德哥尔摩、芝加哥9个城市提出申请。会议期间，各城市都派来市长率领的代表团游说，气氛相当热烈。最终，赫尔辛基赢得主办权。

当时赫尔辛基只有40多万人口，是所有举办过奥运会的城市中最小的一个。芬兰人把奥运村、奥林匹克中心以及其他设施连成一体并融入绿化带之中，形成了一条从郊区到城市的连续的绿化带。赫尔辛基奥林匹克体育场可容纳7万多名观众，具有鲜明的民族建筑风格，外形朴素雅致。1934年，这座体育建筑动工，按原计划本是供第12届奥运会使用。这次赫尔辛基再次赢得奥运会承办权，这座体育场也终于有了用武之地。体育场主看台南侧矗立着一座72.71米高的塔，是为了纪念芬兰标枪运动员雅尔维宁而建的，高度恰好是他当年在奥运获金牌时所创下的成绩。体育场门口塑有芬兰“长跑之神”努尔米的全身铜像，该像建于1924至1925年，是新时代第一个运动员高级艺术塑像。从门口进入看台的地方，除了有电梯和楼梯间外，还提供了宽阔的横向通道。

室外游泳场有两个池子，大池50米×25米，供游泳比赛用，小池供跳水比赛用。体操、角力、拳击、击剑等项目的比赛是在马苏哈尔舞台举行的，距体育场仅500米，可容纳5000名观众。球类比赛在展览馆举行，展览馆离体育场也很近，有8000个坐席。划船比赛安排在赫尔辛基东面的海湾进行。奥运村在赫尔辛基东北部，距奥林匹克体育场不远，占地达12.5公顷，由低层楼房按自然地形分布组成。附近的两所学校临时作为医务、通讯设施。奥运村的建筑物和周围的自然环境结合得很好，奥运会后这些房屋供市民居住。

芬兰人曾为第12届奥运会设计过会标。事隔12年，他们再次推出了这张会标，只是将标识语中的日期改动了一下。这张会标在某种意义上就成为了两届奥运会的会标。

1952年奥运会需要完成太多难以完成的任务：首先，苏联有史以来第一次参加奥运会，而举办地是同他们交战过的芬兰；同时，德国在战后首次以“联邦德国”的名字重返奥运会，而当时的东德还被视为苏联的占领地。

运动会于7月19日至8月3日举行。应邀参赛的有69个国家和地区的4925名运动员，其中女子518人。首次参加的有巴哈马群岛、加纳、危地马拉、中国香港、以色列、印尼、尼日利亚、荷属安的列斯群岛、泰国和越南。中华人民共和国、苏联和联邦德国也首次应邀参加了奥运会。首次参赛的苏联队对这届运动会非常重视，共派出295名运动员，居各国之首；其次是美国，为286人；东道主列第三，共260人。英国257人、法国246人、意大利226人、瑞典206人、联邦德国205人。

大会于7月19日当地时间下午1点正式开幕。天气不佳，但观众台上座无虚席。当阔别田坛多年的努尔米高擎火炬进入会场时，全场约有7.3万名的观众掌声雷动，高呼“努尔米！努尔米！”芬兰另一名长跑明星科勒赫迈宁从努尔米手中接过火炬，点燃塔上火焰，大会进入了高潮。火炬由含600克银的合成金属制成，安装了一个桦木手柄，重1080克，长59厘米。1952年6月25日，它在奥林匹亚宙斯庙前点燃，经过二十几天的接力传送，在奥运开幕前一天到达赫尔辛基。

1342人次报名参加了本届田径比赛。男子中长跑项目上，美欧选手进行了激烈的交锋。上届冠军、美国选手维特费尔德以1分49秒2平奥运会纪录，蝉联800米冠军，又获得4×400米银牌一枚。欧洲马上予以还击，卢森堡选手巴特尔以3分45秒2的成绩出人意料地夺得了1500米的冠军，他后来成为卢森堡能源和环境部长。

美国选手阿申菲尔特在新泽西州担任FBI干员。由于工作关系，他参加3000米障碍赛前根本就没有什么人认识他，一直到奥运会预赛，他以8分51秒整跑出所有参赛者最佳成绩，才引起瞩目。因为工作关系，他只能在夜间训练。而他训练的方式也非常特别，地点是在公园里，利用公园的板凳当做栏架。比赛第3圈结束前，阿申菲尔特超前，然后是世界纪录保持者苏联选手卡赞特塞夫。两人竞争激烈，僵持到最后一圈。最后半圈，卡赞特塞夫快步向前，眼看着冠军在望，可在跃过最后一个水坑时，他失去平衡。阿申菲尔特轻松超前，赢得金牌，打破世界纪录。

苏联女选手们获得铅球、铁饼、标枪三个项目9枚奖牌中的7枚。年仅21岁的齐宾娜以15.28米刷新铅球世界纪录夺金。她在长达20年时间中，一直保持着该项目上的优势，并8次刷新世界纪录。1956年奥运会前夕，她还以16.76米的成绩最后一次创造世界纪录。罗马什科娃赢得了铁饼冠军，为苏联队拿到了第一枚金牌。但是4年后，她在墨尔本失利，只得到铜牌。不过在罗马奥运会上，她又再次夺回了金牌并打破奥运会纪录。后来罗马什科娃著有《我的体育道路》一书。罗马尼亚女子铁饼选手玛诺利乌，从1952年第15届奥运会至1972年第20届奥运会，参加了六次奥运会。第一次只获得第六名，第二次是第八名，第三次和第四次都取得铜牌，第五次终以58.20米的成绩取得金牌。但在最后一次只列为第九名，她是参加奥运会历史最长的女运动员。

如果说往届中有过以努尔米、欧文斯、布兰科尔斯·科恩为英雄的奥运会，那赫尔辛基的杰出人物应是捷克斯洛伐克的埃米勒·扎托佩克。扎托佩克是20世纪50年代田坛长跑骁将，有“人类火车头”之称。他曾先后6次刷新5000米、10000米等长跑项目的世界纪录。上届伦敦奥运会时，他初显锋芒，10000米跑获金牌，5000米获银牌。这次他在赫尔辛基大显身手，先后夺得5000米、10000米和马拉松金牌，是本届田径获金牌最多的运动员。有趣的是，7月24日他在5000米夺冠不久，他的妻子扎托佩克娃也荣登女子标枪冠军台。扎托佩克生于1922年9月19日，正好与妻子同年同月同日，而这次夫妻双双又在同一天获得奥运会金牌，成为一段佳话。

男子400米自由泳决赛，年仅19岁的法国选手布瓦特以超出原奥林匹克纪录10秒的成绩第一个到达终点。布瓦特的父亲欣喜若狂，纵身跳入池内紧紧地抱着亲吻。眼看整个身子将沉入水中，满脸笑容的布瓦特把父亲托出了水面。不少人认为布瓦特父亲的举动影响了其他游泳选手的比赛，应该取消布瓦特的成绩。经过仲裁委员会慎重研究，认为父子俩的行为均发生在自己泳道内，而且是在他游完全程之后，成绩有效。

男女体操有49个国家190名运动员参赛，其中不乏世界冠军或奥运会冠军。由于苏联的出现，那些一度在奥运称雄的选手失去了优势。苏联的朱卡林总共获得个人全能、跳马、鞍马及团队4金，及双杠、吊环2面银牌，成为赫尔辛基奥运会夺金最多的选手。1956年墨尔本奥运会，35岁的他带伤上阵，战胜比他整整年轻10岁的日本名将小野乔，得到全能、双杠及团体3面金牌，鞍马、自由操2面铜牌。赫尔辛基奥运会时，丘卡林已31岁。青年时，战争使他想在体坛一展才华的梦幻破灭。他上前线不久被俘，这个在德寇集中营里穿着10491号囚衣的苏军战士，在一次押送途中被苏联游击队营救。

本届奥运会的篮球比赛中，与美国队抗衡的是首次参加奥运会的苏联队。从实力上看，苏联队根本就不是美国队的对手。但苏联队采用稳扎稳打、步步为营的战术紧逼美国队，不断粘缠美国队员，让美国队员难以出手投篮，使得双方分数很低，而且拉不开差距。而美国队由于水平较高，他们则干脆采用来回传球的泡时间打法，只传球不投篮耗时间。最终，美国队以36比25赢得比赛，这场比赛成为一场比数最低的冠军争夺战。其他各队亦纷纷效仿，使得篮球变成了老爷式的运动。1956年国际篮联做出决定，增添了30秒规则。

马术盛装舞步个人赛中，丹麦骑手哈特尔是这一项目中第一位被允许与男子运动员同场竞技的女选手。她以优异表现夺得了银牌。令人称道的是，她自幼患有小儿麻痹，留有残疾，而且还有孕在身，上、下坐骑都需要有人帮助。因此人们称她为“不是冠军的冠军”。

本届奥运会闭幕式上，国际奥委会主席埃德斯特隆发表了精彩的演说，但在演说结束时，却忘记说最重要的一句话：“我宣布第15届奥林匹克运动会闭幕!”因此这届奥运会被认为仍未结束，被人们称为“永久性”的比赛。

奥运会赛场上笼罩着冷战带来的政治空气。美国仍保持了金牌总数领先的地位，共获40枚，另外获得银牌19枚，铜牌27枚。苏联紧步其后，金、银、铜牌数分别为22、30、19枚。如要计算前六名非正式团体总分，则两国均为490分。赫尔辛基奥运会揭开了新的篇章，进入了美、苏两个体育强国抗衡的时代。

气氛
1952

L'EQUIPE 队报聚焦

体育是什么

这是闭幕式的前一天，在身着燕尾服的先生们从众多皇室成员眼皮下挥手走过之前，我们要为奥林匹克精神庆祝，特别是这两周中表现出来的不同国家参赛代表之间的友谊。它不等同于民族之间的友谊，更不是政府之间的情谊。它的真正涵义是：运动员的忠诚与正直、比赛的高质量，在一个科技飞速发展的年代，促进了人类运动水平的提高。

一场"战争"开始了：目的是建立"拒绝绝对的职业运动学校、但接受一些年轻人的命运与他们的体育成绩相关"的体育理论和规律。但是我认为，其实并没有所谓战争或者什么讨论，那些体育界的头头们永远不会承认真相——这使他们冗长、看上去很美的报告变得虚假、谎话连篇。我们已经潜移默化地承认，就像逐渐开始发展的一样：体育逐渐成为一项社会性职业——学校的体育教练、消防队员、军人、公务员等等，都能参与比赛。不过，体育的纯粹性并没有受到影响。

文/让·保罗

1 为迎接7万名观众，奥林匹克体育场进行了扩建，最醒目的是一座72.71米的高塔——这个数字是芬兰标枪选手马蒂·雅尔维宁(Matti Jarvinen)1932年洛杉矶奥运会上夺金的成绩。在芬兰，标枪运动已经成为一项特殊的文化。

2 一群法国游泳队的美人在镜头前摆起姿势。

3 如果没有环球小姐这迷人的微笑，这项全球年轻人的聚会不回如此完美。

4 参加自行车比赛的日本选手们将他们的"武器"放在大包里。

5 在奥运村的餐厅里，运动员们享受着让人印象深刻的良好服务。

6 开幕式上放飞了1万只白鸽，而女孩布里吉特·罗特布罗特·普雷尔(Brigitte Rotbraut Player)扮演了天使的角色。这个意外的插曲为开幕式增添了动人一幕。

7 可口可乐在媒体区成为记者和运动员解暑的饮料。

8 穿着整齐，头绕白巾的印度代表在开幕式上"谋杀"了所有摄影记者的胶卷，印度队的目标是曲棍球，自1928年以来，他们一直蝉联冠军。

9 10米跳台和3米跳板的比赛中，美国姑娘帕特里克·麦考米克(Patrick McCormick)的优势无人能撼动。

10 奥运村里，美国人梅尔·维特费尔德(Mel Whitfield)和牙买加运动员赫尔伯特·麦肯利(Herbert Mckenley)一起阅读奥运报纸。

11 在瑞典人逞威的马术项目中，意外和运气都是赛事的观赏性所在。

12 从飞机上俯拍赫尔辛基奥林匹克体育场。

13 拳击赛场，来自50个国家和地区的200名运动员角逐10块金牌，美国队拿下了其中的5枚。

L'EQUIPE 队报聚焦

巴西人达·席尔瓦连破纪录

轻快的巴西国歌响起，6万名现场观众欢呼着释放他们的热情。

阿德马尔·费雷拉·达·席尔瓦（Adhemar Ferreira da Silva），这位三级跳远奥运冠军、世界纪录和奥运会纪录保持者紧紧地盯着这块证明自己价值的金牌……没有伪装，也不是作秀，他绕场一周向观众致意，像4天前的努尔米高举奥运火炬一样，他高高地举起手中的花束，聆听现场的欢呼。不过，金发的达·席尔瓦和几乎秃顶的努尔米所收到的喝彩各不相同。巴西人得到的是：钦佩。

为什么？三级跳远决赛中，巴西人4次超过自己保持的原世界纪录（16.01米），达·席尔瓦第2跳成绩为16.12米；第4跳为16.09米；第5跳16.22米；第6跳16.05米。这是多么神奇的过程啊！另外，这也是15届奥运会以来，第一位获得冠军的巴西田径运动员！我们赛后问达·席尔瓦，从南美大陆来到芬兰，这个巨大的改变是否给他造成不适。

"在我们那儿，现在是冬天，圣保罗的冬天。跟芬兰的夏天有很大不同。不过我也得承认，我对此并没有任何不适。"

我们继续发问："你是怎么训练的呢？"达·席尔瓦回答道："我主要训练自己的助跑速度和柔韧性。"

这个桑巴舞高手很爱唱歌，时刻都哼着小曲。达·席尔瓦是个快乐的人，在我们询问他的年龄时，甚至还有些顽皮。他做了个怪相，右眼眨眨，噘嘴道："24岁！"停顿一下后，他补充说："其实是25岁，不过，我是不会承认的！"

关于未来，这位巴西小伙子回答很干脆："奥运会后，我将继续提高我的纪录。我相信能将它提高到16.50米！"

文/雅克·高代

1 十项全能夺冠热门，美国人鲍勃·马蒂亚斯卫冕成功，并将自己保持的世界纪录从**7825**分提高到**7887**分。

2 鲍勃·马蒂亚斯**(Bob Mathias)**，美国牧师，他继伦敦奥运会后，再次获得男子十项全能冠军。独一无二的成绩，他真的应该感谢无所不能的主。

3 男子**3000**米障碍赛跑，裁判在终点处拉设终点线，不慎与冠军，美国人霍拉斯·阿申菲尔特**(Horace Ashenfelter)**相撞，原因是：美国人比裁判预想得更早冲线了！

4 金发的澳大利亚人雪莉·斯特里克兰德·德拉盎蒂**(左)**是女子项目的最大发现，**100**米中获得第**3**名的她赢得了**80**米栏冠军。

5 足球决赛，南斯拉夫门将比亚罗**(Bearo)**在匈牙利前锋面前将球得到。不过，普斯喀什和塞博尔**(Csibor)**两次破门，帮助匈牙利队获得冠军。在**1952**年到**1954**年间，匈牙利队所向披靡。

6 自行车比赛中，比利时人安德雷·诺耶尔**(Andre Noyelle)**处于领先地位，他最终获得冠军。

7 **110**米栏比赛，美国人包揽前**3**名，图为赢得金牌的哈里森·迪拉德**(Harrison Dillard)**。

8 拳击重量级比赛，美国人海耶斯·埃德沃德·桑德斯**(Hayes Edward Sanders)**将瑞士人乔斯特**(Jost)**击倒在地，他决赛中的对手，瑞典人因格马尔·约翰松**(Ingemar Johansson)**也尝到了苦头：美国人只用**3**个回合就拿到了冠军。

9 **100**米比赛，前**4**名选手的成绩都是**10**秒**40**，最终的冠军是美国人林迪·雷米吉诺**(Lindy Remigino**，白衣，居中，**981**号)。

扎托佩克赢得最恐怖的战斗

夺得男子10000米跑金牌后4天,这位捷克人在5000米比赛中再次称雄,3天之后,他又赢得马拉松冠军……

文/雅克·高戴

为了真正了解奥林匹克历史上最伟大、也是最惨烈的5000米比赛的最后一圈到底发生了什么，就应该翻看录像，而且要一遍一遍地回放，以便看清每一个细节以及每一次超越——这是一场由4位冠军级选手联合上演的激烈场面，每一秒都动人心弦。

此刻，我们不再是记者，我们和在场7万名观众一样，跳跃着、尖叫着，再也没有个人情感也没有工作任务的幸运儿。我们一起见证了一场罕见的、现象级的长跑比赛：4位选手在跑道上你追我赶，一直到最后一刻也没有人放弃。

体育相比艺术的优势在于：它的作者们需要将自己的努力带到比赛中，他们不是这个作品唯一的作者，他们在比赛中各自扮演不同角色。比赛的不可预期性让运动员必须在比赛中不断努力，作出修改，这也是运动的可贵之处。如果将体育比作艺术，那它的每一副作品都独一无二，各有不同，并且永无止境地被收藏在人们的记忆深处。正因如此，赫尔辛基的5000米比赛，是田径运动的巅峰之作，它将作为竞争最混乱、战斗最激烈的典型作品，被永远收录在体育运动的历史博物馆。

时间就是比赛的灵魂,因此首先要看一下,参赛的高手们对自己的成绩是否满意。

这次比赛的成绩是非常罕见的：有3名运动员——本来应该是4名，如果不是查塔威在终点前80米初意外摔跤——他们的5000米成绩竟然在14分10秒之内。这个如金字塔般向上的辉煌战绩突破了疲劳的极限，因为整个比赛过程的紧张、激烈，一再激发了运动员的生命潜能。

就是在这样一场跌宕起伏的高水平比赛中，扎托佩克以他自己简单粗暴的方式完成了最杰出的作品。简单粗暴,并不是说一味蛮干、毫不思考、不顾后果，而是表现得循序渐进、信心十足、收放自如，从根本上说，他就是用一种超乎常人的勇气和实力，将比赛带进了最适合自己的节奏，并在这个过程中，一点一滴地蚕食了对手的信心和体力。这就是一种冠军的霸气。

5000米最后100米直道冲刺：扎托佩克(领先)表情有些狰狞，米姆恩(Mimoun)和沙德(Schade)紧随其后。图片左下方，英国人查塔威(Chataway)因为踩到跑道边缘而跌倒。

只有扎托佩克，这种霸气只属于他一人，只有他凭借过人的气质和实力，一圈一圈变化着“折磨”敌人，让几位冠军级对手从心理上缴枪投降；只有扎托佩克，能在这样一场过程被拼得支离破碎、完全不适合破纪录的比赛中，取得创纪录的成绩；也只有扎托佩克能战胜看起来比他准备更充分、实力更强劲的对手，一场混战中脱颖而出。

也许正是他的策略让扎托佩克赢得了这项他还从未染指过的奥运会金牌。扎托佩克完全打乱了德国天才沙德的节奏，他让德国人没了跑步的感觉，丧失了自信。这就是这位现象级的捷克斯洛伐克人能够战胜比自己年轻得多、更有天赋、看起来夺冠呼声更高的对手的原因。

扎托佩克的努力给他带来了他梦寐以求的奥运会冠军。我有些担心，怕有些读者希望我描述出痛苦的表情以烘托比赛的惨烈。但请原谅，在我看来，这样一场某种程度上讲没有输家的比赛中，对痛苦的形容只能引用埃米勒·安东尼奥(Emile Antoine)的名句：“痛苦几乎总是幸福的注脚。”

扎托佩克当然了解：正是他承受过的痛苦，让他胜利的喜悦更加甜美。

一场比赛，四个英雄。

扎托佩克，在赫尔辛基的田径场上，掀起了一场暴风雨。

沙德，在他看来，一切都很简单，有点太简单了，以至于他永远都无法相信：扎托佩克的夺冠，查塔威的异军突起，以及米姆恩的沉着冷静。

查塔威，乐天派，年轻没有失败。

米姆恩，谦虚，内敛，对比赛形势拥有敏锐的洞察力，在最惊心动魄的最后400米发力，黑马一匹。

这4位英雄就这样你追我赶，以某种让全世界观众由衷敬佩的方式，携手演绎了奥林匹克史上的一段经典。

扎托佩克:一次安全的马拉松

他的红色背心被汗水浸湿,粘住了他的腰。于是,他发明了一种新式跑法:把背心卷起来,半裸上身……

文/乔治·杜堂

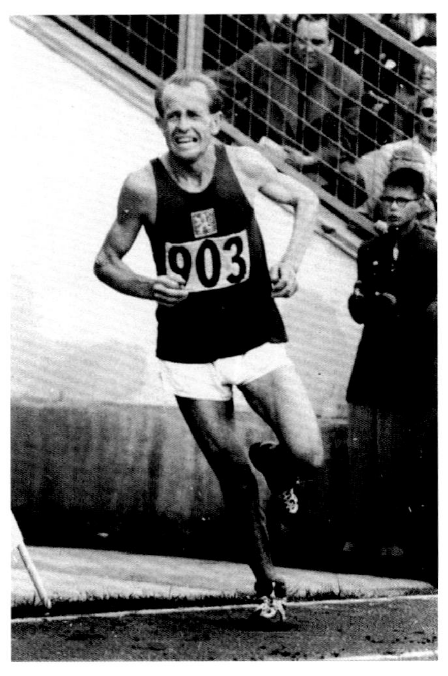

在沿途可爱的芬兰观众欢呼声中,我和保罗·杜邦(Paul Dupont)一起,在转播车上跟踪马拉松比赛。我们准备享受扎托佩克的表演,他总是愁眉苦脸,肌肉紧绷,好像每跑一步都拼尽全力一样,他面部表情难受,貌似一直承受巨大痛苦。不过,这只是赛场上的扎托佩克。我们却在马拉松中,发现了另一个扎托佩克。

马拉松比赛中的扎托佩克,异常平静(当然也是因为其他选手很早就"人间蒸发"了)。比赛进行到半程时,扎托佩克看上去似乎是在中转处跟一直跟随他的英格兰人皮特斯(Peters)和瑞典人杨森(Jansson)"告别":"嘿,我的朋友们,现在我认识路了,再见吧,我回去了!"

扎托佩克开始往回跑,没有迷路,尽管他经常心不在焉。回程的路途是轻松的,沿路的面孔是熟悉的,扎托佩克是完全放松的。优势明显而且越来越大的他对向他欢呼的观众回报以微笑,他甚至还和输导车上的伙计聊了几句……他还有什么没做?只差给观众签名,或是到美丽的芬兰森林、麦田、池塘去留下自己的足迹了。喔,我太夸张了……

跑到35公里时,扎托佩克感觉有些不舒服:他的红色背心被汗水浸湿,粘住了他的腰。于是,他发明了一种新式跑法:把背心卷起来,半裸上身……随着终点临近,奥林匹克体育场就在眼前,扎托佩克整理了一下自己的着装,他知道是时候恢复自己往常样子的时候了:狰狞的面目又显现出来。他一进场,便被认了出来,观众起立鼓掌,就像已经习惯了看见扎托佩克一样。

冲线之后,他拒绝了工作人员递上来的外套,"嘿,伙计,我不需要。我刚刚像往常一样散步回来。"

这就是赫尔辛基马拉松冠军,他同样也是5000米和10000米的金牌得主。

(左)捷克人的第三项冠军:他轻松地赢得马拉松比赛,成为赫尔辛基奥运会最伟大的英雄。
(下)阿兰·米姆恩向扎托佩克表示自己的敬意:"没有人能战胜扎托佩克,他比我们强太多了。"

德拉盎蒂让人忘记斯特里克兰德

这位澳大利亚女士是数学教师，对数字很敏感。她知道**10**秒**9**是**80**米栏的新世界纪录。

文/洛伊斯·凡·李

赫尔辛基奥运会呈现着安静和平的气氛。运动员们刚刚从紧张的世界大战中解放出来，在那段时间，人们谈论的都是炸弹，冰冷的炸弹！正因如此，在奥运会和平的环境中，人们很容易忘记那些恐怖的陷阱、残酷的谋杀、漫长的战争……没有可憎的圣巴托罗缪之夜，没有可笑的南特赦令，法国人要向奥林匹克精神致敬！

因为德拉盎蒂 (De La Hunty) 夫人赢得了女子 80 米栏的冠军。德拉盎蒂夫人？

是的，"德拉亨特"是雪莉·斯特里克兰德 (Shirley Strickland) 的姓，她的全名应该是：雪莉·斯特里克兰德·德拉亨特夫人。

在南特赦令废除后，德拉盎蒂家族——这个属于胡格诺派的法国家族避免了被路易

(上)雪莉·斯特里克兰德·德拉盎蒂(右数第**3**个)，凭借干净有效的过栏，战胜范妮·布兰科尔斯·科恩(雪莉左侧的运动员)成为女子**80**米栏冠军。

(左下)这位头发梳得一丝不苟，年轻迷人的澳大利亚女子是一位伟大的冠军，她嫁给了一位胡格诺派的后代。

十四手下暴徒残杀的厄运。他们来到英国，得到了英国国籍，许多年以后，他们又来到澳大利亚。1925 年 7 月 18 日出生于澳大利亚古尔德弗德的雪莉·斯特里克兰德嫁入了德拉盎蒂这个家庭。

这个年轻的女孩一头金发，她的母亲是位职业田径运动员。在法国拿到数学和体育学位后，雪莉·斯特里克兰德在布里斯班短暂停留，在珀斯——澳大利亚的首都，找了份教数学的工作。1946 年，她开始练习跑步，随后她遇到了真爱劳伦斯·埃德蒙德·德拉盎蒂 (Lawrence Edmund de la Hunty)，并在 1950 年结婚。

还没结婚时，她姓斯特里克兰德，这位年轻聪明的女孩被选中参加了伦敦奥运会，可惜碰见了一个劲敌：荷兰人范妮·布兰科尔斯·科恩在几个项目上都战胜了她。其实，德拉盎蒂的成绩不赖，应该满足：80 米栏和 100 米铜牌，4×100 米接力银牌。她还获得 200 米第四，科恩名列第三……

4 年过去了，"雪莉"变成了"德拉盎蒂"，她来势汹汹，在 80 米栏半决赛中就以 10 秒 80 的成绩打破了世界纪录和奥运会纪录。不过审核却显示比赛时顺风风速过快，澳大利亚人的成绩没被承认。不过，这并没有妨碍雪莉的报仇。决赛中，正常风速下，澳大利亚人以 10 秒 90 的创纪录成绩打破了荷兰人的纪录 (11 秒)——科恩在坚持了 2 个栏之后就大势已去，放弃了比赛，她在伦敦奥运会创造的 11 秒 20 的奥运会纪录也被打破。此外，雪莉·斯特里克兰德·德拉盎蒂还参加了女子 100 米比赛，并以 11 秒 90 的成绩名列第 3。

身高 1.71 米的雪莉体格强壮，但她性格温柔，魅力四射。赛后，她不厌其烦地为围上来的观众和小孩们签名。"嘿，她累了！不签了！"澳大利亚人身边的工作人员自做主张，为冠军解围。

"我是一个老师，我喜欢孩子们，我花一刻钟的时间为他们送去快乐，这会让他们非常高兴。"雪莉笑着拒绝了工作人员的好意。

"你以后还会继续跑步很长时间么？"我们问她。"我想不会。"她笑着回答说："我想做点好吃的。我现在属于一个祖籍法国的家庭，你们知道，当有一天我面对一条跑道和一本记录了无数美食的菜谱时，我选择了烹炉，放弃了助跑器。不过我还有一大半的菜都不懂怎么做……不过，如果第 16 届奥运会在澳大利亚举行，如果我还能入选，我希望能在祖国同胞和我的学生们面前赢得胜利。"

那就是与 1956 年墨尔本奥运会有约了？

1956 年，墨尔本，已经当妈妈的雪莉·斯特里克兰德·德拉盎蒂再次夺得女子 80 米栏奥运冠军。这次她将成绩又提高到 10 秒 70，刷新了自己保持的奥运会纪录。随后，她又帮助澳大利亚队赢得女子 4×100 米接力的冠军，成绩是 44 秒 50，又是一个世界纪录。她的奥运总成绩为：7 枚奖牌，其中 3 枚金牌，银牌 1 块，铜牌 3 块。1960 年罗马奥运会，她再次入选澳大利亚国家队，但因为（第 3 次）怀孕而放弃。

布瓦特的光荣日

在一场梦幻般的400米比赛后，19岁的让·布瓦特(Jean Boiteux)成为法国第一位游泳奥运冠军。

文/雅克·高戴

(上)一个超凡的泳将，他拥有过人的天赋，修长的身材，他是天生的冠军。

(右)照片左侧，获得第二名的美国人科诺黯然神伤；照片右侧，法国人让·布瓦特和他的父亲相拥庆祝。他的父亲激动地跳进了泳池！

(左)布瓦特再次感谢他的教练闵维尔(背对镜头拥抱布瓦特者)，"我完全按照他赛前的部署比赛。"

法国人的激动情绪，就像法国国歌里所唱：光荣日到来了！布瓦特是位出色的奥林匹克冠军，他取得了一场伟大的胜利，这足以弥补800米和1500米比赛留下的遗憾。它代表了天才们的奥运会所能达到的最高境界：比赛的质量，激烈的过程，以及优异的成绩，一切都足以作为一场经典比赛载入奥林匹克的历史。

年仅19岁的布瓦特，赢得了这场战斗。19岁的小伙子皮肤干净，看起来甚至像个文弱书生。但他却有着一副顽强的身板，比赛中，他也确实展示了一种不可比拟的必胜之心。

光荣日就这样到来。光荣？也许不少人会带着一些疑问来看到这样的字眼。我们不要将一场体育比赛的胜利上升到国家、民族的高度，虚荣心和爱国主义不应该被冠以"光荣"的名义，带入一场纯粹的体育比赛——这是一场让人兴奋的比赛，是一次个人与个人之间最高水平的较量，所谓光荣，仅此而已。光荣属于布瓦特，4分30秒7，一个令人热血澎湃的成绩；光荣属于法国游泳，他们终于在这项与田径并重的运动中取得突破，开启了一扇面向未来、通向成功的大门；光荣属于体育！

布瓦特的任务看来有些重得难以承受。3天前，他就成为全法关注的焦点，生活在镁光灯下……如果说他的主要竞争对手都要全力以赴争取为各自代表队参加4×200米的比赛，那布瓦特确实承受了过多的压力，得到的支持太少。他不得不忍受参加高水平比赛机会太少、国内竞争不够激烈的现实。不过布瓦特的400米比赛是近乎完美的，他聪明地分析了比赛情况，很好适应了节奏。赛前，布瓦特的教练闵维尔(Minville)就明确指出两个最危险的对手：科诺(Konno)，美籍日本人；奥斯特兰德(Ostrand)，发挥稳定的瑞典人。当然其他对手也不易对付，比如日本人的骄傲Furuhashi……人人都是狠角色。

从比赛看，科诺决定将布瓦特看做直接竞争对手。这意味着，他一开始就要尽力向前，在心理上压倒奥斯特兰德，并尽量拉开与对手的差距。美国人的战术让布瓦特有些措手不及，法国人没有任何犹豫的余地，他只能跟科诺一样早早地将力量全部释放。

这样的选择没有任何错误，或者说，在这样的比赛中，根本没有给他们犯错的机会。比赛进行到一半，两位领先者——科诺和布瓦特齐头并进，他们连划水摆臂的频率都是一样！啪、啪、啪……泳池中，两个伟大的运动员仿佛在谱写这个项目的最强音。可是，谁能获得最终的胜利呢？后半程开始了，科诺和布瓦特的双双领先并没有摧毁奥斯特兰德的斗志，瑞典人击水更加有力，但始终不能拉近距离。我们认为他没有机会完成逆转，但他顽强地跟在后面，仍保持着一定的威胁——科诺和布瓦特都不敢松懈。其实，就算没有奥斯特兰德，两人也根本没有放松的可能，谁在这个时候掉链子，之前的努力就将付诸东流，近在咫尺的冠军就将拱手让人。最精彩的一幕出现了：原本看似已经发挥到极限的布瓦特突然发力，拉开了与科诺的距离。250米转身，法国人率先触壁。250～300米这段最关键也是最艰难的距离，布瓦特仍然保持着优势……冲刺时间到了。最后50米。法国人也许高兴得太早了，比赛还没有结束。布瓦特没能继续扩大优势，相反，科诺开始冲刺，越划越快，越来越近，两人之间的差距只有2米了。不过，美国人能做的也就仅仅是这样了，他的努力刺激了布瓦特，最后20米，法国人没有让已经预定的金牌滑落。他第一个触壁，迎接布瓦特的是他的父亲跳入池中的拥抱，请注意，这位激动的父亲甚至连衣服都没有脱就跳了下去！

这场胜利，无疑是布瓦特个人的光荣，家族的光荣，也是法国的光荣。这位年轻人只有19岁，凭借自己的努力和天赋，赢得了属于自己的荣誉。未来，他会取得比这更大的辉煌。

一个加泰罗尼亚家族的辉煌

7月24日，克里斯蒂安·多里奥拉(Christian d'Oriola)赢得男子花剑个人金牌，2天前，他还随队获得了团体冠军。8月3日，皮埃尔·容凯·多里奥拉(Pierre Jonqueres d'Oriola)赢得马术跳跃障碍赛冠军。更让人惊奇的是，这两位冠军竟然是堂兄弟！

文/阿尔芒·拉菲特、费尔南·阿尔巴雷

在克里斯蒂安·多里奥拉刺出如此漂亮的最后一剑，赢得1952年男子花剑个人金牌后，应该用什么词汇来形容我们的喜悦、骄傲甚至是疯狂呢？与意大利人迪罗萨（Di Rosa）的最后一场比赛，精彩异常，足以体现这两位伟大剑客的高水平。不过，年轻的加泰罗尼亚人更胜一筹，他笑到了最后。

1947年，在这位年轻的小伙子获得世锦赛冠军后，我们曾经这样点评他：进攻不太果断。而今，这一弱点消失得无影无踪。现在，在我们面前的是一位绝顶聪明的冠军。用其他对手的评价来说：他是一位非常善于用脑的剑客。从今以后，多里奥拉是冷静、有耐性的剑客，能够平均分配体力，善于审时度势，根据比赛来选择进攻或者防守。也许，多里奥拉应该将自己的进步归功于指导过他的教练：海尔梅、德佩尔皮尼昂、阿罗，特别是菲利普·卡蒂奥——这位国家队教练，当他还是国家业余队队员时，他就拥有这样的风格。对于这场胜利，法国击剑协会主席邦顿认为是本届奥运会上最漂亮的一仗。

克里斯蒂安·多里奥拉赛后回忆认为，最艰难的比赛是对阵曼吉亚罗蒂（Mangiarotti）和迪罗萨。在与两位意大利剑手的比赛中，他都有梦幻般的表现。与曼吉亚罗蒂的比赛，攻势凶猛，双方的攻防转换之快让人眼花缭乱，观众的掌声也如潮水般毫不吝啬地奉献了出来。与迪罗萨的比赛，多里奥拉选择了也许观赏性没那么强的战术，但体现出来的水平却更加让人赞叹。他的技术仍然精湛无比，他不必运用华而不实的花哨动作和快速的移动来博取观众的喝彩。决赛最后的结果是：多里奥拉是唯一的不败的剑客，当之无愧的冠军；曼吉亚罗蒂则领先于其他8位选手名列第2。状态正佳的迪罗萨犯错很少，他最终获得第3。

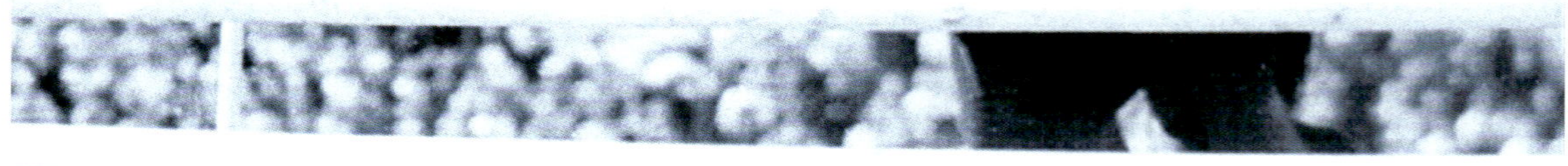

(上)容凯·多里奥拉和他的坐骑阿里巴巴拿到了金牌。

(下)伦敦奥运会银牌，多里奥拉这次终于赢得一切，他在8场比赛中只被刺中12剑。

法国人还希望获得一个赛马比赛冠军为本届奥运会划上句号。52位选手，分别来自20个国家，其中还包括1948年伦敦奥运冠军、墨西哥选手哈姆伯托·马里莱斯（Humberto Mariles）。在早上和下午的比赛中，墨西哥人虽表现出色，但这次却没有上次的好运。4年前，虽然他被扣时，但仍获冠军；4年后，0.75分的惩罚将他挡在了最后的附加赛大门之外。

中午比赛结束后，52名选手全部亮相，法国人成绩糟糕：容凯·多里奥拉8分排在第14，迪布罗伊（du Breuil）12分列第21，德奥尔盖克斯（d'Orgeix）16分排在第34。加泰罗尼亚人表现其实并不差，但想在个人决赛中获胜却谈何容易，他的对手都非等闲之辈：蒂德曼、怀特、莫里纽沃、R.德因泽奥、德梅内兹、马里莱斯、奥尔多瓦斯都排在他前面。

就这样接受失败？"这比赛，真的很难。"让·德奥尔盖克斯说道："障碍一个接一个，太近了，还没从第一个问题中回过神来，第二个又接踵而来。"不过，对于多里奥拉来说，比赛还没结束。下午比赛第5位出发，他表现完美，没有一次失误，这样出色的发挥只有德国人蒂德曼在上午的比赛中做到过。因为最后有5名选手都积8分，不得不通过附加赛决胜负。我们中有很多人都没参加过赛马比赛。当他们面对障碍时，都会紧张万分，其实，就连最优秀的冠军也是这样。

附加赛前的更衣室里，克里斯蒂安·多里奥拉和他的教练菲利普·卡迪奥都在给容凯·多里奥拉鼓劲。已经获得奥运花剑冠军的克里斯蒂安就是容凯的堂弟。

附加赛，容凯·多里奥拉第一个出场。毫无疑问，是不利的出场顺序。不过，英勇的骑士无所畏惧，他沉着冷静地进入场内，全场70000名观众鸦雀无声。容凯和他的坐骑"阿里巴巴"请求登场！第1个障碍：漂亮！第2个：好的！第3个：真棒！第4个：完美！观众全都站起来。第5个障碍是水沟：没问题！接着是条更大的沟渠：毫无破绽！最后一个障碍到了，全场都在给容凯加油："呼……过了！"

观众还沉浸在容凯·多里奥拉的完美表演中，欢呼声还在继续，第2个选手——英国人怀特出场了。他失误了，接着又是一个失误！多奥里奥拉至少可以获得第4！接着上场的是克里斯蒂：失误！法国人已经可以确保一枚铜牌。全场再次安静，蒂德曼登场了。第1个，过了；第2个，通过；第3个：德国人会失误么？是的……接下来的一个障碍，蒂德曼真的马失前蹄。多里奥拉至少银牌！只剩下巴西人德梅内兹。第3个障碍，他失误了。

现在，我们可以骄傲地宣布：容凯·多里奥拉，来自加泰罗尼亚的葡萄园小伙子，奥运会马术障碍赛冠军！《马赛曲》将再次在伟大的奥林匹克体育场响起。

这次1500米比赛是历史性的。不仅因为卢森堡选手约塞·巴特尔(Josy Barthel, 406号)以3分45秒10夺冠，还因为前8名都打破了拉夫洛克(Lovelock)保持的原奥林匹克纪录。

1952年芬兰赫尔辛基第15届奥运会

赫尔辛基奥运会举行在冷战开始的年月，苏联代表团参加比赛，增强了很多国家的戒心。本来赫尔辛基奥运会的气氛有利于各国人民的接近，但在特殊的年代，没有起到如此作用。

数据

开幕日：1952 年 7 月 19 日

闭幕日：1952 年 8 月 3 日

主办国：芬兰

其他申办城市：美国洛杉矶、荷兰阿姆斯特丹、美国明尼阿波利斯、美国底特律、美国芝加哥、美国费城

69 个国家奥委会派队参赛（国家名义）

4925 名参赛运动员：其中包括 **4407** 名男运动员和 **518** 名女运动员

19 个大项（8 项允许女运动员参加）：田径、赛船、篮球、拳击、皮划艇、自行车、马术、击剑、足球、体操、举重、曲棍球、摔跤、游泳、现代五项、跳水、射击、帆船、水球

表演项目：芬兰棒球、橄榄球。

149 个小项（其中 **35** 个小项设有女子比赛，男女混合项目包括在内）

宣布开幕者：芬兰共和国总统儒霍·帕斯基维

点燃火炬者：科勒赫迈宁从帕沃·努尔米手中接过火炬

运动员宣誓：芬兰体操选手海基·萨沃莱宁

国际奥委会主席：瑞典人希格弗里德·埃德斯特隆

冬季奥运会

第六届冬季奥林匹克运动会于 **1952** 年 **2** 月 **14** 日至 **25** 日在现代滑雪的摇篮、挪威奥斯陆举行。

应邀参加本届比赛的有 **30** 个国家和地区的 **694** 名运动员（其中女子 **109** 人，男子 **585** 人）。首次参加的有新西兰、葡萄牙。日本又回到了奥运会赛场上。德国在战后分成了民主德国和联邦德国两个国家。联邦德国参加了本届比赛。

奥运圣火第一次在冬奥会点燃。本届冬奥会第一次为女性设置滑雪比赛。芬兰女运动员莉蒂亚·韦德曼(**Lydia Wideman**)获得冠军。

挪威人贾尔马·安德森(**Hjalmar Andersen**)成为第一位在单届奥运会速度滑冰项目中独揽**3**金的运动员。花样滑冰比赛中，迪克·巴顿(**Dick Button**)使用了三周跳，他也是第一位将这个动作引入比赛的运动员。美国人成功地完成了这一动作，并因此得到了评委的满分！迪克·巴顿继**1948**年后获得了他的第二枚冬奥会金牌。

从伦敦到赫尔辛基

1948

• **12** 月 **10** 日，联合国宣布国际人权宣言

1949

• **4** 月 **4** 日，**12** 国在华盛顿签订协议，北约成立

• **5** 月 **23** 日，联邦德国成立

• **10** 月 **1** 日，中华人民共和国成立

• **10** 月 **10** 日，民主德国成立

1950

• **6** 月 **3** 日，比利时、荷兰、卢森堡、联邦德国、意大利和法国签署舒曼计划。

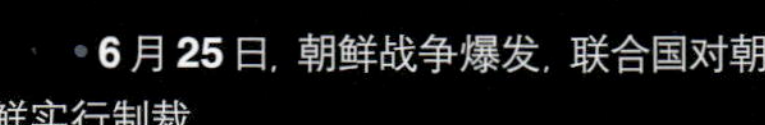

• **6** 月 **25** 日，朝鲜战争爆发，联合国对朝鲜实行制裁

1951

• **4** 月 **18** 日，比利时、荷兰、卢森堡、西德、意大利和法国签署条约，创立欧洲煤钢联盟。

1952

• **4**月**28**日，北约第一次大会在巴黎举行。

你知道吗？

1952年赫尔辛基奥运会，这是以色列和苏联代表团第一次参加奥运会。在冷战开始阶段举办的这次奥运会中，苏联运动员被安排在一个独立的运动员村居住。奥运会期间，没有一例东方和西方运动员之间的冲突发生。

德国重新参加奥运会，但是以一个新的身份：联邦德国奥委会。民主德国德同样创建了新的奥委会，但没有派运动员参赛。苏联女运动员亚历山大·楚迪娜(**Alexandra Choudina**)在**3**个项目均有斩获：跳远银牌、标枪银牌、跳高铜牌。丹麦女运动员里斯·哈特尔(**Lis Hartel**)是第一批在马术比赛中同男运动员同场竞技的女性之一。尽管里斯·哈特尔因为脊髓灰质炎后遗症，膝盖麻痹，但她仍在同男运动员的较量中发挥出色，获得骑术比赛银牌。

马德莱娜·莫罗在女子三米板比赛中获得第**2**，成为该项目自**1920**年引入奥运会以来，第一位非美国籍站上领奖台的运动员。

1924年，比尔·海文斯(**Bill Havens**)被选入美国赛艇队，但他最终拒绝了参加奥运会的机会，原因是他不愿离开自己怀孕的妻子。**28**年后，他的儿子，弗兰克·海文斯(**Frank Havens**)赢得**10000**米单人皮划艇冠军。

跳水三米板比赛中,美国选手布朗宁优雅入水。

赫尔辛基 Helsinki

赫尔辛基是天涯海角的斯堪的纳维亚半岛上一个小国之都,奥运会之前,这里从没发生过影响世界的大事件。

赫尔辛基坐落在芬兰湾北部沿海的一个半岛上，三面环水，是一座古典美与现代文明融为一体的都市。既体现出欧洲古城的浪漫情调，又充满了国际化大都市的韵味。

同时，它又是一座都市建筑与自然风光巧妙结合在一起的花园城。在大海的衬托下，无论夏日海碧天蓝，还是冬季流冰遍浮，这座港湾城市总是显得美丽洁净。因而赢得“波罗的海女儿”的美称。

这座洁净美丽的海滨城市还有另一个雅称——“北欧白都”。这不仅是由于它地处高纬度。每年有5个月在白雪覆盖之中，更重要的是市区有着众多的乳白色、淡黄色建筑。早期的古建筑大都取材于浅色的花岗岩，现代建筑的外表也大多是明快淡雅的色彩。人们乘船在波罗的海上航行时，远远就能望见这座洁白的城市。因此，海员们把这座飞雪中银装素裹和阳光下泛着耀眼白色的都市称为“白都”。

赫尔辛基建于1550年，1812年成为芬兰的首都。赫尔辛基是芬兰最大的工业中心，不仅是机器制造业和造船业的中心，也是印刷业和服装业的中心。此外，电子、造纸、食品、纺织、化学、橡胶等行业也都很繁荣。赫尔辛基同时也是芬兰最大的港口城市。港口的年吞吐量达1000万吨，全国50%的进口货物是通过这里进入芬兰的。这里还建有全国最大的航空港，45条国际航线通往世界各大城市。

虽说与其他欧洲都市相比，赫尔辛基是一座年轻的城市，仅有450年的历史。但作为芬兰的文化中心，赫尔辛基有全国最大的博物馆。距市中心不远的塞乌拉岛上的露天人文博物馆，陈列着芬兰历史上不同年代农民的衣着、家具和劳动工具，建有专供展览的十八、十九世纪的农舍、庄园主住宅、蒸汽浴室、作坊、谷仓、农村小店、风车和小型农村教堂。建于1640年的赫尔辛基大学，是斯堪的纳维亚地区最大的高等学府，也是芬兰历史最悠久、规模最宏大的大学。

芬兰是一个以建筑闻名的国家。多姿多彩的建筑分布在赫尔辛基市的各个角落。在这里不仅可以观览到“新古典派”和“新艺术派”的建筑，也能够欣赏到富有北欧情趣的雕塑和街景。

这个年轻的城市，从来就不缺乏体育。早在1928年的安特卫普奥运会上，一个来自芬兰的运动员就让世人记住了他的名字——努尔米。

1920到1928年间，努尔米共荣获了9块金牌，从而奠定了他奥林匹克英雄的地位。他的成就给人们留下了格外深刻的印象，因为全部是从体现耐力的项目中获得的。他凭借顽强的意志，曾经创造了6天里完成了7次比赛，夺得5枚金牌的奇迹，被认为突破了人类极限，努尔米成了芬兰人民的英雄。

当被选为1952年奥运会会址的消息传开后，当地群众欢呼雀跃。开幕式当天，努尔米再次成为焦点，他手持火炬进入主会场。奥运会终于来到了这座美丽的北欧城市——赫尔辛基。

关键词·越野行走

越野行走起源于芬兰，本是滑雪运动员夏季训练的方法。

越野行走是最有效的有氧代谢运动方式之一。1997年，芬兰EXEL公司、芬兰体育科学研究所和芬兰索目拉途户外运动协会，联合率先把滑雪杖改制成适合步行和登山的手杖，开创了越野行走的先河。它借助两支手杖，使人在行走过程中四肢同时参与运动。正是这一特点，使越野行走非常容易达到有氧运动的靶心率，实现了全身大肌肉群的同时锻炼。

短短几年时间，越野行走从风靡北欧到全球推广现有近四十个国家开展了这项运动，其中芬兰、德国、奥地利和瑞士更为普及。在芬兰，每周从事越野行走的人口达百分之十六以上。

五星红旗在赫尔辛基升起

7月29日，奥运会即将闭幕时几经周折的中国代表团才来到赫尔辛基，当日中午12:30举行了升旗仪式，足球选手张邦伦荣幸地成为升旗手。奥林匹克赛场上，五星红旗伴着庄严的《义勇军进行曲》升起。

1952 年，新中国处于资本主义的封锁中，为了争取更多国家的承认，提高国际地位，通过体育与世界交流、广交朋友成为必然之举。

事实上，1949 年 10 月 26 日，中华全国体育总会就在北京成立，它对外代表中国奥委会。随着奥运的脚步迫近，1952 年 2 月 5 日，中华全国体育总会正式致函国际奥委会及包括田径、游泳在内的各体育联合会，声明将派出运动员参加第 15 届奥运会；之后的 4 月到 6 月，国际各体育联合会都纷纷表态正式承认中华全国体育总会代替前“中华体协”为该会会员。

但国际奥委会在对于中国能否参加赫尔辛基奥运会的问题上却踌躇不决。按照奥林匹克宪章，一个国家只能有一个奥委会，但当时中华全国体育总会和台北的“中华全国体育协进会”都称自己是中国唯一合法代表，尽管前者的合法性不容置疑，但国际奥委会的某些人认为这涉及“政治问题”，需要讨论解决。因此，中华全国体育总会发给赫尔辛基奥组委的中国将参加奥运会的电报迟迟未见回音。

1952 年 6 月 4 日，中华全国体育总会又一次发电报，表达中国将参加奥运会的强烈愿望，并要求赫尔辛基立即与之联系；而台湾方面也在准备参加奥运会。6 月 11 日，国际奥委会主席埃德斯特隆电告台湾方面“不必去赫尔辛基”了。

几天后，中华全国体育总会收到来自国际奥委会的坏消息，“由于中国的混乱，在困难解决之前，任何运动员不得参赛”。7 月 5 日，全国体育总会向国际奥委会强烈抗议，指出：按照《奥林匹克宪章》，各国奥委会都有权派出代表参加奥运会，中华全国体育总会是中华人民共和国唯一合法奥委会，具有派出代表参加奥运会的权力。而埃德斯特隆却在 7 月 8 日的电报中继续坚持“中国不能参加奥运会”，但请体总“转告董守义 7 月 17 日前去赫尔辛基”。董守义随即复电言：“只要国际奥委会按章办事，让体总派出的中国代表团参加奥运会，我当然会和中国运动员一起去。”

7 月 14 日，在获悉国际奥委会将于 7 月 16 日召开的第 47 届奥委会上把所谓重新讨论承认中华全国体育总会（即中国奥委会）问题列入议程后，中华全国体育总会秘书长荣高棠和国际奥委会委员董守义都致电表示抗议。

两天后，中华全国体育总会的代表在芬兰赫尔辛基举行的国际奥委会第 47 届会议上发表声明，要求其继续承认中华全国体育总会，并应立即邀请中国参加第 15 届奥运会。遗憾的是，时任国际奥委会主席的埃德斯特隆和副主席美国人布伦戴奇等并未接受体总的抗议。他们在 7 月 17 日的全会上提出了所谓“中国奥委会”问题，并希望与会委员们通过决议：拒绝中国运动员参加奥运会。同时又提出两个解决方案：要么两个中国奥委会都承认，要么就只承认台湾方面的“中华体协”。台湾方面在会上大造谣言，说“董守义早就死于大陆集中营”，其目的在于混淆视听，干扰委员们的决定。

最终，赞成中国参加奥运会的声音更高更响，33 票对 20 票，一个妥协方案由此出炉：将中国席位问题“保留”，同时一并邀请中华人民共和国的运动员和台湾运动员参加奥运会。

随后，中华人民共和国与台湾方面对此都做出了回应：荣高棠和董守义同时致电国际奥委会，严正声明“只有中华全国体育总会选派的运动员，才能代表中国参加奥运会。”台湾国民党教育部长程天放则放言：“如果大陆参加，台湾将退出比赛”，随即，郝更生宣布台湾放弃参加第 15 届奥运会。7 月 18 日，中国终于收到了赫尔辛基奥组委主席佛伦凯尔欢迎中国代表团参加第 15 届奥运会的邀请信。中国方面展开了讨论，由于第二天就是第 15 届奥运会开幕式，而赫尔辛基却远在万里，还有没有必要去参加余下的比赛？周恩来总理当机立断，于 7 月 19 日批示：一定要去！

几天后，包括一支篮球队、一支足球队、一名游泳选手、记者和医生共计 40 人的中国代表团迅速组成，荣高棠担任团长，黄中、吴学谦为副团长，董守义为总指导。7 月 24 日深夜，周恩来总理在中南海接见中国体育代表团的领导，在关切地询问了准备情况后，并指出只要五星红旗能在奥运会的赛场升起，就是胜利！

7 月 25 日，中国代表团乘坐 3 架螺旋桨小飞机，到达赫尔辛基时已是 7 月 29 日，奥运会马上就要闭幕。抵达奥运村后，中国代表团顾不得吃饭，在当日中午 12：30 举行升旗仪式，足球选手张邦伦荣幸地成为升旗手。五星红旗伴着庄严的《义勇军进行曲》，第一次冉冉升起在奥林匹克赛场上。

由于大部分比赛已近尾声，只有游泳选手吴传玉赶上了百米仰泳比赛，他因此成为第一个代表中华人民共和国参加奥运会比赛的运动员。旅途劳累影响了他的发挥，最终在百米预赛里他的成绩仅为 1 分 12 秒 3，列小组第五位。除了体育比赛，中国代表团在赫尔辛基奥运会期间更多是在进行外交工作，以便广交朋友。代表团举行记者招待会，宴请各国官员和运动员，在赫尔辛基顿时掀起了一股小小的“中国热流”，新中国为更多国家所了解。新中国在奥运赛场上的首次亮相完美谢幕。

(上)1952年7月29日，中国体育代表团进驻芬兰赫尔辛基第15届奥运会选手村。五星红旗第一次在奥运会上升起。

(下)在赫尔本辛基奥运会上，中国代表团只赶上了男子游泳一项比赛，图为参加比赛的中国游泳选手吴传玉。

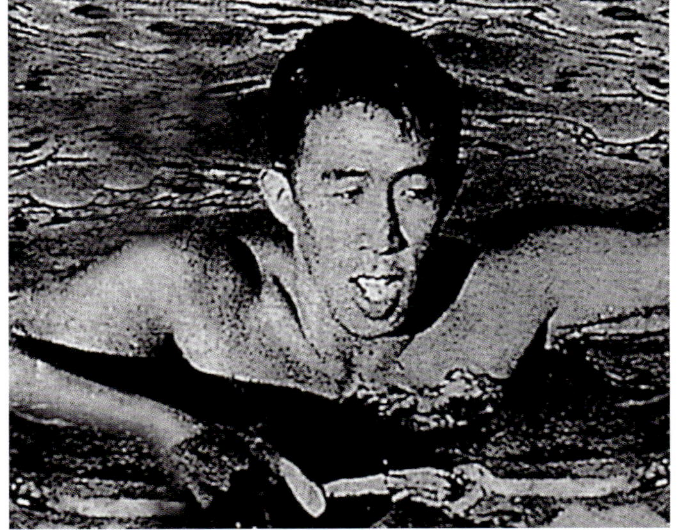

第16届奥运会→墨尔本

有史以来第一次，国际奥委会同意违背奥运会必须在同一时间同一地点举行的铁律。这一届奥运会的主会场来到了大洋洲……

1949年，国际奥委会决定由墨尔本主办1956年奥运会。时间过去了5年，澳大利亚法律规定的对外国马匹隔离6个月的规定是不可回避的困难。最终采取的应对措施是由斯德哥尔摩在5月举办奥运会马术比赛。剩下的比赛依然在墨尔本进行，开始的时间是11月底。

有一个细节值得注意，之所以说是细节，因为它和当时动荡的世界局势比起来确实微不足道。埃及、黎巴嫩和伊拉克抵制了奥运会，原因是抗议法国和英国军队远征苏伊士运河，以及之前的以色列军队进入西奈半岛。荷兰、瑞士和西班牙也没有接受邀请，这是为了抗议苏联坦克进入匈牙利。在奥运会上，匈牙利代表团受到了热烈欢迎，而苏联代表团多遭冷遇。这一矛盾的顶点在水球决赛中出现，对阵双方正是匈牙利和苏联……

不过，还是有两件事证明奥运会可以凌驾于地缘政治的不测之上：联邦德国和民主德国达成协议，组织一支队伍参赛：在闭幕式上，世界各国的代表团完全打散混在一起。这一创新变成了常规。

OLYMPIC GAMES
The Coat of Arms of the City of Melbourne
VIRES ACQUIRIT EUNDO
MELBOURNE
22 NOV–8 DEC
1956
RICHARD BECK

1956

在炙热的阳光下,自行车公路赛的88名选手开始在澳大利亚的乡间穿梭。在188公里的比赛结束后,意大利人埃尔科尔·巴尔蒂尼(Ercole Baldini)获得了胜利。

南半球第一次，苏联称霸第一次

国际奥委会第一次允许一届奥运会在举行时间和地点上如此随意，唯一的原因是1956年奥运会来到了大洋洲的澳大利亚，这也是奥运会有史以来第一次离开欧美两大洲。而苏联人的骁勇，不仅把美国赶下了金牌榜的头把交椅，也让世界折服。

1951 年，墨尔本突然提出不能举办在 1956 年奥运会中列入正式项目的马术比赛。按照澳大利亚法律，牲口入境后，必须经过 6 个月的隔离检疫才能放行。而马术比赛用的马，都是骑手自己携带的经过长期训练的马匹。隔离检疫，将使训练中断，正常的训练和比赛就无法进行。

本就有人对会址选在墨尔本有异议，认为澳大利亚没有组织大赛的经验，墨尔本缺少完善的体育设施而且远隔大洋交通费用昂贵。这次入境问题更使改变会址的呼声日益增高。国际奥委会则坚持在墨尔本举行奥运会。在与澳大利亚政府就牲口入境问题谈判失败后，国际奥委会决定将马术比赛改在瑞典首都斯德哥尔摩进行。这也是奥运会史上唯一一次分在两洲举行的奥运会。

斯德哥尔摩马术比赛首先于 6 月 11 日到 17 日举行，也有开幕典礼，瑞典国王古斯塔夫六世主持开幕典礼。共有 29 个国家和地区参加比赛，运动员 158 人，其中女运动员 13 人。东道主瑞典获得了全部 6 枚金牌中的半数。成绩最为突出的是亨利·圣西尔，他在盛装舞步个人赛中以 860 分蝉联冠军，并帮助瑞典队获得团体冠军。

德国联队成绩也很出色，获 2 枚金牌，3 枚银牌。该队的汉斯·君特·文克勒在个人和团体障碍赛中两度摘冠。他的宝马哈拉表现非常出众。比赛中文克勒受重伤，已不能控制坐骑。通人性的哈拉驮着受重伤的主人准确无误地越过全部障碍，确保德国队获得障碍赛团体冠军。当人们在赛后将他从马鞍上抱下来时，他激动得不断重复："我真不知道怎么谢这匹马才好！"从此，哈拉也成为德国人心目中的奥运英雄。

第 16 届墨尔本奥运会原定于 2 月份举行，那时正是澳洲盛夏。但国际奥委会认为此时是多数国家运动员的休整期，不利于创造优异成绩。最后，奥委会决定，1956 年 11 月 22 日至 12 月 8 日为会期。这是奥运会举办时间最晚的一次，多数国家运动员要调整训练计划。

开幕式于 11 月 22 日下午在拥有 10.4 万观众席的主运动场举行。由爱丁堡公爵宣布本届奥运会揭幕，田径选手容·克拉克点燃圣火。来自奥林匹亚的火种，首次利用飞机传递，行程共 2 万多公里。点燃奥林匹克圣火的澳大利亚著名田径运动员克拉克曾 17 次创多项长跑的世界纪录，但在奥运会中却仅得过 1964 年（第 18 届）10000 米赛的 1 枚铜牌。

墨尔本奥运会参赛国家和地区共 67 个，运动员 3184 人，女运动员 371 人。首次参加的国家和地区有肯尼亚、柬埔寨、利比里亚、马来西亚、乌干达、斐济、埃塞俄比亚。参加运动员人数最多的国家是：美国 298 人，澳大利亚 287 人，苏联 283 人。

这次奥运会仍然受到了当时世界政治局势的影响，如由于苏伊士运河危机使伊拉克、埃及和黎巴嫩都宣布退出。而民主德国也首次出现在了奥运会比赛场上，由于澳大利亚组织者的不懈努力，联邦德国和民主德国在同一个旗帜下参加奥运会的比赛。此后的三届奥运会上，他们都沿用了这样的方式。

在田径比赛中，乔治斯·鲁巴尼斯成为了第一个使用玻璃纤维器械参加撑竿跳高的运动员。1952 年奥运会上，美国人鲍勃·马蒂亚斯曾使用过类似器材，但那是在 10 项全能比赛中。美国链球运动员哈罗德·康纳利不仅获得了该项目的冠军，而且还捕获了一名女子铁饼运动员的芳心，她就是捷克人奥尔加·菲克托娃。二人在墨尔本田径赛场上的练习赛中相遇，很快坠入爱河，成为人们关注的焦点。美国总统亲笔致函捷克总统，请他力促好事早成。

1957 年，经美捷两国总统协商，在各方的努力和关照下，他们的结婚申请获得了批准，这一对有情人在布拉格举行了隆重的婚礼。这对奥林匹克冠军的结合，被誉为那一年的"年度最佳婚礼"。但这对夫妻后来未能白头到老，于 1975 年离异。

跳高比赛中，美国 19 岁的黑人选手杜马斯获得冠军。这枚金牌来之不易。跳高项目强手如林，而他在奥运会前的美国选拔赛上只是勉强及格。杜马斯是一个很奇怪的选手，他不相信多练习可以让成绩更好，平常很少看到他练习。就算到了墨尔本之后，其他选手每天都要练习，只有他我行我素，连最基本的热身都不做。美国队教练根本没有把他放在眼里。当他去参加跳高比赛时，竟然找不到领队和教练，运动场又不能随便进去，急得他无可奈何，只好自己买了一张门票进去，入场后发现跳高比赛就要开始了，

同期中国 China Memo

新中国成立后，竞技体育运动在国内开展得如火如荼。1956 年 6 月 7 日，在中国人民解放军和上海市联队与苏联举重队的友谊赛上，陈镜开以 133 公斤的优异成绩，打破了美国运动员温奇保持的 132.5 公斤的最轻量级挺举世界纪录，从而成为中国第一个打破世界纪录的运动员。1956 年至 1964 年间，陈镜开曾 10 次打破世界纪录，成为那个时期名副其实的"世界纪录保持者。陈镜开曾 5 次获得国家体育运动荣誉奖章，荣立特等功一次，一等功两次，记功一次，并被推选为第二、三、四、五届全国人大代表。1987 年，国际奥委会授予陈镜开奥林匹克银质勋章，这是中国运动员第一次获此殊荣。

他顾不得做准备活动，就投入了比赛，竟以 2.12 米的成绩夺得冠军，并打破了世界纪录。

参加马拉松赛的捷克名将扎托佩克虽已 34 岁，但仍具有争夺金牌的本钱。不过 1956 年初，扎托佩克在练习时为增加体力而把他奥运标枪金牌妻子扛在肩膀上，不幸得了疝气，入院治疗。他的体力因此而大受影响，只报马拉松一个项目。在他坚持跑完全程后，2 小时 29 分 34 秒的成绩只让他名列第 6 名。

(左上)开幕式期间，俯瞰奥林匹克体育场及其周围。
(左下)宣布奥运会开幕的爱丁堡公爵(左)和组委会主席肯特·休格斯(W.S.Kent Hugues)受到了现场11万观众的欢呼。
(上)火炬传递经过了 2753 名运动员，最后交给了容·克拉克(Ron Clarke)，进入了墨尔本体育场。

法国的阿尔及利亚裔选手米蒙脱颖而出。米蒙在二战期间，曾在意大利不幸踩到地雷伤了腿。米蒙的跑步姿势很像扎托佩克，看起来很吃力。1948 年和 1952 年两届奥运会的 10000 米、1952 年 5000 米，他都是败给扎托佩克屈居银牌，一直与金牌无缘。这届墨尔本奥运会，他得知死对头扎托佩克因为疝气手术，无法成为金牌角逐者，因此舍弃 5000 米和 10000 米，专攻马拉松。这是他第一次参加马拉松比赛。法国选手在 1900 年巴黎奥运会及 28 年后的 1928 年阿姆斯特丹奥运会，都得到马拉松金牌，现在又经过了 28 年，如果历史可以重演，马拉松金牌非他莫属。

鸣枪开跑时，有人犯规，重新出发。这成为奥运会史上马拉松赛唯一一次重新鸣枪起跑。米蒙以将近一分半钟的领先赢得第一面奥运会金牌，也成为奥运会史上第 3 位首次参加马拉松赛就赢得金牌的选手，当时他已经 35 岁。当扎托佩克跑回终点时，这位昔日明星受到观众的掌声比金牌得主还要热烈。米蒙也在为这位老对手加油打气，两人互相拥抱庆贺。

在本届奥运会的泳池中，第四种被奥运会接受的游泳姿势产生了，那就是蝶泳。但只设有一个项目，即 200 米比赛，4×100 米混合泳和个人 400 米混合泳分别到 1960 年和 1964 年才进入奥运大家庭。女子 100 米自由泳金牌、400 米自由泳银牌、4×100 米自由泳接力金牌，均被澳大利亚人道恩·弗雷泽瑟获得。1960 年罗马奥运会她又获 100 米自由泳金牌、4×100 米自由泳接力银牌、4×100 米混合泳接力银牌。1964 年东京奥运会她再获女子 100 米自由泳金牌、4×100 米自由泳接力银牌，是第一位奥运游泳三连霸女选手。弗雷泽生于悉尼，是家中 8 个兄弟姊妹中最小的一个，有 3 个哥哥和 4 个姐姐。从小因气喘接受治疗，医师建议家人让她学游泳来改善呼吸，没想到竟然培养出一位举世闻名的游泳名将。

本届奥运会的体操比赛算得上精彩激烈，人们发现了世界体操格局变化的一些趋势。以丘卡林为首的苏联男子体操队仍保持优势，获得了全部 8 个项目中的 7 枚金牌。丘卡林在个人全能、双杠比赛中获得两金，同时也是苏联队获男子团体冠军的大功臣。日本的表现也非常出色。虽然只有小野乔在单杠的比赛获得 1 枚金牌，但他在个人全能比赛中只输给冠军丘卡林 0.05 分，在鞍马比赛中只输给金牌得主沙赫林 0.05 分，此外他还在双杠比赛中名列第 3，与第一名丘卡林的差距只有 0.1 分。日本队的相原信列在自由操的比赛中获得银牌，久保田正射在双杠比赛中名列第 2。

女子项目上演的是苏、匈两国的抗衡，7 项金牌由两国瓜分。匈牙利队 35 岁的老将，上届自由操冠军阿·克莱蒂再次展示了娴熟的技巧，获得了高低杠、平衡木金牌，还帮助匈牙利队获得团体轻器械操的冠军。她一共获 3 枚金牌，3 枚银牌，是本届获奖牌最多的选手；苏联著名选手拉蒂尼娜也非常出色，不仅摘得了个人全能的金牌，还在跳马、自由操的比赛中称雄，她还是前苏联队女团冠军的主力。在高低杠的比赛中她排在阿·克莱蒂之后，获得一枚银牌。拉蒂娜成为继努尔米之后的第 2 位获 9 枚奥运金牌的运动员，而她的金、银、铜牌总数 18 枚(金牌 9 枚、银牌 5 枚、铜牌 4 枚。)为奥运之最。

苏联队在足球赛场上的一举夺冠，守门员雅辛功不可没。雅辛自幼喜爱运动，热衷于足球和冰球。他的技术全面，选位恰当，反应敏捷，敢于出击夺球，特别善于扑救点球。1954 年被选入苏联国家足球队后，雅辛为国家队效力 14 年，共参加了 77 场国际比赛。苏联队在本届奥运会上的夺冠和 1960 年在欧洲足球锦标赛上的凯旋都离不开这位苏联队正选守门员的出色表现。1963 年他被评为欧洲最佳足球运动员，并荣获当年的金球奖。

文强森这位居住在澳大利亚的年轻中国后裔选手为这届奥运会的闭幕式做出了贡献。他向奥委会建议，奥运会的闭幕典礼不要和开幕典礼一样，由各国排序绕场，而应改为让各国运动员打散，一起绕场，象征奥运会的团结友谊和谐精神。国际奥委会最初对此并不同意，但最后表示认可，前提是至少要有 400 人参加。

12 月 8 日晚上，留下来的选手全部参加了这个特别的闭幕式。所有运动员不分国籍的走在一起，共同度过了奥运会最后的时光。这次闭幕式比以往任何一届都温馨感人，也为日后各届奥运会所仿效。

本届奥运会在田径、游泳、举重、射击、自行车比赛中共打破 56 项奥运会纪录、16 项世界纪录。由于苏联加入奥运会竞赛行列，使得一向主宰奥运会奖牌榜的美国队有了强有力的竞争对象。苏联通过几乎职业训练方式，成绩一日千里。结果美国第一次从金牌榜第一的位置落到第二，首次败给苏联。

气氛 1956

L'EQUIPE 队报聚焦

上苍的发明

“奥林匹克停战”的概念，在这个年代看上去多少有些不合时宜或者是逻辑错误。在古代，其意思是在奥运会期间，伯罗奔尼撒半岛上的所有战争都要暂停。体育竞赛凌驾于所有武装冲突之上。而今天我们的要求也低很多，只希望奥运会能够在世界局势的一阵阵战栗中照常进行。我们拿着世界大团结的苍白盗版版本来哄骗自己，模糊概念，只求得在墨尔本参加比赛的人们之间的友谊。从这个角度来看，像瑞士和荷兰这样的国家，它们对派队和苏联一起比赛很犹豫，这本身就是一个严重的信息：体育精神不仅仅是难以贯彻自己的理念和规则，它甚至无力让人们忘记。我们称之为停战的，只不过是暂时的宽容，让那些充满天赋的孩子们在我们的争执间隙好好玩耍。让我们忘记停留在地球另一端的悲伤和忧虑，在这边沉浸在戏剧和狂喜中。这样看来，这场澳大利亚的约会实在是上苍的发明。宇宙也需要这段时间小事休憩。

文/安托万·布隆丹

1 放飞了5000只鸽子，1200人合唱，有67个国家代表团参加的开幕式是一个巨大的成功。唯一的遗憾就是高温致死一人。

2 容·克拉克，澳大利亚的长跑明星，点燃了圣火。

3 在奥林匹亚山的神庙旁边，女大祭司点燃了圣火。

4 美国队有252名男运动员和46名女运动员参赛，获得了76枚奖牌。

5 八人划艇比赛，耶鲁大学的美国人相信他们能够战胜加拿大人。

6 长达17天的时间里，奥运圣火照亮着墨尔本和全世界。

7 两个德国首次组成一支共同的队伍。

8 革命性的弹性厚运动外套。第一次穿出来的是英格·弗尔曼(Inge Fuhrmann)，性感优雅的德国冠军。

9 虽然新加坡5比0大胜阿富汗，但面对印度，新加坡人还是无计可施。印度第7次夺得曲棍球金牌。

10 12月8日，奥运会结束。旗帜退场。

5

6

7

8

9

10

气氛
1956

L'EQUIPE 队报聚焦

鲍比·莫罗，安静的冲刺者

3年以来，鲍比·莫罗(Bobby Morrow)一再在世界各路短跑高手面前验证自己的优势地位。这种优势在6月到达了巅峰。美国奥运选拔赛中，莫罗在各项比赛中都将对手远远甩在身后，距离他最近的对手也已经被他拉开1米。对美国乃至全世界来说,这位"堪萨斯闪电"，学习体育教育学的大学生，是当之无愧的准奥运冠军。

但是，所有的希望到了9月份就都飞走了。莫罗食物中毒，得了严重的肠炎。疾病整整持续了一个月，莫罗瘦了7公斤。当10月份美国的奥运会热身赛开始时，他还没有痊愈。当然，他是逐渐在恢复。不过，状态总是让人担忧。

奥运会100米的预赛和决赛之前一周，莫罗已经不相信自己能够取得胜利。自从生病以来，他从未能淋漓尽致地跑100米。他害怕自己已经丧失了比赛的节奏。"在第一场比赛之后，我开始找回信心。我最终发现，我距离最好状态并不是很远。但我也相信，如果没有生病，我的状态会更好，赢得会更加干净利落。"但他的胜利已经非常具有王者气概。

莫罗只有21岁，10月15日刚刚和一名大学同班同学结婚。但他的水平太高了，以致于很多人都无意识地夸大了他的年龄。他面对生活和赛场中艰难斗争的成熟态度，远远超过了他的实际年龄。

他过去曾经练习橄榄球，进入大学后教练劝他改练田径，但橄榄球的经历让他的身体格外强壮。

莫罗很安静沉着地讲述着。他不想表现得过于欣喜，因为他还要集中精力对付接下来的两个比赛：200米和4×100米。

文/米歇尔·克拉尔

1 5.5米级帆船比赛中，瑞典的"Rush V"号夺得了冠军。

2 21岁的苏联选手拉里萨·拉蒂尼娜(Larissa Latynina)，在体操全能、自由操和跳马比赛中全都获胜。后来她在罗马和东京也成绩斐然。在职业生涯中，她一共夺得18枚奥运奖牌：9金、5银、4铜。

3 "班尼斯特的野兔"是第一个将1英里跑降到4分以下的人。英国人克里斯托夫·布拉舍(Christopher Brasher)夺得了3000米障碍赛的冠军。

4 瑞典人拉尔斯·哈尔(Lars Hall)成为第一个在现代五项中卫冕的运动员。

5 22岁的美国人米尔顿·坎贝尔(Milton Campbell)想参加110米栏的比赛，但在美国选拔赛中被淘汰。这位22岁的选手转而参加十项全能。后来他在罗马奥运会上成为冠军。

6 自由式摔跤中，土耳其人穆斯塔法·达吉斯坦利(Mustafa Dagistanli)对日本人Minoru Lizuka毫不留情。穆斯塔法也最终夺冠。

7 瑞典人格特·弗雷德里克森(Gert Fredrikssion)在1948年和1952年奥运会上就是单人皮划艇冠军，这次他再度蝉联。另外，他还是10000米单人划艇的冠军，1948年他就是冠军，1952年屈居第二。罗马奥运会上，他还获得了1000米单人划艇的铜牌。

8 800米比赛最后一个直道，美国人托马斯·考特尼(Thomas Courtney，153号)、英国人德雷克·约翰逊(Derek Johnson，137号)、挪威人奥登·伯伊森(Audun Boysen，148号)个个奋勇争先。他们也按此顺序完成了比赛。

9 苏联和德国的奥运足球比赛。最终，传奇人物列夫·雅辛(Lev Yachine)率队夺取奥运金牌。

10 就像弗雷德里克森在K1中的表现一样，罗马尼亚人莱昂·罗特曼(Leon Rotman)实现了单人划船比赛1000米和10000米的双料第一。

11 50公里竞走比赛刚刚开始，新西兰人诺曼·里德(Norman Read，10号)就露出了微笑。难道他已经确信自己会夺冠？

匈牙利人勇敢的心

匈牙利和苏联之间的水球比赛远远超出了一场体育比赛的范畴。

文/贝努瓦·海默曼

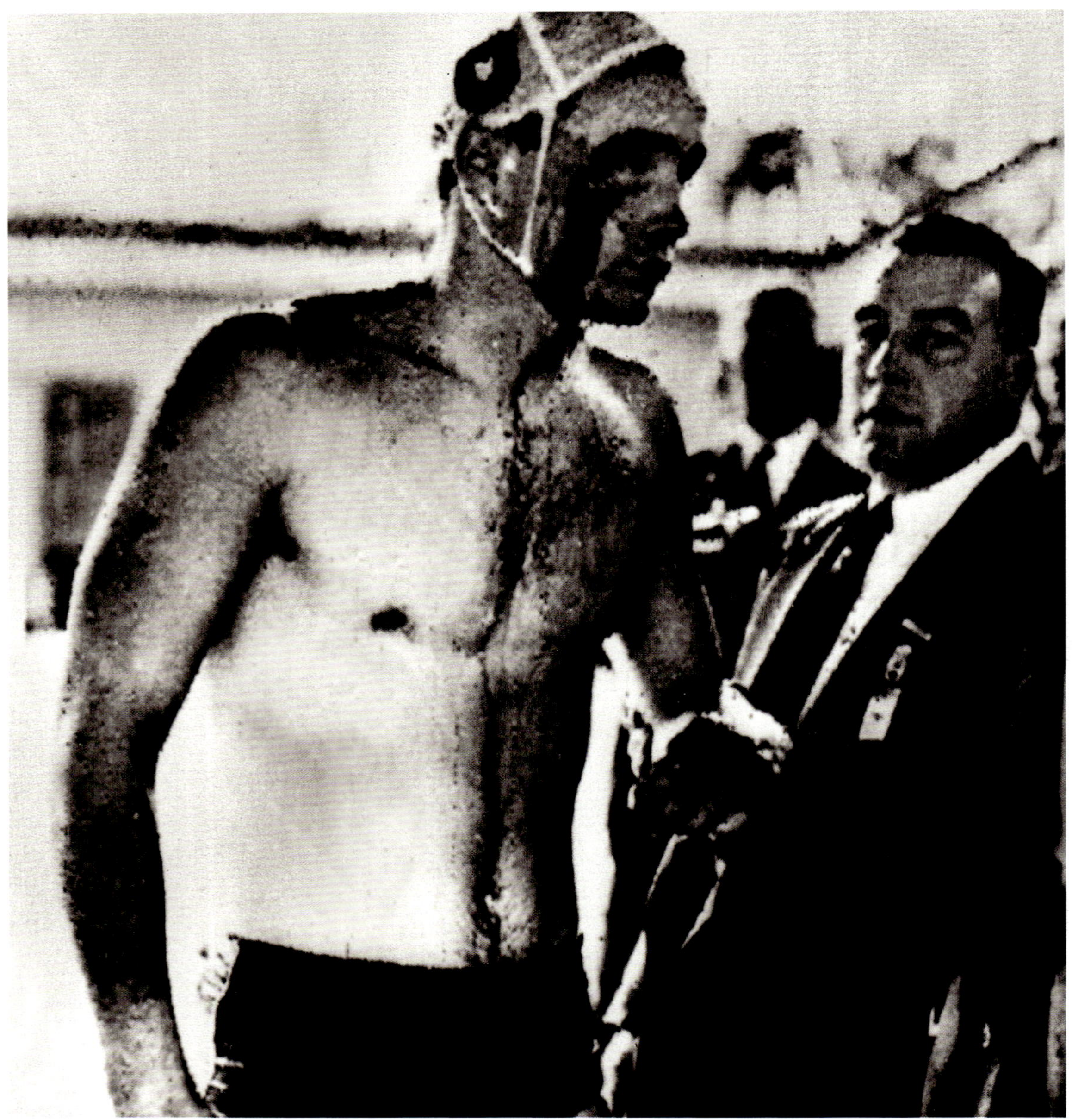

本来这是一群很有礼貌，很优雅的运动员。但当他们下到墨尔本的泳池中，他们立志打一场惨烈的海战。象征性的铁臂、令人愤怒的身体接触，最后几乎变成了货真价实的拳击赛。毫无疑问，匈牙利人和苏联人打起水球来都很有激情。但他们也都把这场比赛看成事关国家民族荣辱的大事，这样关键、这样夸张。从体育的角度来看，这场比赛不可避免地变了味道。

这两队上一次交手是在小组赛的最后一场。那场比赛也很激烈，但并没有出轨。最终匈牙利4比0大胜。比分并不重要，关键是他们赢得了名声和尊敬，这远远地超出了一场体育比赛本身。

在墨尔本奥运会开始前夕，匈牙利的冠军们，包括水球队，可以说都没有把心思集中到奥运会上。10月23日，匈牙利首都布达佩斯爆发的事件让这些运动员和其同胞们一样，感觉到可以摆脱苏联老大哥威权的希望。运动员们带着欣喜准备启程参加奥运会，但匈牙利领导人命令他们返回布拉格待命，最终才给放行。他们一直被隔离，直到新的命令下达。

苏联士兵进入布达佩斯

接踵而来的是对匈牙利运动员乐观情绪的打击，这是一连串的政治事件，有匈牙利国内的，也有国际的。英法军队空降到苏伊士运河、联合国犹豫不决、西班牙、瑞士、以色列和黎巴嫩抵制了奥运会。水涨船高，最终11月4日，上万名苏联军人受命进入了布达佩斯，阻止了那里正在进行的变革。匈牙利运动员们非常忧虑。11月初的日子里，他们听到了各种各样的蜚短流长。消息大都是错误或者相互矛盾的。甚至有消息说匈牙利足球大师普斯卡什死于巷战。

布达佩斯的来客们准备不足、斗志全无、甚至做着噩梦，没精打采地来到了澳大利亚。匈牙利代表团大都雄心不再，只有水球队是例外。他们是匈牙利体育的中流砥柱。虽然他们也缺乏确定的战略，但都决心在墨尔本好好表现，重拳出击。1952年在赫尔辛基奥运会，匈牙利人就是水球冠军。他们的功勋队员有：吉亚马蒂 (Gyarmati)、马克维奇 (Markovitz)、波罗斯 (Boros)、卡尼萨 (Kanizsa)、希沃斯 (Szivos) 和卡帕蒂 (Karpati)。他们决心高高举起自己受伤国家的国旗。事实上，在开幕式之前，他们就在降了半旗的匈牙利国旗上蒙上了一块黑纱。

在奥林匹克的泳池中碰到苏联队，而且是直接决定金牌归属的关键比赛，这无论如何，不可能变成一场普通的体育比赛。从比赛一开始，所有的观察者都发现队员们很紧张、暴躁、怀恨在心，和传球、射门相比，他们更想送出拳头和辱骂。

匈牙利队的区域防守更好，突破更加犀利，他们终于胜利在握。观众们松了一口气，开始略带幼稚的欢呼说这是“被镇压者”对“镇压者”的胜利，并且庆祝比赛终于没有太大波澜地进行了下来。

报复的呼喊和拳头

比赛只剩下5分钟了。苏联人普洛科波夫 (Prokopov) 送出了一击重重的肘击，毫无疑问，他已经耗尽了精力和耐心。顿时，眉弓爆开，鲜血横流。受害者是谁？不走运的埃尔文·查多尔 (Ervin Zador)。匈牙利阵中最年轻的队员之一，几分钟前才替换上场。事情的突变及其严重，迅速让泳池变成了一口煎熬着的地狱大锅。里面一片混乱，运动员们相互辱骂、拳脚相加。

主裁判比较聪明，眼看到局面已经无法控制，他提前结束了比赛。继1932年、1936年和1952年之后，匈牙利再次夺冠，获得了极大的荣誉。这或许是一种补偿，为了他们生病的国家？传来的消息还是一片灰暗。大多数水球运动员们都不想再回到自己的国家了。即便口袋里已经装满了纪念品，即便胸前已经挂上了又一枚金牌……

(上)年轻的匈牙利人查多尔走出了泳池，虽然是胜利者，但眉弓已经裂开了。(下)夺冠之后，匈牙利冠军们没有一个回到祖国。苏联军队还呆在那里。

拉斯洛·巴普三连冠

巴普延续了他的传奇,他的胜利受到了全场观众疯狂的欢呼。

文/雅克·马尔尚

在西方体育馆进行的拳击决赛宛如盛宴。奥运会的贵宾几乎悉数到场。爱丁堡公爵也以个人身份悄悄坐到了看台的第一排。他这样做只是为了静静欣赏经典的决赛。8天以来，赛场主持人说的法语带有埃迪·康斯坦丁(Eddie Constantine)般的浓重口音。这一次，他终于被一位地道的法语女主持代替。

对阵的双方是两位不凡的冠军：苏联人弗拉迪米尔·延吉巴扬(Vladimir Yeng－ibaryan)，超轻量级拳手；另一方是匈牙利人拉斯洛·巴普(Laszlo Papp)。巴普在8年内拿了3块奥运金牌(1948年伦敦奥运会中量级冠军、1952年赫尔辛基和1956年墨尔本奥运会轻中量级冠军)。巴普延续了他的传奇，他的胜利受到了全场观众疯狂的欢呼。热烈场面堪比澳大利亚游泳选手获胜的气氛。

宽大的拳击馆似乎变成了游泳馆……巴普的拳击风格很有个性，无法将他和任何其他选手相比。即便是职业拳手中也找不到他这样的类型，而大多数职业拳手在他面前坚持不到第四回合。

澳大利亚浪潮

在400米和4×200米比赛中获胜之后，这位年轻的天才在1500米上又再度确立了澳大利亚在自由泳上的霸主地位。

文/莫里斯·毛雷尔

中间为澳大利亚选手穆雷·罗西。

穆雷·罗西(Murray Rose)在1500米自由泳的胜利进一步巩固了澳大利亚在自由泳上的不败金身。7金、3银和2铜，澳大利亚人在自由泳上的成绩已经超越了一切评论。

周三，美国大学生布林(George Breen)创造了1500米自由泳世界纪录，17分52秒9。他似乎很有信心最终拿下1500米金牌。但在游出100米后，夺冠的希望就很渺茫了。他确实领先，但没能镇住对手。在他身后1米半处，澳大利亚人罗西和日本人山中(Yamanaka)很轻松地跟着他。布林前100米游了1分4秒4，而不是周三的1分2秒4，但两个对手和他并驾齐驱。

对于布林来说，他的这场比赛已经输了。他看上去游得越来越费劲，而罗西和山中两个人坐收渔利。其实罗西和山中在400米比赛中就分列冠亚军。他们俩游得轻松多了。到了800米处，布林依然居首，但是日本人要爆发了。山中很轻松地后来居上，率先完成了转身。之后，罗西也发动了，抢占了第一的位置。布林想力挽狂澜，但已无力回天。他的比赛结束了。

罗西很轻松地拉开距离。900米处，澳大利亚人领先美国人，日本人紧随其后，一直保持到1000米之后。罗西略微发力，在1000到1100米之间将领先优势加大1秒。1200米处，布林和山中都落后罗西4秒。1300米时，山中突然甩下美国人冲了上来，这时他落后罗西4秒5。日本人的冲刺非常有力，渐渐逼近了罗西。澳大利亚观众都站了起来，激动得浑身发抖。罗西守住了胜利，到达终点时，他只领先山中1秒4。布林第三个到达终点。美国人离开墨尔本时，兜里装着1块银牌(4×200米)、两块铜牌(400米和1500米)，没有金牌，但有一个世界纪录。在三名领先者身后，澳大利亚人加雷蒂(Garretty)在300米之后脱颖而出，确保了第四的位置。

比赛结束之后，罗西脸上绽放出了灿烂的微笑，胜利和青春的笑容。他的眼睛和牙齿都很迷人。他的满头金发很难梳理，即便是在他接受爱丁堡公爵颁发奖牌时也是如此。他的胜利是青春和才华的胜利，当然也有运气的因素。但罗西承认他预料过自己的胜利：

"400米比赛之后，我感觉自己双腿有些疲劳。这是我在1500米预赛中没有发力的原因。预赛和决赛之间有一天的休息，这让我非常地高兴。我利用这一天好好恢复。早上我来到游泳池，安静地游了一会，让自己重新找到感觉。对我来说，计划非常简单：我想跟随布林一直到1300米，然后全力冲刺。这一天我的状况很好，而且身边的环境也不错。"

3块金牌，对于一位还没过18岁生日的孩子来说，这已经是非常漂亮的胜利了。他是澳大利亚游泳界的瑰宝。

这位长距离游泳的天才是澳大利亚游泳工厂的又一件成功产品。罗西出生在英国，战前和父母移居澳大利亚，当时他只有1岁。他的一生几乎都在水里度过。因为他从小就泡在水里游泳，从12岁开始，他跟着教练山姆·赫福特(Sam Herford)在悉尼训练，当时就已经瞄准了奥运会。罗西非常强壮，身高1.80米，体重73公斤。他还有一个特点，那就是坚定的素食主义者。一生当中，他从来没吃过肉类、鱼和鸡，也没有喝过一滴咖啡和茶。但是他吃得也很精妙，爱尔兰裔的母亲细心为他准备饭食：混合了水果、豆子和海带蔬菜果酱。这让人可以理解为什么罗西面对长距离的比赛毫不畏惧，而总是一口吞下去的样子。另外，美国已经向罗西发出了邀请，愿意为他提供一份大学奖学金。最近的消息说，罗西很快就会离开澳大利亚，前往另一块新大陆。

不可战胜的库茨

这位苏联人在5000米比赛中给对手们上了一课，就像他在10000米比赛中已经做的那样。

文/保罗·杜邦

库茨在5000米比赛中给对手施加了有如地狱般的压力。

我们在一座爆满的奥林匹克体育场内，奥运会的第一天，气氛出奇得好。10000米比赛中，两名好手在对决。他们是库茨（Vladimir Kuts）和皮里（Gordon Pirie）。在5000米决赛中他们又碰上了。人们焦急地等待着他们的第二次对决，这场对决和第一场颇为相似：过程很精彩，结局则有点出人意料。

就跟在10000米决赛中一样，苏联人除去前200米，剩余的路程中都在领先。刚开始，他被对手们封在中间，跑了半圈后才腾挪了出来。乌克兰人的残酷舞曲开始了。他不停地启动加速，渐渐甩开了后面的13人大部队。最后只有3个人还有希望追赶他。3个英国人皮里、查特维、伊博森（Pirie、Chataway、Ibbotson），和事先预料的一样，步伐非常快，1公里用时2分40秒，2000米时5分26秒。到了这时，苏联人才一次次地发动真正威猛的进攻。每一圈都是如此。3000米只用了8分11秒就跑完了。这个成绩在这条跑道上已经足够了，足以摧毁英国三人组的抵抗。

到这个时候，英国人中体力最好的是查特维。他坚持保持住跟大步流星的库茨一致的节奏，还时不时地试图超越。这也让他付出了惨重的代价，被无可挽回地甩下了。现在比赛进行到3500米，但库茨对自己摧毁性的工作还不满意：接下来的500米，他再次加速。剩下的两个英国人皮里和伊博森，终于遭到了和查特维一样的命运。库茨的这项工作也不是轻而易举，因为英国人都能坚守自己的信念。而这种坚守，在其他情况下，会让他们最终获胜。但这一次，他们碰到的是库茨。

对于三个英国人来说，库茨实在是太强了：人们没有看到皮里戏剧性的崩溃，他比在10000米时要谨慎多了，保留实力，希望保住第二名的位置。这次倒霉的是查特维，他扮演了皮里在10000米比赛中的角色。一旦摆脱了对手的纠缠，库茨开始发疯，得理不饶人。他在最后一公里奋力向前，试图打破英国人皮里保持的世界纪录13分36秒8，要进一步确立优势地位：4000米库茨所用的时间是10分57秒，而当年皮里创造世界纪录时在4000米处的成绩也是如此。因为最后1000米没有对手的激励，库茨多花了3秒钟。

这位苏联人应该感到满意了，他最终的成绩是13分39秒6，比皮里当年创造纪录的成绩慢了2秒8。这条跑道很脆，这也影响了库茨的成绩。库茨的成绩虽然破不了世界纪录，但确实值得尊敬。库茨实现了他的教练尼纪弗洛夫（Nikiforov）当初的预言，后者不久前宣称："库茨独自一人，就能跑出10000米28分25秒和5000米13分30秒的成绩。"这位伟大的苏联冠军，将从伟大先驱查托贝克那里继承来的坚韧和极快的速度结合起来，在最近两年创造了很多看似不可能的成绩。

皮里在5000米比赛中获得的第二名成绩也算是让他的努力有了些许回报：他是这届奥运会中排第二的长跑选手。他在最后的冲刺中击败了年轻的德雷克·伊博森（Derek Ibbotson）。而伊博森非常有潜力，有希望在接下来几年中成为5公里到10公里跑的王者。匈牙利人秃头萨博（Szabo）获得了第四名，他在最后几百名赶上了领先的四重奏。另一名匈牙利人塔波里（Tabori）则只是在最初200米逞了威风。澳大利亚人阿尔伯特·托马斯（Albert Thomas）挽留了东道主的面子，另一名澳大利亚人劳伦斯（Lawrence）则因为预赛中透支无所作为。这场令人激动的决赛，其最大遗憾是南斯拉夫人穆高斯（Mugoss）弃权。

这场5000米的决赛是中长跑运动最近两年的革命的生动说明：这场革命从1954年开始，还远远没有终结。

AIR
RANCE

阿兰·米蒙，意志的胜利

这是米蒙的第一次马拉松比赛，他证明了自己是当之无愧的冠军。

文/米歇尔·克拉尔

丹德侬路 (Dandenong Road)，多么奇怪的名字。而这条道路就是阿兰·米蒙 (Alain Mimoun) 的胜利之路。这是条由郊区公路改建而成的赛道，精致的房子透露着幸福气氛。在这阳光高照的夏日，很多人来看马拉松比赛。人数多得和环法自行车赛不相上下，但明显，他们来自不同的地域，互不相识，缺少组织，让场面一度混乱。男士们穿着衬衣，脸色红红的，明显是喝多了啤酒；女士和女孩们穿着轻盈的裙子，快乐的享受着南半球夏日的阳光。

随着马拉松比赛的进行，两边旁观的人群也越来越激动。棒球队的队员们扔下草地训练场上的比赛，来看马拉松；年轻的女子网球选手们，扔下球拍，来尽情地鼓掌，短裙下修长的双腿被太阳晒成健康的麦色。

但那天最不留情面的观众，恰恰又最能影响比赛的是太阳。它尽情地发射着紫外线和热量，一幅要从开赛以来的阴云中挽回颜面的样子。我们坐着车跟踪比赛，阳光带来的热度就已经有些无法忍受。看着选手们奔跑，我们能够真切地感受到选手们双肩上承担的压力。阳光不放过任何一个人。选手们在穿越地狱，这个地狱里没有影子。这场比赛是残酷的、毫不容情的。胜利者不仅要水平最高的，也必须是最勇敢最具耐性的。看着米蒙的脸，我们就能知道40公里、两个多小时的奔跑，能在一张人类脸上留下怎样的印记。汗流满面，只有眼神还带有一丝清凉，在诉说着意志的力量。

(上)阿兰·米蒙疲惫不堪，但终于赢了。他跑进体育场，进行最后的绕场一周，这时对手们已经被远远甩开。

(左)回国后，米蒙受到了英雄般的欢迎。

这一次，米蒙隐隐觉得老天站在他这一边了。体育对他来说，一直是充满耐心的游戏。1948年，同样燃烧的日子，他在伦敦奥运会10000米决赛中屈居第二。之后，就是在赫尔辛基奥运会的北方日子，5000米和10000米，他又收获了两块银牌。而这一次，那些总是挡在他面前的人似乎没落了。跑到第10公里时，米蒙四周一看，没有看到扎托佩克的影子。

他知道自己的胜利之日终于到来了。当我们一心想当冠军的时候，肯定就会相信一些暗示。他是13号；他想起了法国人在马拉松比赛上的周期性胜利；在比赛前一天，他通过电报得知自己的孩子刚刚诞生……这些东西都能帮助他在第二天咬紧牙关。他也梦见了自己的胜利，梦见了在北方的天空下，清晰的路线穿越松树林。他没有想到自己的快乐会来自于一条干燥、布满灰尘的道路，都是碎石，透过鞋烤到脚面。很幸运地，米蒙很好地应对了鞋的问题。他特地在芬兰买了一双对付这个赛道的鞋。很久以来，他就在想这个马拉松。

数公里之后，在我们这些旁观者看来，他的胜利已无悬念。坦白说，并没有赛跑。从第5公里开始，米蒙的游刃有余就已经显现出来。第10公里处，他放任无关大局的科提拉 (Kotila) 冲了出去，他心里有数。

第15公里处，米蒙处在13人的一队里，稳稳跑在第二。他的脚步格外轻盈，事实上，从第20公里开始，领先的就只剩下5个人了，后面数米处跟着米哈利奇 (Mihalic)。红旗出现了，标志着踏上重回墨尔本城的道路。米蒙没有加速，依然保持着他令人敬佩的初时速度。等他进入奥林匹克体育场跑最后一圈时，也会是这个速度。一切都快有一个结局，他的对手们一个接一个都被甩开了。

几个强劲对手都消失了：英国人克拉克 (Clark)、苏联人菲林 (Filine)、他的衣服和短裤都已经紧紧贴在身上，还有苏联人伊万诺夫。只有卡沃南 (Karvonen)，苦苦想着他家乡的凉爽森林，痛苦地跟在米蒙后面。另外跟着的还有米哈利奇。

米蒙赛后曾向我们透露，当时他在思索自己是不是冲出来的太早了："我没有主动攻击，是其他人逐渐掉队了。如果我轻率改变自己的节奏，可能会犯下很大错误。我只是在问自己会不会轮到我遭遇极限。我感到疼痛从双腿上升。但对胜利的渴望给了我翅膀。"

对所有的见证者来说，小个子法国人的赛跑格外清晰。他有些迷茫地看着人群。当我们时不时地从他旁边经过时，他能认出我们，眼神中闪出一丝神采。

紧紧跟着他的摄像师没让他分心，当他看道路时，只能看到绿色的道路标志，每隔10米就出现一次。在他周围，只有观众人群。米蒙跑得很好，他拒绝停下喝水，也拒绝用水泼自己。他很清楚这可能对肌肉有致命的影响。

在米蒙身后很远，苏联选手们在蹒跚前进，走着之字。扎托佩克的步子已经有些乱了；卡沃南眼睛深陷，有了黑眼圈；米哈利奇脸色格外苍白，已经进入了机械状态。

我们已经到了30公里处，这是一个很大的坎。米蒙继续按照自己的方式前进，当然，他的状况也越来越困难。赛后他说："当时，我已经感觉到有些撑不住了。这是我的第一个马拉松，我一直认为我可能完成不了。我能自己跑很幸运，不然很可能会对自己失去信心。感觉到没有人尾随我，我知道他们也和我一样疲劳。我只觉得太阳越来越毒了，腿也越来越疼了。我得唤起自己所有的能量。"

最后靠近体育场的景象在我们的脑海里都模糊了。先是铁路，然后是桥和体育场的玫瑰色墙。最后是悲壮的入场，十万人为之欢呼。

最后一圈是完美的，法国的蓝色冲破了终点线。米蒙出人意料地保持着清醒，他等在那里，和逐个到来的对手们拥抱。先是米哈利奇、卡沃南，然后是扎托佩克。他们是惺惺相惜的，毕竟只有他们知道跑完全程是多么的不容易。而要成为其中最快的，必定是最坚强的。

多里奥拉的历史性蝉联

赫尔辛基奥运会后4年，法国人克里斯蒂安·多里奥拉成功地卫冕了花剑个人冠军。卫冕过程非常的轻松写意。而这一业绩只有意大利人内多·纳迪(Nedo Nadi)在1912年和1920年奥运会上实现过。

文/米歇尔·克拉尔

虽然新引入的电子花剑对出剑细腻的选手不利，但多里奥拉还是拿下比赛，加冕花剑先生。

还不到晚上9点，3名水手穿过击剑赛道周围的人群，走了进来。3名水手每人手中捧着一面国旗，中间的士官手中捧着的是红白蓝三色旗。几秒钟之后，克里斯蒂安·多里奥拉(Christian d'Oriola)就将接过法国人在这届奥运会上的第一面金牌。这枚金牌来的正是时候，正是地方，来感受《马赛曲》和感人仪式，而这一切今后可能变得越来越稀少。

击剑场馆大都比较寒酸，而这次的比赛场地毫无疑问是翘楚。这是一个剧场，观众们都冲上了舞台。因为击剑比赛在场地中间举行。剑道旁边，一条绳索是将选手和观众隔开的唯一屏障。苏联队的成员都靠在栏杆上，对面是法国队，而法国队有张大桌子。安德里安·赫西耶就在这里为队员治疗，上面摆着他的瓶瓶罐罐。6个多小时，多里奥拉就呆在这里，缩在他的击剑服里，脖子上绕着一圈海绵，等待冲杀。四次冲杀后，他感到荣耀即将降临。

必须要相信

击剑是一项特殊的运动，但如果有了多里奥拉这样多彩敏感有性格的人参与，就是非常难得的体验了。前些日子，我们说了田径冠军库茨，讲一个冠军可以在多大程度上表现其家乡的性格。多里奥拉也是同样的道理。

看着多里奥拉打比赛，我感觉到了人生中难得的快乐。我们知道这个小个子加泰罗尼亚人，在最初几场比赛中是多么紧张，但他逐渐找回了自己的镇静。当和匈牙利人久里扎(Gyuriza)打关键比赛时，他踏上赛道，脸色苍白。他的快乐回来得也很快。在最后一场对阵英国人杰(Jay)之前，多里奥拉听说我们刚从田径赛场回来，就很起劲地问我们比赛结果。

他叹息说："多可惜啊。因为有击剑比赛，让我不能去看莫罗奔跑了……"

最后一场比赛开始了。英国人杰成为了多里奥拉剑下最后一个牺牲品。多里奥拉出剑很有质量，而且富有想象力。他收获了胜利，享受着惬意和激情。他是如此年轻，很像博马舍的《费加罗婚礼》中的切鲁。

多里奥拉有很多剑迷，比如让·布瓦特(Jean Boiteux)及其妻子、法国驻澳大利亚大使加斯顿·鲁(Gaston Roux)和其他很多官员。当多里奥拉的胜利已经确定时，布瓦特跑上去问他："给我说说你之所以取胜的秘诀所在。"奥运冠军回答说："必须具有必胜的信心。"

之后不久，多里奥拉对我们说："我一直都相信自己能赢。但前几场比赛时，我遇到了困难。我的三场比赛都很艰苦。我觉得不太在自己的状态。当我碰上贝尔加米尼(Bergamini)时，非常地不顺利，让我觉得距离失去卫冕的金牌只有一线之隔。但我奇迹般地缓了过来，剩下的你们都知道了。"

如同戏剧男主角

多里奥拉高兴极了，他最先想到的就是自己在法国南部贝尔比尼昂家乡的朋友们，希望大家一起分享快乐。回国途中，他在纽约逗留了8天，和阿尔梅斯奇(Armesqui)相聚。阿尔梅斯奇曾经是多里奥拉在1948年和1952年的教练，现在已经移居美国。

多里奥拉说："在去澳大利亚之前，我见过他。他承诺说在我回程途中，如果我失利，就会安慰我；如果胜利，就会和我一起庆祝。"

谈到胜利的技术层面时，多里奥拉说："我其实并不特别喜欢电子花剑。这对那些传统的出剑细腻的选手多少有些不利，反而利于那些重手出剑的选手。还好，我训练中特别刻苦，克服了这一点。我真的没有浪费一点时间，对此我很满意。"

在南半球的夜里，人群慢慢走出圣吉尔达市政厅，随后散去。多里奥拉走出这伊丽莎白风格的剧院。他在人们的簇拥中前进。每走一步都会有人拦住他和他握手。这一刻，他就像是最好的戏剧中的男主角。

马术,皇家盛事

奥运会马术比赛在斯德哥尔摩奥林匹克体育场进行,最后两天观众人数创纪录。

文/费尔南·阿尔巴雷

(左)斯德哥尔摩马术奥运会的海报。
(下)瑞典人亨利·圣西尔在开幕式上代表运动员宣誓,他也将成为比赛中的明星。

太阳落到看台后面,奥运圣火缓缓熄灭。瑞典国王古斯塔夫·阿道夫(Gustav－Adolf)前一天来体育场时还穿着厚外套,戴着长围巾;而在这个周日的下午,和所有人一样,他几乎要脱掉外套。

周六,人们见证了瑞典学派马术骑士们的凯旋。他们夺取了盛装舞步的两块金牌。第一块被颁发给了亨利·圣西尔(Henri Saint Cyr)少校,这和1952年在赫尔辛基一样;另一块颁发给了三人组成的队伍:亨利·圣西尔、格纳尔·皮尔森(Gehall Persson)和古斯塔夫·阿道夫·波尔特斯特姆(Gustav－Adolf Bolterstem)。丹麦女骑手利斯·哈特尔(Lis Hartel),赫尔辛基奥运会的银牌得主,她已经35岁,依然还在那里。这位女士走过了多么不同寻常的道路。她为了克服脊髓灰质炎而学习马术。四年之前,她还要靠拐杖行走。这一次她已经可以走着去领取奖牌,满脸微笑。她的表现足以引起德国骑师们的嫉妒。星期天的比赛中,瑞典人只参加了障碍赛,德国人获得了胜利。

汉斯·君特·文克勒(Hans-Gunter Winkler)是弗腾堡人,前职业骑师。他曾经是美国驻德国占领军的教官,几个月之前被马术协会认定为业余身份,从而参加了奥运会。虽然腹股沟有伤,他还是夺得了冠军,才华横溢。他的坐骑是11岁的枣红色母马"哈拉"(Halla),文克勒和它合作已经3年,从精神到体力都为奥运会做了充分的准备。

法国队方面,皮埃尔·约凯尔·道里奥拉(Pierre Jonqueres d'Oriola)本来还有希望摘取银牌,但他被瑞典人的气势镇住了,他的坐骑"沃洛特"(Voulotte)也在三连跳的第一个双横木前止步不前。一切就这样结束了。德国队由汉斯·君特·文克勒、弗里茨·泰德曼(Fritz Thiedemann)和阿尔封斯·鲁特克·维斯特胡斯(Alfons Lutke－Westhues)组成,他们干净利落地夺得了第一。为了向运动员们致敬,瑞典国王至少起立了80次。这届奥运会上最大的输家是法国队。投入了400万法郎,只得到了盛装舞步的第五,那是安德雷·约索姆(Andre Jousseaume)及其坐骑阿帕龚(Harpagon);障碍赛第六,皮埃尔·约凯尔·道里奥拉和其坐骑"沃洛特"。当然,这些钱不算多,但是回报几乎是零。

这些选手,可以说,很多都是世界级的高手。但他们的比赛装备是怎样的呢?骑着"多里亚"(Doria)的德·封拜尔(De Fombelle)让人联想到:如果给路易松·伯贝(Louison Bobet)一辆本堂神甫的自行车,那么他还能夺取环法冠军吗?我们一再跟相关当局说法国能够养出最好的马匹,但最终换来的只是太多的废话。人们都在称赞法国马业的质量,但是没有人充分挖掘马匹的比赛潜力。

菲利普湾港的5.5米帆船比赛，英国和瑞典率先到达。

1956年澳大利亚墨尔本第16届奥运会

欧洲举办了10次奥运会，美洲举办了2次奥运会，而现在第3个大洲举办了奥运会：大洋洲。作为第一个在南半球举办的奥运会，日期自然发生了改变。

数据

开幕日：1956 年 11 月 22 日

闭幕日：1956 年 12 月 8 日

主办国：澳大利亚

其他申办城市：阿根廷布宜诺斯艾利斯、美国洛杉矶、美国底特律、墨西哥墨西哥城、美国明尼安纳波利斯、美国费城、美国旧金山

67 个国家奥委会派队参赛（国家名义）

3184 名参赛运动员：其中包括 2813 名男运动员和 371 名女运动员

19 个大项（其中 8 个大项设有女子比赛，包括混合项目）田径、赛艇、篮球、拳击、皮划艇、自行车、马术、击剑、足球、体操、举重、曲棍球、摔跤、游泳、现代五项、跳水、射击、帆船和水球。

表演项目：澳式橄榄球、棒球。

152 个小项（其中 38 个小项设有女子比赛，包括男女混合项目）

宣布开幕者：澳大利亚总督爱丁堡公爵

点燃火炬者：东道主田径运动员容·克拉克（Ron Clarke）

运动员宣誓：东道主田径运动员约翰·兰迪（John Landy）

国际奥委会主席：美国人布伦戴奇

冬季奥运会

冬奥会在意大利的柯尔蒂纳－达佩佐（CORTINA D'AMPEZZO）举行，这是第一届电视转播的冬奥会，苏联也首次参加了冬奥会，并且占据了金牌榜首位。苏联人帕维尔·科尔金（Pavel Kolchin）成为了第一个夺得越野滑雪奖牌（铜牌）的非斯堪的那纳维亚人。

从赫尔辛基到墨尔本

1953

- 3 月 5 日，斯大林逝世。
- 7 月 27 日，朝鲜半岛战争状态结束。

1954

- 5 月 7 日，法军在奠边府战役中失败。罗兰加洛斯，瑞典人博格第 6 次夺得冠军。
- 6 月 17 日，英国人罗杰·班尼斯特（Roger Bannister）成为第一个在 4 分钟内跑完 1 英里的人。

1955

- 10 月 23 日，萨尔地区经过全民公决回到德国。

1956

- 5 月 26 日，摩洛哥独立。
- 10 月 24 日，苏军进入布达佩斯。
- 10 月 29 日，以色列军队进入西奈半岛。
- 11 月 5 日，英法军队从塞浦路斯出发，占领苏伊士运河。

你知道吗？

墨尔本仅仅以一票的优势战胜了布宜诺斯艾利斯得到了 1956 年奥运会的主办权。田径比赛中，乔治斯·鲁巴尼斯（Georgios Roubanis）在撑竿跳高比赛中第一次应用了玻璃纤维杆子。美国人鲍勃·马蒂亚斯（Bob Mathias）在 1952 年就已经用了类似办法，但是在十项全能比赛中。

其他方面，马拉松比赛中出现了第一次抢跑。美国链球运动员哈罗德·康纳利（Harold Connolly）不仅赢得了金牌，也赢得了女子铁饼冠军捷克斯洛伐克人奥尔加·菲克托娃（Olga Fikotova）的芳心。奥运会 3 个月之后，两个人结为眷属。

美国篮球队在比尔·拉塞尔（Bill Russell）和 K.C. 琼斯（K.C.Jones）的带领下创造了奥运会有史以来的最好战绩。他们两次得分超过了对手的一倍，每场比赛至少赢 30 分。游泳比赛中多了一个泳姿：蝶泳从蛙泳中分了出来，比赛距离是 200 米。但 4×100 米混合泳没有举行，直到 1960 年才重见天日。400 米混合泳到 1964 年才举行。

美国人帕特·迈克科米克（Pat Mc Cormick）赢得了跳水中的两项冠军，她在 1952 年就做到了这一点。美国人保罗·安德森（Paul Anderson）和阿根廷人翁贝托·塞尔韦蒂（Humberto Selvetti）都在举重比赛中举起了 500 公斤，最后是按照体重分出胜负。美国人体重是 137.9 公斤，阿根廷人是 143.5 公斤，美国人夺得金牌。

墨尔本城是第一个举办奥运会的南半球城市，其绿地的覆盖率之大让来客吃惊。

墨尔本Melbourne

优美静谧的公园绿地，是一个城市的生活质量指标。墨尔本在这方面的优越环境，足以让它成为世界上最适合人类生活的城市。

这座位于澳洲东南部的城市始建于1853年，在19世纪50年代，由于附近地区发现金矿，这里逐渐繁荣起来。大批淘金者涌入这里，同时码头、铁路等设施也迅速建立起来。这里如今已成为澳大利亚的工业重镇，重型机械、纺织、造纸、电子、化工、金属加工、汽车、服装、食品等工业都很兴旺，工业现代化程度很高。商业、金融、交通等均十分发达。

墨尔本是澳大利亚第二大城市，是拥有“花园之州”美誉的维多利亚州的首府，是一座充满活力和欢乐的城市，虽没有第一大城市悉尼的华丽，却也不似其他澳洲小城的清寂；从文化艺术层面的多元性，到大自然之美应有尽有，在满足感官娱乐方面，墨尔本更可以说是雄踞澳洲之冠，无论是艺术、文化、娱乐、美食、购物和商业样样都有自己的特色。

自1804年第一批欧洲移民抵达至今，经历近二百年历史的洗礼，古典石材建筑仍然被完整保留；公园绿地占全市面积四分之一以上；三千多家餐厅提供各种口味选择；并拥有全澳洲最长的人行步道街及紧密连接的百货公司、购物商场。市内街道，经过精心规划，有如棋盘般整齐美丽。

优美静谧的公园绿地，是一个城市的生活质量指标。墨尔本在这方面的优越环境，足以让它成为世界上最适合人类生活的城市。墨尔本也以绚丽多彩的花园而闻名于世，全市1/4的土地为公园及绿地，粗大挺拔的树木，枝叶茂密，生意盎然，错落在绿油油的草坪上。墨尔本人喜欢到那里散步，游憩，呼吸新鲜空气，在鲜花绿意中，享受心灵的宁静。墨尔本东南方亚拉河两岸，是一大片绿地，有许多公园，花园和球场，堪称是墨尔本都市之肺。

20世纪中期，墨尔本是南半球的繁华都市，早年甚至比澳大利亚现在的第一大城市悉尼还要繁荣。墨尔本同样是一座酷爱体育的城市——墨尔本杯赛马、澳大利亚网球公开赛以及一级方程式澳大利亚大奖赛，很多世界著名的赛事都在这里举行。

第二次世界大战中，澳大利亚没有伤筋动骨，还在战争中得到了发展；战后，澳大利亚经济持续发展，人们生活安定，体育事业蓬勃发展。在这种情况下，澳大利亚政府支持墨尔本申办1956年第16届奥运会。从1896年至1948年，所有举办奥运会的城市都在北半球，因此，位于南半球的墨尔本举办奥运会变得顺理成章。

奥运会就是这样，一次就足以提升城市的品级和知名度，墨尔本在奥运会后成为了一座名副其实的国际性大都市。

关键词·澳网

澳大利亚网球公开赛是一年中最先开始的网球赛事，被安排在1～2月份举行。赛场在澳大利亚的第二大城市墨尔本市网球中心。

与温布尔登网球公开赛、美国网球公开赛、法国网球公开赛并称为“大满贯”的澳大利亚网球公开赛，每年都能吸引众多网坛高手前来参赛。澳大利亚公开赛的总奖金高达620万美金，其中男单冠军的奖金为36万美元，这也是它在四大公开赛中占有一席之地的重要原因。值得一提的是，2006年，中国网球选手郑洁、晏紫就是在这里夺得了女双桂冠。

“澳网”也是四大公开赛中创建最晚的赛事。首次比赛是1905年在墨尔本的威尔霍斯曼板球场举行的，仅限于男子比赛。女子比赛始于1922年。1968年，国际网球职业化后将“澳网”列为四大公开赛之一。刚开始举办比赛时，使用的是草地网球场，1988年改为硬地网球场。

第17届奥运会➔罗马

体操运动员们在公元前 2 世纪的古罗马卡拉卡拉 (Caracalla) 公共浴池中嬉戏玩耍；摔跤运动员们在马克森提 (Maxence) 大教堂内互相缠抱在一起；马拉松选手们则要抵达设在康斯坦丁 (Constantin) 凯旋门，两座可以追溯到公元 4 世纪的纪念碑前的终点处……在第一届奥林匹克运动会于 1896 年在雅典召开的 64 年后，轮到罗马来为世界五大洲的运动员们呈现一届与悠久的历史文化交相辉映的伟大体育盛会了。

那些新生的国家并没有被排除在奥运大家庭之外。我们应该感谢这些从 1956 年澳大利亚墨尔本奥运会以来相继获得独立的新兴国家派出代表参加奥运会，包括喀麦隆、刚果(金)、比利时刚果(扎伊尔的旧称、今刚果(布))、马达加斯加、达荷美(贝宁的旧称)、索马里、尼日尔、马里、科特迪瓦、上沃尔特(今布基纳法索)、塞内加尔、几内亚和加纳；也正是加纳贡献出了克莱门特·伊克·克瓦尔蒂 (Clement Ike Quartey) 这个奥运会历史上第一个获得奖牌的非洲黑人运动员，他在男子拳击次中量级 63.5 公斤级比赛中闯入了决赛并获得银牌。而第一位来自非洲的黑人奥运冠军则在几天以后产生了，他就是来自埃塞俄比亚的马拉松选手阿贝贝·比基拉 (Abebe Bikila)。

成立于 1954 年的欧洲电视节目交换网也第一次出现在奥运会报道队伍中。这个年轻的电视平台通过当时唯一的一套黑白电视频道向全法国转播了奥运会赛况。

尽管正值东西方的冷战时期，尽管令人难耐的酷暑在 1960 年夏天席卷整个意大利，在奥运会进行的这 15 天里，现代与传统在最大限度上融合到了一起。奥运会正式开幕的前一天，教皇约翰二十三世 (Jean XXIII) 在圣·皮埃尔广场为本届盛会举行了盛大的赐福祈祷仪式。法国获得了派队参加奥运会以来最糟糕的成绩，跌到了历届以来的最低点：法国运动员在比赛中仅获得了 5 枚奖牌，而其中竟然没有一枚是金牌。

GAMES OF THE XVII OLYMPIAD

ROMA 25.VIII-11.IX

1960

马克森提大教堂(也称康斯坦丁大教堂)与古竞技场距离不远。这座古老的法庭为在此进行的摔跤比赛提供了一幅梦幻般的背景。

电视直播改变奥林匹克

奥运会首次全球实况转播标志着奥运会的新闻传播进入了全新的阶段,也标志着奥运会的比赛进入了全球观众同步观看的阶段。同时,电子仪器大量应用于各项比赛中,各运动场上装置了电子计分牌,以更准确地记录运动员的成绩。

1960 年,在首届雅典奥运会时隔 64 年后,罗马让全世界再次领略了奥运会历史的厚重。

罗马曾在 1908 年获得第四届奥运会主办权,可是由于经济等原因,后来不得不由伦敦接办。52 年之后,罗马终于历尽险阻,战胜众多对手,赢得了第 17 届奥运会的承办权。2600 年前,罗马帝国以征服者的姿态,将古奥运会从希腊奥林匹亚强行移到罗马举行。如今罗马作为意大利首都,燃起的是象征和平与友谊的奥林匹克火焰。古今两届奥运,其意义不可同日而语。

大会于 1960 年 8 月 25 日至 9 月 11 日举行。应邀参赛的有 84 个国家和地区,5348 名运动员济济一堂,这个数字在奥运会历史上是空前的。其中女子 610 人。首次参加的有摩洛哥、苏丹、突尼斯和圣马力诺。特里尼达和牙买加组成了西印度联队,埃及和叙利亚亦是如此。与以往不同的是:这次最大的代表队是德国联队,两个德国再次组成混合队参加奥运会。德国联队共 293 人,其中东德选手 120 人,西德选手 173 人。美国队仅比德国队少一人,为 292 人。其他庞大的代表团还有:苏联 284 人、东道主意大利 279 人、英国 253 人、法国 237 人。另外,日本队派出了 161 名运动员。中国台湾派出了 47 名运动员。

1960 年 8 月 25 日下午,本届奥运会的开幕式在位于罗马北郊能容纳 10 万观众的奥林匹克运动场举行。意大利总统出席了开幕式。此前,教皇约翰二十三世接见了运动员的代表,并在罗马彼得大教堂广场对运动员发表了演说。开幕式上,84 个代表团按照罗马字母的顺序整齐列队入场,希腊队按惯例第一个入场,东道主意大利队最后出场。各国代表队在热情观众的欢迎声中依次入场,运动员经过贵宾席时,以各国特有的风俗,向意大利总统格隆基以及全场观众致敬。5 点 30 分,从遥远的奥林匹亚采集来的圣火火炬由意大利高中学生吉安卡罗·佩里斯手持着绕场一周,最后在圣火台上点燃了圣火。

第 17 届奥运会的奖牌图案在国际奥委会东京第 54 届年会上通过,它仍然延用 1928 年起使用多届的图案。也就是正面是胜利女神手持桂冠和棕榈树枝,背景有罗马竞技场的图形;背面则是获胜运动员被其他人热情扛在肩上庆祝的图案。最大的不同是,本届奥运会的奖牌,外围加了一圈铜质月桂树叶桂冠,并且加上打造成月桂树叶的链子,可以将奖牌直接挂在获奖选手的脖子上,使得奖牌更加显得隆重珍贵。为了颁奖方式的改变,本届奥运会的奖牌加上有如彩带的铜链。因为以前的奥运会,颁奖时都是直接把奖牌递给获奖选手,本届奥运会颁奖是把奖牌套在选手脖子上,以后各届也都是同样的颁奖方式,因此奖牌都加了彩带,铜制链子则只有在罗马奥运会出现。

在 1896 年雅典首届奥运会上被演奏的那首奥运会会歌,在罗马奥运会上再次响起,而且这首歌曲也被正式确定为奥运会会歌。令人遗憾的是,组委会本应让各国代表团全体人员绕场一周,出席入场式。但由于考虑人数众多,规定时间无法完成入场,只好让各代表团的部分运动员和官员坐在看台观众席上。这引起了很多代表团的强烈抗议。代表团成员不能全体参加入场仪式在奥运会史上未曾有过。

比较有趣的是,开幕式前,组委会曾因鸽子数量不够而大伤脑筋。不得已到外地去借,不曾想到借鸽子也是一件令人头疼的事:鸽子的主人怕在黄昏之际才放的鸽子因天色已晚而迷路不归。费了不少周折,组委会才借到了足够的鸽子。

本届奥运会,为了控制参加比赛的人数,田径各单项规定了报名标准。如果一个代表队参加一个单项的报名人数超过一人,便必须达标——本届奥运会第一次采用了奥运合格标准和低标的作法,以使每项比赛保持适当的人数。否则,在短短的 16 天之内无法赛完规定的项目。

本届奥运会设立 17 个大项,150 个小项。个别单项与往届有所变化,罗马奥运会前,国际奥会同有关国际单项组织进行多次磋商,对项目作了修改。如田径增加了女子 800 米,游泳增加了男、女 4×100 米混合泳接力,射击取消了跑鹿,体操取消了女子团体轻器械操等。

墨尔本奥运会后大批刚独立的非洲国家都进入了奥运大家庭。来自非洲的运动员取得非常不错的成绩,加纳拳击运动员克莱门特·伊克·克瓦尔蒂在轻量级比赛中进入决赛,成为第一位闯进奥运决赛的非洲运动员。然而很快,这片大陆

同期中国 China Memo

20世纪50年代，中国体育发展逐步走向国际化。1959年3月，容国团代表中国参加在联邦德国多特蒙德举行的第25届世界乒乓球锦标赛。在男子单打比赛中，他先后击败美国的R·迈尔斯、匈牙利的L·别尔切克和F·西多等名将，夺得了男子单打冠军。1961年4月，在北京举行的第26届世界乒乓球锦标赛上，他和队友共同努力，摘下了男子团体桂冠。

中国人不仅攀上了乒乓球运动的高峰，还于1960年登上了世界第一高峰珠穆朗玛峰。1960年，中国登山队胜利登上海拔8848米的珠穆朗玛峰，这是人类历史上第一次从北坡登上世界第一高峰。年轻的中国登山队队员——王富洲、贡布(藏族)、屈银华，在顶峰竖起红色测量觇标，经3天观测，精确计算出珠穆朗玛峰海拔高度为8848.13米。他们只用了两个月的时间，就从西方登山界一直认为是"无法超越的"北坡登到它的顶峰，并将五星红旗插上了这个世界最高峰。

(左)100米比赛，运动员们冲过终点时的背影，尽管被安排在了最外面的第6道，263号联邦德国选手哈里还是获得了冠军。
(上)在奥运会正式开幕的前一天，参赛的运动员们参加了教皇约翰二十三世在圣·皮埃尔广场上为他们举行的赐福祈祷仪式。
(下)希腊国王保罗一世(Paul I)的王后弗雷德丽卡(Frederika)(右三)，在康斯坦丁王子(Constantin)和索菲娅公主(Sofia)的陪同下抵达体育场。

的第一个奥林匹克冠军产生了。几天后，埃塞俄比亚皇帝海尔·塞拉西一世的卫士比基拉是现代奥运会开始以来第一位赤脚参加整个马拉松赛的运动员，并以2小时15分16秒2的成绩打破奥运会纪录而夺得金牌，为埃塞俄比亚建立了奇功，成为民族的英雄。后来，比基拉参加了埃塞俄比亚皇家卫队发动的一次政变。政变失败后，海尔·塞拉西一世皇帝念在比基拉得过奥运会冠军的份上，不再追究。4年后，他穿着跑鞋卫冕了冠军。

此外在田径赛场上，100米跑金牌得主、联邦德国的选手哈里，虽然拥有惊人的反应速度，但他刚刚创造的10秒百米世界纪录，却是通过法庭的诉讼才得以被确认。而在4×100米接力上，常胜将军美国队犯了1912年时的错误，他们接棒时超过接棒区，虽然打破世界纪录，还是被取消名次，八连霸就此终止。

在1500米中获第七的米歇尔·贝尔纳，最后成了法国田径协会主席。

值得一提的还有十项全能项目，参赛的有当时田坛十项全能"三杰"：美国的拉·约翰逊、苏联的瓦·库兹涅佐夫和中国台北运动员杨传广。杨传广发挥不错，战胜了库兹涅佐夫，但以58分之差输给了约翰逊，只得了银牌。他是中国第一个获得奥运会银牌的人，也是亚洲在这次田径赛中获得奖牌的唯一选手。

拳击场上，我们还见证了一位伟大体育明星的诞生，他就是美国拳击运动员卡休斯·克莱，也就是后来人们所熟知的穆哈默德·阿里。在1960年9月5日的那个夜晚，美国一下子诞生了三位拳击奥运会冠军，但是最耀眼的是年仅18岁的阿里。阿里让所有人吃惊，包括与他使用同一个更衣室的拳手。因为在走向拳台前，阿里还在不停地跳舞玩耍。早在第一轮，他似乎就应该被淘汰出局了，对手在他脸上留下了道道伤痕，但最后获胜的是阿里，因为他从来都不会垂下自己的双拳。尽管也是黑人，但他从来没有为自己的肤色而烦恼过。在回到美国后，年轻的阿里成为了英雄。

自行车赛场多灾多难。先是奥运会公路自行车团体赛，意大利运动员巴依雷蒂借助黄蜂的叮咬获得冠军，并最终给黄蜂做了一只精美的木匣，与金牌一起保存。此后在男子团体100公里自行车比赛中，发生震惊体坛的惨死事件。丹麦队的詹森和尤尔根森几乎同时从车上栽倒下来。送往医院两小时后，詹森的心脏停止了跳动。验尸后，医生查明死亡原因是服了使血管扩张的兴奋剂，这引起了各国代表团的高度关注和重视。这是奥运会上第一次兴奋剂导致死亡的事故，为此，国际奥委会决定从下届奥运会开始，对每个运动员进行兴奋剂的检查。

罗马奥运会毫无疑问是一次高水准的运动会，在16天的激烈比赛中，共破76次项奥运纪录，其中有30项超世界纪录。破奥运纪录项目分别为：田径30项、举重26项、游泳15项、射击3项、自由车2项；世界纪录有田径8项、举重13项、游泳7项、射击和自行车各1项。

本届奥运会首次实现了全球实况转播。随着电视工业的迅速发展，电视机的逐步普及，对奥运会比赛进行电视实况转播已成为当时各国观众的普遍要求。1960年初，美国CBS广播电视公司同美国的斯阔谷冬季奥运会组委会进行了多次谈判，最后以5万美元购买了第8届美国斯阔谷冬奥会的转播权。此次冬奥会的转播非常的成功，受到了各国电视观众的欢迎。于是，出师大捷的CBS广播电视公司代表又来到罗马，瞄准了夏季奥运会这块更大的蛋糕。精明的罗马人一边为能够利用电视实况转播奥运会比赛感到激动，一边又为能因电视转播而赚取收入感到兴奋。奥运会的影响远非冬奥会可比，美国CBS广播电视公司想用几万美元买走转播权的如意算盘，在精明的罗马奥运会组委会面前遭遇了困难。鉴于此，罗马奥运会组委会与美国CBS广播电视公司为了转播权问题进行了数次激烈艰苦的谈判。最终达成协定，美国CBS公司以39.4万美元买下了罗马奥运会的转播权。

奥运会首次全球实况转播标志着奥运会的新闻传播进入全新阶段，也标志着奥运会的比赛进入全球观众同步观看阶段。为了通过卫星实况转播，把节目传送到全世界，各运动场上还装了电子计分牌，电子仪器也大量应用于各项比赛，以更准确的记录运动员成绩。科技的发展让人们的生活受益无穷，也有力地推动了整个奥运会的发展。无庸置疑，这是奥运史上一次划时代的进步。

L'EQUIPE 队报聚焦

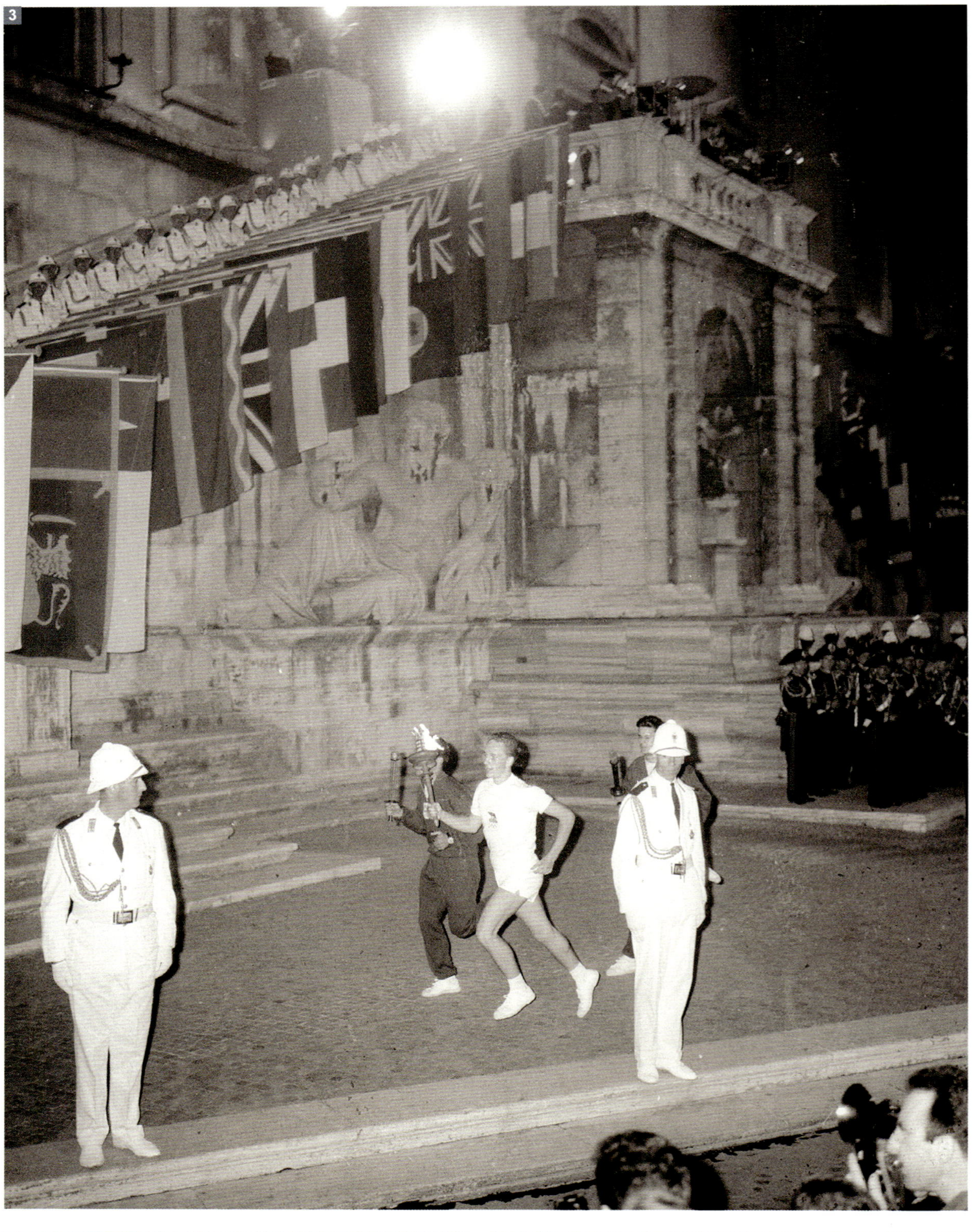

值得纪念的一天

欧洲20个国家的上亿电视观众，通过欧洲电视节目交换网收看了本届奥运会开幕式的现场直播，这是奥运会历史上值得纪念的一天，在此之前还没有哪一届奥运会能够拥有如此数量众多的观众。

然而，考虑到还有很多显要人物在观看入场式，也许不应该让荒唐可笑的事情占得上风，特别是在这样一个庄严宏大的、史诗般的奥运会开幕式上。说到荒唐的事，我又想起了组委会在开幕式前仓促地到处借鸽子这件事；放飞和平鸽、点燃奥运圣火和宣读奥运誓词的一幕幕画面把我们带回到了罗马，带回到了第一届奥运会的比赛地奥林匹亚，或者带到了一个更美妙的世界。

开幕式上最让人觉得难熬的时刻无疑是在法国代表团入场时；我们不要责难那些自愿放弃参加入场队列这个苦差事的法国运动员们，要怪就怪法国代表团的那些高层决策者们。这样，法国队在本届奥运会上前所未有的糟糕表现也就有了充分的理由了。我已经担心在最终结果揭晓的一刻，我也许会有同样的感受。坦白地说，法国代表团的那些公职人员们没有表现出任何与今后的竞争对手们一样的尊严或是热情。

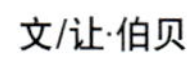

文/让·伯贝

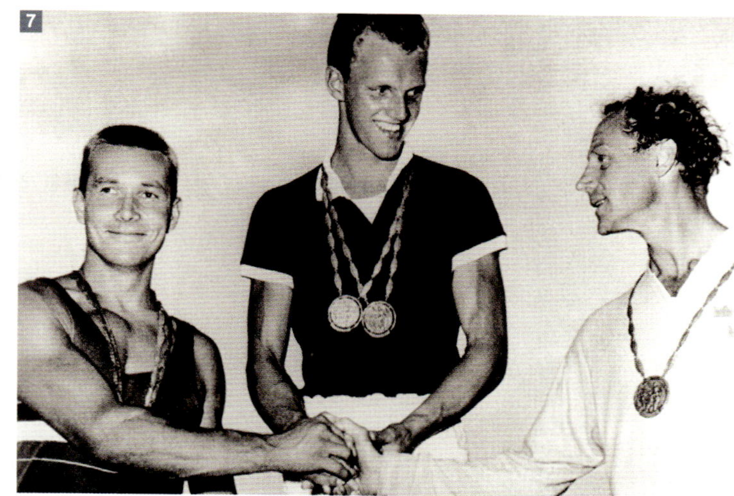

1 在旗手——击剑选手克里斯蒂安·多利奥拉的引领下，法国代表团的运动员们步入主会场，他们也写下了本届奥运会上糟糕的第一笔：法国人入场式的着装的考究程度和组织还有待完善。

2 美国人包揽了男子铁饼比赛的金银铜牌，图中的阿尔弗莱德·阿尔·奥尔特尔(**Alfred Al Oerter**)以**59.18**米的成绩卫冕该项目的冠军。

3 奥运火炬抵达罗马后，又在各个久负盛名的名胜古迹间完成了在罗马市内的传递。奥运火炬在卡皮托利山丘上的朱庇特神殿前完成传递。

4 交通拥堵是罗马城的一大特色。本图中几名骑着低座小摩托的军人正在执行赛会期间的安全保卫工作。

5 难道这是水球队么？绝对不是！罗马的酷暑令人难以忍受，运动员们有时不得不跳进游泳池里去避暑。本图中荷兰运动员在水中消暑。

6 摔跤比赛被安排在离古斗兽场不远的宏大的马克森提大教堂内进行，比赛所用的垫子被铺在教堂的拱廊下。

7 在男子**1000**米单人皮艇的领奖台上，从左到右依次是获得银牌的匈牙利选手伊姆尔·瑟勒西(**Imre Swolloso**)，金牌得主丹麦选手埃里克·汉森(**Erik Hansen**)和名列第**3**的瑞典人格尔特·弗雷德里克森(**Gert Fredeiksson**)。其中瑞典人完成了一项壮举，他在从**1948**年到**1960**年的**4**届奥运会上一共在皮划艇项目中夺得**6**枚金牌，**1**枚银牌和**1**枚铜牌。

8 除了优美的男人体雕像以外，强壮的男运动员并没有吸引大批观众。不过苏联选手们只把一点点好处留给了其他国家的运动员倒是真的。

9 东道主铁饼选手阿道夫·孔索里尼(**Adolfo Consoloni**)作为运动员代表宣读了奥运誓词；这是他在**1948**年伦敦奥运会上获得金牌和**1952**年赫尔辛基奥运会上获得银牌后所获得的又一项殊荣。

10和11 毗邻奥林匹克体育场的是被用来运动员们赛前热身的漂亮的马尔布莱斯体育场。只是在一场狂风暴雨过后，这里变成了一个硕大的游泳池。

12 罗马人热情地迎接奥运会在自己的城市召开，整个城市处处飘扬着五环旗帜。

L'EQUIPE 队报聚焦

格莱维奇创造了历史

人的一生中总有一些时刻能够留下深刻印象，在罗马那由大理石砌成的宽敞击剑比赛馆中度过的一段时光无疑可以长久地留在记忆中。在墨尔本奥运会后的四年，身材瘦长的匈牙利选手鲁道夫·卡尔帕蒂（Rudolf Karpati）在罗马再次证明了自己的才华横溢；在与波兰选手杰尔奇·帕劳斯基（Jerzy Pawlowski）战成4比4平的关键时刻，他凭借最后的进攻，准确刺中对手，这制胜的一剑使他完成了卫冕奥运会男子佩剑个人金牌的伟业。匈牙利人同样可以为他们的另一位出色剑手佐尔坦·霍瓦特（Zoltan Horvath）骄傲。这个训练有素的年轻人使匈牙利在击剑项目中的光荣传统得以延续。帕劳斯基和霍瓦特这两个年轻人的崛起映衬出了一个强烈对比：尽管阿拉达尔·格莱维奇（Aladar Gerevich）的脚步还很灵活，但是和这两个年轻人相抗衡，他感到有些力不从心，他的反应明显跟不上节奏了。

在男子佩剑半决赛中，"老迈"的格莱维奇被淘汰。尽管这样的结果让人失望，但我们不得不承认这位伟大的击剑选手在他的领域里所获得的成就令人敬仰。从1932年他第一次出现在洛杉矶的奥运赛场上开始，他便成了匈牙利全国的骄傲。凭着对击剑事业无比的热爱，他把一生都奉献给了佩剑比赛。年过半百的格莱维奇仍然想要证明自己还是世界上最好的剑手。他仅仅以两剑之差遗憾地失去了决赛入场券。被淘汰后，尽管匈牙利人很失望，但仍然不失大方，给观众们留下很深印象。

然而，在两天以后的男子佩剑团体决赛后，格莱维奇的脸上又浮现出久违的笑容；这枚金牌为他的运动生涯划上了完美句号。出生于1910年3月13日的格莱维奇直到第2次参加奥运会才拿到第一枚个人项目奖牌，他获得了1936年柏林奥运会男子佩剑个人赛的铜牌；此后，在1948年伦敦奥运会上，他成功登顶；1952年在赫尔辛基，他又获得了佩剑个人银牌，还随匈牙利队一起获得了男子花剑团体铜牌。格莱维奇最辉煌的成就还是他随匈牙利男子佩剑队一起创造的壮举，这也是对他本人超长运动生涯的最好奖励：他代表匈牙利队在1932年洛杉矶奥运会、1936年柏林奥运会、1948年伦敦奥运会、1952年赫尔辛基奥运会、1956年墨尔本奥运会和1960年罗马奥运会连续6次获得了佩剑团体赛的金牌，28年成就了匈牙利在这个项目上6连霸的伟业！从一个在洛杉矶奥运会获得冠军时只有22岁的初出茅庐的小伙子，到在罗马奥运会再次加冕时已经年过半百，阿拉达尔·格莱维奇创造了历史！

文/让·马尔盖

1

2

3

1 在男子4×100米接力的决赛中，美国选手大卫·塞姆领先联邦德国人马丁·劳尔(**Martin Lauer**)率先冲过终点，但美国队因为犯规被取消了成绩，也因此丢掉了他们自1920年安特卫普奥运会以来就一直把持着的该项目的金牌。

2 男子跳远比赛中，美国选手拉尔夫·博斯顿(**Ralph Boston**)跳出了**8.12**米，最后以一厘米的微弱优势战胜了同胞伊尔文·博·罗伯逊(**Irvin Bo Roberson**)夺得冠军。

3 在赛艇比赛中，画面近端的联邦德国队凭借出色的表现在男子八人单桨有舵手项目中折桂，美国队则尝到了他们自**1920**年奥运会以来在该项目中的第一次失利，他们最终仅名列第**5**。

4 德国选手因格里德·克雷默(**Ingrid Kromer**)包揽了女子跳板和高台跳水的两枚金牌。

5 澳大利亚人道恩·弗雷泽(**Dawn Fraser**)获得了女子**100**米自由泳比赛的金牌，她在四年前本土举行的墨尔本奥运会上曾经获得过该项目的桂冠。这是奥运会游泳比赛的历史上第一次有女选手成功卫冕。

6 意大利选手里维沃·贝鲁蒂打破了美国人此前在男子**200**米这个项目中的长期垄断地位，成为了第一位获得该项目金牌的非美国选手，本图为贝鲁蒂撞线的一瞬间，从左到右依次是，获得银牌的美国选手莱斯特·卡尔尼(**Lester Carney**)，获得第**5**名的美国选手斯通沃尔·约翰逊(**Stonewall Johnson**)，铜牌得主代表法国出赛的塞内加尔选手阿卜杜拉耶·塞伊(**Abdoulaye Seye**)和获得第**4**名的波兰选手马里安·弗伊克(**Marian Foik**)。

7 在男子**800**米比赛中，身穿黑色比赛服的新西兰选手皮特·斯内尔(**Peter Snell**)在离终点还有最后一百米时还处在众人的包夹当中，不过在几米过后他便从由瑞士选手克里斯蒂安·瓦格利(**Christian Waegli**)，比利时选手罗歇·莫恩斯(**Roger Moens**)，**270**号德国选手保尔·施密特(**Paul Schmidt**)和画面最左端的牙买加选手乔治·凯尔(**George Kerr**)所组成的包围圈中脱颖而出，并最终获得了冠军。

8 获得**7**枚奖牌的苏联选手鲍里斯·沙赫林(**Boris Shakhlin**)堪称本届奥运会上的体操王子。在他所获得的**7**枚奖牌中包括了全能、双杠、跳马、鞍马项目的**4**枚金牌，其中跳马和鞍马比赛是与其他选手并列第**1**名，以及吊环和团体比赛的两枚银牌，还有单杠比赛中获得的**1**枚铜牌。

9 苏联选手维克托·卡皮托诺夫(**Viktor Kapitonov**)让里维沃·特拉佩(**Livio Trape**)(左)和整个意大利都伤心流泪了。他在最后的冲刺中战胜了意大利人，夺得了自行车男子公路个人赛的金牌。

“黑色羚羊”威尔玛·鲁道夫

年轻漂亮的美国姑娘威尔玛·鲁道夫(**Wilma Rudolph**)统治了女子短跑项目的比赛,夺得了**100**米、**200**米和**4×100**米接力的**3**枚金牌。这是她对自己命运的一次复仇。

文/贝努瓦·海默曼

这是她不幸的一生中少有的时来运转。被称为“黑色羚羊”的美国姑娘威尔玛·鲁道夫，在罗马经历的是一个梦幻般的夏天。矫健的步伐、轻盈的身躯、优美的曲线、竭尽全力时也不失冷静：人们从来都没有在田径场的椭圆形跑道上见过如此完美的运动员。就像人们当时第一次接触电影这个新事物一样，威尔玛·鲁道夫优美的身姿通过电视转播第一次被数以百万计的电视观众分享。

她生活在田纳西州一个贫民窟，全家都依靠拾取棉花这样的辛勤劳动来维持生计。在22个孩子中排行第20的威尔玛·鲁道夫是个早产儿，刚生下来时体重还不到两公斤。她的童年是多灾多难的，肺炎和猩红热引发的高烧使小威尔玛患上了小儿麻痹症,从4岁那年起，她的左腿开始萎缩，无法行走，必须依靠铁架矫正鞋才能勉强走路。在此后的两年里她大部分时间卧床，直到7岁……

母亲每周末都要带她搭乘巴士到90公里外的医院。从医生那得知每天按摩和泡热水有助于左脚康复后，全家人轮流为她按摩。他们的不懈努力终于创造了奇迹：一个风和日丽的日子,刚刚醒来的母亲发现她正在打篮球……

拥有出众身高和弹跳力的威尔玛在篮下如鱼得水，在一次夏季比赛中她又展现出过人的速度和冲刺能力。当这个12岁的小姑娘可以自如地在场上奔跑时，前方的道路一下子变得光明了。脱掉铁鞋后4年，16岁的她入选美国1956年墨尔本奥运会的田径代表队。在代表美国队获得了4×100米接力比赛银牌后，站在领奖台第3阶上的威尔玛·鲁道夫暗暗下定决心，下一次一定要取代女子100米金牌得主卡思伯特，站在领奖台的最高处。

(上)在**4×100**米接力的比赛中,威尔玛·鲁道夫在终点线前战胜了出任德国队第**4**棒的茹塔·海妮(**Jutta Heine**)。

(左)无论是作为平民百姓还是作为运动员,威尔玛·鲁道夫总是最出色的!威尔玛鲁道夫与获得男子**200**米冠军的意大利选手里维沃·贝鲁蒂(**Livio Berruti**)走在一起。

此后的四年里，小威尔玛潜心钻研短跑技术，并师从埃德·坦普尔(Ed Temple)；坦普尔先生被认为是当时美国最好的田径教练之一。相对于比她年长的队友们来说，她身材还有些矮小，再加上年纪又小，队友们经常用“小孩儿”来称呼她。来到罗马参加奥运会之前，威尔玛·鲁道夫刚刚把名字写进了历史，她是有史以来第一个在200米比赛中跑进23秒大关的女选手。就威尔玛而言，她就像一根藤条一样缠上了雷·诺顿(Ray Norton)黑色的大理石雕像，她生命中所经历的艰辛20年很好地诠释了奥林匹克精神的纯洁性，她的命运也因身边人的关爱而改变……

说到雷·诺顿，罗马奥运会对他来说简直就是一场灾难。这个男子200米世界纪录的保持者不仅是美国奥运田径选拔赛的大赢家，也是本届奥运会多个项目比赛的夺冠大热门；然而，他在100米和200米决赛中全部排名垫底。与雷·诺顿的糟糕表现形成鲜明对比的是，没有什么能够比得上卓尔不群的威尔玛·鲁道夫。尽管在100米决赛的前一天扭伤了脚踝，这个20岁的年轻姑娘还是夺得了100米、200米和4×100米接力比赛的3枚金牌。这就是威尔玛·鲁道夫所做到的一切；她缠着绷带的左脚并没有影响她展示优美的脚步……

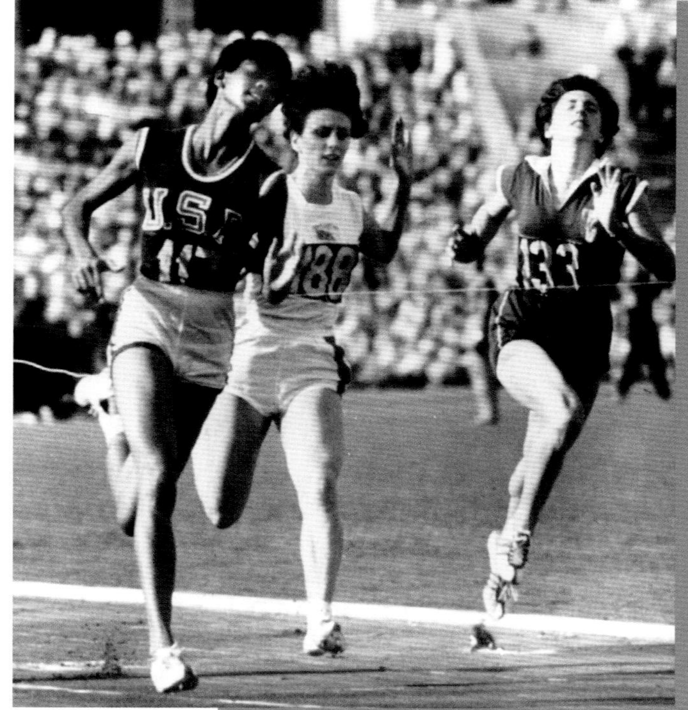

在女子100米比赛中,鲁道夫以11秒18的成绩战胜了英国选手桃乐丝·海曼(中)和意大利选手朱塞皮娜·莱奥内(右)。不过因为当时顺风超风速2.47米/秒,鲁道夫创造的世界纪录未被承认。

她的三折戏

美国黑人选手威尔玛·鲁道夫在女子100米、200米、4×100米比赛中三次展现自己超群的实力和完美的姿态。

文/罗贝尔·帕里昂蒂

9月2日,女子100米比赛

我手中的秒表显示为11秒整,我不敢相信自己的眼睛,因为世界纪录是11秒30,这个成绩又是一个女运动员跑出来的。天才的美国黑人姑娘威尔玛·鲁道夫刚刚在100米决赛中以近乎完美的方式轻松取胜;她领先银牌得主英国选手桃乐丝·海曼(Dorothy Hyman)和铜牌得主意大利选手朱塞皮娜·莱奥内(Giuseppina Leone)近3米率先撞线。

在女子100米中出现这样压倒性优势是很少见的。让人觉得不可思议的是,威尔玛·鲁道夫通常在50米过后就确立优势。因为身材高大,她需要相对长的时间才能把全身的机能充分调动起来,不过当她完全运转起来后,就变成了一部高效可怕的机器!人们不禁想问:"是不是一个男人误打误撞地参加了女子比赛?"但是,虽然威尔玛·鲁道夫身体强壮,她毕竟还是个体态优雅的女性,只是具有一些本该是男性才具备的出色身体素质罢了!现场播音员刚刚播报了女子100米的最终成绩:第一名,威尔玛·鲁道夫,成绩11秒18,这个惊人的成绩没有被正式认可,因为比赛时顺风超风速2.47米/秒。

9月5日,女子200米

一场暴风雨以闻所未闻的力度突然降临在罗马城,暴雨到来之前已经有两场女子田径决赛结束了。狂风的来袭使得美国黑人选手威尔玛·鲁道夫失去了为观众们奉献一流表演的可能。不过,在获得了女子100米金牌后,威尔玛在女子200米的决赛中再一次证明了自己的统治地位,以压倒性优势再夺金牌。直到离终点还有60米时她才确立了无人可以动摇的优势,不过这已足够,因为她领先身后实力强大的德国选手茹塔·海妮4米的优势。和此前在100米决赛中获得铜牌的意大利人莱奥内一样拥有高大身材的鲁道夫在顶风的情况下仍然跑出了24秒13的惊人成绩,这是她在本届奥运会上获得的第2枚金牌,这个数字还会增加。

9月8日,女子4×100米

美国姑娘鲁道夫有可能成为罗马奥运会上获得金牌最多的女运动员。她在昨天晚上和另外3个黑人队友一起为美国队获得了女子4×100米接力冠军,这也是她在本届赛会上所摘得的个人第3枚金牌。由4名短跑好手组成的美国接力队没有在决赛中超过她们在半决赛中创造的44秒40的成绩,这是因为她们在比赛中为确保冠军而小心谨慎。另外,人们在决赛中也看到了不常见的一幕:鲁道夫在最后一棒跑直道时被身后的德国选手海妮紧追不舍。不过海妮还是缺乏强有力的冲刺能力,从而在终点线前不可避免地被甩开。

请看女士们的表演……

文/安托万·布隆丹

罗马卡皮托利山丘上,朱庇特神殿中,爱神手上的闪电形标枪坠落了,青铜塑像出汗了,红色天际暗淡无光,一切就好像十九世纪的古巴大诗人若泽·马利亚·德·埃雷迪亚(Jose Maria de Heredia)所创作的十四行诗描绘的一样。暴风雨在云层中投下的道道闪电,就像支支闪闪发亮的标枪,此时空中的电流比体育场中的供电量还要大,足以照亮天空。远处有地方着火了,冲天的火光点亮了罗马,消防队的警笛声在同民间为古罗马暴君尼禄初步制作的复原像致敬。我得承认没有感受到由那些穿着紧身内衣参赛的女选手们所带来的闪电,正是她们一连串的精彩表演构成了这席盛宴。

"在希腊,妇女们都会被驱逐出奥林匹克会场外,违者以死罪论处,这就是为什么男人们在比赛时都赤身裸体。"加斯东·梅耶尔(Gaston Meyer)调侃般地说,"妇女们被要求对他们的丈夫做一番比较,这有些令人不快。"我们回答道:"在大多数的情况下,男运动员都被要求在体育场看台的高处,写明妻子们讨论后得出的最终结果,而妇女们也通过这种比评提高了对审美的认识与判断。"一个人的内在美不会受到质疑,但田径运动使每个参赛者受到了艰巨的考验。玛丽·比格纳尔(Mary Bugnal)这个获得女子100米栏第4名的英国选手,多么像一匹拖着大大臀部的母马啊,她跨栏的姿势就像一列已经开出却还有一部分车厢滞留在车站里的火车一样!在欣赏过大师埃雷迪亚的那首佳作后,我们开始对这种动作厌恶起来。文艺复兴曾经为艺术的发展做出突出贡献,在此期间,人们习惯了把有关女性的画作拿来欣赏并以此作为休闲与消遣;比如她们步履艰难地在喧闹中飞奔。就像亚当所说的,如果说男人是高贵的,那么由于夸张讽刺而贬损田径运动最鲜有的辉煌就使女运动员们好像因此有了生气。在两周的时间里,胡子足以长得很长。奥运会之后,正如人们所认为的一样,获得奖牌的女运动员们应该接受测试。人们尤其喜欢这些女性的次要的特征,诸如优雅、温柔和牺牲精神等等,这些造就了忠心的女仆和家庭妇女们。相反地,对于进城要穿裙子的斐济人,或是在发髻上打白发结的印度人来说,他们就显得过分地讲究细节了。我们想要的是最合适作家庭主妇的人。

标枪运动员使用标枪宛若扫帚柄……那些铁饼运动员抓着铁饼就像从柜橱中挑出一个碟子一般让餐具飞舞起来;一想到擀面杖变成可怕的武器的情景,人们就会感到恐惧。不是所有的事情都骇人听闻,也有例外,有些还是平庸而枯燥的。既漂亮又优秀,既温柔又坚强的田径运动员,人们渴望在心中铭记她们在比赛时所穿的号码,就像在潘兴体育场受到观众们喝彩的年轻姑娘一样,来自布加勒斯特、拥有纤细优美身材的跳高运动员约兰达·巴拉斯(Iolanda Balas)就是榜样。不是所有人都可以像这个罗马尼亚姑娘一样优秀。不过更优秀的就要数本届奥运会上的一颗黑钻石——3枚金牌得主威尔玛·鲁道夫。

威尔玛不是那种做作的黑人。她拥有独一无二的优雅身材,并且坦率地展示着她的肤色。她的脸庞稚嫩,她的敏捷如同丝绸裙子般使她鹤立鸡群。她没有丝毫的局促不安,步伐有力,很有信心的样子。在激烈的比赛中,她似乎是唯一掌握了走出迷宫方法的人。

英国选手桃乐丝·海曼、美国选手威尔玛·鲁道夫和德国选手茹塔·海妮这3个漂亮姑娘站在女子200米比赛的领奖台上。

1960

惺惺相惜

左边是出战四人单桨有舵手比赛的德国选手们：盖尔德·辛特尔(Gerd Cintl)、霍斯特·埃费尔茨(Horst Effertz)、克劳斯·利克曼(Klaus Rieckemann)、尤尔根·利茨(Jürgen Litz)和迈克尔·奥布斯特(Michael Obst)。德国队以6分32秒12获得金牌。右边是以6分41秒62获得亚军的法国选手们：舵手让·克劳德·克莱恩、尾桨手居伊·诺斯鲍姆、克劳德·马丁、雅克·莫莱尔和罗伯尔·杜蒙特瓦。两队的队员们在赛后互相握手致意，相互之间充满了尊敬之情。

阿敏·哈里赢在撞线动作

男子**100**米决赛中，必须要通过设在终点线上的高速摄影机捕捉的画面才能分辨出到底是德国人阿敏·哈里**(Armin Hary)**率先撞线，还是美国选手大卫·塞姆**(David Sime)**率先通过终点，因为这两人的成绩同样显示为**10**秒**20**。

文/罗贝尔·帕里昂蒂

喊声震耳欲聋，“哈里！哈里！”数以千计的德国观众呼喊着阿敏·哈里的名字；突然间，这个站在草坪中央的德国短跑好手兴奋地扬起双臂，向看台做出胜利手势。一位身穿白衣的工作人员刚刚告诉他，他获得了100米金牌，当时看来这能算得上奥运会历史上最精彩的飞人大战。美国人大卫·塞姆在冲过终点线后全身舒展地躺在地上，肌肉还在充血，全身也因为沾满跑道上的煤渣而变成灰白色；在最后关头他用近乎绝望的冲刺来追赶德国人，不过也就是在同一时刻，他意识到失败不可避免。塞姆慢慢地返回起点，疲惫地拾起自己的外套，下意识地握住阿敏·哈里向他伸过来的手，然后失落地擦拭身上淌着的汗水，缓步走向出口。当人们远远地看到成绩公告时，尤其是看到男子100米决赛的成绩时，很难想象把10秒20这个数字印到报纸上意味着什么。人们也很难想象在奥运会100米决赛之前的压力与紧张程度是多么难以承受。大战前的寂静仿佛使体育场在一瞬间凝固，塞姆伸出拳头在身前挥舞，因为这个美国人将要向一个看不见的对手发起挑战，也要向一直静静地矗立在那里、面色惨白憔悴的阿敏·哈里发起挑战……

现场安静得连6万名观众都能清楚地听见呼吸声，我们在忙乱而近乎贪婪地记录着这一幕幕经典瞬间，这些难得一见的画面将会长久地留在记忆中，也许一生之中只有这一次机会能够见到如此的场面。6万双眼睛全都聚焦在了哈里的身上，而最令人生畏的还要数来自发令员的目光。美国人塞姆此时却表现得如此紧张，他起跑的姿势是那样的不舒展，第一次起跑便抢跑犯规了；第一次抢跑犯规时哈里

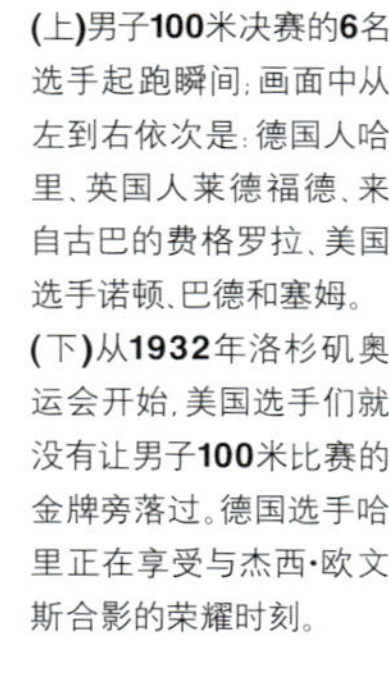
(上)男子**100**米决赛的**6**名选手起跑瞬间，画面中从左到右依次是：德国人哈里、英国人莱德福德、来自古巴的费格罗拉、美国选手诺顿、巴德和塞姆。
(下)从**1932**年洛杉矶奥运会开始，美国选手们就没有让男子**100**米比赛的金牌旁落过。德国选手哈里正在享受与杰西·欧文斯合影的荣耀时刻。

也跟着他一起冲了出去，哈里的反应之快令人感到不可思议，身旁的塞姆一个微小的动作就让他如离弦之箭蹿了出去，即使是一片树叶落下来也能让他瞬间启动。所有选手回到起跑线等待发令枪重新响起，几秒钟的等待漫长得就像几个世纪一样，体育场中又重新寂静。这一次是哈里被判抢跑犯规，他启动得仅仅比发令员的枪声早了一点点而已，以致于整个体育场中都爆发出了观众们的口哨声。在我们看来，这次起跑看上去没有什么瑕疵，尤其让我们感到遗憾的是，激动的心情得暂时再一次收回去。在跑道上，哈里的脸色变得更加苍白，塞姆则变得更加焦躁不安，只有英国选手皮特·莱德福德(Peter Radford)和美国人雷·诺顿表面上还保持着镇定与冷静。第3次起跑，体育场中再次安静得如同教堂，只有摄影师们不停按动快门儿的声音轻轻打破着这种寂静。第3次发枪后比赛终于顺利开始了，在这短短10秒钟的精彩比赛过后，人们看到了这样的一幕：塞姆神情沮丧地低垂着脸，目光落在脚下铺满细煤渣的跑道上，半天才又重新站了起来，他已经意识到刚才在比赛中拼尽全力的最后一搏于事无补，冠军离他远去了……

不可思议的男子十项全能

在充满戏剧性的**1500**米比赛过后，美国运动员拉弗尔·约翰逊**(Rafer Johnson)**从中国台北选手杨传广**(Yang Chuan Kwang)**的手中夺走了男子十项全能比赛的金牌。

文/罗贝尔·帕里昂蒂

拉弗尔·约翰逊糟糕的一天开始了。被前一天的比赛搞得筋疲力尽的美国人，又一次回到体育场，他对排在第2名的中国台北选手杨传广仅有55分的微弱优势。110米栏是十项全能比赛第2天赛程中最先要进行的项目。这个项目过后，约翰逊这个世界纪录保持者的夺冠希望差一点要化为泡影。人们认为他至少会和洛杉矶加州大学的同窗好友杨传广打个平手，让人大跌眼镜的是，约翰逊一下子输掉了183分！杨传广反超约翰逊，领先优势达到128分。人们对这一有可能改变整个比赛进程的结果吃惊不已。其实发生这种情况，赛会的组织者也负有不可推卸的责任。拉弗尔·约翰逊并不在最佳状态，更何况在比赛时他碰上了反复无常的狂风，这让他损失了不少宝贵时间。期望自己能跑出14秒50的约翰逊最后仅仅跑出15秒30；然而，杨传广则利用狂风间歇期跑出了14秒60。由于缺乏合理安排，十项全能在一定程度上走了样。杨传广和约翰逊两位最强者没有按照惯例被安排在同一组。

接下来的铁饼比赛，约翰逊暂时扭转了积分榜上不利的局面，在第3次试投中投出48.49米，远远超出平时的水平；而杨传广的成绩仅为39.83米。这样，在7项比赛过后，约翰逊又重新夺回主动权，以6281分力压杨传广的6137分，稳居第一。杨传广在撑竿跳高中拥有超强实力，但拉弗尔·约翰逊在专注力和意志力方面的特性使他大大地缩短了实力差距。一场悲怆的面对面的决斗在两人之间上演了。为了十项全能的比赛，组委会专门在体育场中辟出了两个沙坑用来进行撑竿跳；在第一个沙坑中杨传广第一次试跳要了3.80米，与此同时约翰逊也在另外一块场地上开始了自己的第一次试跳。观众们也因此看到了这样的一幕：这两位实力超强的选手几乎同时要挑战一个新的高度，杨传广要向4.40米发起冲击，而约翰逊则要征服4.20米。两个人在冲击新的高度时都失败。杨传广的最后成绩依然是4.30米，而约翰逊也跳过了4.10米。

依靠这出色的一跳，此前在正式比赛中还没跳过4米的约翰逊保住了对杨传广24分的领先优势。紧张的气氛在座无虚席的体育场中进一步升级，当时钟指向晚上8点时，这两个全能的运动健将已经为接下来标枪比赛的3次试投做好准备。可以说标枪比赛的成绩也将在一定程度上决定金牌归属。第一次试投，约翰逊掷出了69.76米，似乎一切已尽在美国人的掌控之中；而杨传广则没有比这更出色的发挥，投出了65.90米，假设以两人的第一轮试投成绩作为最终结果的话，那么杨传广就会在总成绩榜上被拉开113分。人们相信约翰逊还会在后面两次试投中有更出色的发挥，把成绩进一步大幅度提高。然而正好相反，杨传广在第二次试投中掷出了68.22米，一下使自己在总成绩榜上与约翰逊的差距仅剩下了67分，完全有可能凭借最后一项1500米比赛的胜利实现反超，夺得金牌。

我们的目光时而注视着场地中央，时而注视着跑道。在体育场看台的高处，我们看见了正在试图向工作人员询问的约翰逊，他要明确在接下来的最后一项1500米比赛中自己需要做的事情；实际上，领先67分在1500米比赛中可以折合成6.50秒钟的差距，这是他准备好要坚决捍卫的微小优势。1500米比赛既艰苦又精彩。最终约翰逊还是保住了58分的微弱领先优势，夺得男子十项全能金牌。

(上)约翰逊在第二项跳远比赛中再次败在了杨传广的手下，他的成绩为**7.35**米，而杨传广则跳出了**7.46**米的好成绩。
(上左)本图为约翰逊在第一天的最后一项**400**米比赛中，在第一个比赛日过后，他在总成绩榜上领先杨传广**55**分。

阿贝贝·比基拉的传奇故事

身为埃塞俄比亚皇帝尼格斯(**Negus**)皇家卫队士兵的阿贝贝·比基拉打着赤脚夺得了马拉松比赛的金牌。

文/米歇尔·克拉尔

我揉了揉充满惊讶的双眼，想在埃塞俄比亚运动员下榻的奥运村中找到他们的田径教练，我的目光落到了一个40多岁的斯堪的纳维亚人身上。奥尼·尼斯卡宁(Onni Niskanen)做了自我介绍：他出生在赫尔辛基，不过父母都是瑞典人。14年前，奥尼·尼斯卡宁就开始在埃塞俄比亚负责运动员的训练与选拔。埃塞俄比亚政府曾请求瑞典为他们选派一名教练，尼斯卡宁就这样被选中。在埃塞俄比亚，尼斯卡宁除了负责训练田径运动员外还有一个新任务，就是负责海尔·塞拉西一世(Haile Selassie I)皇帝的私人卫队日常训练，也正是因为这个原因，他才得以在皇家卫队中发现了一个拥有惊人耐力的年轻士兵。

他叫阿贝贝·比基拉，1932年出生于埃塞俄比亚一个名叫穆特的小村庄；他刚刚步入青春期，就被皇家卫队录取。在举办两届奥运会间隔的四年时间里，奥尼·尼斯卡宁要打造出一个奥运冠军；马拉松比赛就是比基拉这个身为军人的田径运动员最好的展示舞台。也因为这样，人们才能够听到埃塞俄比亚国歌回荡在与古斗兽场咫尺之遥的康斯坦丁凯旋门下；在完成了艰苦的42公里195米的赛程后，他依然显得精神饱满，反映出的生理状况也让医生感到惊讶不已。

他的脚下生有厚皮

首先需要说明，阿贝贝·比基拉与获得马拉松第7名的另一名埃塞俄比亚选手阿贝贝·瓦克基拉没有任何亲属关系，阿贝贝只是埃塞俄比亚一个常见的名字。比基拉身材瘦长而灵巧，身高1.76米，体重58公斤，有着纯正安哈拉族人的体貌特征：匀称的面部轮廓，深棕色皮肤，卷曲的头发，高高突起的窄小鼻梁和厚厚的嘴唇。奥尼·尼斯卡宁详细解释道：“光着脚跑步是他的一贯风格，这样他的脚下会感觉更加柔软、更加自然。他只是在有可能划伤脚的地面上才会穿上运动鞋。不过，穿上鞋以后，他顿时会感到脚步不那么自在了。因为他习惯了在平时训练中不穿运动鞋；他脚底的皮肤厚达几厘米，在常年的训练中变得如同兽皮般坚硬。”甚至在比赛前我就已经注意到比基拉脚的尺码并不算大，大脚趾却很发达，小脚趾则非常小，就像被刨子刨过。

为了获得成功，阿贝贝·比基拉不知道在训练中跑了多少公里。“他每天要训练两次，”奥尼·尼斯卡宁说，“一次在大清早，第二次在傍晚。他总是在体育场和乡间小路上交替训练在跑道上他通常会做很长时间的热身，然后以1500米为一个阶段进行训练，而在乡间他通常要进行长距离的穿越。阿贝贝居住在埃塞俄比亚首都亚的斯亚贝巴的郊区，这里各种各样的复杂地形成为他熟悉各种赛道的优势。亚的斯亚贝巴的郊区是一片山地，我的徒弟经常要以全速冲击小山丘顶峰。他的心脏收缩功能很强，在平静的状态下，他的脉搏每分钟仅跳45下。另外，他也偶尔举举杠铃。”

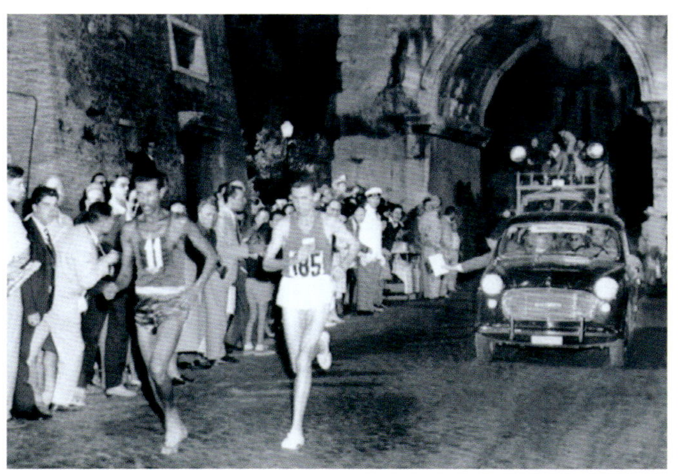

(上)已经是傍晚18点钟了，太阳西下，位于画面最近端右边的比基拉不声不响地跑在领先小集团中。(下)比基拉独自出现在设在康斯坦丁凯旋门下的终点线前，这个光着脚参加比赛的选手获得了马拉松比赛的金牌。

阿贝贝·比基拉非常善于听从教练的建议，不过话语中却略带盲目的自信：“我还没有获得过真正意义上的胜利，一想到这儿我就有些难过。在比赛前，我的教练曾经跟我说有机会创造奇迹，他让我特别要注意几个苏联选手和摩洛哥人拉迪·本·阿布德塞拉姆(Rhadi Ben Abdesselam)，同时提醒我不要在比赛进行到30公里之前过早地暴露自己。于是，我在比赛中一直按既定战术和节奏跑，如果比赛开始阶段大家的速度过慢，那么我有可能会改变原有的战术，提前到队伍前面领跑，不过比赛当时的情况不是这样。在比赛的最后阶段，我觉得是时候可以开始加速了，所以当时的体能还有很大储备。我为我的国家感到自豪，为我们的国王感到自豪，也为我的妻子感到自豪，她在亚的斯亚贝巴那间属于我们的小屋中日夜守望着我的归来。”奥尼·尼斯卡宁补充道：“在启程前往罗马前的选拔赛上，他跑出了2小时21分33秒的惊人成绩，当时的赛道情况远比罗马艰苦，赛程中有一段长达10公里的爬坡赛段，高度落差达到了250米，而在罗马比赛时整个赛程的高度起伏也只有90米，还不算亚的斯亚贝巴处于海拔高度2400米的山区。”

第一次受到众人瞩目

阿贝贝·比基拉第一次被归入世界级选手行列，这仅是他第3次参加正式马拉松比赛。其实,从5000米到马拉松都是他的参赛项目。他5000米最好成绩14分36秒。

不过在10000米项目上，他还没有取得过像样的成绩，不过他10000米的成绩在29分钟以内。我确信一点：他需要的是通过不断的比赛来锻炼自己，这样他才能更清楚自己的潜能。我还敢肯定,如果比赛时各方面情况良好，比赛地点的海拔高度又是在海平面的话，那么比基拉完全有能力打破由捷克斯洛伐克选手扎托佩克保持的男子10000米世界纪录。尼斯卡宁说道：“因为阿贝贝·比基拉只是个刚参加正式比赛的年轻选手，我相信他的运动生涯还可以延续很长时间，他还有可能在四年后的东京奥运会卫冕。在此期间，他还要在1962年代表祖国参加非洲运动会。那时，人们将会看到埃塞俄比亚人取得了怎样的进步。”另外，他也承认他已无法兼顾那么多运动员，所以埃塞俄比亚要求再增派北欧教练员协助他。他补充道：“我训练的这些年轻选手，要想达到奥运会标准，他们中的绝大多数人还过于稚嫩；但四年以后的日本东京奥运会上，你们会看到他们当中会有天才涌现出来……”

在罗马的奥运赛场上看到出色的800米选手摩洛哥人赛义德·阿维塔(Said Aouita)和以阿贝贝·比基拉为代表的一批马拉松好手们的表演，我们对此便不再有任何怀疑。已经在奥运会的历史上取得过很多荣誉的法国与埃塞俄比亚有着紧密的联系，埃塞俄比亚选手们取得的好成绩也同样使法国人高兴；在某种程度上来讲，埃塞俄比亚运动员们或许可以成为他们与法国同行的榜样。

在埃利奥特阴影下的雅齐

澳大利亚人得到一枚金牌并打破男子**1500**米世界纪录；对于法国人来说，他获得了一枚银牌并打破了该项目的法国全国纪录。这样的结果真是出人意料！

文/罗贝尔·帕里昂蒂

昨天晚上打破的两项世界纪录让我们更直观地感受到田径运动正在以惊人的速度演进：美国选手奥蒂斯·戴维斯 (Otis Davis) 和德国选手卡尔·考夫曼 (Carl Kaufmann) 在 400 米的比赛中跑出 44 秒 90，比牙买加两名选手乔治·罗登 (George Rhoden) 和赫伯特·麦肯利 (Herbert McKenley) 在赫尔辛基奥运会上创造的成绩快了足足 1 秒钟；另外，澳大利亚选手赫伯特·埃利奥特 (Herbert Elliott) 以 3 分 35 秒 60 的成绩摘得男子 1500 米桂冠，更是比卢森堡选手约瑟夫·巴特尔 (Josef Barthel) 在 1952 年奥运会的夺冠成绩快了 10 秒。不过我们还要回过头来向米歇尔·贝尔纳表示敬意，即使在这个美妙的下午没有取得好成绩，他也可以被看做是赛场上的英雄。如果说赫伯特·埃利奥特战胜的是自己的极限，米歇尔·雅齐把 1500 米的法国纪录提高近 4 秒，依靠的就是个人坚定的决心。

16 点 15 分，9 位决赛选手在起跑线附近紧张地做着准备活动；别忘了看看贝尔纳在做什么，原本被安排在最外道的他与排在第 4 道的雅齐互换了一下出发位置。贝尔纳要去队伍前面领跑，他又要去尝试不可能完成的任务。因为贝尔纳在领跑时从不能把状态最好的自己展现出来，所以这样的战术安排也是很适合雅齐的。贝尔纳在比赛中加快了步伐，在 300 米过后他用时 43 秒 50……400 米用时 57 秒 80……500 米用时 1 分 12 秒 80。在最后几位中，我们注意到挪威选手阿尔内·哈马斯兰德 (Arne Hammarsland) 和美国选手詹姆斯·格雷尔 (James Grelle) 已经显出痛苦表情；而另一位美国选手赫伯特·埃利奥特依旧保持着他那份神秘感；米歇尔·雅齐则试图尽自己最大努力保持一个好名次。

人们已经预感到贝尔纳要做出冒险的举动：一直处于领先的他没有放慢节奏，800 米过后用时 1 分 57 秒 80，依然保持比赛最初阶段的轻盈步伐。在队伍的后面，情况可有点混乱：格雷尔和哈马斯兰德的步伐已经凌乱，而美国人蒂罗尔·布尔森 (Dyrol Burleson) 和瑞典选手丹·瓦尔恩 (Dan Waern) 则显出一些要昏厥的迹象。此时，埃利奥特把自己的排名提升到第 4 位，人们都相信他将会不可避免地超过勇敢的法国选手贝尔纳；然而被法国人奉为英雄的贝尔纳面对如此强劲的挑战却不以为然，紧紧靠近里圈的他处在非常有利的位置，很快对澳大利亚人的挑战做出了针锋相对的回击。两个人在进入直道前并肩而行。

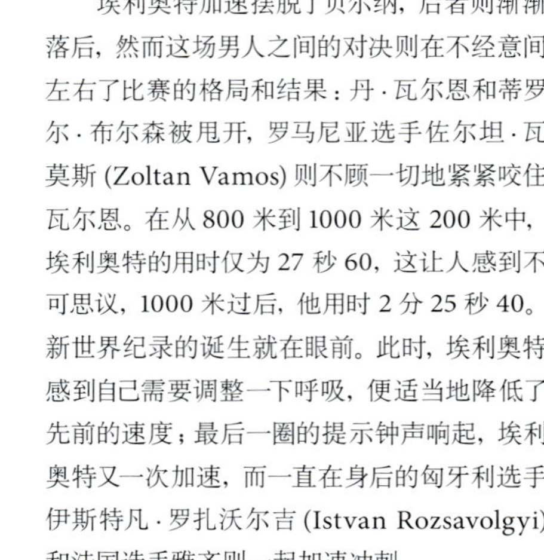

(上)男子**1500**米的世界纪录和法国全国纪录之间的差距是巨大的，这个差距就体现在屹立于顶峰的澳大利亚人埃利奥特和处在上升期的法国选手雅齐的身上，未来却是属于这个法国小伙子的。
(下)站在领奖台亚军位置的米歇尔·雅齐在欧洲的众多好手中可以算得上是第一号人物了。

埃利奥特加速摆脱了贝尔纳，后者则渐渐落后，然而这场男人之间的对决则在不经意间左右了比赛的格局和结果：丹·瓦尔恩和蒂罗尔·布尔森被甩开，罗马尼亚选手佐尔坦·瓦莫斯 (Zoltan Vamos) 则不顾一切地紧紧咬住瓦尔恩。在从 800 米到 1000 米这 200 米中，埃利奥特的用时仅为 27 秒 60，这让人感到不可思议，1000 米过后，他用时 2 分 25 秒 40。新世界纪录的诞生就在眼前。此时，埃利奥特感到自己需要调整一下呼吸，便适当地降低了先前的速度；最后一圈的提示钟声响起，埃利奥特又一次加速，而一直在身后的匈牙利选手伊斯特凡·罗扎沃尔吉 (Istvan Rozsavolgyi) 和法国选手雅齐则一起加速冲刺。

1200 米过后，埃利奥特用时 2 分 54 秒，他和两位追赶者的差距越拉越大，澳大利亚人在进入最后一个弯道时已经领先雅齐和罗扎沃尔吉 20 米。他胜券在握，人们的注意力已经转移到第二名的争夺上来，这也关系到 1500 米这个项目上"欧洲之王"头衔的归属。令人感到吃惊的是，在离终点还剩下最后的 250 米时，雅齐仍然很明智地跟在罗扎沃尔吉身后，然后伺机发力，轻而易举地超过匈牙利人。一时间人们甚至相信，法国人雅齐有可能赶上领先的埃利奥特，不过这种感觉在瞬间就消失了。雅齐在比赛中拼尽了全力，面对冠军埃利奥特，即使他没能收复失地，也至少没有把领地轻易拱手相让，而是渐渐地拉大了与罗扎沃尔吉之间的差距。

3 分 35 秒 60……埃利奥特把由他本人保持的 1500 米世界纪录又提高了 0.4 秒。

阿里诞生了

本届奥运会的拳击比赛发掘出了18岁的美国天才卡休斯·克莱(**Cassius Clay**)，这个在拳击台上专注认真的天才所发表的获奖感言也特立独行。

文/安德烈·阿尔诺·弗尔尼

1960年9月5日的晚上，一共有3名美国选手在拳击比赛中收获金牌，不过与81公斤级比赛的金牌得主卡休斯·克莱比起来，71公斤级比赛的冠军威尔伯特·麦克卢尔(Wilbert McClure)和75公斤级金牌得主爱德华·克鲁克(Edward Crook)要倒霉多了，因为回到美国后克莱一定会抢了他们两个人的风头。自从抵达罗马奥运村那一刻起，这个出生在肯塔基州、年仅18岁的年轻人就一直是舆论焦点。

"看到他时，你们也许就会想是不是哪个政客正在演讲，"克莱的一个队友以略带调侃的口气说道，"他不停地拜访其他各个项目的代表团驻地，并把自己带来的小徽章送给他们。"

卡休斯·克莱的举动总是能让与他分享更衣室的拳击选手们感到意外。他在登上拳台前会跳一段舞来自我放松。在81公斤级与比利时选手贝考斯(Becaus)的比赛中，裁判在第二回合终止了比赛，克莱技术性击倒对手晋级下一轮；以后他又以点数相继击败乌克兰人沙特科夫(Schatkov)和澳大利亚拳手安东尼·马迪根(Anthony Madigan)，在先后淘汰了这几位实力强劲的对手后，克莱闯入了最后的决赛，在决赛中他要面对的是该级别的3次欧洲冠军得主、墨尔本奥运会该级别的铜牌获得者波兰名将齐格尼尤·皮耶特日科夫斯基(Zbigniew Pietrzykowski)。

决赛第一回合，卡休斯·克莱就显得毫无优势。面对皮耶特日科夫斯基的一连串组合拳，克莱不自觉地闭上眼睛，这再次显示出他在经验上的欠缺。第二回合，年轻的美国小伙子渐渐找到对付对手的方法，他利用身高臂长的优势，与皮耶特日科夫斯基保持距离，并把双臂自然下垂随时准备反击。重拾信心的克莱吹响了反攻号角，连续四记右手重拳都击中了波兰人的面部。在最后的3分钟里，克莱把自己的进攻演绎到极致。波兰人的脸上淌着鲜血，差点被击倒，锣声救了他；全场比赛结束，背倚拳台护绳的他已经丧失了防守能力。

6次肯塔基州金手套拳击赛冠军、两次全美金手套冠军以及两次美国拳击锦标赛冠军，克莱轻松拿到代表美国参加罗马奥运会的资格。但是，在前往加利福尼亚州参加美国奥运拳击选拔赛途中，他所乘坐的飞机遭遇强气流，使他开始担心即将前往欧洲所必须要经历的长途飞行，于是，他向俱乐部的教练乔·马丁(Joe Martin)表示放弃奥运会的参赛资格。他的教练很理解他，并借着一次在路易斯维尔公园散步的机会，对他进行了长达两个小时的劝导。另外，如果没有乔·马丁，卡休斯·克莱也许永远都不会登上拳击台。1954年10月，当时只有12岁的他和小伙伴去哥伦比亚音乐厅参加黑人商业博览会。当准备回家时，克莱发现自己崭新的自行车被偷，于是嚎啕大哭并喊着要去报警。一个过路人向他指出音乐厅的拳击房中正好有个警官。克莱就向身为警官的拳击教练乔·马丁冲了过去，克莱对警官说他一定要痛打偷他自行车的贼。马丁则跟他开玩笑，建议他先学一下拳击为好。

在接受了6个星期的拳击训练后，体重41公斤的小克莱完成了处子演出，他用了9分钟以点数优势战胜另一个新手奥基夫(Ronnie O' Keefe)。一年的专业训练使他成为希望之星，他在意志力和速度方面已非常突出。"当我开始进行专业训练时，"卡休斯·克莱在罗马奥运会夺冠后回忆，"我的全部想法就是有朝一日能够为父母买幢大房子，然后再给自己选一辆宽敞的汽车。我当时想，如果我能够成为职业拳击选手的话，我就可以一晚上赚到4百美元。我的梦想在不断地膨胀。乔·马丁先生引领我走上这条道路，不过有时我也在没有教练指导的情况下独自训练，偶尔也会有另一个名叫弗雷德·斯托内尔(Fred Stoner)的黑人选手和我一起练。是拳击让我远离麻烦。"

全身心投入拳击训练的克莱因此耽误了学业。他发现自己的成绩很不理想，决定干脆退学专心训练。1958年3月31日，他离开了中央高级中学，不过却在第二年又重新回到学校，并在该校一直呆到1960年6月，在升学考试中他在总共391名学生中名列376名！当时的美国社会中种族隔离制度依旧盛行，克莱在肯塔基州慢慢长大，在肯塔基州种族隔离制度没有在地处更南方的各州中那么严重。当他在路易斯维尔的一些街区中散步时，常常会有开着车的白人停下来向他喊道："嘿！黑伙计！你在这儿干什么呢？"幸运的是，他从没有因为自己的肤色受到歧视而与白人发生冲突。但是，从罗马凯旋回到美国之后，尽管他是奥运会冠军，但是仍然被永远禁止出入一些餐馆……

奥运会次重量级拳击比赛的冠军的名字不叫穆罕默德·阿里(**Muhammad Ali**)，这个名叫卡休斯·克莱的年轻人拥有光明的未来，站在拳击台上的他无比强大，还拥有超凡的魅力。

在男子1500米自由泳的领奖台上，从左到右依次是获得第二名的澳大利亚选手穆雷·罗斯(Murray Rose)，获得冠军的澳大利亚人琼·康拉兹(Jon Konrads)和铜牌得主美国选手乔治·布里恩(George Breen)。

1960年意大利罗马第17届奥运会

古代奥运会的主办权曾经被古罗马帝国从它的雅典城邦那里据为已有，直到公元**394**年古代奥运会被罗马皇帝狄奥多西一世所废止。**1600**年以后，奥运会以前所未有的强大声势再次回到了罗马城，而罗马则为奥运会准备了最珍贵的礼物。

数据

开幕日：1960 年 8 月 25 日

闭幕日：1960 年 9 月 11 日

主办国：意大利

其他申办城市：瑞士洛桑、美国底特律、匈牙利布达佩斯、比利时布鲁塞尔、墨西哥墨西哥城、日本东京

84 个国家奥委会派队参赛（国家名义）：其中包括南非队，以及由民主德国和联邦德国联合组队参赛的德国队，45 个国家的代表团派出了女选手参赛。

5348 名参赛运动员：其中包括 4738 名男运动员和 610 名女运动员。

17 个大项（其中 6 个大项设有女子比赛，包括混合项目）：田径、赛艇、篮球、拳击、皮划艇、自行车、马术、击剑、足球、体操、举重、曲棍球、摔跤、游泳、现代五项、射击和帆船。

表演项目：不设表演项目。

150 个小项（其中 29 个小项设有女子比赛，包括男女混合项目）。

宣布开幕者：意大利总统吉奥瓦尼·格隆基

点燃火炬者：意大利田径选手吉安卡罗·佩里斯

运动员宣誓：意大利铁饼选手孔索里尼

国际奥委会主席：美国人布伦戴奇

冬季奥运会

第八届冬季奥林匹克运动会于 1960 年 2 月 18 日至 28 日在美国的斯阔谷 (Squaw Valley) 举行。

共计有 30 个国家的奥委会派出了包括 522 名男运动员和 143 名女运动员在内的 665 人参加了 4 个大项、27 个小项比赛的角逐。美国副总统尼克松 (Nixon) 宣布奥运会正式开幕。东道主花样滑冰选手卡罗尔·海斯 (Carol Heiss) 作为运动员代表宣誓。35 岁的芬兰老将维科·哈库利宁 (Veikko Hakulinen) 获得了男子越野滑雪的 3 枚奖牌，他和获得两枚速度滑冰比赛金牌的苏联选手叶甫盖尼·格里钦 (Yevgeny Grishin) 一起成为了本届冬奥会的明星运动员。由于美国奥组委拒绝修建雪橇赛道，所以雪橇比赛第一次从冬奥会的正式比赛中消失了。

从墨尔本到罗马

1957

• 3 月 25 日，《欧洲经济共同体条约》在罗马签订。

• 8 月 5 日，阿根廷人胡安·曼努埃尔·方吉奥 (Juan Manuel Fangio) 获得职业生涯第 5 个一级方程式赛车的世界冠军头衔。

• 10 月 4 日，苏联第一颗人造卫星"斯普特尼克一号"(Spoutnik 1) 用一小时三十五分钟的时间完成了绕地球轨道一圈的飞行。

• 11 月 3 日，苏联把一只名叫莱卡 (Laika) 的小狗送上太空，莱卡从而成为了第一个完成绕地球轨道飞行的活体生物。

1958

• 1月16日，法国殖民军打响阿尔及尔之战。

• 2 月 7 日，载有英格兰曼彻斯特联队队员和俱乐部官员的飞机在从慕尼黑机场起飞的时候坠毁，机上 38 名乘客和机组人员中，共有 21 人罹难，其中包括 7 名曼联队的球员。这就是著名的"慕尼黑空难"。

• 6 月 30 日，巴西足球队在瑞典斯德哥尔摩进行的世界杯决赛中以 5 比 2 的比分击败东道主瑞典队捧起大力神杯；当时巴西队阵中拥有初次参加世界杯的贝利 (Pele)；而法国队获得了这届比赛的第 3 名，法国队中的茹斯特·方丹 (Just Fontaine) 以 13 个进球的成绩荣获"最佳射手"。

• 9 月 28 日，戴高乐将军通过全民公决的方式使法兰西第五共和国宪法得以通过。

• 12月21日，戴高乐当选为新一任法国总统。

1959

• 1 月 2 日，费德尔·卡斯特罗 (Fidel Castro) 掌握古巴政权，巴蒂斯塔上校 (Colonnel Batista) 逃出哈瓦那。

• 1 月 3 日，阿拉斯加成为美利坚合众国的第 49 个联邦州。

• 4 月 6 日，拥有吕西安·米亚斯 (Lucien Mias) 的法国队在巴黎哥伦布体育场举行的五国橄榄球赛的决赛中以 11 比 3 的比分击败了威尔士队，第一次夺得了该项赛事的锦标。

• 8 月 21 日，夏威夷成为美利坚合众国的第 50 个联邦州。

• 9 月 16 日，戴高乐承认阿尔及利亚拥有自治权。

1960

• 1 月 1 日，新的法国法郎开始流通。

• 1 月 5 日，在从非洲上沃尔特（今布基纳法索）回国 10 天后，意大利的伟大自行车选手弗斯托·科皮 (Fausto Coppi) 死于出血性支气管炎。

你知道吗？

由斯皮罗斯·萨马拉斯 (Spyros Samaras) 作曲、柯斯蒂斯·帕拉马斯 (Kostis Palamas) 作词的奥林匹克圣歌在 1896 年雅典第一届奥林匹克运动会的会场上被首次奏响；从那以后，在历届奥运会的开幕式上都有各种不同的背景音乐伴奏，直到 1960 年的罗马奥运会，由萨马拉斯和帕拉马斯创作的这首歌曲才成为正式的奥林匹克圣歌。

这也是南非所参加的最后一届奥运会，因为政府推行种族隔离制度，直到 1992 年的巴塞罗那奥运会南非才最终得以重返奥运会大家庭。

全球有一百家电视台向欧洲 18 个国家的电视观众直播或录播了奥运会的赛况，电视信号也同时被传送到北美地区的美国和加拿大，以及亚洲的日本。

罗马大斗兽场夜景。

罗马 Rome

作为意大利共和国的首都和最大的城市,这座具有2700年历史的古城孕育了伟大的古代文明和辉煌的现代文明。

这里有2000年前建造的斗兽场、凯旋门、万神庙;这里诞生了达·芬奇、马可·波罗、尼禄和墨索里尼;这里有700多座教堂,330座修道院,15000多名神父和修女……这里还有看不够的时装、听不完的歌剧、踢不完的足球、品不完的美味佳肴……这里就是永恒之城——罗马。

罗马城位于意大利亚平宁半岛西部,台伯河下游的丘陵平原上,有“七丘之城”的称号。

由于地处地中海沿岸,温暖的阳光始终照耀着这座城市。年平均气温15.5摄氏度。每年4月至6月气候最为怡人;7月和8月是最热和最干燥的季节,8月的日最高气温可以超过32摄氏度,历史上,罗马人会在8月份停止许多商业活动,离开炎热的城市出去避暑度假,但这种习俗早已被改变;9月中旬至10月是最为晴朗的季节,被称为“罗马的美丽十月天”。

作为意大利共和国的首都和第一大城市,这座具有2700多年历史的古城孕育了深厚的文化,罗马人认为是母狼养育了罗马,而这个吃狼奶长大的民族在创造了伟大的古代文明的同时,也有着辉煌的现代文明。建筑业有着悠久的历史,家具、服装、大理石和首饰加工业开发得较早,食品、纺织、机械、印刷、电子等工业部门比较发达。罗马也是意大利电影工业的主要中心。

“条条大道通罗马”,形象地表明了罗马作为意大利的交通枢纽。罗马处于地中海地区的中央位置,也是国际空运的中心之一。

罗马似乎天然就是一座体育之城,在遥远的地中海,在遥远的年代,罗马帝国和罗马城留给今天和历史的印象,就是一座巨大的科罗赛奥(竞技场)。

罗马人酷爱体育,可以从有着2000多年历史的大竞技场反映出来,那不是一般的体育竞技场,而是一座斗兽场。那里进行的是人与兽的肉搏。

对于奥运会来说,罗马是个非同寻常的地方,2600年前,罗马帝国以征服者的姿态,将古奥运会从希腊奥林匹亚强行移到罗马举行。现代奥运会更不会将这座城市遗忘。

1960年,罗马作为意大利首都,燃起了象征和平与友谊的奥林匹克火焰。1908年,罗马曾获得第四届奥运会主办权,但由于经济等原因,不得不由伦敦接办。在放弃奥运会主办权54年后,罗马终于成为奥运会的主办城市。在这届奥运会上,罗马把自己富有戏剧性的历史运用到了极致。比如摔跤比赛是在2000年前举行角斗的旧址马克辛奇巴西利卡举行的,而卡拉卡拉大浴场以及君士坦丁凯旋门则被用于体操和马拉松比赛。

罗马城横跨台伯河两岸,形如一只蹲伏的雄狮。古城居北,新城在南。新城在二十世纪20—50年代建成,是拥有摩天大楼的现代化城市。罗马教廷所在地梵蒂冈位于古城区西北角。在罗马古都遗址上,矗立着凯旋门、万神殿和大竞技场等世界闻名的古迹;还有文艺复兴时期的许多精美建筑和艺术精品。整座古城就如一座巨大的博物馆。崇尚自然的罗马人把这个城市装扮得如同花园般美丽清新。只有罗马才能使人看到古老的过去与人们的日常生活紧密交织在一起。古典与现代,树木与建筑,为罗马这座极具包容性的城市带来了欧洲最美丽城市的美誉。

关键词·足球

在这个城市中,足球是人们生活中重要的组成部分。体育商店往往被红黄或是天蓝色所装饰,红黄色是罗马队的颜色,而天蓝色代表罗马的另一支球队拉齐奥。1900年,拉齐奥大区社会部的军官们就成立了拉齐奥俱乐部,起初只是一个田径俱乐部。两年后,为了普及足球运动,拉齐奥队开始专一的足球项目。

1927年,罗马足球俱乐部正式成立。这支曾经三次夺得联赛冠军、八次捧起意大利杯的队伍,如今是欧洲最具实力的足球俱乐部之一。

由于这座城市拥有两支势均力敌的俱乐部,德比战成为每个赛季罗马人最为关注的比赛。相对于拉齐奥,罗马队的球迷的确在数量上居多,而支持哪支球队,甚至是来源于家族的传统。德比战不但球场上硝烟弥漫,看台上球迷之间的较量更是火药味十足。

第18届奥运会➔东京

东京奥运会的开幕式上，一个名叫坂井义则(Yoshinori Sakai)的选手点燃了奥运圣火。这位年仅19岁的田径选手于1945年8月6日出生在离广岛不远的地方。就是在这一天，B-29轰炸机“埃诺拉·盖伊”(Enola Gay)飞临广岛上空，投下了第一颗原子弹；3天之后，另一架B-29轰炸机将另一枚原子弹投向了长崎。日本投降，已经过去了19年。当时，成千上万的人死去了，东京60%的区域被毁……宣布奥运会开幕的裕仁天皇(Hirohito)比任何人都更清楚这一点：他是1926年登基的。1936年东京被选中为1940年奥运会的主办城市，然后又由于发动侵华战争而放弃主办权，皇位上的也是他。日本想要在1964年让人们忘记这段过去。想让大家觉得这个国家不再好战，它经历重建，又站了起来。

在这种情况下，日本人不计较花多少钱：20亿美元的预算，在当时算是数额庞大；奥运会组织从任何角度来看都是无可指摘；首次通过卫星进行转播确保了广告收入；表演是非常有说服力的，但缺乏感情；观众们安静、彬彬有礼、恭敬、守规矩，在西方人眼中却显得有些冷漠。毕竟西方人是首次在亚洲的土地上争夺奖牌。

十几个世纪的传统不能被轻易抹去。近代的历史也是如此。奥运会进行期间，中国与苏联之间、美国与古巴之间以及美国与越南的紧张关系仍在继续。中华人民共和国，日本的巨人邻国，缺席了这届奥运会，在该年进行了它的第一次核试验。

TOKYO 1964

1964

尤里·弗拉索夫(Youri Vlassov)带上了眼镜。这位不可战胜的大力士输给了同为苏联同胞的乌克兰人莱奥内德·雅博津斯基(Leonid Jabotinski)。后者创造了挺举217.5公斤的世界纪录。

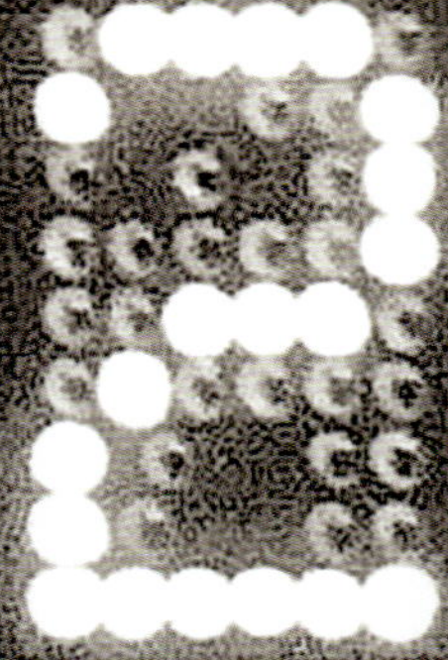

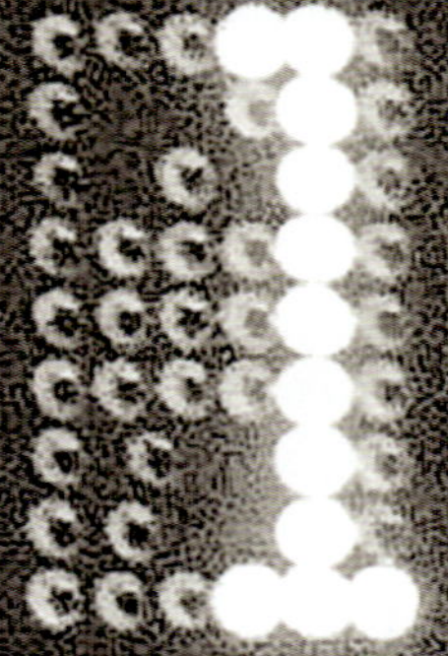

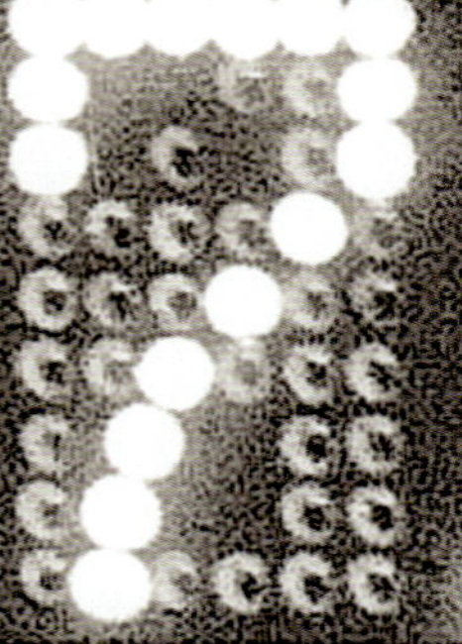

B

20亿美元制造“东京奇迹”

如果不是发动第二次世界大战，日本举办奥运会的时间会更早。日本将1964年奥运会看做是他们恢复声誉的绝佳机会，所以不计成本，整个赛事的预算达到了20亿美元，这是一个天文数字。耗资甚巨的酒店、奥运村、高速公路都因奥运会的到来陆续建成。

与前几届奥运会相比，本届奥运会的奥运村设计更为合理、设施更为齐备、安排也更为周到。为了防止噪音，这个位于东京市中心的奥运村被密实的绿色植物包围了起来，犹如繁华的东京都里一个绿色的小岛。整个奥运村占地面积达60公顷，村内设有环线公共汽车，以方便运动员到达国际俱乐部、商店、按摩室、浴室、诊疗所、咖啡厅、餐厅、训练用场地等村中任何地方。

由日本最著名的建筑大师丹下健三设计的代代木体育馆被国际奥委会主席称做是东京奥运建筑中的画龙点睛之作。这座体育馆采用了贝壳式的屋顶，不仅在技术上现代化，而且展现了日本古建筑的传统特色。1963年10月，为了检验场馆设施效能和积累组织经验，日本特邀国外运动员前往参观，并举办了奥运会体育周，进行适应性比赛。

1964年8月21日，本届奥运会的圣火在奥林匹亚点燃，9月9日被空运到日本本土鹿儿岛，然后分四路传递，路线全长84公里。最后由当时还不满19岁的日本年轻运动员坂井义则点燃了东京奥运会的火炬。

坂井于1945年8月6日出生在离日本广岛不远的地方，就是在这一天，美国投掷的原子弹“小男孩”在广岛上空爆炸。三天后，另一颗名为“胖子”的原子弹让长崎毁于一旦。日本投降已经19年了，那两个炸弹让他们失去了几十万人民，东京60%的面积也受到了毁灭性的打击。19年后，由坂井来点燃象征着和平的奥林匹克火焰，其中深意不言而喻。

东京奥运会是首次在亚洲举行的奥运会，规模也是空前的。来自世界94个国家的5140名运动员让这次奥运会成为一次“奥运联欢会”。首次应邀参加的有阿尔及利亚、科特迪瓦、喀麦隆、刚果、马里、尼日尔、塞内加尔、坦噶尼喀和桑给巴尔、乍得、多米尼加、特里尼达和多巴哥、蒙古、尼泊尔。

1964年10月10日是本届奥运开幕的日子，阴沉了一个星期之久的东京突然放晴。下午2时，东京国立体育场上，从1926年就开始登基的裕仁天皇宣布奥运会正式开始。出席开幕式的有日本政府官员、国际奥委会主席布伦戴奇等。开幕式的场面非常壮观，蓝天中八千只白鸽上下翱翔，五架飞机凌空盘旋，用烟花绘出了五环标志；看台上九万名观众心情激奋、人声鼎沸。美国发射了“辛科姆”卫星，向世界各地转播这次盛况，这在奥运会史上还是第一次。

东京奥运会是奥运田径运动员最后一次在灰白色跑道上比赛。那时，每个短跑运动员要在赛前随身携带一把木锤，在起跑线上安装自己的起跑器，非常原始。但是重大的变革发生在比赛的终点线上。这是奥运会有史以来第一次在终点安装高速摄影机和录像设备，对撞线的那一刹那进行拍摄，至此，并列现象从奥运会的跑道上彻底消失。第一个被这种科技仪器拍摄下来的人是美国的鲍勃·海斯，他的比赛成绩是10秒整。比亚军古巴的恩·费格罗拉快了0.2秒。在4×100米接力赛中，他跑末棒，美国由落后而突前，夺得了这一项的金牌，并以39秒创造了世界纪录。

美国人在男子田径赛场上喜获金牌时，女子赛场也传来了他们的好消息。美国选手19岁的怀·泰厄斯和20岁的埃·麦圭尔分获了100米、200米冠军。泰厄斯在100米预赛时以11秒2平了世界纪录，并在决赛中以11秒4夺冠。此外，她还在这次比赛中获得了4×100米接力赛银牌。但苏联在女子田径比赛中连遭挫折，成绩远不如上届理想。

东京在奥运会各个方面的准备工作上都细致入微，只是天公并不作美，就在赛事正酣的时候，关东平原的雨季到了。由于体育场没有挡雨棚，大雨倾盆而下，比赛只好暂停。国立体育场内的观众，穿上雨衣打起雨伞依旧浑身湿透，但在场的观众却没有一位离开现场，执著地等待比赛的再次开始。

由于下雨，撑竿跳高比赛一直到下午3点钟才开始。温度很低，场地上只剩下美国人汉森和德国人雷因哈德在争夺冠军。他们不断的挑战新的高度，早已忘记了时间。和他们一起忘记时间的还有在场的10万多名观众，他们一直坚持到比赛的最后一刻。终于，美国选手汉森跳过5.10米，新的世界纪录诞生了。比赛共耗费7个多小时，汉森与雷因哈德以一场经典的对决和新的世界纪录回报了在场所有的观众。

从东京奥运会起，十项全能比赛改用1964年计分法，并一直沿用至今。这项最全面考验运动员能力的比赛项目分两天进行，比赛时间长达

(左上)日本的裕仁天皇和皇后(右下)参加了开幕式,这对整个国家具有强烈的象征意义。

(左)奥运圣火的传递要经过纽约。在这里,市长将火炬交给欧文斯,1936年奥运会的英雄。

(上)整个国家都沉浸在体育氛围当中:身穿传统服装的艺伎在花园中打羽毛球。

(下)1964年10月16日,美国海军在航空母舰上打出标语:"'64 OLYMPICS"

18 个小时。联邦德国选手 W·霍尔多夫在最后 1500 米的单项比赛中一冲过终点便因体力不支而摔倒在跑道上，虽然最后一项累到爬不起来，但是霍尔多夫还是以 7887 分的成绩摘得了金牌。这枚金牌是德国队在本届奥运会的男子田径赛场上获得的唯一一枚金牌，他的队友瓦尔德则以 7809 分获铜牌。德国报纸对二人在东京的胜利做出了很高的评价："德国选手在十项全能中获两枚奖牌的意义，远远超过 1936 年柏林奥运会上德国投掷选手的胜利和上届罗马奥运会上哈利的胜利。"

在这届有史以来第一次在亚洲国家举办的奥运会上，柔道和排球首次成为奥运正式项目。柔道是日本的国技之一，4 个级别，日本夺得 3 枚金牌，另一项无差别级冠军的得主是荷兰 30 岁的老将安·基辛克。这位欧洲选手一路过关斩将夺得柔道公开组冠军，让此前对夺得该项目冠军抱有必胜信念的日本人大跌眼镜，有媒体评论到，"基辛克让整个日本哭泣"。

同时令日本人疯狂的还有女子排球，对苏联的冠亚军决战，电视转播的收视率竟然高达 80%，而日本队夺得冠军更惊动了日本首相佐藤，他在首相官邸召见女排队员。这次召见还发生了一件趣事，31 岁的队长河西昌枝向首相表示自己想结婚，但是全年无休的魔鬼训练，让她根本无法去认识理想对象。佐藤首相答应帮忙，后来果然介绍中村给河西认识，两人果然终于步入了婚姻的礼堂。

马拉松比赛作为奥运会的最后一个比赛项目在最后一天进行，举办开幕式的东京国立体育场里，八万观众在等待本届奥运会最后一个冠军的产生。当刚从手术台上下来不久的埃塞俄比亚运动员阿贝贝的身影出现在体育馆入口处的时候，赛场上响起了热烈的掌声，这位已经 32 岁的上届冠军以他非凡的毅力博得了人们的崇敬。阿贝贝的成绩是 2 小时 12 分 11 秒 2，再创奥运会纪录，并开创了蝉联马拉松冠军的先例。

同期中国 China Memo

20 世纪 60 年代，日本女排在大松博文教练带领下迅速崛起，引起全世界的关注。1964 年 1 月 24 日，周恩来总理观看了日本队在北京的比赛后，第二天又到现场观摩日本女排的训练课,从下午 5 点一直看到 8 点。在观摩中，他与中国教练员、运动员进行倾心交谈，提出许多富有启发性的问题，也提出许多有指导性的建议。他要求中国教练员学习大松那种严格的精神。当时提出来的"三从"（从难、从严和从实战出发）方针，至今为体育界所遵循。

根据周恩来总理的指示，国家体委于 1964 年底在上海召开全国训练工作现场会，一边参观、学习大松博文的训练方法，一边找差距，研究中国排球训练的新路子，为十几年后女排的腾飞奠定了基础。

东京奥运会许多项目的成绩比上届又有较大幅度的提高。大会共 81 次破奥运会纪录，其中 32 次为世界纪录。其中田径世界纪录 8 次,奥运会纪录 28 次;举重世界纪录 8 次，奥运会纪录 28 次;游泳世界纪录 13 次,奥运会纪录 19 次;射击世界纪录 3 次，奥运会纪录 6 次。

1964 年 10 月 24 日，东京奥运会落下帷幕。闭幕式上播放了创始人顾拜旦在 1936 年奥运会上的法语讲话录音:"重要的不是胜利，而是参加；生活的本质不是征服，而是奋斗。"

气氛 1964

L'EQUIPE 队报聚焦

兴奋剂问题来了

之前，在八王子自行车馆举行的自行车速度赛已经发生了丑闻：半决赛中，法国选手皮埃尔·特伦坦 (Pierre Trentin) 在对阵乔瓦尼·佩特内拉 (Giovanni Pettenella) 时被取消了比赛资格。谁该为此负责？意大利人，最后进入决赛的两名选手都是意大利人。这里涉及的是对规则的滥用。而反兴奋剂的问题则更加严重。

医务人员、组织者和国际自行车联盟做出了决定，在速度赛后进行尿样检测。但是，排名第二的佩特内拉在其队长的支持下拒绝接受检测，他的这一行为还获得了国际自盟主席罗多尼 (Rodoni) 的远距离庇护。一下子，整个反兴奋剂系统都停滞了。

负责检测的医生们写了一封抗议信给国际奥委会主席艾弗利·布伦戴奇 (Avery Brundage)，后者指责了罗多尼，而后者自从公路计时赛开始后就一直在干预国际反兴奋剂的工作。

说到这里，距离指控罗多尼和他那些从事破坏活动的下属已经不远。国际自行车联盟的主席是不是害怕自己国家的选手们被抓了现形？人们在国际自行车联盟黑暗而又扭曲的后台窃窃私语谈论着。

文/米歇尔·克拉尔

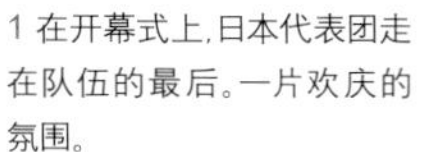

1 在开幕式上,日本代表团走在队伍的最后。一片欢庆的氛围。

2和7 日本人建造的场馆非常现代化。从空中看,代代木综合体育馆(包括体操馆和室内游泳池)非常壮观。还有奥林匹克塔,室内的游泳池。功能方面的需要被摆在了第一位。

3 日本人拥有着一流的照相机制造技术。当地记者手中清一色的长焦镜头显得非常壮观。

4和11 奥运会来到了亚洲,运动员们来到了日本。法国的选手们,特别是年轻的吕西安·埃姆(Lucien Aim,左3)抓住机会在东京小做游览。

5 年轻的坂井义则是在广岛被原子弹轰炸的那天出生的,作为现代日本的象征,他被选中来点燃奥运圣火。

6 在对中国人徐(Hsu)的比赛中,西班牙羽量级选手瓦伦丁(Valentin Loren)被判失去比赛资格,他将怒气撒在了匈牙利裁判洁尔吉·泽尔默(Gyorgy Sermer)身上。

8 开幕式为日本人提供了创新的机会。飞机在天空中画出了奥运五环的图样。

9 由于天气炎热,很多运动员(这里的是击剑选手)宁可在室外进行训练。

10 在旗帜的包围下,1956年和1960年奥运会体操个人全能的银牌得主小野乔(Takashi Ono),在开幕式上作为运动员代表宣誓。

12 奥运村,法国选手们为了消磨等待时光而打乒乓球。

L'EQUIPE 队报聚焦

升级比基拉

再一次，纤细的阿贝贝·比基拉(Abebe Bik-ila)让人们体会到他身上那如同圣经中的牧羊人般纯粹的风格。他身上散发出来的独特光芒，让所有人体会到一种愉悦。他比罗马奥运会时大了4岁(也就是说要32岁了)，他仍然在皇家卫队效力，但已经是一名中士(过去是下士)，他的体重没有改变(56公斤)，但是跑得更快了。他在1960年获胜的成绩是2小时15分16秒2。这一次，他的成绩是2小时12分11秒2，并成了第一个蝉联奥运会马拉松冠军的男子选手。

“对于由澳大利亚人罗恩·克拉克(Ron Clarke)领跑的第一军团，我并没有感到恐慌或担忧。我知道自己的节奏，我按照自己的步伐跑。当你们问我是否比罗马奥运会时进步时，我可以回答是的。因为我有经验和巨大的信心。我百分之百确定自己能赢得东京奥运会的马拉松冠军。没有一个对手能让我感到恐惧。摩洛哥人雷蒂(Rhadi)让我在罗马奥运会上陷入了困境。但是听说他没有参加比赛，我完全平静了下来。”

在奥运村买的鞋子

但他一度害怕自己不能参加这场马拉松比赛。“9月16日我接受了阑尾炎手术，”比基拉说，“但幸运的是11天之后我就能重新进行训练了。情况比我想象得要好。”

埃塞俄比亚人阿贝贝·比基拉没有决定要见好就收。“我希望人们在墨西哥奥运会上还能见到我的身影，”他说，“那里的海拔非常适合我比赛。我对此已经习惯了。我认为埃塞俄比亚体育将会在这届奥运会上有突出表现。”

最后是一个细节：比基拉不再光着脚奔跑。当人们问他在哪儿制作马拉松鞋子时，他简单地回答：“我在奥运村买的。”那是双普通的训练鞋。

文/米歇尔·克拉尔

2

4

1 1万米的结局：澳大利亚人罗恩·克拉克(Ron Clarke)先是被美国人比尔·米尔斯(Bill Mills)超过，然后是被突尼斯人穆罕默德·加姆迪(Mohamed Gammoudi)超过，仅获第3名。

2 男子自选步枪3×40的比赛中，美国人加里·李·安德森(Gary Lee Anderson)轻松获胜。

3 美国黑人泰厄斯(Wyomia Tyus)以11秒4的成绩获得100米冠军。她比同胞迈克戈瑞(McGuire)以及波兰年轻运动员克洛布科夫斯卡(Klobukowska)快了0.2秒。

4 墨尔本和罗马奥运会的冠军得主、苏联体操运动员沙赫林(Boris Shakhlin)，获得了单杠比赛冠军。

5 在雨中，坚定的跳远选手高鲁瓦·林恩·戴维斯(Gallois Lynn Davies)跳出了8.07米的成绩，足以打败夺冠热门波士顿(Boston)和捷尔·奥瓦涅相(Ter-Ovanesian)了。

6 次重量级拳击决赛中，意大利人平托(Cosimo Pinto，左)战胜了苏联人基谢廖夫(Alexei Kisieliov)。

7 自由式摔跤比赛中，日本公鸡市口正光(Ichiguchi，右)将苏联人特罗斯特扬斯基(Trostiansky)耍得团团转。

8 在水球决赛中，匈牙利和南斯拉夫不分高下(4比4)，最终匈牙利人夺得了他们的第5块金牌。

9 在女子体操全能比赛中，捷克斯洛伐克人维拉·恰斯拉夫斯卡(Vera Caslavaska)结束了苏联的霸权。

10 自1908年以来，佩剑金牌一直都是匈牙利人的囊中之物。提波尔·佩萨(Tibor Pezsa)继续确认了这一点。

11 男子链球比赛中，凭借着新纪录69.74米，克利姆(Romuald Klim)使苏联得以保留由鲁坚科夫(Rudenkov)在罗马获得的冠军头衔。

12 凭借着齐心协力的曲棍球队，印度在对阵巴基斯坦时夺回了1950年失去的冠军头衔。

13 在公路自行车赛中，意大利人马里奥·扎宁(Mario Zanin)在冲刺阶段超过了丹麦人罗迪安(Rodian)和比利时人戈德弗鲁(Godefroot)。

14 在4×100米自由泳接力、4×200米自由泳接力，以及4×100混合泳接力比赛中，美国队，特别是克拉克(Clark)、埃尔曼和斯科兰德的地位不可动摇。

基辛克让日本流泪

柔道无差别级比赛的决赛中，荷兰人基辛克(Anton Geesink)将日本人神永昭夫(Akio Kaminaga)牢牢按在垫子上，戏剧性的一幕在日本上演了。

文/马塞尔·汉塞纳

神永昭夫最开始并没有意识到，自己在家门口的这一战会让整支日本柔道队哭泣。他刚刚重新站起来时，我还以为他会流泪。他面色非常苍白，但这可能是因为刚才基辛克将他狠狠地按在垫子上的结果。整个比赛馆鸦雀无声，人们在这似乎没有尽头的30秒里屏住了呼吸，在这30秒里，日本人狂暴地挣扎，试图摆脱荷兰人可怕的束缚，但是徒劳无功。

有两次，神永昭夫猛烈攻击对手的腰部，但毫无结果。他就像一条被自己的挣扎搞得精疲力竭的鳟鱼。基辛克115公斤的体重舒舒服服地压在神永昭夫宽大的胸膛上，他把后者粗如树干一般的双臂牢牢地固定在自己的脖子周围，凶狠地瞪着对手的双眼。他从已经沦落到任他摆布的对手双眼中，读到了末日缓慢来临时的恐惧。如果需要的话，他可以整个晚上都保持着这个姿势。此时，比赛结束的钟声终于响起，对于日本人而言，这声钟响结束了一个曾经让他们沾沾自喜的柔道传奇。

日本人在柔道上的超级霸权被一个欧洲白人毁灭了。我不知道瞄准榻榻米的那些摄像机，是否抓住了第一个白人无差别级柔道奥运冠军的每一个动作。在这种情况下，日本的电视观众可以寻思在一个愤怒的动作中，基辛克那绷紧的胳膊究竟意味着什么。

其实很多人都相信，要击败神永昭夫，基辛格的实力绰绰有余。对此我们有着充分的证据。比赛过程中，他甚至可以将注意力从对手身上片刻移开，转到日本教练员松本。后者离开座位，蹲在榻榻米边上向神永昭夫大声喊叫。松本的这一违规行为甚至连裁判员都没有注意到。满脸惊讶的裁判顺着基辛克的手指看去，发现松本的行为后，立刻将这位满脸羞愧的日本柔道八段打发回座椅上。当一位冠军在比赛最关键的时候还能保持如此清楚的头脑，我们看不出还能有谁能打败他。

尽管日本人的抵抗非常顽强，基辛克的支持者们始终不曾为他的胜利担心。这的确是一场非常精彩的比赛，比1961年巴黎的那场柔道世界锦标赛决赛更加精彩。在3年的时间中，不仅基辛克的水平提高了，而且他当时在半决赛中打败的神永昭夫也进步了。依仗强有力的双腿，神永昭夫曾一度站得很稳，并多次试图发动突然攻击。过去他的这种打法曾横扫一切对手，但荷兰巨人除外。

第一次攻击，体重超过100公斤的日本人付出了艰苦的努力，成功地挣脱了基辛克的一次威胁动作；第二次，他的一个招数本能从荷兰人身上得到1分。但令所有人吃惊的是，裁判没有作出任何反应。最后就是那个决定性的固技，让赛场看台上的所有西方人高兴地跳了起来，而此前刚刚加冕重量级冠军的日本选手株雄公(Inokuma)则发出悲伤的呜咽。

当颁奖嘉宾为神永昭夫挂上代表第二名的银牌时，他的眼神中充满了悲伤。事实上，这是当晚他第二次在基辛克面前低头。在淘汰赛阶段，他本该承认自己的失败，但是通过一种近乎魔术般的手段，日本人成功地让神永昭夫与基辛克再次进行一场复活赛。尽管这与之前各级别比赛的规则大不相同。第一场比赛，由于不是决定性的，并没有激起观众和选手强烈的激情。基辛克没花太大力气就赢得了比赛，但神永昭夫也有所保留。在两个小时内，他不得不第二次在荷兰人面前弯腰。但是正如一位日本柔道的大师级人物所说："基辛克的胜利，在某种程度上也是我们日本柔道的胜利。因为他在我们的武道馆，他让世界上更多的人了解了柔道的精髓和魅力。"

(左)1961年，乌特勒支的柔道教练就已经给亚洲人上了一课，他成为了世界上第一个日本人之外的柔道冠军。但那是在巴黎，不是在日本人自己的领土上。

(下)尽管神永昭夫竭尽全力，巨人基辛克却始终没有被撼动。在柔道首次成为奥运会正式项目时，结果却是荷兰人胜利地举起了双臂。

完美选手

文/雅克·高戴

现在这样一个时刻来临了：专家们要玩一个游戏，虽然它仅仅是个游戏，却非常受公众关注。其目的在于试图将这届东京奥运会的冠军们分个高下。评分的依据是他们本人的成绩以及那些凝固在观众手中的透明胶片，所记载的几乎难以用语言形容的时刻。

通过参阅这些完全客观的资料，我们选择出如下这些意志坚定，而精力充沛的选手：鲍勃·海斯(Bob Hayes)——第一个时速超过36公里/小时的人（百米的成绩低于10秒）；阿贝贝·比基拉(Abebe Bikila)——除了困倦和疲劳，再没有什么能挡住他飞奔的脚步；唐·斯科兰德(Don Schollander)——奇迹般的自由泳选手，奥运纪录保持者，还有不知疲劳的道恩·弗雷泽(Dawn Fraser)……或许皮特·斯内尔(Peter Snell)不能包含在内，因为他击败的那些对手是些纯粹低他一筹的家伙。

迪卡尔说，其实最困难的不是选择而是排除。我们认为，高大的荷兰人巨人安东·基辛克(Anton Geesink)应该被毫不犹豫地列入这个如此封闭的运动员俱乐部，它只属于那些在比赛中取得胜利，同时展示出某种东西足以在体育史上写下一笔的人。西方的柔道选手来到了日本武士的领土上，为那些柔道十段选手们所不甘心相信的事实提供证据：一名在欧洲接受训练的金发白人，在日本人祖传的运动上，超越了他们最崇敬的冠军。

如果说日本人曾经乐于输出柔道，将他们最好的教师像传教士一样派到世界各地，征服成千上万名新的柔道忠实信徒，是为了确保他们能够永远在这一项目上保留最高霸权的话，那么东京奥运会的结果看来是让他们失望了。在那场比赛上，他们看到了东京奥运会上最令日本人惊恐的一幕：这个巨人是个完美的运动员。当他开始与象征着整个日本民族神圣期望的神永昭夫，进行最后战斗时，他举起自己信号塔般结实的双臂，大声地吼叫，在战斗中，他整个人充满了战胜对手的信念和激情，因为优势的确立而兴奋无比。

与技巧相比，力量究竟在柔道中占据多少份额？柔道的教义包含了一个关键性的教诲：在技巧上优于对手的人才能占据上风，即使他的身体并不如对手强壮。尽管柔道联合会的官员们通过创立重量等级，绕过了这一基础性的断言，但很多人在这场比赛之后都相信，基辛克比谁都清楚是什么最终带给他那场无差别级的冠军。他使用各种方法压制住了体重100公斤的神永昭夫。之前的比赛中，他将一个澳大利亚人耍得团团转：后者为了逃脱自己任人摆布的命运，比赛开始的钟声一响，他就像头野牛一样猛冲，头顶向前。而经过这个夏季在圣特罗佩的特训，基辛克使他的对手陷入了汗滴如雨的苦战之中，让汗水从他厚厚的柔道服背部渗透出来。最终，基辛克通过一个决定性的固技给了他致命一击，当时，就算是一头公牛也动弹不得!

仿照日本奈良法隆寺梦殿建造的日本武道馆，是一座雄伟而优雅的八角形建筑，带有塔式屋顶。当颁奖仪式开始时，观众们被基辛克的表现惊呆了，他早已经从先前那场鏖战中恢复，仪态庄重而整洁，表情轻松。这一切，让整个日本接受了比赛的结果，也接受了这一事件背后蕴含的特殊历史意义。日本观众带着不同寻常的表情热烈鼓掌。只有日本柔道选手们，在一旁静静地哭泣。可敬的失败者，在他被荷兰巨人牢牢固定在垫子上时，人们就已经理解了这一切。

道恩·弗雷泽：水精灵

墨尔本、罗马、东京……任性的澳大利亚人第三次获得了女子100米的冠军。

文/贝努瓦·海莫曼

没有一个小说家能在自己的通俗小说中描绘出一个如此有性格的女主角。任何东西都无法阻止她成为一个标新立异的女游泳选手，无论是规矩还是警告，哪怕是所有运动员都无法左右的命运。她的那些看起来有些近乎放荡的行为，被人们认为早晚会给她带来麻烦。但令人惊奇的是，这些所谓的麻烦却总能演变成一场场胜利。最终，这一切塑造了一个独特的奥运冠军，以及属于她的、足以让任何选手羡慕的获奖履历。她的成就被整个澳洲大陆所承认和崇拜，她的特立独行也得到了包括澳洲原著居民以及殖民者的完全谅解，并最终被公众接纳。

道恩·弗雷泽 (Dawn Fraser) 出生于悉尼码头一个贫困家庭。家里有八个孩子，她是所有孩子中年龄最小的。在生活中，道恩是个不安分的人。小时候，由于经常在一个废弃的煤矿中玩耍，她得了慢性呼吸道疾病。在她一个哥哥的帮助下，道恩五岁开始学习游泳，十一岁时开始参加比赛，获得了几个微不足道的冠军。在18个月之后，也就是十四岁时，道恩却被取消了比赛资格。由于受到她在服装厂工作的影响，道恩当初丝毫没有对游泳这项运动怀有任何期望。

当享有盛名的教练哈里·加拉格尔(Harry Gallagher) 对她说出“你应该试着去好好游泳”时，她恢复了在水中的苦练。道恩后来跟着教练去了阿德莱德，并从此只为游泳而活。

在1956年奥运会的前夕，澳大利亚游泳协会 (ASU) 为她在每年600公里的训练量之外又增加了8个星期的健身房力量训练。此外，还在7月末增加了一个冬训期，在澳大利亚游泳史上这是史无前例的。在与自己最强劲的竞争对手洛琳·克拉普 (Lorraine Crapp) 进行了艰苦的角逐之后，道恩·弗雷泽取得了胜利，成绩为1分2秒，创造了当时新的世界纪录，这一打破纪录的壮举使她在国际上崭露头角。

(上)27岁的道恩·弗雷泽此时已经是游泳世界的祖母级人物了，但这阻止不了她保持中学生般年轻的心态，她喜欢将一切看得轻松而快乐，喜欢做出各种滑稽的行为。
(下)莎伦·斯托德第二名，(图右)凯思琳·埃利斯第三名，这两人均来自美国。对手来来去去，但是100米的冠军仍然是道恩·弗雷泽的。

四年后，当她抵达罗马奥运会时，最初迎接她的却是一场难熬的旅行。这位卫冕冠军不得不承受着巨大的烦恼和压力。但这没能阻止她超越当时充满传奇色彩的大公卡哈纳莫库(Kahanamoku)和乔尼·魏斯穆勒(Johnny Weissemuller)，并在同一项目上第二次夺冠。这次，她比伟大的美国人克里斯·冯·萨尔察(Chris von Saltza) 快了1秒6。作为整个澳大利亚代表团中唯一一名拥有金牌的选手，胜利之后的那个夜晚，她选择在罗马奥运村之外庆祝胜利，并夜不归宿。

然后，道恩又宣布拒绝代表澳大利亚参加随后的蝶泳4×100米接力比赛，加剧了她与队友及官员之间的矛盾。后来，她又偷跑到瑞士度假，这一行为最终惹恼了澳大利亚游泳协会，协会决定剥夺她参加任何国际比赛的资格，因为她“没能管好自己的业余生活”。这一禁令直到1962年才得以解除。

那一年，道恩用自己的成绩反驳一切对自己不利的言论。1962年10月23日，她的100米成绩达到60秒。四天后，她将成绩刷新为59秒9，成为第一个百米成绩进入一分钟之内的女游泳选手。1964年2月29日，她把自己的纪录刷新为58秒9。而后，一场车祸夺去了她母亲的生命，并让当时坐在主驾驶位置上的她打了好几个星期的石膏，脖子也被固定在一个颈托中。

然而，在几个月之后的东京奥运会上，她同样赢得漂亮。她战胜了比自己小12岁的美国人斯托德。她采用了一种不同寻常的转身动作，但是更值得注意的是她的成绩，59秒5。澳大利亚人的加冕礼堪称是这届奥运会上最令人感动的时刻之一。

然而，这前所未闻的三连霸，并没有改变道恩在公众眼中的形象。她违反队内规定偷偷地参加开幕仪式；她甚至在日本皇宫偷窃日本国旗，并被日本警察逮捕……

斯科兰德让高特瓦勒走开

美国人唐·斯科兰德(Don Schollander)无疑是东京奥运会男子泳池中的霸主，不仅在擅长的400米项目中夺取金牌，更在100米比赛中战胜世界纪录保持者高特瓦勒(Alain Gottvalles)，带着4枚金牌凯旋。

文/爱德华·塞德勒

对于当年的很多法国选手而言，东京奥运会男子100米泳池里的那场决赛不堪回首。最强的选手云集于此，所有的法国奥运冠军和所有希望成为奥运冠军的法国选手云集于此。游泳池边上，玛·戈瓦切尔(Marielle Goitschel)靠在琪琪·卡隆(Kiki Caron)身边，弗朗索瓦·邦利厄(Franois Bonlieu)蹲在台阶上，在艾琳身边是米歇尔·雅齐(Michel Jazy)……

在出发线上，他们这群人中的一个正在经历后来令所有人不堪回首，却铭记于心的几秒钟：这个令法国人忧虑和不安的瞬间，曾经被人们错误地称做是"决定性的时刻"。然而，一分钟之后，阿兰·高特瓦勒同亚历克斯·基尼(Alex Jany)一样进入了法国体育的灰色一页。七年前，亚历克斯曾经是世界纪录保持者，七年后，高特瓦勒依旧把这个项目的世界纪录留在法国，但最终，经历那一分钟之后，他仅仅排名第五，遭遇了当年与亚历克斯同样的命运。

出发的瞬间，阿兰·高特瓦勒一马当先，麦格雷戈(McGregor)在他的右边，埃尔曼(Ilman)在左边。他的出发非常完美。在十米处，阿兰领先。五米之后，他落到了第二。在他前面的人是离弦之箭般的迈克·奥斯汀(Mike Austin)。高特瓦勒应该注意他左边的男人。他知道自己的唯一机会在于瞄准排在第一的人，超过斯科兰德，所以他想要加快步伐。但却没能实现，他肌肉收缩，动作幅度大幅度减小，甚至开始止步不前。在30米处，他被迫落到第五位，按照顺序排在奥斯汀、麦格雷戈、斯科兰德和埃尔曼之后。在15米处，阿兰·高特瓦勒刚刚输掉了生命中的重要比赛。由于希望跟上奥斯汀，心急如焚的他更加被动，甚至开始窒息并完全无法动弹。

在70米处，奥斯汀的崩溃使麦格雷戈成为了第一。埃尔曼在转身处被水浪挡住，没能赶上来，斯科兰德出人意料地跟克雷因同时奋力向前。高特瓦勒领先了片刻，但对他来说一切仅此而已。从此，比赛变成了麦格雷戈和斯科兰德之间的激烈对决。在70米处领先的苏格兰人，在80米处被年轻的美国人超过了，他奋起直追，5米后又占据了领先地位，然后就支持不住了。斯科兰德获胜的成绩是53秒4，麦格雷戈在十分之一秒后到达终点。高特瓦勒，排在第五位，成绩是54秒2，这成绩与他的世界纪录相差了一秒多(52秒9)。

200米和400米世界纪录的保持者唐·斯科兰德，令康希尔曼(Doc Counsilman)也感到惊奇："我相信，斯科兰德强制自己进行的漫长而艰苦的训练，是他速度达到顶峰的根本原因。他的成绩使我相信，现在斯科兰德在他真正擅长的项目400米上是前所未有的强大。"然而，就在此前一天，斯科兰德还在犹豫是否要进行自己奥运会日程中的第二阶段。他摆弄着自己的奖牌，像是孩子玩着拨浪鼓："它很漂亮。"他说："我还可以加上两枚接力赛的金牌。也许我最好还是放弃400米。"他投入了妈妈的怀抱，他的妈妈从前在一部电影的水上场景中为莫瑞·奥沙利文(Maureen O' Sullivan)担任过替身。18岁的唐·斯科兰德是这场决赛中最年轻的选手。他从9岁开始参加"Age Groups"的计划，目前大多数的美国游泳冠军都是出身于这个计划。在奥运会之后，这个具有罕见才能的学生离开了Santa Clara中学，到耶鲁大学学习医学。他是个独特的选手，在还是个孩子时就获得了桂冠，却极其沉稳。

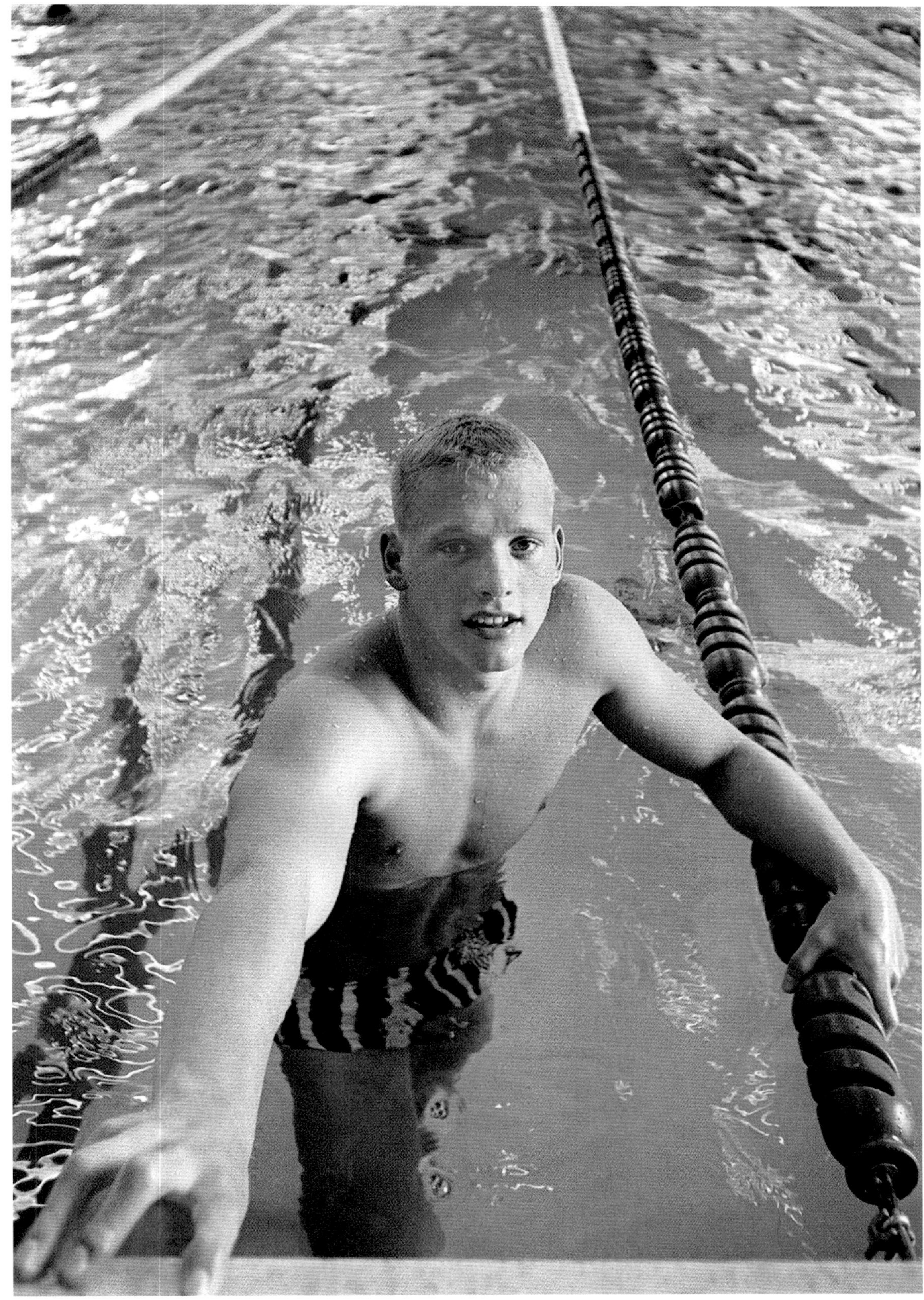

作为200米和400米泳池的霸主，美国人唐·斯科兰德竟然在100米游泳项目中扼杀了阿兰·高特瓦勒的夺冠希望。

令人目瞪口呆的一百米

在半决赛中，借助顺风，美国人鲍勃·海斯(Bob Hayes)跑出了9秒9的成绩，在决赛中则以10秒夺冠。一切都令人难以置信。

文/安托万·布隆丹

这一天的东京体育场看台上，人满为患但并非座无虚席。看台最顶层的几排座位空着，它们分散在几个由学生组成的方阵的最顶端。这一天是星期四，他们或许是去上课，或者是在其他的地方玩耍。他们没有来看这天的比赛太遗憾了。他们原本可以亲眼目睹田径运动毫无保留地献上历史上最经典的一幕。

来自佛罗里达的美国人和古巴人，被只有几厘米宽的跑道分隔线隔开，为纯粹速度的至高霸权进行无可比拟的对决。他们两个人，将全世界男孩们在学校操场内乐于从事的一项游戏——“看谁第一个到达终点”，演绎成一场真正意义上的极限大战。整个世界有几百万人专心关注于这场严肃的争夺，它使成年人间的争吵显得像废话。

美国人鲍勃·海斯打破了世界纪录。无可否认，这里有顺风的帮助。但这阵风却宛如一股前所未有的力量，将以往对人类极限的猜疑吹走，并送来一个足以改变人类历史的人——鲍勃·海斯。第一次，人类在10秒钟之内跑完了100米。现场的所有人都见证了这一历史时刻的诞生，其中就有杰西·欧文斯，柏林奥运会上的历史性人物。他面带微笑，庄重而朴素。头上那顶蓝色帽沿的白帽子，遮挡着他那汤姆叔叔般和蔼的面孔。离他不远的地方，德国人阿明·哈里，罗马奥运会的冠军，刚好是这一世界纪录的保持者。对于这件事情，哈里显得不那么达观，咬着食指目光深邃，似乎正在计较风的速度。

风速的确比规则限定的最高风速要高。这个成绩没有获得认可，但那100米的记忆却被永久保留了下来：一个人通过人类自身的能力，达到了将近每小时40公里的速度。古巴人费格罗拉(Figuerola)的表现并不那么惊人，风向变化了，但结果却将毕格马(Pigemal)赶出了决赛圈。由于另一个美国人潘德(Pender)不幸在到达终点线前就筋疲力尽，所有人都开始将目光注视到另外两个黑人身上。

其实不仅仅是奥林匹克历史需要这场比赛，那时的国际政治局势也需要这场比赛。当时所有观众都只看到这些在起跑器上蓄势待发的个人，却忽略了这次起跑之后蕴含的政治意义。比赛结束后，紧张的气氛缓和下来，体育场在大局已定的冷淡中变得意义非凡，人们从随后的场景中寻找到了一个极富政治含义的瞬间。

冲线之后，场上的对手们开始相互道贺，现场观众们亲眼目睹了多年以来美国人与古巴人之间一次罕见的正式握手。这一刻是美妙的。它让人们确信体育可以拉近民族之间的距离，虽然它不能解决两个国家之间存在的具体分歧。

(上)百米飞人之战根本不需像罗马那样借助终点摄影机。鲍勃·海斯以0.2秒的优势遥遥领先。

(下)鲍勃·海斯对于他的金牌赞叹不已。美国人回来了：距离奥运会四个月时，严重的腿伤让他害怕自己很可能会提前退赛。

斯内尔的恐惧

罗马奥运会的800米冠军、来自新西兰的皮特·斯内尔,在东京的表现更为出色,他同时获得800米和1500米的冠军。

文/爱德华·塞德勒

(上)800米比赛中,在由基普鲁古特带头的领跑军团中,斯内尔在离终点100米处开始冲刺前,始终跑在第二位。在1500米决赛中,他用了同样的战术。

(左)在1500米中获得第三名的新西兰人约翰·戴维斯举起了他获胜同胞皮特·斯内尔的手。

当日本组委会的官员们寻找皮特·斯内尔,打算为他颁发第2块金牌时,斯内尔却短时间从人们眼中消失了。他的消失令官员们一度陷入恐慌。最终,在一面墙后的卫生间出口处,人们发现皮特·斯内尔正躲在妻子莎丽身边。两人温柔地拥抱着。这一幕让所有人调转目光。看得出斯内尔很疲惫,但当他小步慢慢地朝人们走过来时,他浑身散发着幸福的光芒。他说:“我累了,很累。”

的确,斯内尔在中长跑项目上达到了顶点。也许比不上罗马奥运会上的埃利奥特,可在东京,是他以压倒性的优势战胜了所有对手。然而当天目睹这一幕的观众不会想到,斯内尔曾害怕输掉他最拿手的项目。

“在半决赛之后我感觉很好。我赢得并不费力,尽管米歇尔·伯纳德(Michel Bernard)一直给我很大的压力。但是第二天,也就是决赛的前一天,我开始受罪。我感到疲惫,腿很疼。从逻辑上来说,在比赛途中,我只需要担心博列森(Burleson),因为雅齐(Jazy)和奥哈拉(O'Hara)都不在。但是我突然害怕米歇尔·伯纳德可能对我造成威胁。我想他会突然发动,然后由巴伦(Baran)接力。老实说,在这种情况下我怀疑自己能否夺冠,因为我感觉自己经受不住快速改变的节奏。”

1500米决赛是斯内尔在8天内参加的第6场奥运比赛。他对此心生恐惧很正常,但是实际情况却比想象的好。伯纳德点燃了导火索,但是火药被打湿了。在大军团中,没有任何人因伯纳德的启动而改变。巴伦本应该发动进攻,但是他却像所有人一样配合了斯内尔的节奏。“比我想象得要简单”,斯内尔承认1500米的冠军头衔比800米的冠军头衔更令他感到兴奋。

“我原本相信我将会放弃1500米。但是自从来到东京,我就从未想过要宣布弃权。如果需要我放弃一个项目,我会放弃800米。”此前,斯内尔确实说过:“在我看来,在东京试图获得两块金牌是不可能或者至少是非常危险的事情。”

斯内尔微笑着说:“当然,那是为了迷惑雅齐。我试图欺骗他,促使他只选择5000米。我可没那么想在1500米中与他相遇。”我怀疑地看着斯内尔。在他从事的所有项目中,他的优势是如此明显,以至于我们不太理解他的恐惧从何而来。他给人的印象也不是会怀疑自己的人。但是斯内尔有过怀疑。“我向您担保,我说这个不是为了取悦您。”他补充说,“我由衷地尊敬雅齐。我仍然认为他选择5000米是个严重的错误,而看来他在1500米上达到了前所未有的高度。在奥运会开幕前几天,当我们一起在明治公园中跑步时,他给我留下了深刻印象。我从没见过一个像他这么棒的中距离赛跑选手,在跑步中是那么优雅。这一天,我看到他跑步就产生了停止的想法。”

在这个时刻,斯内尔对于自己的状态仍然了解不多。“自从4月以来,我就没有在正式比赛中跑过了。奥运会对我来说就像是一条漫长的黑暗隧道。”他刻意压低声音慢慢说。25岁的时候,他跟奥运会说了永别。“到墨西哥奥运会时,我早已不在状态了。”他说,“很可能明年,在同一时间,我会停止赛跑。”像埃利奥特一样,他甚至在到达中距离赛跑选手的完全成熟期之前就要退役了。他只是想在离开之前造访欧洲。“我想要在春天去欧洲,也就是说在新西兰赛季的末尾。之后我很可能就挂靴了。”

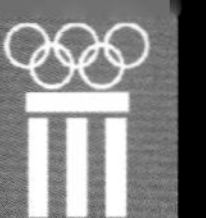

1964

瓦列里·布鲁梅尔——应得的胜利

瓦列里·布鲁梅尔漂亮地跃了过去，人们差点看到罗马奥运会的夺冠热门，战胜东京奥运会的夺冠热门。罗马的夺冠热门是约翰·托马斯 (John Thomas)。绝对的夺冠热门。比其更甚：不世出的奇才。几天前，训练中，在他周围，战胜他的人们相当明智地表现出了一种类似接受他胜利的仰慕。托马斯，当时是 20 岁，是世界上第一个越过 2.20 米的男人，但他在这里被打败了。完败，无可争议的失败。他不得不在杰出的苏联人面前俯首认输。

这帮年轻的苏联男孩，来自一个跳高学校遍布整个国土的国度，有着俊秀的外表。这些古典风格的跳高运动员，在奥运会上达到了状态的颠峰，他们三个人互相超越，互相做伴，包围了敌人，使他们窒息,并最终将他们消灭。罗伯特·沙夫拉卡泽 (Robert Shavlakadze) 在试跳的时候以 2.16 米的成绩排在瓦列里·布鲁梅尔前面。

同样一个瓦列里·布鲁梅尔，作为 2.28 米这一世界纪录的保持者，尽管最近在苏联锦标赛上输给了沙夫拉卡泽，仍然是东京奥运会毫无疑问夺冠呼声最高的选手。

轮到他时,他差点成为了奥林匹克竞赛的牺牲者。“我的状态不在颠峰，”瓦列里向我们吐露了心里话,“为了美国—苏联的比赛，我过早地调整了状态。但是罗伯特·沙夫拉卡泽的胜利鼓舞了我。但是，我在奥运村觉得不自在。我花了很长时间适应气候。我甚至费了很大劲才通过淘汰赛。”

这个优雅的跳高选手，所有俯卧式跳高运动员的榜样，当他前两次试图跳过 2.03 米这个与他不相称的高度失败时，事实上离被淘汰只有一步之遥。幸运的是，他及时成功恢复了镇静。

奥运会的严酷性，在于要求在四年中某天某个时刻集合起运动员所拥有的能力，将其发挥至最大。这可以解释为什么一个运动员平时可以跳出非常好的水平，但却从没有登上奥运领奖台最高点。

“但是从这天起，”他继续说，“状态又回来了，我做得更好。但是我知道我最可怕的对手将会是约翰·托马斯。在那些持续时间比较长的竞赛中我觉得不自在。我需要最大限度地集中精神，以便不要在 2.14 米上失败。之后，就比较顺利了。这让我能够越过 2.18 米。这样做很合适。但是在奥运会上，重要的是占据首位。在这种情况下，我很高兴我越过的高度。”

文 / 雅克·高戴

L'EQUIPE

荣凯尔的幸福

比赛的最后一天，皮埃尔·荣凯尔·多里奥拉(Pierre Jonqueres d'Oriola)赢得了个人障碍赛冠军，像1952年在赫尔辛基时一样拯救了法国的荣誉。

文/米歇尔·克拉尔

皮埃尔毫无疑问是法国代表团中最幸福的一个。他是最年长的成员。1965 年 2 月 1 日他庆祝自己的 45 岁生日，这个男人丝毫没有生硬不自然的感觉，在他身上，精力与亲切、力量和自发性达到了平衡。俊美的褐色脸庞带有长时间遭受风吹的痕迹，鹰钩鼻、茂密的深色头发、火热的目光，他或许是所有人当中最了解如何保持一颗年轻心的人。他的确是一个反对循规蹈矩的骑士，知道自己想要什么，没有任何障碍能够阻止他，在东京奥林匹克体育馆中央，他战胜了所有竖立在坐骑面前的障碍，并最终登上奥林匹克领奖台的最高处。

"只有我自己，"他对我们吐露说，"只有我自己一个人相信我，像我理解的那样进行备战，因为经验而强大，如果说我来到这里，是因为克斯潘上校信任我，并且说服我前来。从这天起，我想要竭尽全力取得胜利，我在比赛前就知道我有办法获胜。我只有一个恐惧：当我在星期六的早晨一早醒来时——因为需要从 7 点开始进行最初的热身训练——却听到了下雨的声音。我想'如果地面太泥泞，就完蛋了，比赛就被毁掉了。'幸运的是，我看到场地的情况不是太恶劣，但是在泥泞的土地上变换位置是主要的困难。从这方面来讲，这次比 12 年前在赫尔辛基时更加困难，除此之外，马术像其他的体育运动一样取得了很大进步。需要跑得更快，跳得更高，花更多的时间进行训练才能夺冠。"

"每一天我回到位于 Corneilla-del-Vercol，距离佩皮尼昂 10 公里的家。需要交替选择乡村的漫长路线和跨越障碍。就我个人而言，我同样通过自己的生活方式在身体和心理方面进行准备：农民这个职业是平衡的源泉——只要我一进城市就会觉得不自在——然后也通过马术之外的很多其他运动进行自我调节。我幸运地碰上了一匹出色的马。我们没法通过简单的秘诀来找到一匹马。需要经常试马，了解它，跟它融为一体。为此，我在我的马——"角斗士 B"身上花了一些时间。我从四年前开始和它合作，当时它 5 岁。我不能从头开始训练一匹马，我没有相应的精力。我需要找到一匹已经接受过马术比赛所需训练的马，然后由我来完成它的最后调教。我还幸运地找到了一个令人敬佩的人——高迪埃(Gaudier)先生，是个很优秀的训马师，我们已经在一起工作了一年多。您真应该看看当我获胜时他所表现出来的激情，除了技术，他还加上了一颗热忱的心。他在我们的成功中占据了很大部分。为了获得这匹马，我碰到了很多的困难。现在，它可以休息了。至于我，我 11 月 20 日还要去布鲁塞尔。这也将是一个与所有朋友庆祝胜利的好机会。"皮埃尔·荣凯尔·多里奥拉的胜利是辉煌的胜利，不仅因为它在奥运会上为法国贡献了一场绝妙的决赛，并使法国在一个人们几乎不再相信有获胜可能的时刻得以聆听《马赛曲》，还因为他是一个因为体育而主动控制自己强烈个性的固执男人。他的这种控制得以为法国夺取胜利。

(下)在德国人施莱德和英国人罗贝森之间，多里奥拉更加享受他的第二块金牌，这是他在最后关头单枪匹马面对所有人取得的。

"我天生就喜欢马，"他对我们说，"当我第一次跨上马背时我才刚三岁。从那时起，它就成了我快乐的一部分。当我骑着一匹好马的时候，我感觉是那么自由。人生变得简单了。我体会到非比寻常的幸福感觉。我希望能够为在我们国家发展马术运动做贡献。"

凯西和琪琪：温柔的音符

弗格森和卡隆两个人都打破了100米仰泳的世界纪录(1分8秒3)。如果说美国人赢得了金牌，法国人事实上也没有输。

文/米歇尔·克拉尔

温柔的音符，如果没有它，奥运会也将不再是它现在的样子。这是一场来自世界各地的青年，手足之间的绝妙对抗，在东京这座漂亮的游泳池中，我们听到了这种温柔的音符。

是的，琪琪·卡隆(Kiki Caron)获得了第二名，凯西·弗格森(Cathy Ferguson)第一名，但是在我们的回忆中，我们永远不会将她们分开。两个年轻女孩在快乐和绝对的放松中进行对抗，从这一交锋中，一种赋予体育运动真正价值的幸福时刻诞生了。我相信，琪琪为她对手的快乐由衷地感到幸福。比赛后相继产生的场景是我们所看到过的最令人感动的。

(左)奥林匹克精神的缩影，邓克尔、弗格森和卡隆(从左到右)分享获胜的幸福。

(下)在法国所向无敌的琪琪·卡隆，这次只取得了奥运会第二名，但是她很高兴，高兴得想去跳舞。

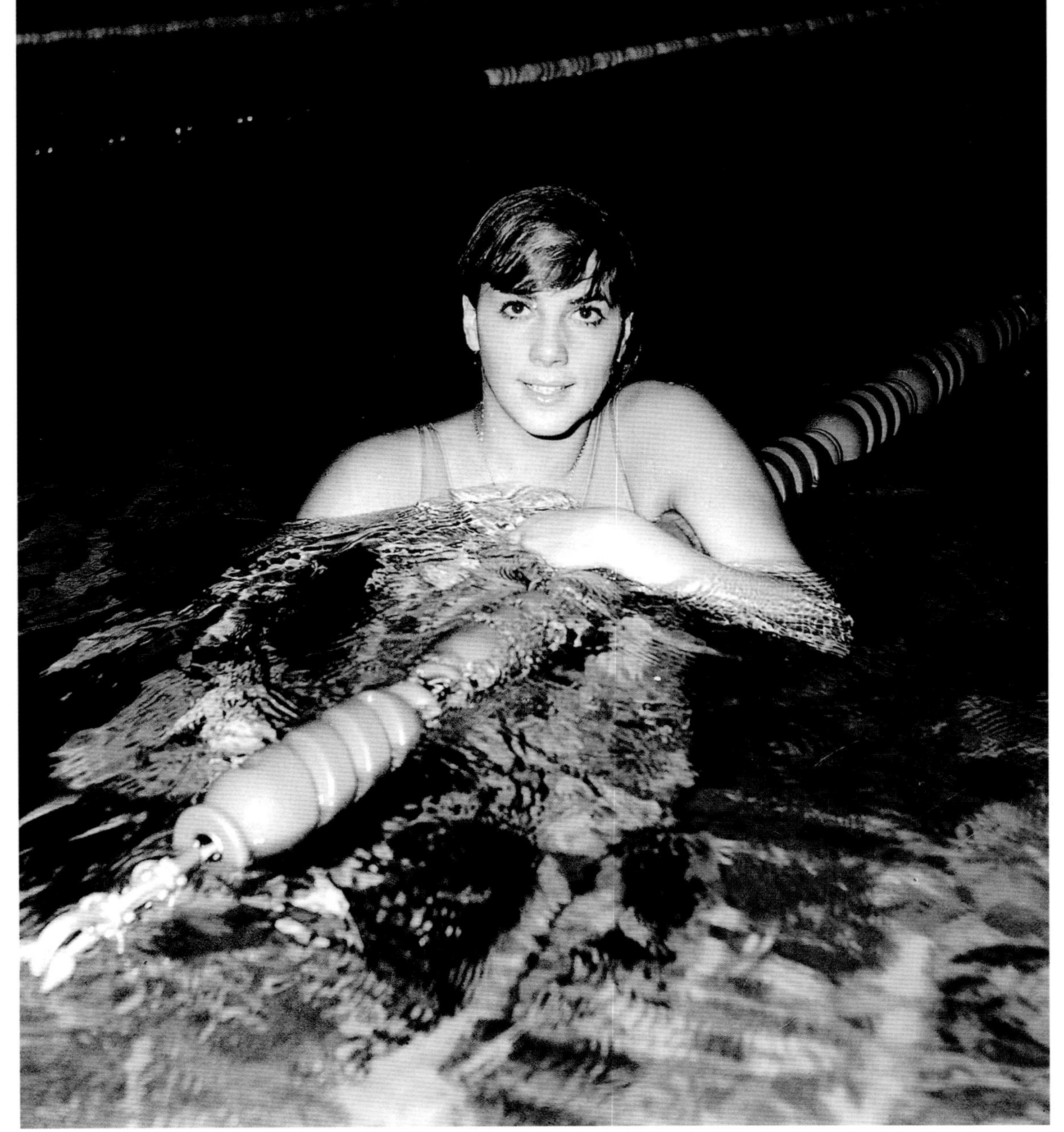

她们两个人都是16岁。她们同年同月出生，同一个星座。凯西只比法国人小一个星期。她们拥有同样的青年人的魅力，同样的精神的朝气，同样的自发性。她们一到达终点线就互相拥抱，在领奖台上，有着俏皮鼻子的纤瘦美国人，由于强烈的感情而没能忍住眼泪，她为自己的成功感到自豪，是克里斯汀用无尽的温柔拉着她的胳膊，紧靠着她，就像是一个“大姐姐”支持着她的妹妹。

此外，只有她真正理解凯西在这个时刻的感受，之后她坦率地承认：“不，我没有失望。我尽了全力，但是今天晚上凯西更强。我什么也没想，我只想猛冲到底。我不管我在转弯时刻和结束时的位置。我确实非常幸福。”

克里斯汀·卡隆始终显得令人钦佩。她一直没有停止微笑。她接受被人胜过，因为这就是比赛的规则。我们忘记了在奥运冠军四周激发的挑战和激情。这里只有两个快乐的小女孩，其中一个同时又哭又笑，她们给我们上了最令人钦佩的一课。她们出色地体现了奥林匹克精神。

对她们来说，奥运会的决赛代表了绝妙的一局，她们仿佛嬉戏着进行到落幕的一刻。也许这就是年轻女孩在现代奥林匹克主义当中的作用，是为了给我们节制和朝气的含义。来自巴黎郊区的年轻女孩，她与来自洛杉矶郊区的女孩是多么相似！同样的激情，同样渴望比别人生活得更加积极。我们记得琪琪某天说过的话，她表达了作为一个真正的运动员能够感受到的东西。谈论她的中学同学：“她们是赶时髦的人，而我不一样。我曾经被邀请参加家庭舞会。我已经出名了，人们邀请我跳舞。但是一个家庭舞会并不好玩。”这是真的；所有简单的娱乐永远也无法与克里斯汀体验到的激情相提并论。

凯西·弗格森做出了类似的回答：“表达我感觉到的东西非常困难。我可以对您说我从来没有如此幸福过。我位于快乐的顶端。我也一样，我也什么都没考虑。您问我对于打破了世界纪录是否感到满意？当然了。我知道，因为我的教练员彼得·达兰德(Peter Daland)对我说过了，我的成绩是1分7秒5。但是对我来说，重要的是成为奥运冠军。这块金牌比打破纪录要有价值得多。”

与此同时，一位年长的女士独自在这夜晚当中。她在冥想。她本人并没有非常失望。她只是有一点恼火，当一位笨拙的官员出于安慰对她说：“还是不错的。”这是一位从前的小学教师，她非常了解法语这种语言的细微差别，这个“还是”留在了她的心中。“人们什么也不能说”，她说，“她按照自己的节奏进行了比赛。也许，如果在六月份创造了世界纪录之后，克里斯汀没有放松一点的话，她将会在东京实现1分7秒的成绩。但是相比彼此之间不断进行交锋的美国选手们，她是如此的孤独。”法国游泳选手的孤独，就像我们在看到星条旗如此频繁地升起时候感觉到的一样。

但是66岁的苏珊·伯尔利乌(Suzanne Berlioux)，每天在游泳池周围进行着马拉松，而在这个年龄，那些跟她相似的安静的英国妇人则用写侦探小说来消磨夜晚。在这些年轻的女淘气鬼身边的生活，让她停止了衰老。在离开我们之前，她留给了我们这个出色的句子，让我们想起了拉封丹的八十岁：“现在，我将继续训练年轻的女游泳运动员，包括那些年龄很小的。有一些是很有前途的。”

在男子100米自由泳中，法国的希望是52秒9世界纪录的保持者阿兰·高特瓦勒。但他被麦格雷戈和以53秒4(奥林匹克纪录)夺冠的唐·斯科兰德超过了，他的成绩只有54秒2，意味着第5名和失望。

1964东京第18届奥运会

奥运会第一次在亚洲进行。这是它继欧洲、美洲和大洋洲之后来到的第四个大洲。东京从各个方面都打出了王牌以确保奥运会的举办成功。

数据

开幕日：1964 年 10 月 10 日

闭幕日：1964 年 10 月 24 日

主办国：日本

其他申办城市：美国底特律，奥地利维也纳，比利时布鲁塞尔

94 个国家参加本届奥运会（其中 53 个国家有女子选手参赛）

5140 名运动员（683 名女选手，4457 名男选手）

19 个大项：田径，赛艇，篮球，拳击，皮划艇，自行车，击剑，马术，足球，体操，举重，冰球，柔道，摔跤，游泳，现代五项，排球，射击，帆船

163 个小项（33 个有女子项目，包括混合项目）

宣布开幕者：日本裕仁天皇

点燃火炬者：坂井义则 (Yoshinori Sakai，1945 年 8 月 6 日出生在广岛）

运动员宣誓：日本体操选手小野乔 (Takashi Ono)

国际奥委会主席：美国人艾弗利·布伦戴奇

冬季奥运会

第九届冬季奥林匹克运动会于 1964 年 1 月 19 日至 2 月 9 日在奥地利因斯布鲁克举办。

应邀参赛的有 37 个国家和地区（36 个队），共 1091 名运动员。这是冬季奥运会运动员人数首次突破 1 千人。

开幕式上按惯例点燃了奥林匹克圣火，承担这个光荣使命的是奥地利高山滑雪男运动员约瑟夫·里德。与前几届不同的是，这次火种不是取自挪威，而是与夏季奥运会一样，是从奥运会发源地奥林匹亚点燃的。宣布本届盛会开幕的是奥地利总统阿道夫·沙尔弗，而代表运动员宣誓的是东道主的雪车选手保罗·阿斯特。

值得一提的是，在本届奥运会中，民主德国和联邦德国联合组成一个代表团参加，具有深远的政治意义。

从罗马到东京

1960

• 11 月 8 日，约翰·菲茨杰拉德·肯尼迪 (John Fitz-gerald Kennedy) 成为美国第 35 任总统。

1961

• 4月12日，苏联宇航员尤里·加加林(Youri Gagarine)乘坐着“东方号”，成为历史上的太空第一人。

• 古巴，在美国中央情报局支持下的反卡斯特罗武装登陆失败，史称“猪湾事件”。

• 8 月 13 日，德意志民主共和国在东柏林周围建造了一面墙——柏林墙。

1962

• 1 月 8 日，在巴黎反对 OAS（法国在 60 年代通过武力反对阿尔及利亚独立的军事化地下组织）的示威。军队进行了残酷的镇压。共有 8 人死亡，110 人受伤。

• 3 月 18 日，法国和阿尔及利亚签署了埃维昂合约，标志着冲突的结束。

• 8 月 5 日，美国演员玛丽莲·梦露被发现死在家中。

• 9 月 3 日，在意大利的撒罗法国人让·斯塔布林斯基 (Jean Stablinski) 成为了公路自行车世界冠军。

1963

• 8月8日，《本世纪最大一起持械抢劫》：对从格拉斯哥到伦敦的邮车的抢劫，为作案者带来了超过250万英镑的收入。

• 4月28日，美国，由马丁·路德·金(Martin Luther King)带领的反对种族歧视的和平游行举行，20万人聆听了著名的“我有一个梦想”讲话。

• 11月22日，美国总统约翰·菲茨杰拉德·肯尼迪在达拉斯遇刺。

1964

• 2 月 27 日，22 岁的卡斯·克莱 (Cassius Clay) 战胜了索尼·李斯顿 (Sonny Liston)，获得了拳击重量级拳王称号。

• 6 月 2 日，巴勒斯坦和平解放组织诞生。

• 6 月 12 日，在南非，非洲国民大会 (ANC) 的创立者纳尔逊·曼德拉 (Nelson Mandela) 被判终身监禁。

你知道吗？

奥运会第一次由亚洲国家主办。

激动人心的象征：火炬的最后一个传递者，坂井义则 (Yoshinori Sakai) 被选中的原因是因为他出生在广岛原子弹爆炸的同一天，他被选中是为了向牺牲者们致敬。

出现了两个新项目：柔道和排球（男子和女子）。撑竿跳高首次使用玻璃纤维撑竿。

这是最后一次在田径比赛中，运动员在用细煤渣铺成的跑道上比赛。

第一次公平竞争奖被国际奥委会颁给了瑞典的加尔 (Kall) 兄弟，在赛艇比赛中，他们救援了两名遭遇翻船的选手，从而放弃了获胜的可能。

东京 Tokyo

在地球北纬35°，东经140°点上，有一个呈倒葫芦状深深嵌入日本东海的海湾，叫东京湾，日本首都东京就在这个海湾的西北部。

1457年，一位名叫太田道灌的武将在这里构筑了江户城。此后，这里便成了日本关东地区的商业中心。1603年，日本建立了中央集权的德川幕府，来自日本各地的人集中到这里，江户城迅速发展成为全国的政治中心。据记载，19世纪初，江户的人口已超过百万。1868年，日本明治维新后，天皇由京都迁居至此，改江户为东京，这里成为日本国的首都。1943年，日本政府颁布法令，将东京市改为东京都，扩大了它的管辖范围。

一晃几十年过去，现在来到东京，仿佛置身于时代的尖端，以秒计算的发展速度和钢铁丛林般的高楼大厦，每天都在酝酿新的经济神话。这个城市的人们以世界上最快的步伐和语速，实现着科技的飞跃和文化的增值。在这里，一不小心就会迷失在潮流的漩涡中。

东京是日本全国的政治中心。行政、立法、司法等国家机关都集中在这里。被人们称为“官厅街”的“霞关”一带聚集着国会议事堂、最高裁判所和外务省、通产省、文部省等内阁所属政府机关。过去的江户城，现在已成为天皇居住的宫城。

东京也是日本的经济中心。日本的主要公司都集中在这里。它们大多分布在千代田区、中央区和港区等地。东京同它南面的横滨和东面的千叶地区，共同构成了闻名世界的京滨叶工业区。主要工业有钢铁、造船、机器制造、化工、电子、皮革、电机、纤维、石油、出版印刷和精密仪器等。东京金融业和商业发达，对内对外商务活动频繁。素有“东京心脏”之称的银座，是当地最繁华的商业区。

特殊的地理位置使这座城市同样成为重要的交通枢纽，市区内电气化铁路、公共汽车线和公路网四通八达，世界闻名的日本“新干线”是全世界第二快的铁路运输工具。

东京可以说是个巨大的、不可思议的、能够改变世界生活方式和思想意识的城市。当年国际奥委会否定美国的底特律、比利时的布鲁塞尔和奥地利的维也纳，将第18届奥林匹克运动会举办权交给了这座城市。如果不是受到第二次世界大战的影响，1940年的奥运会就应该在东京举办，当时由于发动侵华战争，这届奥运会最终流产。

“二战”战败后，东京曾异常萧条，但经过二十年的努力，这座城市又重新站了起来。在获得1964年奥运会举办权后，日本政府和体育界非常重视，耗费了近20亿美元的巨款扩建了城市，改进了交通网点，兴建了体育场及其他设施，使本届奥运会得以成功举办。

很难想像，日本这个面积仅有37.7万平方公里，人口仅占世界人口五十分之一的太平洋上的岛国，一无资源，二乏空间，其国民生产总值一度比英国、法国和加拿大三国的总和还多，是仅次于美国的世界第二大工业生产国和出口国。日本经济洪流浩浩荡荡，席卷世界，是站立在贫乏岛国上的超级经济巨人。

这座城市还曾留下不少中国革命者的足迹。我国民主革命的先驱者孙中山先生，曾在东京创建资产阶级革命政党——同盟会。周恩来、鲁迅和郭沫若也都曾在东京寻求过救国真理。

关键词·相扑

东京的传统文化并没有失落在追赶时代的步伐中，而是被保护并传承了下来，其中最古老的就是相扑。相扑在日本拥有至高的地位，是日本最早的体育项目之一。它起源于神社的祭祀活动，用以取悦神祇，同时也用这种两者取一的决斗，来决定这一年是农耕还是捕鱼。后来这项祭祀活动逐渐演变成一种体育项目。

日本每年举办6次相扑大赛，每次15天，分东西两大阵营，双方各15人。大赛分别于1月、5月和9月在东京的“两国国技馆”举行，国技馆有供天皇观赏相扑的专席。尽管入场票价很贵，最高票价高达20万日元（约1500美元）一张，相扑迷也会涌往观看。尤其是高级别的比赛，场场爆满，更有数以百万计的观众收看电视直播。

第19届奥运会➔墨西哥城

整个世界沸腾了!各地青年奋起反抗传统的生活方式和政府当局。在法国,在德国,在巴西,学生示威活动急剧增加;在捷克斯洛伐克,苏联坦克镇压了“布拉格之春”;在中国,文化大革命正如火如荼地进行着;在美国,和平主义者要求政府从越南撤军,黑人要求拥有“公民权”;在墨西哥,奥运会开幕10天前,政府对学生们开枪,250多人命丧墨西哥城的文化广场。

墨西哥城,那高达2240米的海拔——吓坏了各国家代表团的医师、教练员和运动员。除了高原环境,塑胶跑道的首次采用以及在决赛中确定为2米/秒的限制风速,这3个因素结合在一起引发了另外一场革命。在田径比赛中,所有的纪录都被刷新,即使是接力赛也包括在内;非洲人大放异彩,赢得了从1500米到马拉松的所有项目冠军;福斯贝利(Fosbury)彻底革新了跳高技术;比蒙(Beamon)在跳远比赛中实现了8.90米的世纪级成绩。

这些成绩和它们引发的激动情绪,让墨西哥城成为美国黑人用来大声宣布他们信念的绝佳传声筒。马丁·路德·金被谋杀6个月后,当美国国歌响起时,站在领奖台上的汤米·史密斯(Tommie Smith)和约翰·卡洛斯(John Carlos)举起了戴着黑色手套的拳头。“奥林匹克人权工程”的徽章遍地开花。从来没有一届奥运会像这届一样与时代息息相关。

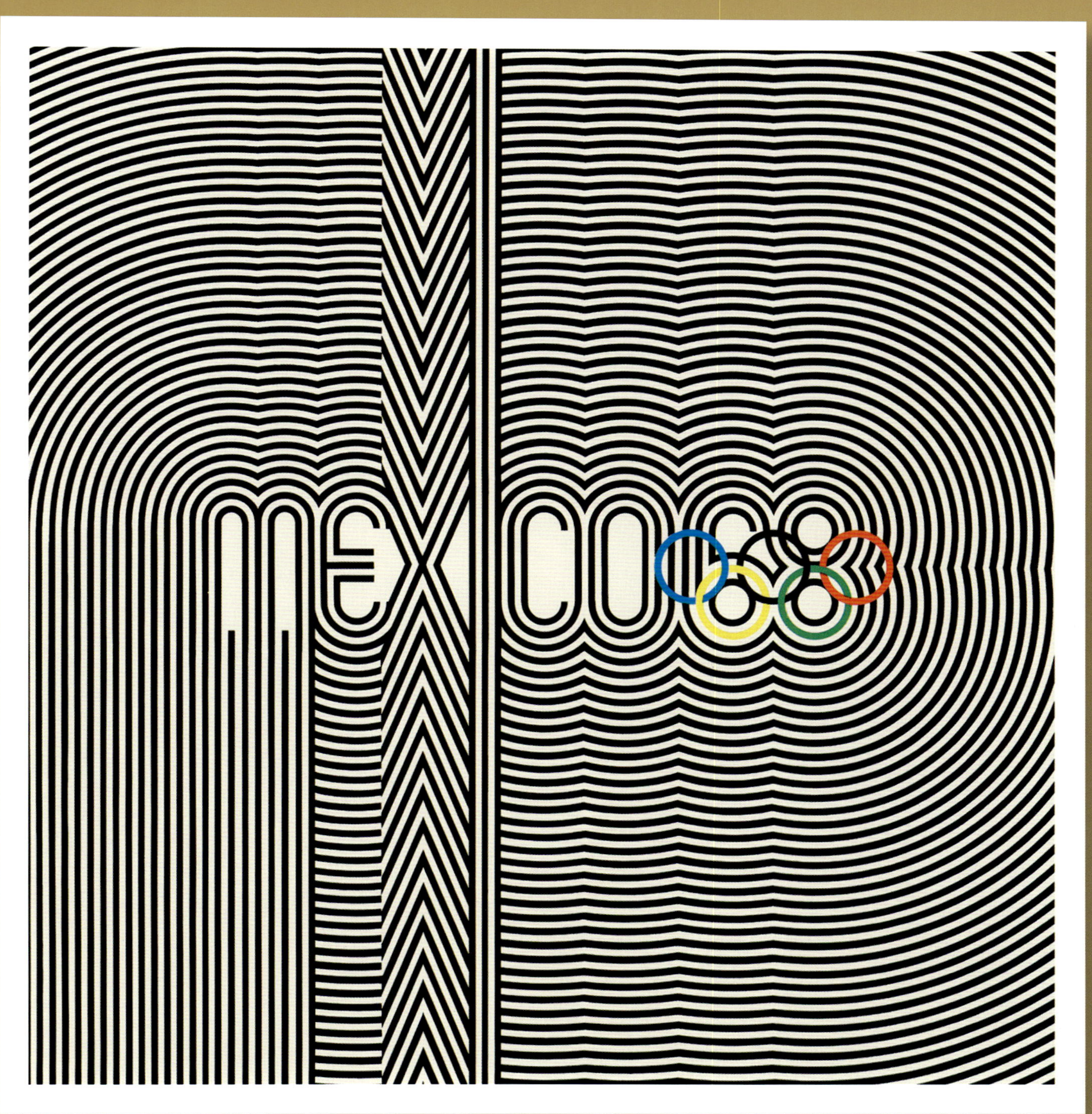
MEXICO68

OLIVETTIPRESSCENTER

1968

(从左到右)第3名弗里曼(Freeman)、第2名吉姆斯(James)和冠军埃文斯(Evans)向记者们解释他们在400米领奖台上冒失的举动。弗里曼和埃文斯提倡“黑人权力”。

美国黑人运动员在沉默中爆发

在黑人运动领袖马丁·路德·金被暗杀后6个月，多名美国黑人运动员站在领奖台上聆听美国国歌时，抬起了戴着黑色手套的拳头。而刻有"人权奥林匹克计划"的徽章也结出了胜利的果实，从来没有哪一届奥运会和当时的时代背景如此贴近。

1968 年，奥运会来到了世界上最大的城市之一——墨西哥首都墨西哥城。

1963 年，国际奥委会于联邦德国巴登巴登召开的第 60 届会议上，从布宜诺斯艾利斯、底特律、里昂、墨西哥城 4 个申请主办奥运会的城市中，遴选出墨西哥城为第 19 届奥运会举办地。当主办城市确定，各国立即寻找高原地段进行适应性训练。许多来自平原国家成绩优秀的耐力项目选手最后还是在墨西哥城奥运会上败给了来自肯尼亚、埃塞俄比亚等高原国家的选手。其中，不能适应高原环境是一个重要因素。

墨西哥城由于经济"起飞"，人口随之暴涨。这里当时是世界上汽车最多的城市之一，也是空气污染严重的城市。该城海拔 2240 米，东西南三面群山环绕，北部是比较开阔的地带。气候温和，四季如春。经第 19 届奥运会检验，该市高原气候对长跑、竞走、划船、公路自行车等运动项目的成绩有不利影响，但于短跑、跳跃等却有意想不到的好处。墨西哥城还有一大特色就是仙人掌极多，各式各样的仙人掌使墨西哥被人称为"仙人掌之国"。墨西哥城同样还以市内大量绚丽的壁画闻名，第 19 届奥运会会徽就是以壁画为主要标志，突出了该城的特点。

大会于 1968 年 10 月 12 日至 27 日举行，应邀参赛的有 112 个国家和地区（当时国际奥委会会员 125 个）。这是奥运会参赛单位首次突破 100 个。参赛运动员 5531 人，其中女子 781 人。首次参加的国家和地区有巴巴多斯、英属洪都拉斯、维尔京群岛、几内亚、洪都拉斯、刚果（金沙萨）、科威特、利比亚、尼加拉瓜、巴拉圭、萨尔瓦多、苏里南、塞拉利昂、中非共和国。南非由于国内的种族隔离政策而被取消了参加本届奥运会的资格。

四年一度的奥运会开幕大典，总会具有自己独特的吸引力。墨西哥文化讲究规模宏大，形式辉煌，文化心理上的这种定势直接产生了辉煌、隆重的开幕式。开幕前一天所举行的晚会已经使人难忘。在金字塔顶端点燃彩灯，以庆祝奥运圣火的来临。在晚会之后，圣火被选手们护送到墨西哥城的奥运会开幕式中。火炬从希腊古奥林匹亚运送到墨西哥城的奥运会会场，旅途持续 50 天，共有 2778 名选手负责传递火炬。

10 月 12 日上午 11 时，伴随着 21 响礼炮声，奥运会正式开幕。这天正是哥伦布发现新大陆（1492 年）476 周年纪念日。墨西哥总统迪亚斯和年已 81 岁、第五次连任国际奥会主席的布伦戴奇出席了开幕式。大会由迪亚斯总统主持。在 8 万观众极具热情热烈的欢呼声中，112 个参赛队的 6000 多名运动员和官员按西班牙字母的顺序入场。在入场式上，有 3 支队伍受到了特别热烈的欢呼：作为下届奥运会东道主的联邦德国队、作为本届奥运会东道主的墨西哥队及来自被苏军占领的捷克斯洛伐克队。捷克斯洛伐克队入场时，8 万观众起立欢迎，他们为该国的奥林匹克情怀所深深的感动了。许多国家代表队考虑到这次奥运会是第一次用彩色电视技术向全世界转播，因此他们的服装颜色格外鲜艳，尤其是

(左)4×100米决赛,在最后一棒中,克劳德·皮格马(Claude Piquemal)将接力棒交给了罗杰·班巴克(Roger Bambuck)。同1964年一样,法国取得了季军,成绩是38秒4,比东京时提高了将近1秒。
(上)墨西哥共和国总统古斯塔夫·迪亚斯(Gustavo Diaz),宣布第十九届奥运会开幕。在他身后是国际奥委会主席艾弗利·布伦戴奇。
(右上)400米比赛的前三名都是美国人:詹姆斯、埃文斯和弗里曼。

非洲和亚洲的代表队。

迪亚斯总统宣布奥运会开幕后,20岁的墨西哥女子田径运动员克塔·巴西利奥高举火炬,登上90级台阶点燃圣火,全场8万名观众响起了热烈的掌声和欢呼声。墨西哥当时还是相当歧视妇女的社会,由一个女运动员来履行点燃奥运圣火的庄严使命,显然是历史的进步,更何况巴西利奥是奥运会史上第一个点燃奥林匹克圣火的女性。

本届奥运会还第一次正式进行了性别和兴奋剂检查。在性别检查中,全部女运动员都取得了参赛资格。但兴奋剂检查却发生了两起事情。保加利亚一古典式摔跤运动员因被发现服食了兴奋剂一类药物而除名。瑞典队在现代五项中获团体第三,因队中一运动员饮酒,在检查中发现血液中酒精含量超过规定限度,结果名次被剥夺。

这次高原盛会,除了开幕大典隆重热烈盛况空前外,使人难以忘怀的是男子田径赛中接连创造的几项神奇般的世界纪录。10月14日,美国的吉姆·海因斯在100米决赛中首次突破10秒大关,以9秒9获胜。这项成绩电子计时为9秒95,直到1983年才被美国另一名运动员卡尔文·史密斯以9秒93刷新。10月16日,在200米决赛时,美国的托姆·史密斯以19秒8破20秒大关,新成绩为19秒83。11年过去后,1979年意大利的皮·门内阿才再次在这一高原地区以19秒72超过。10月18日,美国选手李·伊万斯在400米赛中,跑出了43秒86的成绩,再创世界纪录。直到今日,也无人越过这个雷池,成为世界田径纪录中留下来的几个“老资格”。

在男子田径比赛中,还有几件引人注目的事。

从1500米到马拉松各种径赛距离的冠军,全被非洲选手包下。这也是以往从未有过的现象。它不仅说明非洲长跑运动的崛起,而且也表明非洲运动员的耐力是惊人的。

在大风的帮助下,美国跳远选手比蒙纵身一跃,记分牌上亮出了连他自己都不敢相信的成绩:8.90米。在赛后接受记者采访时,比蒙仍旧在不停地对自己说,“这简直不可能。我都要吐了,告诉我这不是在做梦。我真的做到了吗?你认为这可能会被打破吗?”

跳高比赛中,人们看到了“另一种运动”。在横杆前,迪克·福斯贝里做出了一个在当时看来十分奇怪的助跑动作,那看来会让他失去身体平衡。他全速跑向横杆,侧身起跳,在跃过横杆的那一刹那,他在空中转过身体,让自己的背对着横杆,然后一个漂亮的扭腰动作,轻松地跃过了横杆。这是福斯贝里生平第一次参加国际性比赛,但是他没有浪费这个难得的机会。

虽然他的夺冠成绩仅为2.24米,低于世界纪录4厘米,但他所采用的过杆姿势是一次技术上的革命,对促进跳高成绩提高起了积极推动作用。

美国阿·厄特在铁饼赛中夺冠,第四次获奥运会金牌。四次成绩是:1956年——56.36米,1960年——59.18米,1964年——61米,1968年——64.78米,均破奥运会纪录。他是奥运会田径史上在同一项目中四连冠的唯一选手,也是奥运会史上继丹麦帆船运动员保罗·埃弗斯特隆(1948到1960四届)之后取得如此成就的第二人。

此外,撑竿跳高所用的撑竿,在过去是以木竿制成,后来引用弹性较佳的竹竿,使得比赛成绩有所提升。自从玻璃纤维竿问世之后,由于材质具有高度弹性,使得撑竿跳高比赛进入了一个新的纪元,成绩节节高升。

中国台湾运动员纪政,在80米栏赛中以与第二名相同的成绩(10秒4)获得了铜牌。这也是亚洲女田径选手在这届奥运会上取得的唯一奖牌。纪政在这次比赛中未能取得更出色的成就,但两年后,她成为了世界知名运动员。

当然,这届奥运会还给了美国黑人运动员爆发和争取平等权利的机会。在黑人运动领袖马丁·路德·金被暗杀后6个月,几名美国黑人运动员站在领奖台上聆听美国国歌时,抬起了戴着黑色手套的拳头。而刻有“人权奥林匹克计划”的徽章也结出了胜利的果实,从来没有哪一届奥运会和当时的时代背景如此地贴切。

运动会于10月27日下午6时举行了闭幕式。东道主限制每个代表团只许派6人参加(但东道主可以例外),引起了一些国家不满。当奥林匹克圣火熄灭时,电动记分牌上亮出了“1972·慕尼黑”,数百支焰火射向天空,热情奔放的墨西哥人和来宾一起载歌载舞,墨西哥城再次沉浸在狂欢中。

这届奥运会从根本上讲依然是美、苏两国的大决斗。自1956年苏联在墨尔本奥运会上超越美国,成为新的奥运霸主之后,苏、美之间的差距在逐渐拉大。但在墨西哥城,苏联出师不利,高原稀薄的空气对短跑和跳跃项目的极大促进,使以这些项目为主体的美国队在金牌和奖牌总数上大获丰收。不过,这是美国队在苏联从奥林匹克世界中消逝之前的最后一次胜利。

同期中国 China Memo

1968年,中国正处于“文化大革命”的初期阶段。中共中央、国务院、中央军委、中央文革发布“命令”,决定对全国体育(包括国防体育俱乐部)系统实行军事接管。当“五·一二命令”传达到国家体委的时候,大批干部受到比过去更加残酷的揪斗和折磨。总共1200多名工作人员的国家体委系统,受到审查的竟达400多人,有些干部一夜之间就被打成“现行反革命”。中国体育面临着一场浩劫。

气氛 1968

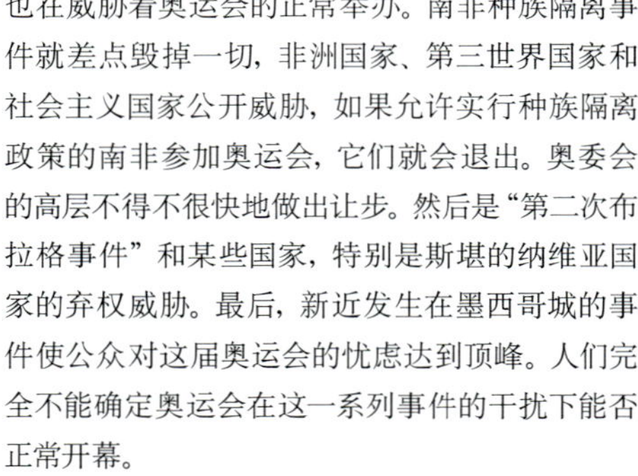

L'EQUIPE 队报聚焦

重要的转折

国际奥委会选中墨西哥城作为第十九届奥运会的主办城市，为此受到了广泛批评。因为这座城市的海拔(2240米)太高，必然会带来一些问题。一年以来，一些政治、外交、种族方面的事件也在威胁着奥运会的正常举办。南非种族隔离事件就差点毁掉一切，非洲国家、第三世界国家和社会主义国家公开威胁，如果允许实行种族隔离政策的南非参加奥运会，它们就会退出。奥委会的高层不得不很快地做出让步。然后是“第二次布拉格事件”和某些国家，特别是斯堪的纳维亚国家的弃权威胁。最后，新近发生在墨西哥城的事件使公众对这届奥运会的忧虑达到顶峰。人们完全不能确定奥运会在这一系列事件的干扰下能否正常开幕。

然而，从体育和奥林匹克厚重的文化层面上看，墨西哥城奥运会通过其丰富的民族文化，通过一系列竞技层面上的创举，最终还是将这届奥运会办成了引人入胜的盛会，特别是对于科学和医学而言。

文/加斯敦·梅耶

1 10月12日，参加开幕式的115个代表团的5531名运动员静候运动员代表帕波罗·盖瑞多(Pablo Garrido)宣誓……

2 游泳运动员琪琪·卡隆是法国代表团旗手，一身巴黎世家的服装使她显得非常优雅。

3 在10天29个项目中，来自57个国家的565名游泳运动员要在阿尔贝卡体育馆进行激烈的争夺。

4 放飞五颜六色气球，象征着奥林匹克盛会的开幕，通过电视转播，上千万的电视观众得以观看这一盛会。

5 自行车比赛中，皮埃尔·特伦坦(Pierre Trentin)和丹尼尔·莫雷隆(Daniel Morelon)竟然迷了路。

6 在点亮了迪奥狄华肯充满传奇的金字塔之后，奥运火炬终于来到墨西哥城，点燃了奥运主会场火炬……

7 奥运会之前的示威被镇压了，事件发生后学生们攀爬到奥运字母牌上。

8 学生们在示威游行，此前的暴力造成了很多人死亡。

9和10 荷枪实弹的士兵们维持着奥运会的秩序。

11 在阿兹台克体育场，法国队在8万名观众面前以4比1战胜墨西哥队。随后的四分之一决赛，法国队败给了最终获得铜牌的日本队。

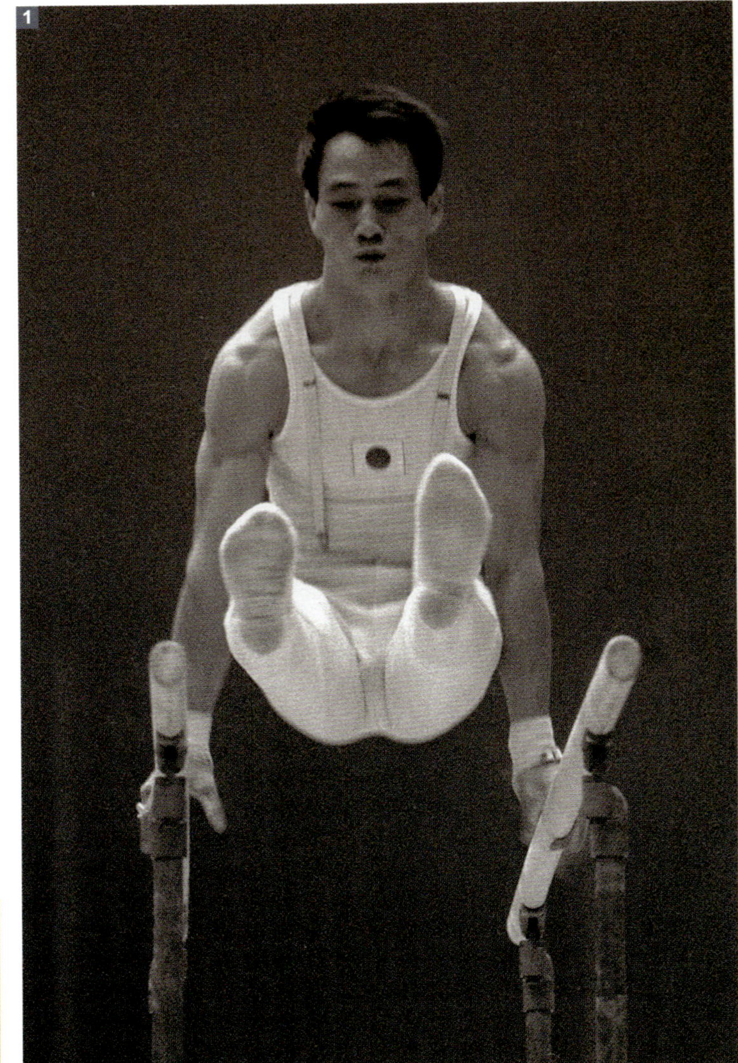

L'EQUIPE 队报聚焦

基诺残忍的报复

奥运会田径史上最悲壮的赛跑比赛，发生在两名最伟大的中跑选手之间——吉姆·赖恩(Jim Ryun)和基诺(Keino)。赖恩本打算在他参与的唯一项目上取得金牌；而基诺则在5000米和10000米比赛上失败之后，试图抓住自己最后的机会。可想而知，两个男人在赛前的精神状态何其紧张。

吉姆·赖恩一直在等待肯尼亚人的攻击，在前一天的半决赛中，他曾试图在冲刺阶段威胁对手。而基诺则下定决心要在墨西哥羞辱去年在洛杉矶超过自己的冠军赖恩。又一次，两个人将共同面对山区和平原差距这种令人焦虑的问题；又一次，观众们要猜测肯尼亚人在5000米比赛中对穆罕默德·加穆迪(Mohammed Gammoudi)时采取的策略，是否正确。

在墨西哥存在一些平原长大的运动员无法超越的界限。我们认为加穆迪很难用13分50秒跑完5000米，或者至少不能像他最终做到的那样完成比赛。同样基诺可以假设，在这个海拔高度上，吉姆·赖恩被限制在3分38秒，而他的世界纪录则是3分33秒1。如果他忽略了突尼斯人最后的冲刺速度，就必然要不惜任何代价来抵消美国人的速度。从而产生了这个与在5000米中采取的战术截然不同的战略。

在赛道上，基诺拥有一位忠于他的同伴吉普秋(Jipcho)。那天的1500米决赛，拥有一个出色的开始。在300米处，计时器达到44秒；在400米处,达到56秒。如果他想要压制赖恩，他不会采取别的措施。他首先是一名顶级赛跑运动员，并且可能还没有达到运动生涯的真正巅峰，他的竞技水平很高。人们认为他可以达到3分38秒，甚至3分37秒。但他令人吃惊地以3分34秒9的成绩结束了比赛，这是他在1200米处跑出2分53秒4后的第二个世界最佳时间。在这场比赛中,落后他3秒的吉姆·赖恩不得不缴械投降。他在徒劳无功的追逐中耗光了所有的力量。基诺实施了令人惊奇的报复，但是对于吉姆来说，这却是极其残酷的现实。

文/罗贝尔·帕里昂蒂

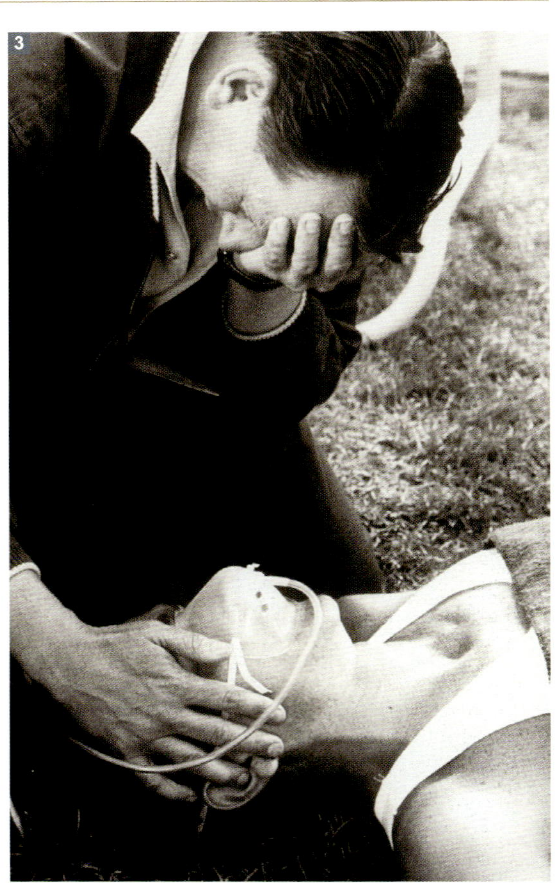

1 日本体操运动员加藤泽男(Sawao Kato)赢得了个人全能比赛和团体金牌。

2 1952年以来，由于匈牙利国家队的出色表现，奥运足球冠军的荣誉开始转移到东欧：苏联、罗马尼亚、南斯拉夫。在东京又是匈牙利保留了冠军头衔。在墨西哥，匈牙利人(左)以4比1的比分击败了保加利亚人夺冠。

3 由于缺氧，在长时间的奔跑后，好几个选手不得不靠呼吸器补充氧气，图中是罗恩·克拉克(Ron Clarke)。

4 自从1896年撑竿跳高成为奥运会项目以来，这枚金牌从来都是美国人的囊中物。本次鲍勃·西格伦(Bob Seagren)保持了传统，成绩5.40米。

5 自从美国人1936年出现在柏林奥运会篮球比赛场以来，他们就始终是奥运冠军。尽管面临南斯拉夫的顽强抵抗，美国(白色)继续保留了他们的冠军头衔，比分65:60。

6 马术障碍赛中，美国人比尔·斯坦克劳斯(Bill Steinkraus)战胜了两个英国人马里恩·科克斯(MarionCoakes)和大卫·布鲁姆(David Bromme)。

7 皮艇运动员(从左到右)阿孟森(Amundsen)、伯杰(Berger)、索比(Soby)和约翰森(Johansen)在激烈的争夺中取得胜利。

8 1964年的100米奥运冠军，美国人维奥米亚·泰厄斯(Wyomia Tyus)卫冕成功。在她身后，领奖台的第3个台阶上是波兰人伊莱娜·谢文斯卡·克桑斯坦(Irena Szewinska Kirszenstein)，她是200米的冠军。

史密斯和卡洛斯:我们不代表美国

两名美国黑人运动员在200米比赛中占据了绝对优势(分获第1和第3名)。他们不甘继续忍受种族主义者对黑人进行欺侮,利用奥运颁奖仪式来表达自己的愤怒。

文/居伊·拉高尔斯

奥运会开赛数日以来，美国黑人对非洲人采取的新的友善态度，给公众留下了深刻印象。他们甚至借来了非洲人的传统民族服装来穿。这一天，潘德(Pender)对我们说："在这届奥运会上，很可能会发生一些事情。"

终于，潘德所说的这件事情，在那晚的墨西哥田径场上发生了。当时的田径场看台座无虚席，在撑竿跳高比赛进行到白热化阶段时，当史密斯和卡洛斯登上领奖台接受他们的200米奖牌时，现场所有的人都目瞪口呆了。他们佩带着著名的"奥运人权工程"徽章，每个人都戴着一只黑色手套，穿着黑色袜子，运动裤的下沿被卷了起来，以便人们能够清楚地看到袜子的颜色。他们没穿鞋子，还戴着一条黑色丝巾，在敞开的运动服里面，人们可以看到黑色的运动衫。即使是那没戴黑色手套的手，也拿着一只黑色的运动鞋。

他们先是把鞋子放到领奖台上，然后接受了奖牌，当美国国歌响起时，他们始终举着那只戴手套的手。双眼盯着地面，而不是注视着美国国旗。之后,我们在记者会之前找到了机会，对他们进行了小规模的采访。

"我们为黑人目前遭受的命运而示威，我们声援那些在美国和世界其他地方受到凌辱的黑人。在美国，并非所有的公民都被以同样方式对待。以致可以说，在这里我们代表的不是美国，而是美国的黑人。这是严肃的抗议和警告。我们想要团结世界上所有的黑人。如果从这届奥运会到下一届慕尼黑奥运会，某些问题还没有得到解决，那么黑人将会对奥运会进行抵制。我们还坚持说为自己是黑人而自豪。"

需要明确指出的是，并非所有言论都是在他们内心极度激动的情况下说出的。两个男人都非常平静而理智，甚至可以说有些严肃。我们问他们把鞋子拿在手里是意味着什么。卡洛斯说："那是另一回事儿，我们想要抗议，因为鞋子的缘故，某些纪录没有获得认可，所以我们在手上拿着同一个品牌的运动鞋。"

然后是公开的记者采访，在此过程中，两个男人特别指出："我们赢得了奖牌并获得了掌声，但是白人认为我们黑人是没有想法的动物或者昆虫。当我们在领奖台上示威的时候，我看到有些白人大拇指朝下（编者按：我们没有看到这个）。

当我们做了他们希望的事情时，白人把我们当成是好孩子。我们想要对所有的白人说：你们看看横行在整个世界的不公正吧，请关注我们的所有问题或者干脆就不要管，不要只来看我们的某些活动，例如赛跑。"

人们询问他们是否害怕被开除出国家队。他们回答说："不会，即使会，我们也不在乎。"

这就是事情的经过。在我们看来，他们同时为两件没有任何联系的事情进行抗议，是愚蠢的行为。事实上，鞋子的出现显得有点像是广告行为，而种族问题的事情在各个方面看来都要严肃得多。

但是这一方式的错误不应该掩盖问题的本质，它从来没有像现在这样难以消除。最后，我们问史密斯和卡洛斯，为什么海因斯（Hines）和格林尼（Greene）没有像他们一样。他们回答说，每个人都有采取行动的自由，而且为黑人的利益斗争的方式有很多。

（上）跑在卡洛斯前面的汤米·史密斯轻而易举地打破了200米的世界纪录，但这种喜悦并没有持续多久。在他身后，奥运会的炸弹爆炸了。

（左上）稳重的200米冠军，疲惫的汤米·史密斯，一股脑倒出了心中所有的想法。

（左）颁奖仪式。汤米·史密斯和约翰·卡洛斯在听到美国国歌的第一个小节时，就举起了他们戴着黑手套的拳头，低着头盯着地面。前所未有的事件。对他们来说，这是唯一反抗美国黑人既定命运的方式。处分无情而迅速——停赛以及被赶出奥运村。

驱逐卡洛斯和史密斯在美国队中引发的危机

美国奥委会将获得200米第1名和第3名的汤米·史密斯、约翰·卡洛斯遣返回国的决定，在美国队中引发了激烈的争论。

两位伟大的黑人运动员穿着黑袜子和黑手套出现在领奖台上，举起一只钉鞋（穿着这个牌子的鞋，他们创造了没有被国际田联认可的纪录）。在演奏国歌和升国旗的时候，他们低下了头。之后他们宣称感到与自己的国家没有关系，而只是与美国黑人紧密相连……

最初，人们相信事件是良性的。美国奥委会主席罗比先生（Roby），赞成不要为这件被他看作是"恶作剧"的事件赋予任何重要意义。

对史密斯和卡洛斯的警告

关于这件事情，曾经有人发布了一份公告。在其中，人们指责两位运动员，并向国际奥委会、墨西哥奥组委和墨西哥人民进行道歉。史密斯和卡洛斯受到了警告，但是不存在开除他们的问题。

这份公告已经被发送出去，上级却下了命令要取消它……人们相信，国际奥委会不满足于两位运动员受到的责备和警告。此外值得一提的是，他们还受到美国奥委会中某些"强硬"成员的左右。

从周四晚上到周五，美国奥委会决定暂时取消史密斯和卡洛斯的比赛资格，直到做出最后的决定，并且要求他们在最短的期限内离开奥运村……

人们相信，艾弗利·布伦戴奇，奥运会法规领域的权威，亲自干预了此事。这也使得他在此事后被看作是"种族主义者"。对他和他那些守旧的理念我们丝毫不敢恭维。但是如何能让人忽视，国际奥委会的主席，在要求对政治示威采取处分的同时，还能站在反种族主义的立场上呢？

毫无疑问，如果两位白人运动员在领奖台上进行某种示威，他们将会被取消获奖资格，并在所有人的掌声中被赶出奥运村。在这方面，任何区别对待都会是纯粹的种族主义，不管其程度如何，不管它援引的理由如何合情合理。此外，史密斯和卡洛斯完成了他们的使命，并达到了约定的目标，不管他们从此将去向何方。整个早晨，奥运村发生了激烈的骚动。人们看到埃文斯——一位进入400米决赛的选手——摇摇晃晃地走出来，还有格林尼从他的运动服上扯掉USA的字样。但是黑人们表现得截然不同。有数十个被怀疑是"黑人权力"激烈拥护者的运动员参与示威。其他人则反对任何不合时宜的示威，例如海因斯和达文波特（Davenport）。前奥运冠军杰西·欧文斯显得非常忧虑，作为美国前奥运冠军委员会的主席，他开始四处奔走，与运动员和官员进行协商。

超越时代的比蒙

在跳远比赛中，美国人跃过了8.90米，实现了跨越时代的一跳。毫无疑问，这是世纪性的跳跃。

文/罗贝尔·帕里昂蒂

几天前，当伊戈尔·特尔·奥瓦涅相 (Igor Ter-Ovanesyan) 结束艰苦的训练时，面容平静而从容，对自己接下来的比赛充满信心。他说："我处在职业生涯的顶峰。我付出一切努力来参加这届奥运会，这将是我参加的最后一届奥运会。这将会非常困难，比罗马和东京更困难。但是我的夺冠希望很大。"

我们谈到了人类的极限这一激动人心的问题。"极限并不存在，"伊戈尔对我说，"因为人们在不断推动技术进步。如果人类能够征服太空，我看不出为什么他们不能很快跃过 8.50 米或者 8.60 米。"

特尔·奥瓦涅没有想到自己竟然说中了。

当天空中再一次滚动着充满威吓的厚重云层，地平线突然从蓝色变成了紫红色，又变成了紫罗兰色。我们想到了苏联冠军的言论。但是当所有的元素都表明，人类不可能跳出那样一个奇迹般的距离时，我们没有想到会亲眼目睹属于星际时代的一跳。

这令人惊愕的一跳发生在离记者席很远的地方。多亏了电视屏幕，我们发现了这届非比寻常、令人目瞪口呆的奥运会竞技场上，最出色的运动员。

狂风骤雨在这个时刻停了下来，鲍勃·比蒙 (Bob Beamon) 经过精确到毫米的助跑，像电子机器一样精确地踏上了起跳板。超强的力量和速度，让他用两条长腿完成了剪式步。也使他跳得出奇的高。在这比平常显得更加漫长的一秒钟，比蒙就像火箭一般停留在天与地之间。

然后，他双腿前伸，落到了超过测量仪器测量范围的地面上，而这显然给裁判员带来了

一个棘手的难题。

在这种情况下，我们看到跳远场地周围突然堆满了穿红色外套的裁判员。需要做些核实才能承认这个成绩：比蒙，在其传奇的一跳之后又跳了一次，跳起了狂乱的快步舞，并以与波士顿的拥抱而结束。同时对面的看台上爆发了长长的尖叫，当记分牌上显示出这届奥运会上、也许是整个田径史上最传奇的成绩：8.90米！坐在桌子后面，我们感到喉咙一阵发紧。我们揉着自己的眼睛。我们是在做梦或者这只是个错误？不，需要承认事实。比蒙实现了比原世界纪录多出55厘米的成绩。人们曾经花了24年才打破了欧文斯8.13米的纪录，在前两届奥运会上跳高纪录只增加了8厘米，这些都没有这个成绩来得出奇。

比蒙双膝跪地，虔诚地向神灵们祈祷。而神灵们则用一阵使人们纷纷逃离看台的骤雨来回应。

大雨为这些运动员，这些人类运动员们完成任务增加了难度。林恩·戴维斯(Lynn Davies)差点成为了主要的牺牲者。出色的第1次试跳，第2次7.94米，第3次失败。优雅的英国人差点没能坚持到决赛，因为获得资格的第8名选手斯特马克(Stalmach)，他的成绩也是7.94米。

按照在东京奥运会上开始实行的规则，戴维斯作为第9名选手进入了决赛。但是，第3名美国选手梅斯(Mays)消失了，尤哥里尼(Ugolini)由于重伤而被送往医院。帕尼(Pani)以7.87米的成绩获得了第7名。

还有3次试跳，但是显然，没人对此还有什么期待。比赛已经结束了。比蒙是不可撼动的，而且毫无疑问，他可以将这一地位保持10年。排在他后面的是民主德国人贝尔(Beer)，他在下雨之前完成了试跳，并以8.19米的成绩获得亚军，波士顿8.16米。

特尔·奥瓦涅相在其运动生涯的最后一届奥运会上获得了第4名，跳出了8.12米的成绩，之后就再也无法超越这个距离。至于帕尼(Pani)，他在雨落下的同时开始进行比赛，对于资格赛中取得的第7名应该知足。比蒙是在2米/秒的风速下跳出8.90米的成绩的，从而可以获得认可，就像萨纳耶夫(Saneiev)在三级跳比赛中的17.39米、克桑斯坦(Kirzenstein)在女子200米比赛中的22秒5……令人不可思议的成绩纷纷产生，以至于人们不愿意用规则和器械的改变来解释这一切，情愿把这当成人类运动史上的奇迹。

(左上)比赛前，波士顿(Boston，256号)是该项目8.35米这一世界纪录的保持者，贝尔(Beer)也是个优秀的跳远选手。但是他们不得不向比蒙俯首称臣。

(左)两次试跳后，鲍勃·比蒙离开了赛场。他知道，不可能再有人能跳出那样完美的一跳了。

比蒙:“这是一场梦吗?”

美国人比蒙一开始并不敢相信自己的成绩。然而他很快明白过来,自己刚刚实现了令人难以置信的一跳。这种难以置信甚至导致他大病一场。

特派记者/居伊·拉高尔斯

暴风雨降临到体育场上。鲍勃·比蒙与他的同伴拉尔夫·波士顿一起试图找回他的状态。但一切都徒劳无功……

我们刚刚见证了或许是体育场上近十年来最了不起的几分钟。

记分牌亮了起来:8.90 米。我们刚刚看到一个人在离我们 2 米的地方跳出了 8.90 米的距离!看台上爆发出了欢呼,比蒙突然躺到了地上,坐起来,又躺下,然后双膝跪地,双手抱住了头。然后,他流泪了。他突然有种想呕吐的感觉。他向天空举起了双臂。波士顿抓住他的胳膊,试图让他镇定下来。我们听到了:“嘿,兄弟,这不可能!”

其他的参赛选手目瞪口呆:戴维斯(Davies),面色苍白;特尔·奥瓦涅相(Ter-Ovanesyan)像是带上了石头面具;帕尼(Pani)惊得呆住了。

然后雨落了下来。所有人四处逃散。比蒙,披着一条栗色的毯子,头上系着一条白色的毛巾,过来坐到了我们身边。

“怎么样?”我们问他。

他说:“很糟糕。我想要呕吐。但是告诉我,我不是在做梦吧!我做到了吗?你们认为这个成绩今天会被打破吗?”

我们对他说,这甚至在今后几年里都不会被打破。

他重复说:“但是告诉我,我不是在做梦。”

他用双手捧住了头。他在发抖。我们问他:“您在奥运会之后会成为职业篮球选手,这是真的吗?”

他说:“是的,篮球界向我提出了正式的邀请。但是我不知道。我现在什么也不知道了。”

一阵呕吐袭来,他全速冲向卫生间。不久,他又回来了。然后他又开始颤抖。这是令人难以置信的时刻。其他的参赛选手在他面前来来去去。他看不到他们。他要来点咖啡。

他说:“我认为我要病倒了。我或许是打倒了其他人,但是这也打倒了我自己!”

人们问他明年他想要做什么。

他说:“我不知道。我现在什么也不知道了。篮球,或许?或许再继续进行跳远?”

然后他又开始颤抖。

“但是,这不可能!没有人会相信它。拉尔夫·波士顿对我说过我可以跳出 8.60 米。我相信。但是不是将近 9 米。这不可能,但是我做到了!我对您说,这是个疯狂的日子,人们都疯了。因为下雨,没有人能够跳得远。我跟您说,这简直疯了。”

比蒙变成了一座雕像。雨水从他的鼻子上流淌下来。他没有动,眼睛固定看着某处。

“我要病倒了,我要病倒了。这本来会是奇妙的一天,欢庆的一天,如果没有卡洛斯和史密斯这个忧伤的事件。”

在他长长的睫毛上,雨水凝聚成小珠。比蒙什么也看不到,什么也听不到。他感到前所未有的孤独。

短跑之王海因斯

第一次，100米的奥运会决赛由八名黑人短跑选手组成。

文/罗贝尔·帕里昂蒂

体育馆突然安静了下来。100 米决赛的 8 名参赛选手来到了各自起跑器前。人群的沉静令这一时刻更加庄严。他们 8 个人要角逐冠军头衔，争夺 1 枚金牌，他们 8 个人在半决赛中的成绩是如此接近，以至于不可能指出一个夺冠热门。

对罗杰·班巴克 (Roger Bambuck) 来说，另一场半决赛中与他前一天的比赛相比就像是白天和黑夜。他精彩的出发让他保持在潘德 (Pender) 之前；人们甚至相信班巴克将取得胜利……但美国人海因斯在离终点一米处超过了法国人。拉米雷 (Ramirez) 在四分之一决赛中给人留下了深刻印象，费格罗拉 (Figuerola) 被淘汰了。潘德勉强过关。决赛之前，在过去的两个小时中，我们无法摆脱自己对这场将要持续 10 秒钟的 100 米比赛的任何预想。从 1920 年以来，首次会有法国人出现在决赛当中。所有人都知道，他们登上领奖台的机会取决于出色的起跑。

不幸的是，班巴克因为抢跑而乱了阵脚，没能发挥出应有的水平。在发令枪响起的时候，他无可挽回地被 4 或 5 名选手超过，其中海因斯排在前头。

落后整整 1 米的班巴克徒劳无功地试图赶上去。人们感觉他能够赶上 2 到 3 名对手，但是海因斯和米勒 (Miller) 才是比赛的赢家。班巴克排在第 5 位。而格林尼再一次在到达终点前就坚持不住了。

海因斯以 9 秒 9 的成绩平了他六月在萨克拉门托首次创造的世界纪录。事实上，他绰绰有余地超过了这一成绩，因为电子计时显示的是 9 秒 89，如果考虑到 5/100 的补时，准确的说应该是 9 秒 94。这相当于说，如果海因斯的成绩采取手动计时，他将很有可能达到 9 秒 8。这是我们在 2240 米海拔和塑胶跑道上可能期待的。但是这一辉煌的成绩，不禁让我们又想到了鲍勃·海斯。确实，一个这样的冠军 30 年只会出一个。

从跑道内侧到外部：第3名格林尼(Greene)、第4名蒙特斯(Montes)、第1名海因斯、第2名米勒(Miller)、第6名潘德(Pender)、第5名班巴克(Bambuck)、第7名杰罗姆(Jerome)、第8名拉维罗玛南特索阿(Ravelomanantsoa)。

李·埃文斯的双重胜利

400米冠军头衔和世界纪录证明了李·埃文斯(Lee Evans)是个多么出色的运动员,他的行为举止则证明他是个出色的人。

文/米歇尔·克拉尔

(上)他们原本打算联合抵制这场比赛,在领奖台上,(从左到右)詹姆斯(James),埃文斯和弗里曼(Freeman)表明了他们对汤米·史密斯的支持。
(下)李·埃文斯穿着不合规定的鞋子以44秒的成绩打破了世界纪录。

李·埃文斯的胜利给我们留下了深刻印象,不仅是因为他夺得了奥运冠军,打破了世界纪录,还因为它发生在毫无疑问是这位奥运冠军经历的最痛苦的一天中。

早上,当他离开奥运村的时候,他的双眼因为长时间的哭泣而红肿,泪水还在不停地流下来。被赶出奥运村的汤米·史密斯和约翰·卡洛斯是他最好的朋友,也是共同作战的战友。而这场战斗超越了体育馆的边界,也超越了圣何塞大学的边界,这一旨在通过奥运会促进人权的运动正是从后者出发的。李·埃文斯没有摘下那枚见证了他信仰的徽章,他始终把它戴在胸前。

早上,他花了好几个小时来恢复镇静。他用尽自己在大赛前通常使用的那些放松技巧,尤其是通过心理暗示,给予自己足够的力量。他知道自己需要获胜来证明,然后将金牌献给"美国和世界上所有的黑人",然后他补充说,他也同样将它献给美国和欧洲的白人朋友。

如此的自控能力引起了人们的钦佩,在这一天,他给所有人上了崇高的一课。有时甚至是以一种幽默的方式。

例如,当被问到他在颁奖仪式上的着装时,他回答:"拳头?这是一种向大众致意的方式。每个人有他自己的方式。"

"黑色的贝雷帽?颁奖时正在下雨……"

当有人请求他就目前造成美国代表团动荡不安的问题发表意见时,他回答:"无可奉告。"

在这种缄默中,存在一种纯粹性,一种被抑制的示威,它们来自于这个尽管在运动场上获得了胜利,但却在内心受到伤害的男人。这比任何其他评论都更有力。

作为出色的典范和优秀的运动员,他坦率承认:"我从事体育运动,因为对我来说,这是种在大学获得奖学金,进而能够继续学业的方法……此外我没有任何特权。这只是个人观点,但我认为,这是美国黑人在体育场上令人瞩目的原因之一。"就是说为了生活!

经过长时间的内心挣扎,李·埃文斯不断自问是否还应该参加比赛,然后他决定在体育场上进行他的报复。

他带着开朗的笑容说,"在比赛过程中,一切都如我预期的那样进行。我原本预备要非常快速地跑过第一个转弯,在对面的跑道放缓节奏,然后在第二个转弯逐渐加速以便第一个到达终点。

"我没有考虑世界纪录,但是我确信,为了赢得这场比赛,需要能够在决赛这天在44秒内跑完全程。在墨西哥城,我的身体状况比在南太浩湖时要好很多。在还需要适应海拔的影响的最初几天中,我感到呼吸困难,不得不略微放慢训练的节奏,但是之后我的训练就恢复了正常的过程。"

他说:"决赛的成绩没有让我感到惊奇。这是符合逻辑的,在国内进行选拔赛时,我已经希望能将成绩控制在44秒内。在南太浩湖,我穿着特殊的不符合常规的鞋子,创造了没有获得认可的成绩。至少今天没有人能够质疑我的纪录了。我获得的是双重胜利。"

未来一年中,李·埃文斯将会继续参加比赛,同时将时间贡献给他的第二爱好:足球。作为大学校队的一名成员,他坦言:"我希望明年能够加入将要在斯图加特对战欧洲队的美国国家队。"

他满是憧憬地讲述着,并做出了如下结论:"在这次比赛中,我的表现完美无缺,这是为了在400米比赛中抵达顶峰而在技术和心理两方面做出努力的最佳结果。"

阿尔·奥特四连冠

墨尔本、罗马、东京和墨西哥城……在4个大陆上获得的4个奥运冠军头衔，使奥特(Al Oerter)的铁饼变成真正的奇迹。

文/爱德华·塞德勒

在32岁时，美国人仍然能够打破自己的纪录。他的比赛证明了这一点。他战胜民主德国的米尔德(Milde)和捷克斯洛伐克的达内克(Danek)赢得了比赛。

阿尔·奥特从脖子上扯下披风一样的浴巾。很久以来，他已经放弃穿上湿透的厚外套。金色的发绺搭在前额上，胸膛隆起，他又变成了一个愤怒的斗士，难以接近的战士。对我们来说，奥特永远是力量、决心和生命乐趣的象征。其他人已经投了两次，体育馆中的观众们不相信自己的眼睛，他们看到奥特和杰伊·西尔威斯特(Jay Sylvester)在你死我活地争夺着一枚可怜的铜牌，远远落在德国人米尔德(Milde)和洛斯克(Losch)之后。

比赛比预定迟了一个小时开始。当爱丁堡大公菲利普进入体育馆时，一场英国式的暴风雨爆发了，先是犹豫不决，然后是狂风暴雨。

在半个多小时中，铁饼掷手们抵抗着暴雨。浑身湿透的西尔威斯特，在铁笼周围用沉重的步伐转悠着，背部微驼，小幅度地摆动他长而下垂的双臂。

他时不时地举起大手中因为雨水而闪闪发光的小铁盘。他将它扔回到草坪上，溅起了水花。

在离他几步远的地方，奥特把自己的铁饼包裹在白色的布中，就像是保护新生儿一样。然后，12个放弃了比赛的选手在变本加厉的暴雨中回到了看台。

"就是在这时，我开始输掉比赛，"之后西尔威斯特对我们说。"我浑身湿透并且快冻僵了，我知道雨没法帮助我成功，我已经对你们说过了！"但是最终击败西尔威斯特的不是天空的闪电，而是奥特的攻势。

阿尔踩着坚定的脚步，走进了投掷圆圈。他踩了几下水泥地面，瞄准了一条想像的弧线，那弧线一直越过那面象征着他奥运会纪录的小旗子，并且毫无疑问接近西尔威斯特令人难以置信的世界纪录。

然后，他转身背对着目标，在圆圈中开始旋转。铁盘从他手中飞出，没有上升得太高，在墨西哥城黑色的天空中滑翔。

西尔威斯特并没有勇气去看阿尔和那飞翔的铁饼。当显示屏上出现64.78米的数字时，杰伊阴沉地看了一眼记分牌，心灰意冷地离开了。

奥特没有丝毫笑容。对他来说，当西尔威斯特已经无法承受的时候，战斗还在继续。杰伊将会有3个被记为零分的投掷。相反，奥特决定战斗到底，他的3次投掷都超过了64米。他终于在他的第4次奥运决赛中打破了他的个人纪录：63.22米。

面对他，西尔威斯特只是自己的影子。"我恨过阿尔，"西尔威斯特说，"但我向他脱帽致敬！他今天的表现真是太出色了。"

"我知道西尔威斯特非常紧张不安，"4次奥运冠军解释说。"个人来说，我在整场比赛过程中保持坚定不动摇。我开始得不好，天气太冷了。开始当我看到铁饼飞得不远时，我很害怕。但我成功地让自己集中了精神。"

1968

福斯贝里创造新高度

他先是长时间站着不动，然后开始给自己鼓劲，手舞足蹈。他全速冲向横杆，身影在空中飘过，成功越过。迪克·福斯贝里 (Dick Fosbury) 是第一次参加国际大赛，他没有浪费任何机会。去年他的最好成绩只是 2.10 米，而他先后超越了 2.18 米、2.20 米、2.22 米和 2.24 米，以 2.24 米夺得奥运金牌。福斯贝里跳跃的姿势独树一帜，被认为既是非常科学，又非常个人化，将会被全世界的专家好好研究。

温登打败了美国集团

年轻的澳大利亚人以52秒2的成绩在100米自由泳中轻松占据优势,并创造了新的世界纪录。

文/让·皮埃尔·拉库尔

获胜了!“鱼雷”就像掉入水中的鱼雷一样,迈克·温登 (Mike Wenden) 在泡沫泛起的浪花中完成了 100 米。受到难以抑制的精力和热情的推动,温登的双臂以令人惊异的速度转动。没有什么能够阻止这个人形鱼雷,不管是以 51 秒 7 的成绩完成 4×100 米接力最后一棒的疲惫,还是以 52 秒 9 完成 100 米半决赛,哪怕是美国短距离游泳的三驾马车,都无法阻止他。

到 11 月将满 19 岁的迈克·温登,是超过整个美国游泳集团的最强者。很久以来,没有一个游泳选手能以如此明显优势赢得奥运会的 100 米游泳比赛冠军。

在看了一眼荧光屏上立刻给出的电子计时结果之后,我们理解了为什么温登会造成这样的震惊:52 秒 2!之前的世界纪录被刷新了 0.4 秒。这是可观的差距,特别是考虑到决赛所造成的巨大压力的前提下。

佐恩 (Zorn) 的 52 秒 6 是在真正的比赛中创造的,除此之外,100 米的纪录常常是在正式的百米比赛之外被打破的。要么是在接力的第一棒,比如高特瓦勒、克拉克、沃尔什,要么是在个人的尝试中,比如多斯·桑托斯 (Dos Santos)。温登从而缔造了一项从各个方面来看都非常伟大的全新世界纪录。此外,他确保了在 4 年内,50 秒的极限将会被打破。但是他的 52 秒 2 已是一项非常出色的纪录。

我们要重新审视有关海拔及其对 100 米影响的观点,因为不止温登,其他决赛的参赛选手都接近了他们在平原上的最佳成绩。但也许这个非常了不起的纪录,会是唯一一个在这里被打破的,因为成绩要比男子多大约 10 秒的女选手们在本届奥运会上全部多用了 1 秒,只有杰克逊 (Jackson) 和雷 (Lay) 是例外,我们可以通过运动员们在备战奥运方面的进步,来解释高原与平原成绩的相对性。

让我们回到男选手身上。事实上,这是一场在纯粹的短距离游泳强手之间进行的精彩比赛。高大而强壮的运动员佐恩,皮肤像裹尸布一样苍白;还有意志顽强的短距离游泳选手,例如温登和施皮茨 (Spitz),他们对自己更有信心。佐恩在最前面的 50 米中以 24 秒的时间甩掉所有人,这一时间对于缔造 51 秒的成绩起到了基础性的作用。从某种意义上讲,他这样做并不稳妥。出于对自己身材和不那么惊人的爆发力考虑,温登本打算在 24 秒 6 完成这个距离。

(上)在取得100米冠军5天之后,迈克·温登(Mike Wenden)(第4泳道)再次参加了200米比赛,夺走了唐·斯科兰德(第6泳道)的第6个奥运冠军头衔。
(下)温登是作为挑战者来到奥运会的……最终,两个冠军头衔和一项世界纪录都被他卷走!

最有说服力的例子由沃尔什给出。他出发的速度没有那么快,但他取得了更好的排名,这使得他一个人在第 1 泳道中远离战火纷飞的第 4、5 和 7 泳道,并取得了亚军。温登巨大的优势在于同时融合了与佐恩或者沃尔什非常相近的基础速度,和以往 400 米选手的良好耐力。

他也是所有选手中最全面的短距离游泳选手。这个澳大利亚人,长着橄榄球运动员般极具个性的脸,调皮的面孔。此外还具有相当突出的冠军气质,这种气质震惊了他祖国的记者们。人们相信没有什么能够撼动他的自信。鲍勃·麦格雷戈 (Bob McGregor) 看过他训练后,评论说:“这不是一个游泳爱好者,而是个游泳痴迷者!”

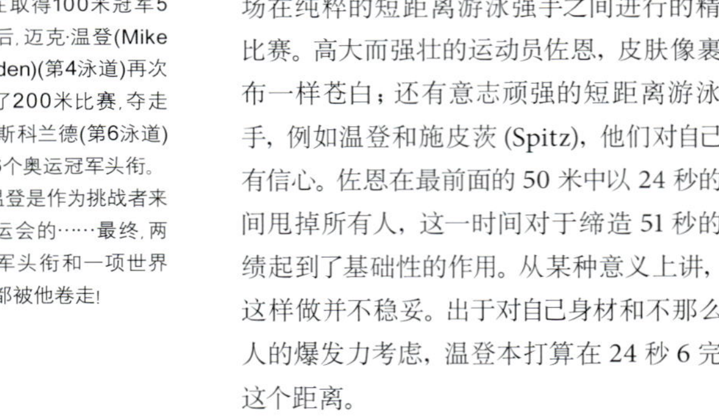

无敌迈耶

其他人试图抵挡年轻的美国人黛比·迈耶(Debbie Meyer)。但一切都无济于事,黛比赢得了从200米到800米的全部比赛。

文/让·皮埃尔·拉库尔

美国人用她的高水平为奥运会打上了鲜明印记,成为第一个获得3枚金牌的奥运会游泳选手。

没有人能够逼近她,更不用说是威胁到她的金牌了。黛比·迈耶堪称本届奥运会的金牌女王。当她取得800米冠军时,正如之前的200米和400米比赛一样,显示出既令人敬佩又令人嫉妒的优势。

当我们亲身经历奥运会的每一天时,我们知道每一块金牌,即使获得它只是举手之劳,背后都需要艰辛的努力。同时,它也最终为夺金者带来快乐。就像买一件小东西一样简单,黛比·迈耶这个受到上帝眷顾的孩子,在没有任何能对其造成威胁的对手的情况下,获得了3枚金牌。

在800米比赛中,她的夺冠过程简单地就像是在做加法——在100米处,黛比已经领先了一个身位的距离;200米处,领先两个身位;300米处,3个身位;400米处,4个;如此类推。这个双颊饱满的姑娘,有着令人惊奇的流畅线条,就像一头小羚羊,她的优势是显而易见的。

在体能层面上,她是奥运会上最了不起的冠军,因为没有人能像她一样拥有如此大的优势。这个16岁的小女孩,缺少的只是一点感情。她微笑着,优雅地为第3块金牌举起双手,握住在她之后取得第二名的帕姆·克鲁斯(Pam Kruse)的手,还有玛利亚·特蕾莎·拉米雷斯(Maria Teresa Ramirez)的手。这个英勇的墨西哥小女子,像发疯一般一口气打败了莫拉斯(Moras),并为自己的国家带来了第二块奖牌。

迈耶在这届奥运会上显得有点太孤独了。但如何能为此责备她呢?在美国奥运选拔赛期间,舍曼·沙伏尔(Shermann Shavoor)的年轻学生就已经打破了200米、400米和800米的世界纪录。她的对手们的命运从而被无情地决定了。

婚戒与金牌

在奥运村举行结婚仪式前几天，薇拉·恰斯拉夫斯卡(Vera Caslavska)卫冕成功。

文/罗贝尔·帕里昂蒂

(上)平衡木的银牌，高低杠的金牌，还有自由体操、跳马和全能的金牌。捷克斯洛伐克人在墨西哥获得了5块个人奖牌。(右)他是田径运动员，她是体操运动员。他们从此成为夫妻。

我坐在运动员席上，在1500米跑的捷克斯洛伐克冠军约瑟夫·奥德洛日尔(Joseph Odlozil)身边，观看了激动人心的女子体操颁奖仪式。

在领奖台的最高处，大眼睛、面色白皙、金发飘逸的年轻女孩薇拉，被紧紧包裹在黑色的运动服中。她向我们身边的约瑟夫·奥德洛日尔做了个不太引人注目的手势。

薇拉·恰斯拉夫斯卡以领先第2名苏联人沃罗宁娜(Voronina)1.40分的巨大优势，保留了她在东京奥运会上获得的冠军头衔，从而又获得了一枚金牌。几天之后，未婚夫为她戴上了戒指。婚礼预计于比赛之后一周的周六，在奥运村举行。

奥德洛日尔本希望保守秘密，从而拥有一个简单、没有太多搅扰的婚礼，但是面对环绕在捷克斯洛伐克代表团周围记者们渴望的眼神，他告诉大家，婚礼的时间将会预先通知媒体。

薇拉今晚还将参加4场单项决赛，希望获得至少两个新的冠军头衔。在一场例行公事的记者招待会末尾，她带着迷人的微笑说，“对我来说，是时间考虑家庭生活了。高水平竞赛结束了，墨西哥将是我参加的最后一届奥运会。”这是一场格外激烈的战斗。苏联人在奥运会上受到了前所未有的威胁。在强大的爱国情怀的激励下，捷克斯洛伐克人表现得比以往更加出色，并发誓要保住她们两年前在多特蒙德世界锦标赛上获得的冠军。最后，她们以0.65的优势赢得了比赛。

在领奖台上，肩并肩的两个团体互相之间没有任何动作，也没有眼神的交流。人们模糊地感觉到，两个月前在捷克斯洛伐克发生的悲剧还存在于这些头脑当中。

苏联选手之间的水平更加一致，她们拥有3位超级冠军：沃罗宁娜、库钦斯卡娅(Kuchinskaya)和彼特里克(Petrik)，所有人都以为她们不可能输掉比赛。从个人实力来说，恰斯拉夫斯卡几乎是不可战胜的。她通过令人惊讶的精湛技艺确保了她的优势，同时她的美艳也无时无刻不在吸引着观众的眼球。早在决赛开始之前，恰斯拉夫斯卡就已经得到了很

多观众的拥护。在平衡木比赛中，她干净利索地落地，像钉子一般牢牢站在地板上，结束了绝妙的表演，在观众中引发了惊叹和雷鸣般的掌声。可是裁判最终只给了她9.60分。这个分数引发了现场长达5分钟的嘘声，直到上诉委员会插手将分数改成了9.80。

在自由体操比赛中，薇拉仍然势不可挡。但其夺冠方式与苏联人截然不同，她的动作更加灵巧，并且气质也更加接近芭蕾舞演员。她身穿只有简单的白色线条装饰的黑色体操服，让人联想到《天鹅湖》中的黑天鹅。她进行了一场杰出的个人表演，比苏联人更加有力，也像杂技般神奇。她绝妙的动作是在两首墨西哥乐曲《Cucaracha》和《Rancho Grande》的伴奏下完成的。

我们可以猜到她受到的欢迎：激动的观众们毫不吝惜他们的掌声。薇拉得到9.85分的确当之无愧。

从此再没有什么东西能够阻挡她朝着胜利前进。在跳马比赛中，她又一次获得了9.85分。在高低杠比赛中，她大胆冒险，险些造成了可能会毁掉一切的微小失误。但是她仍然实现了完美一跃，分数9.90分。她获得了冠军。

现在苏联人只能保卫她们的团体金牌了。平衡木是决定性的决赛。年轻的图里切娃(Touricheva)在其最擅长的这项比赛中掉了下来，失去了1分多。团体的命运从而压在了15岁的小博达(Burda)柔弱的双肩之上。她获得了9.35分。沃罗宁娜、库钦斯卡娅和彼特里克确保了她们团体的胜利，但是哪怕她们再出现一次微小的错误，都会将胜利拱手让给捷克斯洛伐克人。

法国人毫无悬念地保留了第7名，与世界锦标赛的名次相同，但与第8名进一步拉开了距离，因为她们比保加利亚多了6分。艾沃琳娜·勒图纳尔(Evelyne Letourneur)又一次被低估了，特别是在自由操和高低杠比赛中。面对这种偏向来自大国的参赛选手的不公正待遇，艾沃琳娜忍不住落泪。她因为仅仅0.1分的差距而没能进入高低杠决赛。她在比赛中获得了9.50分，而她的表现值9.60分，在自由体操中她获得了9.45分，而她本希望能够获得更好的分数。

大力神扎博京斯基

就像4年前在东京一样,苏联人在3次试举中总共举起了572.5公斤,足以令人心服口服。

文/爱德华·塞德勒

正如人们所预测的,在拜德纳尔斯基(Bednarski)缺席的情况下,列奥尼德·扎博京斯基(Leonid Jabotinski)舒舒服服地在比赛中取得了领先地位。长得很像奥逊·威尔斯(Orson Welles)的美国人杜贝(Dube),在推举后不得不向他屈服。

微笑的扎博京斯基一个人在赛场上,与观众心有灵犀,有时甚至有点做作,但他证明了一个自己始终坚信的原则:没有必要做超出自己能力范围的事。在抓举之后,金牌已经牢牢地握在他手中。苏联人离他的个人纪录还很远(总计572.5公斤)。

在最强的一组中总共有9个竞争对手,其中包括法国人让·保罗·福勒蒂埃(Jean-Paul Fouletier)。在挺举之后,扎博京斯基和杜贝成绩相等,200公斤。比利时人雷丁(Serge Reding),布鲁塞尔的图书馆管理员,是个上身强壮的运动员。他紧随其后举起了195公斤。让·保罗·福勒蒂埃,在谨慎地举起167.5公斤(两次试举)之后,在175公斤试举失败。由于右手腕的关节伤病,人们不得不为他打一针镇静剂,来使他能够参加之后的比赛。令人吃惊的是,匹克特(Pickett)190公斤的3次试举都失败了,这让很多预言者大跌眼镜。

在抓举比赛中,杜贝完成了"微不足道"的145公斤之后就放弃了。扎博京斯基在台下摸清了对手的极限所在。他在第2次试举时举起了170公斤,为了让比赛更好看,他尝试了177.5公斤的世界纪录。但最终他还是失败了,这对于真正的大力士没有任何影响。他从而拥有了25公斤的优势。最令人激动的对决是发生在杜贝和雷丁之间对银牌的争夺。雷丁在抓举之后只落后2.5公斤,让·保罗·福勒蒂埃第一次试举就举起了152.5公斤,但是两次试举157.5公斤失败,排在了第5位。

在挺举中,杜贝举起了195公斤、202.5公斤然后是207.5公斤。雷丁最后一个上场。他只要举起212.5公斤就可以赶上美国人,并根据体重(145公斤对比利时人的124公斤)战胜他。冷静的雷丁达到了这个成绩。他从而获得了银牌。

至于不幸的福勒蒂埃,显然胳膊非常疼痛,要改变他挺举的第一次试举的重量依旧是件不可能完成的任务。他的状态使他无法举起这样的重量,他被淘汰了。在其他外国人中,有一个要记住的伟大名字:鲁道夫·曼格(Rudolf Mang)。这位德国青年运动员(525公斤)将会是慕尼黑奥运会上获胜可能甚微的选手……如果扎博京斯基仍然在那儿!

在开幕式上,扎博京斯基单手举着红旗,这给观众留下了深刻印象。体重163公斤的苏联巨人在举起杠铃的时候显得更加强壮。

高莱特·贝松——无人能比的意志

高莱特·贝松(Colette Besson)在奥运会400米决赛中的胜利,是她个人努力的结果,源自她对田径的热爱。

文/米歇尔·克拉尔

一切都在法国代表团到达的第2天开始。在庄严的代表团升旗仪式上,听到《马赛曲》响起的高莱特想:"如果我能够在田径赛场的最高领奖台上再次听到它该多好!"就这样,她的梦想开始了。在教练伊夫·迪朗·圣奥梅尔(Yves Durand Saint-Omer)的指导下,她继续着赛前的准备。她知道她想要的是什么:进入决赛,然后就走着瞧吧。

当时她正准备参加欧洲锦标赛,但在最后时刻,人们用一种难以理解的借口要求她留在国内。理由是在此前鹿特丹的一次比赛中,她成绩平平。很多决策者断言她不在状态。而如果考虑到她的训练计划是以锦标赛决赛为目标的话,那么她在鹿特丹发挥失常,是完全合乎逻辑的。在布达佩斯世锦赛上,原本属于她的跑道空空无人。安托万·布隆丹对这件事大肆抨击,抒发心中的冲动和义愤。在文章中,他对这一事件细致而正义的描写,对于高莱特而言无疑是巨大的支持。这一段洋洋洒洒的文字,对于她而言是个极大的鼓励,并促使她果敢地重新回到巅峰状态。这就是这块金牌诞生的客观原因。其他的力量,则源自她和始终对她充满信心的教练。

她心中,跑道比海滩更美

高莱特·贝松来自一个迷人的地方。1946年8月8日,她出生在夏朗德滨海省的圣乔治德迪道纳,她的父亲是出租车司机;她有一个哥哥和一个姐姐。在鲁瓦扬,她通过最初的铁人三项训练爱上了田径,并在迪朗·圣·奥梅尔先生主持的俱乐部中,发现了自己的价值。

在鲁瓦扬,当美丽的季节来临时,海滩的乐趣总会让人心神不宁。但是贝松说:"我热爱赛跑和田径,这种爱是如此根深蒂固,以至于我总是知道如何避开海滨浴场的诱惑。我热爱运动,我喜欢跑道胜过海滩……"

我们必须马上指出,贝松既不是怪物,也不是只知道埋头苦干的机器。当她奔跑时,她的意志是轻松愉快的,动作美丽而极具特点,她的冲刺从来不缺乏优雅。这是一个年轻沉稳的女孩,她在跑道上找到了生命中另一件感到幸福的事;在这里,她比在其他任何地方都呼吸得更顺畅,甚至是在2000米海拔的墨西哥。她热爱自然,喜欢控制自己身体的快乐。

她在4年前脱颖而出,在200米中实现了法国历史上的第2好成绩:25秒3。"从那一刻起,我知道自己可以做到一些事情,我决定为布达佩斯的欧洲锦标赛400米比赛做准备",她继续说。但1965年,她碰上了黑色的一年。初中毕业之后,她参加了巴黎公务员的考试,并最终通过。但是在首都巴黎待了几个月后,她开始怀念外省的生活;同时或许是由于水土不服的原因,贝松患上了血液循环系统和肝脏疾病。可当她一回到自己在鲁瓦扬附近的家,就神奇般地恢复了健康。第2年,她在拉·雷奥勒获得了体育教师的职位,又离开了家乡。住在朗贡的时候,她获得了田径执照。

"对我来说,训练是种真正的乐趣",贝松承认说。她全部的成功秘密也许就在对于田径和奔跑的执著当中。她的教练的训练方法非常实际并牢固扎根于现实。不管法国田径界对于训练方法有何种模糊传言,贝松的训练始终建立在自然概念之上。

清晨,在上课前,贝松在灌木丛中奔跑,傍晚则是在骑马场的松土地面上训练。每周一次,也就是在星期三,她在塔朗斯的地区体育中心的跑道上进行分段训练。如果要准备某一特定竞赛,高莱特则更多地进行分段练习,每天在完成可观的10公里之后继续进行分段练习。

她从此瞄准世界纪录

在丰·罗摩,贝松完美地适应了海拔,以至于那些了解她过去成绩的人们很难相信。贝松从没去过拉·卡尔姆,她只是赛前在附近的一家中学塑胶跑道上进行了有效的适应训练而已。她的目标是在墨西哥实现52秒的成绩。她成功了。贝松从奥运夺冠中体验到的全部幸福丝毫没有改变她的正常生活。她想要继续把比赛作为目标,这是她喜爱的目标。她太喜欢独立了,不想以任何代价成为一个明星。

至于动机,奥运冠军一点没有满足贝松的野心。她把目标锁定在来年的400米世界纪录上——51秒2。她想要成为田径教练,一个经常是只属于男人的职业。

古巴人潘顿(Penton)已经累垮了,最终只获得第5名;第2名英国人博德(Board)接着也支持不住了。贝松出人意料地赶了上来,并最终获得胜利。

智慧的胜利

贝松平了澳大利亚人贝蒂·卡思伯特1964年创造的女子400米纪录。

特派记者/安德雷·阿尔诺·弗尔尼

如果你有机会在丰·罗摩体育场观看了棕发、美丽而强壮的高莱特·贝松，在其教练的指导下如何训练，我相信将毫无疑问地感到："如果贝松小姐没有获得奥运会的400米金牌，那才令人吃惊呢。"当这场轰动一时的比赛结束时，人们想到的是安托万·布隆丹……

这位伟大作家难道不是在1966年8月31日这天，为未来的奥林匹克冠军贡献了一篇相当长的文章吗？说完这些，让我们回到现实……奥运会开幕的当天，我们写道："这场精彩大战将会在第二天上演……在之前的训练上，谁付出的努力稍有不足，即使她是世界上最优秀的选手，也会受到致命的打击。"

希望人们能够懂得这句话的真正含义。高莱特·贝松获得的胜利没有受到任何的质疑：她显然是最强的，在抵达比赛场地时，她饱满的精神和极佳的状态成了极具说服力的证据。她说："我将会以53秒跑完全程。"她实际的成绩要比这少一秒……

在技术层面上，我们可以说贝松的胜利归功于她对自己的超强控制能力，以及伟大的黑人女选手贾维斯·斯科特(Jarvis Scott)的重大失误。而后者恰恰是参赛选手中成绩最好的(52秒9)。更何况比赛过程中贾维斯·斯科特有很多帮手……但高莱特·贝松没有。美国人利用战术和集体优势享受着空气阻力最小化的特殊待遇。她们以少于51秒为目标，快速地奔跑在塑胶跑道上，无谓地消耗体力，与那些跟在她身后的大部分选手一样，轻率地奔跑……只有高莱特·贝松采取了理想的策略，始终保持自己良好的节奏。

终于，贝松平了澳大利亚人贝蒂·卡思伯特(Betty Cuthbert)1964年创造的纪录。只有一名韩国人比她成绩更好：51秒2，而后者的女性身份至今依然备受质疑。

旗手乔治·福尔曼

年轻的美国黑人冠军乔治·福尔曼或许不能完全理解队友约翰·卡洛斯和汤米·史密斯的做法。但他的肤色和意愿表示自己和他们是站在同一阵线的。同时也没有忘记肯定自己也是在为美国而战。

文/安德雷·阿尔诺·弗尔尼

(上)心里想着两位被驱逐的运动员，手中握着美国国旗，对这场比赛，福尔曼没有表现出太多的喜悦。

美国人乔治·福尔曼(19岁)曾考虑过通过不参加拳击重量级比赛的决赛来作为抗议。但是1968年10月27日,他还是登上了拳击场。在从苏联人乔纳斯·切普利斯(Jonas Cepulis)手中夺得金牌后，他以挥动一面小小的美国国旗的方式，来庆祝自己的胜利!

尽管他不认识汤米·史密斯和约翰·卡洛斯，也承认不理解他们行为的意义。但福尔曼认为将他们驱逐出奥运村是不公正的行为。后来，当福尔曼遇见卡洛斯，并从这位短跑运动员脸上读到那种巨大的忧伤和愤怒时，他开始感到心神不宁，甚至宣布自己将不会在决赛上迎战切普利斯。

但是美国代表团的几乎所有官员都在力图让他明白，这样一个决定很可能损害到他的前途。利顿工业公司的公共关系主管巴尼·奥菲尔德(Barney Oldfield)最终成功说服了他，并鼓励他继续参加比赛。数十年前，利顿公司曾经赞助了一个旨在帮助困境中青少年的公益活动项目，正是通过这个项目，福尔曼才找到了正确的人生道路。

"为了说服我，"新科奥运冠军详细解释说，"他带我参观了一家墨西哥城附近的利顿计算机零件工厂。女工们第一次遇到一个'名人'。她们的热情让我懂得了人们是如何看待奥运会参赛选手的。她们的反应同样让我对自己从青少年时期走过的道路产生了新的认识。"

为了不令自己周围的人，特别是他的母亲失望；也为了不至于引起美国拳击联盟对他的制裁，在半决赛战胜意大利左撇子选手乔治·巴姆比尼(Giorgio Bambini)后，福尔曼终于决定参加决赛。

他与同胞艾伯特·罗宾逊(Albert Robinson)和罗尼·哈里斯(Ronnie Harris)分享同一间更衣室。艾伯特在次轻量级的决赛对墨西哥人安东尼奥·罗尔丹(Antonio Roldan)时，被取消了比赛资格；而罗尼则将轻量级比赛的金牌纳入囊中。

与艾伯特·罗宾逊相反，福尔曼获得了观众们的极大支持。他们无法原谅苏联人切普利斯,他在半决赛中淘汰墨西哥本土选手杰昆·罗查(Joaquin Rocha)。

在离开更衣室之前，身形高大的福尔曼，把女朋友送给他的念珠，连同一面助理教练送给他的小美国国旗放到了衣服的口袋中。

在赛场上，福尔曼不停地使用左直拳来阻止苏联人的攻击。"我如此害怕被击中，"新奥运冠军承认，"以至于每次他想要攻击，我都闭上了眼睛。幸运的是，我的左直拳很有效，很好地控制了距离。但另一方面来说，这也限制了我使用右拳。事实上，我的恐惧在于像艾伯特·罗宾逊一样被不公正地取消资格。"

左直拳的成功防守，为福尔曼获得了巨大信心。福尔曼随后变得更有攻击性，他用右拳打倒了切普利斯，比赛在第2轮就被裁判判定结束。当教练取下他的手套时，福尔曼抓住衣服口袋里的小美国国旗,回到了赛场的当中。"为了表明这是公平竞赛，一位拳击运动员应该向赛场四面的裁判员和观众致意，"他解释说,"在挥动国旗时，我并不想可以做出爱国的举动，或者采取与史密斯和卡洛斯相反的行为。不，我的行为比这个简单得多。自从我到达奥运村以来，我向每一位在训练场遇到的拳击选手致意，但是他们讲的是一种无法理解的语言而不是用英语回答我。我很快就明白，将人们区分开来的，是他们的国旗和肤色。

在这种情况下，在战胜了苏联人之后，我认为USA这几个印在我的背心前面的字母还不够，所以我挥动国旗。我想要对全世界说：'你们瞧，是一个美国人赢得了这枚金牌。'在我的行为中存在很多爱国主义的象征。当你参加奥运会时，你会情不自禁地比以往更加热爱自己的国家。"

这种热爱,比福尔曼在有关机构的帮助下，找到自己救赎之路时的感受更深。

他出生在休斯顿，和他的6个兄弟姐妹一起被母亲抚养长大。而他们的父亲由于在铁路上的工作很繁重，经常不回家。每逢周末，福尔曼的父亲便会一头钻进酒馆里，把微薄的工资喝个精光。

青少年时，家境贫寒的福尔曼曾经袭击路人，抢他们的钱包。15岁时，他意识到街头小混混的行为对自己没什么好处，于是便脱离同伙洗手不干了，但仍然会参与街头斗殴。后来他离开了学校，先是在餐馆洗盘子，然后在家具货场当仓库管理员。因为游手好闲被辞退后，有人提议他加入旨在帮助困境中青少年的工作队(Job Corps)。

在俄勒冈的营地度过6个月之后，福尔曼要求转到加利福尼亚的营地，这里以完备的体育设施而著称，特别是拳击馆。此前他的伙伴曾建议他在拳击场上一试身手。他一边训练，一边继续学习不同的职业技能，譬如木匠。参加过几场比赛后，虽然经历了金手套拳击赛的失败，他还是产生了成为职业选手的想法。但教练告诉他，他可以首先在奥运会上一试身手。当时，他还参加了美国军队的入伍检测，但始终不曾被征召。这也使他有足够的时间致力于取得墨西哥奥运会的参赛资格。

由于福尔曼的大姐刚刚生了小孩，他现在比以往更迫切地需要金钱来资助自己的家庭，如果新的重量级拳击奥运冠军没有成为职业选手，那才让人吃惊呢。

莫雷隆和特伦坦夺走了一切

他们这样做更多地是为了荣耀，而不是为了打败已经远远落后的荷兰人。

文/雅克·马尔尚

比利时人范·兰克尔 (Van Lancker) 和戈恩斯 (Goens)，在赛季中曾 3 次打败特伦坦 (Tretin) 和莫雷隆 (Morelon)，却在奥运会半决赛中成了他们的手下败将。关于这场比赛，他们说："法国人不是最好的，他们凌驾于所有人之上。应该把他们排除在比赛之外，让比赛真正成为开放式的公开较量。"

比利时人不幸地在这场有着决赛水准的半决赛中遇到了法国人，而他们是唯一给两位奥运冠军造成一定程度威胁的对手。在两局比赛中，法国人可以说只以微弱优势险胜。而在决赛中，他们成功地将荷兰人扬森 (Jansen) 和卢弗西恩 (Loevesijin) 玩弄于股掌之间。在为法国队带来第 4 枚金牌的短距离自行车赛决赛上，特伦坦和莫雷隆在最后一局中还创造出了奥运会的最短时间——9 秒 83，他们这样做更多地是为了荣耀，而不是为了打败已经被远远抛在后面的荷兰人。

自行车运动员丹尼尔·莫雷隆 (Daniel Morelon)1944 年 7 月 24 日出生在布昂佩斯，1961 年出道，1962 年第一次参加世界锦标赛，项目是追逐赛。在 1963 年的世界锦标赛中，他获得了速度赛的第 4 名。同年在那不勒斯的地中海运动会上，他取得第 3 名。在这届运动会上，他与特伦坦获得双人自行车赛的第 2 名。1964 年成为法国锦标赛的冠军，并在世界锦标赛上排名第 2，位列特伦坦之后。在 1964 年东京奥运会上，他获得了速度赛的铜牌，1965 年在世界锦标赛上获第 3 名，1966 年获得业余速度赛的第 1 个世界冠军头衔，并与特伦坦将双人自行车赛冠军头衔纳入囊中。在苏黎世，他还用 10 秒 72 的成绩打破了 100 米的世界纪录。

去年，他保住了世界冠军头衔。今年他成了奥运双料冠军。

在双人赛中，丹尼尔·莫雷隆和皮埃尔·特伦坦之间的默契最终创造了奇迹。比利时人不得不在他们面前俯首称臣。

雷比拉尔之美

奥运会不断地给予我们多种多样的情感，进而满足我们孩提时代的好奇心，比如达尼埃尔·雷比拉尔 (Daniel Rebillard)，从他那里我们再一次领略到这种美好的情感。这位青年天才来自里昂，他在墨西哥奥运会一场精彩异常的自行车较量之后，获得金牌。

雷比拉尔 1948 年 12 月 20 日出生在塞纳·马恩省，他现在住在里昂附近。自小雷比拉尔就梦想有朝一日能像父亲一样成为一名公路自行车运动员。长大之后，他果真成为一名自行车公路赛手。有一天他意识到自己总是在争先赛中输掉对手时，雷比拉尔就决定通过场地赛训练来提高自己的最高骑行速度。

从那以后，人们就会看到他定期在金顶公园的自行车馆进行训练。一位技术顾问看到他这么努力，鼓励他在场地赛训练方面继续下去。果真雷比拉尔通过专业训练，在场地追逐赛中取得的成绩非常出色，以至于热拉尔丹 (Gerardin) 选中他参加墨西哥奥运会。

赛前，雷比拉尔说："我很容易就适应了，墨西哥这里的高海拔对我来说从来没有构成过任何问题。"

但是对于雷比拉尔，这次美妙的奥运会夺冠经历，只是一个让他提高信心的阶段，同时也是促使他成为职业公路自行车运动员的决定性一步。从他看到罗杰·里维埃尔 (Roger Riviere) 那天起，他就已经梦想要成为职业选手了。

花剑个人比赛的第3名，丹尼尔·勒伟尼(右)，在团体赛的决赛中还扮演了一个决定性的角色。同队友一起，以9比6的比分战胜了苏联。

1968年墨西哥城第19届奥运会

世界充满革命，奥运会也逃脱不了：海拔和塑胶跑道的综合作用创造出了"历史性的"纪录。美国黑人在体育馆内外都引起了轰动。

数据

开幕日：1968 年 10 月 12 日

闭幕日：1968 年 10 月 27 日

主办国：墨西哥

其他申办城市：美国底特律、法国里昂、阿根廷布宜诺斯艾利斯

113 个国家奥委会派队参赛（国家名义）：54 个国家有女运动员参加

5531 名参赛运动员（781 名女运动员，4750 名男运动员）

18 个大项（其中 7 个有女子参加，包括混合项目）足球、现代五项、帆船、体操、游泳、击剑、赛艇、篮球、射击、田径、摔跤、自行车、举重、曲棍球、拳击、皮划艇、马术

表演项目：巴斯克回力球

172 个小项（其中 39 项有女子参加，包括混合项目）

宣布开幕者：墨西哥共和国总统古斯塔夫·迪亚斯 (Gustavo Diaz)

点燃圣火者：墨西哥田径选手诺尔玛·恩里盖塔·巴斯里奥 (Norma Enriqueta Basilio de Sotel)

运动员宣誓：墨西哥田径选手帕波罗·盖瑞多 (Pablo Garrido)

国际奥委会主席：美国人艾弗利·布伦戴奇

冬季奥运会

第十届冬季奥林匹克运动会于 1968 年 2 月 6 日至 2 月 18 日在法国格勒诺布尔举办。

应邀参赛的有 37 个国家和地区，1158 名运动员（其中女子 211 人，男子 947 人），参赛人数等于法国 1924 年第一次主办时的两倍多。首次参加的国家有摩洛哥。两个德国自 1956 年组成德国联队参加了 1956 至 1964 年的三届冬季奥运会，从本届冬奥会开始均独立组队参赛。

宣布开幕的是戴高乐将军，奥运会历史上第一次有了彩色电视转播。

从罗马到墨西哥城

1964

• 10 月 11 日，尼基塔·赫鲁晓夫 (Nikita Khrouchtchev) 下台。勃列日涅夫 (Leonid Brejnev) 成为苏联共产党的第一书记。

• 法国作家、剧作家让·保罗·萨特拒绝接受诺贝尔文学奖。

1965

• 2 月 21 日，黑人领袖马尔科姆·X(Malcom X) 被暗杀。

• 8 月 7 日，在越南，战争逐步升级，美国对北方进行空袭。

• 11 月 25 日，蒙博托 (Mobutu) 将军通过政变在刚果建立未来的扎伊尔政权。

• 12 月 13 日，美国中量级拳击手雷伊·罗宾逊 (Ray Robinson) 在其 45 岁时，参加过 199 场比赛后，决定离开拳击场。

• 12 月 19 日，戴高乐再次被选举为共和国总统。在选举第二轮中，他的对手是弗朗索瓦·密特朗 (Franois Mitterrand)。

1966

• 1 月 19 日，在印度，英迪拉·甘地 (Indira Gandhi) 成为了总理。

• 3 月，法国宣布退出北大西洋公约组织，并规定 1967 年 4 月 1 日美国军队从法国领土撤出。

• 8 月 1 日，温布利，世界杯的决赛中，英国通过赫斯特 (Hurst) 在加时赛期间两个非常有争议的进球以 4：2 的比分战胜了德意志联邦共和国。

• 8 月 16 日，中国持续十年的"文化大革命"开始。

• 8 月 29 日，披头士举办了第 2 场演唱会。

• 12 月 15 日，米老鼠之父、卡通的创始人沃特·迪斯尼 (Walt Disney) 去世。

1967

• 3 月 18 日，油轮"托里坎荣"号在康维尔的海面上搁浅，引发了一直蔓延到布列塔尼海岸的严重污染。

• 3 月 28 日，美国黑人拳击手卡修斯·克莱 (Cassius Clay) 拒绝到越南参战。拳击协会撤销了他的重量级世界冠军头衔和职业拳击手的执照。

• 10 月 9 日，切·格瓦拉 (Ernesto Che Guevara) 在玻利维亚去世。

• 11 月 22 日，联合国采取了 242 号决议，勒令以色列撤出占领的土地。

1968

• 3 月 22 日，由丹尼尔·科恩·本迪特 (Daniel Cohn-Bendit) 带领的学生，占领了巴黎大学。

• 3 月 23 日，加的夫，在橄榄球比赛中，法国以 14 比 9 战胜了威尔士，获得了历史上第一个大满贯。

• 5 月，法国学生和工人与防暴警察发生冲突。5 月 20 日，罢工普遍进行。政府通过签署《格勒纳勒协议》恢复了社会稳定。议会被解散。

• 4 月 4 日，马丁·路德·金 (Martin Luther King) 在孟菲斯被谋杀。

• 6 月 5 日，在洛杉矶，参议员罗伯特·肯尼迪 (Robert Kennedy) 也被一个名叫舍汗·舍汗 (Sirhan-Sirhan) 的约旦人暗杀。

• 4 月 21 日，华约的军队结束了"布拉格之春"。

你知道吗？

奥运会第一次在 2240 米这么高的海拔上举行。德国民主共和国的运动员们以东德的名义参加了比赛。

比赛优胜者们首次需要接受药检。第 1 个由于药检不合格而被取消资格的是瑞典现代五项选手汉斯·冈纳·李森沃尔 (Hans-Gunnar Liljenwall)。田径、自行车、赛艇、皮划艇、游泳和马术的时间官方计时采取手动和电子方式同时进行。但是电子计时被看做是实时。

墨西哥城内的主干道车水马龙的景象。

墨西哥城 Mexico

这里曾经是印第安人的最大的活动中心，到处张扬着古老印第安文明的色彩

墨西哥首都墨西哥城是一座别具特色的城市。这里曾经是印第安人最大的活动中心，到处张扬着古老印第安文明的色彩，虽然印第安文明早在400多年前就被西班牙人一把火烧个精光。经历过数百年的大风大浪，如今的墨西哥城显得十分平静。

早在1325年，印第安部族阿兹特克人就在这里建城，之后成为阿兹特克帝国的首都和经济、宗教中心。1521年被西班牙侵占，城市受到严重破坏。西班牙殖民者在废墟上修建了许多欧洲式宫殿、教堂、修道院等建筑，并给该城取名为墨西哥城，以“宫殿都城”之誉驰名欧洲。1535年这里成为西班牙总督府所在地，并逐渐成为商业中心。1821年，墨西哥独立时定为首都。18世纪末，城市规模不断扩大。“二战”后，墨西哥城工业迅速发展，人口激增，成为当时世界上最大的城市之一。

作为国家的政治、经济中心，墨西哥城集中了40%～50%的工业、45%的商业、52%的服务业以及68%的金融业。这里同样是全国最大的交通枢纽，4条铁路汇聚与此，市内有6条地铁线，总长100公里。城东郊的墨西哥国际机场有20多条国际线路通往世界各地。

壁画是墨西哥城最惹眼的标志。在许多建筑物的墙壁上都有气势磅礴、色彩绚丽、展现墨西哥人民生活和斗争场面的壁画。这里也被人们称做“壁画之都”。早在1000多年前，墨西哥高原上的古印第安人就擅长于这种艺术，不少印第安人建筑物的墙壁内外，至今保留着反映当时生活状况的壁画。而1920年代以来，现代壁画相继出现，开创了墨西哥新兴的壁画运动。墨西哥的壁画，在世界壁画史上有着特殊的位置和重要的地位。

1963年，国际奥委会于联邦德国巴登召开的第60届会议上，将墨西哥城定为第19届夏季奥运会会址。选择墨西哥城举办1968年奥运会，称得上是当时人们对古老印第安文明的一种向往，因为申请这一届奥运会主办权的，还有阿根廷的布宜诺斯艾利斯、美国的底特律和法国的里昂，但墨西哥城无疑是当时最具吸引力的城市。

然而，人们对生活在平原地区的运动员能否适应这个高原城市的气候，表示了严重的关注。墨西哥城海拔2240米。当会址最后确定下来后，各国立即寻找高原地段进行适应性训练。一般认为生活在平原的选手，需要2～4周的时间才能适应高原的环境。为此，墨西哥奥运会组委会决定在奥运会前3年分别举办3次“奥林匹克周”，让各国选手到墨西哥城进行适应性比赛。此外，还在奥运会前两周，邀请各国代表团提前到达，并免费接待。因此较好地解决了世界各国对高原的忧虑问题。

奥运会的到来，使墨西哥城的经济更加强盛，现代化的高楼大厦相继拔地而起。它既保留了浓郁的民族文化色彩，又成为了一座绚丽多姿的现代化城市。

关键词·悬崖跳水

在墨西哥太平洋沿岸的阿卡普尔科老城北端的悬崖上，每天都会吸引许多游客前来观看这里的悬崖跳水。与蹦极不同，墨西哥人的悬崖跳水除了救生衣之外，没有任何保护措施，而这也正是年轻人趋之若鹜的原因——更刺激、更惊险。悬崖跳水可以说是以命相搏，没有相当胆识者不敢轻易尝试。

悬崖跳水是当地人敢于向大自然挑战的勇敢精神的生动体现。墨西哥人就是在向大自然的挑战中推动了当地旅游业的发展，使阿卡普尔科成为墨西哥太平洋海岸一颗璀璨的明珠，每年游人如织。

男子田径 (ATHLETICS-men)

60米

1900 1. **阿尔文·克伦茨莱因(Alvin Kraenzlein)** **美国** **7"00**
2. 约翰·沃尔特·图克斯布里(John Walter Tewksbury) 美国 7"10
3. 斯坦利·罗利(Stanley Rowley) 澳大利亚 7"20

1904 1. **阿尔齐·哈恩(Archie Hahn)** **美国** **7"00**
2. 威廉·霍根森(William Hogenson) 美国 7"20
3. 费莫尔顿(Fay Moulton) 美国 7"20

100米

1896 1. **托马斯·伯克(Thomas Burke)** **美国** **12"00**
2. 弗里茨·霍夫曼(Fritz Hofmann) 德国 12"20
3. 阿拉约斯·佐科利伊(Alajos Szokolyi) 匈牙利 12"60
3. 弗朗西斯·莱恩(Francis Lane) 美国 12"60

1900 1. **弗兰克·贾尔维斯(Frank Jarvis)** **美国** **11"00**
2. 约翰·沃尔特·图克斯布里(John Walter Tewksbury) 美国 11"10
3. 斯坦利·罗利(Stanley Rowley) 澳大利亚 11"20

1904 1. **阿尔齐·哈恩(Archie Hahn)** **美国** **11"00**
2. 纳塔尼尔·卡特梅尔(Nathaniel Cartmell) 美国 11"20
3. 威廉·霍根森(William Hogenson) 美国 11"20

1908 1. **雷吉纳尔德·沃克尔(Reginald Walker)** **南非** **10"80**
2. 詹姆斯·雷克托(James Rector) 美国 11"00
3. 罗伯特·凯尔(Robert Kerr) 加拿大 11"00

1912 1. **拉尔夫·克雷格(Ralph Craig)** **美国** **10"80**
2. 阿尔瓦赫·麦耶尔(Alvah Meyer) 美国 10"90
3. 唐纳德·利平科特(Donald Lippincott) 美国 10"90

1920 1. **查尔斯·帕多克(Charles Paddock)** **美国** **10"80**
2. 莫里斯·柯克西(Morris Kirksey) 美国 10"90
3. 哈里·爱德华(Harry Edward) 英国 10"90

1924 1. **哈罗德·亚伯拉罕斯(Harold Abrahams)** **英国** **10"60**
2. 杰克逊·肖尔茨(Jackson Scholz) 美国 10"80
3. 亚瑟·波里特(Arthur Porritt) 新西兰 10"80

1928 1. **佩尔希·威廉姆斯(Percy Williams)** **加拿大** **10"80**
2. 杰克·伦敦(Jack London) 英国 10"90
3. 乔格·拉莫斯(Georg Lammers) 德国 10"90

1932 1. **托马斯·埃迪·托兰(Thomas Eddie Tolan)** **美国** **10"30**
2. 拉尔夫·梅特卡尔夫(Ralph Metcalfe) 美国 10"40
3. 亚瑟·乔纳特(Arthur Jonath) 德国 10"40

1936 1. **詹姆斯·杰西·欧文斯(James Jesse Owens)** **美国** **10"30**
2. 拉尔夫·梅特卡尔夫(Ralph Metcalfe) 美国 10"40
3. 马蒂努斯·奥森达普(Martinus Osendarp) 荷兰 10"50

1948 1. **哈里森·蒂拉尔德(Harrison Dillard)** **美国** **10"30**
2. 诺尔伍德·埃维尔(Norwood Ewell) 美国 10"40
3. 洛伊德·拉比奇(Lloyd LaBeach) 巴拿马 10"60

1952 1. **林迪·雷米吉诺(Lindy Remigino)** **美国** **10"40**
2. 赫伯特·麦肯利(Herbert McKenley) 牙买加 10"40
3. 埃曼努埃尔·麦克唐纳德·贝利(Emmanuel McDonald Bailey) 英国 10"40

1956 1. **罗伯特·博比·莫罗(Robert Bobby Morrow)** **美国** **10"50**
2. 泰恩·贝克尔(Thane Baker) 美国 10"50
3. 赫克托·霍根(Hector Hogan) 澳大利亚 10"60

1960 1. **阿敏·哈里(Armin Hary)** **德国** **10"20**
2. 大卫·塞姆(David Sime) 美国 10"20
3. 皮特·莱德福德(Peter Radford) 英国 10"30

1964 1. **海斯(Robert Hayes)** **美国** **10"06**
2. 费格罗拉(Enrique Figuerola) 古巴 10"25
3. 杰罗姆(Harry Jerome) 加拿大 10"27

1968 1. **海因斯(Jim Hines)** **美国** **9"95**
2. 米勒(Lennox Miller) 牙买加 10"04
3. 格林(Charles Greene) 美国 10"07

200米

1900 1. **约翰·沃尔特·图克斯布里(John Walter Tewksbury)** **美国** **22"20**
2. 诺尔曼·普里查德(Norman Pritchard) 印度 22"80
3. 斯坦利·罗利(Stanley Rowley) 澳大利亚 22"90

1904 1. **阿尔齐·哈恩(Archie Hahn)** **美国** **21"60**
2. 纳塔尼尔·卡特梅尔(Nathaniel Cartmell) 美国 21"90
3. 威廉·霍根森(William Hogenson) 美国 22"10

1908 1. **罗伯特·凯尔(Robert Kerr)** **加拿大** **22"60**
2. 罗伯特·克劳根(Robert Cloughen) 美国 22"60
3. 纳塔尼尔·卡特梅尔(Nathaniel Cartmell) 美国 22"70

1912 1. **拉尔夫·克雷格(Ralph Craig)** **美国** **21"70**
2. 唐纳德·利平科特(Donald Lippincott) 美国 21"80
3. 威廉·阿普尔加特(William Applegarth) 英国 22"00

1920 1. **阿伦·伍德林(Allen Woodring)** **美国** **22"00**
2. 查尔斯·帕多克(Charles Paddock) 美国 22"10
3. 哈里·爱德华(Harry Edward) 英国 22"20

1924 1. **杰克逊·肖尔茨(Jackson Scholz)** **美国** **21"60**
2. 查尔斯·帕多克(Charles Paddock) 美国 21"70
3. 埃里克·利德尔(Eric Liddell) 英国 21"90

1928 1. **佩尔希·威廉姆斯(Percy Williams)** **加拿大** **21"80**
2. 沃尔特·兰吉利(Walter Rangeley) 英国 21"90
3. 赫尔穆特·科尼格(Helmuth K·rnig) 德国 21"90

1932 1. **托马斯·埃迪·托兰(Thomas Eddie Tolan)** **美国** **21"20**
2. 乔治·辛普森(George Simpson) 美国 21"40
3. 拉尔夫·梅特卡尔夫(Ralph Metcalfe) 美国 21"50

1936 1. **詹姆斯·杰西·欧文斯(James Jesse Owens)** **美国** **20"70**
2. 马修·马克·罗宾逊(Matthew Mack Robinson) 美国 21"10
3. 马蒂努斯·奥森达普(Martinus Osendarp) 荷兰 21"30

1948 1. **梅尔文·巴顿(Melvin Patton)** **美国** **21"10**
2. 诺尔伍德·埃维尔(Norwood Ewell) 美国 21"10
3. 洛伊德·拉比奇(Lloyd LaBeach) 巴拿马 21"20

1952 1. **安德鲁·斯坦菲尔德(Andrew Stanfield)** **美国** **20"70**
2. 泰恩·贝克尔(Thane Baker) 美国 20"80
3. 詹姆斯·盖瑟斯(James Gathers) 美国 20"80

1956 1. **罗伯特·博比·莫罗(Robert Bobby Morrow)** **美国** **20"60**
2. 安德鲁·斯坦菲尔德(Andrew Stanfield) 美国 20"70
3. 泰恩·贝克尔(Thane Baker) 美国 20"90

1960 1. **里维沃·贝鲁蒂(Livio Berruti)** **意大利** **20"50**
2. 莱斯特·卡尼(Lester Carney) 美国 20"60
3. 阿卜杜拉耶·塞伊(Abdoulaye Seye) 法国/塞内加尔 20"70

1964 1. **卡尔(Henry Carr)** **美国** **20"36**
2. 德雷顿(Paul Drayton) 美国 20"58
3. 罗伯茨(Edwin Roberts) 特立尼达和多巴哥 20"63

1968 1. **史密斯(Tommie Smith)** **美国** **19"83**
2. 诺尔曼(Peter Nomad) 澳大利亚 20"06
3. 卡洛斯(John Carlos) 美国 20"10

400米

1896 1. **托马斯·伯克(Thomas Burke)** **美国** **54"20**
2. 赫伯特·贾米森(Herbert Jamison) 美国 55"20
3. 查尔斯·格姆林(Charles Gmelin) 英国 55"60
3. 弗里茨·霍夫曼(Fritz Hofmann) 德国 55"60

1900 1. **麦克斯韦尔·朗(Maxwell Long)** **美国** **49"40**
2. 威廉·霍兰德(William Holland) 美国 49"60
3. 恩斯特·舒尔茨(Ernst Schultz) 丹麦 53"00

1904 1. **哈里·希尔曼(Harry Hillman)** **美国** **49"20**
2. 弗兰克·沃勒尔(Frank Waller) 美国 49"90
3. 赫曼·格罗曼(Herman Groman) 美国 50"00

1908 1. **韦德汉姆·哈斯威尔(Wyndham Hallswelle)** **英国** **50"00**

1912 1. **查尔斯·雷德帕斯(Charles Reidpath)** **美国** **48"20**
2. 汉斯·布劳恩(Hans Braun) 德国 48"30
3. 爱德华·林德伯格(Edward Lindberg) 美国 48"40

1920 1. **贝维尔·拉德(Bevil Rudd)** **南非** **49"60**
2. 居伊·巴特勒(Guy Butler) 英国 49"90
3. 尼尔斯·恩格达尔(Nils Engdahl) 瑞典 49"90

1924 1. **埃里克·利德尔(Eric Liddell)** **英国** **47"60**
2. 霍拉迪奥·菲奇(Horatio Fitch) 美国 48"40
3. 居伊·巴特勒(Guy Butler) 英国 48"60

1928 1. **雷蒙德·巴尔布蒂(Raymond Barbuti)** **美国** **47"80**
2. 詹姆斯·鲍尔(James Ball) 加拿大 48"00
3. 乔希姆·比希纳(Joachim Buchner) 德国 48"20

1932 1. **威廉·卡尔(William Carr)** **美国** **46"20**
2. 本杰明·伊斯特曼(Benjamin Eastman) 美国 46"40
3. 亚历山大·威尔逊(Alexander Wilson) 加拿大 47"40

1936 1. **阿尔奇·威廉姆斯(Archie Willams)** **美国** **46"50**
2. 亚瑟·布朗(Arthur Brown) 英国 46"70
3. 詹姆斯·卢瓦尔(James LuValle) 美国 46"80

1948 1. **亚瑟·温特(Arthur Wint)** **牙买加** **46"20**
2. 赫伯特·麦肯利(Herbert McKenley) 牙买加 46"40
3. 马尔文·怀特菲尔德(Malvin Whitfield) 美国 46"90

1952 1. **乔治·罗登(George Rhoden)** **牙买加** **45"90**
2. 赫伯特·麦肯利(Herbert McKenley) 牙买加 45"90
3. 奥利·马特森(Ollie Matson) 美国 46"80

1956 1. **查尔斯·詹金斯(Charles Jenkins)** **美国** **46"70**
2. 卡尔·弗雷德里希·哈斯(Karl Friedrich Haas) 联邦德国 46"80
3. 沃伊托·赫尔斯滕(Voitto Hellsten) 芬兰 47"00
3. 阿尔达里翁·伊格纳季耶夫(Ardalion Ignatyev) 苏联 47"00

1960 1. **奥蒂斯·戴维斯(Otis Davis)** **美国** **44"90**
2. 卡尔·考夫曼(Carl Kaufmann) 德国 44"90
3. 马尔科姆·斯潘瑟(Malcolm Spence) 南非 45"50

1964 1. **拉拉贝(Michael Larrabee)** **美国** **45"15**
2. 莫特利(Wendell Mottley) 特立尼达和多巴哥 45"24
3. 巴登斯基(Andrzej Badenski) 波兰 45"64

1968 1. **埃文斯(Lee Evans)** **美国** **43"86**
2. 詹姆斯(Larry James) 美国 43"97
3. 弗里曼(Ron Freeman) 美国 44"41

800米

1896 1. **埃德温·弗拉克(Edwin Flack)** **澳大利亚** **2'11"00**
2. 南多尔·达尼(Nandor Dani) 匈牙利 2'11"80
3. 迪米特里奥斯·格莱米斯(Dimitrios Golemis) 希腊 2'28"00

1900 1. **阿尔弗莱德·泰索(Alfred Tysoe)** **英国** **2'01"20**
2. 约翰·克莱根(John Cregan) 美国 2'01"80
3. 大卫·霍尔(David Hall) 美国 2'03"00

1904 1. **詹姆斯·莱特伯蒂(James Lightbody)** **美国** **1'56"00**
3. 霍华德·瓦伦丁(Howard Valentine) 美国 1'56"30
3. 埃米尔·布莱特克罗伊茨(Emil Breitkreutz) 美国 1'56"40

1908 1. **梅尔文·谢帕尔德(Melvin Sheppard)** **美国** **1'52"80**
2. 埃米利奥·伦吉(Emilio Lunghi) 意大利 1'54"20
3. 汉斯·布劳恩(Hans Braun) 德国 1'55"20

1912 1. **詹姆斯·泰德·梅莱迪斯(James Ted Meredith)** **美国** **1'51"90**
2. 梅尔文·谢帕尔德(Melvin Sheppard) 美国 1'52"00
3. 埃拉·达文波特(Ira Davenport) 美国 1'52"00

1920 1. **阿尔伯特·希尔(Albert Hill)** **英国** **1'53"40**
2. 伊尔·伊比(Earl Eby) 美国 1'53"60
3. 贝维尔·拉德(Bevil Rudd) 南非 1'54"00

1924 1. **道格拉斯·洛威(Douglas Lowe)** **英国** **1'52"40**
2. 保罗·马丁(Paul Martin) 瑞士 1'52"50
3. 舒伊勒·恩克(Schuyler Enck) 美国 1'52"90

1928 1. **道格拉斯·洛威(Douglas Lowe)** **英国** **1'51"80**
2. 埃里克·比莱恩(Erik Bylehn) 瑞典 1'52"80
3. 赫曼·恩格哈尔德(Hermann Engelhard) 德国 1'53"20

1932 1. **托马斯·汉普森(Thomas Hampson)** **英国** **1'49"70**
2. 亚历山大·威尔逊(Alexander Wilson) 加拿大 1'49"90
3. 菲利浦·爱德华兹(Philip Edwards) 加拿大 1'51"50

1936 1. **约翰·伍德拉夫(John Woodruff)** **美国** **1'52"90**
2. 马里奥·兰齐(Mario Lanzi) 意大利 1'53"30
3. 菲利浦·爱德华兹(Philip Edwards) 加拿大 1'53"60

1948 1. **马尔文·维特费尔德(Malvin Whitfield)** **美国** **1'49"20**
2. 亚瑟·温特(Arthur Wint) 牙买加 1'49"50
3. 马塞尔·昂塞纳(Marcel Hansenne) 法国 1'49"80

1952 1. **马尔文·维特费尔德(Malvin Whitfield)** **美国** **1'49"20**
2. 亚瑟·温特(Arthur Wint) 牙买加 1'49"40
3. 海因茨·乌尔茨海默尔(Heinz Ulzheimer) 德国 1'49"70

1956 1. **托马斯·考特尼(Thomas Courtney)** **美国** **1'47"70**
2. 德雷克·约翰逊(Derek Johnson) 英国 1'47"80
3. 奥登·博伊森(Auden Boysen) 挪威 1'48"10

1960 1. **皮特·斯内尔(Peter Snell)** **新西兰** **1'46"30**
2. 罗杰·莫恩斯(Roger Moens) 比利时 1'46"50
3. 乔治·凯尔(George Kerr) 牙买加 1'47"10

1964 1. **斯内尔(Peter Snell)** **新西兰** **1'45"10**
2. 克罗瑟斯(William Crothers) 加拿大 1'45"60
3. 基普鲁古特(Wilson Kiprugut) 肯尼亚 1'45"90

1968 1. **杜贝尔(Ralph Doubell)** **澳大利亚** **1'44"40**
2. 基普鲁古特(Wilson Kiprugut) 肯尼亚 1'44"57
3. 法雷尔(Tom Farrell) 美国 1'45"46

1500米

1896 1. **埃德温·弗拉克(Edwin Flack)** **澳大利亚** **4'33"20**
2. 亚瑟·布莱克(Arthur Blake) 美国 4'34"00
3. 阿尔本·莱尔米西奥(Albin Lermusiaux) 法国 4'37"00

1900 1. **查尔斯·贝内特(Charles Bennett)** **英国** **4'06"20**
2. 亨利·德劳热(Henri Deloge) 法国 4'07"00
3. 约翰·布雷(John Bray) 美国 4'10"20

1904 1. **詹姆斯·莱特伯蒂(James Lightbody)** **美国** **4'05"40**
2. 威廉·弗兰克·维尔内(William Frank Verner) 美国 4'06"80
3. 莱希·赫尔恩(Lacey Hearn) 美国 成绩无记录

1908 1. **梅尔文·谢帕尔德(Melvin Sheppard)** **美国** **4'03"40**
2. 哈罗德·威尔逊(Harold Wilson) 英国 4'03"60
3. 诺尔曼·哈罗斯(Norman Hallows) 英国 4'04"00

1912 1. **阿诺德·杰克逊(Arnold Jackson)** **英国** **3'56"80**
2. 阿贝尔·基维亚特(Abel Kiviat) 美国 3'56"90
3. 诺尔曼·泰伯尔(Norman Taber) 美国 3'56"90

1920 1. **阿尔伯特·希尔(Albert Hill)** **英国** **4'01"80**
2. 菲利浦·贝克尔(Philip Baker) 英国 4'02"30
3. 劳伦斯·希尔茨(Lawrence Shields) 美国 4'03"00

1924 1. **帕沃·努尔米(Paavo Nurmi)** **芬兰** **3'53"60**
2. 威尔海姆·舍勒尔(Wilhelm Sch·rer) 瑞士 3'55"00
3. 亨利·斯托拉尔德(Henry Stallard) 英国 3'55"60

1928 1. **哈里·拉尔瓦(Harri Larva)** **芬兰** **3'53"20**
2. 于勒·拉杜梅格(Jules Ladoumegue) 法国 3'53"80
3. 埃诺·普尔耶·博格(Eino Purje Borg) 芬兰 3'56"40

1932 1. **鲁吉·贝卡利(Luigi Beccali)** **意大利** **3'51"20**
2. 约翰·科内斯(John Cornes) 英国 3'52"60
3. 菲利浦·爱德华兹(Philip Edwards) 加拿大 3'52"80

1936 1. **约翰·拉夫洛克(John Lovelock)** **新西兰** **3'47"80**
2. 格伦·昆宁汉姆(Glenn Cunningham) 美国 3'48"60
3. 鲁吉·贝卡利(Luigi Beccali) 意大利 3'49"20

1948 1. **亨利·埃里克森(Henry Eriksson)** **瑞典** **3'49"80**
2. 莱纳特·斯特兰伯格(Lennart Strandberg) 瑞典 3'50"40
3. 威廉·斯里耶克赫伊斯(Willem Slijkhuis) 荷兰 3'50"40

1952 1. **约瑟夫·巴特尔(Josef Barthel)** **卢森堡** **3'45"10**
2. 罗伯特·麦克米伦(Robert McMillen) 美国 3'45"20
3. 维尔纳·卢埃格(Werner Lueg) 德国 3'45"40

1956 1. **罗恩·德拉尼(Ron Delany)** **爱尔兰** **3'41"20**
2. 克劳斯·里希茨恩海因(Klaus Richtzenhain) 德国 3'42"00
3. 约翰·兰迪(John Landy) 澳大利亚 3'42"00

1960 1. **赫伯特·埃利奥特(Herbert Elliott)** **澳大利亚** **3'35"60**
2. 米歇尔·雅齐(Michel Jazy) 法国 3'38"40
3. 伊斯特凡·罗扎沃尔吉(Istvan Rozsavolgyi) 匈牙利 3'39"20

1964 1. **斯内尔(Peter Snell)** **新西兰** **3'38"1**
2. 奥德洛日尔(Josef Odlozil) 捷克斯洛伐克 3'39"6
3. 戴维斯(John Davies) 新西兰 3'39"6

1968 1. **基诺(Kip Keino)** **肯尼亚** **3'34"91**
2. 赖恩(Jim Ryun) 美国 3'37"89
3. 蒂姆勒(Bodo Tummler) 联邦德国 3'39"08

5000米

1912 1. **约翰·汉内斯·科勒赫迈宁(Johan Hannes Kolehmainen)** **芬兰** **14'36"60**
2. 让·布安(Jean Bouin) 法国 14'36"70
3. 乔治·赫特森(George Hutson) 英国 15'07"60

1920 1. **约瑟夫·吉耶莫(Joseph Guillemot)** **法国** **14'55"60**

	2. 帕沃·努尔米(Paavo Nurmi)	芬兰	15'00"00
	3. 埃里克·巴克曼(Eric Backman)	瑞典	15'13"00
1924	**1. 帕沃·努尔米(Paavo Nurmi)**	**芬兰**	**14'31"20**
	2. 维尔霍·维尔·里托拉(Vilho Ville Ritola)	芬兰	14'31"40
	3. 埃德温·威德(Edvin Wide)	瑞典	15'01"80
1928	**1. 维尔霍·维尔·里托拉(Vilho Ville Ritola)**	**芬兰**	**14'38"00**
	2. 帕沃·努尔米(Paavo Nurmi)	芬兰	14'40"00
	3. 埃德温·威德(Edvin Wide)	瑞典	14'41"20
1932	**1. 劳利·莱赫蒂宁(Lauri Lehtinen)**	**芬兰**	**14'30"00**
	2. 拉尔夫·希尔(Ralph Hill)	美国	14'30"00
	3. 劳利·维尔塔宁(Lauri Virtanen)	芬兰	14'44"00
1936	**1. 甘纳尔·霍克特(Gunnar H·ckert)**	**芬兰**	**14'22"20**
	2. 劳利·莱赫蒂宁(Lauri Lehtinen)	芬兰	14'25"80
	3. 亨利·琼森(Henry Jonsson)	瑞典	14'29"00
1948	**1. 加斯东·雷夫(Gaston Reiff)**	**比利时**	**14'17"60**
	2. 埃米尔·扎托佩克(Emil Zatopek)	捷克斯洛伐克	14'17"80
	3. 威廉·斯里耶克赫伊斯(Willem Slijkhuis)	荷兰	14'26"80
1952	**1. 埃米尔·扎托佩克(Emil Zatopek)**	**捷克斯洛伐克**	**14'06"60**
	2. 阿兰·米姆恩·奥卡沙(Alain Mimoun O΄Kacha)	法国	14'07"40
	3. 赫伯特·沙德(Herbert Schade)	德国	14'08"60
1956	**1. 弗拉迪米尔·库茨(Vladimir Kuts)**	**苏联**	**13'39"60**
	2. 高尔登·皮里(Gordon Pirie)	英国	13'50"60
	3. 德雷克·伊博森(Derek Ibbotson)	英国	13'54"00
1960	**1. 穆雷·哈尔伯格(Murray Halberg)**	**新西兰**	**13'43"40**
	2. 汉斯·格罗多茨基(Hans Grodotzki)	德国	13'44"60
	3. 卡齐米尔茨·齐姆尼(Kazimierz Zimny)	波兰	13'44"80
1964	**1. 舒尔(Robert schul)**	**美国**	**13'48"80**
	2. 诺尔波特(Harald Norpoth)	德国	13'49"60
	3. 德林杰(William Dellinger)	美国	13'49"80
1968	**1. 加穆迪(Mohamed Gammoudi)**	**突尼斯**	**14'05"01**
	2. 基诺(Kip Keino)	肯尼亚	14'05"16
	3. 蒂姆(Naftali Temu)	肯尼亚	14'06"41

5英里

1908	**1. 埃米尔·沃伊特(Emil Voigt)**	**英国**	**25'11"20**
	2. 爱德华·欧文(Edward Owen)	英国	25'24"00
	3. 约翰·斯万伯格(Johan Svanberg)	瑞典	25'37"20

10000米

1912	**1. 约翰·汉内斯·科勒赫迈宁(Johan Hannes Kolehmainen)**	**芬兰**	**31'20"80**
	2. 路易斯·特瓦尼马(Louis Tewanima)	美国	32'06"60
	3. 阿尔宾·斯滕罗斯(Albin Stenroos)	芬兰	32'21"80
1920	**1. 帕沃·努尔米(Paavo Nurmi)**	**芬兰**	**31'45"80**
	2. 约瑟夫·吉耶莫(Joseph Guillemot)	法国	31'47"20
	3. 詹姆斯·威尔逊(James Wilson)	英国	31'50"80
1924	**1. 维尔霍·维尔·里托拉(Vilho Ville Ritola)**	**芬兰**	**30'23"20**
	2. 埃德温·威德(Edvin Wide)	瑞典	30'55"20
	3. 埃罗·伯格(Eero Berg)	芬兰	31'43"00
1928	**1. 帕沃·努尔米(Paavo Nurmi)**	**芬兰**	**30'18"80**
	2. 维尔霍·维尔·里托拉(Vilho Ville Ritola)	芬兰	30'19"40
	3. 埃德温·威德(Edvin Wide)	瑞典	31'00"80
1932	**1. 贾努茨·库索辛斯基(Janusz Kusocinski)**	**波兰**	**30'11"40**
	2. 沃尔马里·伊索·霍洛(Volmari Iso Hollo)	芬兰	30'12"60
	3. 劳利·维尔塔宁(Lauri Virtanen)	芬兰	30'35"00
1936	**1. 伊马里·萨尔米宁(Ilmari Salminen)**	**芬兰**	**30'15"40**
	2. 阿尔沃·阿斯科拉(Arvo Askola)	芬兰	30'15"60
	3. 沃尔马里·伊索·霍洛(Volmari Iso Hollo)	芬兰	30'20"20
1948	**1. 埃米尔·扎托佩克(Emil Zatopek)**	**捷克斯洛伐克**	**29'59"60**
	2. 阿兰·米姆恩·奥卡沙(Alain Mimoun O΄Kacha)	法国	30'47"40
	3. 贝尔蒂尔·阿尔贝特森(Bertil Albertsson)	瑞典	30'53"60
1952	**1. 埃米尔·扎托佩克(Emil Zatopek)**	**捷克斯洛伐克**	**29'17"00**
	2. 阿兰·米姆恩·奥卡沙(Alain Mimoun O΄Kacha)	法国	29'32"80
	3. 亚历山大·阿努弗里耶夫(Aleksandr Anufriev)	苏联	29'48"20
1956	**1. 弗拉迪米尔·库茨(Vladimir Kuts)**	**苏联**	**28'45"60**
	2. 约瑟夫·科瓦茨(Jozsef Kovacs)	匈牙利	28'52"40
	3. 阿兰·劳伦斯(Allan Lawrence)	澳大利亚	28'53"60
1960	**1. 皮奥特尔·博洛特尼科夫(Pyotr Bolotnikov)**	**苏联**	**28'32"20**
	2. 汉斯·格罗多茨基(Hans Grodotzki)	德国	28'37"00
	3. 大卫·鲍威尔(David Power)	澳大利亚	28'38"20
1964	**1. 米尔斯(William Mills)**	**美国**	**28'24"4**
	2. 加穆迪(Mohamed Gammoudi)	突尼斯	28'24"8
	3. 克拉克(Ronald Clark)	澳大利亚	28'25"8
1968	**1. 蒂姆(Naftali Temu)**	**肯尼亚**	**29'27"40**
	2. 沃尔德(Mamo Wolde)	埃塞俄比亚	29'27"75
	3. 加穆迪(Mohamed Gammoudi)	突尼斯	29'34"2

马拉松

1896	**1. 斯皮里东·路易斯(Spiridon Louis)**	**希腊**	**2h58'50"**
	2. 查理拉奥斯·瓦希拉科斯(Charilaos Vasilakos)	希腊	3h06'03"
	3. 吉乌拉·科尔涅尔(Gyula Kellner)	匈牙利	3h06'35"
1900	**1. 米歇尔·特亚托(Michel Theato)**	**法国**	**2h59'45"**
	2. 埃米尔·尚皮翁(Emile Champion)	法国	3h04'17"
	3. 恩斯特·法斯特(Ernst Fast)	瑞典	3h37'14"
1904	**1. 托马斯·希克斯(Thomas Hicks)**	**美国**	**3h28'53"**
	2. 阿尔贝尔·科雷(Albert Corey)	法国	3h34'52"
	3. 亚瑟·牛顿(Arthur Newton)	美国	3h37'14"
1908	**1. 约翰·海耶斯(John Hayes)**	**美国**	**2h55'18"40**
	2. 查尔斯·赫弗罗恩(Charles Hefferon)	南非	2h56'06"00
	3. 约瑟夫·弗尔肖(Joseph Forshaw)	美国	2h57'10"40
1912	**1. 肯尼斯·麦克阿瑟(Kenneth McArthur)**	**南非**	**2h36'54"80**
	2. 克里斯托弗·吉特沙姆(Christopher Gitsham)	南非	2h37'52"00
	3. 加斯东·斯特罗比诺(Gaston Strobino)	美国	2h38'42"40
1920	**1. 约翰·汉内斯·科勒赫迈宁(Johan Hannes Kolehmainen)**	**芬兰**	**2h32'35"80**
	2. 尤里·洛斯曼(Yuri Lossmann)	爱沙尼亚	2h32'48"60
	3. 瓦莱里奥·阿里(Valerio Arri)	意大利	2h36'32"80
1924	**1. 阿尔宾·斯滕罗斯(Albin Stenroos)**	**芬兰**	**2h41'22"60**
	2. 罗密欧·贝尔蒂尼(Romeo Bertini)	意大利	2h47'19"60
	3. 克拉伦斯·德马尔(Clarence DeMar)	美国	2h48'14"00
1928	**1. 默哈迈德·布热拉·埃尔·乌阿菲(Mohamed Boughera El Ouafi)**	**法国**	**2h32'57"00**
	2. 米盖尔·普拉萨·雷耶斯(Miguel Plaza Reyes)	智利	2h33'23"00
	3. 马尔蒂·马特林(Martti Marttelin)	芬兰	2h35'02"00
1932	**1. 胡安·卡洛斯·萨瓦拉(Juan Carlos Zabala)**	**阿根廷**	**2h31'36"00**
	2. 萨缪尔·费里斯(Samuel Ferris)	英国	2h31'55"00
	3. 阿尔马斯·托伊沃宁(Armas Toivonen)	芬兰	2h32'12"00
1936	**1. 孙基祯(Sohn Kee-chung, Son Kitei)**	**日本/朝鲜**	**2h29'19"00**
	2. 厄内斯特·哈珀(Ernest Harper)	英国	2h31'23"00
	3. 南升龙(Nam Seung-yong, Nan Shoryu)	日本/朝鲜	2h31'42"00
1948	**1. 德尔弗·卡夫雷拉(Delfo Cabrera)**	**阿根廷**	**2h34'51"60**
	2. 托马斯·理查兹(Thomas Richards)	英国	2h35'07"60
	3. 艾蒂安·盖利(Etienne Gailly)	比利时	2h35'33"60
1952	**1. 埃米尔·扎托佩克(Emil Zatopek)**	**捷克斯洛伐克**	**2h23'03"20**
	2. 雷纳尔多·格尔诺(Reinaldo Gorno)	阿根廷	2h25'35"00
	3. 古斯塔夫·扬松(Gustav Jansson)	瑞典	2h26'07"00
1956	**1. 阿兰·米蒙·奥卡沙(Alain Mimoun O΄Kacha)**	**法国**	**2h25'00"**
	2. 弗兰约·米哈利奇(Franjo Mihalic)	南斯拉夫	2h26'32"00
	3. 维科·卡尔沃宁(Veikko Karvonen)	芬兰	2h27'47"00
1960	**1. 阿贝贝·比基拉(Abebe Bikila)**	**埃塞俄比亚**	**2h15'16"20**
	2. 拉迪·本·阿布德塞拉姆(Rhadi Ben Abdesselam)	摩洛哥	2h15'41"60
	3. 巴里·麦吉(Barry Magee)	新西兰	2h17'18"20
1964	**1. 阿贝贝·比基拉(Abebe Bikila)**	**埃塞俄比亚**	**2h12'11"20**
	2. 希特利(Basil Heatley)	英国	2h16'19"20
	3. 圆谷幸吉(Tsuburaya Kokichi)	日本	2h16'22"80
1968	**1. 沃尔德(Mamo Wolde)**	**埃塞俄比亚**	**2h20'26"40**
	2. 君原健二(Kimihara Kenju)	日本	2h23'31.00
	3. 瑞安(Michael Ryan)	新西兰	2h23'45"00

110米栏

1896	**1. 托马斯·柯蒂斯(Thomas Curtis)**	**美国**	**17"60**
	2. 格兰特格雷·古尔丁(Grantley Goulding)	英国	17"60
1900	**1. 阿尔文·克伦茨莱因(Alvin Kraenzlein)**	**美国**	**15"40**
	2. 约翰·麦克莱因(John McLean)	美国	15"50
	3. 弗雷德·莫洛尼(Fred Moloney)	美国	15"60
1904	**1. 弗雷德里克·舒勒(Frederick Schule)**	**美国**	**16"00**
	2. 萨德乌斯·希德勒(Thaddeus Shideler)	美国	16"30
	3. 莱斯利·阿什伯尔(Lesley Ashburner)	美国	16"40
1908	**1. 弗莱斯特·史密森(Forrest Smithson)**	**美国**	**15"00**
	2. 约翰·加莱尔斯(John Garrels)	美国	15"70
	3. 亚瑟·肖(Arthur Shaw)	美国	15"80
1912	**1. 弗雷德里克·凯利(Frederick Kelly)**	**美国**	**15"10**
	2. 詹姆斯·温德尔(James Wendell)	美国	15"20
	3. 马丁·霍金斯(Martin Hawkins)	美国	15"30
1920	**1. 伊尔·汤姆森(Earl Thomson)**	**加拿大**	**14"80**
	2. 哈罗德·巴伦(Harold Barron)	美国	15"10
	3. 弗雷德里克·穆雷(Frederick Murray)	美国	15"10
1924	**1. 丹尼尔·金塞(Daniel Kinsey)**	**美国**	**15"00**
	2. 希德尼·阿特金森(Sydney Atkinson)	南非	15"00
	3. 斯滕·皮特森(Sten Pettersson)	瑞典	15"40
1928	**1. 希德尼·阿特金森(Sydney Atkinson)**	**南非**	**14"80**
	2. 斯蒂芬·安德森(Stephen Anderson)	美国	14"80
	3. 约翰·科利尔(John Collier)	美国	14"90
1932	**1. 乔治·塞林(George Saling)**	**美国**	**14"60**
	2. 佩尔希·比尔德(Percy Beard)	美国	14"70
	3. 唐纳德·芬利(Donald Finlay)	英国	14"80
1936	**1. 弗莱斯特·托恩斯(Forrest Towns)**	**美国**	**14"20**
	2. 唐纳德·芬利(Donald Finlay)	英国	14"40
	3. 弗雷德里克·波拉德(Frederick Pollard)	美国	14"40
1948	**1. 威廉·波特(William Porter)**	**美国**	**13"90**
	2. 斯莱德·斯科特(Clyde Scott)	美国	14"10
	3. 克雷格·迪克逊(Craig Dixon)	美国	14"10
1952	**1. 哈里森·蒂拉尔德(Harrison Dillard)**	**美国**	**13"70**
	2. 杰克·戴维斯(Jack Davis)	美国	13"70
	3. 亚瑟·巴尔纳德(Arthur Barnard)	美国	14"10
1956	**1. 李·卡尔霍恩(Lee Calhoun)**	**美国**	**13"50**
	2. 杰克·戴维斯(Jack Davis)	美国	13"50
	3. 约埃尔·香克尔(Joel Shankle)	美国	14"10
1960	**1. 李·卡尔霍恩(Lee Calhoun)**	**美国**	**13"80**
	2. 威利·梅(Willie May)	美国	13"80
	3. 海耶斯·琼斯(Hayes Jones)	美国	14"00
1964	**1. 琼斯(Hayes Jones)**	**美国**	**13"67**
	2. 林格伦(Blaine Lindgren)	美国	13"74
	3. 米哈伊洛夫(Anatoly Mikhailov)	苏联	13"78
1968	**1. 达文波特(Willie Davenport)**	**美国**	**13"33**
	2. 霍尔(Ervin Hall)	美国	13"42
	3. 奥托兹(Eddy Ottoz)	意大利	13"46

1928年阿姆斯特丹奥运会田径男子10000米比赛。

200米栏

1900	**1. 阿尔文·克伦茨莱因(Alvin Kraenzlein)**	**美国**	**25"40**
	2. 诺尔曼·普里查德(Norman Pritchard)	印度	26"00
	3. 约翰·沃尔特·图克斯布里(John Walter Tewksbury)	美国	26"10
1904	**1. 哈里·希尔曼(Harry Hillman)**	**美国**	**24"60**
	2. 弗兰克·卡斯尔曼(Frank Castleman)	美国	24"90
	3. 乔治·波亚奇(George Poage)	美国	25"20

400米栏

1900	**1. 约翰·沃尔特·图克斯布里(John Walter Tewksbury)**	**美国**	**57"60**
	2. 亨利·托赞(Henri Tauzin)	法国	58"30
	3. 乔治·奥尔顿(George Orton)	加拿大	58"80
1904	**1. 哈里·希尔曼(Harry Hillman)**	**美国**	**53"00**
	2. 弗兰克·沃勒(Frank Waller)	美国	53"20
	3. 乔治·波亚奇(George Poage)	美国	56"80
1908	**1. 查尔斯·培根(Charles Bacon)**	**美国**	**55"00**
	2. 哈里·希尔曼(Harry Hillman)	美国	55"30
	3. 莱昂纳德·特雷梅尔(Leonard Tremeer)	英国	57"00
1920	**1. 弗兰克·卢米斯(Frank Loomis)**	**美国**	**54"00**
	2. 约翰·诺顿(John Norton)	美国	54"60
	3. 奥古斯特·德希(August Desch)	美国	54"70
1924	**1. 摩根·泰勒(Morgan Taylor)**	**美国**	**52"60**
	2. 埃里克·维伦(Erik Vilen)	芬兰	53"60
	3. 伊万·莱利(Ivan Riley)	美国	54"10
1928	**1. 大卫·乔治·伯利(David George Burghley)**	**英国**	**53"40**
	2. 弗兰克·卡赫尔(Frank Cuhel)	美国	53"60
	3. 摩根·泰勒(Morgan Taylor)	美国	53"60
1932	**1. 罗伯特·蒂斯代尔(Robert Tisdall)**	**爱尔兰**	**51"70**
	2. 格伦·哈丁(Glenn Hardin)	美国	51"90
	3. 摩根·泰勒(Morgan Taylor)	美国	52"00
1936	**1. 格伦·哈丁(Glenn Hardin)**	**美国**	**52"40**
	2. 约翰·洛林(John Loaring)	加拿大	52"70
	3. 米盖尔·怀特(Miguel White)	菲律宾	52"80
1948	**1. 勒鲁瓦·柯克兰(Leroy Cochran)**	**美国**	**51"10**
	2. 邓肯·怀特(Duncan White)	斯里兰卡(锡兰)	51"80
	3. 卢恩·拉尔森(Rune Larsson)	瑞典	52"20
1952	**1. 查尔斯·摩尔(Charles Moore)**	**美国**	**50"80**
	2. 尤里·利图耶夫(Yuri Lituyev)	苏联	51"30
	3. 约翰·霍兰德(John Holland)	新西兰	52"20
1956	**1. 格伦·戴维斯(Glenn Davis)**	**美国**	**50"10**
	2. 希拉尔德·爱德华·萨瑟恩(Silard Edward Southern)	美国	50"80
	3. 乔舒亚·卡尔布雷斯(Joshua Culbreath)	美国	51"60
1960	**1. 格伦·戴维斯(Glenn Davis)**	**美国**	**49"30**
	2. 克利夫顿·库什曼(Clifton Cushman)	美国	49"60
	3. 理查德·霍华德(Richard Howard)	美国	49"70
1964	**1. 考利(Warren Cawley)**	**美国**	**49"60**
	2. 库珀(John Cooper)	英国	50"10
	3. 莫拉尔(Salvatore Morale)	意大利	50"10
1968	**1. 赫默里(David Hemery)**	**英国**	**48"12**
	2. 亨尼格(Gerhard Hennige)	联邦德国	49"02
	3. 舍伍德(John Sherwood)	英国	49"03

3000米障碍

1900	(实际距离为2590米)		
	1. 乔治·奥尔顿(George Orton)	**加拿大**	**7'34"40**
	2. 希德尼·罗宾逊(Sidney Robinson)	英国	7'35"40
	3. 雅克·夏斯塔尼埃(Jacques Chastanie)	法国	7'44"00
1904	(实际距离为2590米)		
	1. 詹姆斯·莱特伯蒂(James Lightbody)	**美国**	**7'39"60**
	2. 约翰·戴利(John Daly)	爱尔兰	7'40"60
	3. 亚瑟·牛顿(Arthur Newton)	美国	7'46"00
1908	(实际距离为3200米)		
	1. 亚瑟·拉塞尔(Arthur Russell)	**英国**	**10'47"80**
	2. 阿尔奇·罗伯逊(Archie Robertson)	英国	10'48"40
	3. 约翰·埃塞尔(John Eisele)	美国	11'00"80
1920	**1. 佩尔希·霍奇(Percy Hodge)**	**英国**	**10'00"40**
	2. 帕特里克·弗林(Patrick Flynn)	美国	10'21"10
	3. 厄内斯托·安布罗西尼(Ernesto Ambrosini)	意大利	10'32"00
1924	**1. 维尔霍·维尔·里托拉(Vilho Ville Ritola)**	**芬兰**	**9'33"60**
	2. 埃利亚斯·卡茨(Elias Katz)	芬兰	9'44"00
	3. 保罗·邦当(Paul Bontemps)	法国	9'45"20
1928	**1. 托伊沃·卢科拉(Toivo Loukola)**	**芬兰**	**9'21"80**
	2. 帕沃·努尔米(Paavo Nurmi)	芬兰	9'31"20
	3. 奥夫·安德森(Ove Andersen)	芬兰	9'35"60
1932	(实际距离为3460米)		
	1. 沃尔马里·伊索·霍洛(Volmari Iso Hollo)	**芬兰**	**10'33"40**
	2. 托马斯·伊文森(Thomas Evenson)	英国	10'46"00
	3. 约瑟夫·麦克拉斯基(Joseph McCluskey)	美国	10'46"20
1936	**1. 沃尔马里·伊索·霍洛(Volmari Iso Hollo)**	**芬兰**	**9'03"80**
	2. 卡尔洛·托米宁(Kaarlo Tuominen)	芬兰	9'06"80
	3. 阿尔弗莱德·多姆佩特(Alfred Dompert)	德国	9'07"20
1948	**1. 托尔·斯约斯特兰德(Thore Sjostrand)**	**瑞典**	**9'04"60**
	2. 埃里克·埃尔姆萨特尔(Erik Elmsater)	瑞典	9'08"20
	3. 戈特·哈格斯特罗姆(Gote Hagstrom)	瑞典	9'11"30
1952	**1. 霍拉斯·阿申尔特(Horace Ashenfelter)**	**美国**	**8'45"40**
	2. 弗拉迪米尔·卡赞采夫(Vladimir Kazantsev)	苏联	8'51"60
	3. 约翰·迪斯利(John Disley)	英国	8'51"80
1956	**1. 克里斯托弗·布拉舍尔(Christopher Brasher)**	**英国**	**8'41"20**
	2. 桑多尔·罗斯约伊尔(Sandor Rozsnyol)	匈牙利	8'43"60

	3.	恩斯特·拉尔森(Ernst Larsen)	挪威	8'44"00
1960	**1.**	**德兹斯拉夫·克日什科维亚克(Zdzislaw Krzyszkowiak)**	**波兰**	**8'34"20**
	2.	尼古拉·索科洛夫(Nikolai Sokolov)	苏联	8'36"40
	3.	塞米恩·勒日钦(Semyon Rzhischin)	苏联	8'42"20
1964	**1.**	**罗兰茨(Gaston Roelants)**	**比利时**	**8'30"8**
	2.	赫里奥特(Maurice Herriott)	英国	8'32"4
	3.	贝利亚耶夫(Yvan Belyayev)	苏联	8'33"8
1968	**1.**	**比沃特(Amos Biwott)**	**肯尼亚**	**8'51"02**
	2.	科戈(Ben Kogo)	肯尼亚	8'51"56
	3.	扬(George Young)	美国	8'51"86

4000米障碍

1900	**1.**	**约翰·里默尔(John Rimmer)**	**英国**	**12'58"40**
	2.	查尔斯·贝内特(Charles Bennett)	英国	12'58"60
	3.	希德尼·罗宾逊(Sidney Robinson)	英国	12'58"80

越野障碍个人

1912		(实际距离为12000米)		
	1.	约翰·汉内斯·科勒赫迈宁(Johan Hannes Kolehmainen)	芬兰	45'11"60
	2.	哈尔马尔·安德森(Hjalmar Andersson)	瑞典	45'44"80
	3.	约翰·埃克(John Eke)	瑞典	46'37"60
1920		(实际距离为8000米)		
	1.	**帕沃·努尔米(Paavo Nurmi)**	**芬兰**	**27'15"00**
	2.	埃里克·巴克曼(Eric Backman)	瑞典	27'17"60
	3.	海奇·利马泰宁(Heikki Liimatainen)	芬兰	27'37"40
1924		(实际距离为10000米)		
	1.	**帕沃·努尔米(Paavo Nurmi)**	**芬兰**	**32'54"80**
	2.	维尔霍·维尔·里托拉(Vilho Ville Ritola)	芬兰	34'19"40
	3.	伊尔·约翰逊(Earl Johnson)	美国	35'21"00

越野障碍团体

1912	**1.**	**瑞典队**
	2.	芬兰队
	3.	英国队
1920	**1.**	**芬兰队**
	2.	英国队
	3.	瑞典队
1924	**1.**	**芬兰队**
	2.	美国队
	3.	法国队

3000米团体

1912	**1.**	**美国队**
	2.	瑞典队
	3.	英国队
1920	**1.**	**美国队**
	2.	英国队
	3.	瑞典队
1924	**1.**	**芬兰队**
	2.	英国队
	3.	美国队

5000米团体

1900	**1.**	**英国/澳大利亚联队**
	2.	法国队

3英里团体

1908	**1.**	**英国队**
	2.	美国队
	3.	法国队

4英里团体

1904	**1.**	**美国纽约队**
	2.	美国芝加哥队

4×100米接力

1912	**1.**	**英国队**	**42"40**
	2.	瑞典队(只有两队完成比赛)	42"60
1920	**1.**	**美国队**	**42"20**
	2.	法国队	42"60
	3.	瑞典队	42"90
1924	**1.**	**美国队**	**41"00**
	2.	英国队	41"20
	3.	荷兰队	41"80
1928	**1.**	**美国队**	**41"00**
	2.	德国队	41"20
	3.	英国队	41"80
1932	**1.**	**美国队**	**40"00**
	2.	德国队	40"90
	3.	意大利队	41"20
1936	**1.**	**美国队**	**39"80**
	2.	意大利队	41"10
	3.	德国队	41"20
1948	**1.**	**美国队**	**40"60**
	2.	英国队	41"30
	3.	意大利队	41"50
1952	**1.**	**美国队**	**40"10**
	2.	苏联队	40"30
	3.	匈牙利队	40"50
1956	**1.**	**美国队**	**39"50**
	2.	苏联队	39"80
	3.	德国队	40"30
1960	**1.**	**德国队**	**39"50**
	2.	苏联队	40"10
	3.	英国队	40"20
1964	**1.**	**美国队**	**39"06**
	2.	波兰队	39"36
	3.	法国队	39"36
1968	**1.**	**美国队**	**38"24**
	2.	古巴队	38"40
	3.	法国队	38"43

1912年斯德哥尔摩奥运会田径男子4×100米接力比赛。

4×400米接力

1908		(200米+200米+400米+800米)	
	1.	**美国队**	**3'29"40**
	2.	德国队	3'32"40
	3.	匈牙利队	3'32"40
1912	1.	美国队	3'16"60
	2.	法国队	3'20"70
	3.	英国队	3'23"20
1920	**1.**	**英国队**	**3'22"20**
	2.	南非队	3'23"00
	3.	法国队	3'23"50
1924	**1.**	**美国队**	**3'16"00**
	2.	瑞典队	3'17"00
	3.	英国队	3'17"40
1928	**1.**	**美国队**	**3'14"20**
	2.	德国队	3'14"80
	3.	加拿大队	3'15"40
1932	**1.**	**美国队**	**3'08"20**
	2.	英国队	3'11"20
	3.	加拿大队	3'12"80
1936	**1.**	**英国队**	**3'09"00**
	2.	美国队	3'11"00
	3.	德国队	3'11"80
1948	**1.**	**美国队**	**3'10"40**
	2.	法国队	3'14"80
	3.	瑞典队	3'16"00
1952	**1.**	**牙买加队**	**3'03"90**
	2.	美国队	3'04"00
	3.	德国队	3'06"60
1956	**1.**	**美国队**	**3'04"80**
	2.	澳大利亚队	3'06"20
	3.	英国队	3'07"20
1960	**1.**	**美国队**	**3'02"20**
	2.	德国队	3'02"70
	3.	西印度群岛联队	3'04"00
1964	**1.**	**美国队**	**3'00"70**
	2.	英国队	3'01"60
	3.	特立尼达和多巴哥队	3'01"70
1968	**1.**	**美国队**	**2'56"16**
	2.	肯尼亚队	2'59"64
	3.	联邦德国队	3'00"57

跳高

1896	**1.**	**埃勒里·克拉克(Ellery Clark)**	**美国**	**1.81米**
	2.	罗伯特·加莱特(Robert Garrett)	美国	1.65米
	2.	詹姆斯·约瑟夫·康诺利(James Joseph Connolly)	美国	1.65米
1900	**1.**	**伊尔文·巴克斯特(Irving Baxter)**	**美国**	**1.90米**
	2.	帕特里克·莱希(Patrick Leahy)	英国/爱尔兰	1.78米
	3.	拉约斯·贡齐(Lajos Gonczy)	匈牙利	1.75米
1904	**1.**	**萨缪尔·琼斯(Samuel Jones)**	**美国**	**1.80米**
	2.	加莱特·塞尔维斯(Garrett Serviss)	美国	1.77米
	3.	保尔·维因施泰因(Paul Weinstein)	德国	1.77米
1908	**1.**	**哈里·波特(Harry Porter)**	**美国**	**1.90米**
	2.	吉欧·安德烈(Geo Andre)	法国	1.88米
	2.	伊斯特凡·索莫蒂(Istvan Somodi)	匈牙利	1.88米
	2.	柯尼利厄斯·莱希(Cornelius Leahy)	英国	1.88米
1912	**1.**	**阿尔马·理查兹(Alma Richards)**	**美国**	**1.93米**
	2.	汉斯·利舍(Hans Liesche)	德国	1.91米
	3.	乔治·霍里尼(George Horine)	美国	1.89米
1920	**1.**	**里奇蒙德·兰登(Richmond Landon)**	**美国**	**1.93米**
	2.	哈罗德·穆勒(Harold Muller)	美国	1.90米
	3.	博·埃克伦德(Bo Ekelund)	瑞典	1.90米
1924	**1.**	**哈罗德·奥斯伯恩(Harold Osborn)**	**美国**	**1.98米**
	2.	勒鲁瓦·布朗(Leroy Brown)	美国	1.95米
	3.	皮埃尔·莱登(Pierre Lewden)	法国	1.92米
1928	**1.**	**罗伯特·金(Robert King)**	**美国**	**1.94米**
	2.	本杰明·海吉斯(Benjamin Hedges)	美国	1.91米
	3.	克劳德·梅纳尔(Claude Menard)	法国	1.91米
1932	**1.**	**邓肯·麦克诺顿(Duncan McNaughton)**	**加拿大**	**1.97米**
	2.	罗伯特·范·奥斯德尔(Robert Van Osdel)	美国	1.97米
	3.	西蒙·托里维奥(Simeon Toribio)	菲律宾	1.97米
1936	**1.**	**柯尼利厄斯·约翰逊(Cornelius Johnson)**	**美国**	**2.03米**
	2.	大卫·奥尔布里顿(David Albritton)	美国	2.00米
	3.	德洛斯·瑟伯尔(Delos Thurber)	美国	2.00米
1948	**1.**	**约翰·温特(John Winter)**	**澳大利亚**	**1.98米**
	2.	比约恩·保尔森(Bjorn Paulson)	挪威	1.95米
	3.	乔治·斯坦尼奇(George Stanich)	美国	1.95米
1952	**1.**	**沃尔特·戴维斯(Walter Davis)**	**美国**	**2.04米**
	2.	肯尼斯·维斯纳尔(Kenneth Wiesner)	美国	2.01米
	3.	何塞·泰勒斯·达·孔塞卡奥(Jose Telles Da Conceicao)	巴西	1.98米
1956	**1.**	**查尔斯·杜马斯(Charles Dumas)**	**美国**	**2.12米**
	2.	查尔斯·波特(Charles Porter)	澳大利亚	2.10米
	3.	伊戈尔·卡什卡罗夫(Igor Kashkarov)	苏联	2.08米
1960	**1.**	**罗伯特·沙夫拉卡泽(Robert Shavlakadze)**	**苏联**	**2.16米**
	2.	瓦莱里·布鲁梅尔(Valery Brumel)	苏联	2.16米
	3.	约翰·托马斯(John Thomas)	美国	2.14米
1964	**1.**	**布鲁梅尔(Valery Brumel)**	**苏联**	**2.18米**
	2.	托马斯(John Thomas)	美国	2.18米
	3.	兰博(John Rambo)	美国	2.16米
1968	**1.**	**福斯贝里(Dick Fosbury)**	**美国**	**2.24米**
	2.	卡拉瑟斯(Ed Caruthers)	美国	2.22米
	3.	加夫里洛夫(Valentin Gavrilov)	苏联	2.20米

立定跳高

1900	**1.**	**雷蒙德·雷·尤里(Raymond Ray Ewry)**	**美国**	**1.65米**
	2.	伊尔文·巴克斯特(Irving Baxter)	美国	1.52米
	3.	刘易斯·谢尔登(Lewis Sheldon)	美国	1.50米
1904	**1.**	**雷蒙德·雷·尤里(Raymond Ray Ewry)**	**美国**	**1.50米**
	2.	约瑟夫·斯塔德勒(Joseph Stadler)	美国	1.45米
	3.	劳森·罗伯森(Lawson Robertson)	美国	1.45米
1908	**1.**	**雷蒙德·雷·尤里(Raymond Ray Ewry)**	**美国**	**1.57米**
	2.	康斯坦丁诺斯·齐克里迪拉斯(Konstantinos Tsiklitiras)	希腊	1.55米
	2.	约翰·比勒(John Biller)	美国	1.55米
1912	**1.**	**普拉特·亚当斯(Platt Adams)**	**美国**	**1.63米**
	2.	本杰明·亚当斯(Benjamin Adams)	美国	1.60米
	3.	康斯坦丁诺斯·齐克里迪拉斯(Konstantinos Tsiklitiras)	希腊	1.55米

跳远

1896	**1.**	**埃勒里·克拉克(Ellery Clark)**	**美国**	**6.35米**
	2.	罗伯特·加莱特(Robert Garrett)	美国	6.00米
	3.	詹姆斯·约瑟夫·康诺利(James Joseph Connolly)	美国	5.84米
1900	**1.**	**阿尔文·克伦茨莱因(Alvin Kraenzlein)**	**美国**	**7.18米**
	2.	麦耶尔·普林斯坦(Meyer Prinstein)	美国	7.17米
	3.	帕特里克·莱希(Patrick Leahy)	英国/爱尔兰	6.95米
1904	**1.**	**麦耶尔·普林斯坦(Meyer Prinstein)**	**美国**	**7.34米**
	2.	丹尼尔·弗兰克(Daniel Frank)	美国	6.89米
	3.	罗伯特·斯坦格兰德(Robert Stangland)	美国	6.88米
1908	**1.**	**弗朗西斯·艾恩斯(Francis Irons)**	**美国**	**7.48米**
	2.	丹尼尔·凯利(Daniel Kelly)	美国	7.09米
	3.	卡尔文·布里克尔(Calvin Bricker)	加拿大	7.08米
1912	**1.**	**阿尔伯特·格特森(Albert Gutterson)**	**美国**	**7.60米**
	2.	卡尔文·布里克尔(Calvin Bricker)	加拿大	7.21米
	3.	乔格·奥伯格(Georg Aberg)	瑞典	7.18米
1920	**1.**	**威廉·皮特森(William Petersson)**	**瑞典**	**7.15米**
	2.	卡尔·约翰逊(Carl Johnson)	美国	7.09米
	3.	埃里克·亚伯拉罕森(Erik Abrahamsson)	瑞典	7.08米
1924	**1.**	**威廉·德·哈特·哈巴德(William De Hart Hubbard)**	**美国**	**7.44米**
	2.	爱德华·古尔丁(Edward Gourdin)	美国	7.27米
	3.	斯维尔·汉森(Sverre Hansen)	挪威	7.26米
1928	**1.**	**爱德华·哈姆(Edward Hamm)**	**美国**	**7.73米**
	2.	希尔维奥·卡托尔(Silvio Cator)	海地	7.58米
	3.	阿尔弗莱德·巴特斯(Alfred Bates)	美国	7.40米
1932	**1.**	**爱德华·高尔登(Edward Gordon)**	**美国**	**7.64米**
	2.	查尔斯·兰伯特·雷德(Charles Lambert Redd)	美国	7.60米
	3.	南部忠平(Chuhei Nambu)	日本	7.45米
1936	**1.**	**詹姆斯·杰西·欧文斯(James Jesse Owens)**	**美国**	**8.06米**
	2.	卡尔·路德维希·鲁兹·朗(Carl Ludwig Ruz Long)	德国	7.87米
	3.	田岛直人(Naoto Tajima)	日本	7.74米
1948	**1.**	**威利·斯蒂尔(Willie Steele)**	**美国**	**7.82米**
	2.	托马斯·布鲁斯(Thomas Bruce)	澳大利亚	7.55米
	3.	赫伯特·道格拉斯(Herbert Douglas)	美国	7.54米
1952	**1.**	**杰罗姆·比费尔(Jerome Biffle)**	**美国**	**7.57米**
	2.	梅莱迪斯·古尔丁(Meredith Gourdine)	美国	7.53米
	3.	奥登·弗尔德希(Odon Foldessy)	匈牙利	7.30米
1956	**1.**	**格里高利·贝尔(Gregory Bell)**	**美国**	**7.83米**
	2.	约翰·贝内特(John Bennett)	美国	7.68米
	3.	约尔马·瓦尔卡马(Jorma Valkama)	芬兰	7.48米
1960	**1.**	**拉尔夫·博斯顿(Ralph Boston)**	**美国**	**8.12米**
	2.	伊尔文·博·罗伯逊(Irvin Bo Roberson)	美国	8.11米
	3.	伊戈尔·杰尔·奥瓦涅斯扬(Igor Ter Ovanesyan)	苏联	8.04米
1964	**1.**	**戴维斯(Lynn Davies)**	**英国**	**8.07米**
	2.	波士顿(Ralph Boston)	美国	8.03米
	3.	捷尔-奥瓦涅相(Igor Ter-ovanesyan)	苏联	7.99米
1968	**1.**	**比蒙(Bob Beamon)**	**美国**	**8.90米**
	2.	比尔(Klaus Beer)	民主德国	8.19米
	3.	波士顿(Ralph Boston)	美国	8.16米

立定跳远

年份	名次	姓名	国家	成绩
1900	1.	**雷蒙德·雷·尤里(Raymond Ray Ewry)**	**美国**	**3.30米**
	2.	伊尔文·巴克斯特(Irving Baxter)	美国	3.13米
	3.	埃米尔·托尔谢伯夫(Emile Torcheboeuf)	法国	3.03米
1904	1.	**雷蒙德·雷·尤里(Raymond Ray Ewry)**	**美国**	**3.47米**
	2.	查尔斯·金(Charles King)	美国	3.28米
	3.	约翰·比勒(John Biller)	美国	3.26米
1908	1.	**雷蒙德·雷·尤里(Raymond Ray Ewry)**	**美国**	**3.33米**
	2.	康斯坦丁诺斯·齐克里迪拉斯(Konstantinos Tsiklitiras)	希腊	3.23米
	3.	马丁·谢里丹(Martin Sheridan)	美国	3.22米
1912	1.	**康斯坦丁诺斯·齐克里迪拉斯(Konstantinos Tsiklitiras)**	**希腊**	**3.37米**
	2.	普拉特·亚当斯(Platt Adams)	美国	3.36米
	3.	本杰明·亚当斯(Benjamin Adams)	美国	3.28米

三级跳远

年份	名次	姓名	国家	成绩
1896	1.	**詹姆斯·约瑟夫·康诺利(James Joseph Connolly)**	**美国**	**13.71米**
	2.	亚历山大·蒂菲尔(Alexandre Tuffere)	法国	12.70米
	3.	埃奥尼斯·佩尔萨基斯(Ioannis Persakis)	希腊	12.52米
1900	1.	**麦耶尔·普林斯坦(Meyer Prinstein)**	**美国**	**14.47米**
	2.	詹姆斯·约瑟夫·康诺利(James Joseph Connolly)	美国	13.97米
	3.	刘易斯·谢尔登(Lewis Sheldon)	美国	13.64米
1904	1.	**麦耶尔·普林斯坦(Meyer Prinstein)**	**美国**	**14.35米**
	2.	弗雷德·恩格尔哈特(Fred Englehardt)	美国	13.90米
	3.	罗伯特·斯坦格兰德(Robert Stangland)	美国	13.36米
1908	1.	**蒂莫希·阿希尔内(Timothy Ahearne)**	**英国**	**14.92米**
	2.	加菲尔德·麦克唐纳德(Garfield McDonald)	加拿大	14.76米
	3.	埃德瓦尔德·拉尔森(Edvard Larsen)	挪威	14.39米
1912	1.	**古斯塔夫·林德布罗姆(Gustaf Lindblom)**	**瑞典**	**14.76米**
	2.	乔格·奥伯格(Georg Aberg)	瑞典	14.51米
	3.	埃里克·阿尔姆罗夫(Erik Almlof)	瑞典	14.17米
1920	1.	**维尔霍·图洛斯(Vilho Tuulos)**	**芬兰**	**14.50米**
	2.	弗尔克·廷森(Folke Jansson)	瑞典	14.48米
	3.	埃里克·阿尔姆罗夫(Erik Almlof)	瑞典	14.27米
1924	1.	**安东尼·温特(Anthony Winter)**	**澳大利亚**	**15.52米**
	2.	路易斯·布鲁内托(Luis Bruneto)	阿根廷	15.42米
	3.	维尔霍·图洛斯(Vilho Tuulos)	芬兰	15.37米
1928	1.	**织田干雄(Mikio Oda)**	**日本**	**15.21米**
	2.	列维·凯西(Levi Casey)	美国	15.17米
	3.	维尔霍·图洛斯(Vilho Tuulos)	芬兰	15.11米
1932	1.	**南部忠平(Chuhei Nambu)**	**日本**	**15.72米**
	2.	埃里克·斯文森(Eric Svensson)	瑞典	15.32米
	3.	大岛谦吉(Kenkichi Oshima)	日本	15.12米
1936	1.	**田岛直人(Naoto Tajima)**	**日本**	**16.00米**
	2.	原田正夫(Masao Harada)	日本	15.66米
	3.	吉姆·梅特卡尔夫(Jim Metcalfe)	澳大利亚	15.50米
1948	1.	**阿尔内·阿赫曼(Arne Ahman)**	**瑞典**	**15.40米**
	2.	乔治·阿维利(George Avery)	澳大利亚	15.36米
	3.	鲁希·萨利阿普(Ruhi Sarialp)	土耳其	15.02米
1952	1.	**阿德马尔·费雷拉·达·席尔瓦(Adhemar Ferreira Da Silva)**	**巴西**	**16.22米**
	2.	莱奥尼德·谢尔巴科夫(Leonid Sherbakov)	苏联	15.98米
	3.	阿尔诺尔多·德沃尼什(Arnoldo Devonish)	委内瑞拉	15.52米
1956	1.	**阿德马尔·费雷拉·达·席尔瓦(Adhemar Ferreira Da Silva)**	**巴西**	**16.35米**
	2.	维尔哈尔姆尔·埃纳尔森(Vilhjalmur Einarsson)	以色列	16.26米
	3.	维托尔德·克里尔(Vitold Kreyer)	苏联	16.02米
1960	1.	**约瑟夫·施密特(Jozef Schimdt)**	**波兰**	**16.81米**
	2.	弗拉迪米尔·戈里亚耶夫(Vladimir Goryayev)	苏联	16.63米
	3.	维托尔德·克里尔(Vitold Kreyer)	苏联	16.43米
1964	1.	**施密特(Jozef Schmidt)**	**波兰**	**16.85米**
	2.	费多谢耶夫(Oleg Fyedoseyev)	苏联	16.58米
	3.	克拉夫琴科(Viktor Kravchenko)	苏联	16.57米
1968	1.	**萨涅耶夫(Viktor Sanyeyev)**	**苏联**	**17.39米**
	2.	普鲁登西奥(Nelson Prudencio)	巴西	17.27米
	3.	詹蒂勒(Giuseppe Gentile)	意大利	17.22米

立定三级跳远

年份	名次	姓名	国家	成绩
1900	1.	**雷蒙德·雷·尤里(Raymond Ray Ewry)**	**美国**	**10.58米**
	2.	伊尔文·巴克斯特(Irving Baxter)	美国	9.95米
	3.	罗伯特·加莱特(Robert Garrett)	美国	9.50米
1904	1.	**雷蒙德·雷·尤里(Raymond Ray Ewry)**	**美国**	**10.54米**
	2.	查尔斯·金(Charles King)	美国	10.16米
	3.	约瑟夫·斯塔德勒(Joseph Stadler)	美国	9.60米

撑竿跳高

年份	名次	姓名	国家	成绩
1896	1.	**威廉·霍伊特(William Hoyt)**	**美国**	**3.30米**
	2.	阿尔伯特·泰勒(Albert Tyler)	美国	3.20米
	3.	埃万杰洛斯·达马斯科斯(Evangelos Damaskos)	希腊	2.60米
1900	1.	**伊尔文·巴克斯特(Irving Baxter)**	**美国**	**3.30米**
	2.	梅莱迪斯·科尔克特(Meredith Colket)	美国	3.25米
	3.	卡尔·阿尔伯特·安德森(Carl Albert Andersen)	挪威	3.20米
1904	1.	**查尔斯·德沃拉克(Charles Dvorak)**	**美国**	**3.50米**
	2.	勒鲁瓦·塞姆斯(Leroy Samse)	美国	3.35米
	3.	路易斯·维尔金斯(Louis Wilkins)	美国	3.35米
1908	1.	**阿尔弗莱德·吉尔伯特(Alfred Gilbert)**	**美国**	**3.71米**
	1.	**爱德华·库克(Edward Cooke)**	**美国**	**3.71米**
	3.	爱德华·阿尔奇巴尔德(Edward Archibald)	加拿大	3.58米
	3.	布鲁诺·索德斯特罗姆(Bruno Soderstrom)	瑞典	3.58米
	3.	查尔斯·雅各布斯(Charles Jacobs)	美国	3.58米
1912	1.	**哈里·巴布科克(Harry Babcock)**	**美国**	**3.95米**
	2.	马库斯·赖特(Marcus Wright)	美国	3.85米
	2.	弗兰克·尼尔森(Frank Nelson)	美国	3.85米
1920	1.	**弗兰克·弗斯(Frank Foss)**	**美国**	**4.09米**
	2.	亨利·皮特森(Henry Petersen)	丹麦	3.70米

年份	名次	姓名	国家	成绩
	3.	埃德温·迈尔斯(Edwin Myers)	美国	3.60米
1924	1.	**李·巴恩斯(Lee Barnes)**	**美国**	**3.95米**
	2.	格伦·格拉汉姆(Glenn Graham)	美国	3.95米
	3.	詹姆斯·布鲁克(James Brooker)	美国	3.90米
1928	1.	**萨宾·卡尔(Sabin Carr)**	**美国**	**4.20米**
	2.	威廉·德罗格穆勒(William Droegemuller)	美国	4.10米
	3.	查尔斯·麦克吉尼斯(Charles McGinnis)	美国	3.95米
1932	1.	**威廉·米勒(William Miller)**	**美国**	**4.31米**
	2.	西田修平(Shuhei Nishida)	日本	4.30米
	3.	乔治·杰弗逊(George Jefferson)	美国	4.20米
1936	1.	**伊尔·梅多斯(Earle Meadows)**	**美国**	**4.35米**
	2.	西田修平(Shuhei Nishida)	日本	4.25米
	3.	大江季雄(Sueo Oe)	日本	4.25米
1948	1.	**欧文·吉恩·史密斯(Owen Guinn Smith)**	**美国**	**4.30米**
	2.	埃尔基·卡塔亚(Erkki Kataja)	芬兰	4.20米
	3.	罗伯特·理查兹(Robert Richards)	美国	4.20米
1952	1.	**罗伯特·理查兹(Robert Richards)**	**美国**	**4.55米**
	2.	唐纳德·拉兹(Donald Laz)	美国	4.50米
	3.	拉格纳尔·伦德伯格(Ragnar Lundberg)	瑞典	4.40米
1956	1.	**罗伯特·理查兹(Robert Richards)**	**美国**	**4.56米**
	2.	罗伯特·古托夫斯基(Robert Gutowski)	美国	4.53米
	3.	吉奥尔基奥斯·鲁巴尼斯(Georgios Roubanis)	希腊	4.50米
1960	1.	**唐纳德·布雷格(Donald Bragg)**	**美国**	**4.70米**
	2.	罗纳德·莫里斯(Ronald Morris)	美国	4.60米
	3.	埃勒斯·兰德斯特罗姆(Eeles Landstr·m)	芬兰	4.55米
1964	1.	**汉森(Frederick Hansen)**	**美国**	**5.10米**
	2.	雷因哈特(Wolfgang Reinhardt)	德国	5.05米
	3.	勒纳茨(Klalls Lehnertz)	德国	5.00米
1968	1.	**西格伦(Bob Seagren)**	**美国**	**5.40米**
	2.	席普罗夫斯基(Claus Schiprowski)	联邦德国	5.40米
	3.	诺德维格(Wolfgang Nordwig)	民主德国	5.40米

铅球

年份	名次	姓名	国家	成绩
1896	1.	**罗伯特·加莱特(Robert Garrett)**	**美国**	**11.22米**
	2.	米尔迪亚德斯·古斯科斯(Miltiades Gouskos)	希腊	11.03米
	3.	吉奥尔基奥斯·帕帕斯德里斯(Georgios Papasideris)	希腊	10.36米
1900	1.	**理查德·谢尔登(Richard Sheldon)**	**美国**	**14.10米**
	2.	约希亚·麦克拉肯(Josiah McCracken)	美国	12.85米
	3.	罗伯特·加莱特(Robert Garrett)	美国	12.35米
1904	1.	**拉尔夫·罗斯(Ralph Rose)**	**美国**	**14.81米**
	2.	威廉·维斯利·科埃(William Wesley Coe)	美国	14.40米
	3.	劳伦斯·弗伊尔巴赫(Lawrence Feuerbach)	美国	13.37米
1908	1.	**拉尔夫·罗斯(Ralph Rose)**	**美国**	**14.21米**
	2.	丹尼斯·霍根(Denis Horgan)	英国	13.62米
	3.	约翰·加莱尔斯(John Garrels)	美国	13.18米
1912	1.	**帕特里克·麦克唐纳德(Patrick McDonald)**	**美国**	**15.34米**
	2.	拉尔夫·罗斯(Ralph Rose)	美国	15.25米
	3.	劳伦斯·惠特尼(Lawrence Whitney)	美国	13.93米
1920	1.	**弗兰斯·威尔海姆·维尔波尔霍拉(Frans Wilhelm Ville Porhola)**	**芬兰**	**14.81米**
	2.	埃尔梅尔·尼克兰德尔(Elmer Niklander)	芬兰	14.15米
	3.	哈里·利弗斯尼奇(Harry Liversedge)	美国	14.15米
1924	1.	**克拉伦斯·巴德·休瑟(Clarence Bud Houser)**	**美国**	**14.99米**
	2.	格伦·哈特兰夫特(Glenn Hartranft)	美国	14.98米
	3.	拉尔夫·希尔斯(Ralph Hills)	美国	14.64米
1928	1.	**约翰·库克(John Kuck)**	**美国**	**15.87米**
	2.	赫曼·布里克斯(Herman Brix)	美国	15.75米
	3.	埃米尔·希尔施费尔德(Emil Hirschfeld)	德国	15.72米
1932	1.	**莱奥·塞克斯顿(Leo Sexton)**	**美国**	**16.00米**
	2.	哈罗·罗瑟特(Harlow Rothert)	美国	15.67米
	3.	弗兰蒂塞克·杜达(Frantisek Douda)	捷克斯洛伐克	15.61米
1936	1.	**汉斯·维尔克(Hans Woellke)**	**德国**	**16.20米**
	2.	苏洛·巴尔伦德(Sulo Barlund)	芬兰	16.12米
	3.	盖尔哈德·施托克(Gerhard Stock)	德国	15.66米
1948	1.	**维尔布尔·汤普森(Wilbur Thompson)**	**美国**	**17.12米**
	2.	詹姆斯·德莱尼(James Delaney)	美国	16.68米
	3.	詹姆斯·福克斯(James Fuchs)	美国	16.42米
1952	1.	**帕里·奥布赖恩(Parry O'Brien)**	**美国**	**17.41米**
	2.	达尔洛·胡珀(Darrow Hooper)	美国	17.39米
	3.	詹姆斯·福克斯(James Fuchs)	美国	17.06米
1956	1.	**帕里·奥布赖恩(Parry O'Brien)**	**美国**	**18.57米**
	2.	威廉·尼德尔(William Nieder)	美国	18.18米
	3.	耶利·斯科布拉(Jiri Skobla)	捷克斯洛伐克	17.65米
1960	1.	**威廉·尼德尔(William Nieder)**	**美国**	**19.68米**
	2.	帕里·奥布赖恩(Parry O' Brien)	美国	19.11米
	3.	达拉斯·朗(Dallas Long)	美国	19.01米
1964	1.	**朗(Dallas Long)**	**美国**	**20.33米**
	2.	马特森(Randel Matson)	美国	20.20米

1960年罗马奥运会田径男子铅球比赛。

年份	名次	姓名	国家	成绩
	3.	瓦尔尤(Vilmos Varju)	匈牙利	19.39米
1968	1.	**马特森(Randy Matson)**	**美国**	**20.54米**
	2.	伍兹(George Woods)	美国	20.12米
	3.	古辛(Eduard Gushchin)	苏联	20.09米

掷壶铃(25.4公斤)

年份	名次	姓名	国家	成绩
1904	1.	**艾蒂安·德斯马尔托(Etienne Desmarteau)**	**加拿大**	**10.46米**
	2.	约翰·弗拉纳甘(John Flanagan)	美国	10.16米
	3.	詹姆斯·米切尔(James Mitchel)	美国	10.13米
1920	1.	**帕特里克·麦克唐纳德(Patrick McDonald)**	**美国**	**11.26米**
	2.	帕特里克·瑞恩(Patrick Ryan)	美国	10.96米
	3.	卡尔·约安·林德(Carl Johan Lind)	瑞典	10.25米

双手推铅球(左手+右手)

年份	名次	姓名	国家	成绩
1912	1.	**拉尔夫·罗斯(Ralph Rose)**	**美国**	**27.70米**
	2.	帕特里克·麦克唐纳德(Patrick McDonald)	美国	27.53米
	3.	埃尔梅尔·尼克兰德尔(Elmer Niklander)	芬兰	27.14米

铁饼

年份	名次	姓名	国家	成绩
1896	1.	**罗伯特·加莱特(Robert Garrett)**	**美国**	**29.15米**
	2.	帕纳吉奥蒂斯·帕拉斯科沃普洛斯(Panagiotis Paraskevopoulos)	希腊	28.95米
	3.	索蒂里奥斯·维尔希斯(Sotirios Versis)	希腊	28.78米
1900	1.	**鲁道夫·鲍尔(Rudolf Baoer)**	**匈牙利**	**36.04米**
	2.	弗兰蒂塞克·扬达·苏克(Frantisek Janda Suk)	波希米亚	35.25米
	3.	理查德·谢尔登(Richard Sheldon)	美国	34.60米
1904	1.	**马丁·谢里丹(Martin Sheridan)**	**美国**	**39.28米**
	2.	拉尔夫·罗斯(Ralph Rose)	美国	39.28米
	3.	尼科拉奥斯·吉奥尔甘塔斯(Nicolaos Georgantas)	希腊	37.68米
1908	1.	**马丁·谢里丹(Martin Sheridan)**	**美国**	**40.89米**
	2.	莫里特·吉芬(Merritt Giffin)	美国	40.70米
	3.	马尔基斯·霍尔(Marquis Horr)	美国	39.44米
1912	1.	**阿尔马斯·泰帕尔(Armas Taipale)**	**芬兰**	**45.21米**
	2.	理查德·拜尔德(Richard Byrd)	美国	42.32米
	3.	詹姆斯·邓肯(James Duncan)	美国	42.28米
1920	1.	**埃尔梅尔·尼克兰德尔(Elmer Niklander)**	**芬兰**	**44.68米**
	2.	阿尔马斯·泰帕尔(Armas Taipale)	芬兰	44.19米
	3.	奥古斯图斯·波普(Augustus Pope)	美国	42.13米
1924	1.	**克拉伦斯·巴德·休瑟(Clarence Bud Houser)**	**美国**	**46.15米**
	2.	维尔霍·尼蒂玛(Vilho Niittymaa)	芬兰	44.95米
	3.	托马斯·利埃布(Thomas lieb)	美国	44.83米
1928	1.	**克拉伦斯·巴德·休瑟(Clarence Bud Houser)**	**美国**	**47.32米**
	2.	安特罗·基维(Antero Kivi)	芬兰	47.23米
	3.	詹姆斯·科尔森(James Corson)	美国	47.10米
1932	1.	**约翰·安德森(John Anderson)**	**美国**	**49.49米**
	2.	亨利·拉波尔德(Henri Laborde)	美国	48.47 米
	3.	保罗·温特(Paul Winter)	法国	47.85米
1936	1.	**肯尼斯·卡彭特(Kennerh Carpenter)**	**美国**	**50.48米**
	2.	高尔登·邓恩(Gordon Dunn)	美国	49.36米
	3.	乔治·奥贝尔维格(Giorgio Oberweger)	意大利	49.23米
1948	1.	**阿道夫·孔索里尼(Adolfo Consolini)**	**意大利**	**52.78米**
	2.	朱塞佩·托西(Giuseppe Tosi)	意大利	51.78米
	3.	弗图纳·戈迪恩(Fortune Gordien)	美国	50.77米
1952	1.	**希姆·伊内斯(Sim Iness)**	**美国**	**55.03米**
	2.	阿道夫·孔索里尼(Adolfo Consolini)	意大利	53.78米
	3.	詹姆斯·迪隆(James Dillion)	美国	53.28米
1956	1.	**阿尔弗莱德·阿尔·奥特(Alfred Al Oerter)**	**美国**	**56.36米**
	2.	弗图纳·戈迪恩(Fortune Gordien)	美国	54.81米
	3.	戴斯蒙德·科克(Desmond Koch)	美国	54.40米
1960	1.	**阿尔弗莱德·阿尔·奥特(Alfred Al Oerter)**	**美国**	**59.18米**
	2.	理查德·巴布卡(Richard Babka)	美国	58.02米
	3.	理查德·柯克兰(Richard Cochran)	美国	57.16米
1964	1.	**奥特(Alfred Oerter)**	**美国**	**61.00米**
	2.	达内克(Ludvik Danek)	捷克斯洛伐克	60.52米
	3.	韦尔(David Weill)	美国	59.49米
1968	1.	**奥特(Alfred Oerter)**	**美国**	**64.78米**
	2.	米尔德(Lothar Milde)	民主德国	63.08米
	3.	达内克(Ludvik Danek)	捷克斯洛伐克	62.92米

铁饼(古典式)

年份	名次	姓名	国家	成绩
1908	1.	**马丁·谢里丹(Martin Sheridan)**	**美国**	**38.00米**
	2.	马尔基斯·霍尔(Marquis Horr)	美国	37.33米
	3.	维尔内·雅尔维宁(Verner Jarvinen)	芬兰	36.48米

双手掷铁饼(左手+右手)

年份	名次	姓名	国家	成绩
1912	1.	**阿尔马斯·泰帕尔(Armas Taipale)**	**芬兰**	**82.86米**
	2.	埃尔梅尔·尼克兰德尔(Elmer Niklander)	芬兰	77.96米
	3.	埃米尔·马格纽森(Emil Magnusson)	瑞典	77.37米

标枪

年份	名次	姓名	国家	成绩
1908	1.	**埃里克·莱明(Eric Lemming)**	**瑞典**	**54.83米**
	2.	阿尔内·哈尔塞(Arne Halse)	挪威	50.58米
	3.	奥托·尼尔森(Otto Nilsson)	瑞典	47.11米
1912	1.	**埃里克·莱明(Eric Lemming)**	**瑞典**	**60.64米**
	2.	朱利尤斯·尤霍·萨里斯托(Julius Juho Saaristo)	芬兰	58.66米
	3.	摩尔·科赞(Mor Koczan)	匈牙利	55.50米
1920	1.	**约尼·米雷(Jonni Myyra)**	**芬兰**	**65.78米**
	2.	尤尔霍·佩尔托宁(Urho Peltonen)	芬兰	63.50米
	3.	帕沃·雅莱·约翰森(Paavo Jaale Johansson)	芬兰	63.09米
1924	1.	**约尼·米雷(Jonni Myyra)**	**芬兰**	**62.96米**
	2.	甘纳尔·林德斯特罗姆(Gunnar Lindstrom)	瑞典	60.92米

	3. 尤金·奥伯斯特(Eugene Oberst)	美国	58.35米
1928	**1. 埃里克·伦德奎斯特(Erik Lundqvist)**	**瑞典**	**66.60米**
	2. 贝拉·塞佩什(Bela Szepes)	匈牙利	65.26米
	3. 奥拉夫·桑德(Olav Sunde)	挪威	63.97米
1932	**1. 马蒂·雅尔维宁(Matti Jarvinen)**	**芬兰**	**72.71米**
	2. 马蒂·希帕拉(Matti Sippala)	芬兰	69.80米
	3. 埃诺·彭蒂拉(Eino Penttila)	芬兰	68.70米
1936	**1. 盖尔哈德·施托克(Gerhard Stock)**	**德国**	**71.84米**
	2. 伊尔约·尼卡宁(Yrjo Nikkanen)	芬兰	70.77米
	3. 卡尔洛·卡莱尔沃·托伊沃宁(Kaarlo Kalervo Toivonen)	芬兰	70.72米
1948	**1. 卡伊·塔比奥·鲁塔瓦拉(Kaj Tapio Rautavaara)**	**芬兰**	**69.77米**
	2. 史蒂夫·西摩尔(Steve Seymour)	美国	67.56米
	3. 约瑟夫·瓦尔塞吉(Jozsef Varszegi)	匈牙利	67.03米
1952	**1. 塞卢斯·扬(Cyrus Young)**	**美国**	**73.78米**
	2. 威廉·米勒(William Miller)	美国	72.46米
	3. 托伊沃·许蒂艾宁(Toivo Hyytiainen)	芬兰	71.89米
1956	**1. 埃吉尔·丹尼尔森(Egil Danielsen)**	**挪威**	**85.71米**
	2. 贾努茨·希德洛(Janusz Sidlo)	波兰	79.78米
	3. 维克托·齐布连科(Viktor Tsibulenko)	苏联	79.50米
1960	**1. 维克托·齐布连科(Viktor Tsibulenko)**	**苏联**	**84.64米**
	2. 沃尔特·克鲁格(Walter Kruger)	德国	79.36米
	3. 吉尔格利·库尔萨尔(Gergely Kulcsar)	匈牙利	78.57米
1964	**1. 内瓦拉(Pauli Nevala)**	**芬兰**	**82.66米**
	2. 库恰尔(Gergely Kulcsar)	匈牙利	82.32米
	3. 卢西斯(Janis Lusis)	苏联	80.57米
1968	**1. 卢西斯(Janis Lusis)**	**苏联**	**90.10米**
	2. 金努宁(Jorma Kinnunen)	芬兰	88.58米
	3. 库恰尔(Gergely Kulcsar)	匈牙利	87.06米

标枪(自由式)

1908	**1. 埃里克·莱明(Eric Lemming)**	**瑞典**	**54.45米**
	2. 米查里斯·多里若斯(Michalis Dorizas)	希腊	51.36米
	3. 阿尔内·哈尔塞(Arne Halse)	挪威	49.73米

双手掷标枪(左手+右手)

1912	**1. 朱利尤斯·尤霍·萨里斯托(Julius Juho Saaristo)**	**芬兰**	**109.42米**
	2. 瓦伊诺·希卡涅米(Vaino Siikaniemi)	芬兰	101.13米
	3. 尤尔霍·佩尔托宁(Urho Peltonen)	芬兰	100.24米

链球

1900	**1. 约翰·弗拉纳甘(John Flanagan)**	**美国**	**51.01米**
	2. 托马斯·特鲁克斯顿·哈尔(Thomas Truxton Hare)	美国	46.25米
	3. 约希亚·麦克拉肯(Josiah McCracken)	美国	43.85米
1904	**1. 约翰·弗拉纳甘(John Flanagan)**	**美国**	**51.23米**
	2. 约翰·德威特(John DeWitt)	美国	50.26米
	3. 拉尔夫·罗斯(Ralph Rose)	美国	45.73米
1908	**1. 约翰·弗拉纳甘(John Flanagan)**	**美国**	**51.92米**
	2. 马修·麦克格拉斯(Matthew McGrath)	美国	51.18米
	3. 柯尼利厄斯·沃尔什(Cornelius Walsh)	加拿大	48.51米
1912	**1. 马修·麦克格拉斯(Matthew McGrath)**	**美国**	**54.74米**
	2. 邓肯·吉利斯(Duncan Gillis)	加拿大	48.39米
	3. 克拉伦斯·希尔兹(Clarence Childs)	美国	48.17米
1920	**1. 帕特里克·瑞恩(Patrick Ryan)**	**美国**	**52.85米**
	2. 卡尔·约安·林德(Carl Johan Lind)	瑞典	48.43米
	3. 巴希尔·贝内特(Basil Bennett)	美国	48.25米
1924	**1. 弗雷德里克·图特尔(Frederick Tootell)**	**美国**	**53.29米**
	2. 马修·麦克格拉斯(Matthew McGrath)	美国	50.84米
	3. 马尔科姆·诺克斯(Malcolm Nokes)	英国	48.87米
1928	**1. 帕特里克·奥卡拉汉(Patrick O'Callaghan)**	**爱尔兰**	**51.39米**
	2. 奥希安·斯古奥尔德(Ossian Skiold)	瑞典	51.29米
	3. 埃德蒙德·布莱克(Edmund Black)	美国	49.03米
1932	**1. 帕特里克·奥卡拉汉(Patrick O'Callaghan)**	**爱尔兰**	**53.92米**
	2. 弗兰斯·威尔海姆·维尔·波尔霍拉(Frans Wilhelm Ville Porhola)	芬兰	52.27米
	3. 皮特·扎伦巴(Peter Zaremba)	美国	50.33米
1936	**1. 卡尔·海因(Karl Hein)**	**德国**	**56.49米**
	2. 埃尔文·布拉斯克(Erwin Blask)	德国	55.04米
	3. 阿尔弗莱德·瓦恩加德(Alfred Warngard)	瑞典	54.83米
1948	**1. 伊姆尔·内梅特(Imre Nemeth)**	**匈牙利**	**56.07米**
	2. 伊万·古比扬(Ivan Gubijan)	南斯拉夫	54.27米
	3. 罗伯特·贝内特(Robert Bennett)	美国	53.73米
1952	**1. 约瑟夫·切尔马克(Jozsef Csermak)**	**匈牙利**	**60.34米**
	2. 卡尔·施托尔希(Karl Storch)	德国	58.86米
	3. 伊姆尔·内梅特(Imre Nemeth)	匈牙利	57.74米
1956	**1. 哈罗德·康纳利(Harold Connolly)**	**美国**	**63.19米**
	2. 米哈伊·克里沃诺索夫(Mikhail Krivonosov)	苏联	63.03米
	3. 安纳托利·萨莫茨维托夫(Anatoly Samotsvetov)	苏联	62.56米
1960	**1. 瓦希里·卢坚科夫(Vasily Rudenkov)**	**苏联**	**67.10米**
	2. 吉乌拉·日沃茨基(Gyula Zsivotzky)	匈牙利	65.79米
	3. 塔德乌茨·鲁特(Tadeusz Rut)	波兰	65.64米
1964	**1. 克利姆(Romuald Klim)**	**苏联**	**69.74米**
	2. 日沃茨基(Gyula Zsivotzky)	匈牙利	69.09米
	3. 拜尔(Uwe Beyer)	德国	68.09米
1968	**1. 日沃茨基(Gyula Zsivotzky)**	**匈牙利**	**73.36米**
	2. 克利姆(Romuald Klim)	苏联	73.28米
	3. 洛瓦斯(Lazar Lovasz)	匈牙利	69.78米

三项全能(跳远+铅球+100米)

1904	**1. 马克斯·埃默里希(Max Emmerich)**	**美国**	**35.70分**
	2. 约翰·格里埃布(John Grieb)	美国	34.00分
	3. 威廉·莫尔茨(William Merz)	美国	32.95分

五项全能

1912	**1. 詹姆斯·索普(James Thorpe)**	**美国**	**7分**
	2. 费迪南德·比埃(Ferdinand Bie)	挪威	21分
	3. 詹姆斯·多纳修(James Donahue)	美国	29分
1920	**1. 埃罗·莱赫托宁(Eero Lehtonen)**	**芬兰**	**14分**
	2. 埃弗雷特·布拉德利(Everett Bradley)	美国	24分
	3. 于果·拉赫蒂宁(Hugo Lahtinen)	芬兰	26分
1924	**1. 埃罗·莱赫托宁(Eero Lehtonen)**	**芬兰**	**14分**
	2. 埃勒梅尔·索姆法(Elemer Somfay)	匈牙利	16分
	3. 罗伯特·莱根德雷(Robert LeGendre)	美国	18分

十项全能

1904	**1. 托马斯·凯利(Thomas Kiely)**	**英国**	**6036分**
	2. 亚当·甘恩(Adam Gunn)	美国	5907分
	3. 托马斯·特鲁克斯顿·哈尔(Thomas Truxton Hare)	美国	5813分
1912	**1. 吉姆·索普(Jim Thorpe)**	**美国**	**8412分**
	2. 于果·韦斯兰德尔(Hugo Wieslander)	瑞典	7724分
	3. 查尔斯·罗姆伯格(Charles Lomberg)	瑞典	7414分
1920	**1. 海尔基·勒弗兰德(Helge Lovland)**	**挪威**	**6804分**
	2. 布鲁图斯·汉密尔顿(Brutus Hamilton)	美国	6771分
	3. 贝尔蒂尔·奥赫尔森(Bertil Ohlson)	瑞典	6580分
1924	**1. 哈罗德·奥斯伯恩(Harold Osborn)**	**美国**	**7711分**
	2. 埃默森·诺顿(Emerson Norton)	美国	7351分
	3. 亚历山大·克隆姆伯格·科尔姆佩尔(Aleksandr Klumberg Kolmpere)	爱沙尼亚	7329分
1928	**1. 帕沃·伊尔约拉(Paavo Yrjola)**	**芬兰**	**8053分**
	2. 阿吉莱斯·雅尔维宁(Akilles Jarvinen)	芬兰	7932分
	3. 约翰·肯尼斯·多赫蒂(John Kenneth Doherty)	美国	7707分
1932	**1. 詹姆斯·鲍什(James Bausch)**	**美国**	**8462分**
	2. 阿吉莱斯·雅尔维宁(Akilles Jarvinen)	芬兰	8292分
	3. 沃尔拉德·埃贝尔勒(Wolrad Eberle)	德国	8031分
1936	**1. 格伦·莫里斯(Glenn Morris)**	**美国**	**7900分**
	2. 罗伯特·克拉克(Robert Clark)	美国	7601分
	3. 杰克·帕克(Jack Parker)	美国	6760分
1948	**1. 罗伯特·鲍勃·马蒂亚斯(Robert Bob Mathias)**	**美国**	**7139分**
	2. 伊纳斯·安利什(Ingnace Heinrich)	法国	6559分
	3. 弗洛伊德·西蒙斯(Floyd Simmons)	美国	6531分
1952	**1. 罗伯特·鲍勃·马蒂亚斯(Robert Bob Mathias)**	**美国**	**7887分**
	2. 米尔顿·坎贝尔(Milton Campbell)	美国	6975分
	3. 弗洛伊德·西蒙斯(Floyd Simmons)	美国	6788分
1956	**1. 米尔顿·坎贝尔(Milton Campbell)**	**美国**	**7939分**
	2. 拉弗尔·约翰逊(Rafer Johnson)	美国	7587分
	3. 瓦希里·库兹涅佐夫(Vassily Kuznyetsov)	苏联	7465分
1960	**1. 拉弗尔·约翰逊(Rafer Johnson)**	**美国**	**8392分**
	2. 杨传广(Yang Chuan Kwang)	中国台北	8334分
	3. 瓦希里·库兹涅佐夫(Vassily Kuznyetsov)	苏联	7809分
1964	**1. 霍尔多夫(Willi Holdorf)**	**德国**	**7887分**
	2. 奥恩(Rein Aun)	苏联	7842分
	3. 瓦尔德(Hans-Joachim Walde)	德国	7809分
1968	**1. 图米(William Toomey)**	**美国**	**8193分**
	2. 瓦尔德Mans Walde)	联邦德国	8111分
	3. 本德林(Klln Bendlin)	联邦德国	8064分

3000米竞走

1920	**1. 乌戈·弗里杰里奥(Ugo Frigerio)**	**意大利**	**13'14"20**
	2. 乔治·帕克(George Parker)	澳大利亚	13'20"60
	3. 理查德·雷默尔(Richard Remer)	美国	13'22"20

3500米竞走

1908	**1. 乔治·拉尔纳(George Larner)**	**英国**	**14'55"00**
	2. 厄内斯特·韦伯(Ernest Webb)	英国	15'07"40
	3. 哈里·凯尔(Harry Kerr)	澳大利亚	15'43"40

10公里竞走

1912	**1. 乔治·古尔丁(George Goulding)**	**加拿大**	**46'28"40**
	2. 厄内斯特·韦伯(Ernest Webb)	英国	46'50"40
	3. 费尔南多·阿尔蒂马尼(Fernando Altimani)	意大利	47'37"60
1920	**1. 乌戈·弗里杰里奥(Ugo Frigerio)**	**意大利**	**48'06"20**
	2. 约瑟夫·皮尔曼(Joseph Pearman)	美国	49'40"80
	3. 查尔斯·甘恩(Charles Gunn)	英国	49'43"20
1924	**1. 乌戈·弗里杰里奥(Ugo Frigerio)**	**意大利**	**47'49"00**
	2. 乔治·古德温(George Goodwin)	英国	48'37"90
	3. 塞希尔·麦克马斯特(Cecil McMaster)	南非	49'08"00
1948	**1. 约翰·米卡尔森(John Mikaelsson)**	**瑞典**	**45'13"20**
	2. 因格马尔·约翰森(Ingemar Johansson)	瑞典	45'43"80
	3. 弗里茨·施瓦布(Fritz Schwab)	瑞士	46'00"20
1952	**1. 约翰·米卡尔森(John Mikaelsson)**	**瑞典**	**45'02"80**
	2. 弗里茨·施瓦布(Fritz Schwab)	瑞士	45'41"00
	3. 布鲁诺·容克(Bruno Junk)	苏联	45'41"00

20公里竞走

1956	**1. 莱奥尼德·斯皮林(Leonid Spirin)**	**苏联**	**1h31'27"40**
	2. 安塔纳斯·米肯纳斯(Antanas Mikenas)	苏联	1h32'03"00
	3. 布鲁诺·容克(Bruno Junk)	苏联	1h32'12"00
1960	**1. 弗拉迪米尔·格鲁布尼奇(Vladimir Golubnichiy)**	**苏联**	**1h34'07"20**
	2. 诺埃尔·弗里曼(Noel Freeman)	澳大利亚	1h34'16"40
	3. 斯坦利·维克尔斯(Stanley Vickers)	英国	1h34'56"40
1964	**1. 马休斯(Kenneth Matthews)**	**英国**	**1h29'34"0**
	2. 林德纳(Dieter Lindner)	德国	1h31'13"2
	3. 戈鲁布尼奇(Vladimir Golubnichiy)	苏联	1h31'59"4
1968	**1. 戈鲁布尼奇(Vladimir Golubnichiy)**	**苏联**	**1h33'58"4**
	2. 佩德拉萨(Jose Pedraza)	墨西哥	1h34'00"0
	3. 斯马加(Nikolay Smaga)	苏联	1h34'03"4

10英里竞走

1908	**1. 乔治·拉尔纳(George Larner)**	**英国**	**1h15'57"40**
	2. 厄内斯特·韦伯(Ernest Webb)	英国	1h17'31"00
	3. 爱德华·斯潘瑟(Edward Spencer)	英国	1h21'20"20

50公里竞走

1932	**1. 托马斯·格林(Thomas Green)**	**英国**	**4h50'10"00**
	2. 雅尼斯·达林斯(Janis Dalins)	拉脱维亚	4h57'20"00
	3. 乌戈·弗里杰里奥(Ugo Frigerio)	意大利	4h59'06"00
1936	**1. 哈罗德·怀特洛克(Harold Whitlock)**	**英国**	**4h30'41"40**
	2. 亚瑟·施瓦布(Arthur Schwab)	瑞士	4h32'09"20
	3. 阿达尔贝茨·布宾科(Adalberts Bubenko)	拉脱维亚	4h32'42"20
1948	**1. 约翰·永格伦(John Ljunggren)**	**瑞典**	**4h41'52"00**
	2. 加斯东·戈德尔(Gaston Godel)	瑞士	4h48'17"00
	3. 特伦斯·洛伊德·约翰逊(Terence Lloyd Johnson)	英国	4h48'31"00
1952	**1. 朱塞佩·多尔多尼(Giuseppe Dordoni)**	**意大利**	**4h28'07"80**
	2. 约瑟夫·多莱扎尔(Josef Dolezal)	捷克斯洛伐克	4h30'17"80
	3. 安塔尔·罗卡(Antal Roka)	匈牙利	4h31'27"20
1956	**1. 诺尔曼·里德(Norman Read)**	**新西兰**	**4h30'42"80**
	2. 叶甫盖尼·马斯金斯科夫(Yevgeny Maskinskov)	苏联	4h32'57"00
	3. 约翰·永格伦(John Ljunggren)	瑞典	4h35'02"00
1960	**1. 唐纳德·汤普森(Donald Thompson)**	**英国**	**4h25'30"00**
	2. 约翰·永格伦(John Ljunggren)	瑞典	4h25'47"00
	3. 阿伯登·帕米奇(Abdon Pamichi)	意大利	4h27'55"40
1964	**1. 帕米克(Abdon Pamich)**	**意大利**	**4h11'12"4**
	2. 尼希尔(Paul Nihill)	英国	4h11'31"2
	3. 彼得松(Ingvar Pettersson)	瑞典	4h14'17"4
1968	**1. 赫内(Christoph Hohne)**	**民主德国**	**4h20'13"6**
	2. 基什(Antal Kiss)	匈牙利	4h30'17"0
	3. 扬(Larry Young)	美国	4h31'55"4

女子田径(ATHLETICS-women)

100米

1928	**1. 伊丽莎白·罗宾逊(Elizabeth Robinson)**	**美国**	**12"20**
	2. 范妮·罗森菲尔德(Fanny Rosenfeld)	加拿大	12"30
	3. 埃瑟尔·史密斯(Ethel Smith)	加拿大	12"30
1932	**1. 斯坦尼斯拉瓦·瓦拉谢维茨(Stanislawa Walasiewicz)**	**波兰**	**11"90**
	2. 希尔达·斯特里克·希森(Hilda Strike Sisson)	加拿大	11"90
	3. 威尔荷米娜·冯·布雷曼(Wilhelmina Von Bremen)	美国	12"00
1936	**1. 海伦·斯蒂芬斯(Helen Stephens)**	**美国**	**11"50**
	2. 斯坦尼斯拉瓦·瓦拉谢维茨(Stanislawa Walasiewicz)	波兰	11"70
	3. 卡特·克劳斯(K·the Krauss)	德国	11"90
1948	**1. 弗朗西娜·范妮·布兰科尔斯·科恩(Francina Fanny Blankers Koen)**	**荷兰**	**11"90**
	2. 多罗希·曼莉(Dorothy Manley)	英国	12"20
	3. 谢莉·斯特里克兰(Shirley Strickland)	澳大利亚	12"20
1952	**1. 玛尔约莉·杰克逊(Marjorie Jackson)**	**澳大利亚**	**11"50**
	2. 达夫妮·哈森雅格尔·罗布(Daphne Hasenjager Robb)	南非	11"80
	3. 谢莉·斯特里克兰(Shirley Strickland)	澳大利亚	11"90
1956	**1. 贝蒂·卡思伯特(Betty Cuthbert)**	**澳大利亚**	**11"50**
	2. 克里斯塔·斯塔布尼克(Christa Stubnick)	德国	11"70
	3. 玛尔莱娜·马修斯(Marlene Matthews)	澳大利亚	11"70
1960	**1. 威尔玛·鲁道夫(Wilma Rudolph)**	**美国**	**11"00**
	2. 多罗希·海曼(Dorothy Hyman)	英国	11"30
	3. 朱塞皮娜·莱奥内(Guiseppina Leone)	意大利	11"30
1964	**1. 泰厄斯(Wyoma Tyus)**	**美国**	**11"49**
	2. 麦圭尔(Edith McGuire)	美国	11"62
	3. 克洛布科夫斯卡(Ewa Klobukowska)	波兰	11"64
1968	**1. 泰厄斯(Wyomia Tyus)**	**美国**	**11"08**
	2. 费雷尔(Barbara Ferrell)	美国	11"15
	3. 谢文斯卡(Irena Szewinska)	波兰	11"19

200米

1948	**1. 弗朗西娜·范妮·布兰科尔斯·科恩(Francina Fanny Blankers Koen)**	**荷兰**	**24"40**
	2. 奥黛莉·威廉姆森(Audrey Williamson)	英国	25"10
	3. 奥黛莉·米奇·帕特森(Audrey Mickey Patterson)	美国	25"20
1952	**1. 玛尔约莉·杰克逊(Marjorie Jackson)**	**澳大利亚**	**23"70**
	2. 贝尔塔·布劳维尔(Bertha Brouwer)	荷兰	24"20
	3. 娜德日达·德瓦利什维利·赫妮金娜(Nadezhda Dvalischvili Khnykina)	苏联	24"20
1956	**1. 贝蒂·卡思伯特(Betty Cuthbert)**	**澳大利亚**	**23"40**
	2. 克里斯塔·斯塔布尼克(Christa Stubnick)	德国	23"70
	3. 玛尔莱娜·马修斯(Marlene Matthews)	澳大利亚	23"80
1960	**1. 威尔玛·鲁道夫(Wilma Rudolph)**	**美国**	**24"00**
	2. 茹塔·海妮(Jutta Heine)	德国	24"40
	3. 多罗希·海曼(Dorothy Hyman)	英国	24"70
1964	**1. 麦圭尔(Edith McGuire)**	**美国**	**23"05**
	2. 基尔森斯坦(Irena Kirszenstein)	波兰	23"13
	3. 布莱克(Marilyn Black)	澳大利亚	23"18
1968	**1. 谢文斯卡(Irena Szewinska)**	**波兰**	**22"58**
	2. 博伊尔(Raelene Boyle)	澳大利亚	22"74
	3. 拉米(Jennifer Lamy)	澳大利亚	22"88

400米

1964	**1. 卡思伯特(Betty Cuthbert)**	**澳大利亚**	**52"01**
	2. 帕克(Ann Packer)	英国	52"20
	3. 阿莫尔(Judith Amoore)	澳大利亚	53"40
1968	**1. 贝松(Colette Besson)**	**法国**	**52"03**
	2. 博德(Lillian Board)	英国	52"12
	3. 佩琴基娜(Natalya Pechonkina)	苏联	52"25

800米

1928 1. **卡罗琳娜·拉德克(Karoline Radke) 德国 2'16"80**
2. 人见绢枝(Kinue Hitomi) 日本 2'17"60
3. 因加·根策尔(Inga Gentzel) 瑞典 2'18"80
1960 1. **柳德米拉·舍夫佐娃(Lyudmila Shevtsova) 苏联 2'04"30**
2. 布伦达·琼斯(Brenda Jones) 澳大利亚 2'04"40
3. 乌尔苏拉·多纳特(Ursula Donath) 德国 2'05"60
1964 1. **帕克(Ann Packer) 英国 2'01"10**
2. 迪皮勒尔(Maryvonne Dupureur) 法国 2'01"90
3. 钱伯林(Marise Chamberlain) 新西兰 2'02"80
1968 1. **曼宁(Madeline Manning) 美国 2'00"92**
2. 西莱(Ilona Silai) 罗马尼亚 2'02"58
3. 戈梅斯(Maria Gommers) 荷兰 2'02"63

80米栏

1932 1. **米尔德雷德·埃拉·迪德里克森(Mildred Ella Didrikson) 美国 11"70**
2. 埃弗琳·霍尔(Evelyne Hall) 美国 11"70
3. 玛尔约莉·克拉克(Marjorie Clark) 南非 11"80
1936 1. **特雷比松达·瓦拉(Trebisonda Valla) 意大利 11"70**
2. 安妮·施托伊尔(Anni Steuer) 德国 11"70
3. 伊丽莎白·泰勒(Elizabeth Taylor) 加拿大 11"70
1948 1. **弗朗西娜·范妮·布兰科尔斯·科恩(Francina Fanny Blankers Koen) 荷兰 11"20**
2. 马里恩·加德纳(Maureen Gardner) 英国 11"20
3. 谢莉·斯特里克兰(Shirley Strickland) 澳大利亚 11"40
1952 1. **雪莉·斯特里克兰德(Shirley Strickland) 澳大利亚 10"90**
2. 玛丽亚·戈卢布尼茨卡娅(Maria Golubnichaya) 苏联 11"10
3. 玛丽亚·桑德尔(Maria Sander) 德国 11"10
1956 1. **雪莉·斯特里克兰德(Shirley Strickland) 澳大利亚 10"70**
2. 吉塞拉·科勒·比尔克麦耶尔(Gisela Kohler Birkemeyer) 德国 10"90
3. 诺尔玛·斯洛尔(Norma Thrower) 澳大利亚 11"00
1960 1. **伊丽娜·普雷斯(Irina Press) 苏联 10"80**
2. 卡罗尔·昆顿(Carole Quinton) 英国 10"90
3. 吉塞拉·科勒·比尔克麦耶尔(Gisela Kohler Birkemeyer) 德国 11"00
1964 1. **巴尔策(Karin Balzer) 德国 10"54**
2. 切普拉(Teresa Ciepla) 波兰 10"55
3. 基尔本(Pamela Kilborn) 澳大利亚 10"56
1968 1. **凯尔德(Maureen Caird) 澳大利亚 10"39**
2. 基尔本(Pam Kilborn) 澳大利亚 10"46
3. 纪政 中国台北 10"51

跳高

1928 1. **埃瑟尔·卡瑟尔伍德(Ethel Catherwood) 加拿大 1.59米**
2. 卡罗琳娜·吉索尔夫(Carolina Gisolf) 荷兰 1.56米
3. 米尔德雷德·威莉(Mildred Wiley) 美国 1.56米
1932 1. **简·希莉(Jean Shiley) 美国 1.65米**
2. 米尔德雷德·埃拉·迪德里克森(Mildred Ella Didrikson) 美国 1.65米
3. 埃娃·道威斯(Eva Dawes) 加拿大 1.60米
1936 1. **伊博尔娅·查克(Ibolya Csak) 匈牙利 1.60米**
2. 多罗希·泰勒·奥达姆(Dorothy Tyler Odam) 英国 1.60米
3. 埃尔弗里埃德·考恩(Elfriede Kaun) 德国 1.60米
1948 1. **爱丽丝·科赫曼(Alice Coachman) 美国 1.68米**
2. 多罗希·泰勒·奥达姆(Dorothy Tyler Odam) 英国 1.68米
3. 米什莉娜·奥斯特迈尔(Micheline Ostermeyer) 法国 1.61米
1952 1. **埃斯特·布兰德(Esther Brand) 南非 1.67米**
2. 谢拉·勒威尔(Sheila Lerwill) 英国 1.65米
3. 亚历山德拉·丘吉娜(Aleksandra Chudina) 苏联 1.63米
1956 1. **米尔德雷德·麦克丹尼尔(Mildred McDaniel) 美国 1.76米**
2. 特尔玛·霍普金斯(Thelma Hopkins) 英国 1.67米
2. 玛丽亚·皮萨耶娃(Maria Pissaryeva) 苏联 1.67米
1960 1. **约兰达·巴拉斯(Iolanda Balas) 罗马尼亚 1.85米**
2. 多罗希·谢莉(Dorothy Shirley) 英国 1.71米
2. 雅罗斯拉瓦·尤兹维娅科夫斯卡(Jaroslawa Jozwiakowska) 波兰 1.71米
1964 1. **巴拉斯(Iolanda Balas) 罗马尼亚 1.90米**
2. 布朗(Michele Brown) 澳大利亚 1.80米
3. 钦契克(Taisiya Chenchik) 苏联 1.78米
1968 1. **雷兹科娃(Milena Rezkova) 捷克斯洛伐克 1.82米**
2. 奥科罗科娃(Antonina Okorokova) 苏联 1.80米
3. 科兹尔(Valentina Kozyr) 苏联 1.80米

跳远

1948 1. **奥尔加·吉亚尔玛蒂(Olga Gyarmati) 匈牙利 5.69米**
2. 诺埃米·西蒙内托·德·波尔特拉(Noemi Simonetto De Portela) 阿根廷 5.60米
3. 安·布里特·雷曼(Ann Britt Leyman) 瑞典 5.57米
1952 1. **伊芙特·威廉姆斯(Yvette Williams) 新西兰 6.24米**
2. 亚历山德拉·丘吉娜(Aleksandra Chudina) 苏联 6.14米
3. 谢莉·考利(Shirley Cawley) 英国 5.92米
1956 1. **埃尔兹比埃塔·克尔茨辛斯卡(Elzbieta Krzesinska) 波兰 6.35米**
2. 威莉·怀特(Willye White) 美国 6.09米
3. 娜德日达·德瓦利什维利·赫妮金娜(Nadezhda Dvalischvili Khnykina) 苏联 6.07米
1960 1. **维拉·克列普金纳(Vyera Krepkina) 苏联 6.37米**
2. 埃尔兹比埃塔·克尔茨辛斯卡(Elzbieta Krzesinska) 波兰 6.27米
3. 希尔德伦·克劳斯(Hildrun Claus) 德国 6.21米
1964 1. **兰德(Mary Rand) 英国 6.76米**
2. 基尔森斯坦(Irena Kirszenstein) 波兰 6.60米
3. 谢尔卡诺娃(Tatyana Schelkanova) 苏联 6.42米
1968 1. **斯科波列亚努(Viorica Viscopoleanu) 罗马尼亚 6.82米**
2. 舍尔伍德(Shila Sherwood) 英国 6.68米
3. 塔利舍娃(Tatyana Talysheva) 苏联 6.66米

铅球

1948 1. **米什莉娜·奥斯特迈尔(Micheline Ostermeyer) 法国 13.75米**
2. 阿梅莉亚·皮奇尼尼(Amelia Piccinini) 意大利 13.09米
3. 伊内·舍费尔(Ine Schaffer) 奥地利 13.08米
1952 1. **加丽娜·齐宾娜(Galina Zybina) 苏联 15.28米**
2. 玛丽亚娜·维尔纳(Marianne Werner) 德国 14.57米
3. 克劳迪娅·托切诺娃(Klaudia Tochenova) 苏联 14.50米
1956 1. **塔玛拉·蒂什科维奇(Tamara Tyshkevich) 苏联 16.59米**
2. 加丽娜·齐宾娜(Galina Zybina) 苏联 16.53米
3. 玛丽亚娜·维尔纳(Marianne Werner) 德国 15.61米
1960 1. **塔玛拉·普雷斯(Tamara Press) 苏联 17.32米**
2. 乔安娜·吕特格(Johanna Luttge) 德国 16.61米
3. 伊尔莱娜·布朗(Earlene Brown) 美国 16.42米
1964 1. **普雷斯(Tamara Press) 苏联 18.14米**
2. 加里施(Renate Garisch) 德国 17.61米
3. 齐宾娜(Galina Zybina) 苏联 17.45米
1968 1. **古默尔(Margitta Gummel) 民主德国 19.61米**
2. 朗格(Marita Lange) 民主德国 18.78米
3. 奇若娃(Nadyezhda Chizhova) 苏联 18.19米

铁饼

1928 1. **哈丽娜·科诺帕茨卡(Halina Konopacka) 波兰 39.62米**
2. 莉莉安·科普兰德(Lillian Copeland) 美国 37.08米
3. 鲁特·斯维德伯格(Ruth Svedberg) 瑞典 35.92米
1932 1. **莉莉安·科普兰德(Lillian Copeland) 美国 40.58米**
2. 鲁斯·奥斯伯恩(Ruth Osburn) 美国 40.12米
3. 雅德维加·瓦伊索夫娜(Jadwiga Wajsovna) 波兰 38.74米
1936 1. **吉塞拉·摩尔麦耶尔(Gisela Mauermayer) 德国 47.63米**
2. 雅德维加·瓦伊索夫娜(Jadwiga Wajsovna) 波兰 46.22米
3. 保拉·莫伦豪尔(Paula Mollenhauer) 德国 39.80米
1948 1. **米什莉娜·奥斯特迈尔(Micheline Ostermeyer) 法国 41.92米**
2. 埃德拉·科尔迪亚莱·詹蒂莱(Edera Cordiale Gentile) 意大利 41.17米
3. 杰克琳娜·玛泽亚斯(Jacqueline Mazeas) 法国 40.47米
1952 1. **妮娜·波诺玛利耶娃·罗马什科娃(Nina Ponomaryeva Romashkova) 苏联 51.42米**
2. 耶莉萨维塔·巴格尔扬采娃(Yelisaveta Bagryantseva) 苏联 47.08米
3. 妮娜·杜姆巴泽(Nina Dumbadze) 苏联 46.29米
1956 1. **奥尔加·科诺利·菲克托娃(Olga Connolly Fikotova) 捷克斯洛伐克 53.69米**
2. 伊丽娜·贝格利亚托娃(Irina Beglyakova) 苏联 52.54米
3. 妮娜·波诺玛利耶娃·罗马什科娃(Nina Ponomaryeva Romashkova) 苏联 52.02米
1960 1. **妮娜·波诺玛利耶娃·罗马什科娃(Nina Ponomaryeva Romashkova) 苏联 55.10米**
2. 塔玛拉·普雷斯(Tamara Press) 苏联 52.59米
3. 莉亚·玛诺利乌(Lia Manoliu) 罗马尼亚 52.36米
1964 1. **普雷斯(Tamara Press) 苏联 57.27米**
2. 洛茨(Ingrid Lotz) 德国 57.21米
3. 玛诺利乌(Lia Manoliu) 罗马尼亚 56.97米
1968 1. **玛诺利乌(Lia Manoliu) 罗马尼亚 58.28米**
2. 韦斯特曼(Liesel Westermann) 联邦德国 57.76米
3. 克莱拜尔(Jolan Kleiber) 匈牙利 54.90米

标枪

1932 1. **米尔德雷德·埃拉·迪德里克森(Mildred Ella Didrikson) 美国 43.68米**
2. 艾伦·布劳穆勒(Ellen Braumuller) 德国 43.49米
3. 基莉·弗莱舍尔(Tilly Fleischer) 德国 43.00米
1936 1. **基莉·弗莱舍尔(Tilly Fleischer) 德国 45.18米**
2. 鲁伊斯·克鲁格(Luise Kruger) 德国 43.29米
3. 玛丽亚·科瓦斯尼耶夫斯卡(Maria Kwasniewska) 波兰 41.80米
1948 1. **赫尔米娜·鲍玛(Hermine Bauma) 奥地利 45.57米**
2. 凯莎·帕尔维埃宁(Kaisa Parviainen) 芬兰 43.79米
3. 莉莉·卡尔斯特德(Lily Carlstedt) 丹麦 42.08米
1952 1. **达娜·扎托佩克娃·因格洛娃(Dana Zatopkova Ingrova) 捷克斯洛伐克 50.47米**
2. 亚历山德拉·丘吉娜(Aleksandra Chudina) 苏联 50.01米
3. 埃伦娜·戈尔莎科娃(Elena Gorchakova) 苏联 49.76米
1956 1. **伊内塞·雅乌恩泽姆(Inese Jaunzeme) 苏联 53.86米**
2. 玛尔莱娜·阿伦斯(Marlene Ahrens) 智利 50.38米
3. 娜德日达·科尼亚耶娃(Nadezhda Konyayeva) 苏联 50.28米
1960 1. **埃尔维拉·奥佐琳娜(Elvira Ozolina) 苏联 55.98米**
2. 达娜·扎托佩克娃·因格洛娃(Dana Zatopkova Ingrova) 捷克斯洛伐克 53.78米
3. 比卢特·卡列杰涅(Birute Kalediene) 苏联 53.45米
1964 1. **佩内什(Mihaela Penes) 罗马尼亚 60.54米**
2. 鲁达什(Marta Rudas) 匈牙利 58.27米
3. 戈尔恰科娃(Yelena Gorchakova) 苏联 57.06米
1968 1. **内迈特(Angela Nemeth) 匈牙利 60.36米**
2. 佩内什(Mihaela Penes) 罗马尼亚 59.92米
3. 扬科(Eva Janko) 奥地利 58.04米

4×100米接力

1928 1. **加拿大队 48"40**
2. 美国队 48"80
3. 德国队 49"00
1932 1. **美国队 46"90**
2. 加拿大队 47"00
3. 英国队 47"60
1936 1. **美国队 46"90**
2. 英国队 47"60
3. 加拿大队 47"80
1948 1. **荷兰队 47"50**
2. 澳大利亚队 47"60
3. 加拿大队 47"80
1952 1. **美国队 45"90**
2. 德国队 45"90
3. 英国队 46"20
1956 1. **澳大利亚队 44"50**
2. 英国队 44"70
3. 美国队 44"90
1960 1. **美国队 44"50**
2. 德国队 44"80
3. 波兰队 45"00
1964 1. **波兰队 43"69**
2. 美国队 43"92
3. 英国队 44"09
1968 1. **美国队 42"88**
2. 古巴队 43"36
3. 苏联队 43"41

五项全能

1964 1. **普雷斯(Irina Press) 苏联 5246分**
2. 兰德(Mary Rand) 英国 5035分
3. 贝斯特罗娃(Galina Bystrova) 苏联 4956分
1968 1. **贝克尔(Ingrid Becker) 联邦德国 5098分**
2. 普罗科普(Liese Prokop) 奥地利 4966分
3. 托特(Annamaria Toth) 匈牙利 4959分

男子赛艇(ROWING-men)

单人双桨

1900 1. **亨利·巴雷莱(Henri Barrelet) 法国**
2. 安德烈·高丹(Andre Gaudin) 法国
3. 乔治·圣·阿什(George Saint Ashe) 英国
1904 1. **弗兰克·格里尔(Frank Greer) 美国**
2. 詹姆斯·朱文纳尔(James Juvenal) 美国
3. 康斯坦斯·泰特斯(Constance Titus) 美国
1908 1. **哈里·布莱克斯塔夫(Harry Blackstaffe) 英国**
2. 亚历山大·麦克洛克(Alexander McCulloch) 英国
3. 伯恩哈德·冯·加扎(Berhard Von Gaza) 德国
3. 卡罗利·列维茨扶基(Karoly Livetzky) 匈牙利
1912 1. **威廉·金尼尔(William Kinnear) 英国**
2. 波利多尔·维尔曼(Polydore Veirman) 比利时
3. 埃弗拉德·巴特勒(Everard Butler) 加拿大
3. 米哈伊·库斯克(Mikhail Kusik) 俄罗斯
1920 1. **约翰·凯利(John Kelly) 美国**
2. 杰克·贝雷斯福德(Jack Beresford) 英国
3. 克拉伦斯·哈德菲尔德·达尔西(Clarence Hadfield d'Arcy) 新西兰
1924 1. **杰克·贝雷斯福德(Jack Beresford) 英国**
2. 威廉·吉尔摩尔(William Gilmore) 美国
3. 约瑟夫·施奈德(Josef Schneider) 瑞士
1928 1. **亨利·皮尔斯(Henry Pearce) 澳大利亚**
2. 肯尼斯·迈尔斯(Kenneth Myers) 美国
3. 特奥多尔·科莱特(Theodore Collet) 英国
1932 1. **亨利·皮尔斯(Henry Pearce) 澳大利亚**
2. 威廉·米勒(William Miller) 美国
3. 古耶尔莫·道格拉斯(Guillermo Douglas) 乌拉圭
1936 1. **古斯塔夫·舍费尔(Gustav Schafer) 德国**
2. 约瑟夫·哈泽诺尔(Josef Hasenohrl) 奥地利
3. 丹尼尔·巴洛(Daniel Barrow) 美国
1948 1. **梅尔文·伍德(Mervyn Wood) 澳大利亚**
2. 埃杜阿尔多·里索(Eduardo Risso) 乌拉圭
3. 罗莫洛·卡塔斯塔(Romolo Catasta) 意大利
1952 1. **尤里·丘卡洛夫(Yuri Tyukalov) 苏联**
2. 梅尔文·伍德(Mervyn Wood) 澳大利亚
3. 特奥多尔·科塞尔卡(Teodor Kecerka) 波兰
1956 1. **维亚切斯拉夫·伊万诺夫(Vyacheslav Ivanov) 苏联**
2. 斯图尔特·麦肯齐(Stuart Mackenzie) 澳大利亚
3. 小约翰·凯利(John Kelly Jr.) 美国
1960 1. **维亚切斯拉夫·伊万诺夫(Vyacheslav Ivanov) 苏联**
2. 阿希姆·希尔(Achim Hill) 德国
3. 特奥多尔·科塞尔卡(Teodor Kecerka) 波兰
1964 1. **伊万诺夫(Vyacheslav Ivanov) 苏联**
2. 希尔(Achim Hill) 德国
3. 科特曼(Gottfried Kottmann) 瑞士
1968 1. **威内塞(Henri Jan Wienese) 荷兰**
2. 迈斯纳(Jochen Meissner) 联邦德国
3. 德米迪(Alberto Demiddi) 阿根廷

双人单桨无舵手

1904 1. **美国队**
2. 美国队
3. 美国队
1908 1. **英国队**
2. 英国队
3. 加拿大队
3. 德国队
1924 1. **荷兰队**
2. 法国队(只有两队参加比赛)
1928 1. **德国队**
2. 英国队
3. 美国队
1932 1. **英国队**
2. 新西兰队
3. 波兰队
1936 1. **德国队**
2. 丹麦队
3. 阿根廷队
1948 1. **英国队**
2. 瑞士队
3. 意大利队
1952 1. **美国队**
2. 比利时队
3. 瑞士队

1956 1. **美国队**
2. **苏联队**
3. 奥地利队
1960 1. **苏联队**
2. 奥地利队
3. 芬兰队
1964 1. **加拿大队**
2. 荷兰队
3. 德国队
1968 1. **民主德国队**
2. 美国队
3. 丹麦队

双人双桨

1904 1. **美国队**
2. 美国队
3. 美国队
1920 1. **美国队**
2. 意大利队
3. 法国队
1924 1. **美国队**
2. 法国队
3. 瑞士队
1928 1. **美国队**
2. 加拿大队
3. 奥地利队
1932 1. **美国队**
2. 德国队
3. 加拿大队
1936 1. **英国队**
2. 德国队
3. 波兰队
1948 1. **英国队**
2. 丹麦队
3. 乌拉圭队
1952 1. **阿根廷队**
2. 苏联队
3. 乌拉圭队
1956 1. **苏联队**
2. 美国队
3. 澳大利亚队
1960 1. **捷克斯洛伐克队**
2. 苏联队
3. 瑞士队
1964 1. **苏联队**
2. 美国队
3. 捷克斯洛伐克队
1968 1. **苏联队**
2. 荷兰队
3. 美国队

四人单桨无舵手

1904 1. **美国队**
2. 美国队
3. 美国队
1908 1. **英国队**
2. 英国队
3. 荷兰队
3. 加拿大队
1924 1. **英国队**
2. 加拿大队
3. 瑞士队
1928 1. **英国队**
2. 美国队
3. 意大利队
1932 1. **英国队**
2. 德国队
3. 意大利队
1936 1. **德国队**
2. 英国队
3. 瑞士队
1948 1. **意大利队**
2. 丹麦队
3. 美国队
1952 1. **南斯拉夫队**
2. 法国队
3. 芬兰队
1956 1. **加拿大队**
2. 美国队
3. 法国队
1960 1. **美国队**
2. 意大利队
3. 苏联队
1964 1. **丹麦队**
2. 英国队
3. 美国队
1968 1. **民主德国队**
2. 匈牙利队
3. 意大利队

八人单桨有舵手

1900 1. **美国队**
2. 比利时队
3. 荷兰队
1904 1. **美国队**
2. 加拿大队(只有两队参加比赛)
1908 1. **英国队**
2. 比利时队
3. 加拿大队
3. 英国队
1912 1. **英国队**
2. 英国队
3. 德国队
1920 1. **美国队**
2. 英国队
3. 挪威队
1924 1. **美国队**
2. 加拿大队
3. 意大利队
1928 1. **美国队**
2. 英国队
3. 加拿大队
1932 1. **美国队**
2. 意大利队
3. 加拿大队
1936 1. **美国队**
2. 意大利队
3. 德国队
1948 1. **美国队**
2. 德国队
3. 挪威队
1952 1. **美国队**
2. 苏联队
3. 澳大利亚队
1956 1. **美国队**
2. 加拿大队
3. 澳大利亚队
1960 1. **德国队**
2. 加拿大队
3. 捷克斯洛伐克队
1964 1. **美国队**
2. 德国队
3. 捷克斯洛伐克队
1968 1. **联邦德国队**
2. 澳大利亚队
3. 苏联队

双人单桨有舵手

1900 1. **荷兰队**
2. 法国队
3. 法国队
1920 1. **意大利队**
2. 法国队
3. 瑞士队
1924 1. **瑞士队**
2. 意大利队
3. 美国队
1928 1. **瑞士队**
2. 法国队
3. 比利时队
1932 1. **美国队**
2. 波兰队
3. 法国队
1936 1. **德国队**
2. 意大利队
3. 法国队
1948 1. **丹麦队**
2. 意大利队
3. 匈牙利队
1952 1. **法国队**
2. 德国队
3. 丹麦队
1956 1. **美国队**
2. 德国队
3. 苏联队
1960 1. **德国队**
2. 苏联队
3. 美国队
1964 1. **美国队**
2. 法国队
3. 荷兰队
1968 1. **意大利队**
2. 荷兰队
3. 丹麦队

1956年墨尔本奥运会赛艇男子八人单桨有舵手比赛。

四人单桨有舵手

1900 1. **德国队**
1. **法国队**
2. 法国队
2. 荷兰队
3. 德国队
3. 德国队
1912 1. **德国队**
2. 英国队
3. 丹麦队
3. 挪威队
1920 1. **瑞士队**
2. 美国队
3. 挪威队
1924 1. **瑞士队**
2. 法国队
3. 美国队
1928 1. **意大利队**
2. 瑞士队
3. 波兰队
1932 1. **德国队**
2. 意大利队
3. 波兰队
1936 1. **德国队**
2. 瑞士队
3. 法国队
1948 1. **美国队**
2. 瑞士队
3. 丹麦队
1952 1. **捷克斯洛伐克队**
2. 瑞士队
3. 美国队
1956 1. **意大利队**
2. 瑞典队
3. 芬兰队
1960 1. **德国队**
2. 法国队
3. 意大利队
1964 1. **德国队**
2. 意大利队
3. 荷兰队
1968 1. **民主德国队**
2. 匈牙利队
3. 意大利队

四人单桨有舵手(内桨架)

1912 1. **丹麦队**
2. 瑞典队
3. 挪威队

男子篮球(BASKETBALL)

1936 1. **美国队**
2. 加拿大队
3. 墨西哥队
1948 1. **美国队**
2. 法国队
3. 巴西队
1952 1. **美国队**
2. 苏联队
3. 乌拉圭队
1956 1. **美国队**
2. 苏联队
3. 乌拉圭队
1960 1. **美国队**
2. 苏联队
3. 巴西队
1964 1. **美国队**
2. 苏联队
3. 巴西队
1968 1. **美国队**
2. 南斯拉夫队
3. 苏联队

男子拳击(BOXING)

48公斤级

1968 1. **罗德里格斯(Francisco Rodriguez)** **委内瑞拉**
2. 池龙珠(Jee Yong-ju) 韩国
3. 马尔布雷(Harlan Marbley) 美国
3. 斯克日普恰克(Hubert Skrzypczak) 波兰

51公斤级

1904 1. **乔治·费尼甘(George Finnegan)** **美国**
2. 迈尔斯·伯克(Miles Burke)(只有两人参加比赛) 美国
1920 1. **弗兰克·迪·吉纳罗(Frank Di Genaro)** **美国**
2. 安德尔斯·安特森(Anders Petersen) 丹麦

3. 威廉·卡思伯森(William Cuthbertson) 英国
1924 1. **费德尔·拉·巴尔巴(Fidel La Barba)** **美国**
2. 詹姆斯·麦肯齐(James McKenzie) 英国
3. 雷蒙德·费(Raymond Fee) 美国
1928 1. **安塔尔·科奇什(Antal Kocsis)** **匈牙利**
2. 阿尔芒·阿佩尔(Armand Appell) 法国
3. 卡罗·卡瓦尼奥利(Carlo Cavagnoli) 意大利
1932 1. **伊斯特凡·埃内凯斯(Istvan Enekes)** **匈牙利**
2. 弗朗斯斯科·卡瓦尼亚斯(Francisco Cabanas) 墨西哥
3. 路易斯·萨利卡(Louis Salica) 美国
1936 1. **威利·凯泽尔(Willi Kaiser)** **德国**
2. 加维诺·马塔(Gavino Matta) 意大利
3. 路易斯·丹尼尔·劳利(Louis Daniel Laurie) 美国
1948 1. **帕斯夸尔·佩雷斯(Pascual Perez)** **阿根廷**
2. 斯帕尔塔科·班迪内利(Spartaco Bandinelli) 意大利
3. 韩永安(Han Soo-an) 韩国
1952 1. **纳森·布鲁克斯(Nathan Brooks)** **美国**
2. 埃德加·巴泽尔(Edgar Basel) 德国
3. 安纳托利·布拉科夫(Anatoly Bulakov) 苏联
3. 威廉·托维尔(William Toweel) 南非
1956 1. **特伦斯·斯皮恩克斯(Terence Spinks)** **英国**
2. 米尔策亚·多布雷斯库(Mircea Dobrescu) 罗马尼亚
3. 约翰·考德维尔(John Caldwell) 爱尔兰
3. 勒内·利贝尔(Rene Libeer) 法国
1960 1. **吉乌拉·托勒克(Gyula Torok)** **匈牙利**
2. 谢尔盖·希夫科(Sergey Sivko) 苏联
3. 阿卜杜尔默内伊姆·埃尔吉恩迪(Abdelmoneim Elguindi) 埃及
3. 田边清(Kiyoshi Tanabe) 日本
1964 1. **阿佐里(Fernando Atzori)** **意大利**
2. 奥列赫(Artur Olech) 波兰
3. 索罗金(Stanislav Sorokin) 苏联
3. 卡莫迪(Robert Carmody) 美国
1968 1. **德尔加多(Ricardo Delgado)** **墨西哥**
2. 奥列赫(Artur Olech) 波兰
3. 奥利维拉(Servilio Oliveira) 巴西
3. 拉布沃戈(Leo Rwabwogo) 乌干达

54公斤级

1904 1. **奥利弗·柯克(Oliver Kirk)** **美国**
2. 乔治·费尼甘(George Finnegan) 美国
1908 1. **亨利·托马斯(Henry Thomas)** **英国**
2. 约翰·康登(John Condon) 英国
3. 威廉·韦伯(William Webb) 英国
1920 1. **克拉伦斯·沃克尔(Clarence Walker)** **南非**
2. 克利夫德·格拉汉姆(Clifford Graham) 加拿大
3. 詹姆斯·麦肯齐(James McKenzie) 英国
1924 1. **威廉·史密斯(William Smith)** **南非**
2. 萨尔瓦托尔·特里波利(Salvatore Tripoli) 美国
3. 让·塞斯(Jean Ces) 法国
1928 1. **维托里奥·塔马尼尼(Vittorio Tamagnini)** **意大利**
2. 约翰·戴利(John Daley) 美国
3. 哈里·伊萨克斯(Harry Isaacs) 南非
1932 1. **霍拉斯·格维尼(Horace Gwynne)** **加拿大**
2. 汉斯·齐格拉尔斯基(Hans Ziglarski) 德国
3. 何塞·比利亚努埃瓦(Jose Villanueva) 菲律宾
1936 1. **乌尔德里科·塞尔戈(Ulderico Sergo)** **意大利**
2. 杰克·威尔逊(Jack Wilson) 美国
3. 费德尔·奥尔蒂兹(Fidel Ortiz) 墨西哥
1948 1. **蒂波尔·奇克(Tibor Csik)** **匈牙利**
2. 吉奥瓦尼·巴蒂斯塔·祖达斯(Giovanni Battista Zuddas) 意大利
3. 胡安·贝内加斯(Juan Venegas) 波多黎各
1952 1. **彭蒂·哈马莱宁(Pentti Hamalainen)** **芬兰**
2. 约翰·麦克纳利(John McNally) 爱尔兰
3. 格纳迪·加尔布佐夫(Gennady Garbuzov) 苏联
3. 姜俊豪(Kang Joon-ho) 韩国
1956 1. **沃尔夫冈·贝伦特(Wolfgang Behrendt)** **德国**
2. 宋顺天(Song Soon-chun) 韩国
3. 克劳迪奥·巴里恩托斯(Claudio Barrientos) 智利
3. 弗雷德里克·吉尔罗伊(Frederick Gilroy) 爱尔兰
1960 1. **奥莱格·格里戈利耶夫(Oleg Grigoryev)** **苏联**
2. 普里莫·赞帕里尼(Primo Zamparini) 意大利
3. 布鲁诺恩·本迪格(Brunon Bendig) 波兰
3. 奥利弗·泰勒(Oliver Taylor) 澳大利亚
1964 1. **樱井孝雄(Sakurai Takao)** **日本**
2. 郑申朝(Chung Shin-cho) 韩国
3. 门多萨(Juan Fabila Mendoza) 墨西哥
3. 罗德里格斯(Washington Rodriguez) 乌拉圭
1968 1. **索科洛夫(Valeriy Sokolov)** **苏联**
2. 穆克万加(Eridari Mukwanga) 乌干达
3. 森冈荣治(Morioka Eiji) 日本
3. 张淳吉(Chang Kyou-Chull) 韩国

57公斤级

1904 1. **奥利弗·柯克(Oliver Kirk)** **美国**
2. 弗兰克·哈勒(Frank Haller) 美国
3. 弗雷德·吉尔摩尔(Fred Gilmore) 美国
1908 1. **理查德·甘恩(Richard Gunn)** **英国**
2. 查尔斯·莫里斯(Charles Morris) 英国
3. 休·罗丁(Hugh Roddin) 英国
1920 1. **保罗·弗里什(Paul Fritsch)** **法国**
2. 让·加歇(Jean Gachet) 法国
3. 埃多阿尔多·加尔泽纳(Edoardo Garzena) 意大利
1924 1. **约翰·菲尔兹(John Fields)** **美国**
2. 约瑟夫·萨拉斯(Joseph Salas) 美国

3. 佩德罗·瓜尔图奇(Pedro Quartucci) 阿根廷
1928 1. **兰伯尔图斯·范·克拉维伦(Lambertus Van Klaveren)** **荷兰**
2. 维克托·佩拉尔塔(Victor Peralta) 阿根廷
3. 哈罗德·德维内(Harold Devine) 美国
1932 1. **卡尔梅罗·罗夫莱多(Carmelo Robledo)** **阿根廷**
2. 约瑟夫·施莱因科菲(Josef Schleinkofer) 德国
3. 阿兰·卡尔·卡尔森·埃克巴克(Allan Carl Carlsson Ekeback) 瑞典
1936 1. **奥斯卡·卡萨诺瓦斯(Oscar Casanovas)** **阿根廷**
2. 查尔斯·卡特罗尔(Charles Catterall) 南非
3. 约瑟夫·米内尔(Josef Miner) 德国
1948 1. **厄内斯托·弗尔门蒂(Ernesto Formenti)** **意大利**
2. 丹尼斯·谢帕尔德(Dennis Shephard) 南非
3. 阿莱克希·安特吉耶维茨(Aleksy Antkiewicz) 波兰
1952 1. **简·扎哈拉(Jan Zachara)** **捷克斯洛伐克**
2. 塞尔吉奥·卡普拉里(Sergio Caprari) 意大利
3. 莱昂纳德·莱兴(Leonard Leisching) 南非
3. 约瑟夫·旺塔亚(Joseph Ventaja) 法国
1956 1. **弗拉迪米尔·萨夫洛诺夫(Vladimir Safronov)** **苏联**
2. 托马斯·尼科尔斯(Thomas Nicholls) 英国
3. 彭蒂·哈马莱宁(Pentti Hamalainen) 芬兰
3. 亨德里克·涅兹维茨基(Henryk Niedzwiedzki) 波兰
1960 1. **弗朗切斯科·穆索(Francesco Musso)** **意大利**
2. 杰尔奇·阿达姆斯基(Jerzy Adamski) 波兰
3. 约尔马·利蒙宁(Jorma Limmonen) 芬兰
3. 威廉·麦耶尔斯(William Meyers) 南非
1964 1. **斯捷帕什金(Stanislav Stepashkin)** **苏联**
2. 比利亚努埃瓦(Anthony Villanueva) 菲律宾
3. 舒尔茨(Heinz Schulz) 德国
3. 布朗(Charles Brown) 美国
1968 1. **罗尔丹(Antonio Roldan)** **墨西哥**
2. 罗宾逊(Albert Robinson) 美国
3. 瓦吕安吉(Philip Waruinge) 肯尼亚
3. 米哈伊洛夫(Ivan Mihailov) 保加利亚

60公斤级

1904 1. **哈里·斯潘格尔(Harry Spanger)** **美国**
2. 詹姆斯·伊甘(James Eagan) 美国
3. 拉塞尔·范·霍恩(Russell Van Horn) 美国
1908 1. **弗雷德里克·格拉斯(Frederick Grace)** **英国**
2. 弗雷德里克·斯皮勒(Frederick Spiller) 英国
3. 哈里·约翰逊(Harry Johnson) 英国
1920 1. **萨缪尔·莫斯伯格(Samuel Mosberg)** **美国**
2. 戈特弗雷德·约翰森(Gotfred Johansen) 丹麦
3. 克拉伦斯·牛顿(Clarence Newton) 加拿大
1924 1. **汉斯·尼尔森(Hans Nielsen)** **丹麦**
2. 阿尔弗莱多·科佩略(Alfredo Copello) 阿根廷
3. 弗雷德里克·博伊尔斯坦(Frederick Boylstein) 美国
1928 1. **卡罗·奥兰迪(Carlo Orlandi)** **意大利**
2. 斯蒂芬·哈莱科(Stephen Halaiko) 美国
3. 甘纳尔·贝尔格伦(Gunnar Berggren) 瑞典
1932 1. **劳伦斯·史蒂文斯(Lawrence Stevens)** **南非**
2. 图尔·阿尔奎斯特(Thure Ahlqvist) 瑞典
3. 纳森·波尔(Nathan Bor) 美国
1936 1. **伊姆尔·哈兰吉(Imre Harangi)** **匈牙利**
2. 尼古拉·斯泰普洛夫(Nikolai Stepulov) 爱沙尼亚
3. 埃里克·奥格伦(Erik Agren) 瑞典
1948 1. **杰拉尔德·德雷尔(Gerald Dreyer)** **南非**
2. 约瑟夫·维塞尔斯(Joseph Vissers) 比利时
3. 斯文·瓦德(Sven Wad) 丹麦
1952 1. **奥雷里亚诺·博洛尼希(Aureliano Bolognesi)** **意大利**
2. 阿莱克希·安特吉耶维茨(Aleksy Antkiewicz) 波兰
3. 乔治·菲亚特(Gheorghe Fiat) 罗马尼亚
3. 埃尔基·帕卡宁(Erkki Pakkanen) 芬兰
1956 1. **理查德·麦克塔加特(Richard McTaggart)** **英国**
2. 哈里·库尔沙特(Harry Kurschat) 德国
3. 安东尼·拜尔恩(Anthony Byrne) 爱尔兰
3. 安纳托利·拉格特科(Anatoly Lagetko) 苏联
1960 1. **卡齐米尔兹·帕兹齐奥尔(kazimierz Pazdzior)** **波兰**
2. 阿莱桑德罗·洛波波洛(Alessandro Lopopolo) 意大利
3. 阿维尔·劳多尼奥(Abel Laudonio) 阿根廷
3. 理查德·麦克塔加特(RichardMc Taggart) 英国
1964 1. **格鲁津(Jozef Grudzien)** **波兰**
2. 巴兰尼克夫(Velikton Barannikov) 苏联
3. 麦考特(James McCourt) 爱尔兰
3. 哈里斯(Ronald Harris) 美国
1968 1. **哈理斯(Ron W. Harris)** **美国**
2. 格鲁津(Jozef Grudzien) 波兰
3. 库托夫(Calistrat Cutov) 罗马尼亚
3. 武因(Zvonimir Vujin) 南斯拉夫

63.5公斤级

1952 1. **查尔斯·阿德金斯(Charles Adkins)** **美国**
2. 维克托·梅德诺夫(Viktor Mednov) 苏联
3. 埃尔基·马伦纽斯(Erkki Mallenius) 芬兰
3. 布鲁诺·维辛丁(Bruno Visintin) 意大利
1956 1. **弗拉迪米尔·延吉巴尔扬(Vladimir Yengibaryan)** **苏联**
2. 弗兰科·南奇(Franco Nenci) 意大利
3. 康斯坦丁·杜米特雷斯库(Constantin Dumitrescu) 罗马尼亚
3. 亨利·罗布谢尔(Henry Loubscher) 南非
1960 1. **伯赫米尔·内梅切克(Bohumil Nemecek)** **捷克斯洛伐克**
2. 克莱门特·伊克·夸泰(Clement Ike Quartey) 加纳
3. 昆西·丹尼尔斯(Quincey Daniels) 美国
3. 马里昂·卡斯佩尔齐克(Marian Kasprzyk) 波兰
1964 1. **库莱伊(Jerzy Kulej)** **波兰**

2. 弗罗洛夫(Yevgeny Frolov) 苏联
3. 布赖(Eddie Blay) 加纳
3. 加里亚(Habib Galhia) 突尼斯
1968 1. **库莱伊(Jerzy Kujel)** **波兰**
2. 雷格菲罗斯(Enrique Regueiferos) 古巴
3. 尼尔松(Arto Nilsson) 芬兰
3. 沃林顿(James Wallington) 美国

67公斤级

1904 1. **阿尔伯特·扬(Albert Young)** **美国**
2. 哈里·斯潘格尔(Harry Spanger) 美国
3. 杰克·伊甘(Jack Eagan) 美国
3. 约瑟夫·莱登(Joseph Lydon) 美国
1920 1. **阿尔伯特·施奈德(Albert Schneider)** **加拿大**
2. 亚历山大·埃尔兰(Alexander Ireland) 英国
3. 弗雷德里克·科尔伯格(Frederick Colberg) 美国
1924 1. **让·德拉热(Jean Delarge)** **比利时**
2. 赫克托·门德斯(Hector Mendez) 阿根廷
3. 道格拉斯·刘易斯(Douglas Lewis) 加拿大
1928 1. **爱德华·摩根(Edward Morgan)** **新西兰**
2. 劳尔·兰迪尼(Raul Landini) 阿根廷
3. 雷蒙德·斯麦利(Raymond Smillie) 加拿大
1932 1. **爱德华·弗林(Edward Flynn)** **美国**
2. 埃里希·卡姆佩(Erich Campe) 德国
3. 布鲁诺·阿尔伯格(Bruno Ahlberg) 芬兰
1936 1. **斯滕·苏维奥(Sten Suvio)** **芬兰**
2. 迈克尔·穆拉赫(Michael Murach) 德国
3. 盖尔哈德·皮特森(Gerhard Petersen) 丹麦
1948 1. **朱利尤斯·托尔马(Julius Torma)** **捷克斯洛伐克**
2. 霍拉斯·赫林(Horace Herring) 美国
3. 阿莱桑德罗·多塔维奥(Alessandro D´Ottavio) 意大利
1952 1. **齐格蒙特·齐克拉(Zygmunt Chychla)** **波兰**
2. 谢尔盖·谢尔巴科夫(Sergei Scherbakov) 苏联
3. 根特尔·海德曼(Gunther Heidemann) 德国
3. 维克托·约根森(Victor Jorgensen) 丹麦
1956 1. **尼古拉·林卡(Nicolae Linca)** **罗马尼亚**
2. 弗雷德里克·蒂特(Frederick Tiedt) 爱尔兰
3. 尼古拉斯·加尔加诺(Nicholas Gargano) 英国
3. 凯文·约翰·霍加特(Kevin John Hogarth) 澳大利亚
1960 1. **吉奥瓦尼·尼诺·本维努蒂(Giovanni Nino Benvenuti)** **意大利**
2. 尤里·拉多尼亚克(Yuri Radonyak) 苏联
3. 莱斯泽克·德罗戈兹(Leszek Drogosz) 波兰
3. 詹姆斯·洛伊德(James Lloyd) 英国
1964 1. **卡斯普甘克(Marian Kasprzyk)** **波兰**
2. 塔穆利斯(Ricardas Tamulis) 苏联
3. 普尔霍宁(Pertti Purhonen) 芬兰
3. 贝尔蒂尼(Silvano Bertini) 意大利
1968 1. **沃尔克(Manfred Wolke)** **民主德国**
2. 贝萨拉(Joseph Bessala) 喀麦隆
3. 穆萨利莫夫(Vladimir Musalimov) 苏联
3. 吉洛蒂(Mario Guilloti) 阿根廷

71公斤级

1952 1. **拉茨洛·帕普(Laszlo Papp)** **匈牙利**
2. 特乌尼斯·范·沙尔克维克(Theunis Van Schalkwyk) 南非
3. 埃拉迪奥·赫雷拉(Eladio Herrera) 阿根廷
3. 鲍里斯·蒂钦(Boris Tischin) 苏联
1956 1. **拉茨洛·帕普(Laszlo Papp)** **匈牙利**
2. 何塞·托雷斯(Jose Torres) 美国
3. 约翰·麦克尔马克(John McCormack) 英国
3. 齐格尼乌·皮耶特日科夫斯基(Zbigniew Pietrzykowski) 波兰
1960 1. **威尔伯特·麦克卢尔(Wilbert McClure)** **美国**
2. 卡尔梅罗·波希(Carmelo Bossi) 意大利
3. 威廉·费舍尔(William Fisher) 英国
3. 鲍里斯·拉古京(Boris Lagutin) 苏联
1964 1. **拉古京(Boris Lagutin)** **苏联**
2. 冈萨雷斯(Joseph Gonzales) 法国
3. 迈耶贡(Nojim Maiyegun) 尼日利亚
3. 格热希亚克(Jozef Grzesiak) 波兰
1968 1. **拉古京(Boris Lagutin)** **苏联**
2. 加尔贝(Rolando Garbey) 古巴
3. 巴尔德温(John Baldwin) 美国
3. 迈耶尔(Gunther Meier) 联邦德国

75公斤级

1904 1. **查尔斯·麦耶尔(Charles Mayer)** **美国**
2. 本杰明·斯普拉德利(Benjamin Spradley) 美国
1908 1. **约翰·道格拉斯(John Douglas)** **英国**
2. 雷吉纳尔德·贝克尔(Reginald Baker) 澳大利亚
3. 威廉·菲洛(William Philo) 英国
1920 1. **亨利·马林(Henry Mallin)** **英国**
2. 乔治·普鲁多姆(Georges Prudhomme) 加拿大
3. 蒙戈莫里·莫埃·赫斯科维奇(Montgomery Moe Herscovitch) 加拿大
1924 1. **亨利·马林(Henry Mallin)** **英国**
2. 约翰·埃利奥特(John Elliott) 英国
3. 约瑟夫·贝肯(Joseph Beecken) 比利时
1928 1. **皮埃罗·托斯卡尼(Piero Toscani)** **意大利**
2. 简·赫日马内克(Jan Hermanek) 捷克斯洛伐克
3. 莱奥纳尔·斯特耶尔(Leonard Steyaert) 比利时
1932 1. **卡尔曼·巴斯(Carmen Barth)** **美国**
2. 阿马多·阿萨尔(Amado Azar) 阿根廷
3. 厄内斯特·皮尔斯(Ernest Pierce) 南非
1936 1. **让·德波(Jean Despeaux)** **法国**

年份	名次	姓名	国家
	2.	亨利·蒂勒(Henry Tiller)	挪威
	3.	劳尔·比利亚雷亚尔(Raul Villareal)	阿根廷
1948	1.	**拉茨洛·帕普(Laszlo Papp)**	**匈牙利**
	2.	约翰·赖特(John Wright)	英国
	3.	伊瓦诺·丰塔纳(Ivano Fontana)	意大利
1952	1.	**弗洛伊德·帕特森(Floyd Patterson)**	**美国**
	2.	瓦希尔·蒂塔(Vasile Tita)	罗马尼亚
	3.	鲍里斯·尼科洛夫(Boris Nikolov)	保加利亚
	3.	斯蒂格·斯约林(Stig Sjolin)	瑞典
1956	1.	**格纳迪·沙特科夫(Gennady Schatkov)**	**苏联**
	2.	拉蒙·塔皮亚(Ramon Tapia)	智利
	3.	吉尔贝尔·夏普隆(Gilbert Chapron)	法国
	3.	维克托·萨拉萨尔(Victor Zalazar)	阿根廷
1960	1.	**爱德华·克鲁克(Edward Crook)**	**美国**
	2.	塔德乌茨·瓦拉塞克(Tadeusz Walasek)	波兰
	3.	叶甫盖尼·费奥法诺夫(Evgeny Feofanov)	苏联
	3.	埃恩·莫尼亚(Ion Monea)	罗马尼亚
1964	1.	**波潘钦科(Valery Popenchenko)**	**苏联**
	2.	舒尔茨(Emil Schulz)	德国
	3.	瓦莱(Franco Valle)	意大利
	3.	瓦拉塞克(Tadeusz Walasek)	波兰
1968	1.	**芬尼根(Chris Finnegan)**	**英国**
	2.	基谢廖夫(Aleksey Kiselyov)	苏联
	3.	萨拉戈萨(Agustin Zaragoza)	墨西哥
	3.	琼斯(Alfred Jones)	美国

81公斤级

年份	名次	姓名	国家
1920	1.	**爱德华·伊甘(Edward Eagan)**	**美国**
	2.	斯维尔·索尔斯达尔(Sverre Sorsdal)	挪威
	3.	哈罗德·弗兰克斯(Harold Franks)	英国
1924	1.	**哈里·米切尔(Harry Mitchell)**	**英国**
	2.	泰格·皮特森(Thyge Petersen)	丹麦
	3.	斯维尔·索尔斯达尔(Sverre Sorsdal)	挪威
1928	1.	**维克托·阿文达尼奥(Victor Avendano)**	**阿根廷**
	2.	恩斯特·皮斯图拉(Ernst Pistulla)	德国
	3.	卡尔·林德尔·米尔约恩(Karl Leendert Miljon)	荷兰
1932	1.	**大卫·卡尔斯滕斯(David Carstens)**	**南非**
	2.	吉诺·罗西(Gino Rossi)	意大利
	3.	皮特·约根森(Peter Jorgensen)	丹麦
1936	1.	**罗歇·米什洛(Roger Michelot)**	**法国**
	2.	理查德·福格特(Richard Vogt)	德国
	3.	弗朗西斯科·里希格利奥内(Francisco Risiglione)	阿根廷
1948	1.	**乔治·亨特(George Hunter)**	**南非**
	2.	唐纳德·斯科特(Donald Scott)	英国
	3.	莫里西奥·希亚(Mauricio Cia)	阿根廷
1952	1.	**诺尔维尔·李(Norvel Lee)**	**美国**
	2.	安东尼奥·帕森扎(Antonio Pacenza)	阿根廷
	3.	安纳托利·佩罗夫(Anatoly Perov)	苏联
	3.	哈里·希尔扬德尔(Harri Siljander)	芬兰
1956	1.	**詹姆斯·博伊德(James Boyd)**	**美国**
	2.	乔治·内格里亚(Gheorghe Negrea)	罗马尼亚
	3.	卡洛斯·卢卡斯(Carlos Lucas)	智利
	3.	罗穆阿尔达斯·穆拉乌斯卡斯(Romualdas Murauskas)	苏联
1960	1.	**卡休斯·克莱(Cassius Clay)**	**美国**
	2.	齐格尼尤·皮耶特日科夫斯基(Zbigniew Pietrzykowski)	波兰
	3.	安东尼·马迪根(Anthony Madigan)	澳大利亚
	3.	吉乌利奥·萨拉乌迪(Giulio Saraudi)	意大利
1964	1.	**平托(Cosimo Pinto)**	**意大利**
	2.	基谢廖夫(Aleksei Kisselyov)	苏联
	3.	尼科洛夫(Alexander Nikolov)	保加利亚
	3.	皮耶特日科夫斯基(Zbigniew Pietrzykowski)	波兰
1968	1.	**波兹尼亚克(Danas Pozniakas)**	**苏联**
	2.	莫尼亚(Ion Monea)	罗马尼亚
	3.	斯坦科夫(Georgi Stankov)	保加利亚
	3.	德拉甘(Stanislaw Dragan)	波兰

91公斤以上级

年份	名次	姓名	国家
1904	1.	**萨缪尔·贝格尔(Samuel Berger)**	**美国**
	2.	查尔斯·麦耶尔(Charles Mayer)	美国
	3.	威廉·迈克尔斯(William Michaels)	美国
1908	1.	**阿尔伯特·奥尔德曼(Albert Oldmam)**	**英国**
	2.	希德尼·埃文斯(Sydney Evans)	英国
	3.	弗雷德里克·帕克斯(Frederick Parks)	英国
1920	1.	**罗纳德·罗森(Ronald Rawson)**	**英国**
	2.	索伦·皮特森(Soren Petersen)	丹麦
	3.	格扎维埃·埃吕埃尔(Xavier Eluere)	法国
1924	1.	**奥托·冯·波拉特(Otto Von Porat)**	**挪威**
	2.	索伦·皮特森(Soren Petersen)	丹麦
	3.	阿尔弗莱多·波尔西奥(Alfredo Porzio)	阿根廷
1928	1.	**阿尔图罗·罗德里格斯·胡拉多(Arturo Rodriguez Jurado)**	**阿根廷**
	2.	尼尔斯·拉姆(Nils Ramm)	瑞典
	3.	雅各布·迈克尔森(Jacob Michaelsen)	丹麦
1932	1.	**圣地亚哥·洛贝尔(Santiago Lovell)**	**阿根廷**
	2.	鲁吉·罗瓦蒂(Luigi Rovati)	意大利
	3.	弗雷德里克·费里(Frederick Feary)	美国
1936	1.	**赫伯特·兰格(Herbert Runge)**	**德国**
	2.	古耶尔莫·洛贝尔(Guillermo Lovell)	阿根廷
	3.	埃尔林·尼尔森(Erling Nilsen)	挪威
1948	1.	**拉法埃尔·伊格莱西亚斯(Rafael Iglesias)**	**阿根廷**
	2.	甘纳尔·尼尔森(Gunnar Nilsson)	瑞典
	3.	约翰·亚瑟(John Arthur)	南非
1952	1.	**爱德华·桑德尔斯(Edward Sanders)**	**美国**
	2.	因格马尔·约翰森(Ingemar Johansson)	瑞典
	3.	埃尔卡·科斯基(Ilkka Koski)	芬兰

年份	名次	姓名	国家
	3.	安德里斯·尼曼(Andries Nieman)	南非
1956	1.	**皮特·拉德马切尔(Peter Rademacher)**	**美国**
	2.	列夫·穆钦(Lev Mukhin)	苏联
	3.	丹尼尔·贝克尔(Daniel Bekker)	南非
	3.	吉亚科莫·博扎诺(Giacomo Bozzano)	意大利
1960	1.	**弗朗切斯科·德·皮科利(Francesco De Piccoli)**	**意大利**
	2.	丹尼尔·贝克尔(Daniel Bekker)	南非
	3.	约瑟夫·内梅克(Josef Nemec)	捷克斯洛伐克
	3.	根特尔·希格蒙德(Gunter Sigmund)	德国
1964	1.	**弗雷泽(Joseph Frazier)**	**美国**
	2.	胡贝尔(Hans Huber)	德国
	3.	罗斯(Giuseppe Ros)	意大利
	3.	叶梅利亚诺夫(Vadim Yemelyanov)	苏联
1968	1.	**波兹尼亚克(Danas Pozniakas)**	**苏联**
	2.	莫尼亚(Ion Monea)	罗马尼亚
	3.	斯坦科夫(Georgi Stankov)	保加利亚
	3.	德拉甘(Stanislaw Dragan)	波兰

男子皮划艇(KAYAK-men)

1000米单人划艇

年份	名次	姓名	国家
1936	1.	**弗朗西斯·阿米奥特(Francis Amyot)**	**加拿大**
	2.	博胡斯拉夫·卡尔利克(Bohuslav Karlik)	捷克斯洛伐克
	3.	埃里希·科施克(Erich Koschik)	德国
1948	1.	**约瑟夫·霍莱切克(Josef Holecek)**	**捷克斯洛伐克**
	2.	道格拉斯·贝内特(Douglas Bennett)	加拿大
	3.	罗伯尔·布蒂尼(Robert Boutigny)	法国
1952	1.	**约瑟夫·霍莱切克(Josef Holecek)**	**捷克斯洛伐克**
	2.	雅诺斯·帕尔蒂(Janos Parti)	匈牙利
	3.	奥拉维·奥扬佩拉(Olavi Ojanpera)	芬兰
1956	1.	**莱昂·罗特曼(Leon Rotman)**	**罗马尼亚**
	2.	伊斯特凡·赫尔内克(Istvan Hernek)	匈牙利
	3.	格纳迪·布哈林(Gennady Bukharin)	苏联
1960	1.	**雅诺斯·帕尔蒂(Janos Parti)**	**匈牙利**
	2.	亚历山大·西拉耶夫(Aleksandr Silayev)	苏联
	3.	莱昂·罗特曼(Leon Rotman)	罗马尼亚
1964	1.	**埃舍尔特(Jurgen Eschert)**	**德国**
	2.	伊戈罗夫(Andrei Igorov)	罗马尼亚
	3.	佩尼亚耶夫(Yevgeny Penyayev)	苏联
1968	1.	**塔塔伊(Tibor Tatai)**	**匈牙利**
	2.	莱维(Detlef Lewe)	联邦德国
	3.	加尔科夫(Vitaly Galkov)	苏联

1000米双人划艇

年份	名次	队伍
1936	1.	**捷克斯洛伐克队**
	2.	奥地利队
	3.	加拿大队
1948	1.	**捷克斯洛伐克队**
	2.	美国队
	3.	法国队
1952	1.	**丹麦队**
	2.	捷克斯洛伐克队
	3.	德国队
1956	1.	**罗马尼亚队**
	2.	苏联队
	3.	匈牙利队
1960	1.	**苏联队**
	2.	意大利队
	3.	匈牙利队
1964	1.	**苏联队**
	2.	法国队
	3.	丹麦队
1968	1.	**罗马尼亚队**
	2.	匈牙利队
	3.	苏联队

1000米单人皮艇

年份	名次	姓名	国家
1936	1.	**格利戈尔·赫拉德茨基(Gregor Hradetzky)**	**奥地利**
	2.	赫尔穆特·卡默雷尔(Helmut Cammerer)	德国
	3.	雅各布斯·克莱耶尔(Jacobus Kraaier)	荷兰
1948	1.	**格尔特·弗雷德里克森(Gert Fredriksson)**	**瑞典**
	2.	约安·弗雷德里克·安德森·科贝鲁普(Johan Frederik Andersen Kobberup)	丹麦
	3.	亨利·埃贝哈尔(Henri Eberhardt)	法国
1952	1.	**格尔特·弗雷德里克森(Gert Fredriksson)**	**瑞典**
	2.	托尔瓦尔德·斯特罗姆伯格(Thorvald Stromberg)	芬兰
	3.	路易·冈图瓦(Louis Gantois)	法国
1956	1.	**格尔特·弗雷德里克森(Gert Fredriksson)**	**瑞典**
	2.	伊戈尔·皮萨列夫(Igor Pissaryev)	苏联
	3.	拉约斯·基什(Lajos Kiss)	匈牙利
1960	1.	**埃里克·汉森(Erik Hansen)**	**丹麦**
	2.	伊姆尔·瑟勒希(Imre Szollosi)	匈牙利
	3.	格尔特·弗雷德里克森(Gert Fredriksson)	瑞典
1964	1.	**彼得松(Rolf Peterson)**	**瑞典**
	2.	海斯(Mihaly Hesz)	匈牙利
	3.	维尔内斯库(Aurel Vernescu)	罗马尼亚
1968	1.	**海斯(Mihaly Hesz)**	**匈牙利**
	2.	沙帕连科(Aleksander Shaparenko)	苏联
	3.	汉森(Erik Hansen)	丹麦

1000米双人皮艇

年份	名次	队伍
1936	1.	**奥地利队**
	2.	德国队
	3.	荷兰队
1948	1.	**瑞典队**
	2.	丹麦队
	3.	芬兰队
1952	1.	**芬兰队**
	2.	瑞典队
	3.	奥地利队
1956	1.	**德国队**
	2.	苏联队
	3.	奥地利队
1960	1.	**瑞典队**
	2.	匈牙利队
	3.	波兰队
1964	1.	**瑞典队**
	2.	荷兰队
	3.	德国队
1968	1.	**苏联队**
	2.	匈牙利队
	3.	奥地利

10000米单人划艇

年份	名次	姓名	国家
1948	1.	**弗兰蒂塞克·卡佩克(Frantisek Capek)**	**捷克斯洛伐克**
	2.	弗兰克·哈文斯(Frank Havens)	美国
	3.	诺尔曼·莱恩(Norman Lane)	加拿大
1952	1.	**弗兰克·哈文斯(Frank Havens)**	**美国**
	2.	加伯尔·诺瓦克(Gabor Novak)	匈牙利
	3.	阿尔弗莱德·金德拉(Alfred Jindra)	捷克斯洛伐克
1956	1.	**莱昂·罗特曼(Leon Rotman)**	**罗马尼亚**
	2.	雅诺斯·帕尔蒂(Janos Parti)	匈牙利
	3.	格纳迪·布哈林(Gennady Bukharin)	苏联

10000米双人划艇

年份	名次	队伍
1936	1.	**捷克斯洛伐克队**
	2.	加拿大队
	3.	奥地利队
1948	1.	**美国队**
	2.	捷克斯洛伐克队
	3.	法国队
1952	1.	**法国队**
	2.	加拿大队
	3.	德国队
1956	1.	**苏联队**
	2.	法国队
	3.	匈牙利队

10000米单人皮艇

年份	名次	姓名	国家
1936	1.	**恩斯特·克雷布斯(Ernst Krebs)**	**德国**
	2.	弗里茨·兰德尔丁格(Fritz Landertinger)	奥地利
	3.	厄内斯特·里德尔(Ernest Riedl)	美国
1948	1.	**格尔特·弗雷德里克森(Gert Fredriksson)**	**瑞典**
	2.	库尔特·维尔斯(Kurt Wires)	芬兰
	3.	埃温德·斯卡博(Eivind Skabo)	挪威
1952	1.	**托尔瓦尔德·斯特罗姆伯格(Thorvald Stromberg)**	**芬兰**
	2.	格尔特·弗雷德里克森(Gert Fredriksson)	瑞典
	3.	迈克尔·绍伊尔(Michael Scheuer)	德国
1956	1.	**格尔特·弗雷德里克森(Gert Fredriksson)**	**瑞典**
	2.	费伦克·哈特拉茨基(Ferenc Hatlaczky)	匈牙利
	3.	迈克尔·绍伊尔(Michael Scheuer)	德国

10000米单人皮艇(折叠式)

年份	名次	姓名	国家
1936	1.	**格利戈尔·赫拉德茨基(Gregor Hradetzky)**	**奥地利**
	2.	亨利·埃贝哈尔(Henri Eberhardt)	法国
	3.	沙维尔·霍尔曼(Xaver Hormann)	德国

10000米双人皮艇

年份	名次	队伍
1936	1.	**德国队**
	2.	奥地利队
	3.	瑞典队
1948	1.	**瑞典队**
	2.	挪威队
	3.	芬兰队
1952	1.	**芬兰队**
	2.	瑞典队
	3.	匈牙利队
1956	1.	**匈牙利队**

1924年巴黎奥运会男子划艇比赛。

2. 德国队
3. 澳大利亚队

10000米双人皮艇(折叠式)

1936 1. **瑞典队**
2. 德国队
3. 荷兰队

1000米四人皮艇

1964 1. **苏联队**
2. 德国队
3. 罗马尼亚队
1968 1. **挪威队**
2. 罗马尼亚队
3. 匈牙利队

4×500米皮艇接力

1960 1. **德国队**
2. 匈牙利队
3. 丹麦队

女子皮划艇(KAYAK-women)

500米单人皮艇

1948 1. **卡伦·霍夫(Karen Hoff)** **丹麦**
2. 阿莉达·范·德·安克尔·德登斯(Alida Van Der Anker Doedens) 荷兰
3. 弗里茨·施温格尔(Fritzi Schwingl) 奥地利
1952 1. **希尔薇·塞莫(Sylvi Saimo)** **芬兰**
2. 格尔特鲁德·列伯哈特(Gertrude Liebhart) 奥地利
3. 妮娜·萨维娜(Nina Savina) 苏联
1956 1. **耶莉萨维塔·德门蒂耶娃(Yelisaveta Dementyeva)** **苏联**
2. 特雷斯·兹恩茨(Therese Zenz) 德国
3. 托夫·索比(Tove Soby) 丹麦
1960 1. **安东妮娜·谢列金娜(Antonina Seredina)** **苏联**
2. 特雷斯·兹恩茨(Therese Zenz) 德国
3. 丹尼埃拉·瓦尔科维亚克(Daniela Walkowiak) 波兰
1968 1. **皮纳耶娃(Lyudmila Pinayeva)** **苏联**
2. 布罗伊尔(Renate Breuer) 联邦德国
3. 杜米特鲁(Viorica Dumitru) 罗马尼亚

500米双人皮艇

1960 1. **苏联队**
2. 德国队
3. 匈牙利队
1968 1. **联邦德国队**
2. 匈牙利队
3. 苏联队

男子板球(CRICKET)

1900 1. **英国队**
2. 法国队

男子槌球(CROQUET)

单人单球

1900 1. **奥莫瓦特(Aumoitte)** **法国**
2. 约安(Johin) 法国
3. 维德里奇(Waydelich) 法国

单人双球

1900 1. **维德里奇(Waydelich)** **法国**
2. 维涅罗(Vignerot) 法国
3. 索特罗(Sautereau) 法国

双人单球

1900 1. **法国队**

场地自行车(CYCLING)

2000米个人争先赛

1896 1. **保尔·马松(Paul Masson)** **法国**
2. 斯塔马蒂奥斯·尼科罗普洛斯(Stamatios Nikolopoulos) 希腊
3. 雷翁·弗拉芒(Leon Flameng) 法国
1900 1. **乔治·塔扬迪埃(Georges Taillandier)** **法国**
2. 费尔南·桑茨(Fernand Sanz) 法国
3. 约翰·莱克(John Lake) 美国
1920 1. **莫里斯·皮特尔斯(Maurice Peeters)** **荷兰**
2. 托马斯·约翰逊(Thomas Johnson) 英国
3. 哈里·瑞恩(Harry Ryan) 英国
1924 1. **吕西安·米夏尔(Lucien Michard)** **法国**
2. 雅各布·梅耶尔(Jacob Meijer) 荷兰
3. 让·居纽(Jean Cugnot) 法国
1928 1. **罗歇·博弗朗(Roger Beaufrand)** **法国**
2. 安托纽斯·马扎伊莱克(Antonius Mazairac) 荷兰
3. 威利·法尔克·汉森(Willy Falck Hansen) 丹麦
1932 1. **雅各布斯·范·埃格蒙德(Jacobus Van Egmond)** **荷兰**
2. 路易·夏约(Louis Chaillot) 法国
3. 布鲁诺·佩利扎里(Bruno Pellizzari) 意大利
1936 1. **托尼·默尔肯斯(Toni Merkens)** **德国**
2. 埃里·范·弗里特(Arie Van Vliet) 荷兰
3. 路易·夏约(Louis Chaillot) 法国
1948 1. **马里奥·盖拉(Mario Ghella)** **意大利**
2. 雷吉纳尔德·哈里斯(Reginald Harris) 英国
3. 阿克塞尔·施恩多夫(Axel Schandorff) 丹麦
1952 1. **恩佐·萨基(Enzo Sacchi)** **意大利**
2. 里奥内尔·考克斯(Lionel Cox) 澳大利亚
3. 维尔纳·波特泽恩海姆(Werner Potzernheim) 德国
1956 1. **米歇尔·卢梭(Michel Rousseau)** **法国**
2. 古里埃莫·普莱森蒂(Guglielmo Presenti) 意大利
3. 理查德·普鲁格(Richard Ploog) 澳大利亚
1960 1. **桑蒂·加亚尔多尼(Sante Gaiardoni)** **意大利**
2. 莱奥·斯特尔克斯(Leo Sterckx) 比利时
3. 瓦伦蒂诺·加斯帕雷拉(Valentino Gasparella) 意大利
1964 1. **佩特内拉(Giovanni Pettenella)** **意大利**
2. 比安凯托(Sergio Bianchetto) 意大利
3. 莫雷隆(Daniel Morelon) 法国
1968 1. **莫雷隆(Daniel Morelon)** **法国**
2. 图里尼(Giordano Turrini) 意大利
3. 特伦坦(Pierre Trentin) 法国

单圈计时赛

1896 (333.33米)
1. **保尔·马松(Paul Masson)** **法国**
2. 斯塔马蒂奥斯·尼科罗普洛斯(Stamatios Nikolopoulos) 希腊
3. 阿道夫·施玛尔(Adolf Schmal) 奥地利
1908 (603.49米)
1. **维克托·约翰逊(Victor Johnson)** **英国**
2. 埃米尔·德芒热尔(Emile Demangel) 法国
3. 卡尔·诺伊默尔(Karl Neumer) 德国

四分之一英里计时赛

1904 1. **马库斯·赫尔利(Marcus Hurley)** **美国**
2. 伯顿·唐宁(Burton Downing) 美国
3. 埃德温·比灵顿(Edwin Billington) 美国

三分之一英里计时赛

1904 1. **马库斯·赫尔利(Marcus Hurley)** **美国**
2. 伯顿·唐宁(Burton Downing) 美国
3. 埃德温·比灵顿(Edwin Billington) 美国

二分之一英里计时赛

1904 1. **马库斯·赫尔利(Marcus Hurley)** **美国**
2. 埃德温·比灵顿(Edwin Billington) 美国
3. 伯顿·唐宁(Burton Downing) 美国

1公里计时赛

1928 1. **威利·法尔克·汉森(Willy Falck Hansen)** **丹麦**
2. 杰拉德·波什·范·德拉克斯滕(Gerard Bosch Van Drakestein) 荷兰
3. 埃德加·格雷(Edgar Gray) 澳大利亚
1932 1. **埃德加·格雷(Edgar Gray)** **澳大利亚**
2. 雅各布斯·范·埃格蒙德(Jacobus Van Egmond) 荷兰
3. 查理·朗佩尔贝格(Charles Rampelberg) 法国
1936 1. **埃里·范·弗里特(Arie Van Vliet)** **荷兰**
2. 皮埃尔·若尔热(Pierre Georget) 法国
3. 鲁道夫·卡尔施(Rudolf Karsch) 德国
1948 1. **雅克·杜邦(Jacques Dupont)** **法国**
2. 皮埃尔·尼昂(Pierre Nihant) 比利时
3. 托马斯·戈德温(Thomas Godwin) 英国
1952 1. **拉塞尔·莫克里奇(Russell Mockridge)** **澳大利亚**
2. 马里诺·莫雷蒂(Marino Morettini) 意大利
3. 雷蒙德·罗宾逊(Raymond Robinson) 南非
1956 1. **莱昂德罗·法钦(Leandro Faggin)** **意大利**
2. 拉迪斯拉夫·弗塞克(Ladislav Foucek) 捷克斯洛伐克
3. 阿尔弗莱德·斯威夫特(Alfred Swift) 南非
1960 1. **桑蒂·加亚尔多尼(Sante Gaiardoni)** **意大利**
2. 迪埃特尔·吉泽勒(Dieter Gieseler) 德国
3. 罗斯迪斯拉夫·瓦尔加什金(Rostislav Vargashkin) 苏联
1964 1. **塞尔居(Patrick Sercu)** **比利时**
2. 佩特内拉(Giovanni Pettenella) 意大利
3. 特伦坦(Pierre Trentin) 法国
1968 1. **特伦坦(Pierre Trentin)** **法国**
2. 弗雷德伯格(Niels Fredborg) 丹麦
3. 基耶日科夫斯基(Janusz Kierzkowski) 波兰

1英里计时赛

1904 1. **马库斯·赫尔利(Marcus Hurley)** **美国**
2. 伯顿·唐宁(Burton Downing) 美国
3. 埃德温·比灵顿(Edwin Billington) 美国

2英里计时赛

1904 1. **伯顿·唐宁(Burton Downing)** **美国**
2. 奥斯卡·格尔克(Oscar Goerke) 美国
3. 马库斯·赫尔利(Marcus Hurley) 美国

5公里计时赛

1908 1. **本杰明·琼斯(Benjamin Jones)** **英国**
2. 莫里斯·希耶(Maurice Schilles) 法国
3. 安德烈·奥弗雷(Andre Auffray) 法国

5英里计时赛

1904 1. **查尔斯·希利(Charles Schlee)** **美国**
2. 乔治·威利(George Wiley) 美国
3. 亚瑟·安德鲁斯(Arthur Andrews) 美国

10公里计时赛

1896 1. **保尔·马松(Paul Masson)** **法国**
2. 雷翁·弗拉芒(Leon Flameng) 法国
3. 阿道夫·施玛尔(Adolf Schmal) 奥地利

20公里计时赛

1908 1. **克拉伦斯·金斯布里(Clarence Kingsbury)** **英国**
2. 本杰明·琼斯(Benjamin Jones) 英国
3. 约瑟夫·维尔布鲁克(Joseph Werbrouck) 比利时

25公里计时赛

1900 1. **路易斯·巴斯蒂安(Louis Bastien)** **法国**
2. 路易斯·伊尔德布兰(Louis Hildebrand) 法国
3. 杜曼(Daumain) 法国

25英里计时赛

1904 1. **伯顿·唐宁(Burton Downing)** **美国**
2. 亚瑟·安德鲁斯(Arthur Andrews) 美国
3. 乔治·威利(George Wiley) 美国

50公里计时赛

1920 1. **亨利·乔治(Henry George)** **比利时**
2. 希利尔·奥尔登(Cyril Alden) 英国
3. 皮特·伊克拉尔(Piet Ikelaar) 荷兰

1924 1. **雅各布斯·威廉斯(Jacobus Willems)** **荷兰**
2. 希利尔·奥尔登(Cyril Alden) 英国
3. 弗雷德里克·维尔德(Frederick Wyld) 英国

100公里计时赛

1896 1. **雷翁·弗拉芒(Leon Flameng)** **法国**
2. 乔治斯·科莱蒂斯(Georgios Koletis) 希腊

1908 1. **查尔斯·巴特莱特(Charles Bartlett)** **英国**
2. 查尔斯·丹尼(Charles Denny) 英国
3. 奥克达夫·拉皮兹(Octave Lapize) 法国

12小时赛

1896 1. **阿道夫·施玛尔(Adolf Schmal)** **奥地利**
2. 弗朗克·基平(Frank Keeping) 英国
3. 乔治斯·帕拉斯科沃普洛斯(Georgios Paraskevopoulos) 希腊

5公里到点计时赛

1900 1. **厄内斯托·布鲁索尼(Ernesto Brusoni)** **意大利**
2. 卡尔·杜伊尔(Karl Duill) 英国
3. 路易斯·特鲁塞利埃(Louis Trousselier) 法国

双人车赛

1908 1. **法国队**
2. 英国队
3. 英国队
1920 1. **英国队**
2. 南非队
3. 荷兰队
1924 1. **法国队**
2. 丹麦队
3. 荷兰队
1928 1. **荷兰队**
2. 英国队
3. 德国队
1932 1. **法国队**
2. 英国队
3. 丹麦队
1936 1. **德国队**
2. 荷兰队
3. 法国队
1948 1. **意大利队**
2. 英国队
3. 法国队
1952 1. **澳大利亚队**
2. 南非队
3. 意大利队
1956 1. **澳大利亚队**
2. 捷克斯洛伐克队
3. 意大利队
1960 1. **意大利队**
2. 德国队

3. 苏联队
1964 1. **意大利队**
2. 苏联队
3. 德国队
1968 1. **法国队**
2. 荷兰队
3. 比利时队

个人追逐赛

1964 1. **达列尔(Jiri Daler)** **捷克斯洛伐克**
2. 乌尔西(Giorgio Ursi) 意大利
3. 伊萨克松(Preben Isaksson) 丹麦
1968 1. **雷比拉尔(Daniel Rebillard)** **法国**
2. 延森(Mogens Frey Jensen) 丹麦
3. 库尔曼(Xaver Kurmann) 瑞士

团体追逐赛

1908 1. **英国队**
2. 德国队
3. 加拿大队
1920 (因英国队犯规，意大利队被判获胜)
1. **意大利队**
2. 英国队
3. 南非队
1924 1. **意大利队**
2. 波兰队
3. 比利时队
1928 1. **意大利队**
2. 荷兰队
3. 英国队
1932 1. **意大利队**
2. 法国队
3. 英国队
1936 1. **法国队**
2. 意大利队
3. 英国队
1948 1. **法国队**
2. 意大利队
3. 英国队
1952 1. **意大利队**
2. 南非队
3. 英国队
1956 1. **意大利队**
2. 法国队
3. 英国队
1960 1. **意大利队**
2. 德国队
3. 苏联队
1964 1. **德国队**
2. 意大利队
3. 荷兰队
1968 1. **丹麦队**
2. 联邦德国队
3. 意大利队

公路自行车(ROAD CYCLING)

个人赛

1896 1. **阿里斯蒂迪斯·康斯坦丁尼迪斯(Aristidis Konstantinidis)** **希腊**
2. 奥古斯特·格德里希(August Goedrich) 德国
3. 爱德华·巴特尔(Edward Battel) 英国
1924 1. **阿尔芒·布朗肖内(Armand Blanchonnet)** **法国**
2. 亨利·奥维纳尔(Henri Hoevenaers) 比利时
3. 勒内·阿默尔(Rene Hamel) 法国
1936 1. **罗伯尔·夏蓬蒂埃(Robert Charpentier)** **法国**
2. 居伊·拉佩比埃(Guy Lapebie) 法国
3. 恩斯特·尼维盖特(Ernst Nievergelt) 瑞士
1948 1. **若泽·贝亚尔(Jose Beyaert)** **法国**
2. 杰拉杜斯·皮特鲁斯·弗尔丁(Gerardus Petrus Voorting) 荷兰
3. 洛德·乌特尔(Lode Wouters) 比利时
1952 1. **安德烈·诺瓦尔(Andre Noyelle)** **比利时**
2. 罗伯尔·格隆德拉尔(Robert Grondelaers) 比利时
3. 埃迪·齐格勒(Edi Ziegler) 德国
1956 1. **埃尔科莱·巴尔迪尼(Ercole Baldini)** **意大利**
2. 阿尔诺·热伊尔(Arnaud Geyre) 法国
3. 阿兰·杰克逊(Alan Jackson) 英国
1960 1. **维克托·卡皮托诺夫(Viktor Kapitonov)** **苏联**
2. 里维沃·特拉佩(Livio Trape) 意大利
3. 威利·范·登·贝尔根(Willy Van Den Berghen) 比利时
1964 1. **扎宁(Mario Zanin)** **意大利**
2. 罗迪安(Kjell Rodian) 丹麦
3. 戈德弗鲁(Walter Godefroot) 比利时
1968 1. **维亚内利(Pierfranco Vianelli)** **意大利**
2. 莫滕森(Leif Mortensen) 丹麦
3. 彼得松(Gosta Pettersson) 瑞典

个人计时赛

1912 1. **鲁道夫·奥凯·刘易斯(Rudolph Okey Lewis)** **南非**
2. 弗雷德里克·格拉布(Frederick Grubb) 英国
3. 卡尔·舒特(Carl Schutte) 美国
1920 1. **哈里·斯滕奎斯特(Harry Stenqvist)** **瑞典**
2. 亨利·卡尔滕布劳恩(Henry Kaltenbrun) 南非
3. 费尔南·康特卢布(Fernand Canteloube) 法国
1928 1. **亨利·汉森(Henry Hansen)** **丹麦**
2. 弗兰克·索萨尔(Frank Southall) 英国
3. 格斯塔·卡尔松(Gosta Carlsson) 瑞典
1932 1. **阿蒂利奥·帕维希(Attilio Pavesi)** **意大利**
2. 古里埃莫·塞加托(Guglielmo Segato) 意大利
3. 伯恩哈德·布里茨(Bernhard Britz) 瑞典

团体赛

1912 1. **瑞典队**
2. 英国队
3. 美国队
1920 1. **法国队**
2. 瑞典队
3. 比利时队
1924 1. **法国队**
2. 比利时队
3. 瑞典队
1928 1. **丹麦队**
2. 英国队
3. 瑞典队
1932 1. **意大利队**
2. 丹麦队
3. 瑞典队
1936 1. **法国队**
2. 瑞士队
3. 比利时队
1948 1. **比利时队**
2. 英国队
3. 法国队
1952 1. **比利时队**
2. 意大利队
3. 法国队
1956 1. **法国队**
2. 英国队
3. 德国队

100公里团体赛

1960 1. **意大利队**
2. 德国队
3. 苏联队
1964 1. **荷兰队**
2. 意大利队
3. 瑞典队
1968 1. **荷兰队**
2. 瑞典队
3. 意大利队

马术(EQUESTRIAN)

个人障碍赛

1900 1. **埃梅·埃热芒(Aime Haegeman)** **比利时**
2. 乔治·范·德·博埃尔(Georges Van De Poele) 比利时
3. 路易斯·德·尚萨樊(Louis De Champsavin) 法国
1912 1. **让·卡里乌(Jean Cariou)** **法国**
2. 拉伯德·威尔海姆·冯·克罗施尔(Rabod Wilhelm Von Krocher) 德国
3. 埃曼努埃尔·德·布隆马埃尔·德·索瓦(Emmanuel De Blommaert De Soye) 比利时
1924 1. **阿尔方斯·格姆绍伊斯(Alphonse Gemuseus)** **瑞士**
2. 托马索·莱吉奥·迪·阿萨巴(Tommaso Lequio Di Assaba) 意大利
3. 亚当·克罗利基耶维茨(Adam Krolikiewicz) 波兰
1928 1. **弗兰蒂塞克·文图拉(Frantisek Ventura)** **捷克斯洛伐克**
2. 皮埃尔·贝特朗·德·巴朗达(Pierre Bertran De Balanda) 法国
3. 查理·库恩(Charley Kuhn) 瑞士
1932 1. **西竹一(Takeichi Nishi)** **日本**
2. 哈里·钱伯林(Harry Chamberlin) 美国
3. 小克拉伦斯·冯·罗森(Clarence Von Rosen Jr.) 瑞典
1936 1. **库尔特·哈塞(Kurt Hasse)** **德国**
2. 亨利·朗(Henri Rang) 罗马尼亚
3. 约瑟夫·普拉蒂(Jozsef Platthy) 匈牙利
1948 1. **胡贝托·马里莱斯(Humberto Mariles)** **墨西哥**
2. 鲁本·乌里萨(Ruben Uriza) 墨西哥
3. 让·弗朗索瓦·多尔吉克斯(Jean Francois D´Orgeix) 法国
1952 1. **皮埃尔·荣凯·多利奥拉(Pierre Jonqueres D'Oriola)** **法国**
2. 奥斯卡·克里斯蒂(Oscar Cristi) 智利
3. 弗里茨·蒂德曼(Fritz Thiedemann) 德国
1956 1. **汉斯·君特·文克勒(Hans Gunter Winkler)** **德国**
2. 莱蒙多·丁泽奥(Raimondo D´Inzeo) 意大利
3. 皮埃罗·丁泽奥(Piero D´Inzeo) 意大利
1960 1. **莱蒙多·丁泽奥(Raimondo D'Inzeo)** **意大利**
2. 皮埃罗·丁泽奥(Piero D´Inzeo) 意大利
3. 大卫·布鲁姆(David Broome) 英国
1964 1. **多里奥拉(Pierre d'Oriola)** **法国**
2. 施莱德(Hermann Schridde) 德国
3. 罗贝森(Peter Robeson) 英国
1968 1. **斯坦克劳斯(William Steinkraus)** **美国**
2. 科克斯(Marion Coakes) 英国
3. 布鲁姆(David Broome) 英国

团体障碍赛

1912 1. **瑞典队**
2. 法国队
3. 德国队
1924 1. **瑞典队**
2. 瑞士队
3. 葡萄牙队
1928 1. **西班牙队**
2. 波兰队
3. 瑞典队
1936 1. **德国队**
2. 荷兰队
3. 葡萄牙队
1948 1. **墨西哥队**
2. 西班牙队
3. 英国队
1952 1. **英国队**
2. 智利队
3. 美国队
1956 1. **德国队**
2. 意大利队
3. 英国队
1960 1. **德国队**
2. 美国队
3. 意大利队
1964 1. **德国队**
2. 法国队
3. 意大利队
1968 1. **加拿大队**
2. 法国队
3. 联邦德国队

个人三日赛

1912 1. **阿克塞尔·诺德兰德尔(Axel Nordlander)** **瑞典**
2. 弗雷德里希·冯·罗肖夫(Friedrich Von Rochow) 德国
3. 让·卡里乌(Jean Cariou) 法国
1920 1. **赫尔默·莫尔内(Helmer Morner)** **瑞典**
2. 阿奇·伦德斯特罗姆(Age Lundstrom) 瑞典
3. 埃托莱·卡法拉蒂(Ettore Caffaratti) 意大利
1924 1. **阿道夫·范·德·乌尔特·范·齐耶普(Adolph Van Der Voort Van Zijp)** **荷兰**
2. 弗洛德·基尔克布耶尔格(Frode Kirkebjerg) 丹麦
3. 斯洛安·多克(Sloan Doak) 美国
1928 1. **查尔斯·帕胡德·德·莫唐日(Charles Pahud De Mortanges)** **荷兰**
2. 杰拉德·德·克鲁伊夫(Gerard De Kruyff) 荷兰
3. 布鲁诺·诺伊曼(Bruno Neumann) 德国
1932 1. **查尔斯·帕胡德·德·莫唐日(Charles Pahud De Mortanges)** **荷兰**
2. 伊尔·汤姆森(Earl Thomson) 美国
3. 克拉伦斯·冯·罗森(Clarence Von Rosen) 瑞士
1936 1. **路德维希·施图本多夫(Ludwig Stubbendorff)** **德国**
2. 伊尔·汤姆森(Earl Thomson) 美国
3. 汉斯·马蒂森·伦丁(Hans Mathiesen Lunding) 丹麦
1948 1. **贝尔纳·谢瓦利埃(Bernard Chevallier)** **法国**
2. 弗兰克·亨利(Frank Henry) 美国
3. 罗伯特·塞菲尔特(Robert Selfelt) 瑞典
1952 1. **小汉斯·冯·布里克森·芬内克(Hans Von Blixen Finecke Jr.)** **瑞典**
2. 居伊·勒弗朗(Guy Lefrant) 法国
3. 威尔海姆·比辛(Wilhelm Busing) 德国
1956 1. **皮特鲁斯·卡斯滕曼(Petrus Kastenman)** **瑞典**
2. 奥古斯特·吕特克·维斯特伊斯(August Lutke Westhues) 德国
3. 弗朗西斯·维尔登(Francis Weldon) 英国
1960 1. **劳伦斯·摩根(Lawrence Morgan)** **澳大利亚**
2. 尼尔·拉维斯(Neale Lavis) 澳大利亚
3. 安东·比勒(Anton Buhler) 瑞士
1964 1. **凯科利(Mauro Checcoli)** **意大利**
2. 莫拉托里奥(Carlos Moratorio) 阿根廷
3. 利格斯(Fritz Ligges) 德国
1968 1. **居荣(Jean-Jacques Guyon)** **法国**
2. 阿尔休森(Derek Allhusen) 英国
3. 佩奇(Michael Page) 美国

团体三日赛

1912 1. **瑞典队**
2. 德国队
3. 美国队
1920 1. **瑞典队**
2. 意大利队
3. 比利时队
1924 1. **荷兰队**
2. 瑞典队
3. 意大利队

1948年伦敦奥运会男子马术三日赛。

1928 1. **荷兰队**
2. 挪威队
3. 波兰队
1932 1. **美国队**
2. 荷兰队
1936 1. **德国队**
2. 波兰队
3. 英国队
1948 1. **美国队**
2. 瑞典队
3. 墨西哥队
1952 1. **瑞典队**
2. 德国队
3. 美国队
1956 1. **英国队**
2. 德国队
3. 加拿大队
1960 1. **澳大利亚队**
2. 瑞士队
3. 法国队
1964 1. **意大利队**
2. 美国队
3. 德国队
1968 1. **英国队**
2. 美国队
3. 澳大利亚队

盛装舞步个人赛

1912 1. **卡尔·邦德(Carl Bonde) 瑞典**
2. 古斯塔夫阿道夫·波尔滕斯特恩(Gustaf Adolf Boltenstern) 瑞典
3. 汉斯·冯·布里克森·芬内克(Hans Von Blixen Finecke) 瑞典
1924 1. **恩斯特·林德尔(Ernst Linder) 瑞典**
2. 贝尔蒂尔·桑德斯特罗姆(Bertil Sandstrom) 瑞典
3. 格扎维埃·勒萨热(Xavier Lesage) 法国
1928 1. **卡尔弗雷德里希·冯·朗根帕拉(Carl Friedrich Von Langen Parow) 德国**
2. 查理·马里翁(Charles Marion) 法国
3. 拉格纳尔·奥尔森(Ragnar Ohlson) 瑞典
1932 1. **格扎维埃·勒萨热(Xavier Lesage) 法国**
2. 查理·马里翁(Charles Marion) 法国
3. 希拉姆·塔特尔(Hiram Tuttle) 美国
1936 1. **海因茨·波莱(Heinz Pollay) 德国**
2. 弗雷德里希·盖尔哈德(Friedrich Gerhard) 德国
3. 阿洛伊斯·波达耶斯基(Alois Podhajsky) 奥地利
1948 1. **汉斯·莫塞尔(Hans Moser) 瑞士**
2. 安德烈·茹塞奥姆(Andre Jousseaume) 法国
3. 小古斯塔夫阿道夫·波尔滕斯特恩(Gustaf Adolf Boltenstern Jr.) 瑞典
1952 1. **亨利·圣西尔(Henri Saint Cyr) 瑞典**
2. 里斯·哈特尔(Lis Hartel) 丹麦
3. 安德烈·茹塞奥姆(Andre Jousseaume) 法国
1956 1. **亨利·圣西尔(Henri Saint Cyr) 瑞典**
2. 里斯·哈特尔(Lis Hartel) 丹麦
3. 利施罗特·林森霍夫(Liselott Linsenhoff) 德国
1960 1. **谢尔盖·费拉托夫(Sergei Filatov) 苏联**
2. 古斯塔夫·菲舍尔(Gustav Fischer) 瑞士
3. 约瑟夫·内克尔曼(Josef Neckermann) 德国
1964 1. **沙马丁(Henri Chammartin) 瑞士**
2. 博尔特(Harry Boldt) 德国
3. 菲拉托夫(Sergei Filatov) 苏联
1968 1. **基济莫夫(Ivan Kizimov) 苏联**
2. 内克曼(Josef Neckermann) 联邦德国
3. 克利姆克(Reiner Klimke) 联邦德国

盛装舞步团体赛

1928 1. **德国队**
2. 瑞典队
3. 荷兰队
1932 1. **法国队**
2. 瑞典队
3. 美国队
1936 1. **德国队**
2. 法国队
3. 瑞典队
1948 1. **法国队**
2. 美国队
3. 葡萄牙队
1952 1. **瑞典队**
2. 瑞士队
3. 德国队
1956 1. **瑞典队**
2. 德国队
3. 瑞士队
1964 1. **德国队**
2. 瑞士队
3. 苏联队
1968 1. **联邦德国队**
2. 苏联队
3. 瑞士队

个人高障碍赛

1900 1. **多米尼克马克西米安·加尔代尔(Dominique Maximien Garderes) 法国**
2. 吉奥瓦尼·乔治·特里西诺(Giovanni Giorgio Trissino) 意大利
3. 乔治·范·德·博埃尔(Georges Van De Poele) 比利时

个人宽障碍赛

1900 1. **康斯坦·范·朗根东克(Constant Van Langhendonck) 比利时**
2. 吉奥瓦尼·乔治·特里西诺(Giovanni Giorgio Trissino) 意大利
3. 德·贝尔加德(De Bellegarde) 法国

邮政四轮马车个人赛

1900 1. **乔治·纳热尔马克尔(Georges Nagelmackers) 比利时**
2. 莱昂·道姆(Leon Thome) 法国
3. 德·诺弗里茨(De Neuflize) 法国

乘用马个人赛

1900 1. **拿破仑·穆拉(Napoleon Murat) 法国**
2. 阿尔施努尔(Archenoul) 法国
3. 德·蒙泰斯吉乌·费兹萨克(De Montesquiou Fezesac) 法国

个人花式赛

1900 1. **布卡尔(Buckaert) 比利时**
2. 费埃尔(Field) 法国
3. 费内(Finet) 法国

团体花式赛

1900 1. **比利时队**
2. 法国队
3. 瑞典队

男子击剑(FENCING-men)

花剑个人赛

1896 1. **欧热内·亨利·格拉夫洛特(Eugene Henri Gravelotte) 法国**
2. 亨利·卡洛(Henri Callot) 法国
3. 佩里克尔斯·皮拉科斯-马弗罗米查利斯(Perikles Pierrakos Mavromichalis) 希腊
3. 阿塔纳希奥斯·沃洛斯(Athanasios Vouros) 希腊
1900 1. **埃米尔·科斯特(Emile Coste) 法国**
2. 亨利·马松(Henri Masson) 法国
3. 马塞尔·雅克·布朗热(Marcel Jacques Boulanger) 法国
1904 1. **拉蒙·封斯特(Ramon Fonst) 古巴**
2. 阿尔伯森·范·佐·波斯特(Albertson Van Zo Post) 美国
3. 查尔斯·塔瑟姆(Charles Tatham) 美国
1912 1. **内多·纳迪(Nedo Nadi) 意大利**
2. 皮埃特罗·斯佩奇亚莱(Pietro Speciale) 意大利
3. 理查德·维尔德贝尔(Richard Verderber) 奥地利
1920 1. **内多·纳迪(Nedo Nadi) 意大利**
2. 菲利浦·卡蒂奥(Philippe Cattiau) 法国
3. 罗歇·杜克雷(Roger Ducret) 法国
1924 1. **罗杰·杜克雷(Roger Ducret) 法国**
2. 菲利浦·卡蒂奥(philippe Cattiau) 法国
3. 莫里斯·范·达姆(Maurice Van Damme) 比利时
1928 1. **吕西安·高丹(Lucien Gaudin) 法国**
2. 埃尔文·卡斯米尔(Erwin Casmir) 德国
3. 吉乌里奥·高迪尼(Giulio Gaudini) 意大利
1932 1. **古斯塔沃·马尔奇(Gustavo Marzi) 意大利**
2. 约瑟夫·莱维斯(Joseph Levis) 美国
3. 吉乌里奥·高迪尼(Giulio Gaudini) 意大利
1936 1. **吉乌里奥·高迪尼(Giulio Gaudini) 意大利**
2. 爱德华·加尔代尔(Edward Gardere) 法国
3. 乔治·博乔诺(Giorgio Bocchino) 意大利
1948 1. **热昂·比昂(Jehan Buhan) 法国**
2. 克里斯蒂安·多利奥拉(Christian D´Oriola) 法国
3. 拉约斯·马斯莱(Lajos Maszlay) 匈牙利
1952 1. **克里斯蒂安·多利奥拉(Christian D'Oriola) 法国**
2. 埃多阿尔多·曼吉亚罗蒂(Edoardo Mangiarotti) 意大利
3. 曼里奥·迪·罗萨(Manlio Di Rosa) 意大利
1956 1. **克里斯蒂安·多利奥拉(Christian D'Oriola) 法国**
2. 吉安卡罗·贝尔加米尼(Giancarlo Bergamini) 意大利
3. 安东尼奥·斯帕利诺(Antonio Spallino) 意大利
1960 1. **维克托·日丹诺维奇(Viktor Zhdanovich) 苏联**
2. 尤里·西西金(Yuri Sissikin) 苏联
3. 阿尔伯特·阿克塞尔罗德(Albert Axelrod) 美国
1964 1. **弗兰克(Egon Franke) 波兰**
2. 马尼昂(Jean-Claude Magnan) 法国
3. 勒韦尼(Daniel Revenu) 法国
1968 1. **德里姆巴(Ionel Drimba) 罗马尼亚**
2. 卡穆蒂(Jeno Kamuti) 匈牙利
3. 勒韦尼(Daniel Revenu) 法国

花剑个人赛(职业选手)

1896 1. **莱奥尼达斯·皮戈斯(Leonidas Pyrgos) 希腊**
2. 让·佩罗内(Jean Perronnet) 法国
1900 1. **吕西安·梅里纳克(Lucien Merignac) 法国**
2. 阿尔方斯·基尔什霍夫尔(Alphonse Kirchhoffer) 法国
3. 让·巴蒂斯特·米米亚克(Jean Baptiste Mimiague) 法国

花剑团体赛

1904 1. **古巴/美国联队**
2. 美国队
1920 1. **意大利队**
2. 法国队
3. 美国队
1924 1. **法国队**
2. 比利时队
3. 匈牙利队
1928 1. **意大利队**
2. 法国队
3. 阿根廷队
1932 1. **法国队**
2. 意大利队
3. 美国队
1936 1. **意大利队**
2. 法国队
3. 德国队
1948 1. **法国队**
2. 意大利队
3. 比利时队
1952 1. **法国队**
2. 意大利队
3. 匈牙利队
1956 1. **意大利队**
2. 法国队
3. 匈牙利队
1960 1. **苏联队**
2. 意大利队
3. 德国队
1964 1. **苏联队**
2. 波兰队
3. 法国队
1968 1. **法国队**
2. 苏联队
3. 波兰队

重剑个人赛

1900 1. **拉蒙·封斯特(Ramom Fonst) 古巴**
2. 路易斯·佩雷(Louis Perree) 法国
3. 莱昂·塞伊(Leon See) 法国
1904 1. **拉蒙·封斯特(Ramom Fonst) 古巴**
2. 查尔斯·塔萨姆(Charles Tatham) 美国
3. 阿尔伯森·范·佐·波斯特(Albertson Van Zo Post) 美国
1908 1. **加斯东·阿里贝尔(Gaston Alibert) 法国**
2. 亚历山大·利普曼(Alexandre Lippmann) 法国
3. 欧热内·奥利维埃(Eugene Olivier) 法国
1912 1. **保罗·昂斯帕什(Paul Anspach) 比利时**
2. 伊万·奥希尔(Ivan Osiier) 丹麦
3. 菲利浦·勒阿尔迪·德·博利(Philippe Le Hardy De Beaulieu) 比利时
1920 1. **阿尔芒·马萨尔(Armand Massard) 法国**
2. 亚历山大·利普曼(Alexandre Lippmann) 法国
3. 古斯塔夫·布沙尔(Gustave Buchard) 法国
1924 1. **查理·德尔波特(Charles Delporte) 比利时**
2. 罗杰·杜克雷(Roger Ducret) 法国
3. 尼尔斯·赫尔斯滕(Nils Hellsten) 瑞典
1928 1. **吕西安·高丹(Lucien Gaudin) 法国**
2. 乔治·布沙尔(Georges Buchard) 法国
3. 乔治·卡尔南(George Calnan) 美国
1932 1. **吉安卡罗·科尔纳吉亚·梅迪奇(Giancarlo Cornaggia Medici) 意大利**
2. 乔治·布沙尔(Georges Buchard) 法国
3. 卡罗·阿戈斯托尼(Carlo Agostoni) 意大利
1936 1. **弗兰科·里卡尔迪(Franco Riccardi) 意大利**
2. 萨维里奥·拉尼奥(Saverio Ragno) 意大利
3. 吉安卡罗·科尔纳吉亚·梅迪奇(Giancarlo Cornaggia Medici) 意大利
1948 1. **鲁吉·坎托内(Luigi Cantone) 意大利**
2. 奥斯瓦尔德·扎佩利(Oswald Zappelli) 瑞士
3. 埃多阿尔多·曼吉亚罗蒂(Edoardo Mangiarotti) 意大利
1952 1. **埃多阿尔多·曼吉亚罗蒂(Edoardo Mangiarotti) 意大利**
2. 达里奥·曼吉亚罗蒂(Dario Mangiarotti) 意大利
3. 奥斯瓦尔德·扎佩利(Oswald Zappelli) 瑞士
1956 1. **卡罗·帕维希(Carlo Pavesi) 意大利**
2. 朱塞佩·德尔菲诺(Giuseppe Delfino) 意大利
3. 埃多阿尔多·曼吉亚罗蒂(Edoardo Mangiarotti) 意大利
1960 1. **朱塞佩·德尔菲诺(Giuseppe Delfino) 意大利**
2. 阿兰·杰伊(Allan Jay) 英国
3. 布鲁诺·哈巴罗夫斯(Bruno Habarovs) 苏联
1964 1. **克里斯(Grigory Kriss) 苏联**
2. 霍斯金斯(Henry Hoskyns) 英国
3. 科斯塔瓦(Guram Kostava) 苏联
1968 1. **库恰尔(Gyozo Kulcsar) 匈牙利**
2. 克里斯(Grigoriy Kriss) 苏联
3. 萨卡罗(Gianluigi Saccaro) 意大利

重剑个人赛(职业选手)

1900 1. **阿尔贝尔·艾亚特(Albert Ayat) 法国**
2. 埃米尔·布尼奥尔(Emile Bougnol) 法国
3. 亨利·洛朗(Henri Laurent) 法国

重剑个人赛(业余选手和职业选手)

1900 1. **阿尔贝尔·艾亚特(Albert Ayat) 法国**
2. 拉蒙·封斯特(Ramom Fonst) 古巴
3. 莱昂·塞伊(Leon See) 法国

重剑团体赛

1908 1. **法国队**
2. 英国队
3. 比利时队

1912 1. **比利时队**
2. 英国队
3. 荷兰队
1920 1. **意大利队**
2. 比利时队
3. 法国队
1924 1. **法国队**
2. 比利时队
3. 意大利队
1928 1. **意大利队**
2. 法国队
3. 葡萄牙队
1932 1. **法国队**
2. 意大利队
3. 美国队
1936 1. **意大利队**
2. 瑞典队
3. 法国队
1948 1. **法国队**
2. 意大利队
3. 瑞典队
1952 1. **意大利队**
2. 瑞典队
3. 瑞士队
1956 1. **意大利队**
2. 匈牙利队
3. 法国队
1960 1. **意大利队**
2. 英国队
3. 苏联队
1964 1. **匈牙利队**
2. 意大利队
3. 法国队
1968 1. **匈牙利队**
2. 苏联队
3. 波兰队

佩剑个人赛

1896 1. **埃奥尼斯·吉奥尔吉亚迪斯(Ioannis Georgiadis) 希腊**
2. 特莱马乔斯·卡拉卡洛斯(Telemachos Karakalos) 希腊
3. 霍尔格·尼尔森(Holger Nielsen) 丹麦
1900 1. **乔治·德·拉·法莱兹(Georges De La Falaise) 法国**
2. 莱昂·蒂埃博(Leon Thiebaut) 法国
3. 施格弗莱德·弗莱什(Siegfried Flesch) 奥地利
1904 1. **曼努埃尔·迪亚斯(Manuel Diaz) 古巴**
2. 威廉·格莱布(William Grebe) 美国
3. 阿尔伯森·范·佐·波斯特(Albertson Van Zo Post) 美国
1908 1. **杰诺·福克斯(Jeno Fuchs) 匈牙利**
2. 贝拉·祖拉夫斯基(Bela Zulavszky) 匈牙利
3. 维莱姆格波尔德冯洛布斯多夫(Vilem Goppold Von Lobsdorf) 波希米亚
1912 1. **杰诺·福克斯(Jeno Fuchs) 匈牙利**
2. 贝拉·贝克希(Bela Bekessy) 匈牙利
3. 埃尔文·梅萨罗什(Ervin Meszaros) 匈牙利
1920 1. **内多·纳迪(Nedo Nadi) 意大利**
2. 阿尔多·纳迪(Aldo Nadi) 意大利
3. 阿德里亚努斯·德·容(Adrianus De Jong) 荷兰
1924 1. **桑多尔·波斯塔(Sandor Posta) 匈牙利**
2. 罗杰·杜克雷(Roger Ducret) 法国
3. 雅诺斯·加拉伊(Janos Garay) 匈牙利
1928 1. **奥登·特尔斯扬斯基(Odon Tersztyanszky) 匈牙利**
2. 阿迪拉·佩特绍尔(Attila Petschauer) 匈牙利
3. 比诺·比尼(Bino Bini) 意大利
1932 1. **吉奥尔基·皮莱(Gyorgy Piller) 匈牙利**
2. 吉乌里奥·高迪尼(Giulio Gaudini) 意大利
3. 恩德尔·卡波斯(Endre Kabos) 匈牙利
1936 1. **恩德尔·卡波斯(Endre Kabos) 匈牙利**
2. 古斯塔沃·马尔奇(Gustavo Marzi) 意大利
3. 阿拉达尔·格莱维奇(Aladar Gerevich) 匈牙利
1948 1. **阿拉达尔·格莱维奇(Aladar Gerevich) 匈牙利**
2. 维森佐·平东(Vincenzo Pinton) 意大利
3. 波尔·科瓦茨(Pal Kovacs) 匈牙利
1952 1. **波尔·科瓦茨(Pal Kovacs) 匈牙利**
2. 阿拉达尔·格莱维奇(Aladar Gerevich) 匈牙利
3. 蒂波尔·贝尔策利(Tibor Berczelly) 匈牙利
1956 1. **鲁道夫·卡尔帕蒂(Rudolf Karpati) 匈牙利**
2. 杰尔奇·帕劳斯基(Jerzy Pawlowski) 波兰
3. 列夫·库兹涅佐夫(Lev Kuznyetsov) 苏联
1960 1. **鲁道夫·卡尔帕蒂(Rudolf Karpati) 匈牙利**
2. 佐尔坦·霍瓦特(Zoltan Horvath) 匈牙利
3. 弗拉迪米洛·卡拉雷塞(Wladimiro Calarese) 意大利
1964 1. **佩萨(Tibor Pezsa) 匈牙利**
2. 阿拉博(Claude Arabo) 法国
3. 马夫利汉诺夫(Umiar Mavlikhanov) 苏联
1968 1. **帕夫洛夫斯基(Jerzy Pawlowski) 波兰**
2. 拉基塔(Mark Rakita) 苏联
3. 佩萨(Tibor Pezsa) 匈牙利

佩剑个人赛(职业选手)

1900 1. **安东尼奥·孔蒂(Antonio Conte) 意大利**
2. 伊达洛·桑特利(Italo Santelli) 意大利
3. 米兰·内拉利奇(Milan Neralic) 奥地利

佩剑团体赛

1908 1. **匈牙利队**
2. 意大利队
3. 波西米亚队
1912 1. **匈牙利队**
2. 奥地利队
3. 荷兰队
1920 1. **意大利队**
2. 法国队
3. 荷兰队
1924 1. **意大利队**
2. 匈牙利队
3. 荷兰队
1928 1. **匈牙利队**
2. 意大利队
3. 波兰队
1932 1. **匈牙利队**
2. 意大利队
3. 波兰队
1936 1. **匈牙利队**
2. 意大利队
3. 德国队
1948 1. **匈牙利队**
2. 意大利队
3. 美国队
1952 1. **匈牙利队**
2. 意大利队
3. 法国队
1956 1. **匈牙利队**
2. 波兰队
3. 苏联队
1960 1. **匈牙利队**
2. 波兰队
3. 意大利队
1964 1. **苏联队**
2. 意大利队
3. 波兰队
1968 1. **苏联队**
2. 意大利队
3. 匈牙利队

棍剑个人赛

1904 1. **阿尔伯森·范·佐·波斯特(Albertson Van Zo Post) 美国**
2. 威廉·斯科特·奥康诺尔(William Scott O´Connor) 美国
3. 威廉·格莱布(William Grebe) 美国

女子击剑(FENCING-women)

花剑个人赛

1924 1. **艾伦·奥希尔(Ellen Osiier) 丹麦**
2. 格拉迪丝·戴维斯(Gladys Davies) 英国
3. 格蕾特·赫克舍尔(Grete Heckscher) 丹麦
1928 1. **格伦·麦耶尔(Gelen Mayer) 德国**
2. 穆里尔·弗里曼(Muriel Freeman) 英国
3. 奥尔加·厄尔克丝(Olga Oelkers) 德国
1932 1. **艾伦·穆勒·普莱斯(Ellen Muller Preis) 奥地利**
2. 海瑟尔·吉妮斯(Heather Guinness) 英国
3. 埃尔娜·博加蒂·博根(Erna Bogathy Bogen) 匈牙利
1936 1. **埃罗娜·沙舍勒·埃莱克(Ilona Schacherer Elek) 匈牙利**
2. 赫莱娜·麦耶尔(Helene Mayer) 德国
3. 艾伦·穆勒·普莱斯(Ellen Muller Preis) 奥地利
1948 1. **埃罗娜·沙舍勒·埃莱克(Ilona Schacherer Elek) 匈牙利**
2. 卡伦·拉赫曼(Karen Lachmann) 丹麦
3. 艾伦·穆勒·普莱斯(Ellen Muller Preis) 奥地利
1952 1. **伊莱娜·坎贝尔(Irene Camber) 意大利**
2. 埃罗娜·沙舍勒·埃莱克(Ilona Schacherer Elek) 匈牙利
3. 卡伦·拉赫曼(Karen Lachmann) 丹麦
1956 1. **吉莉安·希恩(Gillian Sheen) 英国**
2. 奥尔加·奥尔班(Olga Orban) 罗马尼亚
3. 勒内·加莉耶(Renee Garilhe) 法国
1960 1. **海迪·施密德(Heidi Schmid) 德国**
2. 瓦伦蒂娜·拉斯特沃洛娃(Valentina Rastvorova) 苏联
3. 玛丽亚·维科尔(Maria Vicol) 罗马尼亚
1964 1. **乌伊拉基-雷伊特(Ildiko Ujlaki-Rejto) 匈牙利**
2. 梅斯(Helga Mees) 德国
3. 拉尼约(Antonella Ragno) 意大利
1968 1. **诺维科娃(Yelena Novikova) 苏联**
2. 罗尔丹(Maria del Pilar Roldan) 墨西哥
3. 乌伊拉基-雷伊特(Ildiko Ujlaki-Rejto) 匈牙利

花剑团体赛

1960 1. **苏联队**
2. 匈牙利队
3. 意大利队
1964 1. **匈牙利队**
2. 苏联队
3. 德国队
1968 1. **苏联队**
2. 匈牙利队
3. 罗马尼亚队

足球(FOOTBALL)

1900 1. **英国队**
2. 法国队
3. 比利时队
1904 1. **加拿大队**
2. 美国队
3. 美国队
1908 1. **英国队**
2. 丹麦队
3. 荷兰队
1912 1. **英国队**
2. 丹麦队
3. 荷兰队
1920 1. **比利时队**
2. 西班牙队
3. 荷兰队
1924 1. **乌拉圭队**
2. 瑞士队
3. 瑞典队
1928 1. **乌拉圭队**
2. 阿根廷队
3. 意大利队
1936 1. **意大利队**
2. 奥地利队
3. 挪威队
1948 1. **瑞典队**
2. 南斯拉夫队
3. 丹麦队
1952 1. **匈牙利队**
2. 南斯拉夫队
3. 瑞典队
1956 1. **苏联队**
2. 南斯拉夫队
3. 保加利亚队
1960 1. **南斯拉夫队**
2. 丹麦队
3. 匈牙利队
1964 1. **匈牙利队**
2. 捷克斯洛伐克队
3. 德国队
1968 1. **匈牙利队**
2. 保加利亚队
3. 日本队

男子高尔夫球(GOLF-messieurs)

个人赛

1900 1. **查尔斯·桑兹(Charles Sands) 美国**
2. 沃尔特·罗瑟福德(Walter Rutherford) 英国
3. 大卫·罗伯森(David Robertson) 英国
1904 1. **乔治·莱昂(George Lyon) 加拿大**
2. 钱德勒·伊甘(Chandler Egan) 美国
3. 博尔特·麦克吉尼(Burt McKinnie) 美国
3. 弗朗西斯·牛顿(Francis Newton) 美国

团体赛

1904 1. **美国队**
2. 美国队
3. 美国队

女子高尔夫球(GOLF-dames)

个人赛

1900 1. **玛格丽特·艾伯特(Margaret Abbott) 美国**
2. 保丽娜·怀特尔(Pauline Whittier) 美国
3. 达丽亚·普拉特(Daria Pratt) 美国

男子体操(GYMNASTICS-men)

个人全能

1900 1. **古斯塔夫·桑德拉(Gustave Sandras) 法国**
2. 诺埃尔·巴(Noal Bas) 法国
3. 吕西安·德芒内(Lucien Demanet) 法国
1904 1. **朱利尤斯·伦哈特(Julius Lenhart) 奥地利**
2. 威尔海姆·韦伯(Wilhelm Weber) 德国
3. 阿道夫·施皮恩勒(Adolf Spinnler) 瑞士
1908 1. **阿尔贝托·布拉利亚(Alberto Braglia) 意大利**
2. 沃尔特·泰萨尔(Walter Tysal) 英国
3. 路易·塞居拉(Louis Segura) 法国
1912 1. **阿尔贝托·布拉利亚(Alberto Braglia) 意大利**
2. 路易斯·塞居拉(Louis Segura) 法国
3. 阿道夫·图内希(Adolfo Tunesi) 意大利
1920 1. **乔治·赞波利(Giorgio Zampori) 意大利**
2. 马尔科·托雷(Marcos Torres) 法国
3. 让·古诺(Jean Gounot) 法国
1924 1. **莱昂·什图克利(Leon Stukelj) 南斯拉夫**
2. 罗伯特·普拉扎克(Robert Prazak) 捷克斯洛伐克
3. 伯德里奇·苏普奇克(Bedrich Supcik) 捷克斯洛伐克
1928 1. **乔治·米埃兹(Georges Miez) 瑞士**
2. 赫曼·亨吉(Hermann Henggi) 瑞士
3. 莱昂·什图克利(Leon Stukelj) 南斯拉夫
1932 1. **罗密欧·内里(Romeo Neri) 意大利**
2. 伊斯特凡·佩勒(Istvan Pelle) 匈牙利
3. 海奇·萨沃莱宁(Heikki Savolainen) 芬兰
1936 1. **阿尔弗莱德·施瓦茨曼(Alfred Schwarzmann) 德国**

2. 欧根·马克(Eugen Mack) 瑞士
3. 康拉德·弗雷(Konrad Frey) 德国
1948 1. **维科·胡赫塔宁(Veikko Huhtanen) 芬兰**
2. 沃尔特·莱赫曼(Walter Lehmann) 瑞士
3. 帕沃·阿尔托宁(Paavo Aaltonen) 芬兰
1952 1. **维克托·丘卡林(Viktor Chukarin) 苏联**
2. 格兰特·沙基尼扬(Grant Shaginyan) 苏联
3. 约瑟夫·斯塔尔德(Josef Stalder) 瑞士
1956 1. **维克托·丘卡林(Viktor Chukarin) 苏联**
2. 小野乔(Takashi Ono) 日本
3. 尤里·季托夫(Yuri Titov) 苏联
1960 1. **鲍里斯·沙赫林(Boris Shakhlin) 苏联**
2. 小野乔(Takashi Ono) 日本
3. 尤里·季托夫(Yuri Titov) 苏联
1964 1. **远藤幸雄(Endo Yukio) 日本**
2. 鹤见修治(Tsurumi Shuji) 日本
2. 沙赫林(Boris Shakhlin) 苏联
2. 利西茨基(Viktor Lisitsky) 苏联
1968 1. **加藤泽男(Kato Sawao) 日本**
2. 沃罗宁(Mikhail Voronin) 苏联
3. 中山彰规(Nakayama Akinori) 日本

单杠

1896 1. **赫曼·魏因加特纳(Hermann Weingartner) 德国**
2. 阿尔弗莱德·弗拉托夫(Alfred Flatow) 德国
1904 1. **安东·海达(Anton Heida) 美国**
1. **爱德华·亨尼格(Edward Hennig) 美国**
3. 乔治·埃塞尔(George Eyser) 美国
1924 1. **莱昂·什图克利(Leon Stukelj) 南斯拉夫**
2. 让·古特维尼格尔(Jean Gutweniger) 瑞士
3. 安德烈·伊热兰(Andre Higelin) 法国
1928 1. **乔治·米埃兹(Georges Miez) 瑞士**
2. 罗密欧·内里(Romeo Neri) 意大利
3. 欧根·马克(Eugen Mack) 瑞士
1932 1. **达拉斯·比克斯勒(Dallas Bixler) 美国**
2. 海奇·萨沃莱宁(Heikki Savolainen) 芬兰
3. 埃纳利·特拉斯维尔塔(Einari Terasvirta) 芬兰
1936 1. **阿莱克桑特利·萨尔瓦拉(Aleksanteri Saarvala) 芬兰**
2. 康拉德·弗雷(Konrad Frey) 德国
3. 阿尔弗莱德·施瓦茨曼(Alfred Schwarzmann) 德国
1948 1. **约瑟夫·斯塔尔德(Josef Stalder) 瑞士**
2. 沃尔特·莱赫曼(Walter Lehmann) 瑞士
3. 维科·胡赫塔宁(Veikko Huhtanen) 芬兰
1952 1. **杰克·根塔尔(Jack Gunthard) 瑞士**
2. 阿尔弗莱德·施瓦茨曼(Alfred Schwarzmann) 德国
2. 约瑟夫·斯塔尔德(Josef Stalder) 瑞士
1956 1. **小野乔(Takashi Ono) 日本**
2. 尤里·季托夫(Yuri Titov) 苏联
3. 竹本正男(Masao Takemoto) 日本
1960 1. **小野乔(Takashi Ono) 日本**
2. 竹本正男(Masao Takemoto) 日本
3. 鲍里斯·沙赫林(Boris Shakhlin) 苏联
1964 1. **沙赫林(Boris Shakhlin) 苏联**
2. 季托夫(Yuri Titov) 苏联
3. 切拉尔(Miroslav Cerar) 南斯拉夫
1968 1. **沃罗宁(Mikhail Voronin) 苏联**
1. 中山彰规(Nakayama Akinori) 日本
3. 监物永三(Kenmotsu Eizo) 日本

单杠(团体赛)

1896 1. **德国队**

自由操

1932 1. **伊斯特凡·佩勒(Istvan Pelle) 匈牙利**
2. 乔治·米埃兹(Georges Miez) 瑞士
3. 马里奥·莱尔托拉(Mario Lertora) 意大利
1936 1. **乔治·米埃兹(Georges Miez) 瑞士**
2. 约瑟夫·沃尔特(Josef Walter) 瑞士
3. 康拉德·弗雷(Konrad Frey) 德国
3. 欧根·马克(Eugen Mack) 瑞士
1948 1. **费伦克·帕塔基(Ferenc Pataki) 匈牙利**
2. 雅诺斯·莫吉罗西·克伦茨(Janos Mogyorosi Klencs) 匈牙利
3. 日德内克·鲁奇茨卡(Zdenek Ruzicka) 捷克斯洛伐克
1952 1. **威廉·托莱森(William Thoresson) 瑞典**
2. 杰尔奇·约基埃尔(Jerzy Jokiel) 波兰
2. 上迫忠夫(Tadao Uesako) 日本
1956 1. **瓦伦丁·穆拉托夫(Valentin Muratov) 苏联**
2. 相原信行(Nobuyuki Aihara) 日本
2. 维克托·丘卡林(Viktor Chukarin) 苏联
2. 威廉·托莱森(William Thoresson) 瑞典
1960 1. **相原信行(Nobuyuki Aihara) 日本**
2. 尤里·季托夫(Yuri Titov) 苏联
3. 弗兰科·梅尼切利(Franco Menichelli) 意大利
1964 1. **梅尼凯利(Franco Menichelli) 意大利**
2. 利西茨基(Viktor Lisitsky) 苏联
2. 远藤幸雄(Endo Yukio) 日本
1968 1. **加藤泽男(Kato Sawao) 日本**
2. 中山彰规(Nakayama Akinori) 日本
3. 加藤武司(Kato Takeshi) 日本

双杠

1896 1. **阿尔弗莱德·弗拉托夫(Alfred Flatow) 德国**
2. 路易斯·祖特尔(Louis Zutter) 瑞士
3. 赫曼·魏因加特纳(Hermann Weingartner) 德国
1904 1. **乔治·埃塞尔(George Eyser) 美国**
2. 安东·海达(Anton Heida) 美国
3. 约翰·杜哈(John Duha) 美国
1924 1. **奥古斯特·古丁格尔(August Guttinger) 瑞士**
2. 罗伯特·普拉扎克(Robert Prazak) 捷克斯洛伐克
3. 乔治·赞波利(Giorgio Zampori) 意大利
1928 1. **拉迪斯拉夫·瓦哈(Ladislav Vacha) 捷克斯洛伐克**
2. 约日普·普里莫日奇(Jozip Primozic) 南斯拉夫
3. 赫曼·亨吉(Hermann Henggi) 瑞士
1932 1. **罗密欧·内里(Romeo Neri) 意大利**
2. 伊斯特凡·佩勒(Istvan Pelle) 匈牙利
3. 海奇·萨沃莱宁(Heikki Savolainen) 芬兰
1936 1. **康拉德·弗雷(Konrad Frey) 德国**
2. 迈克尔·罗伊施(Michael Reusch) 瑞士
3. 阿尔弗莱德·施瓦茨曼(Alfred Schwarzmann) 德国
1948 1. **迈克尔·罗伊施(Michael Reusch) 瑞士**
2. 维科·胡赫塔宁(Veikko Huhtanen) 芬兰
3. 克里斯蒂安·基普菲尔(Christian Kipfer) 瑞士
3. 约瑟夫·斯塔尔德(Josef Stalder) 瑞士
1952 1. **汉斯·欧格斯特尔(Hans Eugster) 瑞士**
2. 维克托·丘卡林(Viktor Chukarin) 苏联
3. 约瑟夫·斯塔尔德(Josef Stalder) 瑞士
1956 1. **维克托·丘卡林(Viktor Chukarin) 苏联**
2. 久保田正躬(Masami Kubota) 日本
3. 小野乔(Takashi Ono) 日本
3. 竹本正男(Masao Takemoto) 日本
1960 1. **鲍里斯·沙赫林(Boris Shakhlin) 苏联**
2. 吉奥瓦尼·卡尔米努奇(Giovanni Carminucci) 意大利
3. 小野乔(Takashi Ono) 日本
1964 1. **远藤幸雄(Endo Yukio) 日本**
2. 鹤见修治(Tsurumi Shuji) 日本
3. 梅尼凯利(Franco Menichelli) 意大利
1968 1. **中山彰规(Nakayama Akinori) 日本**
2. 沃罗宁(Mikhail Voronin) 苏联
3. 克利门科(Viktor Klimenko) 苏联

双杠(团体赛)

1896 1. **德国队**
2. 希腊队
3. 希腊队

鞍马

1896 1. **路易斯·祖特尔(Louis Zutter) 瑞士**
2. 赫曼·魏因加特纳(Hermann Weingartner) 德国
1904 1. **安东·海达(Anton Heida) 美国**
2. 乔治·埃塞尔(George Eyser) 美国
3. 威廉·梅尔茨(William Merz) 美国
1924 1. **约瑟夫·威尔海姆(Josef Wilhelm) 瑞士**
2. 让·古特维尼格尔(Jean Gutweniger) 瑞士
3. 安东尼·莱布雷茨(Antoine Reberez) 瑞士
1928 1. **赫曼·亨吉(Hermann Henggi) 瑞士**
2. 乔治·米埃兹(Georges Miez) 瑞士
3. 海奇·萨沃莱宁(Heikki Savolainen) 芬兰
1932 1. **伊斯特凡·佩勒(Istvan Pelle) 匈牙利**
2. 欧梅罗·博诺利(Omero Bonoli) 意大利
3. 弗兰克·霍博德(Frank Haubold) 美国
1936 1. **康拉德·弗雷(Konrad Frey) 德国**
2. 欧根·马克(Eugen Mack) 瑞士
3. 阿尔伯特·巴赫曼(Albert Bachmann) 瑞士
1948 1. **帕沃·阿尔托宁(Paavo Aaltonen) 芬兰**
1. **维科·胡赫塔宁(Veikko Huhtanen) 芬兰**
1. **海奇·萨沃莱宁(Heikki Savolainen) 芬兰**
1952 1. **维克托·丘卡林(Viktor Chukarin) 苏联**
2. 叶甫盖尼·科罗尔科夫(Evgeny Korolkov) 苏联
2. 格兰特·沙基尼扬(Grant Shaginyan) 苏联
1956 1. **鲍里斯·沙赫林(Boris Shakhlin) 苏联**
2. 小野乔(Takashi Ono) 日本
3. 维克托·丘卡林(Viktor Chukarin) 苏联
1960 1. **欧根·埃克曼(Eugen Ekman) 芬兰**
1. **鲍里斯·沙赫林(Boris Shakhlin) 苏联**
3. 鹤见修治(Shuji Tsurumi) 日本
1964 1. **切拉尔(Miroslav Cerar) 南斯拉夫**
2. 鹤见修治(Tsurumi Shuji) 日本
3. 察普科(Yuri Tsapenko) 苏联
1968 1. **切拉尔(Miroslav Cerar) 南斯拉夫**
2. 莱霍(Olli Eino Laiho) 芬兰
3. 沃罗宁(Mikhail Voronin) 苏联

吊环

1896 1. **埃奥尼斯·米特罗普洛斯(Ioannis Mitropoulos) 希腊**
2. 赫曼·魏因加特纳(Hermann Weingartner) 德国
3. 佩特罗斯·佩尔萨基斯(Petros Persakis) 希腊
1904 1. **赫曼·格拉斯(Herman Glass) 美国**
2. 威廉·莫尔茨(William Merz) 美国
3. 埃米尔·沃伊特(Emil Voigt) 美国
1924 1. **弗朗切斯科·马尔蒂诺(Francesco Martino) 意大利**
2. 罗伯特·普拉扎克(Robert Prazak) 捷克斯洛伐克
3. 拉迪斯拉夫·瓦哈(Ladislav Vacha) 捷克斯洛伐克
1928 1. **莱昂·什图克利(Leon Stukelj) 南斯拉夫**
2. 拉迪斯拉夫·瓦哈(Ladislav Vacha) 捷克斯洛伐克
3. 埃曼努埃尔·洛弗勒(Emanuel Loffler) 捷克斯洛伐克
1932 1. **乔治·古拉克(George Gulack) 美国**
2. 威廉·丹顿(William Denton) 美国
3. 吉奥瓦尼·拉图亚达(Giovanni Lattuada) 意大利
1936 1. **阿罗伊斯·胡德茨(Alois Hudec) 捷克斯洛伐克**
2. 莱昂·什图克利(Leon Stukelj) 南斯拉夫
3. 马蒂亚斯·沃尔茨(Matthias Volz) 德国
1948 1. **卡尔·弗莱(Karl Frei) 瑞士**
2. 迈克尔·罗伊施(Michael Reusch) 瑞士
3. 日德内克·鲁奇茨卡(Zdenek Ruzicka) 捷克斯洛伐克
1952 1. **格兰特·沙基尼扬(Grant Shaginyan) 苏联**
2. 维克托·丘卡林(Viktor Chukarin) 苏联
3. 汉斯·欧格斯特尔(Hans Eugster) 瑞士
3. 迪米特里·莱昂金(Dmitri Leonkin) 苏联
1956 1. **阿尔伯特·阿扎利扬(Albert Azaryan) 苏联**
2. 瓦伦丁·穆拉托夫(Valentin Muratov) 苏联
3. 久保田正躬(Masami Kubota) 日本
3. 竹本正男(Masao Takemoto) 日本
1960 1. **阿尔伯特·阿扎利扬(Albert Azaryan) 苏联**
2. 鲍里斯·沙赫林(Boris Shakhlin) 苏联
3. 维里克·卡普萨佐夫(Velik Kapsazov) 保加利亚
3. 小野乔(Takashi Ono) 日本
1964 1. **早田卓次(Hayata Takuji) 日本**
2. 梅尼凯利(Franco Mmichelli) 意大利
3. 沙赫林(Boris Shakhlin) 苏联
1968 1. **中山彰规(Nakayama Akinori) 日本**
2. 沃罗宁(Mikhail Voronin) 苏联
3. 加藤泽男(Kato Sawao) 日本

跳马

1896 1. **卡尔·舒赫曼(Carl Schuhmann) 德国**
2. 路易斯·祖特尔(Louis Zutter) 瑞士
3. 赫曼·魏因加特纳(Hermann Weingartner) 德国
1904 1. **乔治·埃塞尔(George Eyser) 美国**
1. **安东·海达(Anton Heida) 美国**
3. 威廉·莫尔茨(William Merz) 美国
1924 1. **弗兰克(Frank Kriz) 美国**
2. 简·库特尼(Jan Koutny) 捷克斯洛伐克
3. 伯赫米尔·莫尔科夫斯基(Bohumil Morkovsky) 捷克斯洛伐克
1928 1. **欧根·马克(Eugen Mack) 瑞士**
2. 埃曼努埃尔·洛弗勒(Emanuel Loffler) 捷克斯洛伐克
3. 斯塔尼·德尔甘茨(Stane Derganc) 南斯拉夫
1932 1. **萨维诺·古利埃尔梅蒂(Savino Guglielmetti) 意大利**
2. 阿尔弗莱德·乔希姆(Alfred Jochim) 美国
3. 爱德华·卡尔迈克尔(Edward Carmichael) 美国
1936 1. **阿尔弗莱德·施瓦茨曼(Alfred Schwarzmann) 德国**
2. 欧根·马克(Eugen Mack) 瑞士
3. 马蒂亚斯·沃尔茨(Matthias Volz) 德国
1948 1. **帕沃·阿尔托宁(Paavo Aaltonen) 芬兰**
2. 奥拉维·罗夫(Olavi Rove) 芬兰
3. 雅诺斯·莫吉罗西·克伦茨(Janos Mogyorosi Klencs) 匈牙利
3. 费伦克·帕塔基(Ferenc Pataki) 匈牙利
3. 莱奥·索托尔尼克(Leo Sotornik) 捷克斯洛伐克
1952 1. **维克托·丘卡林(Viktor Chukarin) 苏联**
2. 竹本正男(Masao Takemoto) 日本
3. 小野乔(Takashi Ono) 日本
3. 上迫忠夫(Tadao Uesako) 日本
1956 1. **赫尔穆特·班茨(Helmut Bantz) 德国**
1. **瓦伦丁·穆拉托夫(Valentin Muratov) 苏联**
3. 尤里·季托夫(Yuri Titov) 苏联
1960 1. **小野乔(Takashi Ono) 日本**
1. **鲍里斯·沙赫林(Boris Shakhlin) 苏联**
3. 弗拉迪米尔·波尔特诺伊(Vladimir Portnoi) 苏联
1964 1. **山下治广(Yamashita Haruhiro) 日本**
2. 利西茨基(Viktor Lisitsky) 苏联
3. 兰塔卡里(Hannu Rantakari) 芬兰
1968 1. **沃罗宁(Mikhail Voronin) 苏联**
2. 远藤幸雄(Endo Yukio) 日本
3. 迪奥米多夫(Sergei Diomidov) 苏联

爬绳

1896 1. **尼科拉奥斯·安德里亚科普洛斯(Nicolaos Andriakopoulos) 希腊**
2. 托马斯·克塞纳基斯(Thomas Xenakis) 希腊
3. 弗里茨·霍夫曼(Fritz Hofmann) 德国
1904 1. **乔治·埃塞尔(George Eyser) 美国**
2. 查尔斯·克劳斯(Charles Krause) 美国
3. 埃米尔·沃伊特(Emil Voigt) 美国
1924 1. **伯德里克·苏普奇克(Bedrich Supcik) 捷克斯洛伐克**
2. 阿尔贝尔·瑟甘(Albert Seguin) 法国
3. 奥古斯特·古丁格尔(August Guttinger) 瑞士

1960年罗马奥运会体操男子鞍马比赛。

3. 拉迪斯拉夫·瓦哈(Ladislav Vacha) 捷克斯洛伐克
1932 1. **雷蒙德·巴斯(Raymond Bass)** **美国**
2. 威廉·加尔布莱斯(William Galbraith) 美国
3. 托马斯·康奈利(Thomas Connelly) 美国

四项全能

1904 1. **安东·海达(Anton Heida)** **美国**
2. 乔治·埃塞尔(George Eyser) 美国
3. 威廉·莫尔茨(William Merz) 美国

三项全能

1904 1. **阿道夫·施皮恩勒(Adolf Spinnler)** **瑞士**
2. 朱利尤斯·伦哈特(Julius Lenhart) 奥地利
3. 威尔海姆·韦伯(Wilhelm Weber) 德国

自选式团体赛

1912 1. **挪威队**
2. 芬兰队
3. 丹麦队
1920 1. **丹麦队**
2. 挪威队

瑞典式团体赛

1912 1. **瑞典队**
2. 丹麦队
3. 挪威队
1920 1. **瑞典队**
2. 丹麦队
3. 比利时队

横跳马

1924 1. **阿尔贝尔·瑟甘(Albert Seguin)** **法国**
2. 让·古诺(Jean Gounot) 法国
3. 弗朗索瓦·冈洛夫(Francois Gangloff) 法国

技巧运动

1932 1. **劳兰德·沃尔夫(Rowland Wolfe)** **美国**
2. 爱德华·格罗斯(Edward Gross) 美国
3. 威廉·赫曼(William Hermann) 美国

轻器械操(火棒操)

1904 1. **爱德华·亨宁(Edward Hennig)** **美国**
2. 埃米尔·沃伊特(Emil Voigt) 美国
3. 拉尔夫·威尔逊(Ralph Wilson) 美国
1932 1. **乔治·罗斯(George Roth)** **美国**
2. 菲利浦·埃伦伯格(Philip Erenberg) 美国
3. 威廉·库尔迈尔(William Kuhlemeier) 美国

团体赛

1904 1. **美国队**
2. 美国队
3. 美国队
1908 1. **瑞典队**
2. 挪威队
3. 芬兰队
1912 1. **意大利队**
2. 匈牙利队
3. 英国队
1920 1. **意大利队**
2. 比利时队
3. 法国队
1924 1. **意大利队**
2. 法国队
3. 瑞士队
1928 1. **瑞士队**
2. 捷克斯洛伐克队
3. 南斯拉夫队
1932 1. **意大利队**
2. 美国队
3. 芬兰队
1936 1. **德国队**
2. 瑞士队
3. 芬兰队
1948 1. **芬兰队**
2. 瑞士队
3. 匈牙利队
1952 1. **苏联队**
2. 瑞士队
3. 芬兰队
1956 1. **苏联队**
2. 日本队
3. 芬兰队
1960 1. **日本队**
2. 苏联队
3. 意大利队
1964 1. **日本队**
2. 苏联队
3. 德国队
1968 1. **日本队**
2. 苏联队
3. 民主德国队

女子体操(GYMNASTICS-women)

个人全能

1952 1. **玛丽亚·戈罗霍夫斯卡娅(Maria Gorokhovskaya)** **苏联**
2. 妮娜·波查洛娃(Nina Bocharova) 苏联
3. 玛吉特·科隆迪(Margit Korondi) 匈牙利
1956 1. **拉莉萨·拉蒂妮娜(Larissa Latynina)** **苏联**
2. 阿戈内斯·克莱蒂(Agnes Keleti) 匈牙利
3. 索菲亚·穆拉托娃(Sofia Muratova) 苏联
1960 1. **拉莉萨·拉蒂妮娜(Larissa Latynina)** **苏联**
2. 索菲亚·穆拉托娃(Sofia Muratova) 苏联
3. 波丽娜·阿斯塔霍娃(Polina Astakhova) 苏联
1964 1. **恰斯拉夫斯卡(Vera Caslavska)** **捷克斯洛伐克**
2. 拉蒂尼娜(Larisa Latynina) 苏联
3. 阿斯塔霍娃(Polina Astakhova) 苏联
1968 1. **恰斯拉夫斯卡(Vera Caslavska)** **捷克斯洛伐克**
2. 沃罗宁娜(Zinaida Voronina) 苏联
3. 库钦斯卡娅(Natalya Kuchinskaya) 苏联

自由操

1952 1. **阿戈内斯·克莱蒂(Agnes Keleti)** **匈牙利**
2. 玛丽亚·戈罗霍夫斯卡娅(Maria Gerokhovskaya) 苏联
3. 玛吉特·科隆迪(Margit Korondi) 匈牙利
1956 1. **阿戈内斯·克莱蒂(Agnes Keleti)** **匈牙利**
1. **拉莉萨·拉蒂妮娜(Larissa Latynina)** **苏联**
3. 埃伦娜·莱乌施泰努(Elena Leusteanu) 罗马尼亚
1960 1. **拉莉萨·拉蒂妮娜(Larissa Latynina)** **苏联**
2. 波丽娜·阿斯塔霍娃(Polina Astakhova) 苏联
3. 塔玛拉·柳金娜(Tamara Lyukhina) 苏联
1964 1. **拉蒂尼娜(Larisa Latynina)** **苏联**
2. 阿斯塔霍娃(Polina Astakhova) 苏联
3. 亚诺西-杜查(Aniko Janosi-Ducza) 匈牙利
1968 1. **彼特里克(Larisa Petrik)** **苏联**
1. 恰斯拉夫斯卡(Vera Caslavska) 捷克斯洛伐克
3. 库钦斯卡娅(Natalya Kuchinskaya) 苏联

高低杠

1952 1. **玛吉特·科隆迪(Margit Korondi)** **匈牙利**
2. 玛丽亚·戈罗霍夫斯卡娅(Maria Gorokhovskaya) 苏联
3. 阿戈内斯·克莱蒂(Agnes Keleti) 匈牙利
1956 1. **阿戈内斯·克莱蒂(Agnes Keleti)** **匈牙利**
2. 拉莉萨·拉蒂妮娜(Larissa Latynina) 苏联
3. 索菲亚·穆拉托娃(Sofia Muratova) 苏联
1960 1. **波丽娜·阿斯塔霍娃(Polina Astakhova)** **苏联**
2. 拉莉萨·拉蒂妮娜(Larissa Latynina) 苏联
3. 塔玛拉·柳金娜(Tamara Lyukhina) 苏联
1964 1. **阿斯塔霍娃(Polina Astakhova)** **苏联**
2. 玛克雷(Katalin Makray) 匈牙利
3. 拉蒂尼娜(Larisa Latynina) 苏联
1968 1. **恰斯拉夫斯卡(Vera Caslavska)** **捷克斯洛伐克**
2. 扬茨(Karin Janz) 民主德国
3. 沃罗宁娜(Zinaida Voronina) 苏联

平衡木

1952 1. **妮娜·波查洛娃(Nina Bocharova)** **苏联**
2. 玛丽亚·戈罗霍夫斯卡娅(Maria Gorokhovskaya) 苏联
3. 玛吉特·科隆迪(Margit Korondi) 匈牙利
1956 1. **阿戈内斯·克莱蒂(Agnes Keleti)** **匈牙利**
2. 埃娃·博萨科娃·维赫托娃(Eva Bosakova Vechtova) 捷克斯洛伐克
3. 塔玛拉·玛妮娜(Tamara Manina) 苏联
1960 1. **埃娃·博萨科娃·维赫托娃(Eva Bosakova Vechtova)** **捷克斯洛伐克**
2. 拉莉萨·拉蒂妮娜(Larissa Latynina) 苏联
3. 索菲亚·穆拉托娃(Sofia Muratova) 苏联
1964 1. **恰斯拉夫斯卡(Vera Caslavska)** **捷克斯洛伐克**
2. 马尼娜(Tamara Manina) 苏联
3. 拉蒂尼娜(Larisa Latynina) 苏联
1968 1. **库钦斯卡娅(Natalya Kuchinskaya)** **苏联**
2. 恰斯拉夫斯卡(Vera Caslavska) 捷克斯洛伐克
3. 彼特里克(Larisa Petrik) 苏联

跳马

1952 1. **叶卡捷琳娜·卡琳秋克(Yekaterina Kalinchuk)** **苏联**
2. 玛丽亚·戈罗霍夫斯卡娅(Maria Gorokhovskaya) 苏联
3. 加丽娜·米娜伊切娃(Galina Minaicheva) 苏联
1956 1. **拉莉萨·拉蒂妮娜(Larissa Latynina)** **苏联**
2. 塔玛拉·玛妮娜(Tamara Manina) 苏联
3. 安·索菲·科林·皮特森(Ann Sofi Colling Pettersson) 瑞典
3. 奥尔加·塔斯(Olga Tass) 匈牙利
1960 1. **玛格丽塔·尼科拉耶娃(Margarita Nikolayeva)** **苏联**
2. 索菲亚·穆拉托娃(Sofia Muratova) 苏联
3. 拉莉萨·拉蒂妮娜(Larissa Latynina) 苏联
1964 1. **恰斯拉夫斯卡(Vera Caslavska)** **捷克斯洛伐克**
2. 拉蒂尼娜(Larisa Latynina) 苏联
2. 拉多赫拉(Birgit Radochla) 德国
1968 1. **恰斯拉夫斯卡(Vera Caslavska)** **捷克斯洛伐克**
2. 楚肖尔德(Erika Zuchold) 民主德国
3. 沃罗宁娜(Zinaida Voronina) 苏联

团体赛

1928 1. **荷兰队**
2. 意大利队
3. 英国队
1936 1. **德国队**
2. 捷克斯洛伐克队
3. 匈牙利队
1948 1. **捷克斯洛伐克队**
2. 匈牙利队
3. 美国队
1952 1. **苏联队**
2. 匈牙利队
3. 捷克斯洛伐克队
1956 1. **苏联队**
2. 匈牙利队
3. 罗马尼亚队
1960 1. **苏联队**
2. 捷克斯洛伐克队
3. 罗马尼亚队
1964 1. **苏联队**
2. 捷克斯洛伐克队
3. 日本队
1968 1. **苏联队**
2. 捷克斯洛伐克队
3. 民主德国队

轻器械操团体赛

1952 1. **瑞典队**
2. 苏联队
3. 匈牙利队
1956 1. **匈牙利队**
2. 瑞典队
3. 波兰队
3. 苏联队

男子举重(WEIGHTLIFTING-men)

56公斤级

1948 1. **约瑟夫·迪·皮埃特罗(Joseph Di Pietro)** **美国**
2. 朱利安·克罗伊斯(Julian Creus) 英国
3. 理查德·汤姆(Richard Tom) 美国
1952 1. **伊万·乌多多夫(Ivan Udodov)** **苏联**
2. 默罕穆德·纳姆治(Mahmoud Namjou) 伊朗
3. 阿里·米尔扎伊(Ali Mirzai) 伊朗
1956 1. **查尔斯·芬奇(Charles Vinci)** **美国**
2. 弗拉迪米尔·斯托戈夫(Vladimir Stogov) 苏联
3. 默罕穆德·纳姆治(Mahmoud Namjou) 伊朗
1960 1. **查尔斯·芬奇(Charles Vinci)** **美国**
2. 三宅义信(Yoshinobi Miyake) 日本
3. 伊斯马伊尔·伊尔穆汗(Esmaiil Elmkhan) 伊朗
1964 1. **瓦霍宁(Aleksei Vakhonin)** **苏联**
2. 福尔迪(Imre Foldi) 匈牙利
3. 一关史郎(Ichinoseki Shiro) 日本
1968 1. **纳西里(Mohammad Nasiri)** **伊朗**
2. 福尔迪(Imre Foldi) 匈牙利
3. 特雷比茨基(Henryk Trebicki) 波兰

60公斤级

1920 1. **弗朗索瓦·德·哈埃(Francois De Haes)** **比利时**
2. 阿尔弗莱德·施密特(Alfred Schmidt) 爱沙尼亚
3. 欧热内·里特尔(Eugene Ryther) 瑞士
1924 1. **皮埃里诺·加贝蒂(Pierino Gabetti)** **意大利**
2. 安德雷亚斯·施塔德勒(Andreas Stadler) 奥地利
3. 亚瑟·莱因曼(Arthur Reinmann) 瑞士
1928 1. **弗兰茨·安德里塞克(Franz Andrysek)** **奥地利**
2. 皮埃里诺·加贝蒂(Pierino Gabetti) 意大利
3. 汉斯·沃尔佩特(Hans Walpert) 德国
1932 1. **雷蒙·苏维尼(Raymond Suvigny)** **法国**
2. 汉斯·沃尔佩特(Hans Walpert) 德国
3. 安东尼·特尔拉佐(Anthony Terlazzo) 美国
1936 1. **安东尼·特尔拉佐(Anthony Terlazzo)** **美国**
2. 塞拉赫·默哈迈德·索利曼(Saleh Mohammed Soliman) 埃及
3. 伊布拉希姆·哈桑·沙姆斯(Ibrahim Hassan Shams) 埃及
1948 1. **默罕穆德·法亚德(Mahmoud Fayad)** **埃及**
2. 罗德尼·威克尔斯(Rodney Wilkes) 特立尼达和多巴哥
3. 贾法·萨尔马希(Jaafar Salmasi) 伊朗
1952 1. **拉法埃尔·奇米什扬(Rafael Chimishkyan)** **苏联**
2. 尼古拉·萨克索诺夫(Nikolai Saksonov) 苏联
3. 罗德尼·威克尔斯(Rodney Wilkes) 特立尼达和多巴哥
1956 1. **伊萨克·贝格尔(Isaac Berger)** **美国**
2. 叶甫盖尼·米纳耶夫(Yevgeny Minayev) 苏联
3. 马里安·泽林斯基(Marian Zielinski) 波兰
1960 1. **叶甫盖尼·米纳耶夫(Yevgeny Minayev)** **苏联**
2. 伊萨克·贝格尔(Isaac Berger) 美国
3. 塞巴斯蒂亚诺·曼尼罗尼(Sebastiano Mannironi) 意大利
1964 1. **三宅义信(Miyake Yoshinobu)** **日本**
2. 伯杰(Isaac Berger) 美国
3. 诺瓦克(Mieczyslaw Nowak) 波兰
1968 1. **三宅义信(Miyake Yoshinobu)** **日本**
2. 沙尼泽(Dito ShanidZe) 苏联
3. 三宅义行(Miyake Yoshiyuki) 日本

67.5公斤级

年份	名次	姓名	国家
1920	**1.**	**阿尔弗莱德·纽兰德(Alfred Neuland)**	**爱沙尼亚**
	2.	路易斯·维耶盖(Louis Williquet)	比利时
	3.	弗洛利蒙·鲁姆斯(Florimond Rooms)	比利时
1924	**1.**	**埃德蒙·德科蒂蒂尼(Edmond Decottignies)**	**法国**
	2.	安东·兹维利纳(Anton Zwerina)	奥地利
	3.	伯赫米尔·杜尔迪斯(Bohumil Durdis)	捷克斯洛伐克
1928	**1.**	**汉斯·哈斯(Hans Haas)**	**奥地利**
	2.	库尔特·赫尔比格(Kurt Helbig)	德国
	3.	费尔南·阿尔努(Fernand Arnout)	法国
1932	**1.**	**勒内·杜维尔热(Rene Duverger)**	**法国**
	2.	汉斯·哈斯(Hans Haas)	奥地利
	3.	加斯托内·皮埃里尼(Gastone Pierini)	意大利
1936	**1.**	**罗伯特·费因(Robert Fein)**	**奥地利**
	1.	安瓦尔·默哈迈德·梅斯巴赫(Anwar Mohammed Mesbah)	埃及
	3.	卡尔·扬森(Karl Jansen)	德国
1948	**1.**	**易卜拉希姆·哈桑·沙姆斯(Ibrahim Hassan Shams)**	**埃及**
	2.	阿提亚·哈穆达(Attia Hamouda)	埃及
	3.	詹姆斯·哈利戴(James Halliday)	英国
1952	**1.**	**塔米奥·汤米·科诺(Tamio Tommy Kono)**	**美国**
	2.	叶甫盖尼·洛帕京(Yevgeny Lopatin)	苏联
	3.	维尔内·巴尔贝里斯(Verne Barberis)	澳大利亚
1956	**1.**	**伊戈尔·雷巴克(Igor Rybak)**	**苏联**
	2.	拉法埃尔·哈布特迪诺夫(Rafael Khabutdinov)	苏联
	3.	金昌熙(Kim Chang-hee)	韩国
1960	**1.**	**维克托·布舒耶夫(Viktor Bushuyev)**	**苏联**
	2.	陈浩亮(Tan Howe-liang)	新加坡
	3.	阿卜杜尔·瓦希德·阿齐兹(Abdul Wahid Aziz)	伊拉克
1964	**1.**	**巴扎诺夫斯基(Waldemar Baszanowski)**	**波兰**
	2.	卡普卢诺夫(Vladiir Kaplunov)	苏联
	3.	泽林斯基(Marian Zielinski)	波兰
1968	**1.**	**巴扎诺夫斯基(Waldemar Baszanowski)**	**波兰**
	2.	扎拉耶尔(Parviz Jalayer)	伊朗
	3.	泽林斯基(Marian Zielinski)	波兰

75公斤级

年份	名次	姓名	国家
1920	**1.**	**亨利·冈斯(Henri Gance)**	**法国**
	2.	皮埃特罗·比安奇(Pietro Bianchi)	意大利
	3.	阿尔伯特·皮特森(Albert Pettersson)	瑞典
1924	**1.**	**卡罗·加林贝尔蒂(Carlo Galimberti)**	**意大利**
	2.	阿尔弗莱德·纽兰德(Alfred Neuland)	爱沙尼亚
	3.	简·基卡斯(Jan Kikkas)	爱沙尼亚
1928	**1.**	**罗杰·弗朗索瓦(Roger Francois)**	**法国**
	2.	卡罗·加林贝尔蒂(Carlo Galimberti)	意大利
	3.	奥古斯特·舍费尔(August Scheffer)	荷兰
1932	**1.**	**鲁道夫·伊斯迈尔(Rudolf Ismayr)**	**德国**
	2.	卡罗·加林贝尔蒂(Carlo Galimberti)	意大利
	3.	卡尔·希普芬格尔(Karl Hipfinger)	奥地利
1936	**1.**	**卡德尔·萨义德·埃尔·图尼(Khadr Sayed El Touni)**	**埃及**
	2.	鲁道夫·伊斯迈尔(Rudolf Ismayr)	德国
	3.	阿道夫·瓦格纳(Adolf Wagner)	德国
1948	**1.**	**弗兰克·斯佩尔曼(Frank Spellman)**	**美国**
	2.	皮特·乔治(Peter George)	美国
	3.	金晟集(Kim Sung-jip)	韩国
1952	**1.**	**皮特·乔治(Peter George)**	**美国**
	2.	热拉尔·格拉顿(Gerard Gratton)	加拿大
	3.	金晟集(Kim Sung-jip)	韩国
1956	**1.**	**费奥多尔·博格达诺夫斯基(Fyodor Bogdanovsky)**	**苏联**
	2.	皮特·乔治(Peter George)	美国
	3.	埃尔曼诺·皮尼亚蒂(Ermanno Pignatti)	意大利
1960	**1.**	**亚历山大·库里诺夫(Aleksandr Kurynov)**	**苏联**
	2.	塔米奥·汤米·科诺(Tamio Tommy Kono)	美国
	3.	吉奥佐·维雷斯(Gyozo Veres)	匈牙利
1964	**1.**	**兹德拉日拉(Hans Zdrazila)**	**捷克斯洛伐克**
	2.	库连措夫(Viktor Kurentsov)	苏联
	3.	大内仁(Ouchi Masashi)	日本
1968	**1.**	**库连佐夫(Viktor Kurentsov)**	**苏联**
	2.	大内仁(Ouchi Masashi)	日本
	3.	巴科什(Karoly Bakos)	匈牙利

82.5公斤级

年份	名次	姓名	国家
1920	**1.**	**厄内斯特·卡丹(Ernest Cadine)**	**法国**
	2.	弗里茨·胡宁伯格(Fritz Hunenberger)	瑞士
	3.	埃里克·皮特森(Erik Pettersson)	瑞典
1924	**1.**	**查理·里古洛(Charles Rigoulot)**	**法国**
	2.	弗里茨·胡宁伯格(Fritz Hunenberger)	瑞士
	3.	莱奥波尔德·弗雷德里希(Leopold Friedrich)	奥地利
1928	**1.**	**埃尔·萨义德·默哈迈德·诺塞尔(El Sayed Mohammed Nosseir)**	**埃及**
	2.	路易·奥斯丁(Louis Hostin)	法国
	3.	约安纳斯·维尔海廷(Johannes Verheijen)	荷兰
1932	**1.**	**路易·奥斯丁(Louis Hostin)**	**法国**
	2.	斯文德·奥尔森(Svend Olsen)	丹麦
	3.	亨利·杜伊(Henry Duey)	美国
1936	**1.**	**路易·奥斯丁(Louis Hostin)**	**法国**
	2.	欧根·多伊奇(Eugen Deutsch)	德国
	3.	易卜拉希姆·瓦希夫(Ibrahim Wasif)	埃及
1948	**1.**	**斯坦利·斯坦奇克(Stanley Stanczyk)**	**美国**
	2.	哈罗德·萨卡塔(Harold Sakata)	美国
	3.	格斯塔·马格纽森(Gesta Magnusson)	瑞典
1952	**1.**	**特洛费姆·洛马金(Trofim Lomakin)**	**苏联**
	2.	斯坦利·斯坦奇克(Stanley Stanczyk)	美国
	3.	阿尔卡迪·沃洛布耶夫(Arkady Vorobyev)	苏联
1956	**1.**	**塔米奥·汤米·科诺(Tamio Tommy Kono)**	**美国**
	2.	瓦希里·斯捷潘诺夫(Vassili Stepanov)	苏联
	3.	詹姆斯·乔治(James George)	美国
1960	**1.**	**伊伦诺伊茨·帕林斯基(Ireneusz Palinski)**	**波兰**
	2.	詹姆斯·乔治(James George)	美国
	3.	简·博切内克(Jan Bochenek)	波兰
1964	**1.**	**普卢克费尔德尔(Rudolf Plukfelder)**	**苏联**
	2.	托特(Geza Toth)	匈牙利
	3.	维雷斯(Gyozo Veres)	匈牙利
1968	**1.**	**谢利茨基(Boris Selitskiy)**	**苏联**
	2.	别利亚耶夫(Vladimir Belyayev)	苏联
	3.	奥季梅克(Norbert Ozimek)	波兰

82.5公斤以上级

年份	名次	姓名	国家
1896	**1.**	**维戈·延森(Viggo Jensen)**	**丹麦**
	2.	劳恩塞斯顿·埃利奥特(Launceston Elliot)	英国
	3.	索蒂里奥斯·维尔希斯(Sotirios Versis)	希腊
1904	**1.**	**佩里克勒斯·卡库希斯(Perikles Kakousis)**	**希腊**
	2.	奥斯卡·奥斯托夫(Oscar Osthoff)	美国
	3.	弗兰克·孔勒(Frank Kungler)	美国
1920	**1.**	**菲利波·博蒂诺(Filippo Bottino)**	**意大利**
	2.	约瑟夫·阿尔赞(Joseph Alzin)	卢森堡
	3.	路易·贝尔诺(Louis Bernot)	法国
1924	**1.**	**朱塞佩·托纳尼(Giuseppe Tonani)**	**意大利**
	2.	弗兰茨·埃格纳尔(Franz Aigner)	奥地利
	3.	哈拉尔德·塔默尔(Harald Tammer)	爱沙尼亚
1928	**1.**	**约瑟夫·施特拉斯伯格(Josef Strassberger)**	**德国**
	2.	阿诺德·卢霍尔(Arnold Luhaar)	爱沙尼亚
	3.	雅罗斯拉夫·斯科布拉(Jaroslav Skobla)	捷克斯洛伐克
1932	**1.**	**雅罗斯拉夫·斯科布拉(Jaroslav Skobla)**	**捷克斯洛伐克**
	2.	瓦克拉夫·普谢尼茨卡(Vaclav Psenicka)	捷克斯洛伐克
	3.	约瑟夫·施特拉斯伯格(Josef Strassberger)	德国
1936	**1.**	**约瑟夫·曼格尔(Josef Manger)**	**德国**
	2.	瓦克拉夫·普谢尼茨卡(Vaclav Psenicka)	捷克斯洛伐克
	3.	阿诺德·卢霍尔(Arnold Luhaar)	爱沙尼亚
1948	**1.**	**约翰·戴维斯(John Davis)**	**美国**
	2.	诺尔伯特·谢曼斯基(Norbert Schemansky)	美国
	3.	亚伯拉罕·查理特(Abraham Charite)	荷兰

90公斤级

年份	名次	姓名	国家
1952	**1.**	**诺尔伯特·谢曼斯基(Norbert Schemansky)**	**美国**
	2.	格里高利·诺瓦克(Grigory Novak)	苏联
	3.	莱诺克斯·基尔古尔(Lennox Kilgour)	特立尼达和多巴哥
1956	**1.**	**阿尔卡迪·沃洛布耶夫(Arkady Vorobyev)**	**苏联**
	2.	大卫·谢帕尔德(David Sheppard)	美国
	3.	让·德波夫(Jean Debuf)	法国
1960	**1.**	**阿尔卡迪·沃洛布耶夫(Arkady Vorobyev)**	**苏联**
	2.	特洛费姆·洛马金(Trofim Lomakin)	苏联
	3.	路易斯·马丁(Louis Martin)	英国
1964	**1.**	**戈洛瓦诺夫(Vladimir Golovanov)**	**苏联**
	2.	马丁(Louis Martin)	英国
	3.	帕林斯基(Ireneusz Palihski)	波兰
1968	**1.**	**坎加斯涅米(Kaarlo Kangasniemi)**	**芬兰**
	2.	塔尔茨(Jaan Talts)	苏联
	3.	戈拉布(Marek Golab)	波兰

90公斤以上级

年份	名次	姓名	国家
1952	**1.**	**约翰·戴维斯(John Davis)**	**美国**
	2.	詹姆斯·布拉德福德(James Bradford)	美国
	3.	胡贝托·塞尔维蒂(Humberto Selvetti)	阿根廷
1956	**1.**	**保罗·安德森(Paul Anderson)**	**美国**
	2.	胡贝托·塞尔维蒂(Humberto Selvetti)	阿根廷
	3.	阿尔贝托·皮加亚尼(Alberto Pigaiani)	意大利
1960	**1.**	**尤里·弗拉索夫(Yuri Vlasov)**	**苏联**
	2.	詹姆斯·布拉德福德(James Bradford)	美国
	3.	诺尔伯特·谢曼斯基(Norbert Schemansky)	美国
1964	**1.**	**扎博京斯基(Leonid Zhabotinskiy)**	**苏联**
	2.	弗拉索夫(Yuri Vlasov)	苏联
	3.	谢曼斯基(Norbert Schemansky)	美国
1968	**1.**	**扎博京斯基(Leonid Zhabotinskiy)**	**苏联**
	2.	雷丁(Serge Reding)	比利时
	3.	杜贝(Joe Dube)	美国

单手举

年份	名次	姓名	国家
1896	**1.**	**劳恩塞斯顿·埃利奥特(Launceston Elliot)**	**英国**
	2.	维戈·延森(Viggo Jensen)	丹麦
	2.	阿莱克桑德罗斯·尼科罗普洛斯(Alexandros Nikolopoulos)	希腊

哑铃全能

年份	名次	姓名	国家
1904	**1.**	**奥斯卡·奥斯托夫(Oscar Osthoff)**	**美国**
	2.	弗雷德里克·温特斯(Frederick Winters)	美国
	3.	弗兰克·孔勒(Frank Kungler)	美国

男子手球(HANDBALL)(十一人制)

年份	名次	队伍
1936	**1.**	**德国队**
	2.	奥地利队
	3.	瑞士队

男子曲棍球(HOCKEY-men)

年份	名次	队伍
1908	**1.**	**英国队(英格兰队)**
	2.	英国队(爱尔兰队)
	3.	英国队(苏格兰队)
	3.	英国队(威尔士队)
1920	**1.**	**英国队**
	2.	丹麦队
	3.	比利时队
1928	**1.**	**印度队**
	2.	荷兰队
	3.	德国队
1932	**1.**	**印度队**
	2.	日本队
	3.	美国队
1936	**1.**	**印度队**
	2.	德国队
	3.	荷兰队
1948	**1.**	**印度队**
	2.	英国队
	3.	荷兰队
1952	**1.**	**印度队**
	2.	荷兰队
	3.	英国队
1956	**1.**	**印度队**
	2.	巴基斯坦队
	3.	德国队
1960	**1.**	**巴基斯坦队**
	2.	印度队
	3.	西班牙队
1964	**1.**	**印度队**
	2.	巴基斯坦队
	3.	澳大利亚队
1968	**1.**	**巴基斯坦队**
	2.	澳大利亚队
	3.	印度队

冰球(ICE HOCKEY)

年份	名次	队伍
1920	**1.**	**加拿大队**
	2.	美国队
	3.	捷克斯洛伐克队

古典式网球(TENNIS)

年份	名次	姓名	国家
1908	**1.**	**杰伊·古尔德(Jay Gould)**	**美国**
	2.	厄斯塔斯·迈尔斯(Eustace Miles)	英国
	3.	内维尔·利顿(Neville Lytton)	英国

长曲棍球(兜网球)(LACROSSE)

年份	名次	队伍
1904	**1.**	**加拿大队**
	2.	美国队
	3.	加拿大队
1908	**1.**	**加拿大队**
	2.	英国队

柔道(JUDO)

73公斤级

年份	名次	姓名	国家
1964	**1.**	**中谷雄英(Nakatani Takehide)**	**日本**
	2.	亨尼(Eric Hanni)	瑞士
	3.	斯捷潘诺夫(Oleg Stepanov)	苏联
	3.	鲍戈柳博夫(Aron Bogoiubov)	苏联

90公斤级

年份	名次	姓名	国家
1964	**1.**	**冈野功(Okano Isao)**	**日本**
	2.	霍夫曼(Wolfgang Hofmann)	德国
	3.	布雷曼(James Bregman)	美国
	3.	金义泰(Kim Eui-tae)	韩国

100公斤以上级

年份	名次	姓名	国家
1964	**1.**	**猪熊功(Inokuma Isao)**	**日本**
	2.	罗杰斯(Alfred Rogers)	加拿大
	3.	基克纳泽(Anzor Kiknadze)	苏联
	3.	契克维拉泽(Parnaoz Chikviladze)	苏联

无差别级

年份	名次	姓名	国家
1964	**1.**	**基辛克(Antonius Geesink)**	**荷兰**
	2.	神永昭夫(Kaminaga Akio)	日本
	3.	格拉恩(Klaus Glahn)	德国
	3.	博罗诺夫斯基斯(Theodore Boronovskis)	澳大利亚

古典式摔跤(GREECE-ROMAN WRESTLING)

52公斤级

年份	名次	姓名	国家
1948	**1.**	**皮埃特罗·隆巴尔蒂(Pietro Lombardi)**	**意大利**
	2.	柯南·奥尔凯(Kenan Olcay)	土耳其
	3.	莱诺·坎加斯马基(Reino Kangasmaki)	芬兰
1952	**1.**	**鲍里斯·格列维奇(Boris Gurevitch)**	**苏联**
	2.	伊格纳齐奥·法布拉(Ignazio Fabra)	意大利
	3.	莱奥·洪卡拉(Leo Honkala)	芬兰
1956	**1.**	**尼古拉·索洛夫约夫(Nikolai Solovyov)**	**苏联**
	2.	伊格纳齐奥·法布拉(Ignazio Fabra)	意大利
	3.	杜鲁姆·阿里·埃格里巴什(Durum Ali Egribas)	土耳其

1960 1. **杜米特鲁·皮尔沃莱斯库(Dumitru Pirvulescu)** **罗马尼亚**
2. 奥斯曼·萨义德(Osman Sayed) 埃及
3. 默哈迈德·帕齐莱伊(Mohammad Paziraii) 伊朗

56公斤级(1964年和1968年为54公斤级)

1932 1. **雅各布·布伦德尔(Jakob Brendel)** **德国**
2. 马尔塞洛·尼佐拉(Marcello Nizzola) 意大利
3. 路易斯·弗朗索瓦(Louis Francois) 法国
1936 1. **马尔顿·勒林茨(Marton Lerincz)** **匈牙利**
2. 埃根·斯文森(Egon Svensson) 瑞典
3. 雅各布·布伦德尔(Jakob Brendel) 德国
1964 1. **花原勉(Hanahara Tsutomu)** **日本**
2. 克雷佐夫(Angel Kerezov) 保加利亚
3. 皮尔武列斯库(Dumitru Pirvulescu) 罗马尼亚
1968 1. **基罗夫(Petar Kirov)** **保加利亚**
2. 巴库林(Vladimir Bakulin) 苏联
3. 泽曼(Miroslav Zeman) 捷克斯洛伐克

57公斤级

1948 1. **库尔特·皮特森(Kurt Pettersen)** **瑞典**
2. 默罕穆德·阿里·哈桑(Mahmoud Ali Hassan) 埃及
3. 哈里尔·卡亚(Halil Kaya) 土耳其
1952 1. **伊姆尔·霍多什(Imre Hodos)** **匈牙利**
2. 扎卡里亚·希哈布(Zakaria Chihab) 黎巴嫩
3. 阿尔特姆·杰尔扬(Artem Teryan) 苏联
1956 1. **康斯坦丁·维鲁帕耶夫(Konstantin Vyrupayev)** **苏联**
2. 埃德温·维斯特比(Edvin Westerby) 瑞典
3. 弗朗西斯·霍瓦特(Francis Horvath) 罗马尼亚
1960 1. **奥莱格·卡拉瓦耶夫(Oleg Karavayev)** **苏联**
2. 埃恩·塞尔尼亚(Ion Cernea) 罗马尼亚
3. 迪恩科·佩特罗夫(Dinko Petrov) 保加利亚
1964 1. **市口正光(Ichiguchi Masamitsu)** **日本**
2. 特罗斯特扬斯基(Vladlen Trostyansky) 苏联
3. 切尼亚(Ion Cernea) 罗马尼亚
1968 1. **瓦尔加(Janos Varga)** **匈牙利**
2. 巴丘(Ion Baciu) 罗马尼亚
3. 科切尔金(Ivan Kochergin) 苏联

58公斤级

1924 1. **爱德华·皮特塞普(Eduard Putsep)** **爱沙尼亚**
2. 安塞尔姆·阿尔弗尔斯(Anselm Ahlfors) 芬兰
3. 瓦伊诺·伊科宁(Vaino Ikonen) 芬兰
1928 1. **库尔特·罗伊希特(Kurt Leucht)** **德国**
2. 金德里奇·毛德尔(Jindrich Maudr) 捷克斯洛伐克
3. 吉奥瓦尼·戈齐(Giovanni Gozzi) 意大利

60公斤级

1912 1. **卡尔洛·科斯凯洛(Kaarlo Koskelo)** **芬兰**
2. 乔格·格尔斯塔克尔(Georg Gerstacker) 德国
3. 奥托·拉萨宁(Otto Lasanen) 芬兰
1920 1. **奥斯卡·弗里曼(Oskar Friman)** **芬兰**
2. 海奇·卡赫科宁(Heikki Kahkenen) 芬兰
3. 弗里蒂奥夫·斯文森(Fritiof Svensson) 瑞典

61公斤级

1932 1. **吉奥瓦尼·戈齐(Giovanni Gozzi)** **意大利**
2. 沃尔夫冈·埃尔(Wolfgang Ehrl) 德国
3. 劳利·科斯凯拉(Lauri Koskela) 芬兰
1936 1. **亚瑟尔·埃尔坎(Yasar Erkan)** **土耳其**
2. 阿尔内·莱尼(Aarne Reini) 芬兰
3. 埃纳尔·卡尔森(Einar Karlsson) 瑞典

62公斤级

1924 1. **卡尔洛·安蒂拉(Kaarlo Anttila)** **芬兰**
2. 阿莱克桑特里·托伊沃拉(Aleksanteri Toivola) 芬兰
3. 埃里克·马尔姆伯格(Erik Malmberg) 瑞典
1928 1. **沃尔德马尔·瓦利(Voldemar Vali)** **爱沙尼亚**
2. 埃里克·马尔姆伯格(Erik Malmberg) 瑞典
3. 吉亚科莫·夸利亚(Giacomo Quaglia) 意大利
1948 1. **默哈默特·奥克塔夫(Mehmet Oktav)** **土耳其**
2. 奥雷·安德尔伯格(Olle Anderberg) 瑞典
3. 费伦克·托特(Ferenc Toth) 匈牙利
1952 1. **雅科夫·普恩金(Yakov Punkin)** **苏联**
2. 伊姆尔·波尔亚克(Imre Polyak) 匈牙利
3. 阿卜杜尔·拉什德(Abdel Rashed) 埃及
1956 1. **劳诺·马基宁(Rauno Makinen)** **芬兰**
2. 伊姆尔·波尔亚克(Imre Polyak) 匈牙利
3. 罗曼·德日涅拉泽(Roman Dzneladze) 苏联
1960 1. **穆扎希尔·希勒(Muzahir Sille)** **土耳其**
2. 伊姆尔·波尔亚克(Imre Polyak) 匈牙利
3. 康斯坦丁·维鲁帕耶夫(Konstantin Vyrupayev) 苏联
1964 1. **波利亚克(Imre Polyok)** **匈牙利**
2. 鲁鲁亚(Roman Rurua) 苏联
3. 马丁诺维奇(Branislav Martinovic) 南斯拉夫
1968 1. **鲁鲁亚(Roman Rurua)** **苏联**
2. 藤本英男(Fujimoto Hideo) 日本
3. 波佩斯库(Simeon Popescu) 罗马尼亚

66公斤级

1932 1. **埃里克·马尔姆伯格(Erik Malmberg)** **瑞典**
2. 亚伯拉罕·库尔兰德(Abraham Kurland) 丹麦
3. 爱德华·施佩林(Eduard Sperling) 德国
1936 1. **劳利·科斯凯拉(Lauri Koskela)** **芬兰**
2. 约瑟夫·赫尔达(Josef Herda) 捷克斯洛伐克
3. 沃尔德马尔·瓦利(Voldemar Vali) 爱沙尼亚

67公斤级

1908 1. **恩里科·博洛(Enrico Porro)** **意大利**
2. 尼古拉·奥尔洛夫(Nikolai Orlov) 俄罗斯
3. 阿尔维德·林登(Arvid Linden) 芬兰
1948 1. **古斯塔夫·弗雷伊(Gustav Freij)** **瑞典**
2. 阿奇·埃里克森(Aage Eriksen) 挪威
3. 卡罗利·费伦茨(Karoly Ferencz) 匈牙利
1952 1. **沙扎姆·萨芬(Schazam Safin)** **苏联**
2. 古斯塔夫·弗雷伊(Gustav Freij) 瑞典
3. 米库拉斯·阿塔纳索夫(Mikulas Athanasov) 捷克斯洛伐克
1956 1. **吉奥斯蒂·莱赫托宁(Kyosti Lehtonen)** **芬兰**
2. 里扎·多甘(Riza Dogan) 土耳其
3. 吉乌拉·托特(Gyula Toth) 匈牙利
1960 1. **阿夫坦迪尔·科里泽(Avtandil Koridze)** **苏联**
2. 布兰科·马尔蒂诺维奇(Branko Martinovic) 南斯拉夫
3. 古斯塔夫·弗雷伊(Gustav Freij) 瑞典
1964 1. **艾瓦兹(Kazim Ayvaz)** **土耳其**
2. 布拉尔卡(Valeriu Bularca) 罗马尼亚
3. 格万采拉泽(David Gvantseladze) 苏联
1968 1. **宗村宗二(Mumemura Munji)** **日本**
2. 霍瓦特(Stevan Horvat) 南斯拉夫
3. 加拉克托普洛斯(Petros Galaktopoulos) 希腊

67.5公斤级

1912 1. **埃米尔·瓦尔(Eemil Ware)** **芬兰**
2. 古斯塔夫·马尔姆斯特罗姆(Gustaf Malmstrom) 瑞典
3. 埃德温·马蒂亚森(Edvin Matiasson) 瑞典
1920 1. **埃米尔·瓦尔(Eemil Ware)** **芬兰**
2. 塔维·塔米宁(Taavi Tamminen) 芬兰
3. 弗里特约夫·安德森(Frithjof Andersen) 挪威
1924 1. **奥斯卡·弗里曼(Oskar Friman)** **芬兰**
2. 拉约斯·克雷斯泰什(Lajos Keresztes) 匈牙利
3. 卡雷·维斯特尔伦德(Kalle Westerlund) 芬兰
1928 1. **拉约斯·克雷斯泰什(Lajos Keresztes)** **匈牙利**
2. 爱德华·施佩林(Eduard Sperling) 德国
3. 埃德瓦尔德·维斯特尔伦德(Edvard Westerlund) 芬兰

72公斤级

1932 1. **埃瓦尔·约翰森(Ivar Johansson)** **瑞典**
2. 瓦伊诺·卡扬德尔·卡尤科尔皮(Vaino Kajander Kajukorpi) 芬兰
3. 埃尔科莱·加莱加蒂(Ercole Gallegati) 意大利
1936 1. **鲁道夫·斯维德伯格(Rudolf Svedberg)** **瑞典**
2. 弗里茨·舍费尔(Fritz Schefer) 德国
3. 埃诺·维尔塔宁(Eino Virtanen) 芬兰

73公斤级

1908 1. **弗里蒂奥夫·马尔滕森(Frithiof Martensson)** **瑞典**
2. 莫里茨·安德森(Mauritz Andersson) 瑞典
3. 安德尔斯·安德森(Anders Andersen) 丹麦
1948 1. **格斯塔·安德森(Gesta Andersson)** **瑞典**
2. 米克洛斯·希尔瓦希(Miklos Szilvasi) 匈牙利
3. 亨德里克·汉森(Henrik Hansen) 丹麦
1952 1. **米克洛斯·希尔瓦希(Miklos Szilvasi)** **匈牙利**
2. 格斯塔·安德森(Gesta Andersson) 瑞典
3. 哈里尔·塔哈(Khalil Taha) 黎巴嫩
1956 1. **米特哈特·巴伊拉克(Mithat Bayrak)** **土耳其**
2. 弗拉迪米尔·马涅耶夫(Vladimir Maneyev) 苏联
3. 佩尔·贝尔林(Per Berlin) 瑞典
1960 1. **米特哈特·巴伊拉克(Mithat Bayrak)** **土耳其**
2. 根特尔·马里茨尼希(Gunter Maritschnigg) 德国
3. 勒内·希尔迈尔(Rene Schiermeyer) 法国

75公斤级

1912 1. **克莱斯·约翰森(Claes Johanson)** **瑞典**
2. 马丁·克莱恩(Martin Klein) 俄罗斯/爱沙尼亚
3. 阿尔弗莱德·阿斯凯宁(Alfred Asikainen) 芬兰
1920 1. **卡尔·维斯特尔格伦(Carl Westergren)** **瑞典**
2. 阿尔特尔·林德弗尔斯(Artur Lindfors) 芬兰
3. 马蒂·佩尔蒂拉(Matti Perttil) 芬兰
1924 1. **埃德瓦尔德·维斯特尔伦德(Edvard Westerlund)** **芬兰**
2. 阿尔特尔·林德弗尔斯(Artur Lindfors) 芬兰
3. 罗曼·施泰因伯格(Roman Steinberg) 爱沙尼亚
1928 1. **瓦伊诺·科基宁(V·in· Kokkinen)** **芬兰**
2. 拉兹洛·帕普(Laszlo Papp) 匈牙利
3. **阿尔伯特·库斯内茨(Albert Kusnets)** **爱沙尼亚**

79公斤级

1932 1. **瓦伊诺·科基宁(Vaino Kokkinen)** **芬兰**
2. 简·福尔迪克(Jean Foldeak) 德国
3. 阿克塞尔·卡迪尔(Axel Cardier) 瑞典
1936 1. **埃瓦尔·约翰森(Ivar Johansson)** **瑞典**
2. 路德维希·施维克特(Ludwig Schweikert) 德国
3. 约瑟夫·帕洛塔什(Jozsef Palotas) 匈牙利

1948 1. **阿克塞尔·格隆伯格(Axel Gronberg)** **瑞典**
2. 穆赫里斯·塔弗尔(Muhlis Tayfur) 土耳其
3. 埃尔科莱·加莱加蒂(Ercole Gallegati) 意大利
1952 1. **阿克塞尔·格隆伯格(Axel Gronberg)** **瑞典**
2. 卡莱尔沃·劳哈拉(Kalervo Rauhala) 芬兰
3. 尼古拉·别洛夫(Nikolai Byelov) 苏联
1956 1. **吉维·卡尔托齐亚(Givy Kartoziya)** **苏联**
2. 迪米特尔·多布雷夫(Dimiter Dobrev) 保加利亚
3. 卡尔·阿克塞尔·卢恩·延森(Karl Axel Rune Jansson) 瑞典
1960 1. **迪米特尔·多布雷夫(Dimiter Dobrev)** **保加利亚**
2. 洛塔尔·梅兹(Lothar Metz) 德国
3. 埃恩·塔拉努(Ion Taranu) 罗马尼亚
1964 1. **科列索夫(Anatoly Kolesov)** **苏联**
2. 佩特科夫(Kiril Petkov) 保加利亚
3. 尼斯特罗姆(Bertil Nystrom) 瑞典
1968 1. **费斯佩尔(Rudolf Vesper)** **民主德国**
2. 罗班(Daniel Robin) 法国
3. 巴伊科(Karoly Bajko) 匈牙利

82.5公斤级

1912 1. **安德尔斯·阿尔格伦(Anders Ahlgren)** **瑞典**
2. 埃瓦尔·伯赫林(Ivar Bohling) 芬兰
3. 贝拉·瓦尔加(Bela Varga) 匈牙利
1920 1. **克莱斯·约翰森(Claes Johanson)** **瑞典**
2. 埃迪尔·罗森奎斯特(Edil Rosenqvist) 芬兰
3. 约安纳斯·埃里克森(Johannes Eriksen) 丹麦
1924 1. **卡尔·维斯特尔格伦(Carl Westergren)** **瑞典**
2. 鲁道夫·斯文森(Rudolf Svensson) 瑞典
3. 奥尼·佩里宁(Onni Pellinen) 芬兰
1928 1. **伊布拉希姆·穆斯塔法(Ibrahim Moustafa)** **埃及**
2. 阿道夫·里格尔(Adolf Rieger) 德国
3. 奥尼·佩里宁(Onni Pellinen) 芬兰

82.5公斤以上级

1912 1. **伊尔约·萨雷拉(Yrjo Saarela)** **芬兰**
2. 约安·奥林(Johan Olin) 芬兰
3. 索伦·马里乌斯·延森(Soren Marius Jensen) 丹麦
1920 1. **阿道夫·林德弗尔斯(Adolf Lindfors)** **芬兰**
2. 普尔·汉森(Poul Hansen) 丹麦
3. 马尔蒂·涅米宁(Martti Nieminen) 芬兰
1924 1. **亨利·德格兰(Henri Deglane)** **法国**
2. 埃迪尔·罗森奎斯特(Edil Rosenqvist) 芬兰
3. 拉耶蒙德·巴多(Rajmund Bado) 匈牙利
1928 1. **鲁道夫·斯文森(Rudolf Svensson)** **瑞典**
2. 哈尔马尔·尼斯特罗姆(Hjalmar Nystrom) 芬兰
3. 乔格·格林(Georg Gehring) 德国

87公斤级

1932 1. **鲁道夫·斯文森(Rudolf Svensson)** **瑞典**
2. 奥尼·佩里宁(Onni Pellinen) 芬兰
3. 马里奥·格鲁皮奥尼(Mario Gruppioni) 意大利
1936 1. **阿克塞尔·卡迪尔(Axel Cardier)** **瑞典**
2. 埃德温斯·比埃塔格斯(Edvins Bietags) 拉脱维亚
3. 奥古斯特·尼奥(August Neo) 爱沙尼亚
1948 1. **卡尔·埃里克·尼尔森(Karl Erik Nilsson)** **瑞典**
2. 卡尔波·格隆达尔(Kaelpo Grondahl) 芬兰
3. 伊布拉希姆·奥拉比(Ibrahim Orabi) 埃及
1952 1. **卡尔波·格隆达尔(Kaelpo Grondahl)** **芬兰**
2. 沙尔瓦·齐赫拉泽(Chalva Chikhladze) 苏联
3. 卡尔·埃里克·尼尔森(Karl Erik Nilsson) 瑞典
1956 1. **瓦伦丁·尼科拉耶夫(Valentin Nikolayev)** **苏联**
2. 佩特科·希拉科夫(Petko Sirakov) 保加利亚
3. 卡尔·埃里克·尼尔森(Karl Erik Nilsson) 瑞典
1960 1. **特菲克·基什(Tevfik Kis)** **土耳其**
2. 克拉利乌·比姆博洛夫(Kralyu Bimbalov) 保加利亚
3. 吉维·卡尔托齐亚(Givy Kartoziya) 苏联
1964 1. **西米奇(Branislav Simic)** **南斯拉夫**
2. 科尔马尼克(Jiri Kormanik) 捷克斯洛伐克
3. 梅茨(Lothar Metz) 民主德国
1968 1. **梅茨(Lothar Metz)** **民主德国**
2. 奥列尼克(Valentin Olenik) 苏联
3. 西米奇(Branislav Simic) 南斯拉夫

87公斤以上级

1932 1. **卡尔·维斯特尔格伦(Carl Westergren)** **瑞典**
2. 约瑟夫·乌尔班(Josef Urban) 捷克斯洛伐克
3. 尼科劳斯·赫尔施(Nikolaus Hirschi) 奥地利
1936 1. **克里斯蒂安·帕卢萨卢(Kristjan Palusalu)** **爱沙尼亚**
2. 约翰·尼曼(John Nyman) 瑞典
3. 库尔特·霍恩菲舍尔(Kurt Hornfischer) 德国
1948 1. **阿赫迈特·基雷奇(Ahmet Kirecci)** **土耳其**
2. 托尔·尼尔森(Tor Nilsson) 瑞典
3. 圭多·范托尼(Guido Fantoni) 意大利
1952 1. **约安纳斯·科特卡斯(Johannes Kotkas)** **苏联**
2. 约瑟夫·鲁奇茨卡(Josef Ruzicka) 捷克斯洛伐克
3. 塔乌诺·科瓦宁(Tauno Kovanen) 芬兰
1956 1. **安纳托利·帕尔费诺夫(Anatoly Parfenov)** **苏联**
2. 威尔弗莱德·迪特里希(Wilfried Dietrich) 德国
3. 阿德尔莫·布尔加雷利(Adelmo Bulgarelli) 意大利
1960 1. **伊万·博格丹(Ivan Bogdan)** **苏联**
2. 威尔弗莱德·迪特里希(Wilfried Dietrich) 德国
3. 伯赫米尔·库巴特(Bohumil Kubat) 捷克斯洛伐克

93公斤级

1908 1. **维尔内·维克曼(Verner Weckman)** **芬兰**
2. 伊尔约·萨雷拉(Yrjo Saarela) 芬兰
3. 卡尔·延森(Carl Jensen) 丹麦

93公斤以上级

1908 1. **理查德·威茨(Richard Weisz)** **匈牙利**
2. 亚历山大·佩特罗夫(Aleksandr Petrov) 俄罗斯
3. 索伦·马里乌斯·延森(Soren Marius Jensen) 丹麦

97公斤级

1964 1. **拉杰夫(Boyan Radev)** **保加利亚**
2. 斯文松(Per Svensson) 瑞典
3. 基尔(Heinz Kiehl) 德国
1968 1. **拉杰夫(Boyan Radev)** **保加利亚**
2. 雅科文科(Nikolay Yakovenko) 苏联
3. 马丁内斯库(Nicolae Martinescu) 罗马尼亚

97公斤以上级

1964 1. **科兹马(Istvon Kozma)** **匈牙利**
2. 罗辛(Anatoly Roshin) 苏联
3. 迪特里希(Wilfried Dietrich) 德国
1968 1. **科兹马(Istvan Kozma)** **匈牙利**
2. 罗辛(Anatoliy Roshin) 苏联
3. 克门特(Petr Kment) 捷克斯洛伐克

无差别级

1896 1. **卡尔·舒赫曼(Carl Schuhmann)** **德国**
2. 吉奥尔基奥斯·齐塔斯(Georgios Tsitas) 希腊
3. 斯蒂法诺斯·克里斯托普洛斯(Stefanos Christopoulos) 希腊

自由式摔跤(FREESTYLE WRESTLING)

48公斤级

1904 1. **罗伯特·库里(Robert Curry)** **美国**
2. 约翰·海因(John Hein) 美国
3. 古斯塔夫·瑟芬塔勒(Gustav Thiefenthaler) 美国

52公斤级

1904 1. **乔治·梅内尔特(George Mehnert)** **美国**
2. 古斯塔夫·鲍尔(Gustav Bauer) 美国
3. 威廉·尼尔森(William Nelson) 美国
1948 1. **莱纳特·维塔拉(Lennart Viitala)** **芬兰**
2. 哈利特·巴拉米尔(Halit Balamir) 土耳其
3. 图尔·约翰森(Thure Johansson) 瑞典
1952 1. **哈桑·格米齐(Hasan Gemici)** **土耳其**
2. 北野佑秀(Yushu Kitano) 日本
3. 默罕穆德·穆拉加塞米(Mahmoud Mollaghasemi) 伊朗
1956 1. **米利安·扎尔卡拉马尼泽(Mirian Tsalkalamanidze)** **苏联**
2. 默哈迈德·阿里·霍亚斯特普尔(Mohammad Ali Khojastepour) 伊朗
3. 胡赛因·阿克巴什(Huseyin Akbas) 土耳其
1960 1. **阿赫迈特·比勒克(Ahmet Bilek)** **土耳其**
2. 松原正之(Masayuki Matsubara) 日本
3. 默哈迈德·易卜拉希姆·塞夫普尔·萨达巴迪(Mohammad Ebrahim Seifpour Saadabadi) 伊朗
1964 1. **吉田义胜(Yoshida Yoshikatsu)** **日本**
2. 张昌宣(Chang Chang-sun) 韩国
3. 海达里(Ali Akbar Heidari) 伊朗
1968 1. **中田茂男(Nakata Shigeo)** **日本**
2. 桑德斯(Rick Sanders) 美国
3. 苏赫巴塔尔(Surenjav Sukhbaatar) 蒙古

54公斤级

1908 1. **乔治·梅内尔特(George Mehnert)** **美国**
2. 威廉·普雷斯(William Press) 英国
3. 奥贝尔·科特(Aubert Cote) 加拿大

56公斤级

1904 1. **埃希多尔·尼夫洛特(Isidor Niflot)** **美国**
2. 奥古斯特·维斯特(August Wester) 美国
3. 泽农·斯特雷布勒(Zenon Strebler) 美国
1924 1. **库斯塔·皮赫拉亚马基(Kustaa Pihlajamaki)** **芬兰**
2. 卡尔洛·马基宁(Kaarlo Makinen) 芬兰
3. 布莱恩特·海因斯(Bryant Hines) 美国
1928 1. **卡尔洛·马基宁(Kaarlo Makinen)** **芬兰**
2. 埃德蒙·斯帕潘(Edmond Spapen) 比利时
3. 詹姆斯·特里弗诺夫(James Trifunov) 加拿大
1932 1. **罗伯特·皮尔斯(Robert Pearce)** **美国**
2. 奥登·佐姆波利(Odon Zombori) 匈牙利
3. 阿托斯·亚斯卡里(Aatos Jaskari) 芬兰
1936 1. **奥登·佐姆波利(Odon Zombori)** **匈牙利**
2. 罗斯·弗勒德(Ross Flood) 美国
3. 约安纳斯·赫伯特(Johannes Herbert) 德国

57公斤级

1948 1. **纳苏赫·阿卡尔(Nasuh Akar)** **土耳其**
2. 杰拉尔德·里曼(Gerald Leeman) 美国
3. 查理·库约(Charles Kouyos) 法国
1952 1. **石井庄八(Shohachi Ishii)** **日本**
2. 拉什德·马梅德别科夫(Rashid Mamedbekov) 苏联
3. 哈·沙巴·贾达夫(Kha Shaba Jadav) 印度
1956 1. **穆斯塔法·达吉斯坦利(Mustafa Dagistanli)** **土耳其**
2. 迈赫迪·亚古比(Mehdi Yaghoubi) 伊朗
3. 米哈伊·沙霍夫(Mikhail Shakhov) 苏联
1960 1. **特伦斯·麦卡恩(Terrence McCann)** **美国**
2. 内日德特·扎列夫(Nezhdet Zalev) 保加利亚
3. 塔德乌茨·特罗扬诺夫斯基(Tadeusz Trojanowski) 波兰
1964 1. **上武洋次郎(Uetake Yojiro)** **日本**
2. 阿克巴什(Huseyin Akbas) 土耳其
3. 伊布拉吉莫夫(Aydyn Ibragimov) 苏联
1968 1. **上武洋次郎(Uetake Yojiro)** **日本**
2. 贝姆(Donald Behm) 美国
3. 塔勒比(Abutaleb Talebi) 伊朗

60公斤级

1908 1. **乔治·多尔(George Dole)** **美国**
2. 詹姆斯·斯利姆(James Slim) 英国
3. 威廉·麦基(William McKie) 英国
1920 1. **查尔斯·阿克利(Charles Ackerly)** **美国**
2. 萨缪尔·格尔森(Samuel Gerson) 美国
3. 菲利浦·伯纳德(Philip Bernard) 英国

61公斤级

1904 1. **本杰明·布拉德肖(Benjamin Bradshaw)** **美国**
2. 特奥多尔·麦克利尔(Theodore McLear) 美国
3. 查尔斯·克拉普尔(Charles Clapper) 美国
1924 1. **罗宾·里德(Robin Reed)** **美国**
2. 切斯特·牛顿(Chester Newton) 美国
3. 内藤克俊(Katsutoshi Naito) 日本
1928 1. **阿里·莫里森(Allie Morrison)** **美国**
2. 库斯塔·皮赫拉亚马基(Kustaa Pihlajamaki) 芬兰
3. 汉斯·明德尔(Hans Minder) 瑞士
1932 1. **赫尔曼尼·皮赫拉亚马基(Hermanni Pihlajamaki)** **芬兰**
2. 埃德加·尼米尔(Edgar Nemir) 美国
3. 埃纳尔·卡尔森(Einar Karlsson) 瑞典
1936 1. **库斯塔·皮赫拉亚马基(Kustaa Pihlajamaki)** **芬兰**
2. 弗朗西斯·米拉尔德(Francis Millard) 美国
3. 格斯塔·弗兰德弗尔斯·琼森(Gesta Frandfors Jonsson) 瑞典

62公斤级

1948 1. **加赞弗尔·比尔格(Gazanfer Bilge)** **土耳其**
2. 埃瓦尔·斯约林(Ivar Sjolin) 瑞典
3. 阿道夫·穆勒(Adolf Muller) 瑞士
1952 1. **拜拉姆·希特(Bayram Sit)** **土耳其**
2. 纳赛尔·吉维奇(Nasser Givechi) 伊朗
3. 约希亚·亨森(Josiah Henson) 美国
1956 1. **笹原正三(Shozo Sasahara)** **日本**
2. 约瑟夫·梅维斯(Joseph Mewis) 比利时
3. 埃尔基·彭蒂拉(Erkki Penttila) 芬兰
1960 1. **穆斯塔法·达吉斯坦利(Mustafa Dagistanli)** **土耳其**
2. 斯坦乔·科列夫(Stancho Kolev) 保加利亚
3. 弗拉迪米尔·鲁巴什维利(Vladimir Rubashvili) 苏联
1964 (63公斤)
1. **渡边挺武(Watanabe Osamu)** **日本**
2. 科列夫(Stancho Kolev) 保加利亚
3. 霍哈什维利(Nodar Khokhashvili) 苏联
1968 (63公斤)
1. **金子正明(Kaneko Masaaki)** **日本**
2. 托多罗夫(Enyu Todorov) 保加利亚
3. 赛义达巴西(Shamsedin Seyedabbasi) 伊朗

66公斤级

1904 1. **奥托·罗姆(Otto Roehm)** **美国**
2. 鲁道夫·特辛(Rudolph Tesing) 美国
3. 阿尔伯特·齐尔克尔(Albert Zirkel) 美国
1924 1. **拉塞尔·维斯(Russel Vis)** **美国**
2. 沃尔马里·维克斯特罗姆(Volmari Vikstrom) 芬兰
3. 阿尔沃·哈维斯托(Arvo Haavisto) 芬兰
1928 1. **奥斯瓦尔德·卡普(Oswald Kapp)** **爱沙尼亚**
2. 查理·帕科姆(Charles Pacome) 法国
3. 埃诺·莱诺(Eino Leino) 芬兰
1932 1. **查理·帕科姆(Charles Pacome)** **法国**
2. 卡罗利·卡尔帕蒂(Karoly Karpati) 匈牙利
3. 古斯塔夫·克拉伦(Gustaf Klaren) 瑞典
1936 1. **卡罗利·卡尔帕蒂(Karoly Karpati)** **匈牙利**
2. 沃尔夫冈·埃尔(Wolfgang Ehrl) 德国
3. 赫尔曼尼·皮赫拉亚马基(Hermanni Pihlajamaki) 芬兰

67公斤级

1908 1. **乔治·德·雷尔维斯科夫(George De Relwyskow)** **英国**
2. 威廉·伍德(William Wood) 英国
3. 阿尔伯特·金格尔(Albert Gingell) 英国
1948 1. **塞拉尔·阿蒂克(Celal Atik)** **土耳其**
2. 格斯塔·弗兰德弗尔斯·琼森(Gesta Fraendfors Jonsson) 瑞典
3. 赫曼·鲍曼(Hermann Baumann) 瑞士
1952 1. **奥雷·安德尔伯格(Olle Anderberg)** **瑞典**
2. 杰伊·托马斯·埃文斯(Jay Thomas Evans) 美国
3. 亚汉巴克特·托夫菲格(Jahanbakte Towfigh) 伊朗
1956 1. **埃马马利·哈比比·古达尔齐(Emamali Habibi Goudarzi)** **伊朗**
2. 笠原茂(Shigeru Kasahara) 日本
3. 阿利姆伯格·别斯塔耶夫(Alimbeg Bestayev) 苏联
1960 1. **谢尔比·威尔逊(Shelby Wilson)** **美国**
2. 弗拉迪米尔·希尼亚夫斯基(Vladimir Sinyavsky) 苏联
3. 恩尤·瓦尔切夫·迪莫夫(Enyu Valchev Dimov) 保加利亚

67.5公斤级

1920 1. **卡尔洛·安蒂拉(Kaarlo Anttila)** **芬兰**
2. 格特弗里德·斯文森(Gottfrid Svensson) 瑞典
3. 皮特·赖特(Peter Wright) 英国

72公斤级

1904 1. **查尔斯·埃里克森(Charles Erickson)** **美国**
2. 威廉·贝克曼(William Beckmann) 美国
3. 杰里·温霍尔茨(Jerry Winholtz) 美国
1924 1. **赫曼·格里(Hermann Gehri)** **瑞士**
2. 埃诺·莱诺(Eino Leino) 芬兰
3. 奥托·穆勒(Otto Muller) 瑞士
1928 1. **阿尔沃·哈维斯托(Arvo Haavisto)** **芬兰**
2. 洛伊德·阿佩尔顿(Lloyd Appelton) 美国
3. 莫里斯·莱奇弗德(Maurice Letchford) 加拿大
1932 1. **杰克·范·贝伯尔(Jack Van Bebber)** **美国**
2. 丹尼尔·麦克唐纳德(Daniel McDonald) 加拿大
3. 埃诺·莱诺(Eino Leino) 芬兰
1936 1. **弗兰克·刘易斯(Frank Lewis)** **美国**
2. 图尔·安德森(Thure Andersson) 瑞典
3. 约瑟夫·施莱默尔(Joseph Schleimer) 加拿大

72公斤以上级

1904 1. **伯恩霍夫·汉森(Bernhuff Hansen)** **美国**
2. 弗兰克·孔勒(Frank Kungler) 美国
3. 弗雷德·沃姆伯尔德(Fred Warmbold) 美国

73公斤级

1908 1. **斯坦利·培根(Stanley Bacon)** **英国**
2. 乔治·德·雷尔维斯科夫(George De Relwyskow) 英国
3. 弗雷德里克·贝克(Frederick Beck) 英国
1948 1. **亚瑟尔·多吉(Yasar Dogu)** **土耳其**
2. 理查德·杰拉德(Richard Gerrard) 澳大利亚
3. 勒兰德·梅里尔(Leland Merrill) 美国
1952 1. **威廉·史密斯(William Smith)** **美国**
2. 佩尔·贝尔林(Per Berlin) 瑞典
3. 阿卜杜拉赫·莫杰塔巴维(Abdullah Modjtabavi) 伊朗
1956 1. **池田三男(Mitsuo Ikeda)** **日本**
2. 伊布拉希姆·曾金(Ibrahim Zengin) 土耳其
3. 瓦克坦格·巴拉瓦泽(Vakhtang Balavadze) 苏联
1960 1. **道格拉斯·布鲁鲍格(Douglas Blubaugh)** **美国**
2. 伊斯马伊尔·奥甘(Ismail Ogan) 土耳其
3. 默哈迈德·巴希尔(Muhammed Bashir) 巴基斯坦
1964 (70公斤)
1. **武尔切夫(Enyu Vulchev)** **保加利亚**
2. 罗斯特(Klaus-Jurgen Rost) 德国
3. 堀内岩雄(Horiuchi Iwao) 日本
1968 (70公斤)
1. **莫瓦赫德(Abdollah Movahed)** **伊朗**
2. 武尔切夫(Enyu Vulchev) 保加利亚
3. 旦赞达尔亚(Sereeter Danzandarja) 蒙古

73公斤以上级

1908 1. **乔治·奥凯利(George O'Kelly)** **英国**
2. 雅各布·根德尔森(Jacob Gundersen) 挪威
3. 爱德华·巴雷特(Edward Barrett) 英国

75公斤级

1920 1. **埃诺·莱诺(Eino Leino)** **芬兰**
2. 瓦伊诺·彭塔拉(Vaino Penttala) 芬兰
3. 查尔斯·约翰逊(Charles Johnson) 美国

79公斤级

1924 1. **弗里茨·哈格曼(Fritz Hagmann)** **瑞士**
2. 皮埃尔·奥利维埃(Pierre Ollivier) 比利时
3. 维霍·佩卡拉(Viho Pekkala) 芬兰
1928 1. **恩斯特·基布尔茨(Ernst Kyburz)** **瑞士**
2. 唐纳德·斯托克顿(Donald Stockton) 加拿大
3. 萨缪尔·塔宾(Samuel Tabin) 英国
1932 1. **埃瓦尔·约翰森(Ivar Johansson)** **瑞典**
2. 吉奥斯蒂·卢科(Kyosti Luukko) 芬兰
3. 约瑟夫·图尼奥吉(Jozsef Tunyoghi) 匈牙利
1936 1. **埃米尔·波瓦尔维(Emile Poilve)** **法国**
2. 理查德·沃利瓦(Richard Voliva) 美国
3. 阿赫迈特·基雷奇(Ahmet Kirecci) 土耳其
1948 1. **格伦·布兰德(Glen Brand)** **美国**
2. 阿迪尔·坎德米尔(Adil Candemir) 土耳其
3. 埃里克·林登(Erik Linden) 瑞典
1952 1. **大卫·齐马库里泽(David Tsimakuridze)** **苏联**
2. 格拉姆·雷扎·塔赫蒂(Gholam Reza Takhti) 伊朗
3. 吉奥尔基·古里奇(Gyorgy Gurics) 匈牙利
1956 1. **尼古拉·斯坦切夫(Nikola Stanchev)** **保加利亚**

2. 丹尼尔·霍奇(Daniel Hodge) 美国
3. 吉奥尔基·斯希尔特拉泽(Georgy Skhirtladze) 苏联

1960 **1. 哈桑·根格尔(Hassan Gunger) 土耳其**
2. 吉奥尔基·斯希尔特拉泽(Georgy Skhirtladze) 苏联
3. 汉斯·安东森(Hans Antonsson) 瑞典

1964 (78公斤)
1. 奥甘(Ismail Ogan) 土耳其
2. 萨加拉泽(Guliko Sagaradze) 苏联
3. 萨纳特卡兰(Mohammad Ali Sanatkaran) 伊朗

1968 (78公斤)
1. 阿塔莱(Mahmut Atalay) 土耳其
2. 罗班(Daniel Robin) 法国
3. 普雷夫(Dagvasuren Purev) 蒙古

80公斤级

1920 **1. 安德尔斯·拉尔森(Anders Larsson) 瑞典**
2. 查理·库朗(Charles Courant) 瑞士
3. 沃尔特·莫勒尔(Walter Maurer) 美国

80公斤以上级

1920 **1. 罗伯特·罗特(Robert Roth) 瑞士**
2. 纳森·彭德尔顿(Nathan Pendleton) 美国
3. 弗雷德里克·麦耶尔(Frederick Meyer) 美国
3. 恩斯特·尼尔森(Ernst Nilsson) 瑞典

87公斤级

1924 **1. 约翰·斯佩尔曼(John Spellman) 美国**
2. 鲁道夫·斯文森(Rudolf Svensson) 瑞典
3. 查理·库朗(Charles Courant) 瑞士

1928 **1. 图尔·斯约斯特德(Thure Sjostedt) 瑞典**
2. 阿诺德·伯格利(Arnold Bogli) 瑞士
3. 亨利·勒费布雷(Henri Lefebre) 法国

1932 **1. 皮特·梅林格尔(Peter Mehringer) 美国**
2. 图尔·斯约斯特德(Thure Sjostedt) 瑞典
3. 埃迪·斯卡尔夫(Eddie Scarf) 澳大利亚

1936 **1. 克努特·弗里德尔(Knut Fridell) 瑞典**
2. 奥古斯特·尼奥(August Neo) 爱沙尼亚
3. 埃里希·希伯特(Erich Siebert) 德国

1948 **1. 亨利·维腾伯格(Henry Wittenberg) 美国**
2. 弗里茨·斯托克利(Fritz Stockli) 瑞士
3. 本格特·法赫尔奎斯特(Bengt Fahlkvist) 瑞典

1952 **1. 维京·帕尔姆(Wiking Palm) 瑞典**
2. 亨利·维腾伯格(Henry Wittenberg) 美国
3. 阿迪尔·阿坦(Adil Atan) 土耳其

1956 **1. 格拉姆·雷扎·塔赫蒂(Gholam Reza Takhti) 伊朗**
2. 鲍里斯·库拉耶夫(Boris Kulayev) 苏联
3. 皮特·布莱尔(Peter Blair) 美国

1960 **1. 伊斯迈特·阿特利(Ismet Atli) 土耳其**
2. 格拉姆·雷扎·塔赫蒂(Gholam Reza Takhti) 伊朗
3. 安纳托利·阿尔布尔(Anatoly Albul) 苏联

1964 **1. 加尔杰夫(Prodan Gardzhev) 保加利亚**
2. 京格尔(Hasan Gungor) 土耳其
3. 布兰德(Daniel Brand) 美国

1968 **1. 古列维奇(Boris Gurevich) 苏联**
2. 吉吉德(Munkhbat Jigjid) 蒙古
3. 加尔杰夫(Prodan Gardzhev) 保加利亚

87公斤以上级

1924 **1. 哈里·斯蒂尔(Harry Steel) 美国**
2. 亨利·沃恩利(Henri Wernli) 瑞士
3. 安德鲁·麦克唐纳德(Andrew McDonald) 英国

1928 **1. 约安·里希特霍夫(Johan Richthoff) 瑞典**
2. 奥古斯蒂·希赫沃拉(Aukusti Sihvola) 芬兰
3. 埃德蒙·达姆(Edmond Dame) 法国

1932 **1. 约安·里希特霍夫(Johan Richthoff) 瑞典**
2. 约翰·莱利(John Riley) 美国
3. 尼科劳斯·赫尔施(Nikolaus Hirschl) 奥地利

1936 **1. 克里斯蒂安·帕卢萨卢(Kristjan Palusalu) 爱沙尼亚**
2. 约瑟夫·克拉普赫(Josef Klapuch) 捷克斯洛伐克
3. 哈尔马尔·尼斯特罗姆(Hjalmar Nystrom) 芬兰

1948 **1. 吉乌拉·博比斯(Gyula Bobis) 匈牙利**
2. 贝尔蒂尔·安东森(Bertil Antonsson) 瑞典
3. 约瑟夫·阿姆斯特朗(Joseph Armstrong) 澳大利亚

1952 **1. 阿尔森·梅科基什维利(Arsen Mekokishvili) 苏联**
2. 贝尔蒂尔·安东森(Bertil Antonsson) 瑞典
3. 肯尼斯·里奇蒙德(Kenneth Richmond) 英国

1956 **1. 哈米特·卡普兰(Hamit Kaplan) 土耳其**
2. 尤赛因·梅赫梅多夫(Yusein Mehmedov) 保加利亚
3. 泰斯托·坎加斯涅米(Taisto Kangasniemi) 芬兰

1960 **1. 威尔弗莱德·迪特里希(Wilfried Dietrich) 德国**
2. 哈米特·卡普兰(Hamit Kaplan) 土耳其
3. 萨弗库斯·扎拉索夫(Savkus Dzarassov) 苏联

97公斤

1964 **1. 梅德韦季(Aleksandr Medved) 苏联**
2. 艾伊克(Ahmet Ayik) 土耳其
3. 穆斯塔福夫(Said Mustafov) 保加利亚

1968 **1. 艾伊克(Ahmet Ayik) 土耳其**
2. 洛米泽(Shota Lomidze) 苏联
3. 乔塔里(Jozsef Csatari) 匈牙利

97公斤以上级

1964 **1. 伊瓦尼茨基(Aleksandr Ivanitsky) 苏联**
2. 阿赫梅多夫(Lyutvi Ahmedov) 保加利亚
3. 卡普兰(Hamit Kaplan) 土耳其

1968 **1. 梅德韦季(A Aleksandr Medved) 苏联**
2. 杜拉里耶夫(Osman Duraliev) 保加利亚
3. 迪特里希(Wilfried Dietrich) 联邦德国

摩托艇(MOTORBOAT)

8米级(40海里)

1908 **1. 英国队(只有一队完成比赛) 60英尺以下级(40海里)**
1908 **1. 英国队(只有一队完成比赛) 公开级(40海里)**
1908 **1. 法国队(只有一队完成比赛)**

男子游泳(SWIMMING-men)

50米自由泳

1904 **1. 佐尔坦·哈尔迈(Zoltan Halmay) 匈牙利 28"00**
2. 斯科特·利里(Scott Leary) 美国 28"60
3. 查尔斯·丹尼尔斯(Charles Daniels) 美国 28"60

100米自由泳

1896 **1. 阿尔弗莱德·哈约什(Alfred Hajos) 匈牙利 1'22"20**
2. 奥托·赫什曼(Otto Herschmann)(只有两人参加比赛) 奥地利 1'22"80

1904 **1. 佐尔坦·哈尔迈(Zoltan Halmay) 匈牙利 1'02"80**
2. 查尔斯·丹尼尔斯(Charles Daniels) 美国 成绩无记录
3. 斯科特·利里(Scott Leary) 美国 成绩无记录

1908 **1. 查尔斯·丹尼尔斯(Charles Daniels) 美国 1'05"60**
2. 佐尔坦·哈尔迈(Zoltan Halmay) 匈牙利 1'06"20
3. 哈拉尔德·于林(Harald Julin) 瑞典 1'08"00

1912 **1. 杜克·保阿·卡哈纳莫库(Duke Paoa Kahanamoku) 美国 1'03"40**
2. 塞希尔·希利(Cecil Healy) 澳大利亚 1'04"60
3. 肯尼斯·赫斯扎格(Kenneth Huszagh) 美国 1'05"60

1920 **1. 杜克·保阿·卡哈纳莫库(Duke Paoa Kahanamoku) 美国 1'00"40**
2. 普阿·凯拉·基洛哈(Pua Kela Kealoha) 美国 1'02"20
3. 威廉·哈里斯(William Harris) 美国 1'03"20

1924 **1. 约翰尼·威斯穆勒(Johnny Weissmuller) 美国 59"00**
2. 杜克·保阿·卡哈纳莫库(Duke Paoa Kahanamoku) 美国 1'01"40
3. 萨缪尔·保阿·卡哈纳莫库(Samuel Paoa Kahanamoku) 美国 1'01"80

1928 **1. 约翰尼·威斯穆勒(Johnny Weissmuller) 美国 58"60**
2. 伊斯特凡·巴拉尼(Istvan Barany) 匈牙利 59"80
3. 高石胜男(Katsuo Takaishi) 日本 1'00"00

1932 **1. 宫崎康二(Yasuji Miyazaki) 日本 58"20**
2. 河石达吾(Tatsugo Kawaishi) 日本 58"60
3. 阿尔伯特·施瓦茨(Albert Schwartz) 美国 58"80

1936 **1. 费伦克·奇克(Ferenc Csik) 匈牙利 57"60**
2. 游佐正宪(Masanori Yusa) 日本 57"90
3. 新井茂雄(Shigeo Arai) 日本 58"00

1948 **1. 沃尔特·里斯(Walter Ris) 美国 57"30**
2. 阿兰·福特(Alan Ford) 美国 57"80
3. 塞扎·卡达什(Ceza Kadas) 匈牙利 58"10

1952 **1. 克拉克·斯科尔斯(Clarke Scholes) 美国 57"40**
2. 铃木也(Hiroshi Suzuki) 日本 57"40
3. 戈兰·拉尔森(Goran Larsson) 瑞典 58"20

1956 **1. 琼·亨里克斯(Jon Henricks) 澳大利亚 55"40**
2. 约翰·德维特(John Devitt) 澳大利亚 55"80
3. 加里·查普曼(Gary Chapman) 澳大利亚 56"70

1960 **1. 约翰·德维特(John Devitt) 澳大利亚 55"20**
2. 兰斯·拉尔森(Lance Larson) 美国 55"20
3. 曼努埃尔·多斯·桑托斯(Manuel Dos Santos) 巴西 55"40

100米自由泳(希腊水手赛)

1896 **1. 埃奥尼斯·马洛基尼斯(Ioannis Malokinis) 希腊 2'20"40**
2. 斯皮利顿·查萨皮斯(Spiridon Chasapis) 希腊 成绩无记录
3. 迪米特里奥·德利瓦斯(Dimitrios Drivas) 希腊 成绩无记录

1964 **1. 斯科兰德(Donald Schollander) 美国 53"40**
2. 麦格雷戈(Robert McGregor) 英国 53"50
3. 克雷因(Hans-Joachim Klein) 德国 54"00

1968 **1. 温登(Mike Wenden) 澳大利亚 52"20**
2. 沃尔什(Kenneth Walsh) 美国 52"80
3. 施皮茨(Mark Spitz) 美国 53"00

200米自由泳

1900 **1. 弗雷德里克·莱恩(Frederick Lane) 澳大利亚 2'25"20**
2. 佐尔坦·哈尔迈(Zoltan Halmay) 匈牙利 2'31"40
3. 卡尔·鲁贝尔(Karl Ruberl) 奥地利 2'32"00

1904 **1. 查尔斯·丹尼尔斯(Charles Daniels) 美国 2'44"20**
2. 弗朗西斯·盖利(Francis Gailey) 美国 2'46"00
3. 埃米尔·劳施(Emil Rausch) 德国 2'56"00

1968 **1. 温登(Mike Wenden) 澳大利亚 1'55"2**
2. 斯科兰德(Don Schollander) 美国 1'55"8
3. 纳尔逊(John Nelson) 美国 1'58"1

400米自由泳

1904 (440米)
1. 查尔斯·丹尼尔斯(Charles Daniels) 美国 6'16"20
2. 弗朗西斯·盖利(Francis Gailey) 美国 6'22"00
3. 奥托·瓦勒(Otto Wahle) 奥地利 6'39"00

1908 **1. 亨利·泰勒(Henry Taylor) 英国 5'36"80**
2. 弗朗西斯·博莱佩尔(Francis Beaurepaire) 澳大利亚 5'44"20
3. 奥托·舍夫(Otto Scheff) 奥地利 5'46"00

1912 **1. 乔治·霍奇森(George Hodgson) 加拿大 5'24"40**
2. 约翰·哈特菲尔德(John Hatfield) 英国 5'25"80
3. 哈罗德·哈德威克(Harold Hardwick) 澳大利亚 5'31"20

1920 **1. 诺尔曼·罗斯(Norman Ross) 美国 5'26"80**
2. 鲁迪·兰格尔(Ludy Langer) 美国 5'29"00
3. 乔治·维尔诺特(George Vernot) 加拿大 5'29"60

1924 **1. 约翰尼·威斯穆勒(Johnny Weissmuller) 美国 5'04"20**
2. 阿尔内·博格(Arne Borg) 瑞典 5'05"60
3. 安德鲁·查尔顿(Andrew Charlton) 澳大利亚 5'06"60

1928 **1. 阿尔贝托·索里亚(Alberto Zorilla) 阿根廷 5'01"60**
2. 安德鲁·查尔顿(Andrew Charlton) 澳大利亚 5'03"60
3. 阿尔内·博格(Arne Borg) 瑞典 5'04"60

1932 **1. 克拉伦斯·巴斯特尔·克雷布(Clarence Buster Crabbe) 美国 4'48"40**
2. 让·塔利(Jean Taris) 法国 4'48"50
3. 大横田勉(Tsutomu Oyokota) 日本 4'52"30

1936 **1. 杰克·梅迪卡(Jack Medica) 美国 4'44"50**
2. 鹈藤俊平(Shumpei Uto) 日本 4'45"60
3. 牧野正藏(Shozo Makino) 日本 4'48"10

1948 **1. 威廉·史密斯(William Smith) 美国 4'41"00**
2. 詹姆斯·麦克莱恩(James McLane) 美国 4'43"40
3. 约翰·马绍尔(John Marshall) 澳大利亚 4'47"40

1952 **1. 让·布瓦特(Jean Boiteux) 法国 4'30"70**
2. 福特·科诺(Ford Konno) 美国 4'31"30
3. 佩尔·奥洛夫·奥斯特兰德(Per Olof Ostrand) 瑞典 4'35"20

1956 **1. 穆雷·罗西(Murray Rose) 澳大利亚 4'27"30**
2. 中山毅(Tsuyoshi Yamanaka) 日本 4'30"40
3. 乔治·布里恩(George Breen) 美国 4'32"50

1960 **1. 穆雷·罗西(Murray Rose) 澳大利亚 4'18"30**
2. 中山毅(Tsuyoshi Yamanaka) 日本 4'21"40
3. 约翰·康拉兹(John Konrads) 澳大利亚 4'21"80

1964 **1. 斯科兰德(Donald Schollander) 美国 4'12"20**
2. 维甘德(Frank Wiegand) 德国 4'14"90
3. 伍德(Allan Wood) 澳大利亚 4'15"10

1968 **1. 伯顿(Mike Burton) 美国 4'09"00**
2. 赫顿(Ralph Hutton) 加拿大 4'11"70
3. 莫斯科尼(Alain Mosconi) 法国 4'13"30

500米自由泳

1896 **1. 保尔·诺依曼(Paul Neumann) 奥地利 8'12"60**
2. 安东尼奥斯·佩帕诺斯(Antonios Pepanos) 希腊 9'57"60
3. 埃斯塔西奥斯·霍拉法斯(Eustathios Choraphas) 希腊 成绩无记录

880米自由泳

1904 **1. 埃米尔·劳施(Emil Rausch) 德国 13'11"40**
2. 弗朗西斯·盖利(Francis Gailey) 美国 13'23"40
3. 格扎·基什(Geza Kiss) 匈牙利 成绩无记录

1000米自由泳

1900 **1. 约翰·亚瑟·贾尔维斯(John Arthur Jarvis) 英国 13'40"20**
2. 奥托·瓦勒(Otto Wahle) 奥地利 14'53"60
3. 佐尔坦·哈尔迈(Zoltan Halmay) 匈牙利 15'16"40

1200自由泳

1896 **1. 阿尔弗莱德·哈约什(Alfred Hajos) 匈牙利 18'22"10**
2. 埃奥尼斯·安德雷乌(Ioannis Andreou) 希腊 21'03"40
3. 厄斯塔迪奥斯·科拉法斯(Eustathios Choraphas) 希腊 成绩无记录

1500米自由泳

1904 (1英里)
1. 埃米尔·劳施(Emil Rausch) 德国 27'18"20
2. 格扎·基什(Geza Kiss) 匈牙利 28'28"20
3. 弗朗西斯·盖利(Francis Gailey) 美国 28'54"00

1908 **1. 亨利·泰勒(Henry Taylor) 英国 22'48"40**
2. 托马斯·巴特斯比(Thomas Battersby) 英国 22'51"20
3. 弗朗西斯·博莱佩尔(Francis Beaurepaire) 澳大利亚 22'56"20

1912 **1. 乔治·霍奇森(George Hodgson) 加拿大 22'00"00**
2. 约翰·哈特菲尔德(John Hatfield) 英国 22'39"00
3. 哈罗德·哈德威克(Harold Hardwick) 澳大利亚 23'15"40

1920 **1. 诺尔曼·罗斯(Norman Ross) 美国 22'23"20**
2. 乔治·维尔诺特(George Vernot) 加拿大 22'36"40
3. 弗朗西斯·博莱佩尔(Francis Beaurepaire) 澳大利亚 23'04"00

1924 **1. 安德鲁·查尔顿(Andrew Charlton) 澳大利亚 20'06"60**
2. 阿尔内·博格(Arne Borg) 瑞典 20'41"40
3. 弗朗西斯·博莱佩尔(Francis Beaurepaire) 澳大利亚 21'48"40

1928 **1. 阿尔内·博格(Arne Borg) 瑞典 19'51"80**
2. 安德鲁·查尔顿(Andrew Charlton) 澳大利亚 20'02"60
3. 克拉伦斯·巴斯特尔·克雷布(Clarence Buster Crabbe) 美国 20'28"80

1932 **1. 北村久寿雄(Kusuo Kitamura) 日本 19'12"40**
2. 牧野正藏(Shozo Makino) 日本 19'14"10
3. 詹姆斯·克里斯蒂(James Cristy) 美国 19'39"50

1936 **1. 寺田登(Noboru Terada) 日本 19'13"70**
2. 杰克·梅迪卡(Jack Medica) 美国 19'34"00
3. 鹈藤俊平(Shumpei Uto) 日本 19'34"50

1948 **1. 詹姆斯·麦克莱恩(James McLane) 美国 19'18"50**
2. 约翰·马绍尔(John Marshall) 澳大利亚 19'31"30
3. 吉奥尔基·米特罗(Gyorgy Mitro) 匈牙利 19'43"20

1952 **1. 福特·科诺(Ford Konno) 美国 18'30"30**
2. 桥爪四郎(Shiro Hashizume) 日本 18'41"40

	3.	特兹乌奥·奥卡莫托(Tetsuo Okamoto)	巴西	18'51"30
1956	1.	**穆雷·罗西(Murray Rose)**	**澳大利亚**	**17'58"90**
	2.	中山毅(Tsuyoshi Yamanaka)	日本	18'00"30
	3.	乔治·布里恩(George Breen)	美国	18'08"20
1960	1.	**约翰·康拉兹(John Konrads)**	**澳大利亚**	**17'19"60**
	2.	穆雷·罗斯(Murray Rose)	澳大利亚	17'21"70
	3.	乔治·布里恩(George Breen)	美国	17'30"60
1964	1.	**温德尔(Robert Windle)**	**澳大利亚**	**17'01"70**
	2.	纳尔逊(John Nelson)	美国	17'03"00
	3.	伍德(Allan Wood)	澳大利亚	17'07"70
1968	1.	**伯顿(Mike Burton)**	**美国**	**16'38"90**
	2.	金塞拉(John Kinsella)	美国	16'57"30
	3.	布拉夫(Gregory Brough)	澳大利亚	17'04"70

4000米自由泳

1900	1.	**约翰·亚瑟·贾尔维斯(John Arthur Jarvis)**	**英国**	**58'24"00**
	2.	佐尔坦·哈尔迈(Zoltan Halmay)	匈牙利	1h08'55"40
	3.	路易斯·马丁(Louis Martin)	法国	1h13'08"40

100米仰泳

1904	1.	**沃尔特·布拉克(Walter Brack)**	**德国**	**1'16"80**
	2.	乔格·霍夫曼(Georg Hoffmann)	德国	1'18"00
	3.	乔格·扎查里亚斯(Georg Zacharias)	德国	1'19"60
1908	1.	**阿尔诺·比埃贝尔施泰因(Arno Bieberstein)**	**德国**	**1'24"60**
	2.	路德维希·达姆(Ludvig Dam)	丹麦	1'26"60
	3.	赫伯特·哈莱斯纳普(Herbert Haresnape)	英国	1'27"00
1912	1.	**哈里·赫伯纳尔(Harry Hebner)**	**美国**	**1'21"20**
	2.	奥托·法赫尔(Otto Fahr)	德国	1'22"40
	3.	保尔·科尔纳尔(Paul Kellner)	德国	1'24"00
1920	1.	**瓦伦·保阿·基洛哈(Warren Paoa Kealoha)**	**美国**	**1'15"20**
	2.	雷蒙德·凯格里斯(Raymond Kegeris)	美国	1'16"80
	3.	热拉尔·布里茨(Gerard Blitz)	比利时	1'19"00
1924	1.	**瓦伦·保阿·基洛哈(Warren Paoa Kealoha)**	**美国**	**1'13"20**
	2.	保罗·怀亚特(Paul Wyatt)	美国	1'15"40
	3.	卡罗利·巴尔塔(Karoly Bartha)	匈牙利	1'17"80
1928	1.	**乔治·科雅奇(George Kojac)**	**美国**	**1'08"20**
	2.	沃尔特·劳弗尔(Walter Laufer)	美国	1'10"00
	3.	保罗·怀亚特(Paul Wyatt)	美国	1'12"00
1932	1.	**清川正二(Masaji Kiyokawa)**	**日本**	**1'08"60**
	2.	入江稔夫(Toshio Irie)	日本	1'09"80
	3.	河津宪太郎(Kentaro Kawazu)	日本	1'10"00
1936	1.	**阿道夫·基弗(Adolf Kiefer)**	**美国**	**1'05"90**
	2.	阿尔伯特·范德维格(Albert Vandeweghe)	美国	1'07"70
	3.	清川正二(Masaji Kiyokawa)	日本	1'08"40
1948	1.	**阿伦·斯塔克(Allen Stack)**	**美国**	**1'06"40**
	2.	罗伯特·科维尔(Robert Cowell)	美国	1'06"50
	3.	乔治·瓦莱雷伊(Georges Vallerey)	法国	1'07"80
1952	1.	**约施诺布·奥亚卡瓦(Yoshinobu Oyakawa)**	**美国**	**1'05"40**
	2.	吉尔贝尔·博宗(Gilbert Bozon)	法国	1'06"20
	3.	杰克·泰勒(Jack Taylor)	美国	1'06"40
1956	1.	**大卫·希尔(David Theile)**	**澳大利亚**	**1'02"20**
	2.	约翰·蒙克顿(John Monckton)	澳大利亚	1'03"20
	3.	弗兰克·麦克基尼(Frank McKinney)	美国	1'04"50
1960	1.	**大卫·希尔(David Theile)**	**澳大利亚**	**1'01"90**
	2.	弗兰克·麦克基尼(Frank McKinney)	美国	1'02"10
	3.	罗伯特·贝内特(Robert Bennett)	美国	1'02"30
1968	1.	**马特斯(Roland Matthes)**	**民主德国**	**58"70**
	2.	希科克斯(Charles Hickcox)	美国	1'00"20
	3.	米尔斯(Ronald Mills)	美国	1'00"50

200米仰泳

1900	1.	**恩斯特·霍彭贝尔格(Ernst Hoppenberg)**	**德国**	**2'47"00**
	2.	卡尔·鲁贝尔(Karl Ruberl)	奥地利	2'56"00
	3.	约安纳斯·德罗斯特(Johannes Drost)	荷兰	3'01"00
1964	1.	**格拉夫(Jed Graef)**	**美国**	**2'10"30**
	2.	迪利(Gary Dilley)	美国	2'10"50
	3.	贝内特(Robert Bennett)	美国	2'13"10
1968	1.	**马特斯(Roland Matthes)**	**民主德国**	**2'09"60**
	2.	艾维(Mitchell Ivey)	美国	2'10"60
	3.	霍斯利(Jack Horsley)	美国	2'10"90

100米蛙泳

1968	1.	**麦肯齐(Donald McKenzie)**	**美国**	**1'07"70**
	2.	科辛斯基(Vladimir Kosinsky)	苏联	1'08"00
	3.	潘金(Nikolay Pankin)	苏联	1'08"00

200米蛙泳

1908	1.	**弗雷德里克·霍尔曼(Frederick Holman)**	**英国**	**3'09"20**
	2.	威廉·罗宾逊(William Robinson)	英国	3'12"80
	3.	彭图斯·汉森(Pontus Hanson)	瑞典	3'14"60
1912	1.	**沃尔特·巴特(Walter Bathe)**	**德国**	**3'01"80**
	2.	威尔海姆·吕特佐夫(Wilhelm Lutzow)	德国	3'05"00
	3.	库尔特·马赫利施(Kurt Mahlisch)	德国	3'08"00
1920	1.	**哈坎·马尔姆罗特(Hakan Malmroth)**	**瑞典**	**3'04"40**
	2.	托尔·亨宁(Thor Henning)	瑞典	3'09"20
	3.	阿尔沃·阿尔托宁(Arvo Aaltonen)	芬兰	3'12"20
1924	1.	**罗伯特·斯克尔顿(Robert Skelton)**	**美国**	**2'56"60**
	2.	约瑟夫·德·孔伯(Joseph De Combe)	比利时	2'59"20
	3.	威廉·基尔希鲍姆(William Kirschbaum)	美国	3'01"00
1928	1.	**鹤田义行(Yoshiyuki Tsuruta)**	**日本**	**2'48"80**
	2.	埃里希·拉德马赫尔(Erich Rademacher)	德国	2'50"60

	3.	特奥菲洛·伊德尔丰索(Teofilo Yldefonzo)	菲律宾	2'56"40
1932	1.	**鹤田义行(Yoshiyuki Tsuruta)**	**日本**	**2'45"40**
	2.	小池礼三(Reizo Koike)	日本	2'46"60
	3.	特奥菲洛·伊德尔丰索(Teofilo Yldefonzo)	菲律宾	2'47"10
1936	1.	**叶室铁夫(Tetsuo Hamuro)**	**日本**	**2'41"50**
	2.	埃尔文·希塔斯(Erwin Sietas)	德国	2'42"90
	3.	小池礼三(Reizo Koike)	日本	2'44"20
1948	1.	**约瑟夫·维尔杜尔(Joseph Verdeur)**	**美国**	**2'39"30**
	2.	凯斯·卡特(Keith Carter)	美国	2'40"20
	3.	罗伯特·索尔(Robert Sohl)	美国	2'43"90
1952	1.	**约翰·戴维斯(John Davies)**	**澳大利亚**	**2'34"40**
	2.	鲍文·斯塔斯弗斯(Bowen Stassforth)	美国	2'34"70
	3.	赫伯特·克莱因(Herbert Klein)	德国	2'35"90
1956	1.	**古川胜(Mauaru Furukawa)**	**日本**	**2'34"70**
	2.	吉村昌弘(Masahiro Yoshimura)	日本	2'36"70
	3.	查里斯·尤尼切夫(Charis Yunichev)	苏联	2'36"80
1960	1.	**威廉·穆利肯(William Mulliken)**	**美国**	**2'37"40**
	2.	大崎刚彦(Yoshihiko Osaki)	日本	2'38"00
	3.	维格尔·门索尼德斯(Wieger Mensonides)	荷兰	2'39"70
1964	1.	**奥布莱恩(Ian O'Brien)**	**澳大利亚**	**2'27"80**
	2.	普罗科蓬科(Georgy Prokopenko)	苏联	2'28"20
	3.	贾斯特伦斯基(Chester Jastremski)	美国	2'29"60
1968	1.	**莫尼奥斯(Felipe "Pepe" Munoz)**	**墨西哥**	**2'28"70**
	2.	科辛斯基(Vladimir Kosinsky)	苏联	2'29"20
	3.	乔布(Brian Job)	美国	2'29"90

400米蛙泳

1904	1.	**乔格·扎查里亚斯(Georg Zacharias)**	**德国**	**7'23"60**
(440米)	2.	沃尔特·布拉克(Walter Brack)	德国	7'33"00
	3.	贾米森·汉迪(Jamison Handy)	美国	成绩无记录
1912	1.	**沃尔特·巴特(Walter Bathe)**	**德国**	**6'29"60**
	2.	托尔·亨宁(Thor Henning)	瑞典	6'35"60
	3.	佩尔西·库特曼(Percy Courtman)	英国	6'36"40
1920	1.	**哈坎·马尔姆罗特(Hakan Malmroth)**	**瑞典**	**6'31"80**
	2.	托尔·亨宁(Thor Henning)	瑞典	6'45"20
	3.	阿尔沃·阿尔托宁(Arvo Aaltonen)	芬兰	6'48"00

100米蝶泳

1968	1.	**拉塞尔(Doug Russell)**	**美国**	**55"90**
	2.	施皮茨(Mark Spitz)	美国	56"40
	3.	韦尔斯(Ross Wales)	美国	57"20

200米蝶泳

1956	1.	**威廉·约尔齐克(William Yorzyk)**	**美国**	**2'19"30**
	2.	石本隆(Takashi Ishimoto)	日本	2'23"80
	3.	吉奥尔基·图姆佩克(Gyorgy Tumpek)	匈牙利	2'23"90
1960	1.	**迈克尔·特洛伊(Michael Troy)**	**美国**	**2'12"80**
	2.	内维尔·海斯(Neville Hayes)	澳大利亚	2'14"60
	3.	大卫·吉兰德尔斯(David Gillanders)	美国	2'15"30
1964	1.	**贝里(Kevin Berry)**	**澳大利亚**	**2'06"60**
	2.	罗比(Carl Robie)	美国	2'07"50
	3.	施密特(Fred Schmidt)	美国	2'09"30
1968	1.	**罗比(Carl Robie)**	**美国**	**2'08"70**
	2.	伍德罗夫(Martin Woodroffe)	英国	2'09"00
	3.	费里斯(John Ferris)	美国	2'09"30

200米混合泳

1968	1.	**希科克斯(Charles Hickcox)**	**美国**	**2'12"00**
	2.	白金汉(Gregory Buckingham)	美国	2'13"00
	3.	费里斯(John Ferris)	美国	2'13"30

400米混合泳

1964	1.	**罗思(Richard Roth)**	**美国**	**4'45"40**
	2.	萨里(Roy Saari)	美国	4'47"10
	3.	黑茨(Gerhard Hetz)	德国	4'51"00
1968	1.	**希科克斯(Charles Hickcox)**	**美国**	**4'48"40**
	2.	霍尔(Gary Hall)	美国	4'48"70
	3.	霍尔特豪斯(Michael Holthaus)	联邦德国	4'51"40

4×50码自由泳接力

1904	1.	**美国纽约队**	**2'04"60**
	2.	美国芝加哥队	成绩无记录
	3.	美国密苏里队	成绩无记录

4×100米自由泳接力

1964	1.	**美国队**	**3'33"20**
	2.	德国队	3'37"20
	3.	澳大利亚队	3'39"10
1968	1.	**美国队**	**3'31"70**
	2.	苏联队	3'34"20
	3.	澳大利亚队	3'34"70

4×200米自由泳接力

1908	1.	**英国队**	**10'55"60**
	2.	匈牙利队	10'59"00
	3.	美国队	11'02"80
1912	1.	**澳大利亚/新西兰联队**	**10'11"60**
	2.	美国队	10'20"20
	3.	英国队	10'28"20
1920	1.	**美国队**	**10'04"40**
	2.	澳大利亚队	10'25"40
	3.	英国队	10'37"20
1924	1.	**美国队**	**9'53"40**
	2.	澳大利亚队	10'02"20
	3.	瑞典队	10'06"80
1928	1.	**美国队**	**9'36"20**
	2.	日本队	9'41"40
	3.	加拿大队	9'47"80
1932	1.	**日本队**	**8'58"40**
	2.	美国队	9'10"50
	3.	匈牙利队	9'31"40
1936	1.	**日本队**	**8'51"50**
	2.	美国队	9'03"00
	3.	匈牙利队	9'12"30
1948	1.	**美国队**	**8'46"00**
	2.	匈牙利队	8'48"40
	3.	法国队	9'08"00
1952	1.	**美国队**	**8'31"10**
	2.	日本队	8'33"50
	3.	法国队	8'45"90
1956	1.	**澳大利亚队**	**8'23"60**
	2.	美国队	8'31"50
	3.	苏联队	8'34"70
1960	1.	**美国队**	**8'10"20**
	2.	日本队	8'13"20
	3.	澳大利亚队	8'13"80
1964	1.	**美国队**	**7'52"10**
	2.	德国队	7'59"30
	3.	日本队	8'03"80
1968	1.	**美国队**	**7'52"33**
	2.	澳大利亚队	7'53"77
	3.	苏联队	8'01"66

4×100米混合泳接力

1960	1.	**美国队**	**4'05"40**
	2.	澳大利亚队	4'12"00
	3.	日本队	4'12"20
1964	1.	**美国队**	**3'58"40**
	2.	德国队	4'01"60
	3.	澳大利亚队	4'02"30
1968	1.	**美国队**	**3'54"90**
	2.	民主德国队	3'57"50
	3.	苏联队	4'00"70

200米障碍泳

1900	1.	**弗雷德里克·莱恩(Frederick Lane)**	**澳大利亚**	**2'38"40**
	2.	奥托·瓦勒(Otto Wahle)	奥地利	2'40"00
	3.	皮特·肯普(Peter Kemp)	英国	2'47"40

60米潜泳

1900	1.	**查里·德·旺德维尔(Charles De Vendeville)**	**法国**	**188.4分**
	2.	安德烈·希克斯(Andre Six)	法国	185.4分
	3.	皮特·里克伯格(Peter Lykkeberg)	丹麦	147.0分

200米自由泳团体赛

1900	1.	**德国队**	**32分**
	2.	法国队	51分
	3.	法国队	61分

女子游泳(SWIMMING-women)

100米自由泳

1912	1.	**范妮·杜拉克(Fanny Durack)**	**澳大利亚**	**1'22"20**
	2.	威尔荷米娜·惠莉(Wilhelmina Wylie)	澳大利亚	1'25"40
	3.	珍妮·弗莱彻(Jennie Fletcher)	英国	1'27"00
1920	1.	**埃特尔达·布莱布雷特(Ethelda Bleibtrey)**	**美国**	**1'13"60**
	2.	伊莱娜·盖斯特(Irene Guest)	美国	1'17"00
	3.	弗朗西斯·施罗特(Frances Schroth)	美国	1'17"20
1924	1.	**埃瑟尔·拉基(Ethel Lackie)**	**美国**	**1'12"40**
	2.	玛丽什恩·维赫塞劳(Mariechen Wehselau)	美国	1'12"80
	3.	盖尔特鲁德·埃德尔(Gertrude Ederle)	美国	1'14"20
1928	1.	**阿尔比娜·奥希波维奇(Albina Osipowich)**	**美国**	**1'11"00**
	2.	艾琳诺尔·萨维尔·格拉蒂(Eleanor Saville Garatti)	美国	1'11"40
	3.	玛格丽特·库珀(Margaret Cooper)	英国	1'13"60
1932	1.	**海伦娜·麦迪逊(Helene Madison)**	**美国**	**1'06"80**
	2.	威尔敏特耶·邓·奥登(Willemijntje den Ouden)	荷兰	1'07"80
	3.	艾琳诺尔·萨维尔·格拉蒂(Eleanor Saville Garatti)	美国	1'09"30
1936	1.	**亨德里卡·利埃·马斯滕布罗克(Hendrika Rie Mastenbroek)**	**荷兰**	**1'05"90**
	2.	简内特·坎贝尔(Jeanette Campbell)	阿根廷	1'06"40
	3.	吉塞拉·阿伦特(Gisela Arendt)	德国	1'06"60
1948	1.	**格蕾塔·安德森(Greta Andersen)**	**丹麦**	**1'06"30**
	2.	安·柯尔蒂斯(Ann Curtis)	美国	1'06"50
	3.	玛丽·路易斯·瓦森(Marie Louise Vaessen)	荷兰	1'07"60
1952	1.	**卡塔琳·佐克(Katalin Szoke)**	**匈牙利**	**1'06"80**
	2.	乔安娜·特尔莫伦(Johanna Termeulen)	荷兰	1'07"00
	3.	朱迪特·泰梅什(Judit Temes)	匈牙利	1'07"10
1956	1.	**道恩·弗雷泽(Dawn Fraser)**	**澳大利亚**	**1'02"00**
	2.	洛莱恩·克拉普(Lorraine Crapp)	澳大利亚	1'02"30
	3.	费斯·里奇(Faith Leech)	澳大利亚	1'05"10

1960	**1. 道恩·弗雷泽(Dawn Fraser)**	**澳大利亚**	**1'01"20**
	2. 克里斯汀·冯·萨尔扎(Christine Von Saltza)	美国	1'02"80
	3. 纳塔丽·斯图尔德(Natalie Steward)	英国	1'03"10
1964	**1. 弗雷泽(Dawn Fraser)**	**澳大利亚**	**59"50**
	2. 斯托德(Sharon Stouder)	美国	59"90
	3. 埃利斯(Kathleen Ellis)	美国	1'00"80
1968	**1. 亨纳(Jan Henne)**	**美国**	**1'00"00**
	2. 佩德森(Susan Pedersen)	美国	1'00"30
	3. 古斯塔夫森(Linda Gustavson)	美国	1'00"30

200米自由泳

1968	**1. 迈耶(Debbie Meyer)**	**美国**	**2'10"50**
	2. 亨纳(Jan Henne)	美国	2'11"00
	3. 巴克曼(Jane Barkman)	美国	2'11"20

400米自由泳

1920	**1. 埃特尔达·布莱布雷特(Ethelda Bleibtrey)**	**美国**	**4'34"00**
	2. 玛格丽特·伍德布里奇(Margaret Woodbridge)	美国	4'42"80
	3. 弗朗西斯·施罗特(Frances Schroth)	美国	4'52"00
1924	**1. 玛莎·诺雷柳斯(Martha Norelius)**	**美国**	**6'02"20**
	2. 海伦·维茵莱特(Helen Wainwright)	美国	6'03"80
	3. 盖尔特鲁德·埃德尔(Gertrude Ederle)	美国	6'04"80
1928	**1. 玛莎·诺雷柳斯(Martha Norelius)**	**美国**	**5'42"80**
	2. 玛丽亚·布劳恩(Maria Braun)	荷兰	5'57"80
	3. 约瑟芬·麦克金姆(Josephine McKim)	美国	6'00"20
1932	**1. 海伦娜·麦迪逊(Helene Madison)**	**美国**	**5'28"50**
	2. 莱诺尔·温加德·凯特(Lenore Wingard Kight)	美国	5'28"60
	3. 珍妮·玛卡尔(Jennie Makaal)	南非	5'47"30
1936	**1. 亨德里卡·利埃·马斯滕布罗克(Hendrika Rie Mastenbroek)**	**荷兰**	**5'26"40**
	2. 拉格妮尔德·赫弗盖尔(Ragnhild Hveger)	丹麦	5'27"50
	3. 莱诺尔·温加德·凯特(Lenore Wingard Kight)	美国	5'29"00
1948	**1. 安·柯尔蒂斯(Ann Curtis)**	**美国**	**5'17"80**
	2. 卡伦·玛格丽特·哈鲁普(Karen Margrete Harup)	丹麦	5'21"20
	3. 卡特琳娜·吉布森(Catherine Gibson)	英国	5'22"50
1952	**1. 瓦莱丽亚·吉恩格(Valeria Gyenge)**	**匈牙利**	**5'12"10**
	2. 埃娃·诺瓦克(Eva Novak)	匈牙利	5'13"70
	3. 埃弗琳·卡瓦莫托(Evelyn Kawamoto)	美国	5'14"60
1956	**1. 洛莱恩·克拉普(Lorraine Crapp)**	**澳大利亚**	**4'54"60**
	2. 道恩·弗雷泽(Dawn Fraser)	澳大利亚	5'02"50
	3. 希尔维亚·鲁斯卡(Sylvia Ruuska)	美国	5'07"10
1960	**1. 克里斯汀·冯·萨尔扎(Christine Von Saltza)**	**美国**	**4'50"60**
	2. 珍·塞德尔奎斯特(Jane Cederqvist)	瑞典	4'53"90
	3. 卡塔琳娜·拉格尔伯格(Catharina Lagerberg)	荷兰	4'56"90
1964	**1. 邓克尔(Virginia Duenkel)**	**美国**	**4'43"30**
	2. 拉孟诺夫斯基(Marilyn Ramenofsky)	美国	4'44"60
	3. 斯蒂克勒斯(Terri Stickles)	美国	4'47"20
1968	**1. 迈耶(Debbie Meyer)**	**美国**	**4'31"80**
	2. 古斯塔夫森(Linda Gustavson)	美国	4'35"50
	3. 莫拉斯(Karen Moras)	澳大利亚	4'37"00

800米自由泳

1968	**1. 迈耶(Debbie Meyer)**	**美国**	**9'24"00**
	2. 克鲁斯(Pamela IQusd)	美国	9'35"70
	3. 拉米雷斯(Maria Teresa Ramirez)	墨西哥	9'38"50

100米仰泳

1924	**1. 希比尔·鲍尔(Sybil Bauer)**	**美国**	**1'23"20**
	2. 菲丽斯·哈丁(Phyllis Harding)	英国	1'27"40
	3. 艾琳·里金(Aileen Riggin)	美国	1'28"20
1928	**1. 玛丽亚·布劳恩(Maria Braun)**	**荷兰**	**1'22"00**
	2. 艾伦·金(Ellen King)	英国	1'22"20
	3. 玛格丽特·库珀(Margaret Cooper)	英国	1'22"80
1932	**1. 艾琳诺尔·霍尔姆(Eleanor Holm)**	**美国**	**1'19"40**
	2. 菲洛麦娜·米琳(Philomena Mealing)	澳大利亚	1'21"30
	3. 伊丽莎白·戴维斯(Elizabeth Davies)	英国	1'22"50
1936	**1. 迪娜·妮达·森夫(Dina Nida Senff)**	**荷兰**	**1'18"90**
	2. 亨德里卡·利埃·马斯滕布罗克(Hendrika Rie Mastenbroek)	荷兰	1'19"20
	3. 爱丽丝·布里奇斯(Alice Bridges)	美国	1'19"40
1948	**1. 卡伦·玛格丽特·哈鲁普(Karen Margrete Harup)**	**丹麦**	**1'14"40**
	2. 苏珊·齐默尔曼(Suzanne Zimmerman)	美国	1'16"00
	3. 朱迪·戴维斯(Judy Davies)	澳大利亚	1'16"70
1952	**1. 约安·哈里森(Joan Harrison)**	**南非**	**1'14"30**
	2. 吉尔蒂耶·威勒玛(Geertje Wielema)	荷兰	1'14"50
	3. 简·斯图尔特(Jean Stewart)	新西兰	1'15"80
1956	**1. 迪特·格林汉姆(Judith Grinham)**	**英国**	**1'12"90**
	2. 卡琳·科恩(Carin Cone)	美国	1'12"90
	3. 玛格丽特·爱德华兹(Margaret Edwards)	英国	1'13"10
1960	**1. 利恩·伯克(Lynn Burke)**	**美国**	**1'09"30**
	2. 纳塔丽·斯图尔德(Natalie Steward)	英国	1'10"80
	3. 田中聪子(Satoko Tanaka)	日本	1'11"40
1964	**1. 弗格森(Cathy Ferguson)**	**美国**	**1'07"70**
	2. 卡隆(Christine Caron)	法国	1'07"90
	3. 邓克尔(Virginia Duenkel)	美国	1'08"00
1968	**1. 霍尔(Kaye Hall)**	**美国**	**1'06"20**
	2. 坦纳(Elaine Tanner)	加拿大	1'06"70
	3. 斯沃格泰(Jane Swagerty)	美国	1'08"10

200米仰泳

1968	**1. 沃森(Lillian "Pokey" Watson)**	**美国**	**2'24"80**
	2. 坦纳(Elaine Tanner)	加拿大	2'27"40
	3. 霍尔(Kaye Hall)	美国	2'28"90

100米蛙泳

1968	**1. 别多夫(Djurdjica Bjedov)**	**南斯拉夫**	**1'15"80**
	2. 普罗祖明希科娃(Galina Prozumenshikova)	苏联	1'15"90
	3. 威克曼(Sharon Wichman)	美国	1'16"10

200米蛙泳

1924	**1. 露西·莫尔顿(Lucy Morton)**	**英国**	**3'33"20**
	2. 阿戈内斯·杰拉蒂(Agnes Geraghty)	美国	3'34"00
	3. 格拉迪丝·卡尔森(Gladys Carson)	英国	3'35"40
1928	**1. 希尔德加德·施拉德尔(Hildegard Schrader)**	**德国**	**3'12"60**
	2. 米埃特耶·巴隆(Mietje Baron)	荷兰	3'15"20
	3. 洛特·穆赫(Lotte Muhe)	德国	3'17"60
1932	**1. 克莱尔·丹尼斯(Clare Dennis)**	**澳大利亚**	**3'06"30**
	2. 前畑秀子(Hideko Maehata)	日本	3'06"40
	3. 埃尔斯·雅各布斯(Else Jacobsen)	丹麦	3'07"10
1936	**1. 前畑秀子(Hideko Maehata)**	**日本**	**3'03"60**
	2. 玛莎·格内格尔(Martha Geneger)	德国	3'04"20
	3. 因格·索伦森(Inge Sorensen)	丹麦	3'07"80
1948	**1. 佩特罗内拉·范·弗里特(Petronella Van Vliet)**	**荷兰**	**2'57"20**
	2. 比特丽丝·莱昂斯(Beatrice Lyons)	澳大利亚	2'57"70
	3. 埃娃·诺瓦克(Eva Novak)	匈牙利	3'00"20
1952	**1. 埃娃·塞凯伊(Eva Szekely)**	**匈牙利**	**2'51"70**
	2. 埃娃·诺瓦克(Eva Novak)	匈牙利	2'54"40
	3. 海伦·戈登(Helen Gordon)	英国	2'57"60
1956	**1. 乌尔苏拉·哈普(Ursula Happe)**	**德国**	**2'53"10**
	2. 埃娃·塞凯伊(Eva Szekely)	匈牙利	2'54"80
	3. 埃娃·玛丽亚·藤·埃尔森(Eva Maria Ten Elsen)	德国	2'55"10
1960	**1. 安妮塔·朗斯布拉夫(Anita Lonsbrough)**	**英国**	**2'49"50**
	2. 维尔特鲁德·乌尔泽尔曼(Wiltrud Urselmann)	德国	2'50"00
	3. 芭芭拉·格贝尔(Barbara Gebel)	德国	2'53"60
1964	**1. 普罗祖明希科娃(Galina Prozumenshikova)**	**苏联**	**2'46"40**
	2. 科尔布(Claudia Kolb)	美国	2'47"60
	3. 巴巴尼娜(Svetlana Babanina)	苏联	2'48"60
1968	**1. 威克曼(Sharon Wichman)**	**美国**	**2'44"40**
	2. 别多夫(Djurdjica Bjedov)	南斯拉夫	2'46"40
	3. 普罗祖明希科娃(Galina Prozumenshikova)	苏联	2'47"00

100米蝶泳

1956	**1. 谢莉·曼恩(Shelley Mann)**	**美国**	**1'11"00**
	2. 南希·雷米(Nancy Ramey)	美国	1'11"90
	3. 玛丽·希尔斯(Mary Sears)	美国	1'14"40
1960	**1. 卡罗琳·舒勒(Carolyn Schuler)**	**美国**	**1'09"50**
	2. 玛丽亚娜·赫姆斯凯尔克(Marianne Heemskerk)	荷兰	1'10"40
	3. 珍妮丝·安德鲁(Janice Andrew)	澳大利亚	1'12"20
1964	**1. 斯托德(Sharon Stouder)**	**美国**	**1'04"70**
	2. 科克(Ada Kok)	荷兰	1'05"60
	3. 埃利斯(Kathleen Ellis)	美国	1'06"00
1968	**1. 麦克莱门茨(Lynette McClements)**	**澳大利亚**	**1'05"50**
	2. 丹尼尔(Ellie Daniel)	美国	1'05"80
	3. 希尔兹(Susan Shields)	美国	1'06"20

200米蝶泳

1968	**1. 科克(Ada Kok)**	**荷兰**	**2'24"70**
	2. 林德纳(Helga Lindner)	民主德国	2'24"80
	3. 丹尼尔(Ellie Daniel)	美国	2'25"90

200米混合泳

1968	**1. 科尔布(Claudia Kolb)**	**美国**	**2'24"70**
	2. 佩德森(Susan Pedersen)	美国	2'28"80
	3. 亨纳(Jan Henne)	美国	2'31"40

400米混合泳

1964	**1. 德瓦罗娜(Donna De Varona)**	**美国**	**5'18"70**
	2. 芬纳兰(Sharon Finneran)	美国	5'24"10
	3. 兰德尔(Martha Randall)	美国	5'24"20
1968	**1. 科尔布(Claudia Kolb)**	**美国**	**5'08"50**
	2. 维达利(Lynn Vidali)	美国	5'22"20
	3. 施泰因巴赫(Sabine Steinbach)	民主德国	5'25"30

4×100米自由泳接力

1912	**1. 英国队**	**5'52"80**
	2. 德国队	6'04"60
	3. 奥地利队	6'17"00
1920	**1. 美国队**	**5'11"60**
	2. 英国队	5'40"80
	3. 瑞典队	5'43"60
1924	**1. 美国队**	**4'58"80**
	2. 英国队	5'17"00
	3. 瑞典队	5'35"60
1928	**1. 美国队**	**4'47"60**
	2. 英国队	5'02"80
	3. 南非队	5'13"40
1932	**1. 美国队**	**4'38"00**
	2. 荷兰队	4'47"50
	3. 英国队	4'52"40
1936	**1. 荷兰队**	**4'36"00**
	2. 德国队	4'36"80
	3. 美国队	4'40"20
1948	**1. 美国队**	**4'29"20**
	2. 丹麦队	4'29"60
	3. 荷兰队	4'31"60
1952	**1. 匈牙利队**	**4'24"40**
	2. 荷兰队	4'29"00
	3. 美国队	4'30"10
1956	**1. 澳大利亚队**	**4'17"10**
	2. 美国队	4'19"20
	3. 南非队	4'25"70
1960	**1. 美国队**	**4'08"90**
	2. 澳大利亚队	4'11"30
	3. 德国队	4'19"70
1964	**1. 美国队**	**4'03"80**
	2. 澳大利亚队	4'06"90
	3. 荷兰队	4'12"00
1968	**1. 美国队**	**4'02"50**
	2. 民主德国队	4'05"70
	3. 加拿大队	4'07"20

4×100米混合泳接力

1960	**1. 美国队**	**4'41"10**
	2. 澳大利亚队	4'45"90
	3. 德国队	4'47"60
1964	**1. 美国队**	**4'33"90**
	2. 荷兰队	4'37"00
	3. 苏联队	4'39"20
1968	**1. 美国队**	**4'28"30**
	2. 澳大利亚队	4'30"00
	3. 联邦德国队	4'36"40

男子花样滑冰(FIGURE SKATING-men)

男子单人滑

1908	**1. 乌尔里希·萨尔绍夫(Ulrich Salchow)**	**瑞典**
	2. 理查德·约翰森(Richard Johansson)	瑞典
	3. 佩尔·托伦(Per Thoren)	瑞典
1920	**1. 吉利斯·格拉夫斯特罗姆(Gillis Grafstrom)**	**瑞典**
	2. 安德雷亚斯·克罗格(Andreas Krogh)	挪威
	3. 马丁·斯蒂克斯鲁德(Martin Stixrud)	挪威

男子特种图形单人滑

1908	**1. 尼古拉·帕宁(Nikolai Panin)**	**苏联**
	2. 亚瑟·卡明(Arthur Cumming)	英国
	3. 乔治·霍尔·塞伊(George Hall Say)	英国

女子花样滑冰(FIGURE SKATING-women)

女子单人滑

1908	**1. 麦吉·塞耶斯(Madge Syers)**	**英国**
	2. 埃尔莎·伦德施密特(Elsa Rendschmidt)	德国
	3. 多罗希·格林霍夫·史密斯(Dorothy Greenhough Smith)	英国
1920	**1. 马格达莱娜·朱琳·莫洛伊(Magdalena Julin Mauroy)**	**瑞典**
	2. 斯威·诺伦(Svea Noren)	瑞典
	3. 瑟雷莎·布兰查尔德(Theresa Blanchard)	美国

双人滑

1908	**1. 安娜·于布勒(Anna Hubler)/海因里希·布格尔(Heinrich Burger)**	**德国**
	2. 菲利斯·约翰逊(Phyllis Johnson)/詹姆斯·约翰逊(James Johnson)	英国
	3. 麦吉·塞耶斯(Madge Syers)/埃德加·塞耶斯(Edgar Syers)	英国
1920	**1. 卢多维卡·雅各布森(Ludovika Jakobsson)/沃尔特·雅各布森(Walter Jakobsson)**	**芬兰**
	2. 阿莱克夏·布里恩(Alexia Bryn)/伊戈瓦尔·布里恩(Yngvar Bryn)	挪威
	3. 菲利斯·约翰逊(Phyllis Johnson)/巴希尔·威廉姆斯(Basil Williams)	英国

男子巴斯克回力球(PELOTE BASQUE)

1900	**1. 西班牙队**
	2. 法国队

现代五项(MODERN PENTATHLON)

个人赛

1912	**1. 格斯塔·利勒赫克(Gesta Lilliehook)**	**瑞典**
	2. 格斯塔·阿斯布林克(Gesta Asbrink)	瑞典
	3. 乔格·德·拉瓦尔(Georg De Laval)	瑞典
1920	**1. 古斯塔夫·迪尔森(Gustaf Dyrssen)**	**瑞典**
	2. 埃里克·德·拉瓦尔(Erik De Laval)	瑞典
	3. 格斯塔·鲁诺(G·sta Runo)	瑞典
1924	**1. 博·林德曼(Bo Lindman)**	**瑞典**
	2. 古斯塔夫·迪尔森(Gustaf Dyrssen)	瑞典
	3. 贝尔蒂尔·乌格拉(Bertil Uggla)	瑞典
1928	**1. 斯文·托菲尔特(Sven Thofelt)**	**瑞典**
	2. 博·林德曼(Bo Lindman)	瑞典
	3. 赫尔穆特·卡尔(Helmuth Kahl)	德国
1932	**1. 约安·奥克森斯蒂尔纳(Johan Oxenstierna)**	**瑞典**
	2. 博·林德曼(Bo Lindman)	瑞典
	3. 理查德·梅约(Richard Mayo)	美国
1936	**1. 格特哈尔特·汉德里克(Gotthardt Handrick)**	**德国**
	2. 查尔斯·莱昂纳德(Charles Leonard)	美国
	3. 希尔瓦诺·阿巴(Silvano Abba)	意大利
1948	**1. 威廉·格鲁特(William Grut)**	**瑞典**
	2. 乔治·摩尔(George Moore)	美国

3. 格斯塔·加尔丁(G·sta G·rdin) 瑞典
1952 1. 拉尔斯·霍尔(Lars Hall) 瑞典
2. 加伯尔·贝内德克(Gabor Benedek) 匈牙利
3. 伊斯特凡·宗迪(Istvan Szondy) 匈牙利
1956 1. 拉尔斯·霍尔(Lars Hall) 瑞典
2. 奥拉维·曼诺宁(Olavi Mannonen) 芬兰
3. 瓦伊诺·科尔霍宁(Vaino Korhonen) 芬兰
1960 1. 费伦克·内梅特(Ferenc Nemeth) 匈牙利
2. 伊姆尔·纳吉(Imre Nagy) 匈牙利
3. 罗伯特·贝克(Robert Beck) 美国
1964 1. 特勒克(Ferenc Torok) 匈牙利
2. 诺维科夫(Igor Novikov) 苏联
3. 莫克耶夫(Albert Mokeyev) 苏联
1968 1. 费尔姆(Bjorn Ferm) 瑞典
2. 巴尔佐(Andras Balczo) 匈牙
3. 列德涅夫(Pavel Lednev) 苏联

团体赛

1952 1. 匈牙利队
2. 瑞典队
3. 芬兰队
1956 1. 苏联队
2. 美国队
3. 芬兰队
1960 1. 匈牙利队
2. 苏联队
3. 美国队
1964 1. 苏联队
2. 美国队
3. 匈牙利队
1968 1. 匈牙利队
2. 苏联队
3. 法国队

男子跳水(DIVING-men)

3米跳板

1908 1. 阿尔伯特·泽纳尔(Albert Zurner) 德国
2. 库尔特·贝伦斯(Kurt Behrens) 德国
3. 乔治·盖德齐克(George Gaidzik) 美国
3. 格特洛布·瓦尔兹(Gottlob Walz) 德国
1912 1. 保尔·根特尔(Paul Gunther) 德国
2. 汉斯·鲁贝尔(Hans Luber) 德国
3. 库尔特·贝伦斯(Kurt Behrens) 德国
1920 1. 路易斯·库恩(Louis Kuhn) 美国
2. 克拉伦斯·平克斯顿(Clarence Pinkston) 美国
3. 路易斯·巴尔巴克(Louis Balbach) 美国
1924 1. 阿尔伯特·怀特(Albert White) 美国
2. 乌利斯·皮特·德斯贾丁斯(Ulise Pete Desjardins) 美国
3. 克拉伦斯·平克斯顿(Clarence Pinkston) 美国
1928 1. 乌利斯·皮特·德斯贾丁斯(Ulise Pete Desjardins) 美国
2. 迈克尔·加利孝(Michael Galitzen) 美国
3. 法利德·希麦卡(Farid Simaika) 埃及
1932 1. 迈克尔·加利孝(Michael Galitzen) 美国
2. 哈罗德·史密斯(Harold Smith) 美国
3. 理查德·德格纳尔(Richard Degener) 美国
1936 1. 理查德·德格纳尔(Richard Degener) 美国
2. 马绍尔·维恩(Marshall Wayne) 美国
3. 阿尔伯特·格林(Albert Greene) 美国
1948 1. 布鲁斯·哈尔兰(Bruce Harlan) 美国
2. 米勒·安德森(Miller Anderson) 美国
3. 萨缪尔·李(Samuel Lee) 美国
1952 1. 大卫·布劳宁(David Browning) 美国
2. 米勒·安德森(Miller Anderson) 美国
3. 罗伯特·克罗特沃尔希(Robert Clotworthy) 美国
1956 1. 罗伯特·克罗特沃尔希(Robert Clotworthy) 美国
2. 唐纳德·哈珀(Donald Harper) 美国
3. 华金·卡皮亚·佩雷斯(Joaquin Capilla Perez) 墨西哥
1960 1. 加里·托比安(Gary Tobian) 美国
2. 萨缪尔·霍尔(Samuel Hall) 美国
3. 胡安·博特拉(Juan Botella) 墨西哥
1964 1. 西茨伯格(Kenneth Sitzberger) 美国
2. 戈尔曼(Francis Gorman) 美国
3. 安德列亚森(Larry Andreasen) 美国
1968 1. 赖特森(BBernie Wrightson) 美国
2. 迪比亚西(Klaus Dibiasi) 意大利
3. 亨利(James Henry) 美国

10米跳台

1904 1. 乔治·谢尔登(George Sheldon) 美国
2. 乔格·霍夫曼(Georg Hoffmann) 德国
3. 弗兰克·科霍(Frank Kehoe) 美国
3. 阿尔弗莱德·布劳恩施魏格尔(Alfred Braunschweiger) 德国
1908 1. 哈尔马尔·约翰森(Hjalmar Johansson) 瑞典
2. 卡尔·马尔姆斯特罗姆(Karl Malmstrom) 瑞典
3. 阿尔维德·斯潘格伯格(Arvid Spangberg) 瑞典
1912 1. 埃里克·阿德勒尔茨(Erik Adlerz) 瑞典
2. 阿尔伯特·泽纳尔(Albert Zurner) 德国
3. 古斯塔夫·布洛姆格伦(Gustaf Blomgren) 瑞典
1920 1. 克拉伦斯·平克斯顿(Clarence Pinkston) 美国
2. 埃里克·阿德勒尔茨(Erik Adlerz) 瑞典
3. 哈里·普里斯特(Harry Prieste) 美国
1924 1. 阿尔伯特·怀特(Albert White) 美国
2. 大卫·弗尔(David Fall) 美国
3. 克拉伦斯·平克斯顿(Clarence Pinkston) 美国
1928 1. 乌利斯·皮特·德斯贾丁斯(Ulise Pete Desjardins) 美国
2. 法利德·希麦卡(Farid Simaika) 埃及
3. 迈克尔·加利孝(Michael Galitzen) 美国
1932 1. 哈罗德·史密斯(Harold Smith) 美国
2. 迈克尔·加利孝(Michael Galitzen) 美国
3. 弗兰克·库尔茨(Frank Kurtz) 美国
1936 1. 马绍尔·维恩(Marshall Wayne) 美国
2. 埃尔伯特·鲁特(Elbert Root) 美国
3. 赫曼·斯托克(Hermann Stork) 德国
1948 1. 萨缪尔·李(Samuel Lee) 美国
2. 布鲁斯·哈尔兰(Bruce Harlan) 美国
3. 华金·卡皮亚·佩雷斯(Joaquin Capilla Perez) 墨西哥
1952 1. 萨缪尔·李(Samuel Lee) 美国
2. 华金·卡皮亚·佩雷斯(Joaquin Capilla Perez) 墨西哥
3. 根特尔·哈斯(Gunther Haase) 德国
1956 1. 华金·卡皮亚·佩雷斯(Joaquin Capilla Perez) 墨西哥
2. 加里·托比安(Gary Tobian) 美国
3. 理查德·康诺尔(Richard Connor) 美国
1960 1. 罗伯特·韦伯斯特(Robert Webster) 美国
2. 加里·托比安(Gary Tobian) 美国
3. 布莱恩·菲尔普斯(Brian Phelps) 英国
1964 1. 韦伯斯特(Robert Webster) 美国
2. 迪比亚西(Klaus Dibiasi) 意大利
3. 冈普夫(Thomas Gompf) 美国
1968 1. 迪比亚西(Klaus Dibiasi) 意大利
2. 加希奥拉(Alvaro Gaxiola) 墨西哥
3. 扬(Edwin Young) 美国

跳水跳远

1904 1. 威廉·保罗·迪基(William Paul Dickey) 美国
2. 埃德加·亚当斯(Edgar Adams) 美国
3. 莱奥·古德温(Leo Goodwin) 美国

10米简易跳台

1912 1. 埃里克·阿德勒尔茨(Erik Adlerz) 瑞典
2. 哈尔马尔·约翰森(Hjalmar Johansson) 瑞典
3. 约安·延森(Johan Jansson) 瑞典
1920 1. 阿尔维德·沃尔曼(Arvid Wallman) 瑞典
2. 尼尔斯·斯科格伦德(Nils Skoglund) 瑞典
3. 约安·延森(Johan Jansson) 瑞典
1924 1. 里奇蒙德·伊夫(Richmond Eve) 澳大利亚
2. 约安·延森(Johan Jansson) 瑞典
3. 哈罗德·克拉克(Harold Clarke) 英国

女子跳水(DIVING-women)

3米跳板

1920 1. 艾琳·里金(Aileen Riggin) 美国
2. 海伦·维茵莱特(Helen Wainwright) 美国
3. 特尔玛·佩恩(Thelma Payne) 美国
1924 1. 伊丽莎白·贝蒂·贝克尔(Elizabeth Betty Becker) 美国
2. 艾琳·里金(Aileen Riggin) 美国
3. 卡罗琳·弗莱彻(Caroline Fletcher) 美国
1928 1. 海伦·米妮(Helen Meany) 美国
2. 多罗希·波因顿·希尔(Dorothy Poynton Hill) 美国
3. 乔治亚·科尔曼(Georgia Coleman) 美国
1932 1. 乔治亚·科尔曼(Georgia Coleman) 美国
2. 卡特琳娜·路易斯·劳尔斯(Katherine Louise Rawls) 美国
3. 珍·芳茨(Jane Fauntz) 美国
1936 1. 玛尔约莉·杰斯特琳(Marjorie Gestring) 美国
2. 卡特琳娜·路易斯·劳尔斯(Katherine Louise Rawls) 美国
3. 多罗希·波因顿·希尔(Dorothy Poynton Hill) 美国
1948 1. 维克托利亚·德拉夫斯(Victoria Draves) 美国
2. 佐埃·安·延森·奥尔森(Zoe Ann Jensen Olsen) 美国
3. 帕特里西亚·埃尔森纳尔(Patricia Elsener) 美国
1952 1. 帕特里西亚·麦克考米克(Patricia McCormick) 美国
2. 玛德莱娜·莫罗(Madeleine Moreau) 法国
3. 佐埃·安·延森·奥尔森(Zoe Ann Jensen Olsen) 美国
1956 1. 帕特里西亚·麦克考米克(Patricia McCormick) 美国
2. 珍妮·斯图尼奥(Jeanne Stunyo) 美国
3. 伊莱娜·麦克唐纳德(Irene MacDonald) 加拿大
1960 1. 因格里德·克雷默(Ingrid Kramer) 德国
2. 保拉·简·波普·迈尔斯(Paula Jean Pope Myers) 美国
3. 伊丽莎白·费里斯(Elizabeth Ferris) 英国
1964 1. 恩格尔-克雷默(Ingrid Engel-Kramer) 德国
2. 科利尔(Jeanne Collier) 美国
3. 威拉德(Mary Willard) 美国
1968 1. 戈西克(Sue Gossick) 美国
2. 波戈斯切娃(Tamara Pogosheva) 苏联
3. 奥沙利文(Keala O'Sullivan) 美国

10米跳台

1912 1. 格雷塔·约翰森(Greta Johansson) 瑞典
2. 丽莎·莱格内尔(Lisa Regnell) 瑞典
3. 伊莎贝尔·怀特(Isabelle White) 英国
1920 1. 斯蒂法妮·克劳森(Stefanie Clausen) 丹麦
2. 艾琳·阿姆斯特朗(Eileen Armstrong) 英国
3. 埃娃·奥利维尔(Eva Olliwer) 瑞典
1924 1. 卡罗琳·史密斯(Caroline Smith) 美国
2. 伊丽莎白·贝蒂·贝克尔(Elizabeth Betty Becker) 美国
3. 约尔迪斯·托佩尔(Hjordis T·pel) 瑞典
1928 1. 伊丽莎白·贝克尔·平克斯顿(Elizabeth Becker Pinkston) 美国
2. 乔治亚·科尔曼(Georgia Coleman) 美国
3. 拉拉·斯约奎斯特(Lala Sjoqvist) 瑞典
1932 1. 多罗希·波因顿·希尔(Dorothy Poynton Hill) 美国
2. 乔治亚·科尔曼(Georgia Coleman) 美国
3. 马里昂·罗佩尔(Marion Roper) 美国
1936 1. 多罗希·波因顿·希尔(Dorothy Poynton Hill) 美国
2. 威尔玛·邓恩(Velma Dunn) 美国
3. 卡特·科勒(Kathe Kohler) 德国
1948 1. 维克托利亚·德拉夫斯(Victoria Draves) 美国
2. 保拉·简·波普·迈尔斯(Paula Jean Pope Myers) 美国
3. 布尔特·克里斯托弗森(Birte Christoffersen) 丹麦
1952 1. 帕特里西亚·麦克考米克(Patricia McCormick) 美国
2. 保拉·简·波普·迈尔斯(Paula Jean Pope Myers) 美国
3. 朱诺·伊尔文·斯托弗尔(Juno Irwin Stover) 美国
1956 1. 帕特里西亚·麦克考米克(Patricia McCormick) 美国
2. 朱诺·伊尔文·斯托弗尔(Juno Irwin Stover) 美国
3. 保拉·简·波普·迈尔斯(Paula Jean Pope Myers) 美国
1960 1. 因格里德·克雷默(Ingrid Kramer) 德国
2. 保拉·简·波普·迈尔斯(Paula Jean Pope Myers) 美国
3. 妮内尔·库鲁托娃(Ninel Krutova) 苏联
1964 1. 布什(Lesley Bush) 美国
2. 恩格尔-克雷默(Ingrid Engel-Kramer) 德国
3. 阿列克谢耶娃(Galina Alekseyeva) 苏联
1968 1. 杜赫科娃(Milena Duchkova) 捷克斯洛伐克
2. 洛巴诺娃(Natalya Lobanova) 苏联
3. 彼得森(Ann Peterson) 美国

男子马球(POLO)

1900 1. 英国/美国/爱尔兰联队
2. 英国/美国/西班牙联队
3. 法国/英国联队
3. 墨西哥队
1908 1. 英国队
2. 英国队
3. 英国队
1920 1. 英国队
2. 西班牙队
3. 美国队
1924 1. 阿根廷队
2. 美国队
3. 英国队
1936 1. 阿根廷队
2. 英国队
3. 墨西哥队

男子墙网球(RACKET)

单打

1908 1. 伊文·诺埃尔(Evan Noel) 英国
2. 亨维·利夫(Henvy Leaf) 英国
3. 约翰·阿斯特尔(John Astor) 英国
3. 亨利·布劳格汉姆(Henry Brougham) 英国

双打

1908 1. 英国队
2. 英国队
3. 英国队

美式门球(ROQUE)

1904 1. 查尔斯·雅各布斯(Charles Jacobus) 美国
2. 史密斯·斯特里特尔(Smith Streeter) 美国
3. 查尔斯·布朗(Charles Brown) 美国

橄榄球(RUGBY)

1900 1. 法国队
2. 德国队
3. 英国队
1908 1. 澳大利亚队
2. 英国队(只有两队参加比赛)
1920 1. 美国队
2. 法国队(只有两队参加比赛)
1924 1. 美国队
2. 法国队
3. 罗马尼亚队

男子网球(TENNIS-men)

单打(草地)

1896 1. 约翰·皮乌斯·博兰德(John Pius Boland) 英国/爱尔兰
2. 迪奥尼希奥斯·卡斯达格利斯(Dionysios Kasdaglis) 埃及
3. 康斯坦蒂诺斯·萨斯帕迪斯(Konstandinos Saspatis) 希腊
3. 莫姆希洛·托帕维扎(Momcsillo Topavicza) 匈牙利
1900 1. 休斯·多赫蒂(Hugh Doherty) 英国
2. 哈罗德·马霍尼(Harold Mahoney) 英国
3. 雷吉纳尔德·多赫蒂(Reginald Doherty) 英国
3. 亚瑟·诺里斯(Arthur Norris) 英国
1904 1. 比尔斯·赖特(Beals Wright) 美国
2. 罗伯特·勒罗伊(Robert LeRoy) 美国

3. 阿隆佐·贝尔(Alonzo Bell) 美国
3. 埃德加·莱昂纳德(Edgar Leonard) 美国
1908 1. **约希亚·里奇(Josiah Ritchie) 英国**
2. 奥托·弗洛伊茨海姆(Otto Froitzheim) 德国
3. 威尔伯弗尔斯·伊夫斯(Wilberforce Eaves) 英国
1912 1. **查尔斯·温斯洛(Charles Winslow) 南非**
2. 哈罗德·基特森(Harold Kitson) 南非
3. 奥斯卡·克罗伊泽尔(Oscar Kreuzer) 德国
1920 1. **路易斯·雷蒙德(Louis Raymond) 南非**
2. 熊谷一弥(Ichiya Kumagae) 日本
3. 查尔斯·温斯洛(Charles Winslow) 南非
1924 1. **文森特·理查兹(Vincent Richards) 美国**
2. 亨利·科歇(Henri Cochet) 法国
3. 乌姆贝尔托·鲁吉·德·莫普戈(Umberto Luigi De Morpurgo) 意大利

单打(室内)

1908 1. **亚瑟·戈尔(Arthur Gore) 英国**
2. 乔治·卡利迪亚(George Caridia) 英国
3. 约希亚·里奇(Josiah Ritchie) 英国
1912 1. **安德烈·戈贝尔(Andre Gobert) 法国**
2. 查尔斯·迪克逊(Charles Dinxon) 英国
3. 安东尼·维尔丁(Anthony Wilding) 澳大利亚

双打(草地)

1896 1. **英国/德国联队**
2. 埃及/希腊联队
3. 澳大利亚/英国联队
1900 1. **英国队**
2. 美国/法国联队
3. 法国队
3. 英国/德国联队
1904 1. **美国队**
2. 美国队
3. 美国队
3. 美国队
1908 1. **英国队**
2. 英国队
3. 英国队
1912 1. **南非队**
2. 奥地利队
3. 法国队
1920 1. **英国队**
2. 日本队
3. 法国队
1924 1. **美国队**
2. 法国队
3. 法国队

双打(室内)

1908 1. **英国队**
2. 英国队
3. 瑞典队
1912 1. **法国队**
2. 瑞典队
3. 英国队

女子网球(TENNIS-women)

单打(草地)

1900 1. **夏洛特·库珀(Charlotte Cooper) 英国**
2. 埃莱娜·普雷沃斯特(Helene Prevost) 法国
3. 马里昂·琼斯(Marion Jones) 美国
3. 海德维希·罗森鲍莫娃(Hedwig Rosenbaumova) 波希米亚
1908 1. **多罗希·钱伯斯(Dorothea Chambers) 英国**
2. 多拉·布斯比(Dora Boothby) 英国
3. 约安·温奇(Joan Winch) 英国
1912 1. **玛格丽特·布洛克迪(Marguerite Broquedis) 法国**
2. 多拉·科琳(Dora Kering) 德国
3. 安娜·比约尔斯特德(Anna Bjurstedt) 挪威
1920 1. **苏珊娜·伦格伦(Suzanne Lenglen) 法国**
2. 多罗希·霍尔曼(Dorothy Holman) 英国
3. 凯瑟琳·基蒂·麦凯恩(Kathleen Kitty McKane) 英国
1924 1. **海伦·威尔斯(Helen Wills) 美国**
2. 朱莉·弗拉斯托(Julie Vlasto) 法国
3. 凯瑟琳·基蒂·麦凯恩(Kathleen Kitty McKane) 英国

1920年安特卫普奥运会网球混合双打比赛。

单打(室内)

1908 1. **格拉迪丝·伊斯特莱克·史密斯(Gladys Eastlake Smith) 英国**
2. 爱丽丝·格林(Alice Greene) 英国
3. 玛莎·阿德勒尔斯特拉赫尔(Martha Adlerstrahle) 瑞典
1912 1. **埃迪思·哈南(Edith Hannam) 英国**
2. 托拉·卡斯滕施奥尔德(Thora Castenschiold) 丹麦
3. 玛贝尔·帕尔顿(Mabel Parton) 英国

双打(草地)

1920 1. **英国队**
2. 英国队
3. 法国队
1924 1. **美国队**
2. 英国队
3. 英国队

混合双打(草地)

1900 1. **英国队**
2. 法国/英国联队
3. 波希米亚/英国联队
1912 1. **德国队**
2. 瑞典队
3. 法国队
1920 1. **法国队**
2. 英国队
3. 捷克斯洛伐克队
1924 1. **美国队**
2. 美国队
3. 荷兰队

混合双打(室内)

1912 1. **英国队**
2. 英国队
3. 瑞典队

射击(SHOOTING)

25米手枪速射个人赛(60发)

1896 1. **埃奥尼斯·弗兰古迪斯(Ioannis Phrangoudis) 希腊**
2. 吉奥尔基奥斯·奥尔法尼迪斯(Georgios Orphanidis) 希腊
3. 霍尔格·尼尔森(Holger Nielsen) 丹麦
1900 1. **莫里斯·拉鲁伊(Maurice Larrouy) 法国**
2. 莱昂·莫罗(Leon Moreaux) 法国
3. 欧热内·巴尔姆(Eugene Balme) 法国
1912 1. **阿尔弗莱德·莱恩(Alfred Lane) 美国**
2. 保罗·帕伦(Paul Palen) 瑞典
3. 约安·冯·霍尔斯特(Johan Von Holst) 瑞典
1920 1. **吉尔赫姆·帕雷恩塞(Guilherme Paraense) 巴西**
2. 雷蒙德·布雷肯(Raymond Bracken) 美国
3. 弗里茨·祖劳夫(Fritz Zulauf) 瑞士
1924 1. **亨利·贝利(Henry Bailey) 美国**
2. 威尔海姆·卡尔伯格(Wilhelm Carlberg) 瑞典
3. 莱纳特·汉内柳斯(Lennart Hannelius) 芬兰
1932 1. **伦佐·莫里吉(Renzo Morigi) 意大利**
2. 海因茨·哈克斯(Heinz Hax) 德国
3. 多梅尼科·马特乌奇(Domenico Matteucci) 意大利
1936 1. **柯尼利厄斯·范·奥耶恩(Cornelius Van Oyen) 德国**
2. 海因茨·哈克斯(Heinz Hax) 德国
3. 托尔斯滕·乌尔曼(Torsten Ullman) 瑞典
1948 1. **卡罗利·塔卡奇(Karoly Takacs) 匈牙利**
2. 卡洛斯·恩里克·迪亚斯·萨恩斯·巴里恩特(Carlos Enrique Diaz Saenz Valiente) 阿根廷
3. 斯文·伦德奎斯特(Sven Lundqvist) 瑞典
1952 1. **卡罗利·塔卡奇(Karoly Takacs) 匈牙利**
2. 齐拉尔德·库恩(Szilard Kun) 匈牙利
3. 乔治·利基亚尔多普尔(Gheorghe Lichiardopol) 罗马尼亚
1956 1. **斯特凡·佩特雷斯库(Stefan Petrescu) 罗马尼亚**
2. 叶甫盖尼·切尔卡索夫(Yevgeny Cherkassov) 苏联
3. 乔治·利基亚尔多普尔(Gheorghe Lichiardopol) 罗马尼亚
1960 1. **威廉·麦克米兰(William McMillan) 美国**
2. 彭蒂·林诺斯沃(Pentti Linnosvuo) 芬兰
3. 亚历山大·扎别林(Aleksandr Zabelin) 苏联
1964 1. **林诺斯沃(Pentti Linnosvuo) 芬兰**
2. 特里沙(Ion Tripsa) 罗马尼亚
3. 纳科夫斯基(Lubomir Nacovsky) 捷克斯洛伐
1968 1. **扎佩兹基(Jozef Zapedzki) 波兰**
2. 罗什卡(Marcel Rosca) 罗马尼亚
3. 苏莱曼诺夫(Renart Suleimanov) 苏联

30米手枪速射团体赛

1920 1. **美国队**
2. 希腊队
3. 瑞士队

50米自选手枪个人赛(60发)

1896 1. **萨姆内尔·佩恩(Sumner Paine) 美国**
2. 霍尔格·尼尔森(Holger Nielsen) 丹麦
3. 埃奥尼斯·弗兰古迪斯(Ioannis Phrangoudis) 希腊
1900 1. **康拉德·卡尔·罗德勒(Conrad Karl Roderer) 瑞士**
2. 阿齐耶·帕洛什(Achille Paroche) 法国
3. 康拉德·斯塔利(Konrad Staheli) 瑞士
1908 1. **保罗·范·阿斯布罗克(Paul Van Asbroeck) 比利时**
2. 雷吉纳尔·斯托姆(Reginald Storms) 比利时
3. 詹姆斯·戈尔曼(James Gorman) 美国
1912 1. **阿尔弗莱德·莱恩(Alfred Lane) 美国**
2. 皮特·多尔芬(Peter Dolfen) 美国
3. 查尔斯·斯图尔特(Charles Stewart) 英国
1920 1. **卡尔·弗雷德里克(Karl Frederick) 美国**
2. 阿弗拉尼奥·达·科斯塔(Afranio Da Costa) 巴西
3. 阿尔弗莱德·莱恩(Alfred Lane) 美国
1936 1. **托尔斯滕·乌尔曼(Torsten Ullman) 瑞典**
2. 埃里希·克雷姆佩尔(Erich Krempel) 德国
3. 查理·德·亚莫尼埃尔(Charles Des Jammonieres) 法国
1948 1. **埃德温·巴斯克斯·坎(Edwin Vasquez Cam) 秘鲁**
2. 鲁道夫·施奈德(Rudolf Schnyder) 瑞士
3. 托尔斯滕·乌尔曼(Torsten Ullman) 瑞典
1952 1. **哈莱特·贝纳尔(Huelet Benner) 美国**
2. 安赫尔·莱昂·德·戈萨洛(Angel Leon De Gozalo) 西班牙
3. 安布鲁斯·巴洛格(Ambrus Balogh) 匈牙利
1956 1. **彭蒂·林诺斯沃(Pentti Linnosvuo) 芬兰**
2. 马克穆德·乌马罗夫(Makhmud Umarov) 苏联
3. 奥弗特·皮尼翁(Offutt Pinion) 美国
1960 1. **阿莱克谢·古钦(Aleksei Gustchin) 苏联**
2. 马克穆德·乌马罗夫(Makhmud Umarov) 苏联
3. 吉川贵久(Yoshihisa Yoshikawa) 日本
1964 1. **马卡宁(Vaino Markkanen) 芬兰**
2. 格林(Franklin Green) 美国
3. 吉川贵久(Yoshikawa Yoshihisa) 日本
1968 1. **科瑟赫(Grigoriy Kossykh) 苏联**
2. 默特尔(Heinz Mertel) 联邦德国
3. 福尔马尔(Harald Vollmar) 民主德国

50米自选手枪团体赛

1920 1. **美国队**
2. 瑞典队
3. 巴西队

50米小口径步枪卧射个人赛(60发)

1908 (50码+100码)
1. **亚瑟·卡内尔(Arthur Carnell) 英国**
2. 哈里·哈姆比(Harry Humby) 英国
3. 乔治·巴恩斯(George Barnes) 英国
1912 1. **弗雷德里克·希尔德(Frederick Hird) 美国**
2. 威廉·米尔恩(William Milne) 英国
3. 哈里·博尔特(Harry Burt) 英国
1924 1. **皮埃尔·柯克兰·德·利尔(Pierre Coquelin De Lisle) 法国**
2. 马库斯·丁威迪(Marcus Dinwiddie) 美国
3. 约希亚斯·哈特曼(Josias Hartmann) 瑞士
1932 1. **贝尔蒂尔·罗恩马克(Bertil Ronnmark) 瑞典**
2. 古斯塔沃·于埃特(Gustavo Huet) 墨西哥
3. 佐尔坦·赫拉德茨基·肖什(Zoltan Hradetzky Soos) 匈牙利
1936 1. **威利·罗格伯格(Willy Rogeberg) 挪威**
2. 拉尔夫·贝尔泽恩伊(Ralph Berzsenyi) 匈牙利
3. 弗拉迪斯拉夫·卡拉斯(Wladyslaw Karas) 波兰
1948 1. **亚瑟·库克(Arthur Cook) 美国**
2. 沃尔特·托姆森(Walter Tomsen) 美国
3. 约纳斯·琼森(Jonas Jonsson) 瑞典
1952 1. **埃奥希夫·希尔布(Iosif Sirbu) 罗马尼亚**
2. 鲍里斯·安德烈耶夫(Boris Andreyev) 苏联
3. 亚瑟·杰克逊(Arthur Jackson) 美国
1956 1. **热拉尔·乌埃莱特(Gerald Ouellette) 加拿大**
2. 瓦希里·鲍里索夫(Vassily Borissov) 苏联
3. 吉尔莫·博阿(Gilmour Boa) 加拿大
1960 1. **皮特·科恩克(Peter Kohnke) 德国**
2. 詹姆斯·希尔(James Hill) 美国
3. 恩里科·弗塞拉·佩里希奥尼(Enrico Forcella Pelliccioni) 委内瑞拉
1964 1. **哈梅尔(Laszlo Hammerl) 匈牙利**
2. 威格尔(Lones Wigger) 美国
3. 普尔(Tommy Pool) 美国
1968 1. **库尔卡(Jan Kurka) 捷克斯洛伐克**
2. 哈梅尔(Laszlo Hammerl) 匈牙利
3. 巴林格(Ian Ballinger) 新西兰

小口径步枪3×40个人赛

1952 1. **埃尔林·康格斯豪格(Erling Kongshaug) 挪威**
2. 维尔霍·伊洛宁(Vilho Ylonen) 芬兰
3. 鲍里斯·安德烈耶夫(Boris Andreyev) 苏联
1956 1. **安纳托利·博格达诺夫(Anatoly Bogdanov) 苏联**
2. 奥塔卡尔·霍日内克(Otakar Horinek) 捷克斯洛伐克
3. 约安·桑德伯格(Johan Sundberg) 瑞典
1960 1. **维克托·尚布尔金(Viktor Shamburkin) 苏联**
2. 马拉特·尼亚佐夫(Marat Niyasov) 苏联
3. 克劳斯·扎林格尔(Klaus Zahringer) 德国
1964 1. **威格尔(Lones Wigger) 美国**
2. 韦利什科夫(Velichko Velichkov) 保加利亚
3. 哈梅尔(Laszlo Hammerl) 匈牙利
1968 1. **克林纳(Bernd Klingner) 联邦德国**
2. 赖特(John Writer) 美国
3. 帕尔希莫维奇(Viktor Parkhimovich) 苏联

自选步枪3×40个人赛

1948 1. **埃米尔·格鲁尼希(Emil Grunig) 瑞士**

2. 鲍里·扬霍宁(Pauli Janhonen) 芬兰
3. 威利·罗格伯格(Willy Rogeberg) 挪威

1952 **1. 安纳托利·博格达诺夫(Anatoly Bogdanov) 苏联**
2. 罗伯特·布希莱尔(Robert Burchler) 瑞士
3. 列夫·瓦因施泰因(Lev Vainshtein) 苏联

1956 **1. 瓦希里·鲍里索夫(Vassily Borissov) 苏联**
2. 阿兰·埃尔德曼(Allan Erdman) 苏联
3. 维尔霍·伊洛宁(Vilho Ylonen) 芬兰

1960 **1. 赫伯特·哈默尔(Hubert Hammerer) 奥地利**
2. 汉斯·鲁道夫·斯皮尔曼(Hans Rudolf Spillmann) 瑞士
3. 瓦希里·鲍里索夫(Vassily Borissov) 苏联

1964 **1. 安德森(Gary Anderson) 美国**
2. 克维利阿什维利(Shota Kveliashvili) 苏联
3. 冈纳森(Martin Gunnarsson) 美国

1968 **1. 安德森(Gary Anderson) 美国**
2. 科尔涅夫(Vladimir Kornev) 苏联
3. 穆勒(Kurt Muller) 瑞士

多向飞碟个人赛

1900 **1. 罗杰·德·巴尔巴林(Roger De Barbarin) 法国**
2. 勒内·居约(Rene Guyot) 法国
3. 朱斯蒂尼安·德·克拉里(Justinien De Clary) 法国

1908 **1. 沃尔特·尤因(Walter Ewing) 加拿大**
2. 乔治·比蒂(George Beattie) 加拿大
3. 亚历山大·蒙德尔(Alexander Maunder) 英国

1912 **1. 詹姆斯·格拉汉姆(James Graham) 美国**
2. 阿尔弗莱德·戈尔德尔(Alfred Geldel) 德国
3. 哈里·布劳(Harry Blau) 俄罗斯

1920 **1. 马克·埃里(Mark Arie) 美国**
2. 弗兰克·特罗伊(Frank Troeh) 美国
3. 弗兰克·赖特(Frank Wright) 美国

1924 **1. 吉乌拉·哈拉希(Gyula Halasy) 匈牙利**
2. 康拉德·胡贝尔(Konrad Huber) 芬兰
3. 弗兰克·休斯(Frank Hughes) 美国

1952 **1. 乔治·热内罗(George Genereux) 加拿大**
2. 克努特·霍尔姆奎斯特(Knut Holmqvist) 瑞典
3. 汉斯·利耶达尔(Hans Liljedahl) 瑞典

1956 **1. 加里亚诺·罗西尼(Galliano Rossini) 意大利**
2. 亚当·斯梅尔钦斯基(Adam Smelczynski) 波兰
3. 阿莱桑德罗·齐切利(Alessandro Ciceri) 意大利

1960 **1. 埃恩·杜米特雷斯库(Ion Dumitrescu) 罗马尼亚**
2. 加里亚诺·罗西尼(Galliano Rossini) 意大利
3. 谢尔盖·卡里宁(Sergei Kalinin) 苏联

1964 **1. 马塔雷利(Ennio Mattarelli) 意大利**
2. 谢尼切夫(Pavel Senitsev) 苏联
3. 莫里斯(William Morris) 美国

1968 **1. 布雷思韦特(John "Bob" Braithwaite) 英国**
2. 加里古斯(Thomas Garrigus) 美国
3. 切卡拉(Kurt Czekalla) 民主德国

多向飞碟团体赛

1908 **1. 英国队**
2. 加拿大队
3. 英国队

1912 **1. 美国队**
2. 英国队
3. 德国队

1920 **1. 美国队**
2. 比利时队
3. 瑞典队

1924 **1. 美国队**
2. 加拿大队
3. 芬兰队

双向飞碟

1968 **1. 彼得罗夫(Yevgeniy Petrov) 苏联 198靶**
2. 加拉尼亚尼(Romano Garagnani) 意大利 198靶
3. 维尔希尔(Konrad Wirnhier) 联邦德国 198靶

25米军用左轮手枪个人赛

1896 **1. 约翰·佩恩(John Paine) 美国**
2. 萨姆内尔·佩恩(Sumner Paine) 美国
3. 尼科拉奥斯·多拉基斯(Nikolaos Dorakis) 希腊

50米军用左轮手枪团体赛

1900 **1. 瑞士队**
2. 法国队
3. 荷兰队

1908 **1. 美国队**
2. 比利时队
3. 英国队

1912 **1. 美国队**
2. 瑞典队
3. 英国队

30米军用手枪团体赛

1912 **1. 瑞典队**
2. 俄罗斯队
3. 英国队

300米自选步枪个人赛(卧姿、跪姿、立姿)

1896 **1. 吉奥尔基奥斯·奥尔法尼迪斯(Georgios Orphanidis) 希腊**
2. 埃奥尼斯·弗兰古迪斯(Ioannis Phrangoudis) 希腊
3. 维戈·延森(Viggo Jensen) 丹麦

1900 **1. 埃米尔·克伦伯格(Emil Kellenberger) 瑞士**
2. 安德尔斯·皮特·尼尔森(Anders Peter Nielsen) 丹麦
3. 保罗·范·阿斯布罗埃克(Paul Van Asbroeck) 比利时
3. 奥勒·奥斯特莫(Ole Ostmo) 挪威

1908 **1. 阿尔伯特·赫尔格鲁德(Albert Helgerud) 挪威**
2. 哈里·西蒙(Harry Simon) 美国
3. 奥勒·萨特尔(Ole Sather) 挪威

1912 **1. 保罗·科拉(Paul Colas) 法国**
2. 拉尔斯·约尔根·马德森(Lars Jorgen Madsen) 丹麦
3. 尼尔斯·拉尔森(Niels Larsen) 丹麦

1920 **1. 莫里斯·费舍尔(Morris Fisher) 美国**
2. 尼尔斯·拉尔森(Niels Larsen) 丹麦
3. 奥斯滕·奥斯滕森(Osten Ostensen) 挪威

300米自选步枪个人赛(立姿)

1900 **1. 拉尔斯·约尔根·马德森(Lars Jorgen Madsen) 丹麦**
2. 奥勒·奥斯特莫(Ole Ostmo) 挪威
3. 查理·鲍米埃·杜·维尔热(Charles Paumier Du Verger) 比利时

300米自选步枪个人赛(跪姿)

1900 **1. 康拉德·斯塔利(Konrad Staheli) 瑞士**
2. 埃米尔·克伦伯格(Emil Kellenberger) 瑞士
3. 安德尔斯·皮特·尼尔森(Anders Peter Nielsen) 丹麦

300米自选步枪个人赛(卧姿)

1900 **1. 阿齐耶·帕洛什(Achille Paroche) 法国**
2. 安德尔斯·皮特·尼尔森(Anders Peter Nielsen) 丹麦
3. 奥勒·奥斯特莫(Ole Ostmo) 挪威

1000码自选步枪个人赛(卧姿、跪姿、立姿)

1908 **1. 约舒亚·杰里·米尔纳(Joshua Jerry Millner) 英国**
2. 克洛格·凯西(Kellogg Casey) 美国
3. 莫里斯·布拉德(Maurice Blood) 英国

600米自选步枪个人赛(卧姿、跪姿、立姿)

1924 **1. 莫里斯·费舍尔(Morris Fisher) 美国**
2. 卡尔·奥斯伯恩(Carl Osburn) 美国
3. 尼尔斯·拉尔森(Niels Larsen) 丹麦

自选步枪团体赛

1900 **1. 瑞士队**
2. 挪威队
3. 法国队

1908 **1. 挪威队**
2. 瑞典队
3. 法国队

1912 **1. 瑞典队**
2. 挪威队
3. 丹麦队

1920 **1. 美国队**
2. 挪威队
3. 瑞士队

1924 **1. 美国队**
2. 法国队
3. 海地队

200米军用步枪个人赛

1896 **1. 潘特利斯·卡拉塞夫达斯(Pantelis Karasevdas) 希腊**
2. 帕乌洛斯·帕夫利迪斯(Paulos Pavlidis) 希腊
3. 尼科拉奥斯·特里库佩斯(Nikolaos Trikoupes) 希腊

300米军用步枪个人赛(卧姿、跪姿、立姿)

1912 **1. 桑多尔·普罗科普(Sandor Prokopp) 匈牙利**
2. 卡尔·奥斯伯恩(Carl Osburn) 美国
3. 埃姆布雷特·斯科根(Embret Skogen) 挪威

600米军用步枪个人赛

1912 **1. 保罗·科拉斯(Paul Colas) 法国**
2. 卡尔·奥斯伯恩(Carl Osburn) 美国
3. 约翰·杰克逊(John Jackson) 美国

300米军用步枪卧射个人赛

1920 **1. 奥托·奥尔森(Otto Olsen) 挪威**
2. 莱昂·约翰逊(Leon Johnson) 法国
3. 弗里茨·库亨(Fritz Kuchen) 瑞士

300米军用步枪立射个人赛

1920 **1. 卡尔·奥斯伯恩(Carl Osburn) 美国**
2. 拉尔斯·约尔根·马德森(Lars Jorgen Madsen) 丹麦
3. 劳伦斯·纽斯莱恩(Lawrence Nuesslein) 美国

600米军用步枪卧射个人赛

1920 **1. 卡尔·于果·约翰森(Carl Hugo Johansson) 瑞典**
2. 莫里茨·埃里克森(Mauritz Eriksson) 瑞典
3. 洛伊德·斯普纳尔(Lloyd Spooner) 美国

军用步枪团体赛

1908 **1. 美国队**
2. 英国队
3. 加拿大队

1912 **1. 美国队**
2. 英国队
3. 瑞典队

300米军用步枪立射团体赛

1920 **1. 丹麦队**
2. 美国队
3. 瑞典队

300米军用步枪卧射团体赛

1920 **1. 美国队**
2. 法国队
3. 芬兰队

600米军用步枪卧射团体赛

1920 **1. 美国队**
2. 南非队
3. 瑞典队

300米+600米军用步枪卧射团体赛

1920 **1. 美国队**
2. 挪威队
3. 瑞士队

25码小口径步枪移动靶个人赛

1908 **1. 约翰·弗莱明(John Fleming) 英国**
2. 迈克尔·马休斯(Michael Matthews) 英国
3. 威廉·马尔斯登(William Marsden) 英国

25米小口径步枪显现靶个人赛

1908 (25码)
1. 威廉·斯泰尔斯(William Styles) 英国
2. 哈罗德·霍金斯(Harold Hawkins) 英国
3. 爱德华·阿莫尔(Edward Amoore) 英国

1912 **1. 威尔海姆·卡尔伯格(Wilhelm Carlberg) 瑞典**
2. 约安·冯·霍尔斯特(Johan Von Holst) 瑞典
3. 古斯塔夫·埃里克森(Gustaf Ericsson) 瑞典

50米小口径步枪立射个人赛

1920 **1. 劳伦斯·纽斯莱恩(Lawrence Nuesslein) 美国**
2. 亚瑟·罗斯洛克(Arthur Rothrock) 美国
3. 丹尼斯·芬顿(Dennis Fenton) 美国

50码+100码小口径步枪卧射团体赛

1908 **1. 英国队**
2. 瑞典队
3. 法国队

25米小口径步枪卧射团体赛

1912 **1. 瑞典队**
2. 英国队
3. 美国队

50米小口径步枪卧射团体赛

1912 **1. 英国队**
2. 瑞典队
3. 美国队

1920 **1. 美国队**
2. 瑞典队
3. 挪威队

100米“跑鹿”单发个人赛

1908 **1. 奥斯卡·斯万(Oscar Swahn) 瑞典**
2. 托马斯·兰肯(Thomas Ranken) 英国
3. 亚历山大·罗杰斯(Alexander Rogers) 英国

1912 **1. 奥斯卡·斯万(Oscar Swahn) 瑞典**
2. 阿克·伦德伯格(Ake Lundeberg) 瑞典
3. 内斯托利·托伊沃宁(Nestori Toivonen) 芬兰

1920 **1. 奥托·奥尔森(Otto Olsen) 挪威**
2. 奥斯卡·斯万(Oscar Swahn) 瑞典
3. 哈拉尔德·纳特维格(Harald Natvig) 挪威

1924 **1. 约翰·博尔斯(John Boles) 美国**
2. 希利尔·马克沃斯·普里德(Cyril Mackworth Praed) 英国
3. 奥托·奥尔森(Otto Olsen) 挪威

100米“跑鹿”单发团体赛

1908 1. **瑞典队**
2. 英国队(只有两队参加比赛)
1912 1. **瑞典队**
2. 美国队
3. 芬兰队
1920 1. **挪威队**
2. 芬兰队
3. 美国队
1924 1. **挪威队**
2. 瑞典队
3. 美国队

100米“跑鹿”双发个人赛

1908 1. **沃尔特·维纳斯(Walter Winans)** **美国**
2. 托马斯·兰肯(Thomas Ranken) 英国
3. 奥斯卡·斯万(Oscar Swahn) 瑞典
1912 1. **阿克·伦德伯格(Ake Lundeberg)** **瑞典**
2. 挨德瓦尔德·贝内迪克斯(Edvard Benedicks) 瑞典
3. 奥斯卡·斯万(Oscar Swahn) 瑞典
1920 1. **奥勒·安德雷亚斯·利洛·奥尔森(Ole Andreas Lilloe Olsen)** **挪威**
2. 弗雷德里克·兰德柳斯(Fredrik Landelius) 瑞典
3. 埃纳尔·利伯格(Einar Liberg) 挪威
1924 1. **奥勒·安德雷亚斯·利洛·奥尔森(Ole Andreas Lilloe Olsen)** **挪威**
2. 希利尔·马克沃斯·普里德(Cyril Mackworth Praed) 英国
3. 阿尔弗莱德·斯万(Alfred Swahn) 瑞典

100米“跑鹿”双发团体赛

1920 1. **挪威队**
2. 瑞典队
3. 芬兰队
1924 1. **英国队**
2. 挪威队
3. 瑞典队

100米“跑鹿”单发和双发个人赛

1952 1. **约翰·拉尔森(John Larsen)** **挪威**
2. 佩尔·奥洛夫·斯科尔德伯格(Per Olof Sk·ldberg) 瑞典
3. 塔乌诺·马基(Tauno M·ki) 芬兰
1956 1. **维塔利·罗曼年科(Vitaly Romanenko)** **苏联**
2. 佩尔·奥洛夫·斯科尔德伯格(Per Olof Sk·ldberg) 瑞典
3. 弗拉迪米尔·谢夫柳金(Vladimir Sevryugin) 苏联

男子射箭(TOXOPHILY-men)

美国双轮团体赛(60米)

1904 1. **美国队**
2. 美国队
3. 美国队

约克单轮个人赛(100米+80米+60米)

1908 1. **威廉·多德(William Dod)** **英国**
2. 雷吉纳尔德·布鲁克斯·金(Reginald Brooks King) 英国
3. 亨利·理查德森(Henry Richardson) 美国

大陆式单轮个人赛(50米)

1908 1. **欧热内·格里佐(Eugene Grisot)** **法国**
2. 路易斯·维尔内(Louis Vernet) 法国
3. 古斯塔夫·卡巴雷(Gustave Cabaret) 法国

固定小型靶个人赛

1920 1. **埃德蒙·范·摩尔(Edmond Van Moer)** **比利时**
2. 路易斯·范·德·佩尔克(Louis Van De Perck) 比利时
3. 约瑟夫·埃尔芒(Joseph Hermans) 比利时

固定大型靶个人赛

1920 1. **埃德蒙·克罗埃藤(Edmond Cloetens)** **比利时**
2. 路易斯·范·德·佩尔克(Louis Van De Perck) 比利时
3. 费尔曼·弗拉芒(Firmin Flamand) 比利时

固定小型靶团体赛

1920 1. **比利时队(只有一队参加比赛)**

固定大型靶团体赛

1920 1. **比利时队(只有一队参加比赛)**

28米移动靶个人赛

1920 1. **于贝尔·范·伊尼(Hubert Van Innis)** **比利时**
2. 莱昂斯·加斯东·冈坦(Leonce Gaston Quentin)(只有两人参加比赛) 法国

28米移动靶团体赛

1920 1. **荷兰队**
2. 比利时队
3. 法国队

33米移动靶个人赛

1920 1. **于贝尔·范·伊尼(Hubert Van Innis)** **比利时**
2. 朱利安·布吕莱(Julien Brule)(只有两人参加比赛) 法国

33米移动靶团体赛

1920 1. **比利时队**
2. 法国队(只有两队参加比赛)

50米移动靶个人赛

1920 1. **朱利安·布吕莱(Julien Brule)** **法国**
2. 于贝尔·范·伊尼(Hubert Van Innis)(只有两人参加比赛) 比利时

50米移动靶团体赛

1920 1. **比利时队**
2. 法国队(只有两队参加比赛)

156米“烛台”个人赛

1900 1. **埃曼努埃尔·富隆(Emmanuel Foulon)** **法国**
2. 奥古斯特·塞吕利埃(Auguste Serrurier) 法国
3. 朱恩·德吕亚尔(Jun Druart) 比利时

156米“金字塔”个人赛

1920 1. **埃米尔·格吕米奥(Emile Grumiaux)** **法国**
2. 路易斯·格里纳(Louis Glineux) 比利时
3. 奥古斯特·塞吕利埃(Auguste Serrurier) 法国

33米“玫瑰花冠”个人赛

1900 1. **于贝尔·范·伊尼(Hubert Van Innis)** **比利时**
2. 维克托·蒂博(Victor Thibaud) 法国
3. 查理·弗雷德里克·伯蒂(Charles Frederic Petit) 法国

50米“玫瑰花冠”个人赛

1900 1. **欧热内·穆然(Eugene Mougin)** **法国**
2. 亨利·埃勒(Henri Helle) 法国
3. 埃米尔·梅尔西埃(Emile Mercier) 法国

33米“金绶带”个人赛

1900 1. **于贝尔·范·伊尼(Hubert Van Innis)** **比利时**
2. 维克托·蒂博(Victor Thibaud) 法国
3. 查理·弗雷德里克·伯蒂(Charles Frederic Petit) 法国

50米“金绶带”个人赛

1900 1. **亨利·埃鲁安(Henri Herouin)** **法国**
2. 于贝尔·范·伊尼(Hubert Van Innis) 比利时
3. 埃米尔·费瑟(Emile Fisseux) 法国

美国双轮个人赛(60米+50米+40米)

1904 1. **乔治·菲利浦·布莱恩特(George Phillip Bryant)** **美国**
2. 罗伯特·威廉姆斯(Robert Williams) 美国
3. 威廉·汤普森(William Thompson) 美国

约克双轮个人赛(100米+80米+60米)

1904 1. **乔治·菲利浦·布莱恩特(George Phillip Bryant)** **美国**
2. 罗伯特·威廉姆斯(Robert Williams) 美国
3. 威廉·汤普森(William Thompson) 美国

女子射箭(TOXOPHILY-women)

哥伦比亚双轮个人赛(50米+40米+30米)

1904 1. **玛蒂尔达·丽达·霍威尔(Matilda Lida Howell)** **美国**
2. 艾玛·库克(Emma Cooke) 美国
3. 杰西·波洛克(Jessie Pollock) 美国

全国单轮个人赛(60米+50米)

1908 1. **希比尔·纽沃尔(Sybil Newall)** **英国**
2. 夏洛特·多德(Charlotte Dod) 英国
3. 比特丽丝·希尔·洛威(Beatrice Hill Lowe) 英国

全国双轮个人赛(60米+50米)

1904 1. **玛蒂尔达·丽达·霍威尔(Matilda Lida Howell)** **美国**
2. 艾玛·库克(Emma Cooke) 美国
3. 杰西·波洛克(Jessie Pollock) 美国

美国双轮团体赛

1904 1. **美国队**
2. 美国队(只有两队参加比赛)

拔河(TUG-OF-WAR)

1900 1. **瑞典/丹麦联队**
2. 法国队(只有两队参加比赛)
1904 1. **美国队**
2. 美国队
3. 美国队
1908 1. **英国队**
2. 英国队
3. 英国队
1912 1. **瑞典队**
2. 英国队(只有两队参加比赛)
1920 1. **英国队**
2. 荷兰队
3. 比利时队

帆船(SAILING-men)

芬兰型12英尺式

1920 1. **荷兰队**
2. 荷兰队(只有两队参加比赛)
1924 1. **莱昂·于布雷赫茨(Leon Huybrechts)** **比利时**
2. 亨里克·罗伯特(Henrik Robert) 挪威
3. 汉德·迪特马尔(Hand Dittmar) 芬兰
1928 1. **斯文·托雷尔(Sven Thorell)** **瑞典**
2. 亨里克·罗伯特(Henrik Robert) 挪威
3. 贝尔蒂尔·布罗曼(Bertil Broman) 芬兰
1932 1. **雅克·勒布伦(Jacques Lebrun)** **法国**
2. 阿德里安·马斯(Adriaan Maas) 荷兰
3. 圣地亚哥·阿马特·坎西诺(Santiago Amat Cansino) 西班牙
1936 1. **丹尼尔·卡格赫兰德(Daniel Kagchelland)** **荷兰**
2. 维尔纳·克罗格曼(Werner Krogmann) 德国
3. 皮特·斯科特(Peter Scott) 英国
1948 1. **保尔·埃尔弗斯特罗姆(Paul Elvstrom)** **丹麦**
2. 拉尔夫·埃文斯(Ralph Evans) 美国
3. 雅各布斯·德·容(Jacobus De Jong) 荷兰
1952 1. **保尔·埃尔弗斯特罗姆(Paul Elvstrom)** **丹麦**
2. 查尔斯·库里(Charles Currey) 英国
3. 理查德·萨尔比(Richard Sarby) 瑞典
1956 1. **保尔·埃尔弗斯特罗姆(Paul Elvstrom)** **丹麦**
2. 安德烈·内利(Andre Nelis) 比利时
3. 约翰·马尔文(John Marvin) 美国
1960 1. **保尔·埃尔弗斯特罗姆(Paul Elvstrom)** **丹麦**
2. 亚历山大·丘切洛夫(Aleksandr Tsutselov) 苏联
3. 安德烈·内利(Andre Nelis) 比利时
1964 1. **库魏德(Wilhelm Kuhweide)** **德国**
2. 巴雷特(Peter Barrett) 美国
3. 温德(Henning Wind) 丹麦
1968 1. **曼金(Valentin Mankin)** **苏联**
2. 劳达施尔(Hubert Raudaschl) 奥地利
3. 阿尔巴雷利(Fabio Albarelli) 意大利

星型

1932 1. **美国队**
2. 英国队
3. 瑞典队
1936 1. **德国队**
2. 瑞典队
3. 荷兰队
1948 1. **美国队**
2. 古巴队
3. 荷兰队
1952 1. **意大利队**
2. 美国队
3. 葡萄牙队
1956 1. **美国队**
2. 意大利队
3. 巴哈马队
1960 1. **苏联队**
2. 葡萄牙队
3. 美国队
1964 1. **巴哈马队**
2. 美国队
3. 瑞典队
1968 1. **美国队**
2. 挪威队
3. 意大利队

0.5吨型

1900 1. **皮埃尔·热尔维(Pierre Gervais)** **法国**
2. 特谢埃(Texier) 法国
3. 亨利·蒙诺(Henri Monnot) 法国
3. 埃米尔·萨克尔(Emile Sacre) 法国

0.5--1吨型

1900 1. **英国队**
2. 法国队
3. 法国队

1--2吨型

1900 1. **赫曼·亚历山大·德·波尔塔尔(Hermann Alexandre De Portales)** **瑞士**
2. 维拉米迪亚纳(Vilamitjana) 法国
3. 雅克·博德里埃(Jacques Baudrier) 法国

2--3吨型

1900 1. 威廉·埃克斯肖(William Exshaw) 英国
2. 苏斯(Susse) 法国
3. 奥古斯特·多尼(Auguste Donny) 法国

3--10吨型

1900 1. 英国队
2. 法国队
3. 美国队

10--20吨型

1900 1. 法国队
2. 法国队
3. 英国队

公开型

1900 1. 英国队
2. 德国队
3. 法国队

6米型

1908 1. 英国队
2. 比利时队
3. 法国队
1912 1. 法国队
2. 丹麦队
3. 瑞典队
1920 1. 挪威队
2. 比利时队(只有两队参加比赛)
1924 1. 挪威队
2. 丹麦队
3. 荷兰队
1928 1. 挪威队
2. 丹麦队
3. 爱沙尼亚队
1932 1. 瑞典队
2. 美国队
3. 加拿大队
1936 1. 英国队
2. 挪威队
3. 瑞典队
1948 1. 美国队
2. 阿根廷队
3. 瑞典队
1952 1. 美国队
2. 挪威队
3. 芬兰队

6.5米型

1920 1. 荷兰队
2. 法国队(只有两队参加比赛)

7米型

1908 1. 英国队(只有一队参加比赛)
1920 1. 英国/爱尔兰联队
2. 挪威队(只有两队参加比赛)

8米型

1908 1. 英国队
2. 瑞典队
3. 英国队
1912 1. 挪威队
2. 瑞典队
3. 芬兰队
1920 1. 挪威队
2. 挪威队
3. 比利时队
1924 1. 挪威队
2. 英国队
3. 法国队
1928 1. 法国队
2. 荷兰队
3. 瑞典队
1932 1. 美国队
2. 加拿大队(只有两队参加比赛)
1936 1. 意大利队
2. 挪威队
3. 德国队

10米型

1912 1. 瑞典队
2. 芬兰队
3. 俄罗斯队

12米型

1908 1. 英国队
2. 英国队(只有两队参加比赛)
1912 1. 挪威队
2. 瑞典队
3. 芬兰队
1956 1. 新西兰队
2. 澳大利亚队
3. 英国队

30平方米型

1920 1. 瑞典队(只有一队参加比赛)

40平方米型

1920 1. 瑞典队
2. 瑞典队(只有两队参加比赛)

6米型1907式

1920 1. 比利时队
2. 挪威队
3. 挪威队

8米型1907式

1920 1. 挪威队(只有一队参加比赛)

10米型1907式

1920 1. 挪威队(只有一队参加比赛)

12米型1907式

1920 1. 挪威队(只有一队参加比赛)

6米型1919式

1920 1. 挪威队
2. 比利时队(只有两队参加比赛)

7米型1919式

1920 1. 英国队(只有一队参加比赛)

8米型1919式

1920 1. 挪威队
2. 挪威队
3. 比利时队

10米型1919式

1920 1. 挪威队(只有一队参加比赛)

12米型1919式

1920 1. 挪威队(只有一队参加比赛)

龙型

1948 1. 挪威队
2. 瑞典队
3. 丹麦队
1952 1. 挪威队
2. 瑞典队
3. 德国队
1956 1. 瑞典队
2. 丹麦队
3. 英国队
1960 1. 希腊队
2. 阿根廷队
3. 意大利队

燕型

1948 1. 英国队
2. 葡萄牙队
3. 美国队

5.5米型

1952 1. 美国队
2. 挪威队
3. 瑞典队
1956 1. 瑞典队
2. 英国队
3. 澳大利亚队
1960 1. 美国队
2. 丹麦队
3. 瑞士队

12平方米型

1956 1. 新西兰队
2. 澳大利亚队
3. 英国队

"龙"型

1964 1. 丹麦队 5854分
2. 德国队 5826分
3. 美国队 5523分
1968 1. 美国队 6.0分
2. 丹麦队 26.4分
3. 民主德国队 32.7分
1972 1. 澳大利亚队 13.7分
2. 民主德国队 41.7分
3. 美国队 47.7分

"5.5"米型

1964 1. 澳大利亚队 5981分
2. 瑞典队 5284分
3. 美国队 5106分
1968 1. 瑞典队 8.0分
2. 瑞士队 32.0分
3. 英国队 39.8分

飞行荷兰人型

1960 1. 挪威队
2. 丹麦队
3. 德国队
1964 1. 新西兰队
2. 英国队
3. 美国队
1968 1. 英国队
2. 联邦德国队
3. 巴西队

男子排球 (VOLLEYBALL-men)

1964 1. 苏联队
2. 捷克斯洛伐克队
3. 日本队
1968 1. 苏联队
2. 日本队
3. 捷克斯洛伐克队

女子排球 (VOLLEYBALL-women)

1964 1. 日本队
2. 苏联队
3. 波兰队
1968 1. 苏联队
2. 日本队
3. 波兰队

水球(WATER POLO)

1900 1. 英国队
2. 比利时队
3. 法国队
1908 1. 英国队
2. 比利时队
3. 瑞典队
1912 1. 英国队
2. 瑞典队
3. 比利时队
1920 1. 英国/爱尔兰联队
2. 比利时队
3. 瑞典队
1924 1. 法国队
2. 比利时队
3. 美国队
1928 1. 德国队
2. 匈牙利队
3. 法国队
1932 1. 匈牙利队
2. 德国队
3. 美国队
1936 1. 匈牙利队
2. 德国队
3. 比利时队
1948 1. 意大利队
2. 匈牙利队
3. 荷兰队
1952 1. 匈牙利队
2. 前南斯拉夫队
3. 意大利队
1956 1. 匈牙利队
2. 前南斯拉夫队
3. 苏联队
1960 1. 意大利队
2. 苏联队
3. 匈牙利队
1964 1. 匈牙利队
2. 南斯拉夫队
3. 苏联队
1968 1. 南斯拉夫队
2. 苏联队
3. 匈牙利队

图书在版编目（CIP）数据

从雅典到北京/（法）布罗等编著；《体坛周报》社译.—北京：人民体育出版社，2007

ISBN 978-7-5009-3330-4

Ⅰ.从… Ⅱ.①布…②体… Ⅲ.奥运会—画册 Ⅳ.G811.21-64

中国版本图书馆CIP数据核字（2007）第188121号

洛桑奥林匹克博物馆

法国《队报》

中国奥委会新闻委员会

TITAN SPORTS

全体育杂志

French Edition 法文版

由吉拉尔·沙勒和雅克·埃诺（美术总监）以及皮埃尔－玛丽·德刚、劳尔·杜弗尔克、塞尔吉·拉盖在吉拉尔·埃内斯的指导下制作完成。内容来自《队报》及其前身《汽车》报的记者和摄影师的报道，以及合作方洛桑奥林匹克博物馆。图片：菲利普·勒·芒、克里斯蒂安·奈斯里马纳。

Un ouvrage réalisé par Gérard Schaller et Jacques Hennaux(Direction artistique). Avec Pierre －Marie Descamps,Raoul Dufourcq et Serge Laget sous la direction de Gérard Ejnès. D'après les reportages des journalistes et des photographes de L'Auto et l'Equipe en collaboration avec le Musée Olympique Lausanne. Iconographie: Philippe Le Men et Christian Naitslimane

Chinese Edition 中文版

Publish 联合编纂

国际奥委会洛桑奥林匹克博物馆 Olympic Museum Lausanne
法国《队报》 L'Equipe
中国奥委会新闻委员会 Chinese Olympic Committee
体坛周报社 Titan Sports
全体育杂志社 All Sports

Publisher 出版人： 瞿优远 Qu Youyuan
Chief Editor 总编辑： 张路平 Zhang Luping
Executive Editor 执行主编： 陈明 Chen Ming

Editorial Committee 编辑委员会

张海峰 温文 瞿优远 张敦南 颜强 Zhang Haifeng, Wen Wen, Qu Youyuan, Zhang Dunnan, Yan Qiang,
王成 张路平 陈明 朱春明 Wang Cheng, Zhang Luping, Chen Ming, Zhu Chunming

Editor 责任编辑： 何阳 He Yang

Authors 翻译/撰稿

陈明 向波 李杉 徐小薇 唐杨科 朱丹 贺崇炜 蔡国庆 陆一杨 吴洋 杨晓莹 苗芳 刘晨 俞旭东 谷文豪 郑家欣 张桂琪 唐玥
Chen Ming, Xiang Bo, Li Bin, Xu Xiaowei, Tang Yangke, Zhu Dan, He Chongwei, Cai Guoqing, Lu Yiyang, Wu Yang, Yang Xiaoying, Miao Fang,Liu Chen, Yu Xudong, Gu Wenhao, Zheng Jiaxin, Zhang Guiqi, Tang Yue

Art Director 设计总监： 陈淼 Chen Miao
Art Editor 美术编辑： 周奇 张维 王海波 刘宏智 Zhou Qi, Zhang Wei, Wang Haibo, Liu Hongzhi
Photo Editor 图片编辑： 韩冰 Han Bing

Photo 图片提供

AP、AFP、DPA、REUTERS、UPI、GETTYIMAGES、CFP、KEYSTONE、PRESSE SPORTS、POPPERFOTO、COLLECTION LE MEN、SPORTS ILLUSTRATED、BIBLIOTHEQUE NATIONALE、COLLECTION DE COURCEL、COLLECTION LIONEL LAGET、COLLECTION RAYMOND VANKER、MISSOURI HISTORICAL SOCCIETY、D.R、洛桑奥林匹克博物馆、新华社、中体在线

Printing Director 印务总监： 罗华军 Luo Huajun
Art Product Manager 制作主管： 胡石桥 Hu Shiqiao
Assistant Art Editor 制作： 杨娜娜 Yang Nana
Image Color Regulator图片分色： 仲维龙 肖曙光 Zhong Weilong Xiao Shuguang

Distribution Director发行总监： 王丽莎 Wang Lisha
Distribution Manager 发行经理： 黄林 Huang Lin
Tel发行电话： 010－67196116

中文版参考并引用了新华社、中国体育报、体坛周报的相关内容。Some contents are cited from Xinhua News Agency、China Sports Daily and Titan Sports. Here we express our thanks.

*

人民体育出版社出版发行
利丰雅高印刷（深圳）有限公司印刷
新华书店经销

*

787×1092 1/8开本 99.5印张 600千字
2008年1月第1版 2008年1月第1次印刷
印数：1—15000册

*

ISBN 978-7-5009-3330-4
定价：288元（上下册）

社址：北京市崇文区体育馆路8号（天坛公园东门）
电话：010－67151482（发行部） 邮编：100061
（购买本社图书，如遇有缺损页可与发行部联系）